LES

GRANDS ÉCRIVAINS
DE LA FRANCE

NOUVELLES ÉDITIONS

PUBLIÉES SOUS LA DIRECTION

DE M. AD. REGNIER

Membre de l'Institut

OEUVRES

DE

J. RACINE

TOME III

IMPRIMERIE GÉNÉRALE DE CH. LAHURE
Rue de Fleurus, 9, à Paris

OEUVRES

DE

J. RACINE

NOUVELLE ÉDITION

REVUE SUR LES PLUS ANCIENNES IMPRESSIONS
ET LES AUTOGRAPHES

ET AUGMENTÉE

de morceaux inédits, des variantes, de notices, de notes, d'un lexique des mots
et locutions remarquables, d'un portrait, de fac-simile, etc.

PAR M. PAUL MESNARD

TOME TROISIÈME

PARIS
LIBRAIRIE DE L. HACHETTE ET Cie
BOULEVARD SAINT-GERMAIN, N° 77

1865

MITHRIDATE

TRAGÉDIE

1673

NOTICE.

Dans la même année 1672 où *Bajazet* avait paru sur la scène, Racine achevait une nouvelle tragédie, dont on l'entendait quelquefois, dans ses promenades matinales, réciter à haute voix les vers sous les ombrages du jardin des Tuileries [1]. Le sujet de cette tragédie était, comme celui de *Bajazet*, emprunté à l'Orient barbare, on pourrait presque dire à l'histoire d'un sérail; car ce que les récits de Plutarque et d'Appien nous laissent entrevoir des gynécées du roi de Pont et de la manière dont sa famille était gouvernée, rappelle par plus d'un trait les mœurs des sultans. Il ne faut cependant chercher aucune comparaison entre les deux pièces. Le poëte ne s'était nullement proposé de se répéter, et de nous mettre encore sous les yeux, mais cette fois dans le lointain de l'antiquité, les scènes d'un harem asiatique. Si l'action de la tragédie de *Mithridate* a pour théâtre la vie domestique de ce roi guerrier, c'est dans la peinture du caractère d'un grand homme, c'est dans l'immortelle lutte historique soutenue par lui, qu'elle a son grand intérêt. Le principal dessein de Racine, quelque cadre qu'il eût choisi à son tableau, était de traiter un sujet héroïque, où respirât une grandeur moins barbare que romaine dans l'âme d'un des plus illustres ennemis de Rome. C'était, après *Alexandre* et *Britannicus*, une nouvelle excursion sur les terres de Corneille.

Le *Mercure galant*, dans ses nouvelles du 30 juillet au 6 août 1672, annonçant pour l'hiver de cette même année la *Pulchérie* de Pierre Corneille, destinée aux comédiens du Ma-

---

[1]. Voyez la *Lettre de Valincour à l'abbé d'Olivet*, dans l'*Histoire de l'Académie françoise*, tome II, p. 336.

rais, et le *Théodat* de Thomas Corneille, qui devait être représenté à l'Hôtel de Bourgogne, ajoutait : « Ensuite de cette pièce, on verra sur le même théâtre (*l'Hôtel de Bourgogne*) le *Mithridate* de M. Racine. Cet ouvrage réussira sans doute, puisque les pièces de cet auteur ont toujours eu beaucoup d'amis. »

Mithridate fut joué en effet peu de temps après *Pulchérie*, et se trouva avoir plus d'amis qu'elle. On rapporte la première représentation de la comédie héroïque de Corneille au mois de novembre 1672, celle de la tragédie de Racine au commencement de l'année suivante. Les frères Parfait se contentent de dire que *Mithridate* parut sur le théâtre de l'Hôtel de Bourgogne dans le mois de janvier 1673, sans donner la date avec plus de précision. Le *Mercure galant* rend compte dans une même lettre de la réception de Racine à l'Académie française, et, quelques lignes plus bas, du succès de sa nouvelle pièce. Les dates de ces deux événements littéraires sont évidemment très-rapprochées ; si l'on peut conclure quelque chose de l'ordre dans lequel le *Mercure* en parle, il semble que la séance académique a précédé la première représentation de *Mithridate*. Racine fut reçu à l'Académie le jeudi 12 janvier ; il est assez vraisemblable que *Mithridate* fut représenté pour la première fois le lendemain, c'est-à-dire le vendredi 13 janvier ; on ne peut guère hésiter qu'entre cette date et celle du vendredi précédent, 6 du même mois. Si Robinet eût assisté à cette représentation ou en eût tout au moins daigné parler par ouï-dire, sa gazette en aurait fixé l'époque avec certitude. Mais il ne paraît pas avoir jamais été fort empressé d'aller voir les nouvelles pièces de Racine ou de les annoncer. Il ne dit rien de *Mithridate* avant le 25 février, date de la lettre en vers où il nous apprend qu'il a été voir cette tragédie le mardi précédent, 21 février. Son témoignage un peu tardif sert du moins à nous faire connaître les noms des acteurs qui jouèrent d'original les principaux rôles et qui y furent très-brillants. « Tous les acteurs, dit-il,

> Y charment tous les spectateurs....
> La Fleur, y désignant le Roi,
> Semble être Grec en cet emploi....
> La Champmeslé, faisant la Reine....

Son heureux époux et Brécour,
Faisant les deux fils pleins d'amour,
Font aussi, sans plus long langage,
Des mieux chacun leur personnage. »

M. Aimé-Martin attribue le rôle de Pharnace à Champmeslé, celui de Xipharès à Brécourt. Peut-être a-t-il bien rencontré; mais on voit que Robinet nous laisse dans le doute. Dans la *Deuxième lettre sur la vie et les ouvrages de Molière et sur les comédiens de son temps*[1], il est dit que Hauteroche, qui remplissait avec succès les rôles de grands confidents, était chargé de celui d'Arbate; il est probable que ce fut dès la première représentation.

La prédiction du *Mercure galant*, que *Mithridate* réussirait, fut justifiée par l'événement; et Racine ne dut pas son triomphe, comme on avait voulu l'insinuer, à ses nombreux amis. L'admiration fut générale; les moins bienveillants durent le constater, et n'osèrent indiquer leur désaccord avec le sentiment public que par quelques épigrammes équivoques. Voici comment s'exprime Robinet :

> .... L'auteur adroit
> Que l'on nomme Monsieur Racine,
> Lequel à l'Hôtel prend racine,
> A ce sujet fort bien traité;
> Et l'on y peut en vérité
> Quantité de grands vers entendre,
> *Et quantité d'un style tendre.*

De Visé, tout en marquant un peu plus ses intentions ironiques, fut également contraint de reconnaître que la pièce *avait plu :* « J'aurois longtemps à vous entretenir, écrivait-il dans le *Mercure* de 1673[2], s'il falloit que je vous rendisse un compte exact des jugements qu'on a faits du *Mithridate* de M. Racine. Il a plu, comme font tous les ouvrages de cet auteur; et quoiqu'il ne se soit quasi servi que des noms de Mithridate, de ceux des princes ses fils, et de celui de Monime, il ne lui est pas moins permis de changer la vérité des histoires anciennes pour faire un ouvrage agréable, qu'il lui a été d'habiller à la

1. *Mercure de France* de juin 1740, p. 1139.
2. Tome IV, p. 258-260.

turque nos amants et nos amantes. Il a adouci la grande férocité de Mithridate, qui avoit fait égorger sa femme, dont les anciens nous vantent et la grande beauté et la grande vertu; et quoique ce prince fût barbare, il l'a rendu en mourant un des meilleurs princes du monde : il se dépouille en faveur d'un de ses enfants de l'amour et de la vengeance, qui sont les deux plus violentes passions où les hommes soient sujets; et ce grand roi meurt avec tant de respect pour les Dieux, qu'on pourroit le donner pour exemple à nos princes les plus chrétiens. Ainsi M. Racine a atteint le but que doivent se proposer tous ceux qui font de ces sortes d'ouvrages; et les principales règles étant de plaire, d'instruire et de toucher, on ne sauroit donner trop de louanges à cet illustre auteur, puisque sa tragédie a plu, qu'elle est de bon exemple, et qu'elle a touché les cœurs. »

L'attaque, on le voit, quoique notre poëte ait dû peut-être la prévoir moins facilement dans un sujet antique, ressemblait beaucoup à celle qui avait été dirigée l'année précédente contre *Bajazet*. C'était toujours la vérité historique, la peinture fidèle des mœurs qu'on trouvait en défaut; on avait la prétention de faire entendre que les connaisseurs n'étaient pas dupes de ce qui charmait le public; mais il eût sans doute été trop difficile de soutenir que Racine n'avait pas ce public pour lui. Une lettre de Mme de Coulanges à Mme de Sévigné, en date du 24 février 1673, nous fait connaître l'enthousiasme que *Mithridate* excitait, et que n'épuisaient pas de nombreuses représentations : « *Mithridate* est une pièce charmante; on y pleure; on y est dans une continuelle admiration; on la voit trente fois, on la trouve plus belle la trentième que la première[1]. » Ce fut pendant cette même année 1673 la tragédie en grande faveur à la cour, qui la vit reparaître plusieurs fois à de très-courts intervalles dans ses divertissements. « L'onze de ce mois, dit la *Gazette* du 18 février 1673, en date de Saint-Germain, Leurs Majestés, accompagnées de Monseigneur le Dauphin et de Madame, prirent le divertissement de la représentation du *Mithridate*, fort belle tragédie du sieur Racine, où la troupe royale se fit admirer. » Le 4 mai suivant, au témoignage de

1. *Lettres de Mme de Sévigné*, tome III, p. 192.

la même *Gazette*, Monsieur fit représenter *Mithridate* à Saint-Cloud, dans une belle fête qu'il y donna, et à laquelle assistaient Mme de Guise, la princesse de Monaco, l'ambassadeur et l'ambassadrice d'Angleterre et le duc de Monmouth, depuis peu de retour d'Angleterre. Après la promenade, le bal et la collation, « on entra dans un salon extraordinairement éclairé, et paré d'une merveilleuse profusion de fleurs dans des vases et cuvettes d'argent; et la compagnie y fut très-agréablement divertie de la représentation de *Mithridate* du sieur Racine par la seule troupe royale [1]. » Une autre représentation en fut donnée trois mois après, devant une grande partie des mêmes spectateurs. De Boisfranc, surintendant des finances de Monsieur, recevait dans sa belle maison de Saint-Ouen, le mercredi 2 août, Monsieur et Madame, qui étaient accompagnés de Mademoiselle, de Mme de Guise, de la princesse de Monaco, et de grand nombre de seigneurs et de dames. Le grand repas qui leur fut offert « fut suivi, dit la *Gazette* du 5 août 1673, du divertissement de la comédie par la troupe royale, qui représenta le *Mithridate* du sieur Racine, avec l'admiration de toute la compagnie. » Robinet nous a conservé le même souvenir dans sa lettre en vers de même date :

> Ce charmant repas fut suivi
> Du *Mithridate* de Racine,
> Joué d'une façon divine....
> Par les comédiens de l'Hôtel,
> Et la Fleur, dans le maître rôle,
> Se surpassa sur ma parole,
> Comme fit, et me l'a semblé,
> Mademoiselle Champmeslé.

Pour les années qui suivirent immédiatement, les renseignements nous manquent sur les représentations de *Mithridate* devant la cour; mais elles doivent avoir été assez fréquentes dans tous les temps, à en juger par ceux sur lesquels nous sommes mieux informés. La *Gazette* du 11 mai 1680 en mentionne une qui avait été donnée à Saint-Cloud l'avant-veille, 9 mai, quand la Dauphine, nouvellement mariée, y fut reçue pour la première fois : « Le Roi et la Reine, accompagnés de

---

1. *Gazette* du 6 mai 1673.

Monseigneur le Dauphin et de Madame la Dauphine, vinrent....
ici voir Monsieur et Madame. Il y eut d'abord un bal dans la
galerie qui a été peinte par Pierre Mignard, et ensuite une
collation dans le salon. On descendit dans les jardins; et, après
le souper, les comédiens de l'Hôtel de Bourgogne représentèrent la tragédie de *Mithridate* de Jean Racine. » Le *Mercure
galant* donne d'assez amples détails sur cette fête du 9 mai.
Après avoir décrit la galerie de Mignard, le bal et le souper,
qui commença à neuf heures et dura une grande heure et
demie, le gazetier continue ainsi : « Après quoi toute la cour
passa chez Madame, où l'Hôtel de Bourgogne joua le *Mithridate* de M. Racine, avec la petite comédie du *Deuil*[1] Le lieu
qui devoit servir de théâtre étoit préparé dans l'ancien salon.
Des paravents d'une très-grande beauté, entre lesquels étoient
des guéridons d'argent, portant des girandoles garnies de
bougies, faisoient la décoration de ce théâtre. Entre chaque
guéridon on voyoit des pots remplis de toutes sortes de fleurs
avec des vases et des cuvettes d'argent. Au fond du théâtre
il y avoit une manière d'amphithéâtre dressé dans la grande
croisée qui regarde Paris. Cet amphithéâtre étoit plein de
girandoles garnies de bougies, de vases et d'autres ouvrages
d'argent remplis de fleurs. » C'était, comme on le voit, une
représentation fort semblable à celle du 4 mai 1673, donnée
dans le même lieu, et où brillait déjà la même profusion de
fleurs avec les mêmes cuvettes d'argent. Ces petits détails ne
sont peut-être pas tout à fait insignifiants. Nous y trouvons,
mieux que dans beaucoup de dissertations, une explication
sensible de ce que, parmi tant de beautés plus hautes et plus
durables, les tragédies de Racine ont parfois de trop élégant,
de trop pompeux, de trop galant : jouées au milieu de ce luxe
royal, en présence du Roi et de tous ces grands seigneurs et
de ces grandes dames de la cour, dont on peut lire la très-
longue liste dans le *Mercure*, elles paraissent dans leur véritable cadre; et l'on reconnaît combien les tableaux du peintre
étaient en harmonie avec tout ce qui les entourait.

D'après le registre de la Grange, *Mithridate* fut joué cette

[1]. C'est une comédie en un acte, en vers, de l'acteur Hauteroche.
Elle n'était pas nouvelle alors. Elle est de 1662.

même année 1680, le 4 décembre, à Saint-Germain; en 1681, à Fontainebleau, pendant les représentations qui y furent données du 28 juillet au 3 septembre; en 1683, à Saint-Germain, le 31 janvier; à Fontainebleau, où les comédiens avaient été appelés le 12 octobre; en 1684, le 25 septembre, à Chambord; en 1685, le 15 juin, à Versailles. Mais la mention la plus intéressante, à cause de la réflexion qui l'accompagne, est celle que nous lisons dans le *Journal* de Dangeau du dimanche 5 novembre 1684, à Fontainebleau : « Le soir il y eut comédie françoise; le Roi y vint, et l'on choisit *Mithridate, parce que c'est la comédie qui lui plaît le plus.* » Nul doute que Dangeau, chroniqueur minutieusement exact, n'ait ici parlé à bon escient. Nous croyons que la prédilection que Louis XIV montrait pour cette tragédie doit s'expliquer par la grandeur d'âme toute royale qu'il y trouvait. En effet, si l'action de *Mithridate* est vive et touchante, si la figure de Monime est une des plus suaves, une des plus chastement belles que Racine ait créées, cependant, envisagée de ce côté, il y aurait eu de la part du Roi quelque singularité de goût à mettre cette tragédie au-dessus des autres chefs-d'œuvre du même poëte. Racine avait mêlé à l'histoire un roman plein de charme et d'intérêt, surtout pour ceux qui, n'étant pas éclairés, comme de Visé, par la malveillance, ne cherchaient pas trop curieusement si les passions pouvaient avoir ce langage, et, pour ainsi dire, cette forme, à la cour de Mithridate. Mais ce roman, dans sa pensée, était assurément l'accessoire; tout, nous l'avons déjà fait remarquer, devait être subordonné, dans la pièce, à un grand souvenir de l'histoire. Aussi dit-il dans sa préface que l'action de sa tragédie est la mort de Mithridate, et se plaît-il à rappeler qu'une des scènes qui y ont le plus réussi est celle où le Roi expose son dessein de passer en Italie. Voilà par quel côté Louis XIV, nous n'en doutons pas, admirait surtout la pièce. Un autre roi, qu'on soupçonnera moins encore que lui d'avoir été beaucoup touché par les amours de Monime et de Xipharès, Charles XII, avait une semblable préférence pour la même tragédie, ainsi que l'atteste Voltaire : « De toutes les tragédies françaises, dit-il [1], *Mithridate* était

---

1. *Histoire de Charles XII*, livre V.

celle qui plaisait davantage à Charles XII.... Il montrait avec le doigt à M. Fabrice (*c'était le nom du gentilhomme qui lui donnait à Bender des conseils pour ses lectures*) les endroits qui le frappaient. » On les désignerait aussi sans aucune peine; car il est évident que, s'il avait un goût particulier pour cette tragédie, c'était, comme le dit Voltaire, « parce que la situation de ce roi vaincu et respirant la vengeance était conforme à la sienne. » Que dans un jugement littéraire le suffrage de Charles XII ne soit pas d'un grand poids, il se peut; mais c'était ici l'âme d'un héros qui se sentait touchée; et dans l'admiration si vive des deux rois conquérants, auxquels on peut joindre le prince Eugène de Savoie, qui savait, dit-on, par cœur les plus belles tirades de *Mithridate*, nous verrions une preuve, s'il en était besoin, que le don de peindre et de faire parler l'héroïsme était loin de manquer à Racine, quoi qu'on en ait voulu dire quelquefois.

Nous avons dit que les comédiens de l'Hôtel de Bourgogne qui avaient joué d'original la tragédie de *Mithridate* y avaient été fort admirés par les contemporains de Racine, surtout la Fleur et Mlle Champmeslé, chargés des deux premiers rôles. L'abbé du Bos, dans ses *Réflexions critiques*[1], rappelle que la Champmeslé avait reçu de Racine pour le rôle de Monime les leçons les plus détaillées, et donne quelques explications sur la manière dont le poëte lui faisait réciter ce vers :

Nous nous aimions.... Seigneur, vous changez de visage,

et ceux qui précèdent. C'était, d'après tous les témoignages, un des endroits de la pièce où cette actrice produisait le plus d'effet. Boileau, à ce que rapporte Brossette, le choisissait pour exemple un jour que la conversation roulait sur la déclamation, et le récitant lui-même avec son talent ordinaire de lecteur, et une véhémence dont étaient extrêmement émus ceux qui l'écoutaient, il leur disait : « C'étoit ainsi que M. Racine le faisoit dire à la Champmeslé[2]. »

Ce même rôle de Monime, qui avait été un des plus touchants

---

[1]. 3e partie, section ix.
[2]. Manuscrit de Brossette, appartenant à la Bibliothèque impériale, p. 62.

parmi ceux de la Champmeslé, fut le rôle de début de Mlle Lecouvreur, le 14 mai 1717; elle y eut un éclatant succès. Ce fut également un des rôles où se montra d'abord le talent de Mlle Gaussin, un de ceux qui semblaient le mieux faits pour la nature de ce talent. Peu après, Mlle Clairon en fit, avec une sorte de prédilection, l'objet de ses plus savantes études. Cette intelligente actrice en sentait toutes les difficultés, sur lesquelles elle a fait, dans ses *Mémoires*, de très-justes remarques, dignes de rester comme des préceptes de son art. Après avoir appliqué à Monime ce qu'elle vient de dire d'une jeune Athénienne, chez qui l'habitude de la circonspection et de la décence se peindrait dans les regards, le maintien, dans une démarche mesurée, des gestes moelleux et peu fréquents, elle ajoute : « L'actrice qui, d'après les vers qu'elle (*Monime*) dit au quatrième acte, croirait pouvoir se permettre le moindre emportement dans ses sons, sa physionomie, sa démarche, ses gestes, ferait la plus énorme faute.... Ce rôle est un des plus nobles et des plus touchants qui soient au théâtre; mais je l'ai vivement éprouvé, c'en est un des plus difficiles. Sans cris, sans emportement, sans moyens d'arpenter le théâtre, d'avoir des gestes décidés, une physionomie variée, imposante, il paraît impossible de sauver ce rôle de la monotonie qu'il offre au premier aspect; ces secours aideraient l'actrice, mais ils seraient autant de contre-sens pour le personnage. Ce n'est qu'après quinze ans d'étude sur les moyens de contenir ma voix, mes gestes, ma physionomie, que je me suis permis d'apprendre ce rôle, et j'avoue que pour parvenir à graduer de scène en scène et sa douleur et sa noble simplicité, il m'a fallu tout le travail dont j'étais capable.... Je ne me flatte pourtant pas d'être parvenue à le rendre autant bien qu'il peut être; je l'ai trop peu joué pour avoir les moyens d'y corriger mes fautes.... Monime est absolument hors des routes ordinaires[1]. »

Parmi les plus célèbres tragédiennes qui recueillirent ce rôle dans l'héritage des Champmeslé et des Clairon, nous rencontrons Mlle des Garcins, douée, comme Mlle Gaussin, des qualités naturelles qu'il demande; Mlle Raucourt, dont l'énergie un peu rude y était moins propre, qui le choisit cependant parmi

1. *Mémoires d'Hippolyte Clairon*, p. 90-94.

ses rôles de début, peut-être par la seule raison que *Mithridate* était une des pièces où brillait le plus Brizart, son maître.

Mlle Rachel, dont l'art avait des ressources si variées, et qui sut plus d'une fois exprimer la simplicité modeste, la passion chaste et contenue de manière à faire oublier qu'elle excellait surtout dans la véhémence de la passion, aborda de bonne heure le rôle de Monime. Ce fut le 5 octobre 1838 qu'elle le joua, c'est-à-dire dans les premiers mois de ses débuts. On doutait d'abord qu'elle pût soutenir sur la scène une tragédie que depuis longtemps le talent des plus grands acteurs avait en vain essayé d'y faire revivre d'une manière durable. Cependant « elle y obtint, dit M. Védel[1], presque autant de succès que dans ses plus grands rôles. » Elle en a donné plus de cinquante représentations.

Le rôle de Mithridate n'a pas manqué non plus de grands interprètes. Après la Fleur, le premier en date est Baron. « Il étoit fait pour ce rôle.... Il parloit, c'étoit Mithridate, » dit Marmontel[2]. On trouve dans les recueils d'anecdotes dramatiques le souvenir de quelques-uns de ses jeux de scène. Au temps où Mlle Lecouvreur jouait Monime, Beaubourg, tragédien très-énergique, était chargé du personnage de Mithridate. Deux acteurs y brillèrent après lui, avec des avantages qui lui étaient entièrement refusés, ceux d'une beauté noble et imposante. Ce fut d'abord Brizart, puis Saint-Prix. On reprochait toutefois à Brizart de n'avoir pas toujours la chaleur que demandait ce rôle. Le sévère critique Geoffroy accusait Saint-Prix d'y manquer de tenue et de mesure; mais il reconnaissait que de temps à autre il avait de magnifiques éclats, et que son entrée, dans la scène II du second acte, « était superbe. » Un peu plus tard, Talma désira une reprise de la pièce. Il fut, dit-on, un admirable Mithridate, sans pouvoir entièrement triompher de la froideur du public pour une tragédie qui n'avait pas, autant que plusieurs autres de notre poëte, résisté au changement du goût. Dans les représentations de *Mithridate*, données par Mlle Rachel, le rôle du vieux Roi était joué par Johanny, qui y méritait de grands applaudissements : acteur

---

1. *Notice sur Rachel*, p. 42 et 43.
2. *Éléments de littérature*, à l'article *Déclamation*.

plein de force, mais chez lequel on ne trouvait pas cet extérieur brillant qui, dans le même rôle, avait tant contribué au grand succès de Brizart et de Saint-Prix.

Quoique le génie imprime trop fortement sa marque sur ses œuvres, pour ne pas les faire entièrement siennes, même lorsqu'il en a puisé dans quelque œuvre antérieure soit la première idée, soit quelques épisodes ou quelques détails, il sera toujours intéressant de rechercher les sources de son inspiration, non-seulement les plus hautes, mais aussi les plus obscures et les plus humbles. Lorsque Racine fit de Mithridate le héros d'une de ses tragédies, les contemporains durent se souvenir qu'il avait eu sur la scène française un devancier dans le choix du même sujet : c'est la Calprenède. On parle aussi quelquefois, mais sans aucune indication précise, d'un *Mithridate* de Scudéry. Dans le théâtre de cet auteur nous n'avons rien trouvé de semblable. Peut-être le principal rôle de sa fameuse pièce de *l'Amour tyrannique* étant celui d'un *Tiridate, roi de Pont*, est-ce là qu'on doit soupçonner l'origine de quelque confusion. On a pu aussi prendre Scudéry pour la Calprenède. La tragédie de ce dernier poëte est intitulée *la Mort de Mithridate*. Jouée en 1635, elle a été imprimée en 1637[1]. A supposer que Racine, ce qu'il est difficile de savoir, doive à la pièce de la Calprenède, dont il ne dit rien dans sa préface, l'idée de traiter un sujet puisé aux mêmes sources historiques, il ne lui doit pas autre chose. Nous ne rencontrons ni une situation, ni un vers qui se ressemblent dans les deux tragédies. Celle de la Calprenède est loin, du reste, d'être aussi mauvaise qu'on pourrait le croire ; elle n'est que faible. Si la fidélité historique, entendue dans ce sens étroit que les faits attestés par les historiens ne devraient presque rien laisser à imaginer au poëte, était un mérite dans une œuvre de théâtre, l'auteur de *la Mort de Mithridate* l'emporterait par là sur Racine. Chez lui, comme chez Racine, Mithridate et Pharnace jouent le rôle qu'ils ont réellement joué dans l'histoire, mais sans qu'aucun roman d'amour complique et altère ce rôle dans la plus ancienne des deux pièces. Ni Xi-

---

1. A Paris, chez Anthoine de Sommaville, in-4. — L'*Epistre à la Reyne* qui est en tête de la pièce est signée La Calprenède.

pharès ni Monime, que Mithridate avait déjà fait périr tous deux avant l'époque où Racine les fait vivre, ne paraissent dans la tragédie de la Calprenède. Hypsicratée, femme de Mithridate, Mithridatie et Nise, ses filles, y font chacune le personnage qu'elles doivent faire d'après les récits d'Appien et de Plutarque. Cependant cette tragédie sans invention, où les faits sont exacts, mais dont les personnages ne vivent pas, est, même pour la vérité, à mille lieues des fictions de Racine. Aucune situation n'a d'intérêt; les caractères sont sans relief; le style que l'on s'attendrait peut-être à trouver, chez la Calprenède, intempérant, ampoulé et plein de rodomontades, est presque toujours raisonnable, mais d'une grande pâleur. Richelieu, dit-on, reprochait à cet auteur ses vers lâches. La tragédie de *la Mort de Mithridate* lui donne raison. Il n'y avait rien dans cette médiocrité dont Racine pût tirer aucun profit. En général, il ne cherchait guère son or dans les ouvrages de ces poëtes que les progrès si rapides de notre poésie permettaient d'appeler déjà nos vieux poëtes; et ce n'était pas la Calprenède qui aurait pu être son Ennius.

Nous aurions mieux aimé, s'il nous eût été possible, croire avec le P. Brumoy[1] que, dans un sujet qui, au premier abord, n'offre aucune analogie avec celui de *Mithridate*, Sophocle eût cependant suggéré quelques idées à notre poëte. « Plus on y regardera de près, dit le traducteur du *Théâtre des Grecs*, plus on trouvera que *les Trachiniennes* ont pu être le germe de la tragédie de *Mithridate*. » Brumoy avait été mis sur la voie de cette conjecture par le P. Porée, qu'avait frappé une certaine ressemblance entre Hercule ordonnant, avant de mourir, à son fils Hyllus de prendre Iole pour épouse, et Mithridate, à son heure suprême, donnant Monime à Xipharès. Mais cette ressemblance nous paraît tirée d'assez loin. Si le fils d'Hercule avait été le rival de son père, et avait aimé la jeune OEchalienne comme Xipharès aime Monime, on admettrait plus facilement que Racine eût voulu reproduire une situation touchante. Le P. Brumoy a subtilement cherché d'autres rapprochements entre les deux tragédies. C'est peut-être le cas de dire : cherchez et vous trouverez. Iole

---

1. Voyez le *Théâtre des Grecs*, tome II, p. 314, note *a*.

est la cause de la mort d'Hercule; Monime s'accuse de celle de Mithridate, mais à tort. il eût été bon de le remarquer, et par un touchant scrupule de son âme délicate. Autre rapprochement à faire entre la pièce de Racine et celle de Sophocle : dans celle-ci, Déjanire arrache à Lichas le secret qu'il tente de cacher à sa jalousie; en feignant une résignation à l'infidélité de son époux, une indulgence pour sa rivale qui est loin de son cœur, elle le trompe comme Mithridate trompe Monime. Le P. Brumoy, dans toutes ces remarques, s'est montré fort ingénieux; mais il faudrait, pour nous convaincre, des indices plus frappants d'une imitation dont on ne s'attendait guère cette fois à trouver la source dans le théâtre grec.

Il nous semble que l'on comparerait mieux quelques scènes de *Mithridate* et de *Nicomède*. Dans la pièce de Corneille, Attale est vendu aux Romains, ainsi que Pharnace; Nicomède est animé du même courage et du même dévouement à sa patrie que Xipharès; et ces frères rivaux se disputent le cœur de la reine Laodice, le plus généreux des deux étant dans Corneille, comme dans Racine, celui qui se fait aimer. On a pu noter aussi dans le personnage de Monime quelques réminiscences de celui de Pauline dans *Polyeucte*. La tragédie de *Mithridate* est d'ailleurs toute cornélienne.

Les éditions dont nous avons tiré les variantes de *Mithridate* sont d'abord la première de cette tragédie, à savoir celle de 1673, édition détachée[1]; ensuite le recueil de 1676 et celui de 1687. Notre texte est conforme à l'édition collective de 1697.

1. Elle a pour titre :
MITHRIDATE,
TRAGEDIE.
Par Mr Racine
A PARIS,
Chez CLAUDE BARBIN....
M.DC.LXXIII.
Avec privilege du Roy.

On compte 5 feuillets, sans pagination, pour le titre, la préface, l'extrait du privilége, et la liste des acteurs; 81 pages pour le texte de la tragédie. L'Achevé d'imprimer est du 16 mars, le privilége du 2 mars 1673.

PRÉFACE.

Il n'y a guère de nom plus connu que celui de Mithridate. Sa vie et sa mort font une partie considérable de l'histoire romaine. Et sans compter les victoires qu'il a remportées, on peut dire que ses seules défaites ont fait presque toute la gloire de trois des plus grands capitaines de la république : c'est à savoir, de Sylla, de Lucullus, et de Pompée[1]. Ainsi je ne pense pas qu'il soit besoin de citer ici mes auteurs. Car, excepté quelque événement[2] que j'ai un peu rapproché[3] par le droit que donne la poésie, tout le monde reconnoîtra aisément que j'ai suivi l'histoire avec beaucoup de fidélité[4]. En effet, il n'y a guère d'actions éclatantes dans la vie de Mithridate qui n'aient trouvé place dans ma tragédie. J'y ai inséré tout ce qui pouvoit mettre en jour les mœurs et les sentiments de ce prince, je veux dire sa haine violente contre les Romains, son grand courage, sa finesse, sa dissimulation, et enfin cette jalousie qui lui étoit si naturelle, et qui a tant de fois coûté la vie à ses maîtresses. La seule chose qui pourroit n'être pas aussi connue que le reste, c'est le dessein que je lui fais prendre[5] de passer dans

1. Cette fin de phrase : « c'est à savoir, de Sylla, de Lucullus, et de Pompée, » ne se trouve pas dans l'édition de 1673.
2. On lit dans l'édition de M. Aimé-Martin : « excepté quelques événements; » nous avons suivi le texte de toutes les anciennes éditions.
3. Var. (édit. de 1673) : approché.
4. Ce qui suit cette phrase, depuis les mots : « En effet, il n'y a guère » jusqu'à ceux-ci : « la vie à ses maîtresses, » n'est pas dans l'édition de 1673.
5. Var. (édit. de 1673) : c'est le dessein que je fais prendre à Mithridate.

l'Italie. Comme ce dessein m'a fourni une des scènes qui ont le plus réussi dans ma tragédie, je crois que le plaisir du lecteur pourra redoubler, quand il verra que presque tous les historiens ont dit ce que je fais dire ici à Mithridate.

Florus, Plutarque et Dion Cassius nomment les pays par où il devoit passer[1]. Appien d'Alexandrie entre plus dans le détail. Et après avoir marqué les facilités et les secours que Mithridate espéroit trouver dans sa marche, il ajoute que ce projet fut le prétexte dont Pharnace se servit pour faire révolter toute l'armée[2], et que les soldats, effrayés de l'entreprise de son père, la regardèrent comme le désespoir d'un prince qui ne cherchoit qu'à périr avec éclat.

Ainsi elle fut en partie cause de sa mort, qui est l'action de ma tragédie. J'ai encore lié ce dessein de plus près à mon sujet. Je m'en suis servi[3] pour faire connoître

1. Voyez Florus, livre III, chapitre v ; Plutarque, *Vie de Pompée*, chapitre XLI ; Dion Cassius, livre XXXVII, chapitre XI. — Suivant Florus, Mithridate voulait passer du Bosphore en Thrace, de là, et en traversant la Macédoine et la Grèce, se jeter inopinément sur l'Italie. Suivant Plutarque, il avait formé le projet de traverser le pays des Scythes et celui des Péoniens, pour envahir l'Italie. Dion Cassius dit à peu près de même que, voulant profiter du séjour de Pompée en Syrie, il songeait à se rendre vers le Danube à travers le pays des Scythes, pour faire de là une invasion en Italie. — Appien, comme le dit Racine, entre un peu plus dans le détail. Il rapporte d'abord au chapitre CII de son *Livre sur la guerre de Mithridate*, que le roi de Pont, étant entré dans les pays Méotiques, conçut le projet nouveau et hardi de traverser la Thrace, puis la Macédoine, enfin la Pannonie, de franchir les Alpes, et d'entrer ainsi en Italie. Il dit aussi au chapitre CIX du même livre, qu'il se proposait de diriger sa route vers le pays des Gaulois, avec lesquels il avait déjà dans cette vue formé des liaisons ; et qu'il avait le dessein d'envahir avec eux l'Italie à travers les Alpes, espérant que la haine de Rome lui procurerait l'alliance de beaucoup de peuples italiens.

2. VAR. (édit. de 1673) : pour révolter toute l'armée.
3. VAR. (édit. de 1673 et de 1676) : Et je m'en suis servi.

à Mithridate les secrets sentiments de ses deux fils. On ne peut prendre trop de précaution pour ne rien mettre sur le théâtre qui ne soit très-nécessaire. Et les plus belles scènes sont en danger d'ennuyer, du moment qu'on les peut séparer de l'action, et qu'elles l'interrompent au lieu de la conduire vers sa fin [1].

Voici la réflexion que fait Dion Cassius sur ce dessein de Mithridate : « Cet homme étoit véritablement né pour entreprendre de grandes choses. Comme il avoit souvent éprouvé la bonne et la mauvaise fortune, il ne croyoit rien au-dessus de ses espérances et de son audace, et mesuroit ses desseins bien plus à la grandeur de son courage qu'au mauvais état de ses affaires; bien résolu, si son entreprise ne réussissoit point, de faire une fin digne d'un grand roi, et de s'ensevelir lui-même sous les ruines de son empire, plutôt que de vivre dans l'obscurité et dans la bassesse [2]. »

J'ai choisi Monime entre les femmes que Mithridate a aimées. Il paroît que c'est celle de toutes qui a été la plus vertueuse, et qu'il a aimée le plus tendrement. Plutarque semble avoir pris plaisir à décrire le malheur et les sentiments de cette princesse. C'est lui qui m'a donné l'idée de Monime; et c'est en partie [3] sur la peinture qu'il en a

1. Dans l'édition de 1673 la préface finit aux mots : « vers sa fin. »
2. Φύσει τε γὰρ μεγαλοπράγμων ὢν, καὶ πολλῶν μὲν πταισμάτων, πολλῶν δὲ καὶ εὐτυχημάτων πεπειραμένος, οὐδὲν οὔτε ἀτόλμητον οὔτε ἀνέλπιστόν οἱ εἶναι ἐνόμιζεν. Εἰ δὲ δὴ καὶ σφαλείη, συναπολέσθαι τῇ βασιλείᾳ μετὰ ἀκεραίου τοῦ φρονήματος μᾶλλον ἢ στερηθεὶς αὐτῆς, ἔν τε ταπεινότητι καὶ ἐν ἀδοξίᾳ ζῆν ἤθελεν. (Dion, livre XXXVII, chapitre xi.) Dans ce texte, on ne trouve pas la phrase de la traduction de Racine : « et mesuroit ses desseins bien plus à la grandeur de son courage qu'au mauvais état de ses affaires; » mais elle a été tirée du passage qui précède immédiatement, et où l'on trouve ces mots : Τῇ βουλήσει πλέον ἢ τῇ δυνάμει νέμων, ἐνενόει, etc.
3. Ce n'est en effet qu'*en partie*. Plutarque nous donne de Monime une idée qui n'est pas tout à fait semblable à celle que nous trouvons

faite que j'ai fondé un caractère que je puis dire qui n'a point déplu. Le lecteur trouvera bon que je rapporte ses paroles telles qu'Amiot les a traduites[1]. Car elles ont une grâce dans le vieux style de ce traducteur, que je ne crois point pouvoir égaler dans notre langue moderne[2] :

« Cette-cy estoit fort renommée entre les Grecs, pource que quelques sollicitations que luy sceust faire le Roy en estant amoureux[3], jamais ne voulut entendre à toutes ses poursuites jusqu'à ce qu'il y eust accord de mariage passé entre eux, et qu'il luy eust envoyé le diadème ou bandeau royal, et[4] appellée royne. La pauvre dame, depuis que ce roy[5] l'eust espousée, avoit vécu en grande déplaisance, ne faisant continuellement autre chose que de plorer la malheureuse beauté de son corps, laquelle, au lieu d'un mary, luy avoit donné un maistre, et au lieu de compagnie conjugale, et que doit avoir une dame d'honneur[6], luy avoit baillé une garde et garnison d'hommes barbares, qui la tenoient comme prisonnière

dans Racine, lorsque parlant des papiers secrets de Mithridate qui tombèrent aux mains de Pompée dans la forteresse de Cénon, il dit qu'il y avait des lettres de Monime au Roi et du Roi à Monime, où la passion s'exprimait avec peu de retenue : Ἐπιστολαί τε Μονίμης πρὸς αὐτὸν ἀκόλαστοι, καὶ πάλιν ἐκείνου πρὸς αὐτήν. (*Vie de Pompée*, chapitre xxxvii.)

1. Dans la *Vie de Lucullus*, chapitre xviii. Nous indiquons ci-après les passages où le texte donné par Racine n'est pas conforme celui de l'édition de 1572 du Plutarque d'Amyot.

2. Var. (édit. de 1673-1687) : dans notre langage moderne.

3. Racine a retranché : « et qu'il luy eust envoyé quinze mille escus contans pour un coup. »

4. Il y a dans le texte d'Amyot : « et qu'il l'eust appelée.... » Les mots « qu'il l'eust » sont omis dans toutes les éditions imprimées du vivant de Racine.

5. « La poure dame tout le temps au-paravant depuis que ce roy.... » (*Texte d'Amyot*.)

6. « De honneur. » (*Ibidem*.)

loin du doux païs de la Grece, en lieu où elle n'avoit qu'un songe et une ombre de biens[1]; et au contraire avoit réellement perdu les véritables, dont elle jouissoit[2] au païs de sa naissance. Et quand l'eunuque fut arrivé devers elle, et luy eut fait commandement de par le Roy qu'elle eust à mourir, adonc elle s'arracha[3] d'alentour de la teste son bandeau royal; et se le nouant alentour du col, s'en pendit. Mais le bandeau ne fut pas assez fort, et se rompit incontinent. Et lors elle se prit à dire : « O maudit et malheureux tissu, ne me serviras-tu point « au moins à ce triste service ? » En disant ces paroles, elle le jetta contre terre, crachant dessus, et tendit la gorge à l'eunuque[4]. »

Xipharès étoit fils de Mithridate et d'une de ses femmes qui se nommoit Stratonice. Elle livra aux Romains une place de grande importance, où étoient les trésors de Mithridate, pour mettre son fils Xipharès dans les bonnes grâces de Pompée[5]. Il y a des historiens[6] qui prétendent

1. « Des biens qu'elle avoit esperez. » (*Texte d'Amyot.*)
2. « Dont paravant elle jouyssoit. » (*Ibidem.*)
3. Tout ce passage est un peu différent dans le texte d'Amyot. Racine y a fait des changements, parce qu'il n'a voulu appliquer qu'à Monime ce que Plutarque dit de plusieurs sœurs et femmes de Mithridate, telles que Roxane, Statira, Bérénice et Monime, vers qui ce roi avait envoyé « son valet de chambre Bacchilides leur porter nouvelles qu'il leur convenoit à toutes de mourir. » Voici la phrase que Racine a légèrement modifiée : « Et quand ce Bacchilides fut arrivé devers elles, et leur eust fait commandement de par le Roy, qu'elles eussent à eslire la manière de mourir qui leur sembleroit à chacune plus aisée et la moins douloureuse, elle s'arracha..., etc. »
4. « Tendit la gorge à Bacchilides pour la luy coupper. » (*Texte d'Amyot.*)
5. Voyez le livre d'Appien sur la *Guerre de Mithridate*, chapitre CVII. Plutarque, *Vie de Pompée*, chapitre XXXVI, parle aussi de la trahison de Stratonice, et donne des détails sur l'origine de cette femme de Mithridate.
6. Appien, dans le chapitre que nous venons de citer.

que Mithridate fit mourir ce jeune prince, pour se venger de la perfidie de sa mère.

Je ne dis rien de Pharnace. Car qui ne sait pas que ce fut lui qui souleva contre Mithridate ce qui lui restoit de troupes, et qui força ce prince à se vouloir empoisonner, et à se passer son épée au travers du corps pour ne pas tomber entre les mains de ses ennemis ? C'est ce même Pharnace qui fut vaincu depuis par Jules César, et qui fut tué ensuite dans une autre bataille[1].

[1]. Voyez Appien, *Guerre de Mithridate*, chapitre cxx ; Plutarque, *Vie de César*, chapitre L ; et dans les *Commentaires* d'Hirtius Pansa le livre sur la *Guerre d'Alexandrie*, chapitres LXXII-LXXVII. La bataille où César, avec trois légions, tailla en pièces toute l'armée de Pharnace, fut livrée près de la ville de Zéla, dans le Pont, où Mithridate avait autrefois défait Triarius. On connaît le bulletin de la victoire de César : « Veni, vidi, vici. » — Pharnace fut tué plus tard dans une bataille qu'il livra l'an 47 avant J. C. à Asandre, gouverneur du Bosphore révolté contre lui.

ACTEURS.

MITHRIDATE, roi de Pont et de quantité d'autres royaumes.
MONIME, accordée avec Mithridate, et déjà déclarée reine.
PHARNACE,
XIPHARÈS,   } fils de Mithridate, mais de différentes mères[1].
ARBATE, confident de Mithridate, et gouverneur de la place de Nymphée.
PHÆDIME[2], confidente de Monime.
ARCAS, domestique de Mithridate.
Gardes.

La scène est à Nymphée, port de mer sur le Bosphore Cimmérien, dans la Taurique Chersonèse[3].

1. Xipharès, comme le dit Racine dans sa préface, avait pour mère Stratonice; la mère de Pharnace était une sœur de Mithridate, du nom de Laodice.

2. Dans toutes les éditions imprimées du vivant de Racine, on lit *Phœdime*, avec un *œ*, contrairement à l'étymologie. C'est sans doute une faute des imprimeurs qui s'est perpétuée.

3. Dans les éditions de 1673 et de 1676 on lit : « La scène est à Nymphée, port de mer dans le Bosphore Cimmérien, autrement dit la Taurique Chersonèse. » — Toutes les éditions imprimées du vivant de Racine ont la *Taurique Chersonèse*, et non, comme on dit aujourd'hui, la *Chersonèse Taurique*. — La ville de Nymphée était située entre Panticapée et Théodosia. C'est à Panticapée que Dion Cassius (livre XXXVII, chapitre XII) place le dernier acte de la vie de Mithridate. Quant à Nymphée, Appien (*Guerre de Mithridate*, chapitre CVIII) compte cette place forte parmi celles qui firent défection, lorsque Mithridate vint chercher un refuge dans la Chersonèse.

MITHRIDATE,

TRAGÉDIE.

ACTE I.

SCÈNE PREMIERE.

XIPHARÈS, ARBATE.

XIPHARÈS.

On nous faisoit, Arbate, un fidèle rapport :
Rome en effet triomphe, et Mithridate est mort.
Les Romains, vers l'Euphrate, ont attaqué mon père[1],
Et trompé dans la nuit sa prudence ordinaire.
Après un long combat, tout son camp dispersé   5
Dans la foule des morts, en fuyant, l'a laissé ;
Et j'ai su qu'un soldat dans les mains de Pompée
Avec son diadème a remis son épée.
Ainsi ce roi, qui seul a durant quarante ans[2]
Lassé tout ce que Rome eut de chefs importants,   10
Et qui dans l'Orient balançant la fortune,

---

1. Voyez Plutarque, *Vie de Pompée*, chapitre XXXII; Appien, *Guerre de Mithridate*, chapitre C; et Dion Cassius, livre XXXVI, chapitre XXXII.
2. Voyez Appien, *Affaires de Syrie*, chapitre XLVIII, et *Guerre de Mithridate*, chapitre CXII. Florus, livre III, chapitre V, dit aussi que Mithridate résista pendant quarante ans aux Romains. Justin, livre XXXVII, chapitre I, porte à quarante-six ans la durée de cette guerre, qu'une inscription citée par Pline, livre VII, chapitre XXVII, réduit à trente ans.

Vengeoit de tous les rois la querelle commune,
Meurt, et laisse après lui, pour venger son trépas,
Deux fils infortunés qui ne s'accordent pas.

ARBATE.

Vous, Seigneur! Quoi? l'ardeur de régner en sa place[1]
Rend déjà Xipharès ennemi de Pharnace?

XIPHARÈS.

Non, je ne prétends point, cher Arbate, à ce prix
D'un malheureux empire acheter le débris.
Je sais en lui des ans respecter l'avantage ;
Et content des Etats marqués pour mon partage,   20
Je verrai sans regret tomber entre ses mains
Tout ce que lui promet l'amitié des Romains.

ARBATE.

L'amitié des Romains! Le fils de Mithridate,
Seigneur! Est-il bien vrai?

XIPHARÈS.

    N'en doute point, Arbate.
Pharnace, dès longtemps tout Romain dans le cœur[2], 25
Attend tout maintenant de Rome et du vainqueur.
Et moi, plus que jamais à mon père fidèle,
Je conserve aux Romains une haine immortelle
Cependant et ma haine et ses prétentions
Sont les moindres sujets de nos divisions.   30

ARBATE.

Et quel autre intérêt contre lui vous anime?

XIPHARÈS.

Je m'en vais t'étonner. Cette belle Monime,

---

1. *Var.* Vous, Seigneur! Quoi? l'amour de régner en sa place. (1673-87)
2. Mithridate le dit aussi plus bas, vers 516-518. Cependant, jusqu'au moment de la grande trahison de Pharnace, rien sans doute n'avait pu la faire prévoir; car c'est lui, et non Xipharès, qui était, suivant Appien (chapitre cx), le fils chéri de Mithridate, celui à qui il destinait l'héritage de ses États. Nous ne faisons pas cette remarque pour reprocher à Racine de n'avoir pas servilement suivi l'histoire, mais pour constater la part d'invention du poëte dans *Mithridate*.

Qui du Roi notre père attira tous les vœux,
Dont Pharnace, après lui, se déclare amoureux....

ARBATE.

Hé bien, Seigneur?

XIPHARÈS.

Je l'aime, et ne veux plus m'en taire,
Puisqu'enfin pour rival je n'ai plus que mon frère.
Tu ne t'attendois pas sans doute à ce discours;
Mais ce n'est point, Arbate, un secret de deux jours.
Cet amour s'est longtemps accru dans le silence.
Que n'en puis-je à tes yeux marquer la violence, 40
Et mes premiers soupirs, et mes derniers ennuis?
Mais en l'état funeste où nous sommes réduits,
Ce n'est guère le temps d'occuper ma mémoire
A rappeler le cours d'une amoureuse histoire.
Qu'il te suffise donc, pour me justifier, 45
Que je vis, que j'aimai la Reine le premier;
Que mon père ignoroit jusqu'au nom de Monime,
Quand je conçus pour elle un amour légitime.
Il la vit. Mais au lieu d'offrir à ses beautés
Un hymen, et des vœux dignes d'être écoutés, 50
Il crut que sans prétendre une plus haute gloire,
Elle lui céderoit une indigne victoire.
Tu sais par quels efforts il tenta sa vertu,
Et que lassé d'avoir vainement combattu,
Absent, mais toujours plein de son amour extrême, 55
Il lui fit par tes mains porter son diadème[1].
Juge de mes douleurs, quand des bruits trop certains
M'annoncèrent du Roi l'amour et les desseins;
Quand je sus qu'à son lit Monime réservée,
Avoit pris, avec toi, le chemin de Nymphée! 60

1. Toutes ces circonstances sont conformes à ce que Plutarque rapporte au chapitre XVIII de la *Vie de Lucullus*, dont Racine a donné dans sa préface une grande partie, d'après la traduction d'Amyot.

Hélas! ce fut encor dans ce temps odieux[1]
Qu'aux offres des Romains ma mère ouvrit les yeux[2];
Ou pour venger sa foi par cet hymen trompée,
Ou ménageant pour moi la faveur de Pompée,
Elle trahit mon père, et rendit aux Romains 65
La place et les trésors confiés en ses mains[3].
Quel devins-je au récit du crime de ma mère!
Je ne regardai plus mon rival dans mon père;
J'oubliai mon amour par le sien traversé :
Je n'eus devant les yeux que mon père offensé. 70
J'attaquai les Romains; et ma mère éperdue
Me vit, en reprenant cette place rendue,
A mille coups mortels contre eux me dévouer,
Et chercher, en mourant, à la désavouer.
L'Euxin, depuis ce temps, fut libre, et l'est encore; 75
Et des rives de Pont aux rives du Bosphore,
Tout reconnut mon père, et ses heureux vaisseaux
N'eurent plus d'ennemis que les vents et les eaux.
Je voulois faire plus. Je prétendois, Arbate,
Moi-même à son secours m'avancer vers l'Euphrate. 80
Je fus soudain frappé du bruit de son trépas.
Au milieu de mes pleurs, je ne le cèle pas,
Monime, qu'en tes mains mon père avoit laissée,
Avec tous ses attraits revint en ma pensée.
Que dis-je? en ce malheur je tremblai pour ses jours; 85
Je redoutai du Roi les cruelles amours.
Tu sais combien de fois ses jalouses tendresses
Ont pris soin d'assurer la mort de ses maîtresses.
Je volai vers Nymphée; et mes tristes regards

1. *Var.* Hélas! j'appris encor dans ce temps odieux. (1673)
2. Dans les éditions publiées du vivant de Racine, la ponctuation n'indique pas où il faut couper la phrase : il n'y a qu'une virgule après le vers 62; n'y en a qu'une aussi après le vers 64.
3. Voyez ci-dessus, page 20, et note 5.

Rencontrèrent Pharnace au pied de ses remparts[1]. 90
J'en conçus, je l'avoue, un présage funeste.
Tu nous reçus tous deux, et tu sais tout le reste.
Pharnace, en ses desseins toujours impétueux,
Ne dissimula point ses vœux présomptueux.
De mon père à la Reine il conta la disgrâce, 95
L'assura de sa mort, et s'offrit en sa place.
Comme il le dit, Arbate, il veut l'exécuter.
Mais enfin, à mon tour, je prétends éclater.
Autant que mon amour respecta la puissance
D'un père, à qui je fus dévoué dès l'enfance, 100
Autant ce même amour, maintenant révolté,
De ce nouveau rival brave l'autorité.
Ou Monime, à ma flamme elle-même contraire,
Condamnera l'aveu que je prétends lui faire ;
Ou bien, quelques malheurs qu'il en puisse avenir, 105
Ce n'est que par ma mort qu'on la peut obtenir.
  Voilà tous les secrets que je voulois t'apprendre.
C'est à toi de choisir quel parti tu dois prendre,
Qui des deux te paroît plus digne de ta foi,
L'esclave des Romains, ou le fils de ton roi. 110
Fier de leur amitié, Pharnace croit peut-être
Commander dans Nymphée, et me parler en maître.
Mais ici mon pouvoir ne connoît point le sien :
Le Pont est son partage, et Colchos[2] est le mien ;
Et l'on sait que toujours la Colchide et ses princes 115
Ont compté ce Bosphore au rang de leurs provinces.

ARBATE.

Commandez-moi, Seigneur. Si j'ai quelque pouvoir,

1. *Var.* Virent d'abord Pharnace au pied de ses remparts. (1673-87)
2. Le mot *Colchos*, lorsqu'on le rencontre dans les écrivains latins, est l'accusatif pluriel de *Colchi*, les peuples de la Colchide. L. Racine fait remarquer dans l'*Examen* de *Mithridate*, que Bossuet, Rollin, et l'abbé Gédoyn, dans son *Pausanias*, ont nommé la ville de Colchos, qui cependant n'a jamais existé. Corneille a souvent fait de même : voyez l'article *Colchos* dans la *Table* de ses Œuvres, tome X, p. 521.

Mon choix est déjà fait, je ferai mon devoir.
Avec le même zèle, avec la même audace
Que je servois le père et gardois cette place 120
Et contre votre frère, et même contre vous,
Après la mort du Roi, je vous sers contre tous.
Sans vous, ne sais-je pas que ma mort assurée,
De Pharnace en ces lieux alloit suivre l'entrée?
Sais-je pas que mon sang, par ses mains répandu, 125
Eût souillé ce rempart contre lui défendu?
Assurez-vous du cœur et du choix de la Reine.
Du reste, ou mon crédit n'est plus qu'une ombre vaine,
Ou Pharnace, laissant le Bosphore en vos mains,
Ira jouir ailleurs des bontés des Romains. 130

XIPHARÈS.

Que ne devrai-je point à cette ardeur extrême!
Mais on vient. Cours, ami : c'est Monime elle-même[1].

SCÈNE II.

MONIME, XIPHARÈS.

MONIME.

Seigneur, je viens à vous. Car enfin aujourd'hui,
Si vous m'abandonnez, quel sera mon appui?
Sans parents, sans amis, désolée et craintive, 135
Reine longtemps de nom, mais en effet captive,
Et veuve maintenant sans avoir eu d'époux,
Seigneur, de mes malheurs ce sont là les plus doux.
Je tremble à vous nommer l'ennemi qui m'opprime.
J'espère toutefois qu'un cœur si magnanime 140
Ne sacrifiera point les pleurs des malheureux
Aux intérêts du sang qui vous unit tous deux.

1. *Var.* Mais on vient. Cours, ami : c'est la Reine elle-même. (1673-87)

ACTE I, SCÈNE II.

Vous devez à ces mots reconnoître Pharnace.
C'est lui, Seigneur, c'est lui dont la coupable audace
Veut, la force à la main, m'attacher à son sort 145
Par un hymen pour moi plus cruel que la mort.
Sous quel astre ennemi faut-il que je sois née?
Au joug d'un autre hymen sans amour destinée,
A peine je suis libre et goûte quelque paix,
Qu'il faut que je me livre à tout ce que je hais. 150
Peut-être je devrois, plus humble en ma misère,
Me souvenir du moins que je parle à son frère.
Mais, soit raison, destin, soit que ma haine en lui
Confonde les Romains dont il cherche l'appui,
Jamais hymen formé sous le plus noir auspice, 155
De l'hymen que je crains n'égala le supplice.
Et si Monime en pleurs ne vous peut émouvoir,
Si je n'ai plus pour moi que mon seul désespoir,
Au pied du même autel où je suis attendue,
Seigneur, vous me verrez, à moi-même rendue, 160
Percer ce triste cœur qu'on veut tyranniser,
Et dont jamais encor je n'ai pu disposer.

XIPHARÈS.

Madame, assurez-vous de mon obéissance;
Vous avez dans ces lieux une entière puissance.
Pharnace ira, s'il veut, se faire craindre ailleurs. 165
Mais vous ne savez pas encor tous vos malheurs.

MONIME.

Hé! quel nouveau malheur peut affliger Monime,
Seigneur?

XIPHARÈS.

    Si vous aimer c'est faire un si grand crime,
Pharnace n'en est pas seul coupable aujourd'hui;
Et je suis mille fois plus criminel que lui. 170

MONIME.

Vous!

XIPHARÈS.

Mettez ce malheur au rang des plus funestes;
Attestez, s'il le faut, les puissances célestes
Contre un sang malheureux, né pour vous tourmenter,
Père, enfants animés à vous persécuter.
Mais avec quelque ennui que vous puissiez apprendre 175
Cet amour criminel qui vient de vous surprendre,
Jamais tous vos malheurs ne sauroient approcher
Des maux que j'ai soufferts en le voulant cacher.
Ne croyez point pourtant que semblable à Pharnace,
Je vous serve aujourd'hui pour me mettre en sa place. 180
Vous voulez être à vous, j'en ai donné ma foi,
Et vous ne dépendrez ni de lui ni de moi.
Mais quand je vous aurai pleinement satisfaite,
En quels lieux avez-vous choisi votre retraite?
Sera-ce loin, Madame, ou près de mes États? 185
Me sera-t-il permis d'y conduire vos pas?
Verrez-vous d'un même œil le crime et l'innocence?
En fuyant mon rival, fuirez-vous ma présence?
Pour prix d'avoir si bien secondé vos souhaits,
Faudra-t-il me résoudre à ne vous voir jamais? 190

MONIME.

Ah! que m'apprenez-vous?

XIPHARÈS.

Hé quoi? belle Monime,
Si le temps peut donner quelque droit légitime,
Faut-il vous dire ici que le premier de tous
Je vous vis, je formai le dessein d'être à vous,
Quand vos charmes naissants, inconnus à mon père, 195
N'avoient encor paru qu'aux yeux de votre mère?
Ah! si par mon devoir forcé de vous quitter,
Tout mon amour alors ne put pas éclater,
Ne vous souvient-il plus, sans compter tout le reste,
Combien je me plaignis de ce devoir funeste? 200

ACTE I, SCÈNE II.

Ne vous souvient-il plus, en quittant vos beaux yeux,
Quelle vive douleur attendrit mes adieux?
Je m'en souviens tout seul. Avouez-le, Madame,
Je vous rappelle un songe effacé de votre âme.
Tandis que loin de vous, sans espoir de retour,   205
Je nourrissois encore un malheureux amour,
Contente, et résolue à l'hymen de mon père,
Tous les malheurs du fils ne vous affligeoient guère[1].

MONIME.

Hélas!

XIPHARÈS.

Avez-vous plaint un moment mes ennuis?

MONIME.

Prince.... n'abusez point de l'état où je suis.   210

XIPHARÈS.

En abuser, ô ciel! quand je cours vous défendre,
Sans vous demander rien, sans oser rien prétendre;
Que vous dirai-je enfin? lorsque je vous promets
De vous mettre en état de ne me voir jamais!

MONIME.

C'est me promettre plus que vous ne sauriez faire.   215

XIPHARÈS.

Quoi? malgré mes serments, vous croyez le contraire?
Vous croyez qu'abusant de mon autorité,
Je prétends attenter à votre liberté?
On vient, Madame, on vient. Expliquez-vous, de grâce.
Un mot.

MONIME.

Défendez-moi des fureurs de Pharnace.   220
Pour me faire, Seigneur, consentir à vous voir,
Vous n'aurez pas besoin d'un injuste pouvoir.

---

1. *Var.* Tous les malheurs du fils ne vous occupoient guère. (1673)

XIPHARÈS.

Ah ! Madame....

MONIME.

Seigneur, vous voyez votre frère.

SCÈNE III.

MONIME, PHARNACE, XIPHARÈS.

PHARNACE.

Jusques à quand, Madame, attendrez-vous mon père ?
Des témoins de sa mort viennent à tous moments   225
Condamner votre doute et vos retardements.
Venez, fuyez l'aspect de ce climat sauvage,
Qui ne parle à vos yeux que d'un triste esclavage.
Un peuple obéissant vous attend à genoux,
Sous un ciel plus heureux et plus digne de vous.   230
Le Pont vous reconnoît dès longtemps pour sa reine :
Vous en portez encor la marque souveraine ;
Et ce bandeau royal fut mis sur votre front
Comme un gage assuré de l'empire de Pont.
Maître de cet État que mon père me laisse,   235
Madame, c'est à moi d'accomplir sa promesse.
Mais il faut, croyez-moi, sans attendre plus tard,
Ainsi que notre hymen presser notre départ.
Nos intérêts communs et mon cœur le demandent.
Prêts à vous recevoir, mes vaisseaux vous attendent,   240
Et du pied de l'autel vous y pouvez monter,
Souveraine des mers qui vous doivent porter.

MONIME.

Seigneur, tant de bontés ont lieu de me confondre.
Mais puisque le temps presse, et qu'il faut vous répondre,
Puis-je, laissant la feinte et les déguisements,   245

Vous découvrir ici mes secrets sentiments¹?
PHARNACE.
Vous pouvez tout.
MONIME.
Je crois que je vous suis connue.
Éphèse est mon pays²; mais je suis descendue
D'aïeux, ou rois, Seigneur, ou héros, qu'autrefois
Leur vertu, chez les Grecs, mit au-dessus des rois. 250
Mithridate me vit. Éphèse, et l'Ionie,
A son heureux empire étoit alors unie³.
Il daigna m'envoyer ce gage de sa foi.
Ce fut pour ma famille une suprême loi :
Il fallut obéir. Esclave couronnée, 255
Je partis pour l'hymen où j'étois destinée.
Le Roi, qui m'attendoit au sein de ses États,
Vit emporter ailleurs ses desseins et ses pas,
Et tandis que la guerre occupoit son courage,
M'envoya dans ces lieux éloignés de l'orage. 260
J'y vins : j'y suis encor. Mais cependant, Seigneur,
Mon père paya cher ce dangereux honneur,
Et les Romains vainqueurs, pour première victime,
Prirent Philopœmen⁴, le père de Monime.
Sous ce titre funeste il se vit immoler; 265

1. *Var.* Puis-je, en vous proposant mes plus chers intérêts,
   Vous découvrir ici mes sentiments secrets? (1673-87)
— Racine, en changeant ces deux vers, n'a pas pris garde que ceux qu'il y a substitués ressemblent un peu trop aux vers 285 et 286.
2. Plutarque, *Vie de Lucullus*, chapitre xviii, dit que Monime était de Milet : Μονίμη δὲ Μιλησία. Suivant Appien (*Guerre de Mithridate*, chapitre xxi), ce fut à Stratonicée, ville de Carie, que le roi de Pont, revenant d'Ionie, vit pour la première fois Monime, fille de Philopœmen. Le même historien nous apprend (*ibidem*, chapitre xlvii) que Mithridate confia le gouvernement d'Éphèse à Philopœmen. Mais quel était ce Philopœmen? Descendait-il du grand chef achéen qui avait porté le même nom, comme Racine paraît l'insinuer? Ni Appien ni Plutarque n'en disent rien.
3. *Var.* A son heureux empire étoit encore unie. (1673-87)
4. C'est une fiction du poëte.

Et c'est de quoi, Seigneur, j'ai voulu vous parler.
Quelque juste fureur dont je sois animée,
Je ne puis point à Rome opposer une armée;
Inutile témoin de tous ses attentats,
Je n'ai pour me venger ni sceptre ni soldats; 270
Enfin, je n'ai qu'un cœur. Tout ce que je puis faire[1],
C'est de garder la foi que je dois à mon père,
De ne point dans son sang aller tremper mes mains
En épousant en vous l'allié des Romains.

PHARNACE.

Que parlez-vous de Rome et de son alliance? 275
Pourquoi tout ce discours et cette défiance?
Qui vous dit qu'avec eux je prétends m'allier?

MONIME.

Mais vous-même, Seigneur, pouvez-vous le nier?
Comment m'offririez-vous l'entrée et la couronne
D'un pays que partout leur armée environne[2], 280
Si le traité secret qui vous lie aux Romains
Ne vous en assuroit l'empire et les chemins?

PHARNACE.

De mes intentions je pourrois vous instruire,
Et je sais les raisons que j'aurois à vous dire,
Si laissant en effet les vains déguisements, 285
Vous m'aviez expliqué vos secrets sentiments[3].
Mais enfin je commence, après tant de traverses,
Madame, à rassembler vos excuses diverses;
Je crois voir l'intérêt que vous voulez celer,
Et qu'un autre qu'un père ici vous fait parler. 290

XIPHARÈS.

Quel que soit l'intérêt qui fait parler la Reine[4],

---

1. *Var.* Seigneur, je n'ai qu'un cœur. Tout ce que je puis faire. (1673-87)
2. *Var.* D'un pays que la guerre et leur camp environne. (1673-87)
3. *Var.* Si vous-même laissant ces vains déguisements,
   Vous m'aviez expliqué vos propres sentiments. (1673-87)
4. Xipharès, qui a pour rival son frère, et qui, en présence de Monime,

La réponse, Seigneur, doit-elle être incertaine?
Et contre les Romains votre ressentiment
Doit-il pour éclater balancer un moment?
Quoi? nous aurons d'un père entendu la disgrâce,   295
Et lents à le venger, prompts à remplir sa place,
Nous mettrons notre honneur et son sang en oubli?
Il est mort : savons-nous s'il est enseveli?
Qui sait si dans le temps que votre âme empressée
Forme d'un doux hymen l'agréable pensée,   300
Ce roi, que l'Orient tout plein de ses exploits
Peut nommer justement le dernier de ses rois [1],
Dans ses propres États privé de sépulture,
Ou couché sans honneur dans une foule obscure,
N'accuse point le ciel qui le laisse outrager,   305
Et des indignes fils qui n'osent le venger [2]?
Ah! ne languissons plus dans un coin du Bosphore.
Si dans tout l'univers quelque roi libre encore,
Parthe, Scythe ou Sarmate, aime sa liberté,
Voilà nos alliés : marchons de ce côté.   310
Vivons, ou périssons dignes de Mithridate;
Et songeons bien plutôt, quelque amour qui nous flatte,

dont il est aimé, reproche à Pharnace ses complaisances pour les Romains, rappelle tellement Nicomède, rival d'Attale, et préféré par Laodice, qu'il est difficile de croire que la tragi-comédie de Corneille n'ait rien suggéré à Racine dans la conception de quelques-uns des caractères et de quelques-unes des situations de *Mithridate.* Voyez ci-dessus la *Notice*, p. 15.

1. Racine se souvenait peut-être que Velleius Paterculus (livre II, chapitre XL) appelle Mithridate le dernier des rois indépendants, si l'on excepte les rois parthes : « Ultimus omnium juris sui regum, præter Parthicos. »

2. Louis Racine, dans son *Examen de Mithridate*, dit sur ce vers : « Il faut nécessairement *d'indignes;* je crois que c'est une faute d'imprimeur qui s'est conservée dans toutes les éditions. L'auteur avoit mis, selon les apparences : *et deux indignes fils.* » Cependant nous ne pouvons, comme l'ont fait quelques éditeurs, changer une leçon qui est celle de tous les textes imprimés du vivant de l'auteur. — Boileau, à ce que rapporte Brossette (manuscrit de la Bibliothèque impériale, p. 44), convenait qu'il y avait une faute dans ce vers. Brossette pensait, comme Louis Racine, qu'il devait y avoir : « et deux indignes fils, » ou encore: « et ses indignes fils. »

A défendre du joug et nous et nos États,
Qu'à contraindre des cœurs qui ne se donnent pas.

PHARNACE.

Il sait vos sentiments. Me trompois-je, Madame ? 315
Voilà cet intérêt si puissant sur votre âme,
Ce père, ces Romains que vous me reprochez.

XIPHARÈS.

J'ignore de son cœur les sentiments cachés ;
Mais je m'y soumettrois sans vouloir rien prétendre,
Si, comme vous, Seigneur, je croyois les entendre. 320

PHARNACE.

Vous feriez bien ; et moi, je fais ce que je doi :
Votre exemple n'est pas une règle pour moi.

XIPHARÈS.

Toutefois en ces lieux je ne connois personne
Qui ne doive imiter l'exemple que je donne.

PHARNACE.

Vous pourriez à Colchos vous expliquer ainsi. 325

XIPHARÈS.

Je le puis à Colchos, et je le puis ici.

PHARNACE.

Ici ? Vous y pourriez rencontrer votre perte....

SCÈNE IV.

MONIME, PHARNACE, XIPHARÈS, PHÆDIME.

PHÆDIME.

Princes, toute la mer est de vaisseaux couverte ;
Et bientôt, démentant le faux bruit de sa mort,
Mithridate lui-même arrive dans le port. 330

MONIME.

Mithridate !

ACTE I, SCÈNE IV.

XIPHARÈS.

Mon père!

PHARNACE.

Ah! que viens-je d'entendre?

PHÆDIME.

Quelques vaisseaux légers sont venus nous l'apprendre :
C'est lui-même ; et déjà, pressé de son devoir,
Arbate loin du bord l'est allé recevoir.

XIPHARÈS.

Qu'avons-nous fait?

MONIME, à Xipharès.

Adieu, prince. Quelle nouvelle ! 335

SCÈNE V.

PHARNACE, XIPHARÈS.

PHARNACE.

Mithridate revient? Ah! fortune cruelle!
Ma vie et mon amour tous deux courent hasard.
Les Romains que j'attends arriveront trop tard.

(A Xipharès.)

Comment faire? J'entends que votre cœur soupire,
Et j'ai conçu l'adieu qu'elle vient de vous dire, 340
Prince ; mais ce discours demande un autre temps[1] :
Nous avons aujourd'hui des soins plus importants.
Mithridate revient, peut-être inexorable :
Plus il est malheureux, plus il est redoutable.
Le péril est pressant plus que vous ne pensez. 345
Nous sommes criminels, et vous le connoissez.
Rarement l'amitié désarme sa colère ;

---

1. *Var.* Mais nous en parlerons peut-être en d'autres temps. (1673-87)

Ses propres fils n'ont point de juge plus sévère ;
Et nous l'avons vu même à ses cruels soupçons
Sacrifier deux fils pour de moindres raisons [1]. 350
Craignons pour vous, pour moi, pour la Reine elle-même :
Je la plains d'autant plus que Mithridate l'aime.
Amant avec transport, mais jaloux sans retour,
Sa haine va toujours plus loin que son amour.
Ne vous assurez point sur l'amour qu'il vous porte : 355
Sa jalouse fureur n'en sera que plus forte.
Songez-y. Vous avez la faveur des soldats,
Et j'aurai des secours que je n'explique pas.
M'en croirez-vous ? Courons assurer notre grâce :
Rendons-nous, vous et moi, maîtres de cette place ; 360
Et faisons qu'à ses fils il ne puisse dicter
Que les conditions qu'ils voudront accepter.

XIPHARÈS.

Je sais quel est mon crime, et je connois mon père ;
Et j'ai par-dessus vous le crime de ma mère ;
Mais quelque amour encor qui me pût éblouir, 365
Quand mon père paroît, je ne sais qu'obéir.

PHARNACE.

Soyons-nous donc au moins fidèles l'un à l'autre :
Vous savez mon secret, j'ai pénétré le vôtre.
Le Roi, toujours fertile en dangereux détours,
S'armera contre nous de nos moindres discours. 370

---

1. Un de ces deux fils était Macharès, qu'il fit périr après le combat nocturne où Pompée fut vainqueur ; mais il ne le sacrifia pas *pour de moindres raisons* : Macharès avait embrassé le parti des Romains (voyez Dion Cassius, livre XXXVI, chapitre XXXII). D'après Appien (*Guerre de Mithridate*, chapitre CII), Macharès se tua lui-même. Le même Appien (*ibidem*, chapitre CXII), faisant le portrait de Mithridate, dit « qu'il fut cruel et sanguinaire, qu'il devint le meurtrier de sa mère, de son frère, de trois fils et de trois filles. » Le second fils mis à mort par Mithridate n'est pas nommé par les historiens. Le troisième fut ce même Xipharès qui, dans la tragédie de Racine, survit à son père.

Vous savez sa coutume, et sous quelles tendresses
Sa haine sait cacher ses trompeuses adresses.
Allons. Puisqu'il le faut, je marche sur vos pas.
Mais en obéissant ne nous trahissons pas.

FIN DU PREMIER ACTE.

ACTE II.

SCÈNE PREMIÈRE.
MONIME, PHÆDIME.

PHÆDIME.
Quoi? vous êtes ici quand Mithridate arrive, 375
Quand, pour le recevoir, chacun court sur la rive?
Que faites-vous, Madame? et quel ressouvenir
Tout à coup vous arrête, et vous fait revenir?
N'offenserez-vous point un roi qui vous adore,
Qui presque votre époux....

MONIME.
Il ne l'est pas encore, 380
Phædime; et jusque-là je crois que mon devoir
Est de l'attendre ici, sans l'aller recevoir.

PHÆDIME.
Mais ce n'est point, Madame, un amant ordinaire.
Songez qu'à ce grand roi promise par un père,
Vous avez de ses feux un gage solennel, 385
Qu'il peut, quand il voudra, confirmer à l'autel.
Croyez-moi, montrez-vous, venez à sa rencontre.

MONIME.
Regarde en quel état tu veux que je me montre.
Vois ce visage en pleurs; et loin de le chercher,
Dis-moi plutôt, dis-moi que je m'aille cacher. 390

PHÆDIME.
Que dites-vous? O Dieux!

MONIME.
Ah! retour qui me tue!

Malheureuse ! comment paroîtrai-je à sa vue,
Son diadème au front, et dans le fond du cœur,
Phædime.... Tu m'entends, et tu vois ma rougeur.

PHÆDIME.

Ainsi vous retombez dans les mêmes alarmes 395
Qui vous ont dans la Grèce arraché tant de larmes?
Et toujours Xipharès revient vous traverser?

MONIME.

Mon malheur est plus grand que tu ne peux penser.
Xipharès ne s'offroit alors à ma mémoire
Que tout plein de vertus, que tout brillant de gloire; 400
Et je ne savois pas que pour moi plein de feux,
Xipharès des mortels fût le plus amoureux.

PHÆDIME.

Il vous aime, Madame? Et ce héros aimable....

MONIME.

Est aussi malheureux que je suis misérable.
Il m'adore, Phædime; et les mêmes douleurs 405
Qui m'affligeoient ici le tourmentoient ailleurs.

PHÆDIME.

Sait-il en sa faveur jusqu'où va votre estime?
Sait-il que vous l'aimez?

MONIME.

Il l'ignore, Phædime.
Les Dieux m'ont secourue; et mon cœur affermi
N'a rien dit, ou du moins n'a parlé qu'à demi. 410
Hélas! si tu savois, pour garder le silence,
Combien ce triste cœur s'est fait de violence!
Quels assauts, quels combats j'ai tantôt soutenus!
Phædime, si je puis, je ne le verrai plus.
Malgré tous les efforts que je pourrois me faire, 415
Je verrois ses douleurs, je ne pourrois me taire.
Il viendra, malgré moi, m'arracher cet aveu.
Mais n'importe, s'il m'aime, il en jouira peu;

Je lui vendrai si cher ce bonheur qu'il ignore,
Qu'il vaudroit mieux pour lui qu'il l'ignorât encore. 420

PHÆDIME.

On vient. Que faites-vous, Madame ?

MONIME.

Je ne puis.
Je ne paroîtrai point dans le trouble où je suis.

SCÈNE II.

MITHRIDATE, PHARNACE, XIPHARÈS, ARBATE, Gardes.

MITHRIDATE.

Princes, quelques raisons que vous me puissiez dire,
Votre devoir ici n'a point dû vous conduire,
Ni vous faire quitter, en de si grands besoins, 425
Vous le Pont, vous Colchos, confiés à vos soins [1].
Mais vous avez pour juge un père qui vous aime.
Vous avez cru des bruits que j'ai semés moi-même ;
Je vous crois innocents, puisque vous le voulez,
Et je rends grâce au ciel qui nous a rassemblés. 430
Tout vaincu que je suis, et voisin du naufrage,
Je médite un dessein digne de mon courage.
Vous en serez tantôt instruits plus amplement.
Allez, et laissez-moi reposer un moment.

---

[1]. Un souvenir du jeu de Baron dans cette scène a été souvent rappelé dans les divers recueils d'anecdotes dramatiques. Dans les *Mémoires* de Préville entre autres (p. 123), on le trouve cité en ces termes : « Baron marquait avec beaucoup d'intelligence et une finesse de sentiment supérieure l'amour de Mithridate pour Xipharès et sa haine contre Pharnace. Il disait au dernier : « Vous le Pont » avec la hauteur d'un maître et la froide sévérité d'un juge; et à Xipharès : « Vous Colchos » avec l'expression d'un père tendre qui fait des reproches à un fils dont la vertu n'a pas rempli son attente. »

SCÈNE III.

MITHRIDATE, ARBATE.

MITHRIDATE.

Enfin, après un an, tu me revois, Arbate, 435
Non plus, comme autrefois, cet heureux Mithridate
Qui de Rome toujours balançant le destin,
Tenois entre elle et moi l'univers incertain.
Je suis vaincu. Pompée a saisi l'avantage
D'une nuit qui laissoit peu de place au courage. 440
Mes soldats presque nus, dans l'ombre intimidés,
Les rangs de toutes parts mal pris et mal gardés,
Le désordre partout redoublant les alarmes,
Nous-mêmes contre nous tournant nos propres armes,
Les cris que les rochers renvoyoient plus affreux, 445
Enfin toute l'horreur d'un combat ténébreux :
Que pouvoit la valeur dans ce trouble funeste?
Les uns sont morts, la fuite a sauvé tout le reste;
Et je ne dois la vie, en ce commun effroi,
Qu'au bruit de mon trépas que je laisse après moi. 450
Quelque temps inconnu, j'ai traversé le Phase;
Et de là, pénétrant jusqu'au pied du Caucase[1],
Bientôt dans des vaisseaux sur l'Euxin préparés,
J'ai rejoint de mon camp les restes séparés.
Voilà par quels malheurs poussé dans le Bosphore, 455
J'y trouve des malheurs qui m'attendoient encore.
Toujours du même amour tu me vois enflammé :
Ce cœur nourri de sang, et de guerre affamé,

---

1. Le Phase, fleuve de la Colchide, qui se jette dans le Pont-Euxin. Le Caucase, chaîne de montagnes qui s'étend entre le Pont-Euxin et la mer Caspienne. — Le chemin que Racine fait suivre à Mithridate, dans cette fuite, est celui qu'indiquent les récits de Plutarque et de Dion Cassius.

Malgré le faix des ans et du sort qui m'opprime,
Traîne partout l'amour qui l'attache à Monime, 460
Et n'a point d'ennemis qui lui soient odieux
Plus que deux fils ingrats que je trouve en ces lieux.

ARBATE.

Deux fils, Seigneur?

MITHRIDATE.

Écoute. A travers ma colère,
Je veux bien distinguer Xipharès de son frère.
Je sais que de tout temps à mes ordres soumis, 465
Il hait autant que moi nos communs ennemis;
Et j'ai vu sa valeur, à me plaire attachée,
Justifier pour lui ma tendresse cachée.
Je sais même, je sais avec quel désespoir,
A tout autre intérêt préférant son devoir, 470
Il courut démentir une mère infidèle,
Et tira de son crime une gloire nouvelle;
Et je ne puis encor ni n'oserois penser
Que ce fils si fidèle ait voulu m'offenser.
Mais tous deux en ces lieux que pouvoient-ils attendre?
L'un et l'autre à la Reine ont-ils osé prétendre?
Avec qui semble-t-elle en secret s'accorder?
Moi-même de quel œil dois-je ici l'aborder?
Parle. Quelque desir qui m'entraîne auprès d'elle,
Il me faut de leurs cœurs rendre un compte fidèle. 480
Qu'est-ce qui s'est passé? Qu'as-tu vu? Que sais-tu?
Depuis quel temps, pourquoi, comment t'es-tu rendu?

ARBATE.

Seigneur, depuis huit jours l'impatient Pharnace
Aborda le premier au pied de cette place,
Et de votre trépas autorisant le bruit, 485
Dans ces murs aussitôt voulut être introduit.
Je ne m'arrêtai point à ce bruit téméraire;
Et je n'écoutois rien, si le prince son frère,

Bien moins par ses discours, Seigneur, que par ses pleurs,
Ne m'eût en arrivant confirmé vos malheurs. 490
MITHRIDATE.
Enfin que firent-ils?
ARBATE.
Pharnace entroit à peine
Qu'il courut de ses feux entretenir la Reine,
Et s'offrir d'assurer par un hymen prochain[1]
Le bandeau qu'elle avoit reçu de votre main.
MITHRIDATE.
Traître! sans lui donner le loisir de répandre 495
Les pleurs que son amour auroit dus à ma cendre!
Et son frère?
ARBATE.
Son frère, au moins jusqu'à ce jour,
Seigneur, dans ses desseins n'a point marqué d'amour;
Et toujours avec vous son cœur d'intelligence
N'a semblé respirer que guerre et que vengeance. 500
MITHRIDATE.
Mais encor quel dessein le conduisoit ici?
ARBATE.
Seigneur, vous en serez tôt ou tard éclairci.
MITHRIDATE.
Parle, je te l'ordonne, et je veux tout apprendre.
ARBATE.
Seigneur, jusqu'à ce jour, ce que j'ai pu comprendre,
Ce prince a cru pouvoir, après votre trépas, 505
Compter cette province au rang de ses États;
Et sans connoître ici de lois que son courage,
Il venoit par la force appuyer son partage.
MITHRIDATE.
Ah! c'est le moindre prix qu'il se doit proposer,

---

1. *Var.* Et s'offrit d'assurer par un hymen prochain. (1673 et 76)

Si le ciel de mon sort me laisse disposer. 510
Oui, je respire, Arbate, et ma joie est extrême.
Je tremblois, je l'avoue, et pour un fils que j'aime,
Et pour moi qui craignois de perdre un tel appui,
Et d'avoir à combattre un rival tel que lui.
Que Pharnace m'offense, il offre à ma colère 515
Un rival dès longtemps soigneux de me déplaire,
Qui toujours des Romains admirateur secret,
Ne s'est jamais contre eux déclaré qu'à regret.
Et s'il faut que pour lui Monime prévenue
Ait pu porter ailleurs une amour qui m'est due, 520
Malheur au criminel qui vient me la ravir,
Et qui m'ose offenser et n'ose me servir!
L'aime-t-elle?

ARBATE.
Seigneur, je vois venir la Reine.

MITHRIDATE.
Dieux, qui voyez ici mon amour et ma haine,
Épargnez mes malheurs, et daignez empêcher 525
Que je ne trouve encor ceux que je vais chercher.
Arbate, c'est assez : qu'on me laisse avec elle.

SCÈNE IV.

MITHRIDATE, MONIME.

MITHRIDATE.
Madame, enfin le ciel près de vous me rappelle,
Et secondant du moins mes plus tendres souhaits,
Vous rend à mon amour plus belle que jamais. 530
Je ne m'attendois pas que de notre hyménée
Je dusse voir si tard arriver la journée,
Ni qu'en vous retrouvant, mon funeste retour

Fît voir mon infortune, et non pas mon amour[1].
C'est pourtant cet amour, qui de tant de retraites 535
Ne me laisse choisir que les lieux où vous êtes;
Et les plus grands malheurs pourront me sembler doux,
Si ma présence ici n'en est point un pour vous.
C'est vous en dire assez, si vous voulez m'entendre.
Vous devez à ce jour dès longtemps vous attendre; 540
Et vous portez, Madame, un gage de ma foi
Qui vous dit tous les jours que vous êtes à moi.
Allons donc assurer cette foi mutuelle.
Ma gloire loin d'ici vous et moi nous appelle;
Et sans perdre un moment pour ce noble dessein, 545
Aujourd'hui votre époux, il faut partir demain.

MONIME.

Seigneur, vous pouvez tout. Ceux par qui je respire
Vous ont cédé sur moi leur souverain empire;
Et quand vous userez de ce droit tout-puissant,
Je ne vous répondrai qu'en vous obéissant. 550

MITHRIDATE.

Ainsi, prête à subir un joug qui vous opprime,
Vous n'allez à l'autel que comme une victime;
Et moi, tyran d'un cœur qui se refuse au mien,
Même en vous possédant je ne vous devrai rien.
Ah! Madame, est-ce là de quoi me satisfaire? 555
Faut-il que désormais, renonçant à vous plaire,
Je ne prétende plus qu'à vous tyranniser?
Mes malheurs, en un mot, me font-ils mépriser?
Ah! pour tenter encor de nouvelles conquêtes,
Quand je ne verrois pas des routes toutes prêtes, 560
Quand le sort ennemi m'auroit jeté plus bas,
Vaincu, persécuté, sans secours, sans États,
Errant de mers en mers, et moins roi que pirate,

1. *Var.* Ni qu'en vous revoyant, mon funeste retour
Marquât mon infortune, et non pas mon amour. (1673)

Conservant pour tous biens le nom de Mithridate [1],
Apprenez que suivi d'un nom si glorieux, 565
Partout de l'univers j'attacherois les yeux ;
Et qu'il n'est point de rois, s'ils sont dignes de l'être,
Qui, sur le trône assis, n'enviassent peut-être
Au-dessus de leur gloire un naufrage élevé,
Que Rome et quarante ans ont à peine achevé. 570
Vous-même, d'un autre œil me verriez-vous, Madame,
Si ces Grecs vos aïeux revivoient dans votre âme?
Et puisqu'il faut enfin que je sois votre époux,
N'étoit-il pas plus noble, et plus digne de vous,
De joindre à ce devoir votre propre suffrage, 575
D'opposer votre estime au destin qui m'outrage,
Et de me rassurer, en flattant ma douleur,
Contre la défiance attachée au malheur?
Hé quoi? n'avez-vous rien, Madame, à me répondre?
Tout mon empressement ne sert qu'à vous confondre.
Vous demeurez muette ; et loin de me parler,
Je vois, malgré vos soins, vos pleurs prêts à couler.

MONIME.

Moi, Seigneur? Je n'ai point de larmes à répandre.
J'obéis. N'est-ce pas assez me faire entendre?
Et ne suffit-il pas....

MITHRIDATE.

Non, ce n'est pas assez. 585
Je vous entends ici mieux que vous ne pensez.
Je vois qu'on m'a dit vrai. Ma juste jalousie
Par vos propres discours est trop bien éclaircie.
Je vois qu'un fils perfide, épris de vos beautés,
Vous a parlé d'amour, et que vous l'écoutez. 590

1. Racine paraît s'être souvenu de ce passage de Cicéron dans le *Discours pour Muréna*, chapitre XVI : « Qua ex pugna quum se ille (*Mithridates*) eri-
« puisset, et Bosporum confugisset, quo exercitus adire non posset, etiam in
« extrema fortuna et fuga nomen tamen retinuit regium. »

ACTE II, SCÈNE IV.

Je vous jette pour lui dans des craintes nouvelles.
Mais il jouira peu de vos pleurs infidèles,
Madame; et désormais tout est sourd à mes lois,
Ou bien vous l'avez vu pour la dernière fois.
Appelez Xipharès.

MONIME.

Ah! que voulez-vous faire ? 595
Xipharès....

MITHRIDATE.

Xipharès n'a point trahi son père.
Vous vous pressez en vain de le désavouer;
Et ma tendre amitié ne peut que s'en louer.
Ma honte en seroit moindre, ainsi que votre crime,
Si ce fils en effet digne de votre estime 600
A quelque amour encore avoit pu vous forcer.
Mais qu'un traître, qui n'est hardi qu'à m'offenser,
De qui nulle vertu n'accompagne l'audace,
Que Pharnace, en un mot, ait pu prendre ma place?
Qu'il soit aimé, Madame, et que je sois haï? 605

SCÈNE V.

MITHRIDATE, MONIME, XIPHARÈS.

MITHRIDATE.

Venez, mon fils, venez, votre père est trahi.
Un fils audacieux insulte à ma ruine,
Traverse mes desseins, m'outrage, m'assassine,
Aime la Reine enfin, lui plaît, et me ravit
Un cœur que son devoir à moi seul asservit. 610
Heureux pourtant, heureux que dans cette disgrâce
Je ne puisse accuser que la main de Pharnace;
Qu'une mère infidèle, un frère audacieux

Vous présentent en vain leur exemple odieux !
Oui, mon fils, c'est vous seul sur qui je me repose, 615
Vous seul qu'aux grands desseins que mon cœur se propose
J'ai choisi dès longtemps pour digne compagnon,
L'héritier de mon sceptre, et surtout de mon nom.
Pharnace, en ce moment, et ma flamme offensée
Ne peuvent pas tout seuls[1] occuper ma pensée. 620
D'un voyage important les soins et les apprêts,
Mes vaisseaux qu'à partir il faut tenir tout prêts,
Mes soldats dont je veux tenter la complaisance,
Dans ce même moment demandent ma présence.
Vous cependant ici veillez pour mon repos ; 625
D'un rival insolent arrêtez les complots.
Ne quittez point la Reine ; et s'il se peut, vous-même
Rendez-la moins contraire aux vœux d'un roi qui l'aime.
Détournez-la, mon fils, d'un choix injurieux.
Juge sans intérêt, vous la convaincrez mieux. 630
En un mot, c'est assez éprouver ma foiblesse :
Qu'elle ne pousse point cette même tendresse,
Que sais-je ? à des fureurs dont mon cœur outragé
Ne se repentiroit qu'après s'être vengé[2].

SCÈNE VI.

MONIME, XIPHARÈS.

XIPHARÈS.

Que dirai-je, Madame ? et comment dois-je entendre
Cet ordre, ce discours que je ne puis comprendre ?

---

1. Dans l'édition de 1673 : « tous seuls. »
2. Presque tous les commentateurs de Racine ont déjà fait remarquer que ces vers semblent imités de celui qu'Ovide met dans la bouche de Médée :

Quo feret ira, sequar ; facti fortasse pigebit.

(*Héroïdes*, épître XII, vers 209.)

ACTE II, SCÈNE VI.

Seroit-il vrai, grands Dieux! que trop aimé de vous,
Pharnace eût en effet mérité ce courroux?
Pharnace auroit-il part à ce désordre extrême?

MONIME.

Pharnace? O ciel! Pharnace? Ah! qu'entends-je moi-même?
Ce n'est donc pas assez que ce funeste jour
A tout ce que j'aimois m'arrache sans retour,
Et que de mon devoir esclave infortunée,
A d'éternels ennuis je me voie enchaînée?
Il faut qu'on joigne encor l'outrage à mes douleurs! 645
A l'amour de Pharnace on impute mes pleurs!
Malgré toute ma haine, on veut qu'il m'ait su plaire!
Je le pardonne au Roi, qu'aveugle sa colère,
Et qui de mes secrets ne peut être éclairci.
Mais vous, Seigneur, mais vous, me traitez-vous ainsi?

XIPHARÈS.

Ah! Madame, excusez un amant qui s'égare,
Qui lui-même, lié par un devoir barbare,
Se voit prêt de[1] tout perdre, et n'ose se venger.
Mais des fureurs du Roi que puis-je enfin juger?
Il se plaint qu'à ses vœux un autre amour s'oppose. 655
Quel heureux criminel en peut être la cause?
Qui? Parlez.

MONIME.

Vous cherchez, Prince, à vous tourmenter.
Plaignez votre malheur, sans vouloir l'augmenter.

XIPHARÈS.

Je sais trop quel tourment je m'apprête moi-même.
C'est peu de voir un père épouser ce que j'aime : 660
Voir encore un rival honoré de vos pleurs,
Sans doute c'est pour moi le comble des malheurs;

---

1. *Prêt de*, et non *près de*, est l'orthographe de toutes les éditions imprimées du vivant de Racine. Cette locution chez lui est fréquente, et nous ne la faisons pas toujours remarquer. Voyez le *Lexique*.

Mais dans mon désespoir je cherche à les accroître.
Madame, par pitié, faites-le-moi connoître.
Quel est-il, cet amant? Qui dois-je soupçonner? 665
MONIME.
Avez-vous tant de peine à vous l'imaginer?
Tantôt, quand je fuyois une injuste contrainte,
A qui contre Pharnace ai-je adressé ma plainte?
Sous quel appui tantôt mon cœur s'est-il jeté?
Quel amour ai-je enfin sans colère écouté? 670
XIPHARÈS.
O ciel! Quoi? je serois ce bienheureux coupable
Que vous avez pu voir d'un regard favorable?
Vos pleurs pour Xipharès auroient daigné couler?
MONIME.
Oui, Prince, il n'est plus temps de le dissimuler:
Ma douleur pour se taire a trop de violence. 675
Un rigoureux devoir me condamne au silence;
Mais il faut bien enfin, malgré ses dures lois,
Parler pour la première et la dernière fois [1].
Vous m'aimez dès longtemps. Une égale tendresse
Pour vous, depuis longtemps, m'afflige et m'intéresse.
Songez depuis quel jour ces funestes appas
Firent naître un amour qu'ils ne méritoient pas;
Rappelez un espoir qui ne vous dura guère [2],
Le trouble où vous jeta l'amour de votre père,
Le tourment de me perdre et de le voir heureux, 685
Les rigueurs d'un devoir contraire à tous nos vœux :
Vous n'en sauriez, Seigneur, retracer la mémoire [3],

---

1. Antiochus, déclarant son amour pour Bérénice, dit aussi :

   Au moins souvenez-vous que je cède à vos lois,
   Et que vous m'écoutez pour la dernière fois.
   (*Bérénice*, acte I, scène IV, vers 185 et 186.)

2. *Var.* Les plaisirs d'un espoir qui ne vous dura guère. (1673-87)
3. *Var.* Vous n'en sauriez, Seigneur, rappeler la mémoire. (1673-87)

ACTE II, SCÈNE VI. 53

Ni conter vos malheurs, sans conter mon histoire;
Et lorsque ce matin j'en écoutois le cours,
Mon cœur vous répondoit tous vos mêmes discours. 690
Inutile, ou plutôt funeste sympathie!
Trop parfaite union par le sort démentie!
Ah! par quel soin cruel le ciel avoit-il joint
Deux cœurs que l'un pour l'autre il ne destinoit point?
Car quel que soit vers vous le penchant qui m'attire, 695
Je vous le dis, Seigneur, pour ne plus vous le dire,
Ma gloire me rappelle et m'entraîne à l'autel,
Où je vais vous jurer un silence éternel.
J'entends, vous gémissez; mais telle est ma misère.
Je ne suis point à vous, je suis à votre père[1]. 700
Dans ce dessein, vous-même, il faut me soutenir,
Et de mon foible cœur m'aider à vous bannir.
J'attends du moins, j'attends de votre complaisance
Que désormais partout vous fuirez ma présence[2].
J'en viens de dire assez pour vous persuader 705
Que j'ai trop de raisons de vous le commander.
Mais après ce moment, si ce cœur magnanime
D'un véritable amour a brûlé pour Monime,
Je ne reconnois plus la foi de vos discours
Qu'au soin que vous prendrez de m'éviter toujours. 710

XIPHARÈS.

Quelle marque, grands Dieux! d'un amour déplorable!
Combien en un moment heureux et misérable!
De quel comble de gloire et de félicités,

---

1. Louis Racine, dans ses *Remarques* (tome I, p. 511 et 512), donne ici une variante que nous ne trouvons dans aucune des anciennes éditions:

Je ne suis point à moi, je suis à votre père;

et il ajoute, comme si elle était la leçon généralement adoptée: « J'ai vu dans une édition: *Je ne suis point à vous*, au lieu de: *Je ne suis point à moi*. C'est une faute grossière d'impression. »

2. *Var.* Que désormais partout vous fuyez ma présence. (1673-87) Dans cette variante, les éditions de 1673 et de 1676 ont *fuyez*, et non *fuyiez;* celle de 1687 a *fuiés*.

Dans quel abîme affreux vous me précipitez!
Quoi? j'aurai pu toucher un cœur comme le vôtre? 715
Vous aurez pu m'aimer? et cependant un autre
Possédera ce cœur dont j'attirois les vœux?
Père injuste, cruel, mais d'ailleurs malheureux!...
Vous voulez que je fuie, et que je vous évite?
Et cependant le Roi m'attache à votre suite. 720
Que dira-t-il?

MONIME.

N'importe, il me faut obéir.
Inventez des raisons qui puissent l'éblouir.
D'un héros tel que vous c'est là l'effort suprême :
Cherchez, Prince, cherchez, pour vous trahir vous-même,
Tout ce que, pour jouir de leurs contentements, 725
L'amour fait inventer aux vulgaires amants.
Enfin je me connois, il y va de ma vie.
De mes foibles efforts ma vertu se défie.
Je sais qu'en vous voyant, un tendre souvenir
Peut m'arracher du cœur quelque indigne soupir[1]; 730
Que je verrai mon âme, en secret déchirée,
Revoler vers le bien dont elle est séparée.
Mais je sais bien aussi que s'il dépend de vous
De me faire chérir un souvenir si doux,
Vous n'empêcherez pas que ma gloire offensée 735
N'en punisse aussitôt la coupable pensée;
Que ma main dans mon cœur ne vous aille chercher,
Pour y laver ma honte, et vous en arracher.
Que dis-je? En ce moment, le dernier qui nous reste,

---

1. Il y a dans ce rôle d'incontestables réminiscences des vertueux combats de Pauline dans la tragédie de *Polyeucte*. Dans la scène IV du premier acte, Pauline dit à Félix :

> Mon père, je suis femme, et je sens ma foiblesse;
> Je sens déjà mon cœur qui pour lui s'intéresse,
> Et poussera sans doute, en dépit de ma foi,
> Quelque soupir indigne et de vous et de moi.
> (*Polyeucte*, vers 341-344.)

Je me sens arrêter par un plaisir funeste[1].   740
Plus je vous parle, et plus, trop foible que je suis,
Je cherche à prolonger le péril que je fuis.
Il faut pourtant, il faut se faire violence ;
Et sans perdre en adieux un reste de constance,
Je fuis. Souvenez-vous, Prince, de m'éviter,   745
Et méritez les pleurs que vous m'allez coûter.

XIPHARÈS.

Ah! Madame.... Elle fuit, et ne veut plus m'entendre.
Malheureux Xipharès, quel parti dois-tu prendre?
On t'aime, on te bannit : toi-même tu vois bien
Que ton propre devoir s'accorde avec le sien.   750
Cours par un prompt trépas abréger ton supplice.
Toutefois attendons que son sort s'éclaircisse[2] ;
Et s'il faut qu'un rival la ravisse à ma foi,
Du moins, en expirant, ne la cédons qu'au Roi[3].

1. Pauline dit semblablement à Sévère :
> Hélas! cette vertu, quoique enfin invincible,
> Ne laisse que trop voir une âme trop sensible.
> Ces pleurs en sont témoins, et ces lâches soupirs
> Qu'arrachent de nos feux les cruels souvenirs :
> Trop rigoureux effets d'une aimable présence,
> Contre qui mon devoir a trop peu de défense!
> Mais si vous estimez ce vertueux devoir,
> Conservez-m'en la gloire, et cessez de me voir.
> Epargnez-moi des pleurs qui coulent à ma honte ;
> Épargnez-moi des feux qu'à regret je surmonte ;
> Enfin épargnez-moi ces tristes entretiens,
> Qui ne font qu'irriter vos tourments et les miens.
> (*Polyeucte*, acte II, scène II, vers 533-544.)

2. *Var.* Cours par un prompt trépas abréger ta misère.
Toutefois observons et Pharnace et mon père. (1673-87)

3. On peut comparer cette scène avec la scène V de l'acte I du *Don Carlos* de Schiller. La situation a des traits frappants de ressemblance ; mais il n'y en a aucune dans la manière dont l'ont traitée les deux poëtes, si différents par le génie, par le goût et par le système dramatique qu'ils avaient adopté. Un commentateur de Racine (voyez l'édition de Petitot) avait déjà remarqué que la prétendue passion de don Carlos pour Élisabeth de France rappelait celle de Xipharès pour Monime ; et il en concluait, avec peu de vraisemblance selon nous, que le bruit de cette passion répandu à la cour de France avait pu suggérer à Racine l'idée de quelques passages de sa pièce.

FIN DU SECOND ACTE.

ACTE III.

SCÈNE PREMIÈRE.

MITHRIDATE, PHARNACE, XIPHARÈS.

MITHRIDATE.

Approchez, mes enfants. Enfin l'heure est venue[1]   755
Qu'il faut que mon secret éclate à votre vue.
A mes nobles projets je vois tout conspirer[2];
Il ne me reste plus qu'à vous les déclarer.
    Je fuis : ainsi le veut la fortune ennemie.
Mais vous savez trop bien l'histoire de ma vie   760
Pour croire que longtemps soigneux de me cacher,
J'attende en ces déserts qu'on me vienne chercher.
La guerre a ses faveurs, ainsi que ses disgrâces.
Déjà plus d'une fois, retournant sur mes traces,
Tandis que l'ennemi, par ma fuite trompé,   765
Tenoit après son char un vain peuple occupé,
Et gravant en airain ses frêles avantages,
De mes États conquis enchaînoit les images,
Le Bosphore m'a vu, par de nouveaux apprêts,
Ramener la terreur du fond de ses marais,   770
Et chassant les Romains de l'Asie étonnée,
Renverser en un jour l'ouvrage d'une année.
D'autres temps, d'autres soins. L'Orient accablé
Ne peut plus soutenir leur effort redoublé.

---

1. *Var.* Venez, Princes, venez. Enfin l'heure est venue. (1673)
2. *Var.* A mes justes desseins je vois tout conspirer. (1673-87)

Il voit plus que jamais ses campagnes couvertes 775
De Romains que la guerre enrichit de nos pertes[1].
Des biens des nations ravisseurs altérés[2],
Le bruit de nos trésors les a tous attirés :
Ils y courent en foule; et jaloux l'un de l'autre,
Désertent leur pays pour inonder le nôtre. 780
Moi seul je leur résiste. Ou lassés, ou soumis,
Ma funeste amitié pèse à tous mes amis :
Chacun à ce fardeau veut dérober sa tête.
Le grand nom de Pompée assure sa conquête[3] :
C'est l'effroi de l'Asie; et loin de l'y chercher, 785
C'est à Rome, mes fils, que je prétends marcher.
Ce dessein vous surprend; et vous croyez peut-être
Que le seul désespoir aujourd'hui le fait naître.
J'excuse votre erreur; et pour être approuvés,
De semblables projets veulent être achevés. 790

Ne vous figurez point que de cette contrée
Par d'éternels remparts Rome soit séparée.
Je sais tous les chemins par où je dois passer;
Et si la mort bientôt ne me vient traverser,
Sans reculer plus loin l'effet de ma parole, 795
Je vous rends dans trois mois au pied du Capitole[4].

1. Voltaire, dans *la Henriade* (chant I), s'est souvenu de ces deux vers de Racine :

> Et l'Espagnol avide, enrichi de nos pertes,
> Vient en foule inonder nos campagnes désertes.

2. Cette expression semble avoir été suggérée à Racine par une phrase du discours que Mithridate, dans Justin (livre XXXVIII, chapitre vi), adresse à ses soldats : « Sic omnem illam populum luporum animos, inexplebiles « sanguinis atque imperii, divitiarumque avidos ac jejunos habere. »
3. *Var.* Le seul nom de Pompée assure sa conquête. (1673-87)
4. L'abbé du Bos, dans ses *Réflexions critiques* (1re partie, section ix), a beaucoup censuré ce vers et les deux suivants, en s'appuyant sur l'opinion d'un grand capitaine, qui est évidemment le prince Eugène de Savoie. Le prince et l'écrivain critique peuvent avoir raison dans les objections qu'ils font à ce passage de *Mithridate*; mais Louis Racine a eu raison aussi de trouver une exactitude excessive et un peu pédantesque dans cette querelle géogra-

Doutez-vous que l'Euxin ne me porte en deux jours
Aux lieux où le Danube y vient finir son cours ?
Que du Scythe avec moi l'alliance jurée
De l'Europe en ces lieux ne me livre l'entrée ?   800
Recueilli dans leurs ports, accru de leurs soldats,
Nous verrons notre camp grossir à chaque pas.
Daces, Pannoniens, la fière Germanie,
Tous n'attendent qu'un chef contre la tyrannie.
Vous avez vu l'Espagne[1], et surtout les Gaulois,   805

phique à laquelle l'abbé du Bos semble attacher trop d'importance. Voici, quelle qu'en soit la valeur, la réflexion de l'abbé du Bos :

« Doutez-vous que l'Euxin ne me porte en deux jours..., etc.

Il en pouvoit bien douter, dit un prince qui a commandé des armées sur le bord du Danube, et qui, comme Mithridate, a conservé sa réputation de grand capitaine dans l'une et l'autre fortune, puisque la chose est réellement impossible. L'armée navale de Mithridate, en partant des environs d'Asaph et du détroit de Caffa, où Racine établit la scène de sa pièce, avoit près de trois cents lieues à faire avant que de débarquer sur les rives du Danube. Des vaisseaux qui naviguent en flotte, et qui n'ont d'autre moyen d'avancer que des rames et des voiles, ne sauroient se promettre de faire cette route en moins de huit ou dix jours. M. Racine, sans craindre d'ôter le merveilleux de l'entreprise de Mithridate, pouvoit bien encore accorder six mois de marche à son armée, qui avoit sept cents lieues à faire pour arriver à Rome. Le vers qu'il fait dire à Mithridate :

Je vous rends dans trois mois au pied du Capitole,

révolte ceux qui ont quelque connoissance de la distance des lieux.... »

Si le prince Eugène a fait l'observation que rapporte l'abbé du Bos, ce fut nécessairement à une époque où Racine n'eût pu en faire son profit pour des corrections dont il ne se soucioit plus. L'année où parut *Mithridate* le prince Eugène était encore enfant.

1. Ce fut Mithridate qui, suivant Cicéron, envoya des ambassadeurs aux Espagnols : « Usque in Hispaniam legatos Ecbatanis misit ad eos duces qui- « buscum tum bellum gerebamus. » (*Discours pour la loi Manilia*, chapitre IV.) Cicéron dit aussi dans le *Discours pour Muréna*, chapitre XV, que Mithridate songeait à joindre ses troupes à celles de Sertorius ; et Florus, en parlant de ce même Sertorius (livre III, chapitre XXII), s'exprime ainsi : « Ad Mithridatem « quoque Ponticosque respexit, regemque classe juvit. » Au temps où se passe l'action de la tragédie, la guerre de Sertorius était terminée depuis plusieurs années ; mais Mithridate pouvait encore avoir l'espérance de rallumer la guerre en Espagne. — Appien (*Guerre de Mithridate*, chapitre CIX) atteste que Mithridate songeait à aller se joindre aux Gaulois, avec qui il avait déjà à cet effet contracté des alliances, pour franchir les Alpes et envahir l'Italie avec eux.

Contre ces mêmes murs qu'ils ont pris autrefois
Exciter ma vengeance, et jusque dans la Grèce,
Par des ambassadeurs accuser ma paresse.
Ils savent que sur eux prêt à se déborder,
Ce torrent, s'il m'entraîne, ira tout inonder[1] ;   810
Et vous les verrez tous, prévenant son ravage,
Guider dans l'Italie et suivre mon passage.
  C'est là qu'en arrivant, plus qu'en tout le chemin,
Vous trouverez partout l'horreur du nom romain,
Et la triste Italie encor toute fumante   815
Des feux qu'a rallumés sa liberté mourante[2].
Non, Princes, ce n'est point au bout de l'univers
Que Rome fait sentir tout le poids de ses fers,
Et de près inspirant les haines les plus fortes,
Tes plus grands ennemis, Rome, sont à tes portes.   820
Ah! s'ils ont pu choisir pour leur libérateur
Spartacus, un esclave, un vil gladiateur[3],
S'ils suivent au combat des brigands qui les vengent,
De quelle noble ardeur pensez-vous qu'ils se rangent
Sous les drapeaux d'un roi longtemps victorieux,   825

1. Voltaire a presque copié ces vers dans *la Henriade* (chant IV) :

   Cet orageux torrent, prompt à se déborder,
   . . . . allait tout inonder.

2. Il y avait environ vingt-cinq ans que la guerre sociale ou guerre des Marses avait pris fin. Suivant Diodore, les alliés avaient envoyé une ambassade à Mithridate pour implorer son secours. Dans le discours rapporté par Justin (livre XXXVIII, chapitre IV ; voyez ci-dessus, p. 57, note 2), Mithridate rappelle aussi à ses soldats la guerre sociale qui a mis Rome en péril : « Ac « ne veteribus immoretur exemplis, hoc ipso tempore universam Italiam bello « Marsico consurrexisse, non jam libertatem, sed consortium imperii civita- « tisque poscentem. »

3. Appien (*Guerre de Mithridate*, chapitre CIX) a suggéré à Racine plusieurs des idées de ce discours : « Mithridate savait, dit-il, que presque tous les Italiens, associés dans leur haine, s'étaient naguère révoltés contre Rome, lui avaient fait une longue guerre, et avaient même soutenu contre eux Spartacus, un vil gladiateur : Σπαρτάκῳ τε μονομάχῳ συστᾶσαν ἐπ' αὐτοὺς ἀνδρὶ ἐπ' οὐδεμιᾶς ἀξιώσεως ὄντι. »

Qui voit jusqu'à Cyrus remonter ses aïeux [1]?
Que dis-je? En quel état croyez-vous la surprendre?
Vide de légions qui la puissent défendre,
Tandis que tout s'occupe à me persécuter,
Leurs femmes, leurs enfants pourront-ils m'arrêter? 830
  Marchons; et dans son sein rejetons cette guerre
Que sa fureur envoie aux deux bouts de la terre.
Attaquons dans leurs murs ces conquérants si fiers;
Qu'ils tremblent, à leur tour, pour leurs propres foyers.
Annibal l'a prédit, croyons-en ce grand homme, 835
Jamais on ne vaincra les Romains que dans Rome [2].
Noyons-la dans son sang justement répandu.
Brûlons ce Capitole où j'étois attendu.
Détruisons ses honneurs, et faisons disparaître [3]
La honte de cent rois, et la mienne peut-être; 840
Et la flamme à la main effaçons tous ces noms
Que Rome y consacroit à d'éternels affronts.
  Voilà l'ambition dont mon âme est saisie.
Ne croyez point pourtant qu'éloigné de l'Asie
J'en laisse les Romains tranquilles possesseurs. 845
Je sais où je lui dois trouver des défenseurs.

---

1. Mithridate rappelle aussi dans son discours à ses soldats (Justin, livre XXXVIII, chapitre VII) qu'il descend de Cyrus : « Se.... clariorem illa col-« luvie convenarum esse, qui paternos majores suos a Cyro Darioque, condito-« ribus Persici regni, maternos a magno Alexandro ac Nicatore Seleuco, condi-« toribus imperii Macedonici, referat. » Appien (*Guerre de Mithridate*, chapitre CXII) dit que Mithridate était le seizième descendant de Darius, fils d'Hystaspe. Darius avait épousé une fille de Cyrus. Suivant Florus (livre III, chapitre V), Artabaze, ancien roi de Pont, descendait des sept conjurés perses : « Artabazes a septem Persis oriundus. » On dit que cet Artabaze ou Artabazane, un des ancêtres de Mithridate, était fils de Darius, et reçut le royaume de Pont, comme consolation de la préférence qui avait été donnée pour celui de Perse à son frère Xerxès.

2. « Il avait entendu raconter, dit Appien (*Guerre de Mithridate*, chapitre CIX) que cette résolution (*de porter la guerre en Italie*) avait réussi à Annibal, et que par là il s'était rendu la terreur du peuple romain. »

3. Il y a *disparêtre* par un *a* (*disparaistre*) dans toutes les éditions publiées du vivant de Racine.

Je veux que d'ennemis partout enveloppée,
Rome rappelle en vain le secours de Pompée.
Le Parthe, des Romains comme moi la terreur,
Consent de succéder à ma juste fureur ; 850
Prêt d'unir avec moi sa haine et sa famille,
Il me demande un fils pour époux à sa fille.
Cet honneur vous regarde, et j'ai fait choix de vous,
Pharnace : allez, soyez ce bienheureux époux.
Demain, sans différer, je prétends que l'Aurore 855
Découvre mes vaisseaux déjà loin du Bosphore.
Vous que rien n'y retient, partez dès ce moment,
Et méritez mon choix par votre empressement.
Achevez cet hymen ; et repassant l'Euphrate,
Faites voir à l'Asie un autre Mithridate. 860
Que nos tyrans communs en pâlissent d'effroi,
Et que le bruit à Rome en vienne jusqu'à moi.

PHARNACE.

Seigneur, je ne vous puis déguiser ma surprise.
J'écoute avec transport cette grande entreprise ;
Je l'admire ; et jamais un plus hardi dessein 865
Ne mit à des vaincus les armes à la main.
Surtout j'admire en vous ce cœur infatigable
Qui semble s'affermir sous le faix qui l'accable[1].
Mais si j'ose parler avec sincérité,
En êtes-vous réduit à cette extrémité ? 870
Pourquoi tenter si loin des courses inutiles,
Quand vos États encor vous offrent tant d'asiles,
Et vouloir affronter des travaux infinis,
Dignes plutôt d'un chef de malheureux bannis
Que d'un roi qui naguère, avec quelque apparence, 875
De l'aurore au couchant portoit son espérance,

---

1. « Attritæ jam omnes validissimi regni vires erant ; sed animus malis auge-
« batur. » (*Florus*, livre III, chapitre v.)

Fondoit sur trente États son trône florissant [1],
Dont le débris est même un empire puissant?
Vous seul, Seigneur, vous seul, après quarante années,
Pouvez encor lutter contre les destinées. 880
Implacable ennemi de Rome et du repos,
Comptez-vous vos soldats pour autant de héros?
Pensez-vous que ces cœurs, tremblants de leur défaite,
Fatigués d'une longue et pénible retraite,
Cherchent avidement sous un ciel étranger 885
La mort, et le travail pire que le danger?
Vaincus plus d'une fois aux yeux de la patrie,
Soutiendront-ils ailleurs un vainqueur en furie?
Sera-t-il moins terrible, et le vaincront-ils mieux
Dans le sein de sa ville, à l'aspect de ses dieux? 890
   Le Parthe vous recherche et vous demande un gendre.
Mais ce Parthe, Seigneur, ardent à nous défendre
Lorsque tout l'univers sembloit nous protéger,
D'un gendre sans appui voudra-t-il se charger?
M'en irai-je moi seul, rebut de la fortune, 895
Essuyer l'inconstance au Parthe si commune;
Et peut-être, pour fruit d'un téméraire amour,
Exposer votre nom au mépris de sa cour [2]?
Du moins, s'il faut céder, si contre notre usage
Il faut d'un suppliant emprunter le visage, 900
Sans m'envoyer du Parthe embrasser les genoux,
Sans vous-même implorer des rois moindres que vous,
Ne pourrions-nous pas prendre une plus sûre voie?
Jetons-nous dans les bras qu'on nous tend avec joie [3].

---

1. *Var.* Fondoit sur trente États son règne florissant. (1673-87)
— Racine donnait, ce semble, au mot *règne*, dans cette leçon, le sens du latin *regnum*, « royaume. »
2. *Var.* Exposer votre nom aux mépris de sa cour. (1673)
— Les éditions modernes ont omis cette variante.
3. *Var.* Et courir dans des bras qu'on nous tend avec joie? (1673)

ACTE III, SCÈNE I.

Rome en votre faveur facile à s'apaiser¹.... 905
XIPHARÈS.
Rome, mon frère! O ciel! qu'osez-vous proposer?
Vous voulez que le Roi s'abaisse et s'humilie?
Qu'il démente en un jour tout le cours de sa vie?
Qu'il se fie aux Romains, et subisse des lois
Dont il a quarante ans défendu tous les rois? 910
Continuez, Seigneur : tout vaincu que vous êtes,
La guerre, les périls sont vos seules retraites.
Rome poursuit en vous un ennemi fatal,
Plus conjuré contre elle et plus craint qu'Annibal.
Tout couvert de son sang, quoi que vous puissiez faire,
N'en attendez jamais qu'une paix sanguinaire,
Telle qu'en un seul jour un ordre de vos mains
La donna dans l'Asie à cent mille Romains².
   Toutefois épargnez votre tête sacrée.
Vous-même n'allez point, de contrée en contrée, 920

---

1. L'édition de Geoffroy et celle de M. Aimé-Martin changent ce vers ainsi :
> Rome en notre faveur facile à s'apaiser....

— Dans la tragédie de la Calprenède, Pharnace dit aussi à Mithridate :
> Cette reine du monde, à vaincre accoutumée,
> Se vainc par la douceur mieux que par une armée;
> Implorez la merci de ce peuple clément.
>   (*La Mort de Mithridate*, acte IV, scène III.)

2. Voyez Appien (*Guerre de Mithridate*, chapitres XXII et XXIII). — Cicéron (*Discours sur la loi Manilia*, chapitre III) a parlé aussi de cet ordre cruel donné par Mithridate : « Uno die, tota Asia, tot in civitatibus, uno nuntio atque una « literarum significatione cives Romanos necandos trucidandosque denotavit. »
— La Calprenède a fait usage du même souvenir, mais dans des vers dont la mollesse contraste singulièrement avec l'énergie de ceux de Racine. Aux conseils pusillanimes de Pharnace, qui lui fait espérer la paix, Mithridate répond

> J'ai versé trop souvent le sang de cette ville,
> Et celles de l'Asie en ont assez reçu
> Pour étouffer l'espoir que j'en aurois conçu.
> Cent mille citoyens de qui la destinée
> Se finit dans le cours d'une seule journée....
> Et mille autres témoins d'une sanglante haine
> Ne me peuvent laisser qu'une espérance vaine.
>   (*La Mort de Mithridate*, acte IV, scène III.)

Montrer aux nations Mithridate détruit,
Et de votre grand nom diminuer le bruit.
Votre vengeance est juste, il la faut entreprendre :
Brûlez le Capitole, et mettez Rome en cendre.
Mais c'est assez pour vous d'en ouvrir les chemins : 925
Faites porter ce feu par de plus jeunes mains;
Et tandis que l'Asie occupera Pharnace,
De cette autre entreprise honorez mon audace.
Commandez : laissez-nous, de votre nom suivis,
Justifier partout que nous sommes vos fils. 930
Embrasez par nos mains le couchant et l'aurore ;
Remplissez l'univers, sans sortir du Bosphore ;
Que les Romains, pressés de l'un à l'autre bout,
Doutent où vous serez, et vous trouvent partout.
  Dès ce même moment ordonnez que je parte. 935
Ici tout vous retient ; et moi, tout m'en écarte.
Et si ce grand dessein surpasse ma valeur,
Du moins ce désespoir convient à mon malheur.
Trop heureux d'avancer la fin de ma misère,
J'irai.... j'effacerai le crime de ma mère, 940
Seigneur. Vous m'en voyez rougir à vos genoux ;
J'ai honte de me voir si peu digne de vous ;
Tout mon sang doit laver une tache si noire.
Mais je cherche un trépas utile à votre gloire ;
Et Rome, unique objet d'un désespoir si beau, 945
Du fils de Mithridate est le digne tombeau.

MITHRIDATE, se levant.

Mon fils, ne parlons plus d'une mère infidèle.
Votre père est content, il connoît votre zèle,
Et ne vous verra point affronter de danger
Qu'avec vous son amour ne veuille partager. 950
Vous me suivrez : je veux que rien ne nous sépare ;
Et vous, à m'obéir, Prince, qu'on se prépare.
Les vaisseaux sont tout prêts. J'ai moi-même ordonné

ACTE III, SCÈNE I.

La suite et l'appareil qui vous est destiné.
Arbate, à cet hymen chargé de vous conduire, 955
De votre obéissance aura soin de m'instruire.
Allez, et soutenant l'honneur de vos aïeux,
Dans cet embrassement recevez mes adieux.

PHARNACE.

Seigneur....

MITHRIDATE.

Ma volonté, Prince, vous doit suffire.
Obéissez. C'est trop vous le faire redire. 960

PHARNACE.

Seigneur, si pour vous plaire il ne faut que périr,
Plus ardent qu'aucun autre on m'y verra courir.
Combattant à vos yeux, permettez que je meure.

MITHRIDATE.

Je vous ai commandé de partir tout à l'heure ;
Mais après ce moment.... Prince, vous m'entendez, 965
Et vous êtes perdu si vous me répondez.

PHARNACE.

Dussiez-vous présenter mille morts à ma vue[1],
Je ne saurois chercher une fille inconnue.
Ma vie est en vos mains.

MITHRIDATE.

Ah ! c'est où je t'attends.
Tu ne saurois partir, perfide, et je t'entends. 970
Je sais pourquoi tu fuis l'hymen où je t'envoie :
Il te fâche en ces lieux d'abandonner ta proie ;
Monime te retient. Ton amour criminel
Prétendoit l'arracher à l'hymen paternel.
Ni l'ardeur dont tu sais que je l'ai recherchée, 975
Ni déjà sur son front ma couronne attachée,
Ni cet asile même où je la fais garder,

---

1. *Var.* Seigneur, dût-on offrir mille morts à ma vue. (1673-87)

Ni mon juste courroux n'ont pu t'intimider.
Traître, pour les Romains tes lâches complaisances
N'étoient pas à mes yeux d'assez noires offenses :   930
Il te manquoit encor ces perfides amours
Pour être le supplice et l'horreur de mes jours.
Loin de t'en repentir, je vois sur ton visage
Que ta confusion ne part que de ta rage :
Il te tarde déjà qu'échappé de mes mains   935
Tu ne coures me perdre, et me vendre aux Romains.
Mais avant que partir, je me ferai justice :
Je te l'ai dit.

SCÈNE II.

MITHRIDATE, PHARNACE, XIPHARÈS,
Gardes.

MITHRIDATE.

Holà ! gardes. Qu'on le saisisse.
Oui, lui-même, Pharnace. Allez, et de ce pas
Qu'enfermé dans la tour on ne le quitte pas.

PHARNACE.

Hé bien ! sans me parer d'une innocence vaine,
Il est vrai, mon amour mérite votre haine.
J'aime : l'on vous a fait un fidèle récit.
Mais Xipharès, Seigneur, ne vous a pas tout dit.
C'est le moindre secret qu'il pouvoit vous apprendre ;   995
Et ce fils si fidèle a dû vous faire entendre
Que des mêmes ardeurs dès longtemps enflammé,
Il aime aussi la Reine, et même en est aimé.

SCÈNE III.

MITHRIDATE, XIPHARÈS.

XIPHARÈS.

Seigneur, le croirez-vous qu'un dessein si coupable....
MITHRIDATE.
Mon fils, je sais de quoi votre frère est capable.   1000
Me préserve le ciel de soupçonner jamais
Que d'un prix si cruel vous payez[1] mes bienfaits,
Qu'un fils qui fut toujours le bonheur de ma vie
Ait pu percer ce cœur qu'un père lui confie !
Je ne le croirai point. Allez : loin d'y songer,   1005
Je ne vais désormais penser qu'à nous venger[2].

SCÈNE IV.

MITHRIDATE.

Je ne le croirai point? Vain espoir qui me flatte !
Tu ne le crois que trop, malheureux Mithridate.
Xipharès mon rival? et d'accord avec lui
La Reine auroit osé me tromper aujourd'hui ?   1010
Quoi? de quelque côté que je tourne la vue,
La foi de tous les cœurs est pour moi disparue?

---

1. Toutes les éditions anciennes donnent ainsi *payez*, sans doute pour *payiez* ; le verbe suivant est au subjonctif : « ait pu percer. »

2. *Var.* Je ne vas désormais penser qu'à nous venger. (1673 et 76)
— La leçon que nous avons suivie, d'après le texte de 1697, doit être réellement celle que Racine a fini par adopter, *je vas* ayant vieilli. Dans l'édition de 1687 cependant, où cette leçon semble se montrer pour la première fois, il n'y a peut-être qu'une faute de l'imprimeur, une substitution d'*i* à *s* : on y lit *je vai*, quoique dans cette même édition *je vais* soit ailleurs écrit (au vers 1085 par exemple) avec l'orthographe ordinaire.

Tout m'abandonne ailleurs? tout me trahit ici?
Pharnace, amis, maîtresse; et toi, mon fils, aussi[1]?
Toi de qui la vertu consolant ma disgrâce.... 1015
Mais ne connois-je pas le perfide Pharnace?
Quelle foiblesse à moi d'en croire un furieux
Qu'arme contre son frère un courroux envieux[2],
Ou dont le désespoir me troublant par des fables,
Grossit, pour se sauver, le nombre des coupables! 1020
Non, ne l'en croyons point; et sans trop nous presser,
Voyons, examinons. Mais par où commencer?
Qui m'en éclaircira? quels témoins? quel indice?...
Le ciel en ce moment m'inspire un artifice.
Qu'on appelle la Reine. Oui, sans aller plus loin, 1025
Je veux l'ouïr. Mon choix s'arrête à ce témoin.
L'amour avidement croit tout ce qui le flatte.
Qui peut de son vainqueur mieux parler que l'ingrate?
Voyons qui son amour accusera des deux.
S'il n'est digne de moi, le piége est digne d'eux[3]. 1030
Trompons qui nous trahit; et pour connoître un traître,
Il n'est point de moyens.... Mais je la vois paraître[4]:
Feignons; et de son cœur, d'un vain espoir flatté,
Par un mensonge adroit tirons la vérité.

1. C'est le « Tu quoque, fili » de César.
2. *Var.* Qu'arme contre son frère un dessein envieux. (1673-87)
3. Dans la comédie de *l'Avare*, Harpagon se sert avec son fils, qui est aussi son rival, d'un semblable artifice. Voltaire, dans la préface de sa tragédie de *Mariamne*, fait remarquer qu'en quelques points l'intrigue des deux pièces se ressemble, mais il n'en conclut pas que Racine ait rendu comiques ni méprisables les faiblesses d'un grand roi.
4. Ici *paraître* est écrit par un *a* dans les anciennes éditions, et de même plus loin, au vers 1227, *connaître*, pour rimer avec le même mot *traître*. Voyez ci-dessus, p. 60, note 3.

SCÈNE V.

MITHRIDATE, MONIME.

MITHRIDATE.

Enfin j'ouvre les yeux, et je me fais justice. 1035
C'est faire à vos beautés un triste sacrifice,
Que de vous présenter, Madame, avec ma foi,
Tout l'âge et le malheur que je traîne avec moi.
Jusqu'ici la fortune et la victoire mêmes
Cachoient mes cheveux blancs sous trente diadèmes.
Mais ce temps-là n'est plus. Je régnois, et je fuis.
Mes ans se sont accrus ; mes honneurs sont détruits ;
Et mon front, dépouillé d'un si noble avantage,
Du temps, qui l'a flétri, laisse voir tout l'outrage.
D'ailleurs mille desseins partagent mes esprits : 1045
D'un camp prêt à partir vous entendez les cris ;
Sortant de mes vaisseaux, il faut que j'y remonte.
Quel temps pour un hymen qu'une fuite si prompte,
Madame ! Et de quel front vous unir à mon sort,
Quand je ne cherche plus que la guerre et la mort ? 1050
Cessez pourtant, cessez de prétendre à Pharnace.
Quand je me fais justice, il faut qu'on se la fasse [1].
Je ne souffrirai point que ce fils odieux,
Que je viens pour jamais de bannir de mes yeux,
Possédant une amour qui me fut déniée [2], 1055

---

1. A ce vers, qui a été l'objet de critiques grammaticales, comme contenant, contrairement à la règle de Vaugelas, un pronom relatif (*la*) qui se rapporte à un nom sans article, Louis Racine compare à propos cette phrase, qui est de Pascal, dans sa XIVe Lettre provinciale *sur l'Homicide* : « Elle (*l'Église*) leur défend (*à ses enfants*).... *de se faire justice* à eux-mêmes ; et c'est par son esprit que les rois chrétiens *ne se la font pas*, dans les crimes mêmes de lèse-majesté au premier chef. » — Voyez en outre les *Lexiques* de Malherbe, de Corneille et de Mme de Sévigné.

2. Louis Racine dit avoir lu dans une ancienne édition : *destinée*, au lieu de

Vous fasse des Romains devenir l'alliée.
Mon trône vous est dû. Loin de m'en repentir,
Je vous y place même, avant que de partir,
Pourvu que vous vouliez qu'une main qui m'est chère,
Un fils, le digne objet de l'amour de son père, 1060
Xipharès, en un mot, devenant votre époux,
Me venge de Pharnace, et m'acquitte envers vous.

MONIME.

Xipharès! lui, Seigneur?

MITHRIDATE.

Oui, lui-même, Madame.
D'où peut naître à ce nom le trouble de votre âme?
Contre un si juste choix qui peut vous révolter? 1065
Est-ce quelque mépris qu'on ne puisse dompter?
Je le répète encor : c'est un autre moi-même,
Un fils victorieux, qui me chérit, que j'aime,
L'ennemi des Romains, l'héritier et l'appui
D'un empire et d'un nom qui va renaître en lui; 1070
Et quoi que votre amour ait osé se promettre,
Ce n'est qu'entre ses mains que je puis vous remettre.

MONIME.

Que dites-vous? O ciel! Pourriez-vous approuver....
Pourquoi, Seigneur, pourquoi voulez-vous m'éprouver?
Cessez de tourmenter une âme infortunée. 1075
Je sais que c'est à vous que je fus destinée;
Je sais qu'en ce moment, pour ce nœud solennel,
La victime, Seigneur, nous attend à l'autel.
Venez.

MITHRIDATE.

Je le vois bien : quelque effort que je fasse,
Madame, vous voulez vous garder à Pharnace. 1080

---

déniée. Cette ancienne édition est celle d'Amsterdam, de 1698; mais c'est là une faute d'impression, et non une véritable variante.

ACTE III, SCÈNE V.

Je reconnois toujours vos injustes mépris;
Ils ont même passé sur mon malheureux fils.

MONIME.

Je le méprise !

MITHRIDATE.

Hé bien ! n'en parlons plus, Madame.
Continuez : brûlez d'une honteuse flamme.
Tandis qu'avec mon fils je vais, loin de vos yeux, 1085
Chercher au bout du monde un trépas glorieux.
Vous cependant ici servez avec son frère,
Et vendez aux Romains le sang de votre père.
Venez. Je ne saurois mieux punir vos dédains,
Qu'en vous mettant moi-même en ses serviles mains;
Et sans plus me charger du soin de votre gloire,
Je veux laisser de vous jusqu'à votre mémoire.
Allons, Madame, allons. Je m'en vais vous unir.

MONIME.

Plutôt de mille morts dussiez-vous me punir !

MITHRIDATE.

Vous résistez en vain, et j'entends votre fuite. 1095

MONIME.

En quelle extrémité, Seigneur, suis-je réduite?
Mais enfin je vous crois, et je ne puis penser
Qu'à feindre si longtemps vous puissiez vous forcer.
Les Dieux me sont témoins qu'à vous plaire bornée
Mon âme à tout son sort s'étoit abandonnée. 1100
Mais si quelque foiblesse avoit pu m'alarmer,
Si de tous ses efforts mon cœur a dû s'armer,
Ne croyez point, Seigneur, qu'auteur de mes alarmes,
Pharnace m'ait jamais coûté les moindres larmes.
Ce fils victorieux que vous favorisez, 1105
Cette vivante image en qui vous vous plaisez,
Cet ennemi de Rome, et cet autre vous-même,
Enfin ce Xipharès que vous voulez que j'aime....

MITHRIDATE.

Vous l'aimez?

MONIME.

Si le sort ne m'eût donnée à vous,
Mon bonheur dépendoit de l'avoir pour époux.
Avant que votre amour m'eût envoyé ce gage,
Nous nous aimions.... Seigneur, vous changez de visage.

MITHRIDATE.

Non, Madame. Il suffit. Je vais vous l'envoyer.
Allez. Le temps est cher. Il le faut employer.
Je vois qu'à m'obéir vous êtes disposée.
Je suis content.

MONIME, en s'en allant.

O ciel! me serois-je abusée?

SCÈNE VI.

MITHRIDATE.

Ils s'aiment. C'est ainsi qu'on se jouoit de nous.
Ah! fils ingrat. Tu vas me répondre pour tous.
Tu périras. Je sais combien ta renommée
Et tes fausses vertus ont séduit mon armée.
Perfide, je te veux porter des coups certains :
Il faut, pour te mieux perdre, écarter les mutins,
Et faisant à mes yeux partir les plus rebelles,
Ne garder près de moi que des troupes fidèles.
Allons. Mais, sans montrer un visage offensé,
Dissimulons encor, comme j'ai commencé.

FIN DU TROISIÈME ACTE.

ACTE IV.

SCÈNE PREMIÈRE.
MONIME, PHÆDIME.

MONIME.

Phædime, au nom des Dieux, fais ce que je desire :
Va voir ce qui se passe, et reviens me le dire.
Je ne sais ; mais mon cœur ne se peut rassurer.
Mille soupçons affreux viennent me déchirer.　　　　1130
Que tarde Xipharès ? et d'où vient qu'il diffère
A seconder des vœux qu'autorise son père ?
Son père, en me quittant, me l'alloit envoyer.
Mais il feignoit peut-être : il falloit tout nier.
Le Roi feignoit ? Et moi, découvrant ma pensée....　1135
O Dieux, en ce péril m'auriez-vous délaissée ?
Et se pourroit-il bien qu'à son ressentiment
Mon amour indiscret eût livré mon amant ?
Quoi, Prince ? quand, tout plein de ton amour extrême,
Pour savoir mon secret tu me pressois toi-même,　　1140
Mes refus trop cruels vingt fois te l'ont caché ;
Je t'ai même puni de l'avoir arraché ;
Et quand de toi peut-être un père se défie,
Que dis-je ? quand peut-être il y va de ta vie,
Je parle ; et trop facile à me laisser tromper.　　　1145
Je lui marque le cœur où sa main doit frapper.

PHÆDIME.

Ah ! traitez-le, Madame, avec plus de justice :
Un grand roi descend-il jusqu'à cet artifice ?

A prendre ce détour qui l'auroit pu forcer?
Sans murmure, à l'autel vous l'alliez devancer. 1150
Vouloit-il perdre un fils qu'il aime avec tendresse?
Jusqu'ici les effets secondent sa promesse :
Madame, il vous disoit qu'un important dessein,
Malgré lui, le forçoit à vous quitter demain;
Ce seul dessein l'occupe; et hâtant son voyage, 1155
Lui-même ordonne tout, présent sur le rivage.
Ses vaisseaux en tous lieux se chargent de soldats.
Et partout Xipharès accompagne ses pas.
D'un rival en fureur est-ce là la conduite?
Et voit-on ses discours démentis par la suite? 1160

MONIME.

Pharnace cependant, par son ordre arrêté,
Trouve en lui d'un rival toute la dureté.
Phædime, à Xipharès fera-t-il plus de grâce?

PHÆDIME.

C'est l'ami des Romains qu'il punit en Pharnace.
L'amour a peu de part à ses justes soupçons. 1165

MONIME.

Autant que je le puis, je cède à tes raisons :
Elles calment un peu l'ennui qui me dévore.
Mais pourtant Xipharès ne paroît point encore.

PHÆDIME.

Vaine erreur des amants, qui pleins de leurs desirs,
Voudroient que tout cédât au soin de leurs plaisirs! 1170
Qui prêts à s'irriter contre le moindre obstacle....

MONIME.

Ma Phædime, et qui peut concevoir ce miracle?
Après deux ans d'ennuis, dont tu sais tout le poids,
Quoi? je puis respirer pour la première fois?
Quoi? cher Prince, avec toi je me verrois unie? 1175
Et loin que ma tendresse eût exposé ta vie,
Tu verrois ton devoir, je verrois ma vertu

Approuver un amour si longtemps combattu?
Je pourrois tous les jours t'assurer que je t'aime?
Que ne viens-tu....

SCÈNE II.
MONIME, XIPHARÈS, PHÆDIME.

MONIME.
Seigneur, je parlois de vous-même.
Mon âme souhaitoit de vous voir en ce lieu,
Pour vous....

XIPHARÈS.
C'est maintenant qu'il faut vous dire adieu.

MONIME.
Adieu! vous?

XIPHARÈS.
Oui, Madame, et pour toute ma vie.

MONIME.
Qu'entends-je? On me disoit.... Hélas! ils m'ont trahie.

XIPHARÈS.
Madame, je ne sais quel ennemi couvert, 1185
Révélant nos secrets, vous trahit, et me perd.
Mais le Roi, qui tantôt n'en croyoit point Pharnace,
Maintenant dans nos cœurs sait tout ce qui se passe.
Il feint, il me caresse, et cache son dessein;
Mais moi, qui dès l'enfance élevé dans son sein[1], 1190
De tous ses mouvements ai trop d'intelligence,
J'ai lu dans ses regards sa prochaine vengeance.
Il presse, il fait partir tous ceux dont mon malheur
Pourroit à la révolte exciter la douleur.
De ses fausses bontés j'ai connu la contrainte. 1195

---

1. C'est un latinisme. Au chapitre XXVIII du *Dialogue sur les orateurs*, attribué à Tacite, on lit : « Gremio ac sinu matris educabatur. »

Un mot même d'Arbate a confirmé ma crainte.
Il a su m'aborder; et les larmes aux yeux :
« On sait tout, m'a-t-il dit : sauvez-vous de ces lieux. »
Ce mot m'a fait frémir du péril de ma reine,
Et ce cher intérêt est le seul qui m'amène. 1200
Je vous crains pour vous-même; et je viens à genoux
Vous prier, ma Princesse, et vous fléchir pour vous.
Vous dépendez ici d'une main violente,
Que le sang le plus cher rarement épouvante;
Et je n'ose vous dire à quelle cruauté 1205
Mithridate jaloux s'est souvent emporté.
Peut-être c'est moi seul que sa fureur menace;
Peut-être, en me perdant, il veut vous faire grâce.
Daignez, au nom des Dieux, daignez en profiter;
Par de nouveaux refus n'allez point l'irriter. 1210
Moins vous l'aimez, et plus tâchez de lui complaire;
Feignez, efforcez-vous : songez qu'il est mon père.
Vivez; et permettez que dans tous mes malheurs
Je puisse à votre amour ne coûter que des pleurs.

MONIME.

Ah! je vous ai perdu!

XIPHARÈS.

     Généreuse Monime, 1215
Ne vous imputez point le malheur qui m'opprime.
Votre seule bonté n'est point ce qui me nuit :
Je suis un malheureux que le destin poursuit;
C'est lui qui m'a ravi l'amitié de mon père,
Qui le fit mon rival, qui révolta ma mère, 1220
Et vient de susciter, dans ce moment affreux,
Un secret ennemi pour nous trahir tous deux.

MONIME.

Hé quoi? cet ennemi, vous l'ignorez encore?

XIPHARÈS.

Pour surcroît de douleur, Madame, je l'ignore.

ACTE IV, SCÈNE II.

Heureux si je pouvois, avant que m'immoler, 1225
Percer le traître cœur qui m'a pu déceler!

MONIME.

Hé bien! Seigneur, il faut vous le faire connaître.
Ne cherchez point ailleurs cet ennemi, ce traître;
Frappez : aucun respect ne vous doit retenir.
J'ai tout fait ; et c'est moi que vous devez punir. 1230

XIPHARÈS.

Vous!

MONIME.

Ah! si vous saviez, Prince, avec quelle adresse
Le cruel est venu surprendre ma tendresse!
Quelle amitié sincère il affectoit pour vous!
Content, s'il vous voyoit devenir mon époux!
Qui n'auroit cru...? Mais non, mon amour plus timide
Devoit moins vous livrer à sa bonté perfide.
Les Dieux qui m'inspiroient, et que j'ai mal suivis,
M'ont fait taire trois fois par de secrets avis[1].
J'ai dû continuer ; j'ai dû dans tout le reste....

---

1. Mlle Clairon dans ses *Mémoires*, p. 58 et 59, raconte comment elle s'y était prise pour justifier d'avance par son jeu l'exactitude de ce vers : « Dans l'acte précédent, dit-elle, où Mithridate fait avouer à Monime son secret, il est impossible de trouver plus de deux réticences. J'ai consulté toutes les éditions de Racine : toutes disent *trois*; toutes les actrices auxquelles j'ai vu jouer ce rôle disaient *trois*; toutes les recherches que j'ai faites m'ont assurée que Mlle Lecouvreur disait *trois*. Quoique *deux* soit un peu plus sourd que *trois*, il fait également la mesure du vers, et n'en détruit point l'harmonie. Il était à présumer que Racine avait eu des raisons pour préférer l'un à l'autre ; mais nulle tradition ne m'éclairait ; il ne m'appartenait pas de corriger un si grand homme ; je ne pouvais pas non plus me soumettre à dire ce que je regardais comme une faute. J'imaginai de suppléer à la troisième réticence par un jeu de visage. Dans le couplet où Mithridate dit (acte III, scène v, vers 1087 et 1088) :

Servez avec son frère,
Et vendez aux Romains le sang de votre père,

je m'avançai avec la physionomie d'une femme qui va tout dire.... et je fis à l'instant succéder un mouvement de crainte qui me défendait de parler. Le public, qui n'avait jamais vu ce jeu de théâtre, daigna me donner, en l'approuvant, le prix de toutes mes recherches. »

Que sais-je enfin? j'ai dû vous être moins funeste; 1240
J'ai dû craindre du Roi les dons empoisonnés,
Et je m'en punirai, si vous me pardonnez.

XIPHARÈS.

Quoi? Madame, c'est vous, c'est l'amour qui m'expose?
Mon malheur est parti d'une si belle cause?
Trop d'amour a trahi nos secrets amoureux? 1245
Et vous vous excusez de m'avoir fait heureux?
Que voudrois-je de plus? glorieux et fidèle,
Je meurs. Un autre sort au trône vous appelle.
Consentez-y, Madame; et sans plus résister,
Achevez un hymen qui vous y fait monter. 1250

MONIME.

Quoi? vous me demandez que j'épouse un barbare
Dont l'odieux amour pour jamais nous sépare?

XIPHARÈS.

Songez que ce matin, soumise à ses souhaits,
Vous deviez l'épouser, et ne me voir jamais.

MONIME.

Et connoissois-je alors toute sa barbarie? 1255
Ne voudriez-vous point qu'approuvant sa furie,
Après vous avoir vu tout percé de ses coups,
Je suivisse à l'autel un tyrannique époux,
Et que dans une main de votre sang fumante
J'allasse mettre, hélas! la main de votre amante? 1260
Allez : de ses fureurs songez à vous garder,
Sans perdre ici le temps à me persuader :
Le ciel m'inspirera quel parti je dois prendre.
Que seroit-ce, grands Dieux! s'il venoit vous surprendre?
Que dis-je? on vient. Allez. Courez. Vivez enfin; 1265
Et du moins attendez quel sera mon destin.

SCÈNE III.

MONIME, PHÆDIME.

PHÆDIME.

Madame, à quels périls il exposoit sa vie !
C'est le Roi.

MONIME.

   Cours l'aider à cacher sa sortie.
Va, ne le quitte point; et qu'il se garde bien
D'ordonner de son sort, sans être instruit du mien. 1270

SCÈNE IV.

MITHRIDATE, MONIME.

MITHRIDATE.

Allons, Madame, allons. Une raison secrète
Me fait quitter ces lieux et hâter ma retraite.
Tandis que mes soldats, prêts à suivre leur roi,
Rentrent dans mes vaisseaux pour partir avec moi,
Venez, et qu'à l'autel ma promesse accomplie   1275
Par des nœuds éternels l'un à l'autre nous lie.

MONIME.

Nous, Seigneur?

MITHRIDATE.

   Quoi? Madame, osez-vous balancer?

MONIME.

Et ne m'avez-vous pas défendu d'y penser?

MITHRIDATE.

J'eus mes raisons alors : oublions-les, Madame.
Ne songez maintenant qu'à répondre à ma flamme. 1280
Songez que votre cœur est un bien qui m'est dû.

MONIME.

Hé! pourquoi donc, Seigneur, me l'avez-vous rendu?

MITHRIDATE.

Quoi? pour un fils ingrat toujours préoccupée,
Vous croiriez....

MONIME.

Quoi? Seigneur, vous m'auriez donc trompée?

MITHRIDATE.

Perfide! il vous sied bien de tenir ce discours,   1285
Vous qui gardant au cœur d'infidèles amours,
Quand je vous élevois au comble de la gloire,
M'avez des trahisons préparé la plus noire.
Ne vous souvient-il plus, cœur ingrat et sans foi,
Plus que tous les Romains conjuré contre moi,   1290
De quel rang glorieux j'ai bien voulu descendre,
Pour vous porter au trône où vous n'osiez prétendre?
Ne me regardez point vaincu, persécuté :
Revoyez-moi vainqueur, et partout redouté.
Songez de quelle ardeur dans Éphèse adorée,   1295
Aux filles de cent rois je vous ai préférée;
Et négligeant pour vous tant d'heureux alliés,
Quelle foule d'États je mettois à vos pieds.
Ah! si d'un autre amour le penchant invincible
Dès lors à mes bontés vous rendoit insensible,   1300
Pourquoi chercher si loin un odieux époux[1]?
Avant que de partir, pourquoi vous taisiez-vous?
Attendiez-vous, pour faire un aveu si funeste,
Que le sort ennemi m'eût ravi tout le reste,
Et que de toutes parts me voyant accabler,   1305
J'eusse en vous le seul bien qui me pût consoler?
Cependant, quand je veux oublier cet outrage,
Et cacher à mon cœur cette funeste image,

1. *Var.* Sans chercher de si loin un odieux époux,
    [Avant que de partir, pourquoi vous taisiez-vous]? (1673)

Vous osez à mes yeux rappeler le passé,
Vous m'accusez encor, quand je suis offensé. 1310
Je vois que pour un traître un fol espoir vous flatte.
A quelle épreuve, ô ciel, réduis-tu Mithridate?
Par quel charme secret laissé-je retenir
Ce courroux si sévère et si prompt à punir?
Profitez du moment que mon amour vous donne : 1315
Pour la dernière fois, venez, je vous l'ordonne.
N'attirez point sur vous des périls superflus,
Pour un fils insolent que vous ne verrez plus.
Sans vous parer pour lui d'une foi qui m'est due,
Perdez-en la mémoire, aussi bien que la vue; 1320
Et désormais sensible à ma seule bonté,
Méritez le pardon qui vous est présenté.

MONIME.

Je n'ai point oublié quelle reconnoissance,
Seigneur, m'a dû ranger sous votre obéissance.
Quelque rang où jadis soient montés mes aïeux, 1325
Leur gloire de si loin n'éblouit point mes yeux.
Je songe avec respect de combien je suis née
Au-dessous des grandeurs d'un si noble hyménée;
Et malgré mon penchant et mes premiers desseins
Pour un fils, après vous le plus grand des humains,
Du jour que sur mon front on mit ce diadème[1],
Je renonçai, Seigneur, à ce prince, à moi-même.
Tous deux d'intelligence à nous sacrifier,
Loin de moi, par mon ordre, il couroit m'oublier.
Dans l'ombre du secret ce feu s'alloit éteindre; 1335
Et même de mon sort je ne pouvois me plaindre,
Puisqu'enfin, aux dépens de mes vœux les plus doux,
Je faisois le bonheur d'un héros tel que vous.
    Vous seul, Seigneur, vous seul, vous m'avez arrachée

---

1. *Var.* Du jour qu'on m'imposa pour vous ce diadème. (1673-87)

A cette obéissance où j'étois attachée ; 1340
Et ce fatal amour dont j'avois triomphé,
Ce feu que dans l'oubli je croyois étouffé,
Dont la cause à jamais s'éloignoit de ma vue,
Vos détours l'ont surpris, et m'en ont convaincue.
Je vous l'ai confessé, je le dois soutenir. 1345
En vain vous en pourriez perdre le souvenir ;
Et cet aveu honteux, où vous m'avez forcée,
Demeurera toujours présent à ma pensée.
Toujours je vous croirois incertain de ma foi ;
Et le tombeau, Seigneur, est moins triste pour moi 1350
Que le lit d'un époux qui m'a fait cet outrage,
Qui s'est acquis sur moi ce cruel avantage,
Et qui me préparant un éternel ennui,
M'a fait rougir d'un feu qui n'étoit pas pour lui.

MITHRIDATE.

C'est donc votre réponse ? et sans plus me complaire,
Vous refusez l'honneur que je voulois vous faire ?
Pensez-y bien. J'attends, pour me déterminer.

MONIME.

Non, Seigneur, vainement vous croyez m'étonner.
Je vous connois : je sais tout ce que je m'apprête,
Et je vois quels malheurs j'assemble sur ma tête ; 1360
Mais le dessein est pris : rien ne peut m'ébranler[1].

---

1. Mlle Clairon signale ce passage comme un de ceux qui dans le rôle de Monime lui avaient coûté le plus d'efforts et demandé le plus d'étude : « Mon grand plaisir était de me proposer à moi-même les plus grandes difficultés ; je les trouvai dans ces vers :

> Non, Seigneur, *vainement* vous voulez m'étonner.
> *Je vous connois :* je sais tout ce que je m'apprête,
> Et je vois *quels malheurs* j'assemble sur ma tête ;
> Mais le dessein est pris : *rien* ne peut m'ébranler.
> Jugez-en, puisqu'ainsi je vous ose parler,
> Et m'emporte au delà de cette modestie
> Dont jusqu'à ce moment je n'étois pas sortie, etc.

La douceur de mes sons et l'ensemble le plus modeste faisaient le contraste le plus frappant avec la valeur que je mettais aux mots que j'ai soulignés et la fermeté qui se peignait sur mon visage. » (*Mémoires*, p. 93 et 94.)

Jugez-en, puisqu'ainsi je vous ose parler,
Et m'emporte au delà de cette modestie
Dont jusqu'à ce moment je n'étois point sortie.
Vous vous êtes servi de ma funeste main   1365
Pour mettre à votre fils un poignard dans le sein.
De ses feux innocents j'ai trahi le mystère ;
Et quand il n'en perdroit que l'amour de son père,
Il en mourra, Seigneur. Ma foi ni mon amour
Ne seront point le prix d'un si cruel détour.   1370
Après cela, jugez. Perdez une rebelle ;
Armez-vous du pouvoir qu'on vous donna sur elle :
J'attendrai mon arrêt ; vous pouvez commander.
Tout ce qu'en vous quittant j'ose vous demander,
Croyez (à la vertu je dois cette justice)   1375
Que je vous trahis seule, et n'ai point de complice ;
Et que d'un plein succès vos vœux seroient suivis[1]
Si j'en croyois, Seigneur, les vœux de votre fils.

SCÈNE V.

MITHRIDATE.

Elle me quitte ! Et moi, dans un lâche silence,
Je semble de sa fuite approuver l'insolence ?   1380
Peu s'en faut que mon cœur, penchant de son côté,
Ne me condamne encor de trop de cruauté ?
Qui suis-je ? Est-ce Monime ? Et suis-je Mithridate ?
Non, non, plus de pardon, plus d'amour pour l'ingrate.
Ma colère revient, et je me reconnois.   1385
Immolons, en partant, trois ingrats à la fois.
Je vais à Rome, et c'est par de tels sacrifices
Qu'il faut à ma fureur rendre les Dieux propices.

---

1. *Var.* Et que d'un plein effet vos vœux seroient suivis. (1673-87)

Je le dois, je le puis; ils n'ont plus de support :
Les plus séditieux sont déjà loin du bord. 1390
Sans distinguer entre eux qui je hais ou qui j'aime,
Allons, et commençons par Xipharès lui-même.
 Mais quelle est ma fureur? et qu'est-ce que je dis[1]?
Tu vas sacrifier.... qui? malheureux! Ton fils?
Un fils que Rome craint? qui peut venger son père? 1395
Pourquoi répandre un sang qui m'est si nécessaire?
Ah! dans l'état funeste où ma chute m'a mis,
Est-ce que mon malheur m'a laissé trop d'amis?
Songeons plutôt, songeons à gagner sa tendresse :
J'ai besoin d'un vengeur, et non d'une maîtresse[2]. 1400
Quoi? ne vaut-il pas mieux, puisqu'il faut m'en priver,
La céder à ce fils que je veux conserver?
Cédons-la. Vains efforts, qui ne font que m'instruire
Des foiblesses d'un cœur qui cherche à se séduire!
Je brûle, je l'adore; et loin de la bannir.... 1405
Ah! c'est un crime encor dont je la veux punir[3].
Quelle pitié retient mes sentiments timides?
N'en ai-je pas déjà puni de moins perfides?
O Monime! ô mon fils! Inutile courroux!

1. Geoffroy dit avec beaucoup de raison que dans ce monologue Racine semble avoir pris pour modèle celui d'Auguste dans *Cinna* (acte IV, scène II). On y remarque les mêmes mouvements :

> Non, non, je me trahis moi-même d'y penser....
> Mais quoi? toujours du sang, et toujours des supplices!...
> O Romains, ô vengeance, ô pouvoir absolu!...

2. Don Diègue, dans *le Cid* (acte III, scène VI, vers 1058), dit à don Rodrigue :

> Nous n'avons qu'un honneur, il est tant de maîtresses!

3. Après ce vers on lit dans les éditions de 1673 à 1687 :

> Mon amour trop longtemps tient ma gloire captive.
> Qu'elle périsse seule, et que mon fils me suive.
> Un peu de fermeté, punissant ses refus,
> Me va mettre en état de ne la craindre plus.
> [Quelle pitié retient mes sentiments timides?]

Et vous, heureux Romains, quel triomphe pour vous[1],
Si vous saviez ma honte, et qu'un avis fidèle
De mes lâches combats vous portât la nouvelle!
Quoi? des plus chères mains craignant les trahisons,
J'ai pris soin de m'armer contre tous les poisons;
J'ai su, par une longue et pénible industrie, 1415
Des plus mortels venins prévenir la furie.
Ah! qu'il eût mieux valu, plus sage et plus heureux,
Et repoussant les traits d'un amour dangereux,
Ne pas laisser remplir d'ardeurs empoisonnées
Un cœur déjà glacé par le froid des années[2]! 1420
De ce trouble fatal par où dois-je sortir?

SCÈNE VI.

MITHRIDATE, ARBATE.

ARBATE.

Seigneur, tous vos soldats refusent de partir[3].
Pharnace les retient, Pharnace leur révèle

1. Luneau de Boisjermain a fait remarquer que Racine, dans un exemplaire de Sophocle qui lui a appartenu, a noté les vers 377-380 de l'*Ajax*, dont ceux-ci paraissent être une imitation. Sophocle avait eu lui-même pour modèle Homère, dans ce passage du livre I de l'*Iliade* (vers 255 et 256) :

Ἦ κεν γηθήσαι Πρίαμος, Πριάμοιό τε παῖδες,
Ἄλλοι τε Τρῶες μέγα κεν κεχαροίατο θυμῷ.

2. Racine avait sans doute noté ce passage d'Appien (*Guerre de Mithridate*, chapitre CXI), où l'historien met dans la bouche de Mithridate une comparaison à peu près semblable entre deux poisons de nature très-différente. Mais dans les paroles que Mithridate adresse au chef gaulois Bituitus, pour réclamer le secours de son bras, le poison contre lequel il se plaint de ne s'être pas aussi bien prémuni que contre les poisons ordinaires, n'est pas celui de l'amour, mais celui « de la trahison de son armée, de ses enfants, de ses amis » : τὸ γὰρ δὴ χαλεπώτατον καὶ σύνοικον ἀεὶ βασιλεῦσι φάρμακον, ἀπιστίαν στρατοῦ καὶ παίδων καὶ φίλων, οὐ προεϊδόμην, ὁ τὰ ἐπὶ διαίτῃ πάντα προϊδὼν καὶ φυλαξάμενος.

3. *Var.* Seigneur, tous vos soldats ne veulent plus partir. (1673-87)

Que vous cherchez à Rome une guerre nouvelle.

MITHRIDATE.

Pharnace?

ARBATE.

Il a séduit ses gardes les premiers ;   1425

Et le seul nom de Rome étonne les plus fiers.

De mille affreux périls ils se forment l'image.

Les uns avec transport embrassent le rivage ;

Les autres, qui partoient, s'élancent dans les flots,

Ou présentent leurs dards aux yeux des matelots.   1430

Le désordre est partout ; et loin de nous entendre,

Ils demandent la paix, et parlent de se rendre.

Pharnace est à leur tête ; et flattant leurs souhaits,

De la part des Romains il leur promet la paix.

MITHRIDATE.

Ah! le traître! Courez. Qu'on appelle son frère ;   1435

Qu'il me suive, qu'il vienne au secours de son père.

ARBATE.

J'ignore son dessein ; mais un soudain transport

L'a déjà fait descendre et courir vers le port ;

Et l'on dit que suivi d'un gros d'amis fidèles,

On l'a vu se mêler au milieu des rebelles.   1440

C'est tout ce que j'en sais.

MITHRIDATE.

Ah! qu'est-ce que j'entends?

Perfides, ma vengeance a tardé trop longtemps.

Mais je ne vous crains point. Malgré leur insolence,

Les mutins n'oseroient soutenir ma présence.

Je ne veux que les voir ; je ne veux qu'à leurs yeux 1445

Immoler de ma main deux fils audacieux.

SCÈNE VII.

MITHRIDATE, ARBATE, ARCAS.

ARCAS.

Seigneur, tout est perdu. Les rebelles, Pharnace,
Les Romains sont en foule autour de cette place.

MITHRIDATE.

Les Romains[1] !

ARCAS.

De Romains le rivage est chargé,
Et bientôt dans ces murs vous êtes assiégé.   1450

MITHRIDATE.

(A Arcas.)

Ciel ! Courons. Écoutez.... Du malheur qui me presse
Tu ne jouiras pas, infidèle princesse.

---

1. « Brizart, dans cet endroit, étoit admirable, dit Geoffroy : l'impétuosité avec laquelle il se jetoit sur son casque, l'accent terrible qui sortoit de ses entrailles quand il s'écrioit : *Les Romains!* produisoit la plus vive sensation. C'est le seul des acteurs de la fin du dernier siècle qui ait laissé une réputation dans ce rôle. »

FIN DU QUATRIÈME ACTE.

ACTE V.

SCÈNE PREMIÈRE.
MONIME, PHÆDIME.

PHÆDIME.
Madame, où courez-vous? Quels aveugles transports
Vous font tenter sur vous de criminels efforts?
Hé quoi? vous avez pu, trop cruelle à vous-même, 1455
Faire un affreux lien d'un sacré diadème?
Ah! ne voyez-vous pas que les Dieux plus humains
Ont eux-mêmes rompu ce bandeau dans vos mains?

MONIME.
Hé! par quelle fureur obstinée à me suivre,
Toi-même, malgré moi, veux-tu me faire vivre? 1460
Xipharès ne vit plus. Le Roi désespéré
Lui-même n'attend plus qu'un trépas assuré.
Quel fruit te promets-tu de ta coupable audace?
Perfide, prétends-tu me livrer à Pharnace?

PHÆDIME.
Ah! du moins attendez qu'un fidèle rapport 1465
De son malheureux frère ait confirmé la mort.
Dans la confusion que nous venons d'entendre,
Les yeux peuvent-ils pas aisément se méprendre?
D'abord, vous le savez, un bruit injurieux
Le rangeoit du parti d'un camp séditieux; 1470
Maintenant on vous dit que ces mêmes rebelles
Ont tourné contre lui leurs armes criminelles.
Jugez de l'un par l'autre, et daignez écouter....

ACTE V, SCÈNE I.

MONIME.

Xipharès ne vit plus, il n'en faut point douter[1].
L'événement n'a point démenti mon attente. 1475
Quand je n'en aurois pas la nouvelle sanglante,
Il est mort; et j'en ai pour garants trop certains
Son courage et son nom trop suspects aux Romains.
Ah! que d'un si beau sang dès longtemps altérée
Rome tient maintenant sa victoire assurée[2]! 1480
Quel ennemi son bras leur alloit opposer!
Mais sur qui, malheureuse, oses-tu t'excuser?
Quoi? tu ne veux pas voir que c'est toi qui l'opprimes,
Et dans tous ses malheurs reconnoître tes crimes?
De combien d'assassins l'avois-je enveloppé! 1485
Comment à tant de coups seroit-il échappé?
Il évitoit en vain les Romains et son frère:
Ne le livrois-je pas aux fureurs de son père?
C'est moi qui les rendant l'un de l'autre jaloux,
Vins allumer le feu qui les embrase tous, 1490
Tison de la discorde, et fatale furie,
Que le démon de Rome a formée et nourrie.
Et je vis[3]? Et j'attends que de leur sang baigné,
Pharnace des Romains revienne accompagné?
Qu'il étale à mes yeux sa parricide joie? 1495
La mort au désespoir ouvre plus d'une voie:
Oui, cruelles, en vain vos injustes secours
Me ferment du tombeau les chemins les plus courts,
Je trouverai la mort jusque dans vos bras même.
 Et toi, fatal tissu, malheureux diadème[4], 1500

---

1. *Var.* Xipharès est sans vie, il n'en faut point douter. (1673)
2. *Var.* Rome tient maintenant la victoire assurée. (1673-87)
3. C'est le même mouvement que dans *Phèdre* (acte IV, scène VI, vers 1273):
  Misérable! Et je vis? etc.

4. Cette apostrophe est dans le passage de Plutarque cité par Racine dans sa préface : « O maudit et malheureux tissu, ne me serviras-tu point au moins à ce triste service? » Il semble que le poëte se soit inspiré en même temps

Instrument et témoin de toutes mes douleurs,
Bandeau, que mille fois j'ai trempé de mes pleurs,
Au moins, en terminant ma vie et mon supplice,
Ne pouvois-tu me rendre un funeste service?
A mes tristes regards, va, cesse de t'offrir: 1505
D'autres armes sans toi sauront me secourir;
Et périsse le jour et la main meurtrière
Qui jadis sur mon front t'attacha la première!

PHÆDIME.

On vient, Madame, on vient; et j'espère qu'Arcas,
Pour bannir vos frayeurs porte vers vous ses pas. 1510

SCÈNE II.
MONIME, PHÆDIME, ARCAS.

MONIME.

En est-ce fait, Arcas? et le cruel Pharnace....

ARCAS.

Ne me demandez rien de tout ce qui se passe,
Madame: on m'a chargé d'un plus funeste emploi;
Et ce poison vous dit la volonté du Roi[1].

PHÆDIME.

Malheureuse princesse!

MONIME.

Ah! quel comble de joie! 1515
Donnez. Dites, Arcas, au Roi qui me l'envoie
Que de tous les présents que m'a faits sa bonté,
Je reçois le plus cher et le plus souhaité.
A la fin je respire; et le ciel me délivre
Des secours importuns qui me forçoient de vivre. 1520

---

de la belle scène de l'*Agamemnon* d'Eschyle (vers 1236-1239), où Cassandre
jette son sceptre et ses bandelettes de prêtresse.

1. *Var.* Et ce poison vous dit les volontés du Roi. (1673-87)

Maîtresse de moi-même, il veut bien qu'une fois
Je puisse de mon sort disposer à mon choix.

PHÆDIME.

Hélas!

MONIME.

 Retiens tes cris; et par d'indignes larmes,
De cet heureux moment ne trouble point les charmes.
Si tu m'aimois, Phædime, il falloit me pleurer[1]   1525
Quand d'un titre funeste on me vint honorer,
Et lorsque m'arrachant du doux sein de la Grèce,
Dans ce climat barbare on traîna ta maîtresse.
Retourne maintenant chez ces peuples heureux;
Et si mon nom encor s'est conservé chez eux,   1530
Dis-leur ce que tu vois; et de toute ma gloire,
Phædime, conte-leur la malheureuse histoire.

 Et toi, qui de ce cœur, dont tu fus adoré,
Par un jaloux destin fus toujours séparé,
Héros, avec qui, même en terminant ma vie,   1535
Je n'ose en un tombeau demander d'être unie,
Reçois ce sacrifice[2]; et puisse en ce moment
Ce poison expier le sang de mon amant!

SCÈNE III.
MONIME, ARBATE, PHÆDIME, ARCAS.

ARBATE.

Arrêtez! arrêtez!

---

1. Le mouvement de ces vers rappelle ce passage de *Bajazet* (acte IV, scène v, vers 1308 et suivants):

 Tu pleures, malheureuse? ah! tu devois pleurer
 Lorsque d'un vain désir à ta perte poussée.... etc.

2. Il semble que Racine ait imité deux fois dans *Mithridate* le vers 652 du livre IV de l'*Énéide*: *Accipite hanc animam*; ici, dans la forme surtout et dans la coupe de la phrase; plus bas, au vers 1696, dans l'expression.

ARCAS.

Que faites-vous, Arbate?

ARBATE.

Arrêtez! j'accomplis l'ordre de Mithridate.   1540

MONIME.

Ah! laissez-moi....

ARBATE, *jetant le poison.*

Cessez, vous dis-je, et laissez-moi,
Madame, exécuter les volontés du Roi.
Vivez. Et vous, Arcas, du succès de mon zèle
Courez à Mithridate apprendre la nouvelle.

SCÈNE IV.

MONIME, ARBATE, PHÆDIME.

MONIME.

Ah! trop cruel Arbate, à quoi m'exposez-vous?   1545
Est-ce qu'on croit encor mon supplice trop doux?
Et le Roi, m'enviant[1] une mort si soudaine,
Veut-il plus d'un trépas pour contenter sa haine?

ARBATE.

Vous l'allez voir paroître; et j'ose m'assurer[2]
Que vous-même avec moi vous allez le pleurer.   1550

MONIME.

Quoi? le Roi....

ARBATE.

Le Roi touche à son heure dernière,
Madame, et ne voit plus qu'un reste de lumière.
Je l'ai laissé sanglant, porté par des soldats;
Et Xipharès en pleurs accompagne leurs pas.

---

1. L'édition de 1697 a ici une faute évidente : *m'envoyant*, pour *m'enviant*.
2. *Var.* Vous l'allez voir, Madame, et j'ose m'assurer. (1673-87)

ACTE V, SCÈNE IV.

MONIME.

Xipharès? Ah! grands Dieux! Je doute si je veille, 1555
Et n'ose qu'en tremblant en croire mon oreille.
Xipharès vit encor? Xipharès, que mes pleurs....

ARBATE.

Il vit chargé de gloire, accablé de douleurs.
De sa mort en ces lieux la nouvelle semée
Ne vous a pas vous seule et sans cause alarmée.   1560
Les Romains, qui partout l'appuyoient par des cris,
Ont par ce bruit fatal glacé tous les esprits.
Le Roi, trompé lui-même, en a versé des larmes;
Et désormais certain du malheur de ses armes,
Par un rebelle fils de toutes parts pressé,   1565
Sans espoir de secours tout prêt¹ d'être forcé,
Et voyant pour surcroît de douleur et de haine,
Parmi ses étendards porter l'aigle romaine,
Il n'a plus aspiré qu'à s'ouvrir des chemins
Pour éviter l'affront de tomber dans leurs mains.   1570
  D'abord il a tenté les atteintes mortelles
Des poisons que lui-même a crus² les plus fidèles;
Il les a trouvés tous sans force et sans vertu³.

1. Il y a bien *prêt*, et non *près*, dans les anciennes éditions : voyez ci-dessus, p. 51, note 1.
2. Le texte de 1673 est le seul qui fasse accorder le participe; les éditions postérieures (1676-1697), et, à leur exemple, la plupart des éditions modernes portent *cru* sans accord, comme si le verbe *être*, qu'on peut sous-entendre, était exprimé : « a cru être les plus fidèles. »
3. C'est ce que racontent Appien (*Guerre de Mithridate*, chapitre CXI), Dion Cassius, livre XXXVII, chapitre XIII, et Justin, livre XXXVII, chapitre II. — Dans la tragédie de la Calprenède, Mithridate qui a vu mourir autour de lui par le poison qu'elles ont volontairement pris Hypsicratée, sa femme, Mithridatie et Nise, ses filles, et Bérénice, femme de Pharnace, se plaint de ne pouvoir comme les autres trouver la mort. Ménandre, le chef de sa cavalerie, lui dit alors:

  Ce sont là les effets de votre prévoyance,
  Lorsque pour vous garder de quelque trahison
  Vous ne vous nourrissiez que de contre-poison.
  Votre cœur s'est muni . . . .
    (*La Mort de Mithridate*, acte V, scène v.)

« Vain secours, a-t-il dit, que j'ai trop combattu !
Contre tous les poisons soigneux de me défendre, 1575
J'ai perdu tout le fruit que j'en pouvois attendre.
Essayons maintenant des secours plus certains,
Et cherchons un trépas plus funeste aux Romains. »
Il parle; et défiant leurs nombreuses cohortes,
Du palais, à ces mots, il fait ouvrir les portes[1]. 1580
A l'aspect de ce front dont la noble fureur
Tant de fois dans leurs rangs répandit la terreur,
Vous les eussiez vus tous, retournant en arrière,
Laisser entre eux et nous une large carrière;
Et déjà quelques-uns couroient épouvantés 1585
Jusque dans les vaisseaux qui les ont apportés[2].
Mais, le dirai-je? ô ciel ! rassurés par Pharnace,
Et la honte en leurs cœurs réveillant leur audace,
Ils reprennent courage, ils attaquent le Roi,
Qu'un reste de soldats défendoit avec moi. 1590
Qui pourroit exprimer par quels faits incroyables,
Quels coups, accompagnés de regards effroyables,
Son bras, se signalant pour la dernière fois,
A de ce grand héros terminé les exploits?
Enfin las, et couvert de sang et de poussière, 1595
Il s'étoit fait de morts une noble barrière.
Un autre bataillon s'est avancé vers nous;
Les Romains, pour le joindre, ont suspendu leurs coups.
Ils vouloient tous ensemble accabler Mithridate.
Mais lui : « C'en est assez, m'a-t-il dit, cher Arbate; 1600
Le sang et la fureur m'emportent trop avant.

1. *Var.* Du palais à ces mots il leur ouvre les portes. (1673-87)
2. Louis Racine, dans ses *Remarques* sur *Mithridate* (tome I, p. 531), a montré la ressemblance qu'il y a entre ces vers et ce passage de Virgile (*Énéide*, livre II, vers 399-401) :

> *Diffugiunt alii ad naves, et littora cursu*
> *Fida petunt; pars ingentem, formidine turpi,*
> *Scandunt rursus equum, et nota conduntur in alvo*

Ne livrons pas surtout Mithridate vivant. »
Aussitôt dans son sein il plonge son épée.
Mais la mort fuit encor sa grande âme trompée.
Ce héros dans mes bras est tombé tout sanglant, 1605
Foible, et qui s'irritoit contre un trépas si lent;
Et se plaignant à moi de ce reste de vie,
Il soulevoit encor sa main appesantie;
Et marquant à mon bras la place de son cœur,
Sembloit d'un coup plus sûr implorer la faveur. 1610
Tandis que possédé de ma douleur extrême,
Je songe bien plutôt à me percer moi-même[1],
De grands cris ont soudain attiré mes regards.
J'ai vu, qui l'auroit cru? j'ai vu de toutes parts
Vaincus et renversés les Romains et Pharnace, 1615
Fuyant vers leurs vaisseaux abandonner la place;
Et le vainqueur vers nous s'avançant de plus près,
A mes yeux éperdus a montré Xipharès.

MONIME.

Juste ciel!

ARBATE.

   Xipharès, toujours resté fidèle[2],
Et qu'au fort du combat une troupe rebelle, 1620
Par ordre de son frère, avoit enveloppé,
Mais qui d'entre leurs bras à la fin échappé,
Forçant[3] les plus mutins, et regagnant le reste,

---

1. Nous avons suivi, pour la coupe de la période, l'édition de 1697. Celles de 1676 et de 1687 ont un point après *moi-même*, et rattachent à la phrase précédente les mots : « Tandis que, etc. » L'édition originale (1673), évidemment fautive en cet endroit, a un point après *faveur*, commence à *Tandis que* un nouvel alinéa, puis met un autre point après *moi-même*.

2. *Var.* Juste ciel! ARB. Xipharès, qu'une troupe rebelle,
Qui craignoit son courage et connoissoit son zèle,
Malgré tous ses efforts, avoit enveloppé,
[Mais qui d'entre leurs bras à la fin échappé.] (1673-87)

3. Dans l'édition de Geoffroy et dans celle de M. Aimé-Martin on lit : *força*, au lieu de *forçant*; et M. Aimé-Martin donne seulement comme variante : *forçant*, qui est le texte de toutes les anciennes éditions.

Heureux et plein de joie en ce moment funeste,
A travers mille morts, ardent, victorieux, 1625
S'étoit fait vers son père un chemin glorieux.
Jugez de quelle horreur cette joie est suivie.
Son bras aux pieds du Roi l'alloit jeter sans vie ;
Mais on court, on s'oppose à son emportement.
Le Roi m'a regardé dans ce triste moment, 1630
Et m'a dit d'une voix qu'il poussoit avec peine :
« S'il en est temps encor, cours, et sauve la Reine. »
Ces mots m'ont fait trembler pour vous, pour Xipharès :
J'ai craint, j'ai soupçonné quelques ordres secrets.
Tout lassé que j'étois, ma frayeur et mon zèle 1635
M'ont donné pour courir une force nouvelle ;
Et malgré nos malheurs, je me tiens trop heureux
D'avoir paré le coup qui vous perdoit tous deux.

MONIME.

Ah! que de tant d'horreurs justement étonnée,
Je plains de ce grand roi la triste destinée ! 1640
Hélas! et plût aux Dieux qu'à son sort inhumain
Moi-même j'eusse pu ne point prêter la main,
Et que simple témoin du malheur qui l'accable,
Je le pusse pleurer sans en être coupable !
Il vient. Quel nouveau trouble excite en mes esprits 1645
Le sang du père, ô ciel! et les larmes du fils!

SCÈNE V.

MITHRIDATE, MONIME, XIPHARÈS, ARBATE,
ARCAS, Gardes, qui soutiennent Mithridate[1].

MONIME.

Ah! que vois-je, Seigneur, et quel sort est le vôtre !

---

1. Dans l'indication des personnages de cette scène, la Harpe, Geoffroy,

MITHRIDATE.

Cessez et retenez vos larmes l'un et l'autre.
(En montrant Xipharès[1].)
Mon sort de sa tendresse et de votre amitié
Veut d'autres sentiments que ceux de la pitié ; 1650
Et ma gloire, plutôt digne d'être admirée,
Ne doit point par des pleurs être déshonorée.
　J'ai vengé l'univers autant que je l'ai pu :
La mort dans ce projet m'a seule interrompu.
Ennemi des Romains et de la tyrannie, 1655
Je n'ai point de leur joug subi l'ignominie[2] ;
Et j'ose me flatter qu'entre les noms fameux
Qu'une pareille haine a signalés contre eux,
Nul ne leur a plus fait acheter la victoire,
Ni de jours malheureux plus rempli leur histoire[3]. 1660
Le ciel n'a pas voulu qu'achevant mon dessein
Rome en cendre[4] me vît expirer dans son sein.
Mais au moins quelque joie en mourant me console :
J'expire environné d'ennemis que j'immole ;
Dans leur sang odieux j'ai pu tremper mes mains, 1665
Et mes derniers regards ont vu fuir les Romains.
　A mon fils Xipharès je dois cette fortune :
Il épargne à ma mort leur présence importune.

M. Aimé-Martin ajoutent le nom de *Phædime*, qui n'est point dans les anciennes éditions.

1. L'indication « *En montrant Xipharès* » ne se trouve point dans les éditions de 1673 à 1687. Dans celle de 1697 elle est en note, avec un renvoi se rapportant au mot *sa*.

2. La Calprenède fait dire à Mithridate, au moment où il va se donner la mort :
　　　　Rome, à qui je ravis un superbe ornement,
　　　　Ne me verra vaincu que par moi seulement.
　　　　Elle en aura le fruit et j'en aurai la gloire.
　　　　　　　(*La Mort de Mithridate*, acte V, scène v.)

3. *Var.* Et de jours malheureux plus rempli leur histoire. (1673-87)

4. Les éditeurs modernes (la Harpe, Geoffroy, M. Aimé-Martin, etc.) mettent *en cendres*, au pluriel ; mais il y a bien *en cendre* dans toutes les éditions publiées du vivant de Racine.

Que ne puis-je payer ce service important
De tout ce que mon trône eut de plus éclatant! 1670
Mais vous me tenez lieu d'empire, de couronne;
Vous seule me restez : souffrez que je vous donne,
Madame; et tous ces vœux que j'exigeois de vous,
Mon cœur pour Xipharès vous les demande tous.

MONIME.

Vivez, Seigneur, vivez, pour le bonheur du monde, 1675
Et pour sa liberté, qui sur vous seul se fonde[1];
Vivez pour triompher d'un ennemi vaincu,
Pour venger....

MITHRIDATE.

C'en est fait, Madame, et j'ai vécu.
Mon fils, songez à vous. Gardez-vous de prétendre
Que de tant d'ennemis vous puissiez vous défendre. 1680
Bientôt tous les Romains, de leur honte irrités,
Viendront ici sur vous fondre de tous côtés.
Ne perdez point le temps que vous laisse leur fuite
A rendre à mon tombeau des soins dont je vous quitte.
Tant de Romains sans vie, en cent lieux dispersés, 1685
Suffisent à ma cendre et l'honorent assez.
Cachez-leur pour un temps vos noms et votre vie.
Allez, réservez-vous....

XIPHARÈS.

Moi, Seigneur, que je fuie?
Que Pharnace impuni, les Romains triomphants
N'éprouvent pas bientôt....

MITHRIDATE.

Non, je vous le défends. 1690
Tôt ou tard il faudra que Pharnace périsse.
Fiez-vous aux Romains du soin de son supplice[2].

---

1. *Var.* Vivez, Seigneur, vivez, pour nous voir l'un et l'autre
    Sacrifier toujours notre bonheur au vôtre. (1673-87)
2. « Un homme, dit l'abbé du Bos (*Réflexions critiques*, 2ᵉ partie, sec-

ACTE V, SCÈNE V.

Mais je sens affoiblir ma force et mes esprits[1].
Je sens que je me meurs. Approchez-vous, mon fils.
Dans cet embrassement dont la douceur me flatte, 1695
Venez, et recevez l'âme de Mithridate[2].

MONIME.

Il expire.

tion XXII), qui ne sait pas que Pharnace qui s'étoit allié aux Romains contre son père Mithridate, fut dépouillé honteusement de ses États par Jules César quelques années après, n'est point frappé de la beauté des vers prophétiques que Racine fait proférer à Mithridate expirant. » Sur la défaite de Pharnace par César, et sur sa mort, voyez la fin de la *Préface* de *Mithridate*, et la note 1 de la page 21. — La Calprenède fait aussi annoncer par Mithridate, mais à Pharnace lui-même, la victoire de César (*la Mort de Mithridate*, acte IV, scène III):

> Au lieu de ce repos que tu t'étois promis,
> Tu seras le plus grand de tous tes ennemis.
> Écoute cependant un esprit prophétique:
> Tu seras ruiné par cette république;
> Et ces mêmes Romains à qui tu fais la cour,
> Te mettront à néant par la guerre d'un jour.
> Un plus puissant guerrier que Luculle et Pompée
> Te vaincra sans effort presque d'un coup d'épée;
> Et prenant l'intérêt des Romains et de moi,
> Sa main me vengera de Pompée et de toi.

Une prophétie, si exacte dans le détail, nous paraît invraisemblable en un sujet profane; l'artifice en est trop visible.

1. *Var.* [Fiez-vous aux Romains du soin de son supplice.]
   Le Parthe, qu'ils gardoient pour triomphe dernier,
   Seul encor sous le joug refuse de plier.
   Allez le joindre. Allez chez ce peuple indomptable
   Porter de mon débris le reste redoutable.
   J'espère, et je m'en forme un présage certain,
   Que leurs champs bienheureux boiront le sang romain*;
   Et si quelque vengeance à ma mort est promise,
   Que c'est à leur valeur que le ciel l'a remise.
   [Mais je sens affoiblir ma force et mes esprits.] (1673)

2. Louis Racine, dans l'*Examen* de *Mithridate*, rapproche ce vers du vers 652 du livre IV de l'*Énéide* de Virgile:

> *Accipite hanc animam....*

et il fait cette juste remarque: « Nous disons recevoir les derniers soupirs. Cette expression: *Recevez l'âme*, est conforme à la manière de parler et de penser des anciens. »

* Allusion à la défaite prochaine de Crassus.

XIPHARÈS.
Ah! Madame, unissons nos douleurs,
Et par tout l'univers cherchons-lui des vengeurs.

FIN DU CINQUIÈME ET DERNIER ACTE.

IPHIGÉNIE

TRAGÉDIE

1674

NOTICE.

Louis Racine dit dans ses *Mémoires*[1] que les deux *Iphigénies*, celle de son père et celle de le Clerc, parurent en 1675. Il ajoute en note que les auteurs de l'*Histoire du Théâtre françois* placent en 1674 la première représentation de la pièce de Racine, se fondant « sur une autorité qui peut être douteuse. » Il laisse ainsi la question indécise. Plus tard, lorsqu'il écrivit ses *Remarques sur les tragédies de Jean Racine*, publiées en 1752, il n'avait plus, à ce qu'il semble, la même incertitude sur ces dates, puisque dans l'*Examen* d'*Iphigénie* il dit : « Le Clerc, de l'Académie françoise, quoique témoin du succès de cette tragédie, eut le courage de faire représenter *l'année suivante, en* 1675, celle qu'il avoit faite sur le même sujet. » Nous ne savons s'il avait alors démêlé ce qui était vrai, ce qui était faux dans les assertions de l'*Histoire du Théâtre françois;* mais rien n'eût été plus facile. Les frères Parfait ne s'étaient pas fondés *sur une autorité douteuse;* mais ils avaient mal interprété le témoignage dont ils s'étaient servis lorsqu'ils avaient cru pouvoir en conclure qu'*Iphigénie* avait été représentée sur le théâtre de l'Hôtel de Bourgogne vers le mois de février 1674[2]. Tout cela est depuis longtemps éclairci. *Iphigénie* fut représentée à l'Hôtel de Bourgogne dans l'hiver de 1674-1675, probablement en 1675; mais dès le mois d'août 1674, la cour avait eu les prémices de ce chef-d'œuvre dans les divertissements de Versailles.

Cette représentation d'*Iphigénie* dans les fêtes royales, qui fut, sans le moindre doute, la première, n'était connue des

1. Voyez tome I, p. 252.
2. *Histoire du Théâtre françois*, tome XI, p. 359.

historiens du théâtre français que par le petit livre intitulé : *les Divertissemens de Versailles, donnés par le Roy à toute sa cour, au retour de la conqueste de la Franche-Comté, en l'année* 1674[1]. Félibien, auteur de cette relation, décrivant la fête de la cinquième journée, qui eut lieu le samedi 18 août 1674, nous met sous les yeux le théâtre qu'on avait dressé pour cette fête « au bout de l'allée qui va dans l'Orangerie. La décoration.... représentoit une longue allée de verdure, où, de part et d'autre, il y avoit des bassins de fontaines, et d'espace en espace des grottes d'un ouvrage rustique, mais travaillé très-délicatement. Sur leur entablement régnoit une balustrade où étoient arrangés des vases de porcelaine pleins de fleurs; les bassins des fontaines étoient de marbre blanc, soutenus par des Tritons dorés, et dans ces bassins on en voyoit d'autres plus élevés qui portoient de grandes statues d'or. Cette allée se terminoit dans le fond du théâtre par des tentes qui avoient rapport à celles qui couvroient l'orchestre; et au delà paroissoit une longue allée, qui étoit l'allée même de l'Orangerie, bordée des deux côtés de grands orangers et de grenadiers, entremêlés de plusieurs vases de porcelaine remplis de diverses fleurs. Entre chaque arbre il y avoit de grands candélabres et des guéridons d'or et d'azur qui portoient des girandoles de cristal, allumées de plusieurs bougies. Cette allée finissoit par un portique de marbre; les pilastres qui en soutenoient la corniche étoient de lapis, et la porte paroissoit toute d'orfévrerie. Sur ce théâtre, orné de la manière que je viens de dire, la troupe des comédiens du Roi représenta la tragédie d'*Iphigénie*, dernier ouvrage du sieur Racine, qui reçut de toute la cour l'estime qu'ont toujours eue les pièces de cet auteur[2]. » Ces dernières paroles devaient déjà faire soupçonner qu'il s'agissait d'une pièce nouvelle, mais sans l'attester assez positivement. La *Gazette* s'exprime d'une façon plus explicite, sous la date de *Versailles, le 24 août* 1674 : « Le 18 de ce mois.... le sieur de Gourville, envoyé par le prince de Condé, présenta à Sa Majesté cent sept drapeaux ou étendards,

1. A Paris, chez Jean-Baptiste Coignard, M.DC.LXXIV, 1 vol. in-12. L'Achevé d'imprimer est du 22 octobre 1674.
2. Pages 61-64.

qui ont été gagnés sur les Impériaux, les Espagnols et les Hollandois, en la défaite de l'arrière-garde de leur armée par ce prince, en la bataille de Senef.... Le soir, Leurs Majestés, avec lesquelles étoient Monseigneur le Dauphin, Monsieur, et grand nombre de seigneurs et de dames, prirent ici, dans l'Orangerie, le divertissement d'*une pièce nouvelle de théâtre*, intitulée *Iphigénie*, composée par le sieur Racine, laquelle fut admirablement bien représentée par la troupe royale, et très-applaudie de toute la cour. » Si cette tragédie, comme l'avaient conjecturé les frères Parfait, avait été déjà jouée à Paris au commencement de cette même année, la *Gazette* ne l'eût pas appelée *une pièce nouvelle de théâtre*. Robinet est, s'il se peut, plus clair encore dans sa lettre en vers du 1er septembre 1674. Après avoir rendu compte de la représentation de Versailles, il exprime l'espoir que les Parisiens pourront jouir du même plaisir l'hiver suivant. Voici les principaux passages de cette lettre :

> La très-touchante *Iphigénie*,
> Ce chef-d'œuvre du beau génie
> De Racine, ravit la cour,
> Quand elle la vit l'autre jour
> Si fidèlement récitée
> Et dignement représentée
> Par les grands acteurs de l'Hôtel....
> .... La cour, toute pleine
> De pleureurs, fit une autre scène,
> Où l'on vit maints des plus beaux yeux,
> Voire des plus impérieux,
> Pleurer sans aucun artifice
> Sur ce fabuleux sacrifice.
> L'auteur fut beaucoup applaudi....
> Et même notre auguste Sire
> L'en louangea fort, c'est tout dire.
> Ce divertissement du Roi
> Sera donné, comme je croi,
> Aux chers habitants de Lutèce,
> Qui le verront avec liesse
> Pendant le quartier hivernal ;
> Et moi, d'un si charmant régal
> D'avoir ma part j'ai grande envie,
> Si jusqu'alors je suis en vie.

Nous n'avons pas la date précise de la première représentation d'*Iphigénie* sur le théâtre de Paris; mais il est très-vraisemblable, d'après plusieurs indices, qu'on doit la placer aux premiers jours de janvier 1675. D'Olivet, dans l'*Histoire de l'Académie*[1], parlant de le Clerc, dit que « par malheur pour lui, l'*Iphigénie* de Racine fut jouée cinq ou six mois avant la sienne. » Or, nous lisons dans le registre de la Grange que le 24 mai 1675 on joua pour la première fois, sur le théâtre Guénégaud, *Iphigénie*, pièce nouvelle de MM. le Clerc et Coras. On trouve à peu près cinq mois d'intervalle entre les premières représentations des deux pièces à Paris, lorsqu'on adopte l'opinion commune sur l'époque où fut d'abord jouée l'*Iphigénie* de Racine. C'est en 1675 que cette tragédie fut imprimée[2]. Les exemplaires que nous avons pu voir n'ont pas d'Achevé d'imprimer; mais on y trouve un extrait du privilége du Roi, où il est dit que ce privilége fut donné « le vingt-huictiéme jour de Janvier 1675. » Il est vraisemblable que Racine ne s'occupa de l'impression et ne réclama de privilége qu'après la représentation vraiment publique de sa pièce. S'il en est ainsi, elle a été jouée à l'Hôtel de Bourgogne avant le 28 janvier 1675.

On sait que le rôle d'Iphigénie était, dans les premiers temps, confié à Mlle Champmeslé. Nous ne chercherons pas cette fois dans les mauvais vers de Robinet le témoignage du

---

1. Tome II, p. 251, édition Livet.
2. Voici le titre de cette première impression :

IPHIGENIE.
TRAGEDIE.
PAR Mr. RACINE.
A PARIS,
Chez CLAUDE BARBIN....
M.DC.LXXV.
Avec privilege du Roy.

Il y a 72 pages, sans compter 6 feuillets qui n'ont pas de pagination, et qui contiennent le titre de la pièce, la préface, l'extrait du privilége, et la liste des acteurs.

succès qu'elle y obtint. Ce succès a été immortalisé par Boileau dans son *Épître à Racine :*

> Jamais Iphigénie, en Aulide immolée,
> N'a coûté tant de pleurs à la Grèce assemblée
> Que dans l'heureux spectacle à nos yeux étalé
> En a fait sous son nom verser la Champmeslé[1].

Il est probable, comme nous l'avons dit ailleurs[2], que dans la lettre écrite par la Fontaine à Mlle Champmeslé à la fin de 1675, ou vers le commencement de 1676, cette phrase : « J'espère que M. Racine me parlera de vos triomphes, » doit s'entendre de ces triomphes si éclatants de la tragédienne dans le rôle d'Iphigénie.

Nous ne trouvons rien de certain sur la distribution des autres rôles. Les éditeurs des *OEuvres de Racine*, avec le commentaire de la Harpe, disent dans leurs *Additions* sur *Iphigénie*[3], qu'« on a peu de renseignements sur les acteurs qui ont joué d'original dans cette pièce[4]. » Ils ajoutent cependant : « On croit.... que Baron, âgé alors d'environ vingt-deux ans, et qui depuis un an était entré dans la troupe de l'Hôtel de Bourgogne, après la mort de Molière, fut chargé du rôle d'Achille, sur lequel il reçut de l'auteur même de précieuses instructions. » Mais ils ne citent aucun témoignage contemporain. Il faut donc se contenter de regarder comme très-vraisemblable la

1. *Épître* VII, vers 3-6.
2. Voyez au tome I la *Notice biographique*, p. 85, note 1.
3. Tome IV, p. 349-364.
4. M. Aimé-Martin indique ainsi la distribution des rôles aux premières représentations :

AGAMEMNON,	La Fleur.
ACHILLE,	Baron.
ULYSSE,	Hauteroche.
CLYTEMNESTRE,	Mme Beauchâteau.
IPHIGÉNIE,	Mlle Champmeslé.
ÉRIPHILE,	Mme d'Ennebaut.

L'état de la troupe, en 1674 et 1675, tel qu'il est connu, donne sans doute à cette distribution des rôles beaucoup de vraisemblance; mais, il est permis de le croire, cette vraisemblance a été seule consultée par M. Aimé-Martin.

création du rôle d'Achille par Baron, plus capable sans doute de le bien remplir qu'aucun autre comédien de ce temps. Lemazurier donne quelques détails sur la manière dont Baron récitait un passage de ce rôle[1]; mais comme on sait par l'*Histoire du Théâtre françois* que Baron le joua après sa rentrée en 1720, ce souvenir qu'on avait conservé de son jeu pourrait appartenir à la seconde époque de sa carrière théâtrale. Le même Lemazurier nous apprend également de quel ton Baron prononçait le premier vers du rôle d'Agamemnon. Il y eut donc un moment où il fut chargé de ce rôle; ici il n'y a nul doute : ce ne fut pas dans sa jeunesse.

Dans la modeste préface que Racine a mise en tête de son *Iphigénie*, et où les seuls détracteurs dont il se plaigne sont ceux d'Euripide, il ne fait aucun étalage de la gloire à peine contestée qu'il venait de recueillir. Quelques-unes de ses paroles laissent seulement entrevoir le succès qu'avait eu tout d'abord sa tragédie. La vérité est qu'il n'avait jamais mieux réussi à toucher les cœurs. « Le goût de Paris, dit-il, s'est trouvé conforme à celui d'Athènes. Mes spectateurs ont été émus des mêmes choses qui ont mis autrefois en larmes le plus savant peuple de la Grèce[2]. » Ce fut surtout par des larmes que les contemporains de Racine le louèrent. «J'ignore, dit Louis Racine dans son *Examen* de la pièce, combien de fois *Iphigénie* fut d'abord représentée ; mais, suivant une tradition qui est restée, dit-on, parmi les comédiens de Paris, jamais pièce, dans sa naissance, ne resta plus longtemps sur le théâtre, et ne fit couler tant de pleurs. » Boileau, dans les vers que nous avons cités, n'a pas oublié ces pleurs. Le P. Bouhours, dans ses *Remarques nouvelles sur la langue françoise*, publiées en 1675, quelques mois seulement après la première représentation d'*Iphigénie* à Paris, attestait combien avait fait verser de larmes à l'Hôtel de Bourgogne cette touchante tragédie[3]. On a pu remarquer que Robinet a noté de même, à la représentation de Versailles, l'émotion de *la cour, toute pleine de pleu-*

---

1 *Galerie historique des acteurs*, tome I, p. 94.

2. Voyez ci-après, p. 142 et 143.

3. Voyez la première édition des *Remarques* de Bouhours (1 volume in-4°, 1675), p. 387.

reurs. Il n'est pas jusqu'à Barbier d'Aucour qui, au milieu des plates injures de son *Apollon charlatan*, n'ait été forcé de rendre au pathétique d'*Iphigénie* un témoignage semblable. « Depuis la mort de Molière, dit-il,

.... Apollon, n'ayant plus de quoi rire,..
D'un déluge de pleurs va noyer son empire.
En effet, sa *Racine* attendrit tant de cœurs,
Lorsque d'Iphigénie elle anime les charmes,
Qu'elle fait chaque jour par des torrents de larmes
Renchérir les mouchoirs aux dépens des pleureurs. »

Depuis *la Thébaïde*, sa première tragédie, dont il s'était, on s'en souvient, flatté, un peu plus qu'il n'était juste, d'avoir « dressé à peu près le plan sur *les Phéniciennes* d'Euripide, » Racine n'avait plus essayé de transporter sur notre théâtre aucune des belles œuvres tragiques de la Grèce; il s'était contenté, même dans *Andromaque*, d'y chercher, en tenant compte de la différence des temps, les règles de son art, et assez souvent des emprunts de détail. Si nous laissons donc de côté l'œuvre de jeunesse où il avait pris pour modèle Rotrou beaucoup plus qu'Euripide, *Iphigénie* est la première de ses tragédies où il ait directement engagé la lutte avec un des maîtres de la scène antique. Alors, comme autrefois à son début, comme un peu plus tard dans sa *Phèdre* et dans ses projets d'une *Alceste* et d'une *Iphigénie en Tauride*, ce fut une pièce d'Euripide qu'il choisit pour objet de son émulation, soit qu'il eût senti que, par le pathétique plus animé et par le mouvement plus vif de ses compositions dramatiques, Euripide est celui des tragiques d'Athènes qui s'éloigne le moins du génie moderne; soit, comme on l'a souvent dit, que la perfection de Sophocle l'effrayât et ne lui parût pas laisser assez d'indépendance à qui voudrait, sans se dépouiller de sa propre originalité, traiter les mêmes sujets; assez de liberté aux transformations que devaient subir ces antiques chefs-d'œuvre pour être acceptés sur notre scène.

Quand on rapproche, comme nous l'avons dû faire dans les notes sur l'*Iphigénie*, plusieurs des principales scènes et des plus beaux passages de la tragédie française des scènes et des passages qui y correspondent dans celle d'Euripide, il semble d'abord que Racine ait suivi de très-près son modèle. Il est cependant incontestable qu'il ne s'y est nullement asservi, et que tout ce qu'il en a emprunté, il se l'est rendu propre, en y imprimant un caractère nouveau, toujours vrai poëte, c'est-à-dire créateur, jusque dans l'imitation. Dans une tragédie telle qu'*Andromaque*, dont l'antiquité ne lui avait fourni que l'idée première, la part d'invention était assurément plus grande ; mais la marque particulière du génie de Racine et celle de son temps restent également visibles dans *Iphigénie*, moins cependant qu'elles ne le seront bientôt après dans *Phèdre*.

Ce qui était le plus à craindre pour Racine, en accommodant, comme on parlait alors, à notre théâtre une pièce d'Euripide, ce n'était point de passer pour un simple traducteur ; mais plutôt, dès qu'il donnait à la critique occasion de comparer directement, œuvre pour œuvre, l'antiquité avec l'image rajeunie qu'il nous en présentait, il était à prévoir que cette image ne paraîtrait pas à tout le monde assez fidèle. C'est dans ce sens que bien des attaques ont été dirigées contre l'*Iphigénie* française. Que de fois n'a-t-on pas répété que par les raffinements de la galanterie, par la pompeuse élégance d'un langage trop conforme à la politesse et à l'étiquette des cours, Racine y a défiguré la simplicité, la naïveté grecques ! Ce n'est pas qu'Euripide, sans vouloir offenser sa juste gloire, si bien défendue dans la préface de Racine, ait été précisément un génie simple et naïf. Nous oserions penser que le goût si pur de Racine répugnait plus à toute déclamation ; que son art, plus en garde contre les lieux communs de la rhétorique, savait mieux ne se montrer qu'à propos. Mais il est évident que les génies antiques, les moins disposés à être naïfs, ont presque toujours cependant, si on les compare avec les nôtres, un tour dans l'expression plus naturel, plus libre, moins solennel, une plus jeune et plus fraîche ingénuité de sentiments, qui tient à leur temps. Quelque éloignée des âges héroïques que fût Athènes dans la dernière moitié du cinquième siècle, elle l'était beaucoup moins que le Versailles de Louis XIV ; les vieilles légendes de la Grèce ne pouvaient s'y trouver aussi dépaysées ; et les poëtes y faisaient parler aux héros de ces légendes un langage qui, sans toujours être absolument vrai, doit le paraître beaucoup plus que celui qu'on leur prête chez les modernes. Aujourd'hui les esprits équitables reconnaissent qu'il ne fallait pas demander l'impossible à Racine, ni le trop blâmer d'être demeuré dans les conditions que le siècle où il vivait imposait à son art. Ils admirent avec quel génie il a su renouveler pour nous des beautés restées sans doute impérissables, mais qui depuis longtemps ne vivaient plus de cette vie actuelle, et puissante sur la foule, que le théâtre seul donne aux créations de la poésie. Ils ne pensent plus, comme les détracteurs de notre poète, qu'il ait gâté Euripide; encore moins pensent-ils, comme quelques critiques du dix-huitième siècle, qu'il ait corrigé la Grèce. Pleins d'un égal respect pour des œuvres très-dissemblables dans leur apparente ressemblance, ils ont cessé de chercher laquelle des deux *Iphigénies* mérite le prix, et ne veulent pas suivre dans cette voie sans issue le P. Brumoy, Louis Racine, Voltaire, la Harpe, et beaucoup d'autres, qui eussent mieux fait de ne s'y pas engager.

Sur cette comparaison entre le chef-d'œuvre ancien et le chef-d'œuvre moderne, faite tant de fois, et qui de toute façon ne serait pas ici à sa place, tout ce que nous avons à dire, c'est que nous n'avons nullement prétendu en fournir au lecteur la matière complète, lorsque nous avons indiqué, dans les notes de la pièce, ceux des vers d'Euripide avec lesquels les vers de Racine offrent le plus de ressemblance. Pour faire sa part à chacun des deux tragiques, pour reconnaître combien ils diffèrent par le plan, par les caractères, par le ton général, jusque dans les morceaux où l'un semble au premier abord presque le traducteur de l'autre, il ne suffirait pas de mettre en regard de la tragédie française des fragments de la tragédie grecque; il faudrait de celle-là rapprocher celle-ci tout entière. C'est ce qu'ont cru nécessaire de faire, pour *Iphigénie* comme pour *Phèdre*, quelques éditeurs de Racine, se bornant d'ailleurs à proposer à leurs lecteurs une traduction des pièces grecques. Celle que Geoffroy a donnée dans l'édition de 1808 a été reproduite dans l'édition de M. Aignan. Nous n'avons pas suivi cet exemple. Les deux tragédies d'Euripide, entièrement traduites, eussent beaucoup trop grossi notre volume, sans permettre, dans les seules conditions qui soient justes et sincères, une comparaison que les lettrés veulent faire le texte grec à la main. Ajoutons qu'une traduction est toujours périlleuse. A propos d'une méprise de Geoffroy dans celle de l'*Hippolyte*, un excellent juge [1] a dit que si on voulait relever toutes ses erreurs, on n'en aurait jamais fini : *cujus qui errores confutaret omnes, esset infinitus*. Cet exemple est fait pour effrayer. A part d'ailleurs les contre-sens, que peut valoir une traduction, lorsqu'il s'agit de comparer la différence du style, du ton, de l'accent? Celle de Geoffroy est élégante; elle ne l'est même que trop ; et à supposer que ce fût toujours un mérite, elle l'aurait plutôt que celui de la fidélité; mais la fidélité de tout traducteur n'est-elle pas condamnée à être imparfaite? Au lieu d'emprunter à Geoffroy un travail qui laisse tant à désirer, ou d'essayer nous-même de le refaire, pour y échouer comme lui, nous avons mieux aimé nous contenter, comme nous l'avions déjà fait dans les notes des autres tragédies de Racine, de citer les passages dont s'est directement inspiré le poëte français ; et, suivant notre habitude, c'est le texte grec que nous mettons sous les yeux du lecteur. Toutefois, dans les deux pièces que Racine a tirées d'Euripide, nous ne nous sommes pas borné, quoique cela nous eût paru suffire dans les précédentes, à citer ce texte; les rapprochements qu'il fournissait étaient trop nombreux, souvent de trop d'étendue, pour qu'il ne parût pas utile d'y joindre une traduction; elle ne se substitue pas au texte, puisqu'elle ne fait que l'accompagner; et nous nous sommes efforcé de la rendre littérale. Dans les passages correspondants de la traduction plus libre de Geoffroy, nous avons remarqué un défaut très-regrettable : les expressions mêmes de Racine y ont fréquemment trouvé place, lorsque cependant le texte exactement étudié ne les contient réellement pas. C'est sans doute rendre hommage à notre poëte, qu'il est permis de regarder, en un sens, comme le meilleur interprète de cette antique poésie; mais en même temps c'est lui faire tort, en donnant à croire qu'il n'a été que traducteur, là même où son inspiration a eu un caractère plus original ; et c'est nous dérober un des éléments les plus intéressants d'une comparaison où la différence

---

1. M. Boissonnade, note sur le vers 689 d'*Hippolyte*. (*Notulæ in Hippolytum.*)

du style d'Euripide et de celui de Racine doit tenir une si grande place.

Les critiques qui ont été faites des pièces de Racine, du vivant du poëte, et particulièrement à la naissance de ces pièces, conservent, quelle que soit leur valeur absolue, un intérêt historique. Elles portent souvent témoignage du premier succès ; leurs aveux le constatent encore mieux, quand elles sont malveillantes ; et les attaques par lesquelles elles veulent alors atténuer ces aveux forcés nous montrent à l'œuvre les cabales envieuses ; qu'elles viennent d'amis ou d'ennemis, par la connaissance qu'elles nous donnent du goût du temps, elles nous font mieux comprendre les concessions que Racine a été amené à y faire. Nous avons sous les yeux deux jugements sur *Iphigénie*, qui sont de l'année 1675 : l'un écrit, comme le marque expressément son auteur, quand la pièce comptait déjà trois mois de succès à l'Hôtel de Bourgogne ; l'autre un peu plus tard, à la veille des premières représentations de la tragédie de le Clerc. Le plus ancien est de Pierre de Villiers, alors jésuite, plus tard bénédictin, qui ne manquait ni d'esprit ni de goût, et savait rendre justice au génie de Racine. Son dialogue, intitulé *Entretien sur les tragédies de ce temps*[1], avait surtout un but moral. L'auteur eût voulu que de notre scène l'amour fût banni comme dangereux, et se proposait de montrer qu'on pouvait faire une belle tragédie sans y introduire cette passion. L'occasion du dialogue est l'*Iphigénie* de Racine, alors dans sa première nouveauté. Timante, celui des deux interlocuteurs dans la bouche duquel Pierre de Villiers a mis son propre sentiment, commence par nous apprendre quels suffrages presque unanimes la pièce obtenait, et toutefois le sujet de mécontentement que semblaient y avoir trouvé quelques femmes d'humeur trop galante. « On peut dire que le

1. C'est un in-12 de 152 pages, dont le titre complet est : « *Entretien sur les tragédies de ce temps*, à Paris, chez Estienne Michallet, rue Saint-Jacques.... M.DC.LXXV. Avec permission. » Le permis d'imprimer est du 5 avril 1675 ; ce qui doit contribuer à établir qu'*Iphigénie* fut jouée pour la première fois à Paris vers le temps que nous avons indiqué. — L'abbé Granet a donné ce dialogue dans son *Recueil de dissertations*, tome I, p. 1-46. Mais dans les citations que nous en faisons, nous renvoyons aux pages de l'édition originale.

grand succès de l'*Iphigénie* a désabusé le public de l'erreur où il étoit qu'une tragédie ne pouvoit se soutenir sans un violent amour. En effet, tout le monde a été pour cette tragédie ; et il n'y a que deux ou trois coquettes de profession qui n'en ont pas été contentes ; c'est sans doute parce que l'amour n'y règne pas comme dans le *Bajazet* ou la *Bérénice*[1]. » Cléarque, qui donne la réplique à Timante, fait observer que l'amour joue cependant un certain rôle dans la pièce. Timante en convient ; mais il lui a paru que « les endroits qui ont le plus touché ne sont pas ceux où Achille, Iphigénie et Ériphile parlent de leur passion[2]. » Telle était néanmoins la force du préjugé public en faveur de la passion qui passait alors pour la plus théâtrale, que le sévère moraliste, si jaloux qu'il soit de réformer sur ce point notre théâtre, se défend de blâmer l'amour d'Achille : « Je loue même, dit-il, l'auteur d'avoir introduit ce personnage qui est si beau. Prenant la chose de la manière qu'il l'a prise, l'amour lui étoit nécessaire : on auroit trouvé fort étrange qu'Achille demandât Iphigénie en mariage, s'il ne l'avoit point aimée[3]. » En parlant ainsi, Timante jugeait des convenances de la scène d'après les idées de son temps ; car si le poëte n'a point fait d'Achille un héros moins galant, qu'on eût jugé malappris, ce n'est pas seulement qu'il lui ait paru, comme à Cléarque, indispensable de « plaire à la cour, » d'« être au goût des dames pour réussir[4]. » Ni l'autre sexe, ni la ville ne sentaient autrement ; et lorsque le même Timante, s'enhardissant dans la discussion, rétracte en partie la concession qu'il a faite, il est évident que le point de vue auquel il se place est à cette date très-singulier, très-paradoxal. Il fallait qu'il eût à soutenir une thèse, pour qu'il ne craignît pas de dire : « Si au lieu de donner de l'amour à Achille, on se fût contenté de lui donner de la jalousie pour Agamemnon, ... ce sentiment pouvoit produire le même effet que l'amour ; et il auroit été plus conforme au naturel dont les maîtres de la tragédie veulent qu'on représente ce héros. Si cela ne suffisoit pas, on pouvoit conserver le personnage de Ménélas qui est dans Euripide ; .... on pouvoit même tirer Oreste du ber-

1. Pages 4 et 5. — 2. Page 6.
3. Page 8. — 4. Page 89.

ceau et le faire paroître sur le théâtre en âge d'agir[1]. » Ce passage n'est pas le seul où Timante, à qui son pieux désir d'épurer la tragédie, beaucoup plus qu'une théorie littéraire, enseignait une poétique nouvelle, exprime des vues plus justes que celles de la plupart de ses contemporains. Si Cléarque est disposé à donner raison à la délicatesse excessive d'une société qui avait honte du naïf et le confondait avec le bas; s'il incline au sentiment « des gens qui n'approuvoient pas qu'une fille de l'âge d'Iphigénie courût après les caresses de son père[2], » son contradicteur, plus sage, est d'avis que « l'empressement d'une amante n'a jamais rien produit de si beau. » Cette dispute ne nous fait-elle pas sentir que Racine, tant accusé d'avoir caché les mouvements naturels d'une âme de jeune fille sous la dignité d'une princesse, et détruit ainsi les beautés pathétiques et simples d'Euripide, en a conservé bien plus encore que la plupart ne l'eussent souhaité; et que pour une imitation de ces charmantes peintures, où il nous paraît être resté trop timide, il avait besoin d'apologistes? L'écrit de Pierre de Villiers n'était pas fait, en bien des points, pour déplaire à Racine, qui put y trouver l'approbation de ce qu'il avait osé tenter en dépit de son siècle, et de ce qu'il eût sans doute tenté plus hardiment encore, s'il n'avait écouté que ses propres inspirations. Vers la fin de l'entretien, Timante est conduit à parler des tragédies sacrées, qu'il défend contre les dédains de ceux qui n'y voyaient que des exercices de collège; on dirait qu'il pressent les derniers chefs-d'œuvre de Racine, quand il est d'avis que des pièces saintes peuvent même « plaire à la cour et aux gens du monde, pourvu qu'elles soient conduites par d'excellents auteurs, qui aient assez de génie pour en soutenir la majesté. » C'est une bonne fortune pour ce petit livre d'avoir comme montré à Racine la voie où plus tard il devait marcher, libre enfin de ce joug de la mode qu'il n'avait pas tout à fait secoué au temps où il nous rendait si heureusement, mais non toujours avec toute la fidélité qui eût été digne de son génie, les grandes beautés de la scène grecque.

De Villiers n'avait remarqué que chez deux ou trois coquettes un mécontentement qui faisait dissonance dans le con-

1. Pages 65-67. — 2. Page 71.

cert de louanges données à l'*Iphigénie*. Mais nul doute que parmi les détracteurs il ne fallût compter aussi quelques beaux esprits jaloux. Leur cabale feignit de bonne heure de mettre son espoir, pour faire échec au succès de Racine, en celui qu'on prédisait très-bruyamment à la tragédie rivale préparée par le Clerc et par Coras. « Ces auteurs, dit Cléarque à la fin du dialogue de Pierre de Villiers, ont entrepris, à ce qu'on dit, de faire paroître une nouvelle *Iphigénie*, incomparablement plus belle que celle que nous avons vue. » Deux jours après son apparition, cette rare merveille fut, dans une petite pièce imprimée, l'objet de *Remarques* où l'on reconnaissait que l'élocution n'y était pas « pleine d'autant de grâces que celle de M. Racine, » mais que le sujet y était « digéré d'une manière plus simple, » que la catastrophe était fort juste, et que s'il y avait plus d'esprit dans la tragédie jouée la première, il y avait « plus de conduite dans l'autre. » C'est en forme de lettre que furent publiées ces *Remarques sur l'*Iphigénie *de M. Coras;* la lettre est adressée à l'auteur anonyme des *Remarques sur l'*Iphigénie *de M. Racine*, et elle se trouve à la suite de ce dernier opuscule[1]. Lettre et opuscule sont apparemment de la même main. Les *Remarques* sur l'Iphigénie de Racine doivent avoir été faites pour déblayer le terrain, et pour l'aplanir à l'autre *Iphigénie*. Le critique s'y efforce, au début, de dissimuler une malveillance que l'admiration générale obligeait à quelque circonspection. Il convient du « bruit extraordinaire que cette pièce a fait dans le monde, » et « de tout le bien qu'on en dit.... Il n'y a rien, dit-il encore, de plus pur ni de plus proprement écrit.... J'en ai trouvé les vers admirables et pleins d'expressions justes et riantes, et j'y ai remarqué des traits d'un prix infini, et des

---

1. Le petit livre in-12 qui contient ces deux pièces a pour titre général : « *Remarques sur les* Iphigénies *de M. Racine et de M. Coras.* M.DC.LXXV (sans nom d'imprimeur). » Il a été réimprimé dans plusieurs éditions hollandaises des *OEuvres de Racine*, où l'on a ajouté au titre les mots : « Par M. D.... » L'abbé Granet l'a reproduit aussi dans son *Recueil de dissertations*, tome II, p. 313-350. Dans sa *Préface* (p. cxvi-cxix) il fait de cet écrit un éloge dont il y a lieu de s'étonner. Il ne donne pas la lettre, en tête de laquelle on lit : *Remarques sur l'*Iphigénie *de M. Coras.*

sentiments maniés avec une délicatesse qu'on ne peut assez louer[1]. » Bientôt cependant, sous prétexte de souhaiter seulement de nouvelles grâces dans cet ouvrage « pour l'élever à la dernière perfection, » mais en effet dans l'intention de faire ressortir la supériorité de Coras, il soulève contre la pièce toutes sortes de chicanes, les unes absolument fausses, les autres dont la rigueur rendrait impossible toute fable théâtrale, et quelquefois condamnerait également la tragédie d'*Euripide*. Il serait sans intérêt ici de reproduire ces objections; elles portent sur de prétendues invraisemblances dont personne aujourd'hui ne s'avisera d'être choqué dans le chef-d'œuvre de Racine. Ce qui pouvait, ce semble, donner surtout prise au censeur, c'était l'épisode d'Ériphile et l'amour d'Achille, dont l'un complique une action plus simple dans le théâtre grec, dont l'autre altère les mœurs des temps héroïques. Il n'épargne pas en effet le blâme à ces deux innovations de Racine. Suivant lui, « le personnage d'Ériphile est absolument inutile, ou plutôt il est vicieux[2]. » Mais la moins bonne raison qu'on en pouvait donner, c'est « qu'on a droit de condamner les poëtes quand ils renversent ce qui est établi dans l'esprit de tous les hommes[3]. » L'attaque n'est pas plus heureuse lorsque l'auteur des *Remarques* en vient à l'amour d'Achille et d'Iphigénie. J'entreprends, dit-il, de condamner cet amour. « Voilà une étrange proposition dans un siècle où les poëtes se sont mis en possession de faire régner cette passion sur le théâtre, qui ne peut plus souffrir des héros s'ils ne sont pleins de tendresse. L'exemple d'Euripide, qui n'a point fait Achille amoureux et qui n'a point aussi engagé le cœur d'Iphigénie, ne sera pas considéré dans un temps auquel cette passion est plus à la mode que jamais[4]. » Ce début ferait espérer qu'on va montrer combien cette mode de galante tendresse, introduite par les modernes en pleine antiquité, répugne à la vérité des mœurs. Rien de semblable. Achille, nous dit-on, paraîtrait beaucoup plus un héros s'il empêchait le sacrifice d'Iphigénie par un pur effet de générosité, que lorsqu'il veut la sauver par amour, ce que ferait, tout aussi bien que lui, pour sa maîtresse l'homme de la plus vile naissance. D'un

1. Pages 3 et 4. — 2. Page 31. — 3. Page 32. — 4. Page 47.

autre côté, on ne s'explique pas qu'une princesse qui est aimée et qui aime renonce en un moment à tous les charmes de la vie[1]. Voilà les seuls reproches qui soient faits à la passion des deux amants : nouvel exemple des lacunes de la critique en ce temps. Ce qui nous semble maintenant le moins facile à justifier, était justement ce qui échappait alors aux regards les plus curieux de surprendre les moindres fautes. On peut s'étonner quelquefois que Racine n'ait pas été averti par le goût si exercé et si fin qu'il avait des beautés antiques; mais reconnaissons que, très-supérieur par ce goût à son siècle, il n'avait guère de bons conseils à attendre de ses censeurs.

L'anonyme paraît, nous l'avons dit, s'être proposé de faire valoir par avance les mérites de la nouvelle *Iphigénie*. Il y a des rapports frappants, ainsi qu'on l'a bien fait observer[2], entre le plan de cette pièce et celui que conseillait le critique à la veille de la première représentation : on ne se rencontre si bien que lorsqu'on s'est concerté. Ce critique devait être un ami très-particulier de Coras, seul nommé dans les *Remarques* comme auteur de la tragédie, où le Clerc allait bientôt réclamer la part principale.

Avant de parler de cette pièce, ainsi recommandée au moment de paraître, et qui menaçait, disait-on, Racine d'une très-fâcheuse concurrence, n'omettons point, dans la revue des critiques contemporaines auxquelles donna lieu l'*Iphigénie* de Racine, un petit écrit de l'aîné des Perrault. Tout inachevé qu'il est, et quoiqu'il ne paraisse guère avoir, dans l'état où il est resté, qu'un intérêt anecdotique, il vaut cependant une mention. Les commentateurs de Racine, ses historiens et ceux de la querelle des anciens et des modernes n'en ont point parlé. Ils ne l'ont pas connu, parce que l'auteur, n'en ayant terminé qu'un fragment, ne l'a pas livré à l'impression; mais le manuscrit s'en est conservé. Ce qu'il offre surtout de piquant, c'est que Pierre Perrault, qui l'avait entrepris pour montrer la supériorité de l'*Iphigénie* française sur l'*Iphigénie* grecque, est justement ce même détracteur des

---

1. Pages 49 et 50.
2. M. Deltour, *les Ennemis de Racine*, p. 307.

anciens que Racine, prenant la défense d'Euripide, avait repris, avec une politesse assez railleuse, dans la préface de sa tragédie[1]. Pierre Perrault, comme ses frères, était galant homme : il garda si peu rancune à Racine que, pour soutenir sa thèse favorite de la prééminence des anciens sur les modernes, il ne prétendit le battre qu'en l'exaltant, et choisit, pour la comparaison des deux théâtres, la pièce même en tête de laquelle on l'avait malmené. Précurseur de Charles Perrault dans la déclaration de guerre aux admirateurs de l'antiquité, et y essayant le premier les armes et la tactique dont son frère devait bientôt se servir plus habilement, Pierre avait déjà, dans l'*Avertissement* de sa traduction de la *Secchia rapita* de Tassoni, exprimé des idées semblables à celles que nous trouvons dans l'opuscule sur les *Iphigénies*. C'est ce qu'il rappelle lui-même dans un passage de ce dernier écrit; et l'on voit par là qu'il le commença à une époque où l'*Iphigénie* de Racine n'était plus dans sa nouveauté; car la traduction du *Seau enlevé* est de l'année 1678[2]. Le manuscrit de Pierre Perrault, que possède la Bibliothèque impériale, a pour titre : *Critique des deux tragédies d'*IPHIGÉNIE, *d'Euripide et de M. Racine, et la comparaison de l'une avec l'autre. Dialogue. Par M. Perrault, receveur général des finances de Paris*[3]. La première partie de ce dialogue, dont la suite manque, met aux prises un aveugle adorateur de l'antiquité, et un sage entièrement exempt du même préjugé. L'un est Philarque, interlocuteur presque muet; l'autre, Cléobule; et dans ce dernier, qui nous avertit d'ailleurs qu'il a traduit la *Secchia rapita*, il est facile de reconnaître Perrault lui-même. Au com-

1. Boileau, dans sa *Première réflexion critique sur Longin* (édition Berriat-Saint-Prix, tome IV, p. 156 et 157), croit que celui dont « Racine a si bien relevé » les « étranges bévues.... dans la préface de son *Iphigénie* » est le médecin Claude Perrault. Mais, suivant Brossette, il s'est trompé; l'auteur de la *Défense d'Alceste* est Pierre Perrault. Quoi qu'il en soit, les trois frères faisaient cause commune, et Pierre Perrault aurait pu, dans tous les cas, en vouloir à Racine.
2. *Le Seau enlevé, poëme heroïcomique du Tassoni.* 2 vol. in-12, Paris, Guillaume de Luynes et J. B. Coignard, M.DC.LXXVIII. L'Achevé d'imprimer est du 1er juin 1678.
3. Ce manuscrit a 165 feuillets.

mencement du dialogue, tout roule, comme dans le premier écrit polémique de Perrault, sur la question générale de la préférence à donner aux anciens ou aux modernes. Cléobule reproduit les propositions paradoxales qui avaient été avancées déjà dans l'*Avertissement* de la *Secchia*. A ses yeux, ceux qui admirent l'antiquité, et qu'il appelle *la cabale*, sont incapables de bien entendre ces vieux auteurs si vantés, et n'ont inventé cette admiration mystérieuse que pour se distinguer du vulgaire par un air de science profonde. Mais cette première partie n'est qu'une sorte de préface, et nous promet une suite où, pour mieux faire juger de la justesse de la thèse, « on fera la comparaison d'une pièce antique avec une pièce moderne, et on les mettra toutes deux en un jour égal, sans laisser aucun avantage à l'une plus qu'à l'autre. » Les deux pièces qu'on se propose de mettre en parallèle étant l'*Iphigénie* d'Euripide et celle de Racine, elles seront l'une et l'autre « dépouillées de leurs vêtements avantageux, » c'est-à-dire réduites à la prose de Perrault, afin que la versification de Racine, « qui touche l'oreille si agréablement, » ne se trouve pas avoir une injuste supériorité sur la versification d'Euripide, devenue pour nous lettre close. Cléobule, dès cette première partie, s'engage à montrer combien Racine est au-dessus du modèle qu'il s'est proposé, et auquel il a été trop bon d'emprunter des pensées très-ordinaires, et faciles à trouver sans ce secours. Il fera voir que le poëte français a exprimé d'une manière plus élégante et plus châtiée « ce qu'Euripide a dit dans un désordre de paroles diffuses, inutiles, mal choisies. » A son sentiment, « les tragédies de Sophocle et d'Euripide ne peuvent disputer de beauté et de bonté avec celles de MM. Corneille et Racine. » Il finit en ajournant Philarque à quinzaine pour reprendre la dispute et entrer dans le détail du parallèle annoncé. Par malheur, la seconde partie est restée en projet. On en lit, dans le manuscrit, le titre raturé; et l'on ne trouve plus que la traduction de la tragédie grecque, et aussi toute l'*Iphigénie* de Racine impartialement dépouillée de ses rimes, et de la mesure de ses vers. Cette interruption de l'écrit de Perrault ne laisserait quelque chose à regretter que si, dans la comparaison des deux tragédies, il avait eu le dessein de nous expliquer en quoi Racine, toutes les fois qu'il s'était frayé une route nouvelle, lui paraissait bien supérieur au tragique grec pour la composition de sa pièce et pour la conception des caractères; peut-être alors aurions-nous eu une apologie de l'épisode d'Ériphile et de l'amour d'Iphigénie et d'Achille, qui eût été pour nous comme un nouveau chapitre de l'histoire du goût chez les contemporains de Racine. Mais si Perrault devait se borner à quelques comparaisons de style, il n'a fait, en les laissant au bout de sa plume, que ménager notre temps. Les connaissances qu'exigerait ce travail lui manquaient absolument. La manière dont il a mis en prose les deux tragédies en dit assez sur la compétence de son jugement et même sur les conditions d'impartialité dans lesquelles il s'était flatté de le prononcer. Sans doute substituer aux beaux vers de Racine une prose traînante et décolorée, c'était lui faire grand tort; mais Euripide est bien autrement défiguré et travesti dans une traduction grotesque, où lui est appliqué le même procédé que plus tard Voltaire, avec une malice bien plus spirituelle, a employé contre Shakspeare. Deux lignes tirées de la traduction du début de la tragédie grecque suffiront comme échantillon : « AGAMEMNON. Holà! bonhomme, sortez un peu ici devant ce logis. — VIEILLARD. Qu'y a-t-il de nouveau que vous veuilliez faire, roi Agamemnon? » Un peu plus loin, les vers 981 et 982 sont ainsi rendus : « CLYTEMNESTRE. Je suis sortie du logis pour trouver mon mari qui a quitté le logis. » C'était faire la partie belle à Racine. Pour trouver quelque esprit dans une injustice si criante commise en sa faveur, on a besoin de se souvenir que Perrault tirait ainsi vengeance de la préface d'*Iphigénie*. Reconnaissons-lui cependant un autre mérite encore dans le choix qu'il avait fait de l'*Iphigénie* de Racine pour l'opposer à celle d'Euripide; il fut assez courtois et assez juste, il entendit assez bien les intérêts de la cause qu'il plaidait, pour ne pas aller chercher, ainsi que pouvait être tenté de le faire un homme en querelle avec Racine, l'*Iphigénie* de le Clerc.

La pauvre tragédie, qui avait été une machine de guerre contre notre poëte, était du reste bien oubliée déjà; et elle eût été à jamais ensevelie dans cet oubli, si la lutte ridicule qu'elle avait eu l'ambition d'engager avec un chef-d'œuvre ne l'avait tristement immortalisée, et si, au même titre que la *Phèdre* de Pradon, elle n'appartenait à notre histoire littéraire comme un des plus méprisables monuments de l'esprit de cabale. Elle avait été jouée pour la première fois à l'Hôtel de Guénégaud le vendredi 24 mai 1675. La dernière représentation fut assez rapprochée de la première, ayant été donnée le 9 juin de la même année; cinq représentations avaient suffi[1]. Remarquons que la tactique des ennemis de Racine avait été exactement la même contre le succès de son *Iphigénie* qu'elle fut plus tard contre celui de *Phèdre :* lui susciter un rival qui s'empare du même sujet presque au même moment, et qui pille, autant qu'il le sait faire, le poëte qu'il prétend supplanter ; puis, quand vient la déroute, répandre le bruit que Racine jaloux n'a pas laissé le champ libre à son antagoniste. Le Clerc insinue dans la préface[2] de sa pièce la plainte que Pradon osera plus hautement articuler : « On a voulu, dit-il, étouffer » son *Iphigénie*. Il prétend, dans cette même préface, que le hasard seul le fit se rencontrer avec Racine dans une lutte qu'il n'avait pas cherchée. Se trouva-t-il quelqu'un qui pût l'en croire? Il s'était engagé de gaieté de cœur dans cette sotte témérité, et une cabale l'y avait poussé; ce qui pourrait d'abord étonner. Quoique Michel le Clerc fût depuis treize ans déjà de l'Académie française, devait-on sérieusement espérer qu'un aussi pauvre poëte, qui, depuis sa première tragédie, avait pendant trente années abandonné la scène pour le barreau, serait capable d'enlever la palme à Racine? Pour une semblable entreprise il n'était guère mieux choisi que Pradon ; mais on n'avait pas fait un trop mauvais calcul, plus tard l'événement le prouva, si l'on avait prévu que plus les rivaux seraient indignes, plus, malgré leur infaillible défaite, on découragerait, par l'apparence injurieuse d'une absurde lutte, une âme de tout temps facile à blesser. La pièce de

1. Cela est constaté par le registre de la Grange, qui n'indique pas d'autres représentations que les suivantes : 24 mai 1675, 26 et 28 mai, 7 et 9 juin.
2. Cette préface est en tête de la tragédie, qui fut imprimée en 1676 sous ce titre : *Iphigenie, tragedie par M. le Clerc*, à Paris, Olivier de Varennes, au Palais. Avec privilege du Roy (in-12).

le Clerc ne mérite pas qu'on essaye ici d'en donner quelque idée. On doit se contenter de noter dans la préface une petite sortie critique contre Racine. « Il a trouvé, dit le Clerc, que le sujet étoit trop nu, s'il ne donnoit une rivale à Iphigénie ; et il m'a paru que les irrésolutions d'un père combattu par les sentiments de la nature et par les devoirs d'un chef d'armée, que le désespoir d'une mère,... que la constance de cette fille, qui s'offre généreusement à être la victime des Grecs, enfin que la juste colère d'Achille.... suffisoit pour attacher et pour remplir l'esprit de l'auditeur pendant cinq actes, et pour y produire cette terreur et cette pitié, sans qu'il fût besoin d'y joindre des intrigues d'amour et des jalousies hors-d'œuvre, qui n'auroient fait que rompre le fil de l'action principale. » Ce n'est certainement pas trop mal critiquer. Mais la critique de le Clerc valait mieux que son art. L'amour, qu'il regardait comme un mauvais remplissage, a place dans sa tragédie. Rotrou, dans son *Iphigénie*, n'avait pas oublié de faire Achille amoureux. Le héros, il est vrai, n'aimait pas la jeune princesse avant qu'elle vînt à Aulis ; il ne la connaissait pas encore ; mais à peine s'est-elle montrée à lui, que son *cœur est foudroyé :*

Beaux yeux, contre vos coups je ne suis plus Achille.

Le Clerc, en cela aussi, a copié Rotrou, sur lequel il s'est réglé si souvent, et jusqu'au plagiat. On croira donc sans peine que si, dans l'expression de sa tendresse, l'Achille de le Clerc diffère du héros de Racine, ce n'est pas que chez lui cette expression soit moins romanesque : elle l'est jusqu'au ridicule, tandis que, dans notre poëte, la galanterie d'Achille, si elle ne convient pas à son caractère, a toujours du moins, sans parler de l'élégance des vers, quelque chose de noble et d'héroïque. Malgré les traits lancés dans sa préface contre Racine, le Clerc n'ose pas plus que l'auteur anonyme des *Remarques* y contester le triomphe ni même les beautés de l'*Iphigénie* du grand poëte : « Elle a eu, dit-il, tout le succès qu'il pouvoit souhaiter, et sans doute elle a de grandes beautés. Elle a, ce semble, épuisé tous les applaudissements. » Il se flattait néanmoins qu'il en était resté pour lui-même, et que sa tragédie, quoique venue un peu tard, avait été « encore assez heureuse pour trouver des partisans. » Ce qu'il y a de plus risible dans sa préface, c'est qu'il ne craignait pas d'y comparer le duel des deux *Iphigénies* à celui des deux *Bérénices*. Mais rien ne peut surprendre de la part de celui qui avait osé entrer en concurrence avec Racine. La seule vengeance que celui-ci tira d'un si présomptueux défi fut, comme on sait, la piquante épigramme :

> Entre le Clerc et son ami Coras, etc.

Il est très-vrai, ainsi que le dit l'épigramme, que les deux collaborateurs se disputèrent la gloire du chef-d'œuvre ; mais quand Racine a supposé qu'après l'avoir fait paraître, ils ne voulurent plus ni l'un ni l'autre l'avoir fait, c'est pure plaisanterie. Le Clerc, lorsque la pièce fut imprimée, en réclama assez vivement la paternité, et refusa de reconnaître devoir à Coras plus « d'une centaine de vers épars çà et là. »

La critique, au temps de Racine, avait, nous l'avons vu, élevé des objections contre l'épisode d'Ériphile et contre la part que dans sa pièce le poëte avait faite à l'amour ; mais ces objections avaient peu de portée. Plus tard seulement on sentit que la peinture des sentiments passionnés ou tendres d'Ériphile, d'Iphigénie et d'Achille avaient le défaut de trop rapprocher de nos mœurs une rude antiquité, et de la parer d'un costume moderne qui l'embellit moins qu'elle ne la défigure. Éclairé par sa prédilection pour les tragiques grecs, qu'il n'a cependant pas su traduire avec un sentiment vrai de la beauté antique, le P. Brumoy, au dix-huitième siècle, comprit bien[1] quel reproche on avait le droit de faire au moderne Euripide. « La nécessité, a-t-il dit, de remplir une tragédie françoise d'événements a pour le moins autant engagé Racine à imaginer l'épisode d'Ériphile que l'envie d'épargner aux spectateurs le prodige de la biche substituée à *Iphigénie*. Cet épisode est véritablement tiré du sujet, comme il l'observe, et par là il est plus excusable que celui d'Aricie dans *Phèdre*. Mais l'un et l'autre est toujours épisode ; et par ces deux ressorts qui se ressem-

---

1. Voyez ses *Réflexions sur l'Iphigénie en Aulide d'Euripide, de Lodovico Dolce, de Rotrou et de Racine*, au tome I du *Théâtre des Grecs* (édition de 1730, in-4°).

blent si fort, il arrive qu'Achille perd presque autant de son caractère dans la pièce d'*Iphigénie* qu'Hippolyte dans celle de *Phèdre*. Achille, galant et françois au point où il l'est, dément un peu l'Achille grec; » et plus loin : « le caractère d'Achille est tout à fait françois chez Racine. Le poëte l'a voulu tel, parce qu'il falloit plaire à des personnes qu'il avoit faites à cette manière galante de traiter la tragédie. » On doit contester à Brumoy que Racine ait en effet introduit sur notre scène un goût qui y régnait avant lui; mais celui qui a excellé dans la peinture de l'amour, a fini par être regardé comme l'inventeur de ce genre de peinture. A part cette injustice, on ne peut guère s'empêcher de donner raison à Brumoy. Son jugement sur le caractère d'Agamemnon n'est pas non plus sans vérité : « Chez Euripide, dit-il, on voit un roi à la grecque, c'est-à-dire un peu bourgeois, selon notre manière de penser. Dolce lui a donné un air de prince italien; Rotrou le relève encore davantage; mais Racine le rend tout à fait majestueux à la françoise. »

Un critique qui a presque toujours jugé notre littérature avec des préventions hostiles, et quelquefois avec l'incompétence d'un étranger trop peu familier avec ses beautés pour les bien apprécier, mais qui du reste avait sur le théâtre antique des vues autrement fécondes, étendues, élevées que le P. Brumoy, A. W. Schlegel a fait à peu près les mêmes reproches que lui à l'*Iphigénie* de Racine. Voici comment il en a parlé, ne montrant que le côté vulnérable : « Nous ne saurions y voir qu'une tragédie grecque habillée à la moderne, où le caractère intrigant d'Ériphile altère la simplicité du sujet, où les mœurs ne sont plus en harmonie avec les traditions mythologiques, et où Achille, quelque bouillant qu'on ait voulu le faire, par cela seul qu'on le peint amoureux et galant, ne peut pas se supporter. La Harpe prétend que l'Achille de Racine ressemble plus à celui d'Homère que l'Achille d'Euripide. Que répondre à cette assertion? Pour adopter de tels jugements, il faudrait commencer par oublier les Grecs[1]. » C'est aussi l'opinion qu'a exprimée d'une manière piquante M. Taine :

---

1. *Cours de littérature dramatique*, traduit de l'allemand, Paris et Genève, 1814, tome II, p. 203 et 204.

« Mettez, dit-il, parlant de l'Achille grec, mettez en regard le charmant cavalier de Racine, à la vérité un peu fier de sa race et bouillant comme un jeune homme, mais disert, poli, du meilleur ton, respectueux envers les captives..., leur demandant permission pour se présenter devant elles, tellement qu'à la fin il ôte son chapeau à plumes, et leur offre galamment le bras pour les mettre en liberté.... Une des causes de l'amour d'Iphigénie c'est qu'Achille est de meilleure maison qu'elle; elle est glorieuse d'une telle alliance ; vous diriez une princesse de Savoie ou de Bavière qui va épouser le Dauphin de France[1]. »
Il y a, ce nous semble, dans ces épigrammes si bien aiguisées quelque exagération : le spirituel écrivain, fidèle à sa méthode ordinaire, tenait beaucoup, en jugeant Racine, à mettre en relief la forte empreinte que le génie du poëte, soumis aux lois qui règlent tous les cerveaux humains, avait nécessairement reçue des mœurs de son temps et de son pays. Avec M. Taine, comme avec Schlegel, nous voilà bien loin de Voltaire, qui trouvait Achille « beaucoup plus fier, plus violent qu'il n'est tendre. » Il disait encore : « Jamais Achille n'a été plus Achille que dans cette tragédie. Les étrangers ne pourront pas dire de lui ce qu'ils disent d'Hippolyte, de Xipharès, d'Antiochus, roi de Comagène, de Bajazet même ; ils les appellent Monsieur Bajazet, Monsieur Antiochus, Monsieur Xipharès, Monsieur Hippolyte, et, je l'avoue, ils n'ont pas tort[2]. » Il paraît n'avoir pas varié dans ce jugement ; c'est ainsi que dans *le Temple du goût* il n'a point mêlé le nom d'Achille à ceux de ces galants héros de Racine, dont on ne parlera jamais avec une plus agréable malice qu'il ne l'a fait :

> Racine observe les portraits
> De Bajazet, de Xipharès,
> De Britannicus, d'Hippolyte.
> A peine il distingue leurs traits ;
> Ils ont tous le même mérite :
> Tendres, galants, doux et discrets ;

---

1. *Nouveaux essais de critique et d'histoire*, par H. Taine, 1865, 1 vol. in-12, p. 227 et p. 230.
2. *Dictionnaire philosophique*, *Art dramatique*, tome XXVII des *OEuvres complètes*, p. 94.

NOTICE.

Et l'Amour, qui marche à leur suite,
Les croit des courtisans françois.

L'exception qu'il faisait en faveur d'Achille peut sans doute nous sembler trop absolue. Il n'est pas impossible cependant de se l'expliquer. Racine avait profondément étudié, non-seulement dans Euripide, mais, remontant à la première source, dans Homère, le caractère du héros grec. Les traits que lui fournissaient ces deux poëtes ont été rendus par lui avec l'art d'un grand peintre; si quelques couleurs trop modernes en ont chez lui changé parfois l'expression, elles sont loin de les avoir entièrement effacés. Ce que ces traits ont conservé de leur antique beauté avait surtout frappé Voltaire. Tout d'ailleurs, dans l'*Iphigénie* de Racine, le ravissait d'admiration ; et quand il se demandait quelle était sur notre théâtre la tragédie à la fois la plus régulière et la plus pathétique, celle que nous pouvions proposer à toute l'Europe comme satisfaisant à toutes les conditions de l'art, il ne croyait pas dans *Phèdre* elle-même rencontrer cet idéal, mais dans la seule *Iphigénie* [1]. Elle lui paraissait celle de toutes les tragédies qui, avec *Athalie*, approchait le plus de la perfection [2]. Il parlait un jour des larmes d'admiration et d'attendrissement que la centième lecture de ce chef-d'œuvre venait de lui arracher [3]: « O véritable tragédie ! s'écriait-il; beauté de tous les temps et de toutes les nations ! Malheur aux barbares qui ne sentiraient pas jusqu'au fond du cœur ce prodigieux mérite [4] ! » Un suffrage donné avec tant d'enthousiasme, par un tel juge, doit être compté. Il aurait cependant plus de poids encore, si à cette juste admiration ne s'étaient souvent mêlés les plus étranges blasphèmes contre la gloire de ces tragiques grecs envers qui Racine avait su se montrer plus équitable.

Nous avons dit plus haut que Racine dans son *Iphigénie*

1. *Dictionnaire philosophique*, Art dramatique, p. 84 et 85.
2. *Observations sur le* Jules César *de Shakespeare*, tome VII, p. 549. *Réponse à un académicien*, tome XLI, p. 531 et 532. Voyez aussi le commentaire de *Suréna*, Préface du commentateur, tome XXXVI, p. 426.
3. *Lettre à l'Académie françoise*, tome IX, p. 468 et 469.
4. *Dictionnaire philosophique*, Art dramatique, p. 92.

avait pour la première fois pris directement comme modèle un chef-d'œuvre de la scène antique, et qu'en se portant émule d'Euripide, il ne s'était point appuyé sur quelque imitateur moderne du poëte grec, comme, dans *la Thébaïde*, il s'était appuyé sur Rotrou. Celui-ci avait cependant, trente-quatre ans avant Racine, en 1640, mis sur notre scène une *Iphigénie en Aulide*[1], déjà mentionnée dans cette notice, et dont Marmontel a pu dire qu'elle avait « des scènes presque entières que Racine lui seul pouvait faire oublier[2]. » La tragi-comédie de Rotrou était la seule *Iphigénie* française où Racine eût pu trouver quelque chose à imiter. Il y en a, il est vrai, une plus ancienne, dont l'auteur est Thomas Sibilet; mais cette pièce, imprimée en 1549[3], n'est qu'un calque de celle d'Euripide, essayé dans une langue trop inexpérimentée pour suggérer à notre poëte un seul vers, une seule expression. Il n'y avait pas plus de parti à en tirer que des traductions latines de la même tragédie, parmi lesquelles on doit citer celle d'Érasme en 1524. Rotrou, au contraire, est mieux qu'un simple traducteur; et d'ailleurs en 1674 il n'avait pas encore trop vieilli. Il a des vers heureux, vigoureux quelquefois; et bien qu'il ait, en plusieurs scènes, suivi son modèle grec où Racine s'en est écarté, il a assez innové soit dans les pensées et dans les développements poétiques, soit dans l'arrangement de la fable, pour qu'il eût pu donner à ceux qui vinrent après lui la tentation de quelques emprunts. Mais Racine n'avait plus alors à marcher sur les pas d'un imitateur. C'est tout au plus si le petit nombre de rapprochements qu'on trouvera dans les notes de la pièce doivent donner à croire qu'il ait fait son profit, dans l'*Iphigénie* de Rotrou, d'un ou de deux détails, dont l'effet tragique est moins marqué dans Euripide. Pour tâcher de ne rien omettre, on peut supposer encore qu'il doit à Ro-

1. Elle fut imprimée en 1641 sous ce titre : *Iphigenie en Aulide, tragi-comedie de M. de Rotrou*, à Paris, chez Antoine de Sommaville, in-4º. L'Achevé d'imprimer est du 25ᵉ jour de mars 1641.

2. *Abrégé de la vie de Rotrou*, dans le *Recueil des meilleures pièces du théâtre français*, publié par Marmontel en 1773.

3. Sous ce titre : *l'Iphigenie d'Euripide, poete tragique, tournée du grec en françois par l'auteur de l'Art poetique*, à Paris, 1549 (in-12). L'épître dédicatoire est signée T. S.

trou l'idée très-heureuse d'avoir donné un rôle à Ulysse, et de l'avoir choisi pour gourmander la faiblesse paternelle d'Agamemnon; et toutefois est-il entièrement invraisemblable qu'il ait su que Sophocle, dans son *Iphigénie*, tragédie malheureusement perdue, avait introduit le même personnage? Au reste, ce que n'a pas fait Rotrou, Racine s'est ingénieusement servi de ce rôle d'Ulysse, pour supprimer celui de Ménélas, qui, sur notre scène, avait paru déplaisant. Le dénoûment de Rotrou s'éloigne beaucoup de celui d'Euripide, en ceci du moins qu'il a mis en action ce qui dans l'*Iphigénie* grecque est en récit; c'est là surtout ce qui lui appartient en propre. Dans cette innovation Racine ne l'a pas suivi, moins sans doute pour éviter le plagiat, que parce qu'il ne jugeait pas d'un bon effet une action si tumultueuse et le tableau sanglant d'un sacrifice. Il faut se garder de croire qu'il ait davantage imité son devancier, lorsqu'il est tombé, après lui, dans cette faute tant blâmée de l'amour d'Achille. Cet amour, dont le sujet même de la tragédie devait suggérer l'idée à tous dans ce siècle galant, est, dans Rotrou, bien plus légèrement lié à l'action, et d'un tout autre caractère : nous en avons parlé à l'occasion de la pièce de le Clerc. L'Achille de Racine et celui de Rotrou ont chacun leur date facile à distinguer. Si l'un a trop connu la cour de Louis XIV, l'autre a pris modèle sur les héros de nos vieux romans et sur leur phébus. En même temps il est duelliste comme un gentilhomme du règne de Louis XIII; il fait un appel à Ulysse :

Demeurons donc d'accord de l'heure et de la place.

Quoique la pièce de Rotrou offre peu de points de comparaison avec celle de Racine, nous ne devions pas la passer sous silence. Il ne serait pas à propos de nous arrêter autant aux *Iphigénies* modernes du théâtre étranger. Nous avons déjà nommé en passant celle de Lodovico Dolce, imprimée à Venise en 1551. Schiller, en 1789, dans le temps qu'il cherchait à s'initier, au moins par la lecture de traductions, à la connaissance du théâtre grec, fit paraître *Iphigénie à Aulis*. Mais dans l'*Iphigenia* de Dolce, qui, malgré l'addition et le changement de quelques scènes, suit Euripide de beaucoup plus près que ne l'a fait Racine, il ne se trouve évidemment rien que celui-ci se soit approprié ; et quant à l'*Iphigénie* de Schiller, quoique le nom de son auteur en recommande le souvenir, elle n'aurait eu d'intérêt pour nous que si elle se fût inspirée quelquefois de celle de Racine ; et il n'en est rien : le poëte allemand n'a voulu que traduire Euripide.

Parmi les traductions qui ont été faites de l'*Iphigénie* de Racine, l'Italie en compte deux auxquelles on reconnaît du mérite. Voltaire, dans un article de la *Gazette littéraire de l'Europe* (2 mai 1764), a loué l'élégante fidélité de l'*Iphigénie en Aulide* traduite en vers blancs par Lorenzo Guazzesi, poëte toscan, qui mourut cette même année, peu de mois après. Plus tard, au temps du premier Empire français, Buttura, qui était venu habiter notre pays, où il avait été naturalisé, y fit imprimer de la même tragédie une autre traduction italienne, qui fut fort goûtée et eut plusieurs éditions[1]. Gluck en 1774 avait fait représenter à Paris l'opéra d'*Iphigénie en Aulide*, dont le livret composé par du Rollet, bailli de l'ordre de Malte, avait été tiré en grande partie de la tragédie de Racine. Beaucoup de vers de notre poëte y ont été conservés ; mais du Rollet en a ajouté aussi bon nombre de sa propre fabrique ; il a retranché l'épisode d'Ériphile, mis le dénoûment en action, et fait usage, dit-on, du canevas d'un ballet de Roverre. De toute manière la gloire de Racine est bien peu intéressée dans le succès éclatant qu'eut cette tragédie lyrique, succès tout musical, qui s'explique assez par le génie de l'illustre maître, et par les passions que commençaient alors à soulever en France les querelles sur la musique.

Il ne nous reste plus qu'à chercher dans l'histoire de la scène française ce que nous y pouvons apprendre sur les représentations de la tragédie de Racine.

Elle brilla longtemps à l'Hôtel de Bourgogne, plus tard à l'Hôtel Guénégaud, sur cette même scène qui avait un moment voulu opposer à la grande poésie de Racine les platitudes de le Clerc. La Champmeslé l'y apporta en 1680, avec les autres pièces du même poëte. Depuis cette année jusque vers le milieu de 1685, époque où s'arrête le registre de la Grange, on compte, d'après ce registre, vingt-neuf représentations

---

1. Nous en avons pu voir une publiée chez Didot l'aîné en 1815.

d'*Iphigénie*, dont plusieurs furent données à la cour. Ce fut la première pièce dont on procura le spectacle à la jeune princesse Anne-Marie de Bavière, au moment de son entrée en France, où elle venait épouser le grand Dauphin. Cette représentation eut lieu dans la soirée du 24 février 1680, à Schlestadt[1].

Que de beaux rôles dans *Iphigénie* ! Celui d'Ériphile doit être compté parmi les triomphes d'Adrienne Lecouvreur; la première fois qu'elle y fit admirer son jeu si passionné, ce fut le 6 août 1721, dans une représentation où Mlle Duclos faisait le personnage de Clytemnestre, de manière, dit-on, à ravir les spectateurs[2]. On lit dans le *Cours de déclamation* de Larive[3] que « Mlle Clairon a fait connaître les beautés du rôle d'Ériphile, qu'on avait toujours regardé comme mauvais. » Il est difficile d'admettre ce jugement sur un rôle qui par lui-même n'a jamais dû inspirer ce dédain, et qui avait été, avant Mlle Clairon, interprété par une tragédienne telle qu'Adrienne Lecouvreur. Celle-ci, suivant Lemazurier[4], aurait joué aussi à un certain moment le rôle d'Iphigénie, qui fut, bientôt après, un des meilleurs de Mlle Gaussin; les qualités qu'il demande étaient particulièrement celles de Mlle Gaussin; elle l'avait abordé, en 1731, dès ses débuts. Un autre début, qui ne fut pas moins heureux, le premier de Mlle Dumesnil sur la scène française, eut lieu le 6 août 1737, dans la même tragédie, mais dans un autre rôle, dans celui de Clytemnestre, dont la nouvelle tragédienne entra dès lors en possession avec un succès qui n'allait faire que s'accroître, quoiqu'il y eût peut-être quelque chose à regretter pour la noblesse du maintien.

L'époque célèbre du théâtre français, qui vit les Dumesnil, les Clairon, les Gaussin, trouva bientôt, dans un acteur qui débuta plusieurs années après elles, un digne interprète du rôle d'Achille. Ce fut le Kain. On sait par tous les témoignages contemporains quels transports d'admiration, malgré la laideur et le peu de noblesse de ses traits, il excitait dans le

1. Voyez la *Gazette* du 9 mars 1680.
2. *Mercure* d'août 1721.
3. 1 vol. in-8º. Paris, an XII, p. 264.
4. *Galerie historique des acteurs*, tome II, p. 284.

personnage de Tancrède. on ne peut donc s'étonner qu'il n'ait pas moins excellé dans celui d'Achille, héros et *chevalier* comme Tancrède. Le jeu brillant de le Kain n'est pas le seul souvenir qui reste de lui dans la tragédie d'*Iphigénie*. Ce grand acteur y introduisit le premier la vérité des costumes, dont il fut, avec Mlle Clairon, un ardent réformateur. Avant lui « on voyoit, dit Lemazurier[1], Agamemnon, dans le camp des Grecs, enveloppé d'une espèce de baril à franges (*sans doute un de ces tonnelets si longtemps à la mode sur notre scène dans les rôles guerriers*), ôtant galamment son chapeau aux dames, et conduisant au bûcher sa fille Iphigénie en robe de cour. » Le déguisement d'Achille n'était pas moins bizarre. « Achille paraissait, suivant la Dixmerie[2], en petit chapeau surmonté d'une aigrette blanche; Achille avec des gants et des bas blancs[3]. » Ce héros de l'*Iliade* si bien ganté est tout à fait, ce nous semble, celui que M. Taine a vu dans Racine; aussi comprend-on que, maudissant les réformes de le Kain et de Talma, il redemande les anciens oripeaux, moitié grecs, moitié modernes de nos pères[4], afin que nous puissions retrouver, comme il le croit, les tragédies du siècle de Louis XIV dans leur vrai cadre. Nous serions, pour nous, loin d'admettre que les costumes ridiculement infidèles des anciens comédiens fussent en rapport exact avec les conceptions et avec la poésie de Racine. Mais nous sommes porté à croire que le changement de ces costumes, en habituant les spectateurs à se tenir en garde contre les anachronismes, fit beaucoup pour préparer une révolution du goût, qui ne devait pas s'arrêter à la partie tout extérieure et matérielle des représentations scéniques; et peut-être contribua-t-il à nous ôter insensiblement l'illusion qui nous avait longtemps dissimulé chez les héros antiques de Racine « l'air et l'esprit français. »

Vers le temps dont nous parlons, une transformation des

1. *Galerie historique des acteurs*, tome I, p. 351.
2. *Lettre sur l'état présent de nos spectacles* (1 vol. in-12, 1765), p. 19.
3. Louis Racine, dans ses *Réflexions sur la poésie*, dit qu'Achille, sur le théâtre, était habillé comme Auguste et Mithridate, et que tous trois portaient des perruques et des chapeaux.
4. Voyez les *Nouveaux essais de critique et d'histoire*, p. 238.

habitudes de la scène se manifestait par d'autres symptômes encore, au nombre desquels il faut compter la tentative qu'on hasarda, dans les représentations d'*Iphigénie*, d'une réforme beaucoup plus téméraire, et surtout moins raisonnable, que celle du costume. La Dixmerie en fut le promoteur dans sa *Lettre sur l'état présent de nos spectacles*, déjà citée tout à l'heure. Luneau de Boisjermain, éditeur de Racine, à qui Voltaire attribue la première idée de mettre en action la catastrophe de notre *Iphigénie*, n'avait fait que répéter en 1768 ce que la Dixmerie s'était hasardé à dire en 1765. Celui-ci avait découvert que le récit qui termine la pièce est d'un effet médiocre, bien que l'expression et les détails en soient admirables. « Racine, disait-il, qu'on a surnommé avec raison le Raphaël de la poésie française, a, comme lui, négligé ou ignoré les grands effets.... De son temps on n'osait presque rien en fait d'action tragique. » Il semblait à la Dixmerie que depuis peu l'art dramatique avait fait de grands progrès, parce qu'il cherchait beaucoup plus qu'autrefois à parler aux yeux ; et il donne de ce progrès un assez curieux exemple, tiré de la mise en scène qu'on avait récemment introduite au commencement d'*Iphigénie* : « On voit maintenant la nuit régner sur tout le camp des Grecs. La seule tente d'Agamemnon est éclairée dans l'intérieur. On y voit ce prince occupé à fermer une lettre et marquer par ses mouvements une partie du trouble qui l'agite.... Il sort de sa tente, et vient à tâtons chercher Arcas, qui dort à l'entrée de la sienne.... Le jour paraît insensiblement, et on voit les soldats s'éveiller d'eux-mêmes, reprendre leurs postes, etc. Tout cela est dans l'exacte vérité, et contribue à l'illusion théâtrale. » Pendant qu'on était en train d'animer ainsi les peintures trop immobiles de Racine, pourquoi serait-on resté en chemin dans le bon office qu'on lui rendait? Combien les dernières scènes, froidement racontées par le poëte, ne sembleraient-elles pas plus belles si l'on y substituait un spectacle plein de vie? La Dixmerie exprimait le souhait « qu'une main habile suppléât » au manque d'audace de Racine. Son appel fut entendu. Il se trouva une main, sinon habile, au moins très-audacieuse, pour tenter la sacrilége correction du dénoûment d'*Iphigénie*. Ce fut celle de Saint-Foix, faible auteur de plusieurs petites pièces de théâtre, tombées, après un moment de vogue, dans un oubli mérité. Il y avait bien montré que le plaisir des yeux, le spectacle, constituait seul pour lui la beauté de l'art dramatique. Il professait d'ailleurs peu de goût pour Racine : c'était l'homme qu'il fallait pour tenter de le redresser. Une conversation chez la duchesse de Villeroi, où l'idée de la Dixmerie fut discutée en présence de Saint-Foix, décida l'entreprise. Le 31 juillet 1769, *Iphigénie* fut représentée avec les nouvelles scènes arrangées par l'auteur de *l'Oracle*. Le *Mercure de France*[1] nous a conservé ce rare travail, qui n'avait pas, dit-il, coûté plus d'une demi-heure à son auteur. Les changements étaient en apparence peu considérables. Saint-Foix s'y était servi, autant qu'il était possible, des vers mêmes de Racine, se contentant d'en retrancher bon nombre, et d'en ajouter quelques-uns nécessaires pour les raccords. Mais Achille, le fer à la main, se précipitant sur les soldats qui emmènent Iphigénie[2], le bouillant héros et Ulysse qui se menacent, comme dans Rotrou, les Thessaliens et les Grecs baissant leurs piques et prêts à s'attaquer ; puis, tandis qu'Ériphile prend le couteau sur l'autel, se frappe et tombe dans les bras de sa confidente, le tonnerre qui gronde et le bûcher qui s'allume, voilà par quel saisissant tableau on avait espéré produire un grand effet si maladroitement négligé par Racine. Le succès cependant ne répondit pas à l'attente des innovateurs. Le public manifesta son mécontentement, que le *Mercure* attribue à l'exécution qui

1. Voyez dans ce journal le mois de septembre 1769, p. 166-171.
2. Saint-Foix, qui reprenait ainsi l'action de la tragi-comédie de Rotrou, pouvait trouver dans le vieux poëte quelque chose de mieux à mettre dans la bouche d'Achille, au moment où il tire l'épée du fourreau, que cet unique vers :

Fuyez, lâches bourreaux ; tremble, prêtre barbare !

Voici comment Rotrou avait fait parler Achille, dans des vers dont la bravade n'est pas sans énergie :

Vile fange d'un peuple indigne de mes coups,
Cœurs altérés de sang, venez, accourez tous !
N'allez point jusqu'au pied des murailles de Troie,
Du noir palais des morts chercher la triste voie.
Sans passer plus avant, la pointe de ce fer,
Si l'essai vous en plaît, vous ouvrira l'enfer.

fut un peu confuse. Mais elle devait l'être. Voltaire l'avait prédit avant cette malheureuse tentative : « Il serait bien difficile, avait-il dit, que, sur le théâtre, cette action qui doit durer quelques moments, ne devînt froide et ridicule. Il m'a toujours paru évident que le violent Achille, l'épée nue, et ne se battant point, vingt héros dans la même attitude, comme des personnages de tapisserie, Agamemnon, roi des rois, n'imposant à personne, immobile dans le tumulte, formeraient un spectacle assez semblable au cercle de la Reine en cire colorée par Benoît[1]. » Lorsqu'il sut que l'essai avait été fait et n'avait pas réussi, il ne s'étonna pas du mauvais succès, et ajouta ceci à ses premières observations : « Il faut savoir qu'un récit écrit par Racine est supérieur à toutes les actions théâtrales[2]. »

Revenons aux comédiens. Après la mort de le Kain, en 1778, sa succession tragique échut à Larive, élève de Mlle Clairon, qui avait une première fois, en 1770, débuté sur la scène française comme un acteur de peu d'espérance, puis en 1775 plus heureusement. Les *Mémoires* de Préville parlent d'une représentation où Larive jouait Agamemnon. Mais le rôle où il excella fut celui d'Achille, auquel convenaient si bien sa figure, sa taille, sa belle voix, la véhémence de son débit, ses élans pleins d'audace et de fierté, l'expression qu'il savait donner à l'héroïsme chevaleresque, à l'ironie et à la menace. Ce fut, pendant sa longue carrière théâtrale, un de ses rôles favoris. Nous trouvons qu'il le remplit avec un succès des plus brillants à l'ouverture du Théâtre français de la rue de Louvois, le 5 nivôse an V (25 décembre 1796), jour où la représentation d'*Iphigénie* inaugura avec éclat la nouvelle scène.

Parmi les tragédiennes de la fin du dix-huitième siècle, nous devons citer Mlle Sainval aînée et Mlle des Garcins, une Clytemnestre et une Iphigénie. Grimm écrivait en 1776 que si Mlle Sainval « n'était point Clytemnestre, cette reine issue du

---

1. *Dictionnaire philosophique*, *Art dramatique*, tome XXVII des OEuvres complètes, p. 96.

2. *Ibidem*. — Quelques jours après la représentation de l'*Iphigénie* corrigée, le 7 août 1769 il écrivait à M. de Chabanon : « Il me paroît qu'on a rendu justice à l'arlequinade substituée à la dernière scène de l'inimitable tragédie.... Je ne sais pas quel est le profane qui a osé toucher ainsi aux choses saintes. »

sang de Jupiter, c'était du moins une mère, une mère tendre et passionnée. » On dit que cette actrice, à qui manquait la beauté et même la noblesse, faisait oublier ce qui lui manquait par un pathétique souvent sublime. Mlle des Garcins, en 1788, choisit pour ses débuts le rôle d'Iphigénie, où elle fit revivre le souvenir de la Gaussin.

Une tragédienne qui resta plus longtemps au théâtre que celles dont nous venons de parler, la belle Mlle Raucourt, se fit pendant bien des années applaudir dans le personnage de Clytemnestre. Elle le représenta de préférence à tout autre dans les grandes occasions, par exemple dans une de ses rentrées, le 15 janvier 1791; et aussi à la fin de 1796, lorsqu'elle ouvrit le théâtre Louvois confié à sa direction, c'est-à-dire le même jour où nous avons rappelé que Larive s'était chargé du rôle d'Achille; plus tard enfin, à l'ouverture du théâtre de Milan, le 12 octobre 1806 : c'était elle qui avait reçu la mission d'organiser en Italie les troupes de comédiens français. Sous ses auspices, et formée par ses leçons, Mlle Georges avait joué pour la première fois, en 1802, ce même rôle de Clytemnestre, où de nos jours on a pu apprécier ses grandes qualités, sa majesté tragique. Dans ce premier essai, tout ne parut pas également heureux; mais le dernier acte décida du succès, et la jeune actrice, après la représentation, fut rappelée avec transport[1]. Ses triomphes dans Clytemnestre doivent être comptés au nombre de ceux qu'il lui fallut disputer contre la gloire rivale de Mlle Duchesnois.

Saint-Prix, dans le même temps, passait pour un excellent Agamemnon. Ce rôle, qu'il aborda le 13 prairial an IX (2 juin 1801), lui convenait beaucoup mieux que celui d'Achille, qu'il avait d'abord tenté. Son jeu était généralement un peu froid; mais il était taillé pour représenter les rois. Son maintien était grave, sa prestance majestueuse, sa voix tonnante. Il y avait alors sur la même scène un jeune débutant, venu de la province, qui avait eu la hardiesse de se montrer, pour son coup d'essai, dans le rôle si difficile d'Achille. C'était en 1800. Son nom était Lafond. Son début avait eu un prodi-

---

1. Geoffroy, *Cours de littérature dramatique*, tome VI, p. 273 et 274. Feuilleton du 10 frimaire an XI (1er décembre 1802).

gieux retentissement. On avait trouvé qu'il dépassait les premiers sujets de la scène française. Quelques-uns toutefois lui reprochaient de donner au superbe héros un ton trop langoureux et trop fade dans les scènes d'amour[1]. Quoi qu'il en soit, son succès dans ce rôle ne fit que s'accroître, et fut supérieur, ce semble, à celui de Talma, auquel il manqua toujours quelque chose pour représenter ces caractères brillants et tout en dehors, et qui néanmoins s'obstina longtemps à remplir le personnage d'Achille. Il ne put, dit-on, s'en rendre entièrement maître; il y laissait désirer plus d'éclat; mais, au témoignage de Geoffroy, si peu disposé à le juger avec faveur, « il se faisait reconnaître dans plusieurs moments à l'énergie singulière, à la mâle vigueur de son débit et de son jeu[2]. » Et le même critique lui accorde ce grand éloge que, s'il ne parvenait pas à représenter, dans le véritable esprit du rôle tel que Racine l'avait conçu, cet Achille, héros de la cour de Louis XIV, il laissait voir qu'il eût rendu parfaitement l'Achille d'Homère et d'Euripide.

Iphigénie fut la seconde des tragédies de Racine où Mlle Rachel révéla son merveilleux talent. Elle joua le rôle d'Ériphile dès le temps de ses premiers débuts, le 16 août 1838. La passion jalouse de la captive d'Achille ne pouvait manquer de bien inspirer la tragédienne qui s'était déjà montrée une incomparable Hermione. Mais il y a dans *Iphigénie* d'autres rôles qui, supérieurs à celui d'Ériphile, auraient demandé d'être aussi bien remplis, pour que la reprise de la pièce pût longtemps se soutenir. Mlle Rachel ne donna que dix représentations d'*Iphigénie* au Théâtre-Français, et une onzième sur la scène des Italiens, où Mlle Georges reparut dans le rôle de Clytemnestre, un de ses anciens triomphes.

Nous avons suivi le texte du recueil de 1697, et donné les variantes fournies par l'édition séparée de 1675, qui fut la première de toutes, et par les éditions collectives de 1676 et de 1687.

1. Geoffroy, *Cours de littérature dramatique*, tome VI, p. 251. Feuilleton du 20 floréal an VIII (9 mai 1800).
2. *Ibidem*, p. 227. Feuilleton du 14 floréal an XI (3 mai 1803).

PRÉFACE.

Il n'y a rien de plus célèbre dans les poëtes que le sacrifice d'Iphigénie. Mais ils ne s'accordent pas tous ensemble sur les plus importantes particularités de ce sacrifice. Les uns, comme Eschyle dans *Agamemnon*[1], Sophocle dans *Electra*[2], et après eux Lucrèce[3], Horace[4], et beaucoup d'autres, veulent qu'on ait en effet répandu le sang d'Iphigénie, fille d'Agamemnon, et qu'elle soit morte en Aulide[5]. Il ne faut que lire Lucrèce, au commencement de son premier livre :

> *Aulide quo pacto Triviaï virginis aram*
> *Iphianassaï turparunt sanguine fœde*
> *Ductores Danaum*[6], etc.

Et Clytemnestre dit, dans Eschyle, qu'Agamemnon, son mari, qui vient d'expirer, rencontrera dans les enfers Iphigénie, sa fille, qu'il a autrefois immolée[7].

---

1. Vers 179-241. Ces vers célèbres, qui renferment une peinture si admirable du sacrifice d'Iphigénie, sont dans le premier chœur de la pièce. On pense qu'Eschyle avait traité le sujet d'*Iphigénie à Aulis* dans une des trois tragédies d'une de ses trilogies, dont il ne reste plus que les titres et quelques vers.
2. Vers 530-532, et vers 566-574. — Il y a *Electra*, et non *Électre*, dans toutes les éditions publiées du vivant de Racine.
3. Livre I, vers 85-87. Racine, quelques lignes plus bas, cite le passage de Lucrèce.
4. *Satire* III du livre II, vers 199 et 200.
5. Voyez ci-après, p. 148, note 1.
6. « Comment à Aulis les chefs des Grecs souillèrent affreusement du sang d'Iphianasse l'autel virginal de Diane. » — Nous verrons plus bas (p. 140, note 1) que l'*Iphigénie* d'Euripide, d'Eschyle, de Racine, etc., a dans Homère, comme ici dans Lucrèce, le nom d'*Iphianasse*.
7. *Agamemnon*, vers 1527-1531.

D'autres ont feint que Diane, ayant eu pitié de cette jeune princesse, l'avoit enlevée et portée dans la Tauride, au moment qu'on l'alloit sacrifier, et que la déesse avoit fait trouver en sa place ou une biche, ou une autre victime de cette nature [1]. Euripide a suivi cette fable, et Ovide l'a mise au nombre des Métamorphoses [2].

Il y a une troisième opinion, qui n'est pas moins ancienne que les deux autres, sur Iphigénie. Plusieurs auteurs, et entre autres Stésichorus, l'un des plus fameux et des plus anciens poëtes lyriques, ont écrit qu'il étoit bien vrai qu'une princesse de ce nom avoit été sacrifiée, mais que cette Iphigénie étoit une fille qu'Hélène avoit eue de Thésée [3]. Hélène, disent ces auteurs, ne l'avoit osé avouer pour sa fille, parce qu'elle n'osoit déclarer à Ménélas qu'elle eût été mariée en secret avec Thésée. Pausanias [4] rapporte et le témoignage et les

1. Les autres victimes dont parlent quelques traditions sont une ourse, un taureau ou une vieille femme. Voyez les *Scholies* de Tzétzès *sur Lycophron*, vers 183 (édition Müller, tome I, p. 463 et 464). — La fable de l'enlèvement d'Iphigénie par Diane, au moment du sacrifice, remonte jusqu'à l'antique auteur des *Chants cypriens* : voyez la *Chrestomathie de Proclus*, dans l'édition qui en a été donnée à la suite du *Manuel d'Héphestion* (p. 475), Oxford, MDCCCX.
2. *Métamorphoses*, livre XII, vers 29-34.
3. C'est Pausanias qui nous apprend que cette tradition était attestée par Stésichore. Voyez la note suivante.
4. *Corinth.*, p. 125. (*Note de Racine*.) — Racine renvoie à l'édition in-folio de 1613, imprimée à Hanau, avec la traduction latine de Romolo Amaseo, en regard du texte. Voici le passage du chapitre XXII des *Corinthiaques* de Pausanias, tel qu'il a été traduit par Clavier : « Les Dioscures prirent Aphidne, et ramenèrent Hélène à Lacédémone. Elle était enceinte, à ce que disent les Argiens ; et ayant fait ses couches à Argos, ... elle confia la fille qu'elle avait mise au jour à Clytemnestre, qui était déjà mariée à Agamemnon, et elle épousa dans la suite Ménélas. Les poëtes Euphorion de Chalcis et Alexandre de Pleuron, d'accord en ce point avec les Argiens, disent, comme Stésichore d'Himère l'avait écrit avant eux, qu'Iphigénie était fille de Thésée. »

noms des poëtes qui ont été de ce sentiment. Et il ajoute que c'étoit la créance commune de tout le pays d'Argos.

Homère enfin, le père des poëtes, a si peu prétendu qu'Iphigénie, fille d'Agamemnon, eût été ou sacrifiée en Aulide, ou transportée dans la Scythie, que, dans le neuvième livre de l'*Iliade*[1], c'est-à-dire près de dix ans depuis l'arrivée des Grecs devant Troie, Agamemnon fait offrir en mariage à Achille sa fille Iphigénie, qu'il a, dit-il, laissée à Mycène, dans sa maison.

J'ai rapporté tous ces avis si différents, et surtout le passage de Pausanias, parce que c'est à cet auteur que je dois l'heureux personnage d'Ériphile[2], sans lequel je n'aurois jamais osé entreprendre cette tragédie. Quelle apparence que j'eusse souillé la scène par le meurtre horrible d'une personne aussi vertueuse et aussi aimable qu'il falloit représenter Iphigénie? Et quelle apparence encore de dénouer ma tragédie par le secours d'une déesse et d'une machine, et par une métamorphose, qui pouvoit bien trouver quelque créance du temps d'Euripide, mais qui seroit trop absurde et trop incroyable parmi nous?

Je puis dire donc que j'ai été très-heureux de trouver dans les anciens cette autre Iphigénie, que j'ai pu représenter telle qu'il m'a plu, et qui tombant dans le malheur où cette amante jalouse vouloit précipiter sa rivale, mérite en quelque façon d'être punie, sans être pourtant tout à fait indigne de compassion. Ainsi le

---

1. Vers 141-147. Dans cet endroit de l'*Iliade*, Agamemnon dit qu'il a dans sa maison trois filles, Chrysothémis, Laodice, et *Iphianasse*, et qu'Achille pourra emmener dans la demeure de Pélée celle des trois qu'il choisira.

2. Ce que Racine doit à Pausanias, c'est le personnage d'une fille de Thésée et d'Hélène. Quant au nom d'*Ériphile* (mieux *Ériphyle*) choisi par Racine, il ne l'a pas forgé; c'est un nom ancien qui se trouve dans Homère et dans Pindare, et que ces poëtes donnent à la femme d'Amphiaraüs.

PRÉFACE.

dénouement de la pièce est tiré du fond même de la pièce. Et il ne faut que l'avoir vu représenter pour comprendre quel plaisir j'ai fait au spectateur, et en sauvant à la fin une princesse vertueuse pour qui il s'est si fort intéressé dans le cours[1] de la tragédie, et en la sauvant par une autre voie que par un miracle, qu'il n'auroit pu souffrir, parce qu'il ne le sauroit jamais croire[2].

Le voyage d'Achille à Lesbos, dont ce héros se rend maître, et d'où il enlève Eriphile avant que de venir en Aulide, n'est pas non plus sans fondement. Euphorion de Chalcide[3], poëte très-connu parmi les anciens, et dont Virgile[4] et Quintilien[5] font une mention honorable, parloit de ce voyage de Lesbos[6]. Il disoit dans un de ses poëmes, au rapport de Parthénius[7], qu'Achille avoit fait

---

1. VAR. (édit. de 1675) : dans tout le cours.
2. Racine fait allusion au vers 188 de l'*Art poétique* d'Horace :
   Quodcumque ostendis mihi sic, incredulus odi.

3. *De Chalcide*, ou, comme nous disons plutôt aujourd'hui, *de Chalcis*, ville d'Eubée.
4. *Eglog.*, X. (*Note de Racine*.) — Virgile dit aux vers 50 et 51 :
   .... *Chalcidico quæ sunt mihi condita versu*
   Carmina.

5. *Instit.*, lib. X. (*Note de Racine*.) — Il y est dit au chapitre 1, § 56 : « Euphorionem transibimus? quem nisi probasset Virgilius, « idem nunquam certe conditorum chalcidico versu carminum fecisset « in *Bucolicis* mentionem. »
6. On s'est étonné que Racine n'ait pas cité sur la conquête de Lesbos un témoignage plus important que celui du poëte Euphorion, celui d'Homère lui-même au IXe livre de l'*Iliade*, vers 271, ou Ulysse, parlant de sept femmes lesbiennes qu'Agamemnon propose de donner à Achille, rappelle à celui-ci la conquête qu'il fit autrefois de cette île :
   . . . . Ὅτε Λέσβον ἐϋκτιμένην ἕλες αὐτός.
Mais la citation d'Euphorion, d'après Parthénius, lui donnait en même temps « la princesse éprise d'amour pour Achille. » Voyez la note suivante.
7. Voyez le XXIe chapitre du livre de Parthénius de Nicée, inti-

la conquête de cette île avant que de joindre l'armée des Grecs, et qu'il y avoit même trouvé une princesse qui s'étoit éprise d'amour pour lui.

Voilà les principales choses en quoi je me suis un peu éloigné de l'économie et de la fable d'Euripide. Pour ce qui regarde les passions, je me suis attaché à le suivre plus exactement. J'avoue que je lui dois un bon nombre des endroits qui ont été les plus approuvés dans ma tragédie. Et je l'avoue d'autant plus volontiers, que ces approbations m'ont confirmé dans l'estime et dans la vénération que j'ai toujours eu[1] pour les ouvrages qui nous restent de l'antiquité. J'ai reconnu avec plaisir, par l'effet qu'a produit sur notre théâtre tout ce que j'ai imité ou d'Homère ou d'Euripide, que le bon sens et la raison étoient les mêmes dans tous les siècles. Le goût de Paris s'est trouvé conforme à celui d'Athènes. Mes

---

tulé : Περὶ ἐρωτικῶν παθημάτων. C'est le seul ouvrage que nous ayons de cet écrivain, qui vivait au temps de la guerre de Mithridate. Voici le petit récit que fait Parthénius, et qu'il appuie de l'autorité des vers d'Euphorion : « Achille, dans son expédition contre Lesbos, assiégeoit la ville de Méthymne, qui lui opposoit une grande résistance. Pisidice, fille du Roi, s'éprit d'amour pour le héros, qu'elle avoit vu du haut des murailles. Elle envoya quelqu'un vers lui, pour lui promettre de lui livrer la ville, s'il s'engageoit à la prendre pour épouse. Achille accepta la proposition ; mais, une fois maître de la ville, il ordonna à ses soldats de lapider celle qui avoit trahi son pays. » Cette histoire diffère plus de celle d'Ériphile que ne pourrait le donner à croire l'allusion qu'y fait ici Racine.

1. Dans toutes les éditions imprimées du vivant de Racine, on lit *eu*, sans accord. Bouhours, dans ses *Remarques nouvelles sur la langue françoise* (édition de 1676, p. 521), cite ce passage de la préface d'*Iphigénie* parmi les exemples dont il appuie, en l'étendant à un participe accompagné d'*avoir*, la règle suivante, alors observée, selon lui, par nos bons auteurs : « Le participe du verbe *être* (*c'est-à-dire, le participe d'un verbe réfléchi, construit avec l'auxiliaire* être) redevient indéclinable au milieu d'un sens, pour empêcher la prononciation de languir et de traîner trop. »

spectateurs ont été émus des mêmes choses qui ont mis autrefois en larmes le plus savant peuple de la Grèce, et qui ont fait dire qu'entre les poëtes, Euripide étoit extrêmement tragique[1], τραγικώτατος, c'est-à-dire qu'il savoit merveilleusement exciter la compassion et la terreur, qui sont les véritables effets de la tragédie.

Je m'étonne, après cela, que des modernes aient témoigné depuis peu tant de dégoût pour ce grand poëte, dans le jugement qu'ils ont fait de son *Alceste*[2]. Il ne s'agit point ici de l'*Alceste*. Mais en vérité j'ai trop d'obligation à Euripide pour ne pas prendre quelque soin de sa mémoire, et pour laisser échapper l'occasion de le réconcilier avec ces Messieurs. Je m'assure qu'il n'est si

---

1. Ou plutôt *le plus tragique;* car il paraît bien que c'est là le sens du passage d'Aristote (*Poétique*, chapitre XIII) que Racine avait en vue.
2. Ce jugement que des modernes ont fait de l'*Alceste* d'Euripide est celui de Pierre Perrault (voyez ci-dessus la *Notice*, p. 119, note 1) dans le petit dialogue où il compare cette tragédie grecque à l'opéra d'*Alceste* que venait de donner Quinault. Le titre du dialogue est : *Critique de l'opéra, ou Examen de la tragédie intitulée* ALCESTE OU LE TRIOMPHE D'ALCIDE. Il fut inséré dans le *Recueil de divers ouvrages en prose et en vers*, dédié (par le Laboureur) à *Son Altesse Monseigneur le Prince de Conti*, 1 vol. in-4º, M.DC.LXXV (p. 269-310). Quand Racine écrivit sa préface, ce livre venait d'être publié ; car l'Achevé d'imprimer est du 2 janvier 1675. — Voltaire (*Dictionnaire philosophique, Anciens et modernes*, tome XXVI des OEuvres, p. 351) a fait sur ce passage de la préface de Racine une petite dissertation qu'il intitule: « De l'injustice et de la mauvaise foi de Racine dans la dispute contre Perrault au sujet d'Euripide. » L'injustice est uniquement du côté de Voltaire. Croyait-il que, pour démontrer la mauvaise foi de Racine, il suffisait de citer quelques passages de la tragédie d'*Alceste*, et d'oser dire « qu'ils ne seraient pas soufferts chez nous à la foire ? » La supériorité de Racine sur Euripide lui semblait si évidente, qu'il ne s'expliquait les louanges données au poëte grec par le poëte français que par le désir « d'humilier Perrault. » La moindre de ses erreurs, dans cette étrange querelle qu'il cherchait à Racine, par trop de zèle pour sa gloire, est d'avoir confondu Pierre Perrault avec l'auteur des *Parallèles*.

mal dans leur esprit que parce qu'ils n'ont pas bien lu l'ouvrage sur lequel ils l'ont condamné. J'ai choisi la plus importante de leurs objections, pour leur montrer que j'ai raison de parler ainsi. Je dis la plus importante de leurs objections. Car ils la répètent à chaque page, et ils ne soupçonnent pas seulement que l'on y puisse répliquer.

Il y a dans l'*Alceste* d'Euripide une scène merveilleuse, où Alceste, qui se meurt et qui ne peut plus se soutenir, dit à son mari les derniers adieux. Admète, tout en larmes, la prie de reprendre ses forces, et de ne se point abandonner elle-même. Alceste, qui a l'image de la mort devant les yeux, lui parle ainsi :

> Je vois déjà la rame et la barque fatale.
> J'entends le vieux nocher sur la rive infernale.
> Impatient, il crie : « On t'attend ici-bas ;
> Tout est prêt, descends, viens, ne me retarde pas[1]. »

J'aurois souhaité de pouvoir exprimer dans ces vers les grâces qu'ils ont dans l'original. Mais au moins en voilà le sens. Voici comme ces Messieurs les ont entendus. Il leur est tombé entre les mains une malheureuse édition d'Euripide, où l'imprimeur a oublié de mettre dans le latin à côté de ces vers un *Al.*, qui signifie que c'est Alceste qui parle ; et à côté des vers suivants un *Ad.*, qui signifie que c'est Admète qui répond. Là-dessus, il leur est venu dans l'esprit la plus étrange pensée du monde. Ils ont mis dans la bouche d'Admète les paroles qu'Alceste dit à Admète, et celles qu'elle se fait dire par Charon. Ainsi ils supposent qu'Admète, quoiqu'il

---

1. Voici les vers 262-266 de l'*Alceste*, que Racine a traduits :

> Ὁρῶ, δίκωπον ὁρῶ σκάφος ἐν λίμνᾳ.
> Νεκύων δὲ πορθμεὺς,
> Ἔχων χέρ' ἐπὶ κοντῷ
> Μ' ἤδη καλεῖ· « Τί μέλλεις ;
> Ἐπείγου· σὺ κατείργεις. »

soit en parfaite santé, *pense voir déjà Charon qui le vient prendre.* Et au lieu que dans ce passage d'Euripide, Charon impatient presse Alceste de le venir trouver, selon ces messieurs c'est Admète effrayé qui est l'impatient, et qui presse Alceste d'expirer, de peur que Charon ne le prenne. *Il l'exhorte*, ce sont leurs termes, *à avoir courage, à ne pas faire une lâcheté, et à mourir de bonne grâce ; il interrompt les adieux d'Alceste pour lui dire de se dépêcher de mourir*[1]. Peu s'en faut, à les entendre, qu'il ne la fasse mourir lui-même. Ce sentiment leur a paru *fort vilain*[2]. Et ils ont raison. Il n'y a personne qui n'en fût très-scandalisé. Mais comment l'ont-ils pu attribuer à Euripide ? En vérité, quand toutes les autres éditions où cet *Al.* n'a point été oublié ne donneroient pas un démenti au malheureux imprimeur qui les a trompés, la suite de ces quatre vers, et tous les discours qu'Admète tient dans la même scène, étoient plus que suffisants pour les empêcher de tomber dans une erreur si déraisonnable. Car Admète, bien éloigné de presser Alceste de mourir, s'écrie : « Que toutes les morts ensemble lui seroient moins cruelles que de la voir en l'état où il la voit. Il la conjure de l'en-

1. Nous ne trouvons pas textuellement ces paroles dans la *Critique* de Perrault, mais quelques phrases dont le sens est le même. On y lit (p. 274) : « Admète, voyant qu'elle s'attendrit, l'exhorte a avoir courage et a ne pas faire une lâcheté ; il lui représente qu'il s'en va mourir et que Caron le va prendre, si elle ne se hâte ; » et un peu plus loin (p. 288) : « Est-ce une chose d'un bel exemple de voir Admète qui interrompt Alceste, lorsqu'elle lui dit les derniers adieux, pour lui dire qu'elle se hâte de mourir ; parce qu'il voit, dit-il, la Parque qui le va prendre, si elle ne se hâte de faire son devoir ? »

2. « Comme il falloit de nécessité que notre auteur (*Quinault*), s'il eût fait cette scène, eût aussi fait consentir Admète à la mort de sa femme, *qui est une très-vilaine action*, je trouve qu'il n'est point blâmable d'avoir supprimé cette scène. » (*Critique de l'opéra*, p. 288.)

traîner avec elle. Il ne peut plus vivre si elle meurt. Il vit en elle. Il ne respire que pour elle [1]. »

Ils ne sont pas plus heureux dans les autres objections. Ils disent, par exemple, qu'Euripide a fait deux *époux surannés* d'Admète et d'Alceste; que l'un est un *vieux mari*, et l'autre une *princesse déjà sur l'âge*[2]. Euripide a pris soin de leur répondre en un seul vers, où il fait dire par le chœur « qu'Alceste, toute jeune, et dans la première fleur de son âge, expire pour son jeune époux [3]. »

Ils reprochent encore à Alceste qu'elle a deux grands enfants à marier. Comment n'ont-ils point lu le contraire en cent endroits, et surtout dans ce beau récit où l'on dépeint « Alceste mourante au milieu de ses deux petits enfants, qui la tirent, en pleurant, par la robe, et qu'elle prend sur ses bras l'un après l'autre pour les baiser [4]? »

1. Οἴ μοι ! τόδ' ἔπος λυπρὸν ἀκούω,
    Καὶ παντὸς ἐμοὶ θανάτου μεῖζον.
    Μὴ, πρός σε θεῶν, τλῇς με προδοῦναι....
    Σοῦ γὰρ φθιμένης, οὐκ ἔτ' ἂν εἴην·
    Ἐν σοὶ δ' ἐσμὲν καὶ ζῆν, καὶ μή. (Vers 285-291.)

Et un peu plus loin :

Ἄγου με σὺν σοί, πρὸς θεῶν, ἄγου κάτω ! (Vers 395.)

2. « Je crois bien qu'en Grèce on pouvoit prendre plaisir à voir une princesse déjà sur l'âge et ayant des enfants à marier, qui pleure sur son lit le souvenir de sa virginité.... Car les mœurs de ce temps-là le pouvoient permettre; mais je suis assuré que cela n'est point du tout au goût de notre siècle, qui étant accoutumé à ne voir sur le théâtre que des amants jeunes, galants et qui ne sont point mariés, auroit eû bien du mépris pour les tendresses de cette épouse surannée. » (*Critique de l'opéra*, p. 286.)

3. Σὺ δ' ἐν ἥβᾳ νέᾳ νέου
   Προθανοῦσα φωτὸς οἴχει. (Vers 490 et 491.)

C'est dans le récit que fait l'esclave (vers 189-191) :

Παῖδες δὲ, πέπλων μητρὸς ἐξηρτημένοι,
Ἔκλαον· ἡ δὲ λαμβάνουσ' ἐς ἀγκάλας
Ἠσπάζετ' ἄλλοτ' ἄλλον, ὡς θανουμένη.

Tout le reste de leurs critiques est à peu près de la force de celles-ci. Mais je crois qu'en voilà assez pour la défense de mon auteur. Je conseille à ces messieurs de ne plus décider si légèrement sur les ouvrages des anciens. Un homme tel qu'Euripide méritoit au moins qu'ils l'examinassent, puisqu'ils avoient envie de le condamner. Ils devoient se souvenir de ces sages paroles de Quintilien : « Il faut être extrêmement circonspect et très-retenu à prononcer sur les ouvrages de ces grands hommes, de peur qu'il ne nous arrive, comme à plusieurs, de condamner ce que nous n'entendons pas. Et s'il faut tomber dans quelque excès, encore vaut-il mieux pécher en admirant tout dans leurs écrits, qu'en y blâmant[1] beaucoup de choses. » *Modeste tamen et circumspecto judicio de tantis viris pronuntiandum est, ne (quod plerisque accidit) damnent quæ non intelligunt. Ac si necesse est in alteram errare partem, omnia eorum legentibus placere quam multa displicere maluerim*[2].

---

1. Var. (édit. de 1675) : condamnant.
2. *Institut. orat.*, livre X, chapitre 1, § 26. — Dans sa *Critique des deux Iphigénies*, dont il a été parlé plus haut, p. 118-121 de la *Notice*, Pierre Perrault suppose que Philarque oppose « au torrent des remarques » de Cléobule ce passage de Quintilien ; et la traduction dont il se sert est celle que donne ici Racine. C'est donc bien à Racine que Cléobule, c'est-à-dire P. Perrault lui-même, répond très-peu solidement sans doute, mais assez plaisamment : « Puisque Quintilien recommande la circonspection et la retenue dans le jugement qu'on veut faire des ouvrages de ces grands hommes (il les appelle ainsi), de peur d'y condamner ce qu'on n'entend pas, je remarque deux choses : l'une, qu'il y avoit de son temps des gens qui les condamnoient, et ainsi je ne suis ni le premier ni le seul qui y trouvera à redire ; l'autre, qu'il y avoit donc des choses qu'on n'entendoit pas, et c'étoit la faute de ces auteurs qui écrivoient si obscurément. »

ACTEURS.

AGAMEMNON.
ACHILLE.
ULYSSE.
CLYTEMNESTRE, femme d'Agamemnon.
IPHIGÉNIE, fille d'Agamemnon.
ÉRIPHILE, fille d'Hélène et de Thésée.
ARCAS, \
EURYBATE, } domestiques d'Agamemnon.
ÆGINE, femme de la suite de Clytemnestre.
DORIS, confidente d'Ériphile.
TROUPE DE GARDES.

La scène est en Aulide [1], dans la tente d'Agamemnon.

---

1. *Aulis*, où Euripide a placé la scène de sa tragédie, et que Racine, et avant lui Rotrou, ont traduit par *Aulide*, comme nous avons vu plus haut (p. 141, note 3) le nom de ville Χαλκίς rendu par Chalcide, est un petit port de Béotie en face de l'île d'Eubée. Nous parlerons ci-après (p. 155, note 1) d'un vieil usage de notre langue qui permettait d'employer *en* devant certains noms propres de villes; mais Racine fait bien de l'Aulide une contrée : dans plusieurs passages il a mis l'article devant ce mot. Aux vers 6 et 134, par exemple, nous lisons : « dans l'Aulide; » aux vers 413 et 414 : « l'Aulide, » etc.

IPHIGÉNIE[1],
TRAGÉDIE.

ACTE I.

SCÈNE PREMIÈRE.
AGAMEMNON, ARCAS.

AGAMEMNON.
Oui, c'est Agamemnon, c'est ton roi qui t'éveille[2].
Viens, reconnois la voix qui frappe ton oreille[3].

ARCAS.
C'est vous-même, Seigneur! Quel important besoin
Vous a fait devancer l'aurore de si loin?
A peine un foible jour vous éclaire et me guide.

---

1. Dans aucune des anciennes éditions, le titre de la pièce n'est, comme le donnent les éditeurs modernes (Luneau de Boisjermain, etc.), *Iphigénie en Aulide*.
2. Lemazurier (*Galerie historique des acteurs*, tome I, p. 96) dit que Baron prononçait ce vers d'un ton fort bas. On lui cria du parterre : « Plus haut! — Si je le disois plus haut, répondit-il, je le dirois mal. »
3. « J'ai entendu dire à l'abbé de Villiers, qui avoit été ami de l'auteur, qu'il avoit mis d'abord :

   Viens, Arcas; prête-moi ton cœur et ton oreille;

mais qu'il aima mieux que ce second vers fût plus simple. » (*Remarques de Louis Racine*, tome II, p. 32.) —.C'est avec beaucoup de raison, ce nous semble, que Geoffroy refuse d'admettre une telle variante, comme venant de Racine.

150   IPHIGÉNIE

Vos yeux seuls et les miens sont ouverts dans l'Aulide.
Avez-vous dans les airs entendu quelque bruit?
Les vents nous auroient-ils exaucés cette nuit?
Mais tout dort, et l'armée, et les vents, et Neptune[1].
                    AGAMEMNON.
Heureux qui satisfait de son humble fortune,   10
Libre du joug superbe où je suis attaché,

1. Voltaire, dans le *Dictionnaire philosophique*, *Art dramatique*, défend ce vers, avec esprit plutôt peut-être que par de bonnes raisons, contre une critique de Henri Home : « Un juge d'Écosse, dit-il, qui a bien voulu donner des règles de poésie et de goût à son pays, déclare dans son chapitre vingt et un, *Des narrations et des descriptions*, qu'il n'aime point ce vers.... S'il avait su que ce vers était imité d'Euripide, il lui aurait peut-être fait grâce; mais il aime mieux la réponse du soldat dans la première scène de *Hamlet* : « Je « n'ai pas entendu une souris trotter. » Voilà qui est naturel, dit-il ; c'est ainsi qu'un soldat doit répondre. — Oui, Monsieur le juge, dans un corps de garde, mais non pas dans une tragédie. » Le vers de Racine est très-beau ; mais on a pu y trouver un défaut de simplicité qui n'est point dans le passage correspondant d'Euripide. En général le début de la tragédie grecque est d'un ton fort différent de celui de la première scène de Racine. Voici ce début :

Ἀγαμ.   Ὦ πρέσβυ, δόμων τῶνδε πάροιθεν
         Στεῖχε.
Πρέσβ.   Στείχω. Τί δὲ καινουργεῖς,
         Ἀγάμεμνον ἄναξ ;
Ἀγαμ.   Πεύσει.
  ρέσβ.   Σπεύδω....
Ἀγαμ.   Οὔκουν φθόγγος γ' οὔτ' ὀρνίθων,
         Οὔτε θαλάσσης· σιγαὶ δ' ἀνέμων
         Τόνδε κατ' Εὔριπον ἔχουσιν.
Πρέσβ.   Τί δὲ σὺ σκηνῆς ἐκτὸς ἄίσσεις,
         Ἀγάμεμνον ἄναξ,
         Ἔτι δ' ἡσυχία τῇδε κατ' Αὖλιν,
         Καὶ ἀκίνητοι φυλακαὶ τειχέων.

« AGAM. Vieillard, sors de cette tente, viens. — LE VIEILL. Je viens. Mais quel nouveau soin t'occupe, roi Agamemnon? — AGAM. Tu vas le savoir. — LE VIEILL. Je me hâte.... — AGAM. Nul chant des oiseaux, nul bruit de la mer ; le silence des vents règne sur cet Euripe. — LE VIEILL. Mais pourquoi sors-tu de la tente, roi Agamemnon? Ici, à Aulis, tout est encore dans le repos, et la garde des murs n'a pas été relevée. » (Vers 1-15.)

— Dans la tragédie de Rotrou (acte I, scène v) :

            AMYNT. Ce doit être, grand prince, une affaire importante
            Qui vous ait ce matin tiré de votre tente.
            Tout votre camp repose, et de tant d'yeux divers
            Le sommeil n'a laissé que les vôtres ouverts.

ACTE I, SCÈNE I.   151

Vit dans l'état obscur où les Dieux l'ont caché[1] !

                    ARCAS.

Et depuis quand, Seigneur, tenez-vous ce langage?
Comblé de tant d'honneurs, par quel secret outrage
Les Dieux, à vos desirs toujours si complaisants,   15
Vous font-ils méconnoître et haïr leurs présents?
Roi, père, époux heureux, fils du puissant Atrée,
Vous possédez des Grecs la plus riche contrée.
Du sang de Jupiter issu de tous côtés,
L'hymen vous lie encore aux Dieux dont vous sortez.   20
Le jeune Achille enfin, vanté par tant d'oracles,
Achille, à qui le ciel promet tant de miracles,
Recherche votre fille, et d'un hymen si beau
Veut dans Troie embrasée allumer le flambeau.
Quelle gloire, Seigneur, quels triomphes égalent   25
Le spectacle pompeux que ces bords vous étalent,
Tous ces mille vaisseaux, qui chargés de vingt rois,
N'attendent que les vents pour partir sous vos lois?
Ce long calme, il est vrai, retarde vos conquêtes ;
Ces vents, depuis trois mois enchaînés sur nos têtes,   30
D'Ilion trop longtemps vous ferment le chemin.
Mais parmi tant d'honneurs, vous êtes homme enfin :
Tandis que vous vivrez, le sort, qui toujours change,

---

1. Ἀγαμ.   Ζηλῶ σε, γέρον,
        Ζηλῶ δ' ἀνδρῶν ὃς ἀκίνδυνον
        Βίον ἐξεπέρασ' ἀγνώς, ἀκλεής·
        Τοὺς δ' ἐν τιμαῖς ἧσσον ζηλῶ.

« AGAM. Je te porte envie, vieillard ; je porte envie à tout homme dont la vie inconnue, obscure, s'écoule loin des dangers : je trouve moins heureux ceux qui sont dans les honneurs. » (Vers 17-20.)
— Rotrou traduit ainsi Euripide (acte I, scène V) :

    Heureuse ta fortune, heureuse ta vieillesse,
    Qu'aucun danger ne suit et qu'aucun soin ne presse !
    Heureuse la bassesse où l'homme vit content,
    Et malheureux l'honneur qui le travaille tant !

Ne vous a point promis un bonheur sans mélange[1].
Bientôt.... Mais quels malheurs dans ce billet tracés 35
Vous arrachent, Seigneur, les pleurs que vous versez[2]?
Votre Oreste au berceau va-t-il finir sa vie?
Pleurez-vous Clytemnestre, ou bien Iphigénie?

1. Πρέσβ. Οὐκ ἄγαμαι ταῦτ' ἀνδρὸς ἀριστέος·
Οὐκ ἐπὶ πᾶσίν σ' ἐφύτευσ' ἀγαθοῖς,
Ἀγάμεμνον, Ἀτρεύς·
Δεῖ δέ σε χαίρειν, καὶ λυπεῖσθαι·
Θνητὸς γὰρ ἔφυς· κἂν μὴ σὺ θέλῃς,
Τὰ θεῶν οὕτω βουλόμεν' ἔσται.

« LE VIEILL. Je n'approuve pas ce langage chez un homme puissant. Agamemnon, ce n'est point pour être destiné à un bonheur sans mélange que tu as reçu d'Atrée la naissance. Tu dois avoir ta part de joie, ta part de chagrin; car tu es né mortel; et telle est la volonté des Dieux, qui s'accomplira, quand tu ne voudrais pas. » (Vers 28-33.)
— Rotrou (acte I, scène v) :

AMYNT. Le ciel a fait pour vous les maux comme les biens.
Les princes sont des Dieux sujets aux lois des hommes :
Ils souffrent comme nous, ils sont ce que nous sommes;
Et celle qui dispense et le mal et le bien
Est au-dessus de tout et ne respecte rien.

2. Euripide a fait une peinture plus détaillée et plus énergique du trouble d'Agamemnon :

Πρέσβ. Δέλτον τε γράφεις
Τήνδ', ἣν πρὸ χερῶν ἔτι βαστάζεις,
Καὶ ταὐτὰ πάλιν γράμματα συγχεῖς,
Καὶ σφραγίζεις, λύεις τ' ὀπίσω,
Ῥίπτεις τε πέδῳ πεύκην, θαλερὸν
Κατὰ δάκρυ χέων....
Φέρε, κοίνωσον μῦθον ἐς ἡμᾶς.

« LE VIEILL. Tu écris sur ces tablettes que tu tiens encore à la main ; puis tu y effaces ce que tu viens d'écrire; tu les fermes de ton sceau, que bientôt tu romps; tu les jettes à terre, en versant d'abondantes larmes,.... Parle, ne me refuse pas ta confidence. » (Vers 35-44.)
— Rotrou (acte I, scène v) :

AMYNT. . . . . . Quelle est cette lettre,
Qui par tant de sanglots vous étouffe la voix,
Et que vous relisez et fermez tant de fois?

Luneau de Boisjermain, dans une note de son édition de 1768, s'étonne que Racine n'ait pas mis à profit tout ce qu'en cet endroit il pouvait emprunter à Euripide. « Les comédiens, dit-il, d'après l'idée que leur en a fournie Rotrou, y ont suppléé par un jeu muet. » La Harpe, à propos de cette note, nous apprend où ce jeu muet trouvait place. « Je pense, dit-il, que les comédiens ont très-bien fait de le placer avant les deux premiers vers de la pièce. »

ACTE I, SCÈNE I.

Qu'est-ce qu'on vous écrit? Daignez m'en avertir.
AGAMEMNON.
Non, tu ne mourras point, je n'y puis consentir.
ARCAS.
Seigneur....
AGAMEMNON.
Tu vois mon trouble; apprends ce qui le cause,
Et juge s'il est temps, ami, que je repose.
Tu te souviens du jour qu'en Aulide assemblés
Nos vaisseaux par les vents sembloient être appelés.
Nous partions; et déjà, par mille cris de joie,
Nous menacions de loin les rivages de Troie.
Un prodige étonnant fit taire ce transport :
Le vent qui nous flattoit nous laissa dans le port.
Il fallut s'arrêter, et la rame inutile
Fatigua vainement une mer immobile.
Ce miracle inouï me fit tourner les yeux
Vers la divinité qu'on adore en ces lieux.
Suivi de Ménélas, de Nestor, et d'Ulysse [1],
J'offris sur ses [2] autels un secret sacrifice.
Quelle fut sa réponse! et quel devins-je, Arcas,
Quand j'entendis ces mots prononcés par Calchas!
« Vous armez contre Troie une puissance vaine,
Si dans un sacrifice auguste et solennel
    Une fille du sang d'Hélène [3]

---

1. Euripide ne nomme pas Nestor, mais seulement Ménélas et Ulysse :

    Μόνοι δ' Ἀχαιῶν ἴσμεν ὡς ἔχει τάδε,
    Κάλχας, Ὀδυσσεύς, Μενέλεώς τε.... (Vers 106 et 107.)

2. *Ses* est la leçon des premières éditions. Il y a *ces* dans l'édition de 1697, ce qui est sans doute une faute.

3. Dans les *Remarques sur l'Iphigénie de M. Racine*, ce vers de l'oracle est critiqué : « Il s'agit de savoir si dans la pureté de notre langue on peut également entendre par les termes : *une fille du sang d'Hélène*, Ériphile, fille d'Hélène et Iphigénie, sa nièce.... Cette manière de parler : *une fille du sang d'Helène*, ne marque point la fille d'Hélène, de même que ces paroles . *fille d'Helène*, ne désigneroient point Iphigénie, sa nièce, laquelle cependant est

De Diane en ces lieux n'ensanglante l'autel. 60
Pour obtenir les vents que le ciel vous dénie,
  Sacrifiez Iphigénie. »
ARCAS.

Votre fille !
AGAMEMNON.

  Surpris, comme tu peux penser,
Je sentis dans mon corps tout mon sang se glacer.
Je demeurai sans voix, et n'en repris l'usage 65
Que par mille sanglots qui se firent passage.
Je condamnai les Dieux, et sans plus rien ouïr,
Fis vœu sur leurs autels de leur désobéir.
Que n'en croyois-je alors ma tendresse alarmée ?
Je voulois sur-le-champ congédier l'armée[1]. 70
Ulysse en apparence approuvant mes discours,
De ce premier torrent laissa passer le cours.
Mais bientôt rappelant sa cruelle industrie,
Il me représenta l'honneur et la patrie,
Tout ce peuple, ces rois à mes ordres soumis, 75

---

une fille de son sang. » S'il y a lieu à une critique, nous croirions au contraire que c'est plutôt Iphigénie qu'Ériphile qui serait improprement désignée par le nom de *fille du sang d'Hélène*, dont elle ne descend pas. Mais, obscurs à dessein, les oracles devaient se contenter quelquefois d'à peu près dans leur ambiguïté. *Fille du sang* d'ailleurs ne peut-il s'entendre dans le sens des mots grecs ὅμαιμος, σύναιμος, qui avaient assez d'étendue?

1. Κλύων δ' ἐγὼ ταῦτ', ὀρθίῳ κηρύγματι
Ταλθύβιον εἶπον πάντ' ἀφιέναι στρατόν,
Ὡς οὔ ποτ' ἂν τλὰς θυγατέρα κτανεῖν ἐμήν.
Οὗ δή μ' ἀδελφὸς, πάντα προσφέρων λόγον,
Ἔπεισε τλῆναι δεινά.

« Lorsque j'eus entendu cet oracle, j'ordonnai à Talthybius de proclamer à haute voix que l'armée entière était congédiée, parce que je ne pourrais jamais avoir le courage de faire mourir ma fille. Mais alors mon frère, employant toute son éloquence, me persuada d'avoir ce cruel courage. » (Vers 94-98.)
— Rotrou (acte I, scène v) :

  Lors je n'affecte honneur, pouvoir ni renommée,
  Et veux faire au héraut congédier l'armée.

Et l'empire d'Asie à la Grèce promis :
De quel front immolant tout l'État à ma fille,
Roi sans gloire, j'irois vieillir dans ma famille !
Moi-même (je l'avoue avec quelque pudeur),
Charmé de mon pouvoir, et plein de ma grandeur,   80
Ces noms de roi des rois et de chef de la Grèce,
Chatouilloient de mon cœur l'orgueilleuse foiblesse.
Pour comble de malheur, les Dieux toutes les nuits,
Dès qu'un léger sommeil suspendoit mes ennuis,
Vengeant de leurs autels le sanglant privilége,   85
Me venoient reprocher ma pitié sacrilége,
Et présentant la foudre à mon esprit confus,
Le bras déjà levé, menaçoient mes refus.
Je me rendis, Arcas ; et vaincu par Ulysse,
De ma fille, en pleurant, j'ordonnai le supplice.   90
Mais des bras d'une mère il falloit l'arracher.
Quel funeste artifice il me fallut chercher !
D'Achille, qui l'aimoit, j'empruntai le langage.
J'écrivis en Argos[1], pour hâter ce voyage,
Que ce guerrier, pressé de partir avec nous,   95
Vouloit revoir ma fille, et partir son époux[2].

1. La même locution se trouve dans les vers de Rotrou que nous citons à la note suivante : « Je dépêche en Argos. » Ménage, dans ses *Observations sur la langue françoise* (édit. de 1672, p. 212), nous dit qu'on employait autrefois *en*, non pas seulement devant les noms de royaumes, de contrées, mais aussi devant les noms de villes commençant par une voyelle et devant quelques autres : *en Arles, en Avignon, en Jerusalem,* etc. Peu à peu on s'est habitué à remplacer *en* par *à* devant les noms de villes; mais il en est quelques-uns devant lesquels l'usage de *en* a persisté assez longtemps. — Voyez ce que nous avons dit ci-dessus, au sujet des mots *en Aulide,* p. 148, note 1.

2. Αγαμ. . . . . Κὰν δέλτου πτυχαῖς
Γράψας, ἔπεμψα πρὸς δάμαρτα τὴν ἐμήν,
Πέμπειν Ἀχιλλεῖ θυγατέρ' ὡς γαμουμένην....
Ξυμπλεῖν τ' Ἀχαιοῖς οὕνεκ' οὐ θέλοι λέγων,
Εἰ μὴ παρ' ἡμῶν εἶσιν ἐς Φθίαν λέχος·
Πειθὼ γὰρ εἶχον τήνδε πρὸς δάμαρτ' ἐμήν,
Ψευδῆ ξυνάψας ἀντὶ παρθένου γάμον.

« AGAM. Ayant écrit sur des tablettes, je mandai à Clytemnestre d'envoyer sa

ARCAS.

Et ne craignez-vous point l'impatient Achille ?
Avez-vous prétendu que, muet et tranquille,
Ce héros, qu'armera l'amour et la raison,
Vous laisse pour ce meurtre abuser de son nom [1] ?   100
Verra-t-il à ses yeux son amante immolée ?

AGAMEMNON.

Achille étoit absent; et son père Pélée,
D'un voisin ennemi redoutant les efforts [2],
L'avoit, tu t'en souviens, rappelé de ces bords;
Et cette guerre, Arcas, selon toute apparence,   105
Auroit dû plus longtemps prolonger son absence.

fille comme pour épouser Achille; et je lui dis qu'il refusait de s'embarquer avec nous, si notre maison ne s'unissait par un mariage à celle de Phthie; ce faux prétexte d'un mariage fut le moyen que j'employai pour persuader mon épouse et faire venir la jeune vierge. » (Vers 98-105.)
— Rotrou (acte I, scène v) :

> Je me laisse gaigner, je dépêche en Argos,
> Et pour tromper ma femme, écris qu'Iphigénie
> Doit au fils de Thétis par l'hymen être unie,
> Et qu'il a refusé de partir avec nous
> Qu'emportant de ce lieu le nom de son époux.

1. Πρέσϐ. Καὶ πῶς Ἀχιλεὺς, λέκτρων ἀπλακὼν,
Οὐ μέγα φυσῶν θυμὸν ἐπαίρει
Σοὶ, σῇ τ' ἀλόχῳ; . . . . . .
Δεινά γε τολμᾷς, Ἀγάμεμνον ἄναξ,
Ὅς, τῷ τῆς θεᾶς σὴν παῖδ' ἄλοχον
Φατίσας, ἦγες σφάγιον Δαναοῖς.

« LE VIEILL. Et comment Achille, trompé dans l'espoir de cette union, ne sera-t-il pas enflammé de courroux contre toi et contre ton épouse ?... Ta hardiesse est grande, roi Agamemnon, lorsqu'après avoir promis au fils d'une déesse de lui donner ta fille en mariage, tu la fais venir ici pour la livrer en victime aux Grecs. » (Vers 124-135.)
2. Dans l'édition de M. Aignan on lit :

> D'un ennemi voisin redoutant les efforts.

— Ce passage paraît être un souvenir du discours de Priam à Achille (*Iliade*, livre XXIV, vers 488 et 489) :

Καὶ μέν που κεῖνον περιναιέται ἀμφὶς ἐόντες
Τείρουσι....

« Peut-être des voisins l'entourent et l'accablent. »

ACTE I, SCENE I.

Mais qui peut dans sa course arrêter ce torrent?
Achille va combattre, et triomphe en courant;
Et ce vainqueur, suivant de près sa renommée,
Hier avec la nuit arriva dans l'armée.   110
 Mais des nœuds plus puissants me retiennent le bras.
Ma fille, qui s'approche, et court à son trépas;
Qui loin de soupçonner un arrêt si sévère,
Peut-être s'applaudit des bontés de son père,
Ma fille.... Ce nom seul, dont les droits sont si saints, 115
Sa jeunesse, mon sang, n'est pas ce que je plains.
Je plains mille vertus, une amour mutuelle,
Sa piété pour moi, ma tendresse pour elle,
Un respect qu'en son cœur rien ne peut balancer,
Et que j'avois promis de mieux récompenser.   120
Non, je ne croirai point, ô ciel, que ta justice
Approuve la fureur de ce noir sacrifice.
Tes oracles sans doute ont voulu m'éprouver;
Et tu me punirois si j'osois l'achever.
 Arcas, je t'ai choisi pour cette confidence: 125
Il faut montrer ici ton zèle et ta prudence.
La Reine, qui dans Sparte avoit connu ta foi,
T'a placé dans le rang que tu tiens près de moi[1].
Prends cette lettre, cours au-devant de la Reine,
Et suis, sans t'arrêter, le chemin de Mycène.   130
Dès que tu la verras, défends-lui d'avancer,
Et rends-lui ce billet que je viens de tracer.
Mais ne t'écarte point : prends un fidèle guide[2].

---

1. Euripide fait dire au Vieillard (vers 46-48) que Tyndare, père de Clytemnestre, l'avoit envoyé à sa fille comme présent de noces, et pour être un des serviteurs qui devaient accompagner la nouvelle épouse.

2. Ἀγαμ. Μή νυν μήτ' ἀλσώδεις ἴζου
 Κρήνας, μήθ' ὕπνῳ θελχθῇς....
 Πάντῃ δὲ πόρον σχιστὸν ἀμείβων,
 Λεῦσσε, φυλάσσων, μή τίς σε λάθῃ
 Τροχαλοῖσιν ὄχοις παραμειψαμένη,

Si ma fille une fois met le pied dans l'Aulide,
Elle est morte. Calchas, qui l'attend en ces lieux, 135
Fera taire nos pleurs, fera parler les Dieux ;
Et la religion, contre nous irritée,
Par les timides Grecs sera seule écoutée.
Ceux même dont ma gloire aigrit l'ambition
Réveilleront leur brigue et leur prétention, 140
M'arracheront peut-être un pouvoir qui les blesse....
Va, dis-je, sauve-la de ma propre foiblesse.
Mais surtout ne va point, par un zèle indiscret,
Découvrir à ses yeux mon funeste secret.
Que, s'il se peut, ma fille, à jamais abusée, 145
Ignore à quel péril je l'avois exposée.
D'une mère en fureur épargne-moi les cris ;
Et que ta voix s'accorde avec ce que j'écris[1].
Pour renvoyer la fille, et la mère offensée,
Je leur écris qu'Achille a changé de pensée, 150
Et qu'il veut désormais jusques à son retour
Différer cet hymen que pressoit son amour.
Ajoute, tu le peux, que des froideurs d'Achille
On accuse en secret cette jeune Ériphile
Que lui-même captive amena de Lesbos, 155
Et qu'auprès de ma fille on garde dans Argos.
C'est leur en dire assez : le reste, il le faut taire.

Παῖδα κομίζουσ' ἐνθάδ', ἀπήνη
Δαναῶν πρὸς ναῦς.

« AGAM. Ne va donc pas t'asseoir, à l'ombre des bois, près des fontaines ; ne te laisse pas gagner par le sommeil.... Quand tu rencontreras des chemins qui se croisent, sois attentif, regarde de tous côtés, de peur que, mettant ta vigilance en défaut, il ne passe quelque char rapide amenant ici ma fille jusqu'aux vaisseaux des Grecs. » (Vers 140-147.)

1. Dans Euripide, c'est le Vieillard qui dit :

Λέγε, καὶ σήμαιν', ἵνα καὶ γλώσσῃ
Ξύντονα τοῖς σοῖς γράμμασιν αὐδῶ.

« Parle, instruis-moi, afin que ma voix s'accorde avec ton écrit. » (Vers 115 et 116.)

Déjà le jour plus grand nous frappe et nous éclaire[1] ;
Déjà même l'on entre, et j'entends quelque bruit.
C'est Achille. Va, pars. Dieux ! Ulysse le suit.

SCÈNE II.

AGAMEMNON, ACHILLE, ULYSSE.

AGAMEMNON.

Quoi? Seigneur, se peut-il que d'un cours si rapide
La victoire vous ait ramené dans l'Aulide?
D'un courage naissant sont-ce là les essais?
Quels triomphes suivront de si nobles succès !
La Thessalie entière, ou vaincue ou calmée,
Lesbos même conquise[2] en attendant l'armée,
De toute autre valeur éternels monuments,
Ne sont d'Achille oisif que les amusements[3].

ACHILLE.

Seigneur, honorez moins une foible conquête;
Et que puisse bientôt le ciel qui nous arrête
Ouvrir un champ plus noble à ce cœur excité

---

1. Ἀγαμ. . . . . . . Ἴθι· λευκαίνει
Τόδε φῶς ἤδη λάμπουσ' ἠώς,
Πῦρ τε τεθρίππων τῶν Ἀελίου.

« AGAM. Va ; déjà les feux de l'aurore et le char brillant du soleil font blanchir ce flambeau. » (Vers 155-157.)
— Rotrou (acte I, scène v) :

Va, tu vois que l'aurore au coteau d'alentour
Du soleil qui la suit annonce le retour.

2. Cette conquête de Lesbos par Achille est mentionnée, nous l'avons dit plus haut (p. 141, note 6), au livre IX de l'*Iliade*, vers 271 ; et il y est fait allusion au vers 660 du même livre.

3. Ces vers paraissent un emprunt fait à un passage des *Troyennes* de Sénèque (vers 230-233) :

Hæc tanta clades gentium ac tantus pavor,
Sparsæ tot urbes, turbinis vasti modo,
Alterius esset gloria ac summum decus;
Iter est Achillis. . . . .

Par le prix glorieux dont vous l'avez flatté !
Mais cependant, Seigneur, que faut-il que je croie
D'un bruit qui me surprend et me comble de joie ?
Daignez-vous avancer le succès de mes vœux ?   175
Et bientôt des mortels suis-je le plus heureux ?
On dit qu'Iphigénie, en ces lieux amenée,
Doit bientôt à son sort unir ma destinée.

AGAMEMNON.
Ma fille ? Qui vous dit qu'on la doit amener ?

ACHILLE.
Seigneur, qu'a donc ce bruit qui vous doive[1] étonner ?   180

AGAMEMNON, à Ulysse.
Juste ciel ! sauroit-il mon funeste artifice ?

ULYSSE.
Seigneur, Agamemnon s'étonne avec justice.
Songez-vous aux malheurs qui nous menacent tous ?
O ciel ! pour un hymen quel temps choisissez-vous ?
Tandis qu'à nos vaisseaux la mer toujours fermée   185
Trouble toute la Grèce et consume l'armée ;
Tandis que pour fléchir l'inclémence des Dieux[2],
Il faut du sang peut-être, et du plus précieux,
Achille seul, Achille à son amour s'applique ?
Voudroit-il insulter à la crainte publique,   190

---

1. L'édition de 1676 a seule *doit*, au lieu de *doive*. C'est probablement une faute d'impression.

2. Racine a fait passer dans notre langue le *Divum inclementia* de Virgile (*Énéide*, livre II, vers 602). Le P. Bouhours dans ses *Remarques nouvelles*, publiées en 1675, c'est-à-dire la même année que l'*Iphigénie*, dit (p. 376) que ce mot n'était pas très-bien établi alors. Il ajoute : « M. de Balzac l'a employé dans le propre : l'*inclémence de l'air*, l'*inclémence du temps*. On commence à s'en servir dans le figuré, et M. Racine fait dire à Ulysse :

Tandis que pour fléchir l'inclémence des Dieux, etc.

Il auroit pu mettre : « la colère des Dieux ; » mais il a cru sans doute que « l'inclémence des Dieux » étoit plus beau et plus poétique. Je crois que M. Racine a raison ; et je crois même qu'avec le temps *inclémence* pourra passer de la poésie à la prose. »

ACTE I, SCÈNE II.

Et que le chef des Grecs, irritant les destins,
Préparât d'un hymen la pompe et les festins?
Ah! Seigneur, est-ce ainsi que votre âme attendrie
Plaint le malheur des Grecs, et chérit la patrie?

ACHILLE.

Dans les champs phrygiens les effets feront foi 195
Qui la chérit le plus, ou d'Ulysse ou de moi.
Jusque-là je vous laisse étaler votre zèle :
Vous pouvez à loisir faire des vœux pour elle.
Remplissez les autels d'offrandes et de sang;
Des victimes vous-même interrogez le flanc; 200
Du silence des vents demandez-leur la cause;
Mais moi, qui de ce soin sur Calchas me repose,
Souffrez, Seigneur, souffrez que je coure hâter
Un hymen dont les Dieux ne sauroient s'irriter.
Transporté d'une ardeur qui ne peut être oisive, 205
Je rejoindrai bientôt les Grecs sur cette rive.
J'aurois trop de regret si quelque autre guerrier
Au rivage troyen descendoit le premier.

AGAMEMNON.

O ciel! pourquoi faut-il que ta secrète envie
Ferme à de tels héros le chemin de l'Asie? 210
N'aurai-je vu briller cette noble chaleur
Que pour m'en retourner avec plus de douleur?

ULYSSE.

Dieux! qu'est-ce que j'entends[1]?

ACHILLE.

Seigneur, qu'osez-vous dire?

AGAMEMNON.

Qu'il faut, princes, qu'il faut que chacun se retire;

---

1. Il y a un mouvement semblable dans l'*Iliade* (livre IV, vers 350); Ulysse dit à Agamemnon qui vient de reprocher aux Grecs leur inaction :

Ἀτρείδη, ποῖόν σε ἔπος φύγεν ἕρκος ὀδόντων;

Que d'un crédule espoir trop longtemps abusés, 215
Nous attendons les vents qui nous sont refusés.
Le ciel protége Troie ; et par trop de présages
Son courroux nous défend d'en chercher les passages[1].

ACHILLE.

Quels présages affreux nous marquent son courroux?

AGAMEMNON.

Vous-même consultez ce qu'il prédit de vous. 220
Que sert de se flatter? On sait qu'à votre tête
Les Dieux ont d'Ilion attaché la conquête ;
Mais on sait que pour prix d'un triomphe si beau,
Ils ont aux champs troyens marqué votre tombeau ;
Que votre vie, ailleurs et longue et fortunée, 225
Devant Troie en sa fleur doit être moissonnée.

ACHILLE.

Ainsi, pour vous venger tant de rois assemblés
D'un opprobre éternel retourneront comblés ;
Et Paris, couronnant son insolente flamme,
Retiendra sans péril la sœur de votre femme ! 230

AGAMEMNON.

Hé quoi? votre valeur, qui nous a devancés,
N'a-t-elle pas pris soin de nous venger assez?
Les malheurs de Lesbos, par vos mains ravagée,
Épouvantent encor toute la mer Égée.
Troie en a vu la flamme ; et jusque dans ses ports, 235
Les flots en ont poussé le débris et les morts.
Que dis-je? les Troyens pleurent une autre Hélène
Que vous avez captive envoyée à Mycène[2].
Car, je n'en doute point, cette jeune beauté

---

1. On peut rapprocher ces paroles d'Agamemnon de celles qu'il adresse aux chefs des Grecs dans l'*Iliade*, livre II, vers 140 et 141 :

Φεύγωμεν σὺν νηυσὶ φίλην ἐς πατρίδα γαῖαν·
Οὐ γὰρ ἔτι Τροίην αἱρήσομεν εὐρυάγυιαν.

2. Voyez ci-après, vers 345 et suivants.

ACTE I, SCÈNE II.

Garde en vain un secret que trahit sa fierté ; 240
Et son silence même, accusant sa noblesse,
Nous dit qu'elle nous cache une illustre princesse.

ACHILLE.

Non, non, tous ces détours sont trop ingénieux.
Vous lisez de trop loin dans les secrets des Dieux.
Moi, je m'arrêterois a de vaines menaces ? 245
Et je fuirois l'honneur qui m'attend sur vos traces ?
Les Parques à ma mère, il est vrai, l'ont prédit[1],
Lorsqu'un époux mortel fut reçu dans son lit :
Je puis choisir, dit-on, ou beaucoup d'ans sans gloire,
Ou peu de jours suivis d'une longue mémoire. 250
Mais puisqu'il faut enfin que j'arrive au tombeau,
Voudrois-je, de la terre inutile fardeau[2],
Trop avare d'un sang reçu d'une déesse,
Attendre chez mon père une obscure vieillesse ;
Et toujours de la gloire évitant le sentier, 255
Ne laisser aucun nom, et mourir tout entier[3] ?
Ah ! ne nous formons point ces indignes obstacles ;

---

1. Achille, dans le livre IX de l'*Iliade*, vers 410-416, parle à peu près de même de cette prédiction :

Μήτηρ γάρ τέ μέ φησι θεὰ, Θέτις ἀργυρόπεζα,
Διχθαδίας Κῆρας φερέμεν θανάτοιο τέλοσδε.
Εἰ μέν κ' αὖθι μένων Τρώων πόλιν ἀμφιμάχωμαι,
Ὤλετο μέν μοι νόστος, ἀτὰρ κλέος ἄφθιτον ἔσται·
Εἰ δέ κεν οἴκαδ' ἵκωμι φίλην ἐς πατρίδα γαῖαν,
Ὤλετό μοι κλέος ἐσθλὸν, ἐπὶ δηρὸν δέ μοι αἰὼν
Ἔσσεται, οὐδέ κέ μ' ὦκα τέλος θανάτοιο κιχείη.

2. C'est une expression imitée d'Homère. Achille dit, au vers 104 du livre XVIII de l'*Iliade* :

Ἀλλ' ἧμαι παρὰ νηυσὶν, ἐτώσιον ἄχθος ἀρούρης.

3. Voltaire dans son commentaire de Corneille a rapproché ce vers d'*Iphigénie* du vers 267 (acte I, scène III) de *Cinna* :

Sont-ils morts tous entiers avec leurs grands desseins ?

Il rappelle en même temps que cette expression *mourir tout entier* est prise du latin d'Horace : *Non omnis moriar* (ode XXX du livre III, vers 6).

L'honneur parle, il suffit : ce sont là nos oracles[1].
Les Dieux sont de nos jours les maîtres souverains ;
Mais, Seigneur, notre gloire est dans nos propres mains.
Pourquoi nous tourmenter de leurs ordres suprêmes ?
Ne songeons qu'à nous rendre immortels comme eux-mêmes ;
Et laissant faire au sort, courons où la valeur
Nous promet un destin aussi grand que le leur.
C'est à Troie, et j'y cours ; et quoi qu'on me prédise,
Je ne demande aux Dieux qu'un vent qui m'y conduise ;
Et quand moi seul enfin il faudroit l'assiéger,
Patrocle et moi, Seigneur, nous irons vous venger[2].
Mais non, c'est en vos mains que le destin la livre ;
Je n'aspire en effet qu'à l'honneur de vous suivre. 270
Je ne vous presse plus d'approuver les transports
D'un amour qui m'alloit éloigner de ces bords :
Ce même amour, soigneux de votre renommée,
Veut qu'ici mon exemple encourage l'armée,
Et me défend surtout de vous abandonner 275
Aux timides conseils qu'on ose vous donner.

1. Achille dit, dans l'*Iphigénie* de Rotrou (acte IV, scène v) :

   Sur tout autre respect l'honneur m'est précieux ;
   C'est mon chef, c'est mon roi, mon oracle et mes Dieux.

Et Hector, dans l'*Iliade*, livre XII, vers 243 :

   Εἷς οἰωνὸς ἄριστος, ἀμύνεσθαι περὶ πάτρης.

2. Il y a dans l'*Iliade* (livre XVI, vers 97-100) un passage où Achille exprime le désir de voir non-seulement détruite toute l'armée troyenne, mais aussi l'armée grecque, pour qu'à eux seuls, Patrocle et lui, renversent les murs sacrés de Troie :

   . . . . Νῶϊ δ' ἐκδῦμεν ὄλεθρον,
   Ὄφρ' οἶοι Τροίης ἱερὰ κρήδεμνα λύωμεν.

On peut trouver le rapport plus frappant encore avec l'endroit du même poëme (livre IX, vers 46-48) où Diomède parle ainsi :

   . . . . Εἰ δὲ, καὶ αὐτοὶ
   Φευγόντων σὺν νηυσὶ φίλην ἐς πατρίδα γαῖαν·
   Νῶϊ δ', ἐγὼ Σθένελός τε μαχησόμεθ', εἰσόκε τέκμωρ
   Ἰλίου εὕρωμεν.

SCÈNE III.
AGAMEMNON, ULYSSE.

ULYSSE.

Seigneur, vous entendez : quelque prix qu'il en coûte,
Il veut voler à Troie et poursuivre sa route.
Nous craignions son amour; et lui-même aujourd'hui
Par une heureuse erreur nous arme contre lui.   280

AGAMEMNON.

Hélas!

ULYSSE.

   De ce soupir que faut-il que j'augure?
Du sang qui se révolte est-ce quelque murmure?
Croirai-je qu'une nuit a pu vous ébranler?
Est-ce donc votre cœur qui vient de nous parler?
Songez-y. Vous devez votre fille à la Grèce.   285
Vous nous l'avez promise; et sur cette promesse,
Calchas, par tous les Grecs consulté chaque jour,
Leur a prédit des vents l'infaillible retour.
A ses prédictions si l'effet est contraire,
Pensez-vous que Calchas continue à se taire;   290
Que ses plaintes, qu'en vain vous voudrez apaiser,
Laissent mentir les Dieux sans vous en accuser?
Et qui sait ce qu'aux Grecs, frustrés de leur victime,
Peut permettre un courroux qu'ils croiront légitime?
Gardez-vous de réduire un peuple furieux,   295
Seigneur, à prononcer entre vous et les Dieux.
N'est-ce pas vous enfin de qui la voix pressante
Nous a tous appelés aux campagnes du Xante;
Et qui de ville en ville attestiez les serments
Que d'Hélène autrefois firent tous les amants,   300
Quand presque tous les Grecs, rivaux de votre frère,

La demandoient en foule à Tyndare son père?
De quelque heureux époux que l'on dût faire choix,
Nous jurâmes dès lors de défendre ses droits;
Et si quelque insolent lui voloit sa conquête, 305
Nos mains du ravisseur lui promirent la tête¹.
Mais sans vous, ce serment que l'amour a dicté,
Libres de cet amour, l'aurions-nous respecté?
Vous seul, nous arrachant à de nouvelles flammes,
Nous avez fait laisser nos enfants et nos femmes. 310
Et quand, de toutes parts assemblés en ces lieux,
L'honneur de vous venger brille seul à nos yeux ;
Quand la Grèce, déjà vous donnant son suffrage,
Vous reconnoît l'auteur de ce fameux ouvrage;
Que ses rois, qui pouvoient vous disputer ce rang, 315
Sont prêts, pour vous servir, de verser tout leur sang,
Le seul Agamemnon, refusant la victoire,
N'ose d'un peu de sang acheter tant de gloire?
Et dès le premier pas se laissant effrayer,
Ne commande les Grecs que pour les renvoyer? 320

AGAMEMNON.

Ah! Seigneur, qu'éloigné du malheur qui m'opprime,
Votre cœur aisément se montre magnanime!
Mais que si vous voyez² ceint du bandeau mortel
Votre fils Télémaque approcher de l'autel,
Nous vous verrions, troublé de cette affreuse image, 325
Changer bientôt en pleurs ce superbe langage,
Éprouver la douleur que j'éprouve aujourd'hui,
Et courir vous jeter entre Calchas et lui³!

---

1. Chez Euripide, c'est Agamemnon qui rappelle ces souvenirs au Vieillard dans la première scène (vers 51-65).
2. Ici encore toutes les anciennes éditions ont *voyez*, et non *voyiez*, orthographe des éditions plus récentes.
3. Ce passage est imité de Rotrou (acte II, scène III):

　　J'avois sans ce discours assez de connoissance

ACTE I, SCÈNE III.

Seigneur, vous le savez, j'ai donné ma parole ;
Et si ma fille vient, je consens qu'on l'immole. 330
Mais malgré tous mes soins, si son heureux destin
La retient dans Argos, ou l'arrête en chemin,
Souffrez que sans presser ce barbare spectacle,
En faveur de mon sang j'explique cet obstacle,
Que j'ose pour ma fille accepter le secours 335
De quelque Dieu plus doux qui veille sur ses jours.
Vos conseils sur mon cœur n'ont eu que trop d'empire ;
Et je rougis....

SCÈNE IV.

AGAMEMNON, ULYSSE, EURYBATE.

EURYBATE.

Seigneur....

AGAMEMNON.

Ah ! que vient-on me dire ?

EURYBATE.

La Reine, dont ma course a devancé les pas,
Va remettre bientôt sa fille entre vos bras. 340
Elle approche. Elle s'est quelque temps égarée
Dans ces bois qui du camp semblent cacher l'entrée.
A peine nous avons, dans leur obscurité,
Retrouvé le chemin que nous avions quitté[1].

> De l'adresse d'Ulysse et de son éloquence ;
> Mais il éprouveroit en un pareil ennui
> Que le sang est encor plus éloquent que lui.

1. *Var.* Retrouvé le chemin que nous avons quitté. (1687 et 97) Nous avons, par exception, préféré ici la leçon des plus anciennes éditions à celle de 1687 et de 1697, qui nous a paru une faute de l'imprimeur. — La situation est la même dans la scène d'Euripide où le Messager vient annoncer à Agamemnon l'arrivée de sa fille avec Clytemnestre et le jeune Oreste (vers 404 et suivants).

IPHIGÉNIE.

AGAMEMNON.

Ciel !

EURYBATE.

Elle amène aussi cette jeune Ériphile, 345
Que Lesbos a livrée entre les mains d'Achille,
Et qui de son destin, qu'elle ne connoît pas,
Vient, dit-elle, en Aulide interroger Calchas.
Déjà de leur abord la nouvelle est semée ;
Et déjà de soldats une foule charmée, 350
Surtout d'Iphigénie admirant la beauté,
Pousse au ciel mille vœux pour sa félicité.
Les uns avec respect environnoient la Reine ;
D'autres me demandoient le sujet qui l'amène.
Mais tous ils confessoient que si jamais les Dieux 355
Ne mirent sur le trône un roi plus glorieux,
Également comblé de leurs faveurs secrètes,
Jamais père ne fut plus heureux que vous l'êtes [1].

AGAMEMNON.

Eurybate, il suffit. Vous pouvez nous laisser.
Le reste me regarde, et je vais y penser [2]. 360

---

1. Racine a trouvé dans Euripide l'idée de ce contraste si pathétique, dont il a fait, avec plus d'art encore, ressortir tout l'effet :

Ἄγγελος. . . . Πέπυσται γὰρ στρατός· ταχεῖα γὰρ
Διῆξε φήμη παῖδα σὴν ἀφιγμένην.
Πᾶς δ' ἐς θέαν ὅμιλος ἔρχεται δρόμῳ,
Σὴν παῖδ' ὅπως ἴδωσιν· οἱ δ' εὐδαίμονες
Ἐν πᾶσι κλεινοὶ καὶ περίβλεπτοι βροτοῖς....
Φῶς γὰρ τόδ' ἥκει μακάριον τῇ παρθένῳ.

« LE MESSAGER. Toute l'armée a su la nouvelle ; et le bruit de l'arrivée de ta fille s'est répandu promptement. De toutes parts la foule accourt pour jouir du spectacle, pour voir ta fille. Les grands sont l'objet de l'attention générale ; tous les regards sont fixés sur eux.... Ce jour s'est levé comme un jour de bonheur pour la jeune vierge. » (Vers 415-429.)

2. Ἀγαμ. Ἐπῄνεσ'. Ἀλλὰ στεῖχε δωμάτων ἔσω·
Τὰ δ' ἄλλ', ἰούσης τῆς τύχης, ἔσται καλῶς.

« AGAM. C'est bien ; rentre dans cette tente ; le reste ira bien, si la fortune nous protége. » (Vers 430 et 431.)

SCÈNE V.

AGAMEMNON, ULYSSE.

AGAMEMNON.

Juste ciel, c'est ainsi qu'assurant ta vengeance,
Tu romps tous les ressorts de ma vaine prudence.
Encor si je pouvois, libre dans mon malheur,
Par des larmes au moins soulager ma douleur!
Triste destin des rois! Esclaves que nous sommes 365
Et des rigueurs du sort et des discours des hommes,
Nous nous voyons sans cesse assiégés de témoins;
Et les plus malheureux osent pleurer le moins[1]!

---

1. Ἀγαμ. Οἴ μοι! τί φῶ, δύστηνος; . . . . . .
Ὑπῆλθε δαίμων, ὥστε τῶν σοφισμάτων
Πολλῷ γενέσθαι τῶν ἐμῶν σοφώτερος.
Ἡ δυσγένεια δ' ὡς ἔχει τι χρήσιμον!
Καὶ γὰρ δακρῦσαι ῥᾳδίως αὐτοῖς ἔχει,
Ἅπαντά τ' εἰπεῖν. Τῷ δὲ γενναίῳ φύσιν
Ἄναντα ταῦτα· προστάτην γε τοῦ βίου
Τὸν ὄγκον ἔχομεν, τῷ τ' ὄχλῳ δουλεύομεν.
Ἐγὼ γὰρ ἐκβαλεῖν μὲν αἰδοῦμαι δάκρυ,
Τὸ μὴ δακρῦσαι δ' αὖθις αἰδοῦμαι τάλας,
Εἰς τὰς μεγίστας ξυμφορὰς ἀφιγμένος.

« AGAM. Hélas! que puis-je dire, infortuné?... Un Dieu m'a pris au piége, et, plus habile que moi, a rompu tous mes artifices. Ah! combien il est vrai qu'une condition obscure a ses avantages! On y est libre de pleurer, de se plaindre de son malheur. Mais l'homme dont la naissance est illustre n'en a pas le droit. Le peuple gouverne notre vie, et nous sommes les esclaves de la foule. Ainsi j'ai honte de répandre des larmes; j'ai honte aussi, malheureux! de ne pas pleurer, lorsque je suis tombé dans un abime d'infortune. » (Vers 432-443.)

— Rotrou (acte II, scène III) dit un peu sèchement :

C'est un doux privilége à la basse fortune
Que de pouvoir pleurer, quand le sort importune;
Et c'est un triste effet de ma condition
Qu'interdire la plainte à mon affliction.

Il exprime aussi, dans un passage de la scène v de l'acte I, une des idées que

ULYSSE.

Je suis père, Seigneur. Et foible comme un autre[1],
Mon cœur se met sans peine en la place du vôtre ;   370
Et frémissant du coup qui vous fait soupirer,
Loin de blâmer vos pleurs, je suis prêt de pleurer.
Mais votre amour n'a plus d'excuse légitime :
Les Dieux ont à Calchas amené leur victime.
Il le sait, il l'attend ; et s'il la voit tarder,   375
Lui-même à haute voix viendra la demander.
Nous sommes seuls encor : hâtez-vous de répandre
Des pleurs que vous arrache un intérêt si tendre.
Pleurez ce sang, pleurez ; ou plutôt, sans pâlir,
Considérez l'honneur qui doit en rejallir[2].   380
Voyez tout l'Hellespont blanchissant sous nos rames,
Et la perfide Troie abandonnée aux flammes,
Ses peuples dans vos fers, Priam à vos genoux,
Hélène par vos mains rendue à son époux.
Voyez de vos vaisseaux les poupes couronnées   385
Dans cette même Aulide avec vous retournées,

Racine, d'après Euripide, a placées en cet endroit. C'est le vieillard Amyntas qui parle :

<blockquote>
Tel est l'ordre fatal des affaires humaines
Que les plus grands honneurs soient les plus grandes peines.
Qui plus a de sujets, a le plus de souci ;
S'il est servi de tous, il les sert tous aussi.
Ce qui nous soumet tout, nous-mêmes nous engage :
Une grande puissance est un noble servage.
</blockquote>

Parmi les fragments de l'imitation qu'Ennius avait faite de l'*Iphigénie* d'Euripide, on trouve ces deux vers :

<blockquote>
Plebes in hoc regi antistat loco : licet
Lacrumare plebei, regi honeste non licet.
</blockquote>

1. Notre ponctuation est celle de toutes les anciennes éditions. Luneau de Boisjermain et, à son exemple, la Harpe, M. Aimé-Martin et M. Aignan ponctuent ainsi :

Je suis père, Seigneur, et foible comme un autre ;

2. *Rejallir* est l'orthographe de toutes les éditions publiées du vivant de Racine.

Et ce triomphe heureux qui s'en va devenir
L'éternel entretien des siècles à venir.

AGAMEMNON.

Seigneur, de mes efforts je connois l'impuissance[1].
Je cède, et laisse aux Dieux opprimer l'innocence.
La victime bientôt marchera sur vos pas.
Allez. Mais cependant faites taire Calchas ;
Et m'aidant à cacher ce funeste mystère,
Laissez-moi de l'autel écarter une mère.

---

1. Ἀγαμ. Ἀλλ' ἥκομεν γὰρ εἰς ἀναγκαίας τύχας,
Θυγατρὸς αἱματηρὸν ἐκπρᾶξαι φόνον.

« AGAM. Je ne puis plus échapper à une nécessité fatale : le sacrifice sanglant de ma fille doit s'accomplir. » (Vers 501 et 502.)

FIN DU PREMIER ACTE.

ACTE II.

SCÈNE PREMIÈRE.
ÉRIPHILE, DORIS.

ÉRIPHILE.

Ne les contraignons point, Doris, retirons-nous ; 395
Laissons-les dans les bras d'un père et d'un époux ;
Et tandis qu'à l'envi leur amour se déploie,
Mettons en liberté ma tristesse et leur joie.

DORIS.

Quoi, Madame ? toujours irritant vos douleurs,
Croirez-vous ne plus voir que des sujets de pleurs ? 400
Je sais que tout déplaît aux yeux d'une captive,
Qu'il n'est point dans les fers de plaisir qui la suive.
Mais dans le temps fatal que repassant les flots,
Nous suivions malgré nous le vainqueur de Lesbos ;
Lorsque dans son vaisseau, prisonnière timide, 405
Vous voyez[1] devant vous ce vainqueur homicide,
Le dirai-je ? vos yeux, de larmes moins trempés,
A pleurer vos malheurs étoient moins occupés.
Maintenant tout vous rit : l'aimable Iphigénie
D'une amitié sincère avec vous est unie ; 410
Elle vous plaint, vous voit avec des yeux de sœur ;
Et vous seriez dans Troie avec moins de douceur.
Vous vouliez voir l'Aulide où son père l'appelle,
Et l'Aulide vous voit arriver avec elle.

---

1. Pour *voyez*, même remarque ici qu'au vers 323

Cependant, par un sort que je ne conçois pas, 415
Votre douleur redouble et croît à chaque pas.
ÉRIPHILE.
Hé quoi? te semble-t-il que la triste Ériphile
Doive être de leur joie un témoin si tranquille?
Crois-tu que mes chagrins doivent s'évanouir
A l'aspect d'un bonheur dont je ne puis jouir? 420
Je vois Iphigénie entre les bras d'un père;
Elle fait tout l'orgueil d'une superbe mère;
Et moi, toujours en butte à de nouveaux dangers,
Remise dès l'enfance en des bras étrangers,
Je reçus et je vois le jour que je respire, 425
Sans que mère ni père ait daigné me sourire[1].
J'ignore qui je suis ; et pour comble d'horreur,
Un oracle effrayant m'attache à mon erreur,
Et quand je veux chercher le sang qui m'a fait naître,
Me dit que sans périr je ne me puis connaître[2]. 430
DORIS.
Non, non, jusques au bout vous devez le chercher.
Un oracle toujours se plaît à se cacher :
Toujours avec un sens il en présente un autre.
En perdant un faux nom vous reprendrez le vôtre.
C'est là tout le danger que vous pouvez courir, 435
Et c'est peut-être ainsi que vous devez périr.
Songez que votre nom fut changé dès l'enfance.
ÉRIPHILE.
Je n'ai de tout mon sort que cette connoissance ;
Et ton père, du reste infortuné témoin,
Ne me permit jamais de pénétrer plus loin. 440

---

1. Racine s'est souvenu du vers de Virgile (*Eglog.* IV, vers 62) :

      . . . . . . *Cui non risere parentes.*

Il est revenu sur cette idée un peu plus loin, vers 586-588.
2. *Connaître,* par un *a,* dans toutes les anciennes éditions.

Hélas! dans cette Troie où j'étois attendue,
Ma gloire, disoit-il, m'alloit être rendue;
J'allois, en reprenant et mon nom et mon rang,
Des plus grands rois en moi reconnoître le sang.
Déjà je découvrois cette fameuse ville. 445
Le ciel mène à Lesbos l'impitoyable Achille :
Tout cède, tout ressent ses funestes efforts;
Ton père, enseveli dans la foule des morts,
Me laisse dans les fers à moi-même inconnue;
Et de tant de grandeurs dont j'étois prévenue, 450
Vile esclave des Grecs, je n'ai pu conserver
Que la fierté d'un sang que je ne puis prouver.

DORIS.

Ah! que perdant, Madame, un témoin si fidèle,
La main qui vous l'ôta vous doit sembler cruelle!
Mais Calchas est ici, Calchas si renommé, 455
Qui des secrets des Dieux fut toujours informé.
Le ciel souvent lui parle : instruit par un tel maître,
Il sait tout ce qui fut et tout ce qui doit être[1].
Pourroit-il de vos jours ignorer les auteurs?
Ce camp même est pour vous tout plein de protecteurs.
Bientôt Iphigénie, en épousant Achille,
Vous va sous son appui présenter un asile.
Elle vous l'a promis et juré devant moi[2],
Ce gage est le premier qu'elle attend de sa foi.

ÉRIPHILE.

Que dirois-tu, Doris, si passant tout le reste, 465
Cet hymen de mes maux étoit le plus funeste?

---

1. Ces vers sont imités de ceux d'Homère dans le livre I de l'*Iliade* (vers 69 et 70) :

Κάλχας Θεστορίδης, οἰωνοπόλων ὄχ' ἄριστος,
Ὃς ᾔδη τά τ' ἐόντα, τά τ' ἐσσόμενα, πρό τ' ἐόντα.

2. Nous avons suivi la ponctuation de toutes les anciennes éditions. Luneau de Boisjermain, la Harpe, Geoffroy, M. Aimé-Martin, etc., mettent un point et virgule à la fin du vers précédent, un point à la fin de celui-ci.

ACTE II, SCÈNE I.

DORIS.

Quoi, Madame?

ÉRIPHILE.

Tu vois avec étonnement
Que ma douleur ne souffre aucun soulagement.
Écoute, et tu te vas étonner que je vive.
C'est peu d'être étrangère, inconnue et captive : 470
Ce destructeur fatal des tristes Lesbiens,
Cet Achille, l'auteur de tes maux et des miens,
Dont la sanglante main m'enleva prisonnière,
Qui m'arracha d'un coup ma naissance et ton père,
De qui, jusques au nom, tout doit m'être odieux, 475
Est de tous les mortels le plus cher à mes yeux.

DORIS.

Ah! que me dites-vous?

ÉRIPHILE.

Je me flattois sans cesse
Qu'un silence éternel cacheroit ma foiblesse.
Mais mon cœur trop pressé m'arrache ce discours,
Et te parle une fois, pour se taire toujours. 480
Ne me demande point sur quel espoir fondée
De ce fatal amour je me vis possédée.
Je n'en accuse point quelques feintes douleurs
Dont je crus voir Achille honorer mes malheurs.
Le ciel s'est fait, sans doute, une joie inhumaine 485
A rassembler sur moi tous les traits de sa haine.
Rappellerai-je encor le souvenir affreux
Du jour qui dans les fers nous jeta toutes deux?
Dans les cruelles mains par qui je fus ravie
Je demeurai longtemps sans lumière et sans vie. 490
Enfin mes tristes yeux cherchèrent la clarté[1];

---

1. *Var.* Enfin mes foibles yeux cherchèrent la clarté. (1675 et 76)
Dans l'édition de 1687 on lit : *Enfin mes propres yeux*, etc., faute évidente de l'imprimeur.

Et me voyant presser d'un bras ensanglanté,
Je frémissois, Doris, et d'un vainqueur sauvage
Craignois de rencontrer l'effroyable visage.
J'entrai dans son vaisseau, détestant sa fureur, 495
Et toujours détournant ma vue avec horreur.
Je le vis : son aspect n'avoit rien de farouche ;
Je sentis le reproche expirer dans ma bouche ;
Je sentis contre moi mon cœur se déclarer ;
J'oubliai ma colère, et ne sus que pleurer. 500
Je me laissai conduire à cet aimable guide.
Je l'aimois à Lesbos, et je l'aime en Aulide.
Iphigénie en vain s'offre à me protéger,
Et me tend une main prompte à me soulager :
Triste effet des fureurs dont je suis tourmentée ! 505
Je n'accepte la main qu'elle m'a présentée
Que pour m'armer contre elle, et sans me découvrir,
Traverser son bonheur que je ne puis souffrir.

DORIS.

Et que pourroit contre elle une impuissante haine ?
Ne valoit-il pas mieux, renfermée à Mycène, 510
Éviter les tourments que vous venez chercher,
Et combattre des feux contraints de se cacher ?

ÉRIPHILE.

Je le voulois, Doris. Mais quelque triste image
Que sa gloire à mes yeux montrât sur ce rivage,
Au sort qui me traînoit il fallut consentir : 515
Une secrète voix m'ordonna de partir,
Me dit qu'offrant ici ma présence importune,
Peut-être j'y pourrois porter mon infortune ;
Que peut-être approchant ces amants trop heureux,
Quelqu'un de mes malheurs se répandroit sur eux. 520
Voilà ce qui m'amène, et non l'impatience
D'apprendre à qui je dois une triste naissance.
Ou plutôt leur hymen me servira de loi.

S'il s'achève, il suffit : tout est fini pour moi.
Je périrai, Doris; et par une mort prompte, 525
Dans la nuit du tombeau j'enfermerai ma honte,
Sans chercher des parents si longtemps ignorés,
Et que ma folle amour a trop déshonorés.
DORIS.
Que je vous plains, Madame! et que la tyrannie[1]...!
ÉRIPHILE.
Tu vois Agamemnon avec Iphigénie. 530

SCÈNE II.
AGAMEMNON, IPHIGÉNIE, ÉRIPHILE, DORIS.
IPHIGÉNIE.
Seigneur, où courez-vous? et quels empressements
Vous dérobent sitôt à nos embrassements?
A qui dois-je imputer cette fuite soudaine?
Mon respect a fait place aux transports de la Reine.
Un moment à mon tour ne vous puis-je arrêter? 535
Et ma joie à vos yeux n'ose-t-elle éclater?
Ne puis-je....
AGAMEMNON.
   Hé bien! ma fille, embrassez votre père,
Il vous aime toujours.
IPHIGÉNIE.
   Que cette amour m'est chère!
Quel plaisir de vous voir et de vous contempler
Dans ce nouvel éclat dont je vous vois briller! 540
Quels honneurs! quel pouvoir! Déjà la renommée
Par d'étonnants récits m'en avoit informée;
Mais que voyant de près ce spectacle charmant,

---

1. *Var.* Que je vous plains, Madame, et que pour votre vie...! (1675-87.

178   IPHIGÉNIE.

Je sens croître ma joie et mon étonnement!
Dieux! avec quel amour la Grèce vous révère!   545
Quel bonheur de me voir la fille d'un tel père!

AGAMEMNON.

Vous méritiez, ma fille, un père plus heureux.

IPHIGÉNIE.

Quelle félicité peut manquer à vos vœux?
A de plus grands honneurs un roi peut-il prétendre?
J'ai cru n'avoir au ciel que des grâces à rendre.   550

AGAMEMNON [1].

Grands Dieux! à son malheur dois-je la préparer?

IPHIGÉNIE.

Vous vous cachez, Seigneur, et semblez soupirer;
Tous vos regards sur moi ne tombent qu'avec peine [2].
Avons-nous sans votre ordre abandonné Mycène?

AGAMEMNON.

Ma fille, je vous vois toujours des mêmes yeux.   555
Mais les temps sont changés, aussi bien que les lieux.
D'un soin cruel ma joie est ici combattue [3].

IPHIGÉNIE.

Hé! mon père, oubliez votre rang à ma vue [4].
Je prévois la rigueur d'un long éloignement.
N'osez-vous sans rougir être père un moment?   560

---

1. Luneau de Boisjermain et les éditeurs venus après lui donnent ici l'indication : « AGAMEMNON, *à part.* »

2. Ἰφιγ. .... Ὡς οὐ βλέπεις εὔκηλον, ἄσμενός μ' ἰδών.

« IPHIG. Tu es heureux de me voir, et cependant qu'il y a peu de joie dans ton regard! » (Vers 634.)

3. Ἀγαμ. Πόλλ' ἀνδρὶ βασιλεῖ καὶ στρατηλάτῃ μέλει.

« AGAM. Un roi, un chef d'armée est chargé de beaucoup de soins. » (Vers 635.)

4. Ἰφιγ. Παρ' ἐμοὶ γενοῦ νῦν, μὴ 'πὶ φροντίδας τρέπου.

« IPHIG. Sois maintenant tout entier à moi; ne songe pas à tes soucis. » (Vers 636.)

ACTE II, SCÈNE II.

Vous n'avez devant vous qu'une jeune princesse
A qui j'avois pour moi vanté votre tendresse.
Cent fois lui promettant mes soins, votre bonté,
J'ai fait gloire à ses yeux de ma félicité.
Que va-t-elle penser de votre indifférence ? 565
Ai-je flatté ses vœux d'une fausse espérance ?
N'éclaircirez-vous point ce front chargé d'ennuis[1] ?

AGAMEMNON.

Ah ! ma fille !

IPHIGÉNIE.

Seigneur, poursuivez.

AGAMEMNON.

Je ne puis.

IPHIGÉNIE.

Périsse le Troyen auteur de nos alarmes !

AGAMEMNON.

Sa perte à ses vainqueurs coûtera bien des larmes[2]. 570

IPHIGÉNIE.

Les Dieux daignent surtout prendre soin de vos jours !

AGAMEMNON.

Les Dieux depuis un temps me sont cruels et sourds.

IPHIGÉNIE.

Calchas, dit-on, prépare un pompeux sacrifice.

AGAMEMNON.

Puissé-je auparavant fléchir leur injustice !

IPHIGÉNIE.

L'offrira-t-on bientôt ?

---

1. Ἰφιγ. Μέθες νυν ὀφρὺν, ὄμμα τ' ἔκτεινον φίλον.

« IPHIG. Déride ton front, et regarde-moi avec plaisir. » (Vers 638.)

2. Ἰφιγ. Ὄλοιντο λόγχαι. καὶ τὰ Μενέλεω κακά.
Ἀγαμ. Ἄλλους ὀλεῖ πρόσθεν ἅ με ἐξολέσαντ' ἔχει.

« IPHIG. Périssent les combats, et tous les maux que Ménélas nous attire !
AGAM. Bien d'autres avant périront, victimes de ces maux qui m'ont perdu. »
(Vers 648 et 649.)

AGAMEMNON.
        Plus tôt que je ne veux.   5 7 5
           IPHIGÉNIE.
Me sera-t-il permis de me joindre à vos vœux ?
Verra-t-on à l'autel votre heureuse famille ?
                AGAMEMNON.
Hélas !
                    IPHIGÉNIE.
     Vous vous taisez ?
                AGAMEMNON.
                    Vous y serez, ma fille¹.
Adieu.

1. Ἀγαμ. Θῦσαί με θυσίαν πρῶτα δεῖ τίν' ἐνθάδε.
   Ἰφιγ. Ἀλλὰ ξὺν ἱεροῖς χρὴ τόδ' εὐσεβὲς σκοπεῖν;
   Ἀγαμ. Εἴσει σύ· χερνίβων γὰρ ἑστήξει πέλας.

« AGAM. Il est un sacrifice que je dois d'abord offrir ici.
IPHIG. C'est avec les ministres du temple qu'il te faut régler ces pieux devoirs?
AGAM. Tu en seras témoin; car tu te tiendras près de l'autel*. » (Vers 663-665.)

* Ou plus exactement, comme traduit Sibilet :

. . . . Il vous faudra
    Des saints lavoirs être la plus prochaine.

« On prétend, dit Voltaire (*Dictionnaire philosophique*, *Art dramatique*), que ce mot déchirant (*Vous y serez, ma fille*) est dans Euripide; on le répète sans cesse : non, il n'y est pas. » Il y est bien jusqu'à un certain point, on le voit; mais Racine lui a donné plus de relief et d'effet. Voici des vers de Rotrou (acte III, scène II) qui se rapprochent plus par le mouvement de la fin de cette scène de Racine que les vers d'Euripide :

IPHIG. Quand délibérez-vous de partir de ces lieux?
AGAM. Il faut auparavant sacrifier aux Dieux.
IPHIG. Pourrai-je être présente à la cérémonie?
AGAM. Oui; n'appréhende point que l'on te le dénie.

Si ces deux derniers vers paraissent très-faibles à côté de ceux de Racine, bien qu'on y reconnaisse la même intention, Rotrou se relève dans les suivants :

IPHIG. Plaise au pouvoir des Dieux que tout succède bien!
AGAM. Les Dieux sont irrités, ne leur demande rien.

SCÈNE III.

IPHIGÉNIE, ÉRIPHILE, DORIS.

IPHIGÉNIE.

De cet accueil que dois-je soupçonner?
D'une secrète horreur je me sens frissonner.   580
Je crains, malgré moi-même, un malheur que j'ignore.
Justes Dieux, vous savez pour qui je vous implore.

ÉRIPHILE.

Quoi? parmi tous les soins qui doivent l'accabler,
Quelque froideur suffit pour vous faire trembler?
Hélas! à quels soupirs suis-je donc condamnée,   585
Moi, qui de mes parents toujours abandonnée,
Étrangère partout, n'ai pas même en naissant
Peut-être reçu d'eux un regard caressant!
Du moins, si vos respects sont rejetés d'un père,
Vous en pouvez gémir dans le sein d'une mère;   590
Et de quelque disgrâce enfin que vous pleuriez,
Quels pleurs par un amant ne sont point essuyés?

IPHIGÉNIE.

Je ne m'en défends point : mes pleurs, belle Ériphile,
Ne tiendroient[1] pas longtemps contre les soins d'Achille;
Sa gloire, son amour, mon père, mon devoir,   595
Lui donnent sur mon âme un trop juste pouvoir.
Mais de lui-même ici que faut-il que je pense?
Cet amant, pour me voir brûlant d'impatience,
Que les Grecs de ces bords ne pouvoient arracher,
Qu'un père de si loin m'ordonne de chercher,   600
S'empresse-t-il assez pour jouir d'une vue

---

1. *Tiendroient* est la leçon de toutes les impressions qui sont du temps de Racine. Celle de 1702 a remplacé le conditionnel par le futur *tiendront*, et cette faute a passé dans la plupart des éditions suivantes.

Qu'avec tant de transports je croyois attendue?
Pour moi, depuis deux jours qu'approchant de ces lieux,
Leur aspect souhaité se découvre à nos yeux,
Je l'attendois partout; et d'un regard timide 605
Sans cesse parcourant les chemins de l'Aulide,
Mon cœur pour le chercher voloit loin devant moi,
Et je demande Achille à tout ce que je voi.
Je viens, j'arrive enfin sans qu'il m'ait prévenue.
Je n'ai percé qu'à peine une foule inconnue; 610
Lui seul ne paroît point. Le triste Agamemnon
Semble craindre à mes yeux de prononcer son nom.
Que fait-il? Qui pourra m'expliquer ce mystère?
Trouverai-je l'amant glacé comme le père?
Et les soins de la guerre auroient-ils en un jour 615
Éteint dans tous les cœurs la tendresse et l'amour?
Mais non : c'est l'offenser par d'injustes alarmes.
C'est à moi que l'on doit le secours de ses armes.
Il n'étoit point à Sparte entre tous ces amants
Dont le père d'Hélène a reçu les serments : 620
Lui seul de tous les Grecs, maître de sa parole,
S'il part contre Ilion, c'est pour moi qu'il y vole;
Et satisfait d'un prix qui lui semble si doux,
Il veut même y porter le nom de mon époux.

SCÈNE IV.

CLYTEMNESTRE, IPHIGÉNIE, ÉRIPHILE, DORIS.

CLYTEMNESTRE.

Ma fille, il faut partir sans que rien nous retienne, 625
Et sauver, en fuyant, votre gloire et la mienne.
Je ne m'étonne plus qu'interdit et distrait

Votre père ait paru nous revoir à regret.
Aux affronts d'un refus craignant de vous commettre,
Il m'avoit par Arcas envoyé cette lettre. 630
Arcas s'est vu trompé par notre égarement,
Et vient de me la rendre en ce même moment.
Sauvons, encore un coup, notre gloire offensée.
Pour votre hymen Achille a changé de pensée,
Et refusant l'honneur qu'on lui veut accorder, 635
Jusques à son retour il veut le retarder.

ÉRIPHILE.

Qu'entends-je ?

CLYTEMNESTRE.

           Je vous vois rougir de cet outrage.
Il faut d'un noble orgueil armer votre courage.
Moi-même, de l'ingrat approuvant le dessein,
Je vous l'ai dans Argos présenté de ma main ; 640
Et mon choix, que flattoit le bruit de sa noblesse,
Vous donnoit avec joie au fils d'une déesse.
Mais puisque désormais son lâche repentir
Dément le sang des Dieux, dont on le fait sortir,
Ma fille, c'est à nous de montrer qui nous sommes, 645
Et de ne voir en lui que le dernier des hommes.
Lui ferons-nous penser, par un plus long séjour,
Que vos vœux de son cœur attendent le retour ?
Rompons avec plaisir un hymen qu'il diffère.
J'ai fait de mon dessein avertir votre père ; 650
Je ne l'attends ici que pour m'en séparer ;
Et pour ce prompt départ je vais tout préparer.

(A Ériphile.)

Je ne vous presse point, Madame, de nous suivre ;
En de plus chères mains ma retraite vous livre.
De vos desseins secrets on est trop éclairci ; 655
Et ce n'est pas Calchas que vous cherchez ici.

SCÈNE V.
IPHIGÉNIE, ÉRIPHILE, DORIS.

IPHIGÉNIE.

En quel funeste état ces mots m'ont-ils laissée !
Pour mon hymen Achille a changé de pensée ?
Il me faut sans honneur retourner sur mes pas,
Et vous cherchez ici quelque autre que Calchas ? 660

ÉRIPHILE.

Madame, à ce discours je ne puis rien comprendre.

IPHIGÉNIE.

Vous m'entendez assez, si vous voulez m'entendre.
Le sort injurieux me ravit un époux ;
Madame, à mon malheur m'abandonnerez-vous ?
Vous ne pouviez sans moi demeurer à Mycène ; 665
Me verra-t-on sans vous partir avec la Reine ?

ÉRIPHILE.

Je voulois voir Calchas avant que de partir.

IPHIGÉNIE.

Que tardez-vous, Madame, à le faire avertir ?

ÉRIPHILE.

D'Argos, dans un moment, vous reprenez la route.

IPHIGÉNIE.

Un moment quelquefois éclaircit plus d'un doute. 670
Mais, Madame, je vois que c'est trop vous presser ;
Je vois ce que jamais je n'ai voulu penser :
Achille.... Vous brûlez que je ne sois partie.

ÉRIPHILE.

Moi ? vous me soupçonnez de cette perfidie ?
Moi, j'aimerois, Madame, un vainqueur furieux, 675
Qui toujours tout sanglant se présente à mes yeux,
Qui la flamme à la main, et de meurtres avide,
Mit en cendres Lesbos....

ACTE II, SCÈNE V.

IPHIGÉNIE.
                Oui, vous l'aimez, perfide.
Et ces mêmes fureurs que vous me dépeignez,
Ces bras que dans le sang vous avez vus baignés,   680
Ces morts, cette Lesbos, ces cendres, cette flamme,
Sont les traits dont l'amour l'a gravé dans votre âme ;
Et loin d'en détester le cruel souvenir,
Vous vous plaisez encore à m'en entretenir.
Déjà plus d'une fois, dans vos plaintes forcées,   685
J'ai dû voir et j'ai vu le fond de vos pensées.
Mais toujours sur mes yeux ma facile bonté
A remis le bandeau que j'avois écarté.
Vous l'aimez. Que faisois-je ? et quelle erreur fatale
M'a fait entre mes bras recevoir ma rivale ?   690
Crédule, je l'aimois. Mon cœur même aujourd'hui
De son parjure amant lui promettoit l'appui.
Voilà donc le triomphe où j'étois amenée.
Moi-même à votre char je me suis enchaînée.
Je vous pardonne, hélas! des vœux intéressés,   695
Et la perte d'un cœur que vous me ravissez.
Mais que sans m'avertir du piége qu'on me dresse,
Vous me laissiez chercher jusqu'au fond de la Grèce
L'ingrat qui ne m'attend que pour m'abandonner,
Perfide, cet affront se peut-il pardonner ?   700

ÉRIPHILE.
Vous me donnez des noms qui doivent me surprendre,
Madame : on ne m'a pas instruite à les entendre ;
Et les Dieux, contre moi dès longtemps indignés,
A mon oreille encor les avoient épargnés.
Mais il faut des amants excuser l'injustice.   705
Et de quoi vouliez-vous que je vous avertisse ?
Avez-vous pu penser qu'au sang d'Agamemnon
Achille préférât une fille sans nom,
Qui de tout son destin ce qu'elle a pu comprendre,

C'est qu'elle sort d'un sang qu'il brûle de répandre ? 710
IPHIGÉNIE.
Vous triomphez, cruelle, et bravez ma douleur.
Je n'avois pas encor senti tout mon malheur;
Et vous ne comparez votre exil et ma gloire
Que pour mieux relever votre injuste victoire.
Toutefois vos transports sont trop précipités. 715
Ce même Agamemnon à qui vous insultez,
Il commande à la Grèce, il est mon père, il m'aime,
Il ressent mes douleurs beaucoup plus que moi-même.
Mes larmes par avance avoient su le toucher;
J'ai surpris ses soupirs qu'il me vouloit cacher. 720
Hélas! de son accueil condamnant la tristesse,
J'osois me plaindre à lui de son peu de tendresse!

SCÈNE VI.
ACHILLE, IPHIGÉNIE, ÉRIPHILE, DORIS.
ACHILLE.
Il est donc vrai, Madame, et c'est vous que je vois.
Je soupçonnois d'erreur tout le camp à la fois.
Vous en Aulide? vous? Hé! qu'y venez-vous faire? 725
D'où vient qu'Agamemnon m'assuroit le contraire?
IPHIGÉNIE.
Seigneur, rassurez-vous. Vos vœux seront contents.
Iphigénie encor n'y sera pas longtemps.

SCÈNE VII.
ACHILLE, ÉRIPHILE, DORIS.
ACHILLE.
Elle me fuit! Veille-je? ou n'est-ce point un songe?
Dans quel trouble nouveau cette fuite me plonge! 730
  Madame, je ne sais si, sans vous irriter,
Achille devant vous pourra se présenter;
Mais si d'un ennemi vous souffrez la prière,
Si lui-même souvent a plaint sa prisonnière,
Vous savez quel sujet conduit ici leurs pas; 735
Vous savez....
ÉRIPHILE.
      Quoi? Seigneur, ne le savez-vous pas,
Vous qui depuis un mois, brûlant sur ce rivage,
Avez conclu vous-même et hâté leur voyage?
ACHILLE.
De ce même rivage absent depuis un mois,
Je le revis hier pour la première fois[1]. 740

---

1. Voici sur ce passage une remarque inédite de Racine. Dans le manuscrit déjà cité de la *Critique des deux Iphigénies*, par P. Perrault, il y a un dernier feuillet blanc, sur lequel a été collé un plus petit feuillet, dont le recto est rempli par une écriture qui est certainement celle de Racine. Fragment de lettre, ou simple note, quelque ami de Racine avait-il remis cette page à Perrault, ou a-t-elle été jointe à la *Critique des deux Iphigénies* par le possesseur du manuscrit, comme se rapportant à la pièce critiquée par Perrault? Quoi qu'il en soit, il était intéressant de la recueillir. La voici : « Il y avoit plus de six mois qu'Achille avoit ravagé Lesbos, et il avoit fait cette conqueste avant que les Grecs se fussent assemblez en Aulide. Ériphile, trompée par les lettres d'Agamemnon, qui avoit mandé à Clytemnestre d'amener sa fille en Aulide pour y estre mariée, croyoit en effet qu'Achille estoit celui qui pressoit ce mariage depuis un mois. Et Achille lui respond que bien esloigné d'avoir pressé ce mariage durant ce temps-là, il y a un mois entier qu'il est absent de l'armée. Il est dit dans le premier acte[*] qu'Achille avoit esté rappellé en Thes-

* Scène I, vers 102-104.

ÉRIPHILE.

Quoi? lorsqu'Agamemnon écrivoit à Mycène,
Votre amour, votre main n'a pas conduit la sienne?
Quoi? vous qui de sa fille adoriez les attraits....

ACHILLE.

Vous m'en voyez encore épris plus que jamais,
Madame; et si l'effet eût suivi ma pensée, 745
Moi-même dans Argos je l'aurois devancée.
Cependant on me fuit. Quel crime ai-je commis?
Mais je ne vois partout que des yeux ennemis.
Que dis-je? en ce moment Calchas, Nestor, Ulysse,
De leur vaine éloquence employant l'artifice, 750
Combattoient mon amour, et sembloient m'annoncer
Que si j'en crois ma gloire, il y faut renoncer.
Quelle entreprise ici pourroit être formée?
Suis-je, sans le savoir, la fable de l'armée?
Entrons. C'est un secret qu'il leur faut arracher[1]. 755

SCÈNE VIII.

ÉRIPHILE, DORIS.

ÉRIPHILE.

Dieux, qui voyez ma honte, où me dois-je cacher?
Orgueilleuse rivale, on t'aime, et tu murmures?
Souffrirai-je à la fois ta gloire et tes injures?

---

salie par son père Pélée pour le delivrer de quelques fâcheux voisins qui l'incommodoient. Ainsi Ériphile a raison de dire à Achille qu'il y a un mois entier qu'il presse Iphigénie de venir en Aulide. Et Achille a raison de respondre qu'il y a un mois entier qu'il n'est point en Aulide. »

1. Baron, suivant Lemazurier (*Galerie historique des acteurs*, tome I, p. 94), « ne récitait ces trois derniers vers qu'avec le ton d'un homme extrêmement supérieur à toutes les entreprises formées contre lui, et qui les voit avec le plus grand dédain.... Le rire perçait au travers de sa surprise et de son indignation. Tous les autres acteurs avant lui y mettaient du feu et de la colère. »

Ah! plutôt.... Mais, Doris, ou j'aime à me flatter,
Ou sur eux quelque orage est tout prêt d'éclater. 760
J'ai des yeux. Leur bonheur n'est pas encor tranquille.
On trompe Iphigénie ; on se cache d'Achille ;
Agamemnon gémit. Ne désespérons point ;
Et si le sort contre elle à ma haine se joint,
Je saurai profiter de cette intelligence 765
Pour ne pas pleurer seule et mourir sans vengeance.

FIN DU SECOND ACTE.

ACTE III.

SCÈNE PREMIÈRE.

AGAMEMNON, CLYTEMNESTRE.

CLYTEMNESTRE.

Oui, Seigneur, nous partions ; et mon juste courroux
Laissoit bientôt Achille et le camp loin de nous.
Ma fille dans Argos couroit pleurer sa honte.
Mais lui-même, étonné d'une fuite si prompte, 770
Par combien de serments, dont je n'ai pu douter,
Vient-il de me convaincre et de nous arrêter !
Il presse cet hymen qu'on prétend qu'il diffère,
Et vous cherche, brûlant d'amour et de colère :
Prêt d'imposer silence à ce bruit imposteur, 775
Achille en veut connoître et confondre l'auteur.
Bannissez ces soupçons qui troubloient notre joie.

AGAMEMNON.

Madame, c'est assez. Je consens qu'on le croie.
Je reconnois l'erreur qui nous avoit séduits,
Et ressens votre joie autant que je le puis. 780
Vous voulez que Calchas l'unisse à ma famille :
Vous pouvez à l'autel envoyer votre fille ;
Je l'attends. Mais avant que de passer plus loin,
J'ai voulu vous parler un moment sans témoin.
Vous voyez en quels lieux vous l'avez amenée : 785
Tout y ressent la guerre, et non point l'hyménée.
Le tumulte d'un camp, soldats et matelots,
Un autel hérissé de dards, de javelots,

ACTE III, SCENE I.

Tout ce spectacle enfin, pompe digne d'Achille,
Pour attirer vos yeux n'est point assez tranquille ; 790
Et les Grecs y verroient l'épouse de leur roi
Dans un état indigne et de vous et de moi.
 M'en croirez-vous? Laissez, de vos femmes suivie,
A cet hymen, sans vous, marcher Iphigénie.

CLYTEMNESTRE.

Qui? moi? que remettant ma fille en d'autres bras, 795
Ce que j'ai commencé, je ne l'achève pas?
Qu'après l'avoir d'Argos amenée en Aulide,
Je refuse à l'autel de lui servir de guide?
Dois-je donc de Calchas être moins près que vous?
Et qui présentera ma fille à son époux? 800
Quelle autre ordonnera cette pompe sacrée?

AGAMEMNON.

Vous n'êtes point ici dans le palais d'Atrée.
Vous êtes dans un camp....

CLYTEMNESTRE.

                 Où tout vous est soumis ;
Où le sort de l'Asie en vos mains est remis ;
Où je vois sous vos lois marcher la Grèce entière ; 805
Où le fils de Thétis va m'appeler sa mère.
Dans quel palais superbe et plein de ma grandeur
Puis-je jamais paroître avec plus de splendeur?

AGAMEMNON.

Madame, au nom des dieux auteurs de notre race,
Daignez à mon amour accorder cette grâce. 810
J'ai mes raisons.

CLYTEMNESTRE.

        Seigneur, au nom des mêmes dieux,
D'un spectacle si doux ne privez point mes yeux.
Daignez ne point ici rougir de ma présence.

AGAMEMNON.

J'avois plus espéré de votre complaisance.

Mais puisque la raison ne vous peut émouvoir, 815
Puisqu'enfin ma prière a si peu de pouvoir,
Vous avez entendu ce que je vous demande,
Madame : je le veux, et je vous le commande.
Obéissez[1].

SCÈNE II.

CLYTEMNESTRE, seule.

D'où vient que d'un soin si cruel
L'injuste Agamemnon m'écarte de l'autel ? 820
Fier de son nouveau rang m'ose-t-il méconnoître ?

1. Ἀγαμ. Ἐκδώσομεν σὴν παῖδα Δαναϊδῶν μέτα.
Κλυτ. Ἡμᾶς δὲ ποῦ χρὴ τηνικαῦτα τυγχάνειν ;
Ἀγαμ. Χώρει πρὸς Ἄργος, παρθένους τε τημέλει.
Κλυτ. Λιποῦσα παῖδα ; Τίς δ' ἀνασχήσει φλόγα ;
Ἀγαμ. Ἐγὼ παρέξω φῶς, ὃ νυμφίοις πρέπει.
Κλυτ. Οὐχ ὁ νόμος οὗτος· σὺ δὲ τί φαῦλ' ἡγεῖ τάδε ;
Ἀγαμ. Οὐ καλὸν ἐν ὄχλῳ σ' ἐξομιλεῖσθαι στρατοῦ.
Κλυτ. Καλὸν τεκοῦσαν τἀμά γ' ἐκδοῦναι τέκνα......
Ἀγαμ. Πιθοῦ. ...

« AGAM. Au milieu des Grecs nous donnerons ta fille à son époux.
CLYT. Et nous, où devons-nous être à ce moment-là ?
AGAM. Retourne à Argos, et va prendre soin des jeunes filles.
CLYT. Que je laisse mon enfant ? Et qui allumera le flambeau ?
AGAM. C'est moi qui présenterai la torche nuptiale.
CLYT. Ce n'est pas l'usage ; et pourquoi juges-tu ma présence déplacée ?
AGAM. Il ne convient pas que tu te trouves au milieu de cette multitude armée.
CLYT. Je suis la mère ; il convient que ma fille soit donnée par moi à son époux....
AGAM. Obéis.... » (Vers 719-729.)

Voici quelques vers de l'imitation de Rotrou (acte III, scène III) :

AGAM. Mais, Madame, songez qu'ici votre présence
N'est ni de mon honneur ni de la bienséance,
Et qu'en cet éminent et sérieux emploi
Les yeux de tout un camp sont ouverts dessus moi,
Qu'on n'y respire rien que courage et que flammes,
Que la guerre répugne au commerce des femmes,
Que leur seule maison est leur propre élément,
Et que hors de son centre on perd son ornement....
CLYT. Ne me défendez point ce que le sang m'ordonne....
AGAM. Obéissez....

ACTE III, SCÈNE II.

Me croit-il à sa suite indigne de paroître?
Ou de l'empire encor timide possesseur,
N'oseroit-il d'Hélène ici montrer la sœur?
Et pourquoi me cacher? et par quelle injustice
Faut-il que sur mon front sa honte rejallisse¹?
Mais n'importe : il le veut, et mon cœur s'y résout.
Ma fille, ton bonheur me console de tout.
Le ciel te donne Achille; et ma joie est extrême
De t'entendre nommer.... Mais le voici lui-même.

SCÈNE III.

ACHILLE, CLYTEMNESTRE.

ACHILLE.

Tout succède, Madame, à mon empressement.
Le Roi n'a point voulu d'autre éclaircissement;
Il en croit mes transports; et sans presque m'entendre,
Il vient, en m'embrassant, de m'accepter pour gendre.
Il ne m'a dit qu'un mot. Mais vous a-t-il conté
Quel bonheur dans le camp vous avez apporté?
Les Dieux vont s'apaiser. Du moins Calchas publie
Qu'avec eux, dans une heure, il nous réconcilie;
Que Neptune et les vents, prêts à nous exaucer,
N'attendent que le sang que sa main va verser.
Déjà dans les vaisseaux la voile se déploie,
Déjà sur sa parole ils se tournent vers Troie.
Pour moi, quoique le ciel, au gré de mon amour,
Dût encore des vents retarder le retour,
Que je quitte à regret la rive fortunée
Où je vais allumer les flambeaux d'hyménée²;

---

1. Il y a *rejallisse* dans toutes les anciennes éditions. Voyez ci-dessus, vers 380.
2. Il y a un point d'exclamation après ce vers, dans l'édition de 1697,

Puis-je ne point chérir l'heureuse occasion
D'aller du sang troyen sceller notre union,
Et de laisser bientôt, sous Troie ensevelie,
Le déshonneur d'un nom à qui le mien s'allie ? 850

SCÈNE IV.
ACHILLE, CLYTEMNESTRE, IPHIGÉNIE, ÉRIPHILE, DORIS, ÆGINE.

ACHILLE.

Princesse, mon bonheur ne dépend que de vous.
Votre père à l'autel vous destine un époux :
Venez y recevoir un cœur qui vous adore.

IPHIGÉNIE.

Seigneur, il n'est pas temps que nous partions encore.
La Reine permettra que j'ose demander 855
Un gage à votre amour, qu'il me doit accorder.
Je viens vous présenter une jeune princesse.
Le ciel a sur son front imprimé sa noblesse.
De larmes tous les jours ses yeux sont arrosés ;
Vous savez ses malheurs, vous les avez causés. 860
Moi-même (où m'emportoit une aveugle colère ?)
J'ai tantôt, sans respect, affligé sa misère.
Que ne puis-je aussi bien, par d'utiles secours,
Réparer promptement mes injustes discours ?
Je lui prête ma voix, je ne puis davantage. 865
Vous seul pouvez, Seigneur, détruire votre ouvrage.
Elle est votre captive ; et ses fers que je plains,
Quand vous l'ordonnerez, tomberont de ses mains.
Commencez donc par là cette heureuse journée.

comme dans celle de 1702. Mais le sens ne permet pas d'adopter cette ponctuation ; la nôtre est celle des trois premières éditions (1675-87).

ACTE III, SCENE IV.

Qu'elle puisse à nous voir n'être plus condamnée. 870
Montrez que je vais suivre au pied de nos autels
Un roi qui non content d'effrayer les mortels,
A des embrasements ne borne point sa gloire,
Laisse aux pleurs d'une épouse attendrir sa victoire,
Et par les malheureux quelquefois désarmé, 875
Sait imiter en tout les dieux qui l'ont formé.

ÉRIPHILE.

Oui, Seigneur, des douleurs soulagez la plus vive.
La guerre dans Lesbos me fit votre captive.
Mais c'est pousser trop loin ses droits injurieux,
Qu'y joindre le tourment que je souffre en ces lieux. 880

ACHILLE.

Vous, Madame?

ÉRIPHILE.

Oui, Seigneur; et sans compter le reste,
Pouvez-vous m'imposer une loi plus funeste
Que de rendre mes yeux les tristes spectateurs
De la félicité de mes persécuteurs?
J'entends de toutes parts menacer ma patrie; 885
Je vois marcher contre elle une armée en furie;
Je vois déjà l'hymen, pour mieux me déchirer,
Mettre en vos mains le feu qui la doit dévorer.
Souffrez que loin du camp et loin de votre vue,
Toujours infortunée et toujours inconnue, 890
J'aille cacher un sort si digne de pitié,
Et dont mes pleurs encor vous taisent la moitié.

ACHILLE.

C'est trop, belle princesse. Il ne faut que nous suivre.
Venez, qu'aux yeux des Grecs Achille vous délivre;
Et que le doux moment de ma félicité 895
Soit le moment heureux de votre liberté.

SCÈNE V.

CLYTEMNESTRE, ACHILLE, IPHIGÉNIE, ÉRIPHILE, ARCAS, ÆGINE, DORIS.

ARCAS.

Madame, tout est prêt pour la cérémonie.
Le Roi près de l'autel attend Iphigénie ;
Je viens la demander. Ou plutôt contre lui,
Seigneur, je viens pour elle implorer votre appui.   900

ACHILLE.

Arcas, que dites-vous ?

CLYTEMNESTRE.

Dieux ! que vient-il m'apprendre ?

ARCAS, à Achille.

Je ne vois plus que vous qui la puisse défendre.

ACHILLE.

Contre qui ?

ARCAS.

Je le nomme et l'accuse à regret.
Autant que je l'ai pu, j'ai gardé son secret.
Mais le fer, le bandeau, la flamme est toute prête[1].   905

---

1. Dans Euripide, le vieil esclave qu'on a vu dans la première scène vient également livrer à Clytemnestre, en présence d'Achille, le secret d'Agamemnon :

Πρέσβ. Παῖδα σὴν πατὴρ ὁ φύσας αὐτόχειρ μέλλει κτανεῖν.
Κλυτ. Πῶς; Ἀπέπτυσ', ὦ γεραιέ, μῦθον· οὐ γὰρ εὖ φρονεῖς.
Πρέσβ. Φασγάνῳ λευκὴν φονεύων τῆς ταλαιπώρου δέρην.
Κλυτ. Ὦ τάλαιν' ἐγώ! Μεμηνὼς ἄρα τυγχάνει πόσις;...
. . . . Τίς αὐτὸν οὑπάγων ἀλαστόρων;
Πρέσβ. Θέσφαθ', ὥς γέ φησι Κάλχας, ἵνα πορεύηται στρατός.

LE VIEILL. Le père veut de sa propre main immoler sa fille.
CLYT. Que dis-tu? Vieillard, je repousse cette parole; tu es en délire.
LE VIEILL. Il va faire tomber le glaive sur le cou délicat de l'infortunée.
CLYT. Ah! malheureuse! Mon époux a-t-il donc perdu la raison?... Quelle Furie le pousse?
LE VIEILL. La voix de l'oracle, à ce que prétend Calchas, pour que l'armée puisse partir. » (Vers 863-869.)

Dût tout cet appareil retomber sur ma tête,
Il faut parler.
CLYTEMNESTRE.
Je tremble. Expliquez-vous, Arcas.
ACHILLE.
Qui que ce soit, parlez, et ne le craignez pas[1].
ARCAS.
Vous êtes son amant, et vous êtes sa mère :
Gardez-vous d'envoyer la princesse à son père. 910
CLYTEMNESTRE.
Pourquoi le craindrons-nous?
ACHILLE.
Pourquoi m'en défier?
ARCAS.
Il l'attend à l'autel pour la sacrifier[2].
ACHILLE.
Lui!
CLYTEMNESTRE.
Sa fille!
IPHIGÉNIE.
Mon père!
ÉRIPHILE.
O ciel! quelle nouvelle!
ACHILLE.
Quelle aveugle fureur pourroit l'armer contre elle?
Ce discours sans horreur se peut-il écouter? 915
ARCAS.
Ah! Seigneur, plût au ciel que je pusse en douter!
Par la voix de Calchas l'oracle la demande;

---

1. C'est ainsi qu'Achille, dans l'*Iliade*, livre I, vers 85-91, exhorte Calchas à parler hardiment, sans craindre Agamemnon lui-même.

2. Πρέσβ. Πάντ' ἔχεις· Ἀρτέμιδι θύσειν παῖδα σὴν μέλλει πατήρ.

« LE VIEILL. Tu sais tout : sur l'autel de Diane ta fille va être sacrifiée par son père. » (Vers 873.)

De toute autre victime il refuse l'offrande ;
Et les Dieux, jusque-là protecteurs de Paris,
Ne nous promettent Troie et les vents qu'à ce prix. 920

CLYTEMNESTRE.

Les Dieux ordonneroient un meurtre abominable ?

IPHIGÉNIE.

Ciel ! pour tant de rigueur, de quoi suis-je coupable ?

CLYTEMNESTRE.

Je ne m'étonne plus de cet ordre cruel
Qui m'avoit interdit l'approche de l'autel.

IPHIGÉNIE, à Achille.

Et voilà donc l'hymen où j'étois destinée ! 925

ARCAS.

Le Roi, pour vous tromper, feignoit cet hyménée[1].
Tout le camp même encore est trompé comme vous.

CLYTEMNESTRE.

Seigneur, c'est donc à moi d'embrasser vos genoux.

ACHILLE, la relevant.

Ah ! Madame.

CLYTEMNESTRE.

Oubliez une gloire importune ;
Ce triste abaissement convient à ma fortune. 930
Heureuse si mes pleurs vous peuvent attendrir,
Une mère à vos pieds peut tomber sans rougir.
C'est votre épouse, hélas ! qui vous est enlevée ;
Dans cet heureux espoir je l'avois élevée.
C'est vous que nous cherchions sur ce funeste bord ; 935
Et votre nom, Seigneur, l'a conduite à la mort[2].

---

1. Κλυτ. Ὁ δὲ γάμος τίν' εἶχε πρόφασιν, ἥ μ' ἐκόμισεν ἐκ δόμων;
Πρέσϐ. Ἵν' ἀγάγῃς χαίρουσ' Ἀχιλλεῖ παῖδα νυμφεύουσα σήν.

« CLYT. Et ce mariage, qui m'a fait venir d'Argos, que couvrait-il donc de son prétexte ?
LE VIEILL. On vouloit qu'un hymen avec Achille te fît amener ta fille avec joie. » (Vers 74 et 75.)

2. *Var.* Et votre nom, Seigneur, la conduit à la mort. (1675)

ACTE III, SCÈNE V.

Ira-t-elle, des Dieux implorant la justice,
Embrasser leurs autels parés pour son supplice?
Elle n'a que vous seul. Vous êtes en ces lieux
Son père[1], son époux, son asile, ses Dieux[2].   940
Je lis dans vos regards la douleur qui vous presse.
Auprès de votre époux, ma fille, je vous laisse.
Seigneur, daignez m'attendre, et ne la point quitter.
A mon perfide époux je cours me présenter.
Il ne soutiendra point la fureur qui m'anime.   945
Il faudra que Calchas cherche une autre victime.
Ou si je ne vous puis dérober à leurs coups,
Ma fille, ils pourront bien m'immoler avant vous.

1. Ce titre de *père* donné à l'époux rappelle la touchante apostrophe d'Andromaque à Hector (*Iliade*, livre VI, vers 429 et 430) :

.... Ἀτὰρ σύ μοι ἐσσὶ πατὴρ καὶ πότνια μήτηρ,
Ἠδὲ κασίγνητος, σὺ δέ μοι θαλερὸς παρακοίτης.

« Mais toi, tu es mon père, et ma mère vénérée, et mon frère; tu es mon brillant époux. »

2. Κλυτ. Οὐκ ἐπαιδεσθήσομαί γε προσπεσεῖν τὸ σὸν γόνυ,
Θνητὸς ἐκ θεᾶς γεγῶτα. Τί γὰρ ἐγὼ σεμνύνομαι;
Ἐπὶ τίνος σπουδαστέον μοι μᾶλλον ἢ τέκνου πέρι;
Ἀλλ' ἄμυνον, ὦ θεᾶς παῖ, τῇ τ' ἐμῇ δυσπραξίᾳ,
Τῇ τε λεχθείσῃ δάμαρτι σῇ, μάτην μὲν, ἀλλ' ὅμως.
Σοὶ καταστέψασ' ἐγώ νιν ἦγον, ὡς γαμουμένην,
Νῦν δ' ἐπὶ σφαγὰς κομίζω· σοὶ δ' ὄνειδος ἵξεται,
Ὅστις οὐκ ἤμυνας· εἰ γὰρ μὴ γάμοισιν ἐζύγης,
Ἀλλ' ἐκλήθης γοῦν ταλαίνης παρθένου φίλος πόσις....
Ὄνομα γὰρ τὸ σὸν μ' ἀπώλεσ', ᾧ σ' ἀμυνάθειν χρεών.
Οὐκ ἔχω βωμὸν καταφυγεῖν ἄλλον ἢ τὸ σὸν γόνυ.

« CLYT. Je ne rougirai pas d'embrasser tes genoux, moi simple mortelle, ô fils d'une déesse. Car de quoi servirait mon orgueil? Quel intérêt plus cher pourrais-je avoir que celui de mon enfant? Prête secours, fils de Thétis, à mes malheurs, à celle qu'on a nommée ta fiancée! titre trompeur, sans doute, qu'elle a cependant porté. Je l'avais couronnée pour toi, je te l'ai amenée comme pour un hymen; et maintenant c'est à la mort que je la conduis. Ta gloire sera flétrie, si tu ne prends sa défense; car si vous n'avez pas été unis par le mariage, on t'a appelé du moins l'époux de cette infortunée.... C'est ton nom qui nous a conduites à notre perte; ne le laisse pas déshonorer. Je n'ai d'autre autel, d'autre asile que tes genoux. » (Vers 890-901.)

SCÈNE VI.

ACHILLE, IPHIGÉNIE.

ACHILLE.

Madame, je me tais, et demeure immobile.
Est-ce à moi que l'on parle, et connoît-on Achille? 950
Une mère pour vous croit devoir me prier?
Une reine à mes pieds se vient humilier?
Et me déshonorant par d'injustes alarmes,
Pour attendrir mon cœur on a recours aux larmes?
Qui doit prendre à vos jours plus d'intérêt que moi? 955
Ah! sans doute on s'en peut reposer sur ma foi.
L'outrage me regarde; et quoi qu'on entreprenne,
Je réponds d'une vie où j'attache la mienne.
Mais ma juste douleur va plus loin m'engager.
C'est peu de vous défendre, et je cours vous venger, 960
Et punir à la fois le cruel stratagème
Qui s'ose de mon nom armer contre vous-même[1].

IPHIGÉNIE.

Ah! demeurez, Seigneur, et daignez m'écouter.

ACHILLE.

Quoi? Madame, un barbare osera m'insulter?

---

1. Ἀχιλλ... Οὔποτε κόρη σὴ πρὸς πατρὸς σφαγήσεται,
Ἐμὴ φατισθεῖσ'· οὐ γὰρ ἐμπλέκειν πλοκὰς
Ἐγὼ παρέξω σῷ πόσει τοὐμὸν δέμας·
Τοὔνομα γάρ, εἰ καὶ μὴ σίδηρον ᾔρατο,
Τοὐμὸν φονεύσει παῖδα σήν. Τὸ δ' αἴτιον
Πόσις σός· ἁγνὸν δ' οὐκ ἔτ' ἐστὶ σῶμ' ἐμόν,
Εἰ δι' ἔμ' ὀλεῖται διά τε τοὺς ἐμοὺς γάμους.

« ACH. Jamais ta fille ne sera immolée par son père, après avoir été nommée ma fiancée; car je ne permettrai pas à ton époux de se servir de moi pour tramer ses perfidies : ce serait mon nom, plus que le fer qu'il lèverait sur elle, qui tuerait ta fille. L'auteur du crime serait ton époux; mais moi, comment serais-je encore innocent, si elle mourait à cause de moi, à cause de mon hyménée? » (Vers 925-931.)

Il voit que de sa sœur je cours venger l'outrage ; 965
Il sait que le premier lui donnant mon suffrage,
Je le fis nommer chef de vingt rois ses rivaux ;
Et pour fruit de mes soins, pour fruit de mes travaux,
Pour tout le prix enfin d'une illustre victoire,
Qui le doit enrichir, venger, combler de gloire, 970
Content et glorieux du nom de votre époux,
Je ne lui demandois que l'honneur d'être à vous.
Cependant aujourd'hui, sanguinaire, parjure[1],
C'est peu de violer l'amitié, la nature,
C'est peu que de vouloir, sous un couteau mortel, 975
Me montrer votre cœur fumant sur un autel :
D'un appareil d'hymen couvrant ce sacrifice,
Il veut que ce soit moi qui vous mène au supplice ?
Que ma crédule main conduise le couteau ?
Qu'au lieu de votre époux je sois votre bourreau ? 980
Et quel étoit pour vous ce sanglant hyménée,
Si je fusse arrivé plus tard d'une journée ?
Quoi donc ? à leur fureur livrée en ce moment
Vous iriez à l'autel me chercher vainement ;
Et d'un fer imprévu vous tomberiez frappée, 985
En accusant mon nom qui vous auroit trompée ?
Il faut de ce péril, de cette trahison,
Aux yeux de tous les Grecs lui demander raison.
A l'honneur d'un époux vous-même intéressée,
Madame, vous devez approuver ma pensée. 990
Il faut que le cruel qui m'a pu mépriser
Apprenne de quel nom il osoit abuser.

IPHIGÉNIE.

Hélas ! si vous m'aimez, si pour grâce dernière
Vous daignez d'une amante écouter la prière,

---

1. Dans les deux premières éditions (1675 et 1676) il n'y a point de virgule après *sanguinaire*, comme si *parjure* était employé substantivement. Nous avons suivi la ponctuation, bien préférable, de 1687 et 1697.

C'est maintenant, Seigneur, qu'il faut me le prouver. 995
Car enfin ce cruel, que vous allez braver,
Cet ennemi barbare, injuste, sanguinaire,
Songez, quoi qu'il ait fait, songez qu'il est mon père.

ACHILLE.

Lui, votre père? Après son horrible dessein,
Je ne le connois plus que pour votre assassin. 1000

IPHIGÉNIE.

C'est mon père, Seigneur, je vous le dis encore,
Mais un père que j'aime, un père que j'adore,
Qui me chérit lui-même, et dont jusqu'à ce jour
Je n'ai jamais reçu que des marques d'amour.
Mon cœur, dans ce respect élevé dès l'enfance, 1005
Ne peut que s'affliger de tout ce qui l'offense.
Et loin d'oser ici, par un prompt changement,
Approuver la fureur de votre emportement,
Loin que par mes discours je l'attise moi-même,
Croyez qu'il faut aimer autant que je vous aime, 1010
Pour avoir pu souffrir tous les noms odieux
Dont votre amour le vient d'outrager à mes yeux.
Et pourquoi voulez-vous qu'inhumain et barbare
Il ne gémisse pas du coup qu'on me prépare?
Quel père de son sang se plaît à se priver? 1015
Pourquoi me perdroit-il s'il pouvoit me sauver?
J'ai vu, n'en doutez point, ses larmes se répandre.
Faut-il le condamner avant que de l'entendre?
Hélas! de tant d'horreurs son cœur déjà troublé
Doit-il de votre haine être encore accablé? 1020

ACHILLE.

Quoi? Madame, parmi tant de sujets de crainte,
Ce sont là les frayeurs dont vous êtes atteinte?
Un cruel (comment puis-je autrement l'appeler?
Par la main de Calchas s'en va vous immoler;
Et lorsqu'à sa fureur j'oppose ma tendresse, 1025

ACTE III, SCÈNE VI.

Le soin de son repos est le seul qui vous presse?
On me ferme la bouche? on l'excuse? on le plaint?
C'est pour lui que l'on tremble, et c'est moi que l'on craint?
Triste effet de mes soins! Est-ce donc là, Madame,
Tout le progrès qu'Achille avoit fait dans votre âme?

IPHIGÉNIE.

Ah, cruel! cet amour, dont vous voulez douter,
Ai-je attendu si tard pour le faire éclater?
Vous voyez de quel œil, et comme indifférente,
J'ai reçu de ma mort la nouvelle sanglante.
Je n'en ai point pâli. Que n'avez-vous pu voir   1035
A quel excès tantôt alloit mon désespoir,
Quand presque en arrivant un récit peu fidèle
M'a de votre inconstance annoncé la nouvelle!
Quel trouble! Quel torrent de mots injurieux[1]
Accusoit à la fois les hommes et les Dieux!   1040
Ah! que vous auriez vu, sans que je vous le die,
De combien votre amour m'est plus cher que ma vie!
Qui sait même, qui sait si le ciel irrité
A pu souffrir l'excès de ma félicité?
Hélas! il me sembloit qu'une flamme si belle   1045
M'élevoit au-dessus du sort d'une mortelle.

ACHILLE.

Ah! si je vous suis cher, ma princesse, vivez.

1. Ce vers et les trois suivants manquent dans l'édition de 1697, et dans celles de 1702, de 1713, de 1723 et de M. Aimé-Martin. Les éditions de 1698 (Amsterdam), de 1736, de Luneau de Boisjermain, de la Harpe, de Geoffroy, de M. Aignan les ont rétablis, sans qu'aucune d'elles avertisse qu'ils manquent dans la dernière édition de Racine. Nous les avons aussi maintenus dans notre texte, parce qu'il nous a semblé que l'omission, nuisant beaucoup à la liaison des idées, pourrait bien être une faute d'impression. Nous n'oserions pourtant pas affirmer absolument que cette déclaration n'ait point paru à notre poète un peu trop vive dans la bouche de son Iphigénie, bien que les premiers vers du couplet soient déjà fort expressifs.

SCÈNE VII.

CLYTEMNESTRE, IPHIGÉNIE, ACHILLE, ÆGINE.

CLYTEMNESTRE.

Tout est perdu, Seigneur, si vous ne nous sauvez.
Agamemnon m'évite, et craignant mon visage,
Il me fait de l'autel refuser le passage.
Des gardes, que lui-même a pris soin de placer,
Nous ont de toutes parts défendu de passer.
Il me fuit. Ma douleur étonne son audace.

ACHILLE.

Hé bien! c'est donc à moi de prendre votre place.
Il me verra, Madame; et je vais lui parler.

IPHIGÉNIE.

Ah! Madame.... Ah! Seigneur, où voulez-vous aller?

ACHILLE.

Et que prétend de moi votre injuste prière?
Vous faudra-t-il toujours combattre la première?

CLYTEMNESTRE.

Quel est votre dessein, ma fille?

IPHIGÉNIE.

Au nom des Dieux,
Madame, retenez un amant furieux.
De ce triste entretien détournons les approches.
Seigneur, trop d'amertume aigriroit vos reproches.
Je sais jusqu'où s'emporte un amant irrité;
Et mon père est jaloux de son autorité.
On ne connoît que trop la fierté des Atrides.
Laissez parler, Seigneur, des bouches plus timides.
Surpris, n'en doutez point, de mon retardement,
Lui-même il me viendra chercher dans un moment :

ACTE III, SCÈNE VII.

Il entendra gémir une mère oppressée ;
Et que ne pourra point m'inspirer la pensée 1070
De prévenir les pleurs que vous verseriez tous,
D'arrêter vos transports, et de vivre pour vous ?

ACHILLE.

Enfin vous le voulez. Il faut donc vous complaire.
Donnez-lui l'une et l'autre un conseil salutaire.
Rappelez sa raison, persuadez-le bien, 1075
Pour vous, pour mon repos, et surtout pour le sien[1].
Je perds trop de moments en des discours frivoles :
Il faut des actions, et non pas des paroles.

(A Clytemnestre.)

Madame, à vous servir je vais tout disposer.
Dans votre appartement allez vous reposer. 1080
Votre fille vivra, je puis vous le prédire.
Croyez du moins, croyez que tant que je respire,
Les Dieux auront en vain ordonné son trépas.
Cet oracle est plus sûr que celui de Calchas.

---

1. Dans Euripide, c'est Achille qui de lui-même, sans que cette prudente conduite lui soit suggérée par Iphigénie, donne le conseil de ne point recourir à son intervention, avant d'avoir essayé de persuader Agamemnon. Il dit à Clytemnestre :

Πείθωμεν αὖθις πατέρα βέλτιον φρονεῖν....
Ἱκέτευ' ἐκεῖνον πρῶτα, μὴ κτανεῖν τέκνα·
Ἂν δ' ἀντιβαίνῃ, πρὸς ἐμέ σοι πορευτέον.
Εἰ γὰρ τὸ χρῇζον ἐπίθετ', οὐ τοὐμὸν χρεὼν
Χωρεῖν· ἔχει γὰρ τοῦτο τὴν σωτηρίαν.

« Tâchons encore de ramener le père à de plus sages résolutions.... Supplie-le d'abord de ne pas être le meurtrier de son enfant. S'il résiste, c'est alors qu'il faut venir à moi. Mais s'il cède à vos conseils salutaires, je dois m'abstenir ; votre salut est alors assuré sans mon secours. » (Vers 1001-1008.)

FIN DU TROISIÈME ACTE.

ACTE IV.

SCÈNE PREMIÈRE.
ÉRIPHILE, DORIS.

DORIS.

Ah! que me dites-vous? Quelle étrange manie 1085
Vous peut faire envier le sort d'Iphigénie?
Dans une heure elle expire. Et jamais, dites-vous,
Vos yeux de son bonheur ne furent plus jaloux.
Qui le croira, Madame? Et quel cœur si farouche....

ÉRIPHILE.

Jamais rien de plus vrai n'est sorti de ma bouche. 1090
Jamais de tant de soins mon esprit agité
Ne porta plus d'envie à sa félicité.
Favorables périls! Espérance inutile!
N'as-tu pas vu sa gloire, et le trouble d'Achille?
J'en ai vu, j'en ai fui les signes trop certains. 1095
Ce héros, si terrible au reste des humains,
Qui ne connoît de pleurs que ceux qu'il fait répandre,
Qui s'endurcit contre eux dès l'âge le plus tendre,
Et qui, si l'on nous fait un fidèle discours,
Suça même le sang des lions et des ours[1], 1100
Pour elle de la crainte a fait l'apprentissage :

---

1. Achille dit de lui-même, dans l'*Achilléide* de Stace, livre II, vers 382-386 :

> *Dicor, et in teneris et adhuc crescentibus annis,...*
> *Non ullas ex more dapes habuisse, nec almis*
> *Uberibus satiasse famem, sed spissa leonum*
> *Viscera, semianimesque libens traxisse medullas.*

Elle l'a vu pleurer, et changer de visage.
Et tu la plains, Doris ? Par combien de malheurs
Ne lui voudrois-je point disputer de tels pleurs ?
Quand je devrois comme elle expirer dans une heure....
Mais que dis-je, expirer ? Ne crois pas qu'elle meure.
Dans un lâche sommeil crois-tu qu'enseveli
Achille aura pour elle impunément pâli ?
Achille à son malheur saura bien mettre obstacle.
Tu verras que les Dieux n'ont dicté cet oracle   1110
Que pour croître à la fois sa gloire et mon tourment,
Et la rendre plus belle aux yeux de son amant.
Hé quoi ? ne vois-tu pas tout ce qu'on fait pour elle ?
On supprime des Dieux la sentence mortelle ;
Et quoique le bûcher soit déjà préparé,   1115
Le nom de la victime est encore ignoré :
Tout le camp n'en sait rien. Doris, à ce silence,
Ne reconnois-tu pas un père qui balance ?
Et que fera-t-il donc ? Quel courage endurci
Soutiendroit les assauts qu'on lui prépare ici :   1120
Une mère en fureur, les larmes d'une fille,
Les cris, le désespoir de toute une famille,
Le sang à ces objets facile à s'ébranler,
Achille menaçant, tout prêt à l'accabler ?
Non, te dis-je, les Dieux l'ont en vain condamnée :   1125
Je suis et je serai la seule infortunée.
Ah ! si je m'en croyois....

DORIS.
Quoi ? Que méditez-vous ?

ÉRIPHILE.
Je ne sais qui m'arrête et retient mon courroux,
Que par un prompt avis de tout ce qui se passe,
Je ne coure des Dieux divulguer la menace,   1130
Et publier partout les complots criminels
Qu'on fait ici contre eux et contre leurs autels.

DORIS.

Ah! quel dessein, Madame!

ÉRIPHILE.

Ah! Doris, quelle joie! *1135*
Que d'encens brûleroit dans les temples de Troie,
Si troublant tous les Grecs, et vengeant ma prison,
Je pouvois contre Achille armer Agamemnon;
Si leur haine, de Troie oubliant la querelle,
Tournoit contre eux le fer qu'ils aiguisent contre elle,
Et si de tout le camp mes avis dangereux
Faisoient à ma patrie un sacrifice heureux! *1140*

DORIS.

J'entends du bruit. On vient : Clytemnestre s'avance.
Remettez-vous, Madame, ou fuyez sa présence.

ÉRIPHILE.

Rentrons. Et pour troubler un hymen odieux,
Consultons des fureurs qu'autorisent les Dieux[1].

SCÈNE II.

CLYTEMNESTRE, ÆGINE.

CLYTEMNESTRE.

Ægine, tu le vois, il faut que je la fuie[2]. *1145*
Loin que ma fille pleure et tremble pour sa vie,
Elle excuse son père, et veut que ma douleur

---

1. On a remarqué ici que la scène reste vide, ce qui dans une tragédie de Racine a lieu de surprendre.
2. *Var.* Ægine, tu le vois, il faut que je le fuie. (1697)
— Ici encore, à l'exemple des éditeurs modernes, nous nous sommes écarté du texte de 1697, qui, en cet endroit aussi, a plutôt sans doute une faute qu'une variante. On a trouvé ce vers un peu obscur. Le sens nous paraît être : « Tu le vois, *si j'écoute ma fille*, il faut que je la fuie. » Si *le* n'était pas une faute d'impression, il se rapporterait à Agamemnon; mais cela souffre plus de difficultés. Les éditions de 1702, 1713, 1723 ont, comme celle de 1697 : *je le fuie*.

Respecte encor la main qui lui perce le cœur.
O constance! ô respect! Pour prix de sa tendresse,
Le barbare à l'autel se plaint de sa paresse. 1150
Je l'attends. Il viendra m'en demander raison,
Et croit pouvoir encor cacher sa trahison.
Il vient. Sans éclater contre son injustice,
Voyons s'il soutiendra son indigne artifice.

SCÈNE III.

AGAMEMNON, CLYTEMNESTRE, ÆGINE.

AGAMEMNON.

Que faites-vous, Madame? et d'où vient que ces lieux
N'offrent point avec vous votre fille à mes yeux?
Mes ordres par Arcas vous l'avoient demandée.
Qu'attend-elle? Est-ce vous qui l'avez retardée?
A mes justes desirs ne vous rendez-vous pas?
Ne peut-elle à l'autel marcher que sur vos pas? 1160
Parlez.

CLYTEMNESTRE.

S'il faut partir, ma fille est toute prête.
Mais vous, n'avez-vous rien, Seigneur, qui vous arrête?

AGAMEMNON.

Moi, Madame?

CLYTEMNESTRE.

Vos soins ont-ils tout préparé?

AGAMEMNON.

Calchas est prêt, Madame, et l'autel est paré[1].

---

1. Ἀγαμ. Ἔκπεμπε παῖδα δωμάτων πατρὸς μέτα·
 Ὡς χέρνιβες πάρεισιν εὐτρεπισμέναι,
 Προχύται τε βάλλειν πῦρ καθάρσιον χερῶν,
 Μόσχοι τε, πρὸ γάμων ἃς θεᾷ πεσεῖν χρεὼν
 Ἀρτέμιδι, μέλανος αἵματος φυσήματα.

« AGAM. Fais sortir ma fille, envoie-la à son père; tout est prêt, l'eau

J'ai fait ce que m'ordonne un devoir légitime. 1165
CLYTEMNESTRE.
Vous ne me parlez point, Seigneur, de la victime.
AGAMEMNON.
Que me voulez-vous dire? et de quel soin jaloux....

SCÈNE IV.
IPHIGÉNIE, AGAMEMNON, CLYTEMNESTRE, ÆGINE.

CLYTEMNESTRE.
Venez, venez, ma fille, on n'attend plus que vous;
Venez remercier un père qui vous aime,
Et qui veut à l'autel vous conduire lui-même. 1170
AGAMEMNON.
Que vois-je? Quel discours? Ma fille, vous pleurez,
Et baissez devant moi vos yeux mal assurés.
Quel trouble?... Mais tout pleure, et la fille et la mère.
Ah! malheureux Arcas, tu m'as trahi[1].

---

lustrale, les offrandes qu'on jette dans la flamme expiatoire, et les génisses dont le sang noir doit avant le mariage être offert à la déesse. » (Vers 1098-1102.)

1. Ἀγαμ. Τέχνον, τί χλάεις, οὐδ' ἔθ' ἡδέως μ' ὁρᾷς,
'Ἐς γῆν δ' ἐρείσασ' ὄμμα πρόσθ' ἔχεις πέπλους;...
Τί δ' ἔστιν; ὥς μοι πάντες εἰς ἓν ἥχετε,
Ξύγχυσιν ἔχοντες καὶ ταραγμὸν ὀμμάτων!...
Ἀπωλόμεσθα· προδέδοται τὰ χρυπτά μου.

« AGAM. Mon enfant, pourquoi pleures-tu? Tu ne me regardes plus avec plaisir. Pourquoi ces yeux baissés à terre, et ces voiles derrière lesquels tu te caches?... Qu'y a-t-il? Comme je vous vois tous dans le même trouble, tous la même consternation peinte sur le visage.... C'est fait de moi : on a trahi mes secrets. » (Vers 1110-1129.)

— Rotrou dit aussi (acte IV, scène III) :

AGAM.   Mais quel trouble commun remarqué-je en ces lieux?
Et d'où vient que chacun portant sur moi les yeux,
Semble, la face émue et l'action contrainte,
M'adresser, sans parler, quelque secrète plainte?

ACTE IV, SCÈNE IV.

IPHIGÉNIE.

       Mon père,
Cessez de vous troubler, vous n'êtes point trahi. 1175
Quand vous commanderez, vous serez obéi.
Ma vie est votre bien. Vous voulez le reprendre :
Vos ordres sans détour pouvoient se faire entendre.
D'un œil aussi content, d'un cœur aussi soumis
Que j'acceptois l'époux que vous m'aviez promis, 1180
Je saurai, s'il le faut, victime obéissante,
Tendre au fer de Calchas une tête innocente,
Et respectant le coup par vous-même ordonné,
Vous rendre tout le sang que vous m'avez donné.
 Si pourtant ce respect, si cette obéissance 1185
Paroît digne à vos yeux d'une autre récompense,
Si d'une mère en pleurs vous plaignez les ennuis,
J'ose vous dire ici qu'en l'état où je suis
Peut-être assez d'honneurs environnoient ma vie
Pour ne pas souhaiter qu'elle me fût ravie, 1190
Ni qu'en me l'arrachant un sévère destin
Si près de ma naissance en eût marqué la fin.
Fille d'Agamemnon, c'est moi qui la première,
Seigneur, vous appelai de ce doux nom de père[1] ;
C'est moi qui si longtemps le plaisir de vos yeux, 1195
Vous ai fait de ce nom remercier les Dieux,

---

1. Ἰφιγ. Πρώτη σ' ἐκάλεσα πατέρα, καὶ σὺ παῖδ' ἐμέ·
Πρώτη δέ, γόνασι σοῖσι σῶμα δοῦσ' ἐμόν,
Φίλας χάριτας ἔδωκα κἀντεδεξάμην.

« IPHIG. C'est moi qui d'abord t'ai donné le nom de père, que tu as la première appelée ton enfant. La première, venant m'asseoir sur tes genoux, je t'ai fait de tendres caresses, et j'ai reçu les tiennes. » (Vers 1209-1211.)
— Rotrou a ainsi traduit ce passage (acte IV, scène III) :

   S'il vous souvient pourtant que je suis la première
   Qui vous ait appelé de ce doux nom de père,
   Qui vous ait fait caresse, et qui sur vos genoux
   Vous ait servi longtemps d'un passe-temps si doux.

Et pour qui tant de fois prodiguant vos caresses,
Vous n'avez point du sang dédaigné les foiblesses.
Hélas! avec plaisir je me faisois conter
Tous les noms des pays que vous allez dompter ; 1200
Et déjà, d'Ilion présageant la conquête,
D'un triomphe si beau je préparois la fête.
Je ne m'attendois pas que pour le commencer,
Mon sang fût le premier que vous dussiez verser.
 Non que la peur du coup dont je suis menacée 1205
Me fasse rappeler votre bonté passée.
Ne craignez rien : mon cœur, de votre honneur jaloux,
Ne fera point rougir un père tel que vous ;
Et si je n'avois eu que ma vie à défendre,
J'aurois su renfermer un souvenir si tendre. 1210
Mais à mon triste sort, vous le savez, Seigneur,
Une mère, un amant attachoient leur bonheur.
Un roi digne de vous a cru voir la journée
Qui devoit éclairer notre illustre hyménée.
Déjà sûr de mon cœur à sa flamme promis, 1215
Il s'estimoit heureux : vous me l'aviez permis.
Il sait votre dessein ; jugez de ses alarmes.
Ma mère est devant vous, et vous voyez ses larmes.
Pardonnez aux efforts que je viens de tenter
Pour prévenir les pleurs que je leur vais coûter. 1220

     AGAMEMNON.

Ma fille, il est trop vrai. J'ignore pour quel crime
La colère des Dieux demande une victime ;
Mais ils vous ont nommée. Un oracle cruel
Veut qu'ici votre sang coule sur un autel.
Pour défendre vos jours de leurs lois meurtrières, 1225
Mon amour n'avoit pas attendu vos prières.
Je ne vous dirai point combien j'ai résisté :
Croyez-en cet amour par vous-même attesté.
Cette nuit même encore, on a pu vous le dire,

ACTE IV, SCÈNE IV.

J'avois révoqué l'ordre où l'on me fit souscrire.   1230
Sur l'intérêt des Grecs vous l'aviez emporté.
Je vous sacrifiois mon rang, ma sûreté.
Arcas alloit du camp vous défendre l'entrée :
Les Dieux n'ont pas voulu qu'il vous ait rencontrée.
Ils ont trompé les soins d'un père infortuné,   1235
Qui protégeoit en vain ce qu'ils ont condamné.
Ne vous assurez point sur ma foible puissance.
Quel frein pourroit d'un peuple arrêter la licence,
Quand les Dieux, nous livrant à son zèle indiscret,
L'affranchissent d'un joug qu'il portoit à regret ?   1240
Ma fille, il faut céder. Votre heure est arrivée.
Songez bien dans quel rang vous êtes élevée.
Je vous donne un conseil qu'à peine je reçoi.
Du coup qui vous attend vous mourrez moins que moi[1].
Montrez, en expirant, de qui vous êtes née :   1245
Faites rougir ces dieux qui vous ont condamnée.
Allez ; et que les Grecs, qui vont vous immoler,
Reconnoissent mon sang en le voyant couler[2].

CLYTEMNESTRE.

Vous ne démentez point une race funeste.
Oui, vous êtes le sang d'Atrée et de Thyeste.   1250
Bourreau de votre fille, il ne vous reste enfin

---

1. Dans Rotrou aussi (acte V, scène II) Agamemnon dit à Iphigénie :

> Va, j'attends plus que toi le coup de ton trépas,
> Et ce coup sera pire à qui n'en mourra pas ;

et encore (acte IV scène III) :

> Hé ! ma fille, croyez que ce sanglant dessein
> Me mettra plus qu'à vous le couteau dans le sein.

2. C'est un emprunt fait à Rotrou (acte IV, scène III). Mais Racine a mis dans la bouche d'Agamemnon ce que Rotrou met dans celle d'Iphigénie :

> Le sang qui sortira de ce sein innocent
> Prouvera, malgré vous, sa source en se versant.

Que d'en faire à sa mère un horrible festin[1].
Barbare ! c'est donc là cet heureux sacrifice
Que vos soins préparoient avec tant d'artifice.
Quoi ? l'horreur de souscrire à cet ordre inhumain   1255
N'a pas, en le traçant, arrêté votre main ?
Pourquoi feindre à nos yeux une fausse tristesse ?
Pensez-vous par des pleurs prouver votre tendresse ?
Où sont-ils, ces combats que vous avez rendus ?
Quels flots de sang pour elle avez-vous répandus ?   1260
Quel débris parle ici de votre résistance ?
Quel champ couvert de morts me condamne au silence ?
Voilà par quels témoins il falloit me prouver,
Cruel, que votre amour a voulu la sauver.
Un oracle fatal ordonne qu'elle expire.   1265
Un oracle dit-il tout ce qu'il semble dire ?
Le ciel, le juste ciel, par le meurtre honoré,
Du sang de l'innocence est-il donc altéré ?
Si du crime d'Hélène on punit sa famille,
Faites chercher à Sparte Hermione sa fille :   1270
Laissez à Ménélas racheter d'un tel prix
Sa coupable moitié, dont il est trop épris.
Mais vous, quelles fureurs vous rendent sa victime ?
Pourquoi vous imposer la peine de son crime ?
Pourquoi moi-même enfin me déchirant le flanc,   1275
Payer sa folle amour du plus pur de mon sang[2] ?

1. Cette allusion au festin d'Atrée, qui ne se trouve pas dans Euripide, a probablement été suggérée à Racine par ces vers de Rotrou (acte IV, scène IV) :

Va, père indigne d'elle, et digne fils d'Atrée,
Par qui la loi du sang fut si peu révérée,
Et qui crut comme toi faire un exploit fameux
Au repas qu'il dressa du corps de ses neveux.

2. Κλυτ. . . . [Χρὴ] Μενέλεων πρὸ μητρὸς Ἑρμιόνην κτανεῖν,
Οὗπερ τὸ πρᾶγμ' ἦν. Νῦν δ' ἐγὼ μὲν, ἢ τὸ σὸν
Σώζουσα λέκτρον, παιδὸς ὑστερήσομαι·
Ἡ δ' ἐξαμαρτοῦσ', ὑπότροφον νεανίδα
Σπάρτῃ κομίζουσ', εὐτυχὴς γενήσεται.

« CLYT. C'est Ménélas, puisqu'il s'agit de son seul intérêt, qui doit im-

Que dis-je? Cet objet de tant de jalousie,
Cette Hélène, qui trouble et l'Europe et l'Asie,
Vous semble-t-elle un prix digne de vos exploits?
Combien nos fronts pour elle ont-ils rougi de fois! 1280
Avant qu'un nœud fatal l'unît à votre frère,
Thésée avoit osé l'enlever à son père.
Vous savez, et Calchas mille fois vous l'a dit,
Qu'un hymen clandestin mit ce prince en son lit,
Et qu'il en eut pour gage une jeune princesse[1], 1285
Que sa mère a cachée au reste de la Grèce.
Mais non: l'amour d'un frère et son honneur blessé
Sont les moindres des soins dont vous êtes pressé.
Cette soif de régner, que rien ne peut éteindre,
L'orgueil de voir vingt rois vous servir et vous craindre,
Tous les droits de l'empire en vos mains confiés,
Cruel, c'est à ces dieux que vous sacrifiez[2];
Et loin de repousser le coup qu'on vous prépare,
Vous voulez vous en faire un mérite barbare.
Trop jaloux d'un pouvoir qu'on peut vous envier, 1295
De votre propre sang vous courez le payer,
Et voulez par ce prix épouvanter l'audace
De quiconque vous peut disputer votre place.
Est-ce donc être père? Ah! toute ma raison
Cède à la cruauté de cette trahison. 1300
Un prêtre, environné d'une foule cruelle,

moler Hermione pour sa mère. Et ce serait moi, toujours fidèle à ta couche, qui me verrais privée de mon enfant, tandis que, dans Sparte, la coupable épouse, tenant sa fille dans ses bras et l'entourant de ses caresses, jouirait de son bonheur? » (Vers 1190-1194.)

1. Voyez la *Préface* de Racine, ci-dessus, p. 139.
2. Ménélas adresse le même reproche à Agamemnon, dans l'*Iphigénie* de Rotrou (acte II, scène II):

Mais la perte en effet que vous plaigniez dans l'âme
Étoit de votre rang, et non pas de ma femme:
C'est de votre intérêt que vous êtes jaloux,
Et d'inclination vous ne servez que vous.

216   IPHIGÉNIE.

Portera sur ma fille une main criminelle¹,
Déchirera son sein et d'un œil curieux
Dans son cœur palpitant consultera les Dieux² !
Et moi, qui l'amenai triomphante, adorée,   1305
Je m'en retournerai seule et désespérée !
Je verrai les chemins encor tout parfumés
Des fleurs dont sous ses pas on les avoit semés !
Non, je ne l'aurai point amenée au supplice,
Ou vous ferez aux Grecs un double sacrifice.   1310
Ni crainte ni respect ne m'en peut détacher.
De mes bras tout sanglants il faudra l'arracher.
Aussi barbare époux qu'impitoyable père,
Venez, si vous l'osez, la ravir à sa mère.
Et vous, rentrez, ma fille, et du moins à mes lois 1315
Obéissez encor pour la dernière fois³.

SCÈNE V.

AGAMEMNON, seul.

A de moindres fureurs je n'ai pas dû m'attendre.
Voilà, voilà les cris que je craignois d'entendre :
Heureux si dans le trouble où flottent mes esprits,
Je n'avois toutefois à craindre que ses cris !   1320

---

1. « On prétend, dit Luneau de Boisjermain dans son commentaire, que Lulli, auquel on reprochoit de ne devoir ses succès qu'aux vers de Quinault, mit ceux-ci en musique, et qu'il les exécuta sur son clavecin. On ajoute que les spectateurs furent saisis d'horreur, la musique de Lulli étant encore plus déchirante que les vers de Racine. » Il est permis de douter que la musique de Lulli ait surpassé ces beaux vers.

2. On a rapproché ces vers de cet endroit de Virgile (*Énéide*, livre IV, vers 63 et 64) :

*Pecudumque reclusis
Pectoribus inhians spirantia consulit exta.*

3. Geoffroy se plaint de ce que les comédiens de son temps se permettaient de retrancher ces deux derniers vers.

Hélas! en m'imposant une loi si sévère,
Grands Dieux, me deviez-vous laisser un cœur de père?

SCÈNE VI.
ACHILLE, AGAMEMNON.

ACHILLE.

Un bruit assez étrange est venu jusqu'à moi,
Seigneur; je l'ai jugé trop peu digne de foi.
On dit, et sans horreur je ne puis le redire, 1325
Qu'aujourd'hui par votre ordre Iphigénie expire,
Que vous-même, étouffant tout sentiment humain,
Vous l'allez à Calchas livrer de votre main.
On dit que sous mon nom à l'autel appelée,
Je ne l'y conduisois que pour être immolée; 1330
Et que d'un faux hymen nous abusant tous deux,
Vous vouliez me charger d'un emploi si honteux.
Qu'en dites-vous, Seigneur? Que faut-il que j'en pense[1]?
Ne ferez-vous pas taire un bruit qui vous offense?

AGAMEMNON.

Seigneur, je ne rends point compte de mes desseins. 1335
Ma fille ignore encor mes ordres souverains;
Et quand il sera temps qu'elle en soit informée,
Vous apprendrez son sort, j'en instruirai l'armée.

ACHILLE.

Ah! je sais trop le sort que vous lui réservez.

AGAMEMNON.

Pourquoi le demander, puisque vous le savez? 1340

ACHILLE.

Pourquoi je le demande? O ciel! Le puis-je croire,

---

1. Dans les éditions de Geoffroy et de M. Aignan ce vers se lit ainsi :
   Qu'en dites-vous, Seigneur? Que faut-il que je pense?

Qu'on ose des fureurs avouer la plus noire?
Vous pensez qu'approuvant vos desseins odieux [1],
Je vous laisse immoler votre fille à mes yeux?
Que ma foi, mon amour, mon honneur y consente? 1345
####### AGAMEMNON.
Mais vous, qui me parlez d'une voix menaçante,
Oubliez-vous ici qui vous interrogez?
####### ACHILLE.
Oubliez-vous qui j'aime, et qui vous outragez?
####### AGAMEMNON.
Et qui vous a chargé du soin de ma famille?
Ne pourrai-je sans vous disposer de ma fille? 1350
Ne suis-je plus son père? Êtes-vous son époux?
Et ne peut-elle....
####### ACHILLE.
Non, elle n'est plus à vous.
On ne m'abuse point par des promesses vaines.
Tant qu'un reste de sang coulera dans mes veines,
Vous deviez à mon sort unir tous ses moments, 1355
Je défendrai mes droits fondés sur vos serments.
Et n'est-ce pas pour moi que vous l'avez mandée?
####### AGAMEMNON.
Plaignez-vous donc aux Dieux qui me l'ont demandée :
Accusez et Calchas et le camp tout entier,
Ulysse, Ménélas, et vous tout le premier. 1360
####### ACHILLE.
Moi!
####### AGAMEMNON.
Vous, qui de l'Asie embrassant la conquête,
Querellez tous les jours le ciel qui vous arrête;
Vous, qui vous offensant de mes justes terreurs,
Avez dans tout le camp répandu vos fureurs.

---

1. *Var.* Vous croyez qu'approuvant vos desseins odieux. (1675-87)

ACTE IV, SCÈNE VI.

Mon cœur pour la sauver vous ouvroit une voie ;   1365
Mais vous ne demandez, vous ne cherchez que Troie.
Je vous fermois le champ où vous voulez courir.
Vous le voulez, partez : sa mort va vous l'ouvrir.

ACHILLE.

Juste ciel ! Puis-je entendre et souffrir ce langage ?
Est-ce ainsi qu'au parjure on ajoute l'outrage ?   1370
Moi, je voulois partir aux dépens de ses jours ?
Et que m'a fait à moi cette Troie où je cours ?
Au pied de ses remparts quel intérêt m'appelle ?
Pour qui, sourd à la voix d'une mère immortelle,
Et d'un père éperdu négligeant les avis,   1375
Vais-je y chercher la mort tant prédite à leur fils ?
Jamais vaisseaux partis des rives du Scamandre
Aux champs thessaliens osèrent-ils descendre ?
Et jamais dans Larisse un lâche ravisseur
Me vint-il enlever ou ma femme ou ma sœur ?   1380
Qu'ai-je à me plaindre ? Où sont les pertes que j'ai faites ?
Je n'y vais que pour vous, barbare que vous êtes [1],
Pour vous, à qui des Grecs moi seul je ne dois rien,
Vous, que j'ai fait nommer et leur chef et le mien,
Vous, que mon bras vengeoit dans Lesbos enflammée,
Avant que vous eussiez assemblé votre armée.
Et quel fut le dessein qui nous assembla tous ?
Ne courons-nous pas rendre Hélène à son époux ?

---

1. On sait que ce n'est pas Euripide, mais Homère que Racine a imité dans cette scène. Il s'est inspiré surtout de la querelle d'Achille et d'Agamemnon dans le Ier livre de l'*Iliade*. L'Achille d'Homère parle à peu près comme celui de Racine dans les vers suivants :

Οὐ γὰρ ἐγὼ Τρώων ἕνεχ' ἤλυθον αἰχμητάων
Δεῦρο μαχησόμενος· ἐπεὶ οὔτι μοι αἴτιοί εἰσιν.
Οὐ γὰρ πώποτ' ἐμὰς βοῦς ἤλασαν, οὐδὲ μὲν ἵππους.
Οὐδέ ποτ' ἐν Φθίῃ ἐριβώλακι, βωτιανείρῃ
Καρπὸν ἐδηλήσαντο . . . . .
Ἀλλὰ σοὶ, ὦ μέγ' ἀναιδὲς, ἅμ' ἐσπόμεθ', ὄφρα σὺ χαίρῃς.

(*Iliade*, livre I, vers 152-158.)

Depuis quand pense-t-on qu'inutile à moi-même
Je me laisse ravir une épouse que j'aime? 1390
Seul d'un honteux affront votre frère blessé
A-t-il droit de venger son amour offensé¹?
Votre fille me plut, je prétendis lui plaire;
Elle est de mes serments seule dépositaire.
Content de son hymen, vaisseaux, armes, soldats, 1395
Ma foi lui promit tout, et rien à Ménélas.
Qu'il poursuive, s'il veut, son épouse enlevée;
Qu'il cherche une victoire à mon sang réservée.
Je ne connois Priam, Hélène, ni Paris²;
Je voulois votre fille, et ne pars qu'à ce prix. 1400

AGAMEMNON.

Fuyez donc. Retournez dans votre Thessalie.
Moi-même je vous rends le serment qui vous lie.
Assez d'autres viendront, à mes ordres soumis,
Se couvrir des lauriers qui vous furent promis,
Et par d'heureux exploits forçant la destinée, 1405

1. Achille répond à Ulysse, qu'a député vers lui Agamemnon pour essayer de l'apaiser :

... Τί δὲ δεῖ πολεμιζέμεναι Τρώεσσιν
Ἀργείους; τί δὲ λαὸν ἀνήγαγεν ἐνθάδ' ἀγείρας
Ἀτρείδης; ἢ οὐχ Ἑλένης ἕνεκ' ἠϋκόμοιο;
Ἦ μοῦνοι φιλέουσ' ἀλόχους μερόπων ἀνθρώπων
Ἀτρεῖδαι; ἐπεὶ, ὅστις ἀνὴρ ἀγαθὸς καὶ ἐχέφρων,
Τὴν αὐτοῦ φιλέει καὶ κήδεται· ὡς καὶ ἐγὼ τὴν
Ἐκ θυμοῦ φίλεον. ...

(*Iliade*, livre IX, vers 337-343.)

Virgile aussi a imité quelques-uns de ces vers d'Homère; il fait dire à Turnus (*Énéide*, livre IX, vers 138 et 139) :

.... *Nec solos tangit Atridas*
Iste dolor, solisque licet capere arma Mycenis.

2. Dans Euripide, c'est Iphigénie qui dit à son père (vers 1225 et 1226) :

Τί μοι μέτεστι τῶν Ἀλεξάνδρου γάμων
Ἑλένης τε;

« Qu'ai-je de commun avec le mariage de Paris et d'Hélène? »

Trouveront d'Ilion la fatale journée[1].
J'entrevois vos mépris, et juge à vos discours
Combien j'achèterois vos superbes secours.
De la Grèce déjà vous vous rendez l'arbitre :
Ses rois, à vous ouïr, m'ont paré d'un vain titre.   1410
Fier de votre valeur, tout, si je vous en crois,
Doit marcher, doit fléchir, doit trembler sous vos lois.
Un bienfait reproché tint toujours lieu d'offense[2].
Je veux moins de valeur, et plus d'obéissance.
Fuyez. Je ne crains point votre impuissant courroux[3],
Et je romps tous les nœuds qui m'attachent à vous.

ACHILLE.

Rendez grâce au seul nœud qui retient ma colère.
D'Iphigénie encor je respecte le père.
Peut-être, sans ce nom, le chef de tant de rois
M'auroit osé braver pour la dernière fois.   1420
Je ne dis plus qu'un mot; c'est à vous de m'entendre :
J'ai votre fille ensemble et ma gloire à défendre.
Pour aller jusqu'au cœur que vous voulez percer,
Voilà par quel chemin vos coups doivent passer.

1. Cette réponse d'Agamemnon est également imitée de l'*Iliade* (livre I, vers 173 et suivants) :

Φεῦγε μάλ', εἴ τοι θυμὸς ἐπέσσυται· οὐδέ σ' ἔγωγε
Λίσσομαι εἵνεκ' ἐμεῖο μένειν· πάρ' ἔμοιγε καὶ ἄλλοι,
Οἵ κέ με τιμήσουσι. . . .

— Les mots « la fatale journée » traduisent la locution homérique : αἴσιμον ou μόρσιμον ou ὀλέθριον ἦμαρ : voyez l'*Iliade*, livre VIII, vers 72; livre XV, vers 613; livre XIX, vers 294.

2. Dans les *OEuvres de Corneille*, tome VII, p. 492, note 1, M. Marty-Laveaux a comparé à ce vers les vers 73 et 74 de *Cinna*, 705 et 706 de *Suréna*.

3.   . . . . Σέθεν δ' ἐγὼ οὐκ ἀλεγίζω
Οὐδ' ὄθομαι κοτέοντος. . . .
(*Iliade*, livre I, vers 180 et 181.)

SCÈNE VII.

AGAMEMNON, seul.

Et voilà ce qui rend sa perte inévitable. 1425
Ma fille toute seule étoit plus redoutable.
Ton insolent amour, qui croit m'épouvanter,
Vient de hâter le coup que tu veux arrêter.
Ne délibérons plus. Bravons sa violence.
Ma gloire intéressée emporte la balance. 1430
Achille menaçant détermine mon cœur :
Ma pitié sembleroit un effet de ma peur.
Holà ! Gardes, à moi !

SCÈNE VIII.

AGAMEMNON, EURYBATE, Gardes.

EURYBATE.
Seigneur.
AGAMEMNON.
Que vais-je faire ?
Puis-je leur prononcer cet ordre sanguinaire ?
Cruel ! à quel combat faut-il te préparer ? 1435
Quel est cet ennemi que tu leur vas livrer ?
Une mère m'attend, une mère intrépide,
Qui défendra son sang contre un père homicide.
Je verrai mes soldats, moins barbares que moi,
Respecter dans ses bras la fille de leur roi. 1440
Achille nous menace, Achille nous méprise ;
Mais ma fille en est-elle à mes lois moins soumise ?
Ma fille, de l'autel cherchant à s'échapper,
Gémit-elle du coup dont je la veux frapper ?

Que dis-je? que prétend mon sacrilége zèle ?   1445
Quels vœux, en l'immolant, formerai-je sur elle¹ ?
Quelques prix glorieux qui me soient proposés,
Quels lauriers me plairont de son sang arrosés?
Je veux fléchir des Dieux la puissance suprême?
Ah! quels dieux me seroient plus cruels que moi-même² ?
Non, je ne puis. Cédons au sang, à l'amitié,
Et ne rougissons plus d'une juste pitié.
Qu'elle vive. Mais quoi? peu jaloux de ma gloire,
Dois-je au superbe Achille accorder la victoire?
Son téméraire orgueil, que je vais redoubler,   1455
Croira que je lui cède, et qu'il m'a fait trembler³....
De quel frivole soin mon esprit s'embarrasse!
Ne puis-je pas d'Achille humilier l'audace?
Que ma fille à ses yeux soit un sujet d'ennui.
Il l'aime : elle vivra pour un autre que lui.   1460

1. Agamemnon se dit ici à lui-même ce que dans Euripide lui dit Clytemnestre :

Θύσεις δὲ τὴν παῖδ᾽· ἔνθα τίνας εὐχὰς ἐρεῖς;
Τί σοι κατεύξει τἀγαθὸν, σφάζων τέκνον;

« Tu immoleras ta fille; mais à ce moment quelles prières prononceras-tu? Quels vœux de bonheur feras-tu pour toi-même, en égorgeant ton enfant? » (Vers 1174 et 1175.)
— Rotrou a ainsi imité ces vers d'Euripide :

Quand vous rendrez au ciel ce triste sacrifice,
De quoi le prîrez-vous de vous être propice?
Quels raisonnables vœux pourrez-vous concevoir
En un si sacrilége et barbare devoir?
(Acte IV, scène III.)

2. Le sens de ce vers est parfaitement clair ; et l'on s'étonne que P. Perrault s'y soit trompé. Dans la traduction en prose qu'il a faite de l'*Iphigénie* de Racine, pour la comparaison de cette pièce avec celle d'Euripide, il met: « Hélas! où trouverai-je des Dieux qui me soient moins cruels que je le suis à moi-même? » Et il écrit cette note à la marge : « Il y a :

Ah! quels Dieux me seroient plus cruels que moi-même?

Je crois qu'il faut dire *moins cruels*. »
3. Dans l'édition de M. Aignan :

Croira que je lui cède, et qu'il me fait trembler.

Eurybate, appelez la princesse, la Reine¹.
Qu'elles ne craignent point.

SCÈNE IX.

AGAMEMNON, Gardes.

AGAMEMNON.

Grands Dieux, si votre haine
Persévère à vouloir l'arracher de mes mains,
Que peuvent devant vous tous les foibles humains ?
Loin de la secourir, mon amitié l'opprime,   1465
Je le sais ; mais, grands Dieux, une telle victime
Vaut bien que confirmant vos rigoureuses lois,
Vous me la demandiez une seconde fois.

SCÈNE X.

AGAMEMNON, CLYTEMNESTRE, IPHIGÉNIE, ÉRIPHILE, EURYBATE, DORIS, Gardes.

AGAMEMNON.

Allez, Madame, allez ; prenez soin de sa vie.
Je vous rends votre fille, et je vous la confie.   1470
Loin de ces lieux cruels précipitez ses pas ;
Mes gardes vous suivront, commandés par Arcas :
Je veux bien excuser son heureuse imprudence.
Tout dépend du secret et de la diligence.
Ulysse ni Calchas n'ont point encor parlé ;   1475
Gardez que ce départ ne leur soit révélé².

---

1. Dans l'impression de 1680 on lit :
   Eurybate, appelez la princesse et la Reine.
2. Quelques commentateurs ont pensé que Racine avait pu se souvenir d'un

ACTE IV, SCÈNE X.

Cachez bien votre fille ; et que tout le camp croie
Que je la retiens seule, et que je vous renvoie.
Fuyez. Puissent les Dieux, de mes larmes contents,
A mes tristes regards ne l'offrir de longtemps ! 1480
Gardes, suivez la Reine.

CLYTEMNESTRE.

Ah ! Seigneur.

IPHIGÉNIE.

Ah ! mon père.

AGAMEMNON.

Prévenez de Calchas l'empressement sévère.
Fuyez, vous dis-je. Et moi, pour vous favoriser,
Par de feintes raisons je m'en vais l'abuser ;
Je vais faire suspendre une pompe funeste, 1485
Et de ce jour au moins lui demander le reste.

SCÈNE XI[1].

ÉRIPHILE, DORIS.

ÉRIPHILE.

Suis-moi. Ce n'est pas là, Doris, notre chemin.

DORIS.

Vous ne les suivez pas?

---

passage des *Pheniciennes* d'Euripide (vers 972-978), où Créon exhorte son fils Ménécée à se hâter de fuir, avant que l'oracle révélé par Tirésias soit connu de tous :

Ἀλλ' εἶα, τέκνον, πρὶν μαθεῖν πᾶσαν πόλιν,
Ἀκόλαστ' ἐάσας μάντεων θεσπίσματα,
Φεῦγ' ὡς τάχιστα τῆσδ' ἀπαλλαχθεὶς χθονός·
Λέξει γὰρ ἀρχαῖς καὶ στρατηλάταις τάδε....
Κἂν μὲν φθάσωμεν, ἔστι σοι σωτήρια·
Ἢν δ' ὑστερήσῃς, οἰχόμεσθα, κατθανεῖ.

1. « Les comédiens, dit Geoffroy, ont eu quelquefois la témérité de supprimer cette dernière scène, absolument nécessaire pour lier le quatrième acte au cinquième, mais dont malheureusement ils ne sentoient point assez la nécessité. »

ÉRIPHILE.

Ah! je succombe enfin.
Je reconnois l'effet des tendresses d'Achille.
Je n'emporterai point une rage inutile. 1490
Plus de raisons. Il faut ou la perdre ou périr.
Viens, te dis-je. A Calchas je vais tout découvrir.

FIN DU QUATRIÈME ACTE.

ACTE V.

SCÈNE PREMIÈRE.

IPHIGÉNIE, ÆGINE.

IPHIGÉNIE.

Cesse de m'arrêter. Va, retourne à ma mère,
Ægine : il faut des Dieux apaiser la colère.
Pour ce sang malheureux qu'on veut leur dérober   1495
Regarde quel orage est tout prêt à tomber.
Considère l'état où la Reine est réduite ;
Vois comme tout le camp s'oppose à notre fuite ;
Avec quelle insolence ils ont de toutes parts
Fait briller à nos yeux la pointe de leurs dards.   1500
Nos gardes repoussés, la Reine évanouie....
Ah! c'est trop l'exposer : souffre que je la fuie ;
Et sans attendre ici ses secours impuissants,
Laisse-moi profiter du trouble de ses sens.
Mon père même, hélas ! puisqu'il faut te le dire,   1505
Mon père, en me sauvant, ordonne que j'expire.

ÆGINE.

Lui, Madame ? Quoi donc ? qu'est-ce qui s'est passé ?

IPHIGÉNIE.

Achille trop ardent l'a peut-être offensé ;
Mais le Roi, qui le hait, veut que je le haïsse :
Il ordonne à mon cœur cet affreux sacrifice.   1510
Il m'a fait par Arcas expliquer ses souhaits :
Ægine, il me défend de lui parler jamais.

ÆGINE.

Ah! Madame.

IPHIGÉNIE.

Ah, sentence! ah, rigueur inouïe!
Dieux plus doux, vous n'avez demandé que ma vie.
Mourons, obéissons. Mais qu'est-ce que je voi? 1515
Dieux! Achille?

SCÈNE II.
ACHILLE, IPHIGÉNIE.

ACHILLE.

Venez, Madame, suivez-moi.
Ne craignez ni les cris ni la foule impuissante
D'un peuple qui se presse autour de cette tente.
Paroissez; et bientôt sans attendre mes coups,
Ces flots tumultueux s'ouvriront devant vous. 1520
Patrocle, et quelques chefs qui marchent à ma suite,
De mes Thessaliens vous amènent l'élite.
Tout le reste, assemblé près de mon étendard,
Vous offre de ses rangs l'invincible rempart.
A vos persécuteurs opposons cet asile. 1525
Qu'ils viennent vous chercher sous les tentes d'Achille.
Quoi? Madame, est-ce ainsi que vous me secondez?
Ce n'est que par des pleurs que vous me répondez.
Vous fiez-vous encore à de si foibles armes?
Hâtons-nous : votre père a déjà vu vos larmes. 1530

IPHIGÉNIE.

Je le sais bien, Seigneur : aussi tout mon espoir
N'est plus qu'au coup mortel que je vais recevoir.

ACHILLE.

Vous, mourir? Ah! cessez de tenir ce langage.
Songez-vous quel serment vous et moi nous engage?

ACTE V, SCÈNE II.

Songez-vous, pour trancher d'inutiles discours, 1535
Que le bonheur d'Achille est fondé sur vos jours?

IPHIGÉNIE.

Le ciel n'a point aux jours de cette infortunée
Attaché le bonheur de votre destinée.
Notre amour nous trompoit ; et les arrêts du sort
Veulent que ce bonheur soit un fruit de ma mort. 1540
Songez, Seigneur, songez à ces moissons de gloire
Qu'à vos vaillantes mains présente la victoire.
Ce champ si glorieux où vous aspirez tous,
Si mon sang ne l'arrose, est stérile pour vous.
Telle est la loi des Dieux à mon père dictée. 1545
En vain, sourd à Calchas, il l'avoit rejetée :
Par la bouche des Grecs contre moi conjurés
Leurs ordres éternels se sont trop déclarés.
Partez : à vos honneurs j'apporte trop d'obstacles.
Vous-même dégagez la foi de vos oracles ; 1550
Signalez ce héros à la Grèce promis ;
Tournez votre douleur contre ses ennemis.
Déjà Priam pâlit ; déjà Troie en alarmes
Redoute mon bûcher, et frémit de vos larmes.
Allez ; et dans ses murs vides de citoyens, 1555
Faites pleurer ma mort aux veuves des Troyens.
Je meurs dans cet espoir, satisfaite et tranquille.
Si je n'ai pas vécu la compagne d'Achille,
J'espère que du moins un heureux avenir
A vos faits immortels joindra mon souvenir ; 1560
Et qu'un jour mon trépas, source de votre gloire,
Ouvrira le récit d'une si belle histoire[1].

1. Voici comment Iphigénie, dans Euripide, exprime la même généreuse résolution en présence de sa mère et d'Achille :

Κατθανεῖν μέν μοι δέδοκται· τοῦτο δ' αὐτὸ βούλομαι
Εὐκλεῶς πρᾶξαι, παρεῖσά γ' ἐκποδὼν τὸ δυσγενές....
Κἀν ἐμοὶ πορθμός τε ναῶν, καὶ Φρυγῶν κατασκαφαί....
. . . . Καί μου κλεος,

Adieu, Prince; vivez, digne race des Dieux.
ACHILLE.
Non, je ne reçois point vos funestes adieux.
En vain par ce discours votre cruelle adresse 1565
Veut servir votre père, et tromper ma tendresse.
En vain vous prétendez, obstinée à mourir,
Intéresser ma gloire à vous laisser périr :
Ces moissons de lauriers, ces honneurs, ces conquêtes,
Ma main, en vous servant, les trouve toutes prêtes. 1570
Et qui de ma faveur se voudroit honorer[1]
Si mon hymen prochain ne peut vous assurer?
Ma gloire, mon amour vous ordonnent de vivre.
Venez, Madame; il faut les en croire, et me suivre.

Ἑλλάδ᾽ ὡς ἠλευθέρωσα, μακάριον γενήσεται....
Ἀλλὰ μυρίοι μὲν ἄνδρες ἀσπίσιν πεφραγμένοι,
Μυρίοι δ᾽ ἐρέτμ᾽ ἔχοντες, πατρίδος ἠδικημένης,
Δρᾶν τι τολμήσουσιν ἐχθροὺς, χὐπὲρ Ἑλλάδος θανεῖν·
Ἡ δ᾽ ἐμὴ ψυχὴ, μί᾽ οὖσα, πάντα κωλύσει τάδε;...
. . . . Δίδωμι σῶμα τοὐμὸν Ἑλλάδι.
Θύετ᾽, ἐκπορθεῖτε Τροίαν. Ταῦτα γὰρ μνημεῖά μου
Διὰ μακροῦ, καὶ παῖδες οὗτοι καὶ γάμοι καὶ δόξ᾽ ἐμή.

« J'ai résolu de mourir ; et je veux que ce soit avec gloire, en éloignant de mon cœur toute lâche pensée.... De moi seul dépend le départ de la flotte, la destruction des Phrygiens.... Une gloire divine s'attachera à mon nom, parce que j'aurai délivré la Grèce.... Eh quoi? des milliers d'hommes couverts de leurs armes, des milliers de rameurs, pour venger leur patrie outragée, brûleront de signaler leur audace contre les ennemis, et de mourir pour la Grèce, et ma vie, la vie d'une seule femme, les arrêtera!... Je donne mon sang à la Grèce. Versez-le; allez ravager Troie! Ses ruines seront les monuments durables de mon souvenir, mes enfants, mon hymen, ma gloire. » (Vers 1357-1381.)
— Rotrou a ainsi imité ce passage (acte IV, scène VI) :

Laissez donc accomplir les vœux de la déesse.
Je lui donne mon sang, je le donne à la Grèce.
Tirez-le-moi du sein, arrousez-en l'autel :
Ce n'est pas trop payer un renom immortel.
Fille, à mille vaisseaux j'aurai tracé la voie,
J'aurai puni Pâris, j'aurai saccagé Troie,
Vengé l'honneur des Grecs, satisfait Ménélas,
Et pour tous ces exploits il ne faut qu'un trépas.

1. C'est un souvenir des vers de Virgile :

. . . . *Et quisquam numen Junonis adoret*
Præterea. . . ?
(*Énéide*, livre I, vers 48 et 49.)

ACTE V, SCÈNE II.

IPHIGÉNIE.

Qui? moi? que contre un père osant me révolter, 1575
Je mérite la mort que j'irois éviter?
Où seroit le respect? Et ce devoir suprême....

ACHILLE.

Vous suivrez un époux avoué par lui-même.
C'est un titre qu'en vain il prétend me voler.
Ne fait-il des serments que pour les violer? 1580
Vous-même, que retient un devoir si sévère,
Quand il vous donne à moi, n'est-il point votre père?
Suivez-vous seulement ses ordres absolus
Quand il cesse de l'être et ne vous connoît plus?
Enfin, c'est trop tarder, ma princesse; et ma crainte....

IPHIGÉNIE.

Quoi? Seigneur, vous iriez jusques à la contrainte?
D'un coupable transport écoutant la chaleur,
Vous pourriez ajouter ce comble à mon malheur?
Ma gloire vous seroit moins chère que ma vie?
Ah! Seigneur, épargnez la triste Iphigénie. 1590
Asservie à des lois que j'ai dû respecter,
C'est déjà trop pour moi que de vous écouter.
Ne portez pas plus loin votre injuste victoire;
Ou par mes propres mains immolée à ma gloire,
Je saurai m'affranchir, dans ces extrémités, 1595
Du secours dangereux que vous me présentez.

ACHILLE.

Hé bien! n'en parlons plus. Obéissez, cruelle,
Et cherchez une mort qui vous semble si belle.
Portez à votre père un cœur où j'entrevoi
Moins de respect pour lui que de haine pour moi. 1600
Une juste fureur s'empare de mon âme.
Vous allez à l'autel, et moi, j'y cours, Madame.
Si de sang et de morts le ciel est affamé,
Jamais de plus de sang ses autels n'ont fumé.

A mon aveugle amour tout sera légitime. 1605
Le prêtre deviendra la première victime[1] ;
Le bûcher, par mes mains détruit et renversé,
Dans le sang des bourreaux nagera dispersé ;
Et si dans les horreurs de ce désordre extrême
Votre père frappé tombe et périt lui-même, 1610
Alors, de vos respects voyant les tristes fruits,
Reconnoissez les coups que vous aurez conduits.

IPHIGÉNIE.

Ah ! Seigneur. Ah ! cruel.... Mais il fuit, il m'échappe.
O toi, qui veux ma mort, me voilà seule, frappe ;
Termine, juste ciel, ma vie et mon effroi, 1615
Et lance ici des traits qui n'accablent que moi.

SCÈNE III.
CLYTEMNESTRE, IPHIGÉNIE, ÆGINE, EURYBATE, Gardes.

CLYTEMNESTRE.

Oui, je la défendrai contre toute l'armée.
Lâches, vous trahissez votre reine opprimée ?

EURYBATE.

Non, Madame, il suffit que vous me commandiez[2] :
Vous nous verrez combattre et mourir à vos pieds. 1620
Mais de nos foibles mains que pouvez-vous attendre ?

---

1. C'est Rotrou qu'ici Racine a imité :

    Je suivrois sans respect la fureur qui m'anime ;
    J'immolerois le prêtre aux yeux de la victime,
    Et j'achèterois l'heur de servir ces beaux yeux
    Au mépris des enfers, des hommes et des Dieux.
    (Acte IV, scène VI.)

2. *Var.* Non, Madame, il suffit que vous nous commandiez. (1675-87)

ACTE V, SCÈNE III.

Contre tant d'ennemis qui vous pourra défendre[1] ?
Ce n'est plus un vain peuple en désordre assemblé ;
C'est d'un zèle fatal tout le camp aveuglé.
Plus de pitié. Calchas seul règne, seul commande :
La piété sévère exige son offrande.
Le Roi de son pouvoir se voit déposséder,
Et lui-même au torrent nous contraint de céder.
Achille, à qui tout cède, Achille à cet orage
Voudroit lui-même en vain opposer son courage.
Que fera-t-il, Madame? et qui peut dissiper
Tous les flots d'ennemis prêts à l'envelopper?

CLYTEMNESTRE.

Qu'ils viennent donc sur moi prouver leur zèle impie,
Et m'arrachent ce peu qui me reste de vie.
La mort seule, la mort pourra rompre les nœuds
Dont mes bras vous vont joindre et lier toutes deux.
Mon corps sera plutôt séparé de mon âme,
Que je souffre jamais[2].... Ah! ma fille.

---

1. *Var.* Contre tant d'ennemis qui pourra vous défendre? (1675-87)
2. Racine paraît s'être inspiré ici d'une scène de l'*Hécube* d'Euripide. La situation est semblable ; Polyxène doit être sacrifiée ; on veut l'arracher à sa mère, qui s'écrie :

    Ὑμεῖς δέ μ' ἀλλὰ θυγατρὶ συμφονεύσατε....
    Ὁποῖα κισσὸς δρυός, ὅπως τῆσδ' ἕξομαι....
    .... Τῆσδ' ἑκοῦσα παιδὸς οὐ μεθήσομαι.

« Vous, tuez-moi avec ma fille.... Comme le lierre s'attache au chêne, je vais m'attacher à elle.... La force seule pourra m'arracher cet enfant. » (Vers 389-398.)

Dans la même scène, Polyxène, comme l'Iphigénie de Racine, exhorte sa mère a *laisser aux Grecs achever leur ouvrage* ; et le langage des deux jeunes victimes offre des rapports frappants :

    Μῆτερ, πιθοῦ μοι . . . . . .
    . . . Ὦ τάλαινα, τοῖς κρατοῦσι μὴ μάχου.
    Βούλει πεσεῖν πρὸς οὔδας, ἑλκῶσαί τε σὸν
    Γέροντα χρῶτα, πρὸς βίαν ὠθουμένη,
    Ἀσχημονῆσαί τ' ἐκ νέου βραχίονος
    Σπασθεῖσ' ; ἃ πείσει. Μὴ σύ γ' · οὐ γὰρ ἄξιον.
    Ἀλλ', ὦ φίλη μοι μῆτερ, ἡδίστην χέρα
    Δός, καὶ παρειὰν προσβαλεῖν παρηΐδι....
    Τέλος δέχει δὴ τῶν ἐμῶν προσφθεγμάτων.

« Ma mère, crois-moi.... Malheureuse, ne lutte pas contre ceux qui sont les

IPHIGÉNIE.

Ah ! Madame.
Sous quel astre cruel avez-vous mis au jour
Le malheureux objet d'une si tendre amour ?   1640
Mais que pouvez-vous faire en l'état où nous sommes ?
Vous avez à combattre et les Dieux et les hommes.
Contre un peuple en fureur vous exposerez-vous ?
N'allez point, dans un camp rebelle à votre époux,
Seule à me retenir vainement obstinée,   1645
Par des soldats peut-être indignement traînée,
Présenter, pour tout fruit d'un déplorable effort,
Un spectacle à mes yeux plus cruel que la mort.
Allez : laissez aux Grecs achever leur ouvrage,
Et quittez pour jamais un malheureux rivage.   1650
Du bûcher qui m'attend, trop voisin de ces lieux,
La flamme de trop près viendroit frapper vos yeux.
Surtout, si vous m'aimez, par cet amour de mère,
Ne reprochez jamais mon trépas à mon père[1].

CLYTEMNESTRE.

Lui ! par qui votre cœur à Calchas présenté....   1655

IPHIGÉNIE.

Pour me rendre à vos pleurs que n'a-t-il point tenté ?

CLYTEMNESTRE.

Par quelle trahison le cruel m'a déçue !

IPHIGÉNIE.

Il me cédoit aux Dieux, dont il m'avoit reçue.
Ma mort n'emporte pas tout le fruit de vos feux :

---

maîtres. Veux-tu donc te jeter à terre, traîner ton corps affaibli par l'âge, et l'exposer à la violence des guerriers qui te repousseront outrageusement et dont le bras t'arrachera à ta fille ? Oui, voilà comme tu seras traitée. Ne le permets pas. Ce serait indigne de toi. O ma mère bien-aimée, donne-moi ta main ; que ta joue touche ma joue.... Reçois mes derniers adieux. » (Vers 400-411.)

1. Dans Euripide, Iphigénie dit aussi :

Πατέρα γε τὸν ἐμὸν μὴ στύγει, πόσιν τε σόν.

« Ne hais pas celui qui est mon père et ton époux. » (Vers 1436.)

De l'amour qui vous joint vous avez d'autres nœuds ; 1660
Vos yeux me reverront dans Oreste mon frère[1].
Puisse-t-il être, hélas! moins funeste à sa mère[2]!
　D'un peuple impatient vous entendez la voix.
Daignez m'ouvrir vos bras pour la dernière fois,
Madame ; et rappelant votre vertu sublime.... 1665
Eurybate, à l'autel conduisez la victime.

SCÈNE IV.

CLYTEMNESTRE, ÆGINE, Gardes.

CLYTEMNESTRE.

Ah! vous n'irez pas seule ; et je ne prétends pas....
Mais on se jette en foule au-devant de mes pas.
Perfides, contentez votre soif sanguinaire.

ÆGINE.

Où courez-vous, Madame? et que voulez-vous faire? 1670

CLYTEMNESTRE.

Hélas! je me consume en impuissants efforts,
Et rentre au trouble affreux dont à peine je sors.
Mourrai-je tant de fois, sans sortir de la vie[3]?

---

1. L'Iphigénie d'Euripide recommande Oreste à la tendresse de sa mère :

. . . . Ὀρέστην τ' ἔκτρεφ' ἄνδρα τόνδε μοι.

« Que tes soins maternels fassent de cet Oreste un homme. » (Vers 1432.)
Oreste, chez le poëte grec, est présent à cette scène.

2. Le poëte donne ici à Iphigénie un pressentiment de l'avenir. On peut rapprocher de ce vers prophétique le vers 1676 de *Britannicus*, le vers 1692 de *Mithridate*, la variante surtout qui d'abord le suivait, et les vers 1784-1790 d'*Athalie*.

3. On peut comparer ce passage à ce que Jocaste dit dans *la Thébaïde* (acte III, scène II, vers 593 et 594) :

　　Me feront-ils souffrir tant de cruels trépas,
　　Sans jamais au tombeau précipiter mes pas?

ÆGINE.

Ah! savez-vous le crime, et qui vous a trahie,
Madame? Savez-vous quel serpent inhumain   1675
Iphigénie avoit retiré dans son sein?
Ériphile, en ces lieux par vous-même conduite,
A seule à tous les Grecs révélé votre fuite.

CLYTEMNESTRE.

O monstre, que Mégère en ses flancs a porté!
Monstre, que dans nos bras les enfers ont jeté!   1680
Quoi? tu ne mourras point? Quoi? pour punir son crime....
Mais où va ma douleur chercher une victime?
Quoi? pour noyer les Grecs et leurs mille vaisseaux,
Mer, tu n'ouvriras pas des abîmes nouveaux?
Quoi? lorsque les chassant du port qui les recèle,   1685
L'Aulide aura vomi leur flotte criminelle,
Les vents, les mêmes vents, si longtemps accusés,
Ne te couvriront pas de ses vaisseaux brisés[1]?
   Et toi, soleil, et toi, qui dans cette contrée
Reconnois l'héritier et le vrai fils d'Atrée,   1690
Toi, qui n'osas du père éclairer le festin,
Recule, ils t'ont appris ce funeste chemin[2].
   Mais, cependant, ô ciel! ô mère infortunée!
De festons odieux ma fille couronnée
Tend la gorge aux couteaux par son père apprêtés.   1695

---

1. *Var.* Ne te couvriront pas de ces vaisseaux brisés? (1675-87)
2. Voyez dans *la Thébaïde* (acte I, scène I, vers 23-26) une apostrophe au soleil dont le sens est à peu près semblable. Celle que Racine met ici dans la bouche de Clytemnestre rappelle surtout la stance de Malherbe (tome I, p. 78, vers 61-70):

> O soleil, ô grand luminaire,
> Si jadis l'horreur d'un festin
> Fit que de ta route ordinaire
> Tu reculas vers le matin,...
> D'où vient que ta sévérité,
> Moindre qu'en la faute d'Atrée,
> Ne punit point cette contrée
> D'une éternelle obscurité?

Calchas va dans son sang.... Barbares, arrêtez.
C'est le pur sang du Dieu qui lance le tonnerre....
J'entends gronder la foudre, et sens trembler la terre.
Un Dieu vengeur, un Dieu fait retentir ces coups.

SCÈNE V.

CLYTEMNESTRE, ÆGINE, ARCAS, Gardes.

ARCAS.

N'en doutez point, Madame, un Dieu combat pour vous.
Achille en ce moment exauce vos prières ;
Il a brisé des Grecs les trop foibles barrières.
Achille est à l'autel. Calchas est éperdu.
Le fatal sacrifice est encor suspendu.
On se menace, on court, l'air gémit, le fer brille. 1705
Achille fait ranger autour de votre fille
Tous ses amis, pour lui prêts à se dévouer.
Le triste Agamemnon, qui n'ose l'avouer,
Pour détourner ses yeux des meurtres qu'il présage,
Ou pour cacher ses pleurs, s'est voilé le visage[1]. 1710
Venez, puisqu'il se tait, venez par vos discours
De votre défenseur appuyer le secours.
Lui-même de sa main, de sang toute fumante,
Il veut entre vos bras remettre son amante ;

---

1. . . . . Ὡς δ' ἐσεῖδεν Ἀγαμέμνων ἄναξ
Ἐπὶ σφαγὰς στείχουσαν εἰς ἄλσος κόρην,
Ἀνεστέναξε, κἄμπαλιν στρέψας κάρα
Δάκρυα προῆγεν, ὀμμάτων πέπλον προθείς.

« Lorsqu'Agamemnon vit la jeune fille se diriger vers le bois sacré pour s'offrir au sacrifice, il gémit, et détournant la tête, versa des larmes, après s'être voilé le visage. » (Vers 1526-1529.) — Le peintre Timanthe a immortalisé ce trait d'Euripide, dont il s'était inspiré dans son tableau du *Sacrifice d'Iphigénie*, que Cicéron, Pline l'ancien, Quintilien, Valère-Maxime se sont plu à louer et à décrire.

Lui-même il m'a chargé de conduire vos pas. 1715
Ne craignez rien.
CLYTEMNESTRE.
Moi, craindre? Ah! courons, cher Arcas.
Le plus affreux péril n'a rien dont je pâlisse.
J'irai partout. Mais, Dieux! ne vois-je pas Ulysse?
C'est lui. Ma fille est morte, Arcas, il n'est plus temps.

SCÈNE VI.
ULYSSE, CLYTEMNESTRE, ARCAS, ÆGINE, Gardes.

ULYSSE.
Non, votre fille vit, et les Dieux sont contents[1]. 1720
Rassurez-vous. Le ciel a voulu vous la rendre.
CLYTEMNESTRE.
Elle vit! Et c'est vous qui venez me l'apprendre!
ULYSSE.
Oui, c'est moi, qui longtemps contre elle et contre vous
Ai cru devoir, Madame, affermir votre époux;
Moi, qui jaloux tantôt de l'honneur de nos armes, 1725
Par d'austères conseils ai fait couler vos larmes,
Et qui viens, puisqu'enfin le ciel est apaisé,
Réparer tout l'ennui que je vous ai causé.
CLYTEMNESTRE.
Ma fille! Ah! Prince. O ciel! Je demeure éperdue.
Quel miracle, Seigneur, quel Dieu me l'a rendue? 1730
ULYSSE.
Vous m'en voyez moi-même en cet heureux moment
Saisi d'horreur[2], de joie et de ravissement.

1. *Var.* Non, Madame, elle vit, et les Dieux sont contents. (1675-87)
2. *Horreur* signifie ici *terreur religieuse*, comme souvent *horror* en latin. Voyez plus bas, vers 1784.

ACTE V, SCÈNE VI.

Jamais jour n'a paru si mortel à la Grèce.
Déjà de tout le camp la discorde maîtresse
Avoit sur tous les yeux mis son bandeau fatal, 1735
Et donné du combat le funeste signal.
De ce spectacle affreux votre fille alarmée
Voyoit pour elle Achille, et contre elle l'armée;
Mais quoique seul pour elle, Achille furieux
Épouvantoit l'armée, et partageoit les Dieux. 1740
Déjà de traits en l'air s'élevoit un nuage;
Déjà couloit le sang, prémices du carnage.
Entre les deux partis Calchas s'est avancé,
L'œil farouche, l'air sombre, et le poil hérissé,
Terrible, et plein du Dieu qui l'agitoit sans doute : 1745
« Vous, Achille, a-t-il dit, et vous, Grecs, qu'on m'écoute.
Le Dieu qui maintenant vous parle par ma voix
M'explique son oracle, et m'instruit de son choix.
Un autre sang d'Hélène, une autre Iphigénie
Sur ce bord immolée y doit laisser sa vie. 1750
Thésée avec Hélène uni secrètement
Fit succéder l'hymen à son enlèvement.
Une fille en sortit, que sa mère a celée;
Du nom d'Iphigénie elle fut appelée.
Je vis moi-même alors ce fruit de leurs amours. 1755
D'un sinistre avenir je menaçai ses jours.
Sous un nom emprunté sa noire destinée
Et ses propres fureurs ici l'ont amenée.
Elle me voit, m'entend, elle est devant vos yeux ;
Et c'est elle, en un mot, que demandent les Dieux. »
    Ainsi parle Calchas. Tout le camp immobile
L'écoute avec frayeur, et regarde Ériphile.
Elle étoit à l'autel, et peut-être en son cœur
Du fatal sacrifice accusoit la lenteur.
Elle-même tantôt d'une course subite 1765
Étoit venue aux Grecs annoncer votre fuite.

On admire en secret sa naissance et son sort.
Mais puisque Troie enfin est le prix de sa mort,
L'armée à haute voix se déclare contre elle,
Et prononce à Calchas sa sentence mortelle.   1770
Déjà pour la saisir Calchas lève le bras :
« Arrête, a-t-elle dit, et ne m'approche pas[1].
Le sang de ces héros dont tu me fais descendre
Sans tes profanes mains saura bien se répandre. »
Furieuse, elle vole, et sur l'autel prochain   1775
Prend le sacré couteau, le plonge dans son sein.
A peine son sang coule et fait rougir la terre[2],
Les Dieux font sur l'autel entendre le tonnerre;
Les vents agitent l'air d'heureux frémissements,
Et la mer leur répond par ses mugissements[3];   1780
La rive au loin gémit, blanchissante d'écume;
La flamme du bûcher d'elle-même s'allume;
Le ciel brille d'éclairs, s'entr'ouvre, et parmi nous
Jette une sainte horreur qui nous rassure tous.

1. C'est une imitation de ces fières paroles de Polyxène dans *Hécube* (vers 543-548) :

>Ὦ τὴν ἐμὴν πέρσαντες Ἀργεῖοι πόλιν,
>Ἑκοῦσα θνήσκω. Μή τις ἅψηται χροὸς
>Τοῦ 'μοῦ· παρέξω γὰρ δέρην εὐκαρδίως.
>Ἐλευθέραν δέ μ', ὡς ἐλευθέρα θάνω,
>Πρὸς θεῶν, μεθέντες κτείνατ'· ἐν νεκροῖσι γὰρ
>Δούλη κεκλῆσθαι, βασιλὶς οὖσ', αἰσχύνομαι.

« O Grecs, qui avez détruit ma patrie, je meurs volontairement. Que personne ne me touche! je vous présenterai ma gorge avec un ferme courage. Je suis libre; en me donnant la mort, laissez-moi donc, par les Dieux, mourir libre. Fille des rois, je rougirais d'être appelée esclave chez les morts. »

2.   *Ergo ubi, qua decuit, lenita est cæde Diana,*
    Et pariter Phœbes, pariter maris ira recessit;
    Accipiunt ventos a tergo mille carinæ.
            (Ovide, *Métamorphoses*, livre XII, vers 35-37)

3. On lit dans les éditions de 1702, 1713, 1723 :

>Et la mer leur répond par ses gémissements;

dans celles de Geoffroy et de M. Aimé-Martin :

>Et la mer leur répond par des mugissements.

ACTE V, SCÈNE VI.

Le soldat étonné dit que dans une nue 1785
Jusque sur le bûcher Diane est descendue[1],
Et croit que s'élevant au travers de ses feux,
Elle portoit au ciel notre encens et nos vœux.
Tout s'empresse, tout part. La seule Iphigénie
Dans ce commun bonheur pleure son ennemie. 1790
Des mains d'Agamemnon venez la recevoir.
Venez. Achille et lui, brûlants de vous revoir,
Madame, et désormais tous deux d'intelligence,
Sont prêts à confirmer leur auguste alliance.

CLYTEMNESTRE.

Par quel prix, quel encens, ô ciel! puis-je jamais 1795
Récompenser Achille, et payer tes bienfaits?

---

1. Louis Racine fait remarquer ici que, n'étant pas si crédule, « Ulysse met cette apparition dans les yeux du soldat. » Notre poëte a pensé que sur la scène française il était nécessaire d'atténuer ainsi le merveilleux, d'en faire entrevoir une explication naturelle. « C'est Dolce, dit Luneau de Boisjermain, qui lui a fourni cette idée. Il fait dire que quelques-uns *ont cru voir* une biche, au lieu d'Iphigénie. » Pour mieux écarter l'idée du prodige, Dolce met ce vers dans la bouche de celui qui rapporte à Clytemnestre le bruit qui s'en est répandu :

Ma creder non voglio quel che non vidi.

Euripide lui-même avait trouvé une manière très-ingénieuse de faire douter d'une merveille que son incrédulité n'admettait déjà plus. Dans son *Iphigénie en Aulide*, le Messager raconte, comme un fait que tout le monde a vu, la biche substituée à la victime humaine; mais Clytemnestre soupçonne que ce récit a pu être imaginé pour tromper sa douleur :

Ὦ παῖ. . . .
. . . . Πῶς δὲ φῶ;
Παραμυθεῖσθαι τούσδε μάτην μύθους,
Ὡς σου πένθους λυγροῦ παυσαίμαν.

« O ma fille!... Que dirai-je? Sans doute ce sont des fables par lesquelles on essaye de consoler la cruelle douleur de ta mère. » (Vers 1594-1597.)

FIN DU CINQUIÈME ET DERNIER ACTE.

PHÈDRE

TRAGÉDIE

1677

NOTICE.

« Deux années entières, a dit Voltaire[1], suffirent à peine à Racine pour écrire sa *Phèdre*. » On a souvent cité cet exemple d'un chef-d'œuvre longtemps médité et mûri, pour y trouver la confirmation du précepte d'Horace : *Sæpe stylum vertas*. Mais sur quelle autorité Voltaire s'appuyait-il? uniquement peut-être sur celle de Pradon, qui, avant lui, avait parlé de ces deux années employées par le poëte à « travailler et polir » sa pièce, et qui voulait opposer sa propre facilité à un si pénible travail[2]. Tout ce que nous apprend un témoignage certain, c'est que dans les derniers mois de 1676 le nouvel ouvrage de Racine était sur le métier, et que déjà la renommée en vantait les espérances. Bayle écrivait de Sedan, le 4 octobre 1676, à Minutoli, alors professeur de belles-lettres à Genève : « M. de Racine travaille à la tragédie d'*Hippolyte*, dont on attend un grand succès[3]. »

Le premier jour de l'année 1677 vit paraître sur la scène française l'admirable tragédie où Racine, pour la seconde fois, luttait avec Euripide. Doit-on penser que cette première représentation ait été donnée à Paris, dans la salle de l'Hôtel de Bourgogne, ou à Versailles devant la cour? La seule autorité qu'on puisse alléguer en faveur de cette dernière opinion est celle de Brossette. On lit dans un de ses manuscrits[4] : « La

---

1. *Préface* de *Mariamne*, *OEuvres de Voltaire*, tome II, p. 185.
2. Voyez la fin de la *Préface de Phèdre et Hippolyte*.
3. *OEuvres diverses* de Bayle (à la Haye, M.DCC.XXXI), tome IV, p. 567.
4. A la page 497 du manuscrit qui appartient à M. Feuillet de Conches, et que nous avons déjà plusieurs fois cité.

première représentation de la *Phèdre* fut donnée à Versailles devant le Roi et Mme de Montespan. La Champmeslé ne vouloit point absolument réciter ces vers :

.... Je ne suis point de ces femmes hardies
Qui goûtant dans le crime une tranquille paix, etc.

Mais M. Racine ne voulut jamais consentir qu'elle les retranchât. Bien des gens les remarquèrent dans la représentation. » Il n'est guère permis de voir dans ce récit de Brossette une simple distraction, puisqu'il l'appuie sur le souvenir d'une circonstance très-particulière. D'un autre côté, nous devons l'avouer, l'autorité de cet anecdotier n'est pas très-sûre; et sa petite histoire sur l'allusion dont on fut effrayé peut paraître arrangée à plaisir. Il a parlé lui-même tout autrement dans son commentaire de l'épître VII de Boileau. « Cette épître, dit-il, fut composée à l'occasion de la tragédie de *Phèdre et Hippolyte*, que M. Racine fit représenter pour la première fois le premier jour de l'an 1677 *sur le théâtre de l'Hôtel de Bourgogne.* » Dans celui de ses manuscrits qui est à la Bibliothèque impériale[1], il donne à peu près le même renseignement, quoique d'une manière un peu moins explicite; l'anecdote qu'il y raconte sur un désaccord entre Racine et la Champmeslé est du reste très-différente de celle que nous avons citée plus haut d'après l'autre manuscrit. Voici cette variante de son récit sur la première représentation de *Phèdre :* « La tragédie de M. Racine fut représentée pour la première fois le vendredi 1ᵉʳ janvier de l'année 1677 par les comédiens de l'Hôtel de Bourgogne. Le dimanche suivant ceux de la troupe du Roi lui opposèrent la *Phèdre* de Pradon. M. Despréaux avoit conseillé à M. Racine de ne pas faire représenter sa tragédie dans le même temps que Pradon devoit faire jouer la sienne, et de la réserver pour un autre temps, afin de ne pas entrer en concurrence avec Pradon. Mais la Champmeslé, qui savoit déjà son rôle, et qui vouloit gagner l'argent, obligea M. Racine à donner sa pièce. » Les premières de ces lignes reproduisent presque textuellement le passage suivant du *Mercure* de 1677 : « Le vendredi, premier jour de l'an, les comédiens de l'Hôtel de

---

1. Page 235.

Bourgogne donnèrent la première représentation de la *Phèdre* de M. Racine; et le dimanche suivant ceux de la troupe du Roi lui opposèrent la *Phèdre* de M. Pradon. » Sans doute ces paroles du *Mercure* peuvent paraître, aussi bien que le dernier passage de Brossette, ne pas décider absolument si cette représentation du 1er janvier fut donnée par les comédiens de l'Hôtel à Versailles ou à Paris; mais si c'eût été à Versailles, de Visé ne l'eût-il pas dit d'une manière expresse? La *Gazette* elle-même ne l'eût-elle pas annoncé? Or elle se tait sur *Phèdre*[1]. On voit donc de quel côté est la vraisemblance.

Devant le Roi et Mme de Montespan, ou dans la salle de l'Hôtel de Bourgogne, ce fut la Champmeslé, comme le dit Brossette, qui joua d'original le rôle de Phèdre. Le souvenir du grand effet qu'elle y produisait nous a été conservé par les plus anciens témoignages. De tous ses rôles c'est le premier que nomme la Fontaine dans les vers charmants où il loue la comédienne au commencement du conte de *Belphégor*. L'abbé du Bos fait cette remarque que « Racine avait enseigné à la Champmeslé la déclamation du rôle de Phèdre vers par vers[2]. »

On sait également par qui fut créé un autre rôle de la même pièce, celui d'Aricie. Dans le sonnet qui fut fait contre Phèdre, et dont nous aurons bientôt à parler, la d'Ennebaut, petite, grasse et blonde, est clairement désignée par ce vers:

Une grosse Aricie, au teint rouge, aux crins blonds.

Brossette, dans sa remarque sur le dernier vers de l'*épître* VII de Boileau, et, après lui, Saint-Marc, dans son *Avertissement* sur cette même épître, avaient, au lieu de Mlle d'Ennebaut, nommé Mlle des OEillets, qui était morte en 1670; les frères Parfait ont relevé l'erreur des commentateurs de Boileau[3].

1. On sait par la *Gazette* que le Roi resta à Saint-Germain depuis le 9 novembre 1676 jusqu'au 28 février 1677, date de son départ pour l'armée de Flandre. Sa présence à Saint-Germain le 1er janvier 1677 est particulièrement attestée par ce journal. Ce n'est pas, il est vrai, une objection absolue contre l'anecdote de Brossette, qui a pu nommer par erreur Versailles pour Saint-Germain.

2. *Réflexions critiques*, 3e partie, section XVIII.

3. *Histoire du Théâtre françois*, tome XII, p. 4, note *a*.

Sur les autres rôles de *Phèdre*, c'est-à-dire sur ceux de Thésée, d'Hippolyte, d'OEnone et de Théramène, nous ne pourrions proposer que des conjectures, à l'exemple de M. Aimé-Martin, qui en attribue la création au comédien Champmeslé, à Baron, à Mlle Beauval et à Guérin. Le personnage de Thésée put bien être confié à Champmeslé, qui jouait les rôles de rois. « On croit, dit Geoffroy dans son *Jugement sur Phèdre*[1], que Baron fut chargé du rôle d'Hippolyte. » Cela est en effet probable; mais Geoffroy rapporte seulement une opinion, que n'appuie aucun témoignage. Pour le personnage d'OEnone, passons Mlle Beauval à M. Aimé-Martin; mais nous ne saurions lui accorder son Théramène. Guérin, nous aurons plus tard occasion de le dire, se fit une réputation dans le grand récit de la pièce; mais en 1677, qui est l'année où il épousa la veuve de Molière, il n'était pas dans la troupe de l'Hôtel de Bourgogne; il ne put jouer dans la *Phèdre* de Racine qu'après la réunion des divers théâtres français. La vraisemblance, qui a été dans ces listes d'acteurs le seul guide de M. Aimé-Martin, aurait dû lui suggérer ici le nom de Hauteroche.

Au surplus, que tels ou tels acteurs aient joué d'original les rôles d'une tragédie où, seule en ce temps, la Champmeslé a laissé un grand souvenir, le très-vif intérêt qui s'attache à l'histoire des premières représentations de *Phèdre* n'est pas là. Ce qu'on est curieux de connaître en détail, ce qui nous touche et nous indigne dans cette histoire, c'est la conspiration des cabales, c'est la révoltante injustice qui ulcéra l'âme d'un grand poëte. Racine, nous l'avons dit ailleurs[2], ne paraît pas avoir cédé seulement, lorsqu'il renonça au théâtre, à la douleur de cette injustice; il avait aussi le cœur atteint d'un autre trait plus puissant, parti de plus haut, et qui, lorsqu'il déchire, sait guérir en même temps. Néanmoins le coup porté par une ligue ennemie eut, à n'en pas douter, son effet. On sera toujours disposé à croire qu'en décourageant une gloire prompte à s'alarmer et sensible à toutes les injures, Pradon et ses protecteurs firent tomber de la main du poëte une plume qui n'était pas lasse

---

1. *OEuvres de Racine*, tome IV, p. 614.
2. Voyez la *Notice biographique*, p. 90 et suivantes.

encore de produire des chefs-d'œuvre, et la brisèrent au moment, ce semble, où l'auteur de *Phèdre* cherchait moins à s'éloigner du théâtre profane, qu'à y introduire un esprit nouveau, et à le *réconcilier*, suivant son expression, avec les austères chrétiens par qui il n'eût pas mieux demandé que de faire rassurer ses scrupules. Ce n'est donc point parce que d'ordinaire le récit des batailles littéraires amuse, que celle des deux *Phèdres* est demeurée célèbre et a été tant de fois contée. Elle put avoir, comme toutes les luttes de ce genre, un côté comique; car l'un des deux principaux combattants y joue le rôle le plus grotesque; mais ce qui lui donne un intérêt trop sérieux, ce sont ses déplorables résultats, c'est la blessure profonde faite au génie par une main ridicule, et, du même coup, à l'art tragique lui-même.

Le complot avait été formé à l'hôtel de Bouillon. Cet hôtel était un des plus brillants de Paris, un des plus accoutumés à donner partout le ton, à faire ou à détruire les réputations. Une nièce de Mazarin, une de ces orgueilleuses et spirituelles Mancini, la duchesse de Bouillon y régnait. Elle aimait les lettres, elle aimait les poëtes. Elle rassemblait autour d'elle une cour de princes, de grands seigneurs et de beaux esprits; parmi ces derniers il faut compter la Fontaine, Molière, et quelquefois le vieux Corneille. Elle prenait plaisir à faire elle-même des vers; surtout elle s'était érigée en juge des renommées littéraires. « Elle savoit, dit Saint-Simon[1], parloit bien, disputoit volontiers, et quelquefois alloit à la botte, » c'est-à-dire qu'elle n'épargnait pas les paroles piquantes aux contradicteurs. La Fontaine, dans une de ses lettres, lui rappelait à elle-même cette humeur batailleuse :

> Les Sophocles du temps et l'illustre Molière
> Vous donnent toujours lieu d'agiter quelque point.
>   Sur quoi ne disputez-vous point?

Hardie, impérieuse, redoutable à qui avait eu le malheur de lui déplaire, elle était armée de toute la passion et de toute la puissance dont il est besoin pour se mettre avec succès à la tête d'une cabale. Pour emprunter encore à Saint-Simon une

---

1. *Mémoires*, tome XI, p. 110.

de ses énergiques expressions, elle était « un tribunal avec lequel il falloit compter[1]. » Ce tribunal était loin d'être toujours équitable : il se laissait souvent dicter ses arrêts par la coterie des Boyer, des Segrais, des Benserade, qui lui avait inspiré toutes ses préventions hostiles contre Racine. Le frère de la duchesse de Bouillon, Philippe Mancini, duc de Nevers, était bel esprit comme elle. Les vers faciles qu'il composait avec la négligence cavalière d'un grand seigneur étaient fort vantés. Mme de Grignan y trouvait un goût singulier et relevé qui la charmait[2]. Mme de Sévigné parlait à peu près de même : « Tout ce qui vient de lui, disait-elle, a un caractère si particulier et si bon qu'on ne peut souffrir les autres[3]. » Jugement de pure complaisance sans doute pour flatter Emmanuel de Coulanges, qui faisait avec le duc de Nevers, dans son palais Mancini à Rome, de si délicieux repas, et qui, séduit par une si charmante familiarité, voudrait dans ses *Mémoires*[4] nous donner ce médiocre bel esprit pour « un des meilleurs poëtes de son siècle. » Ces applaudissements qu'un grand seigneur obtenait sans peine, ou peut-être des souvenirs recueillis dans la société du Temple et dans la maison des Vendômes, ont fait, ce nous semble, quelque illusion à Voltaire, qui, dans son catalogue des écrivains du siècle de Louis XIV, a donné place, non sans quelques éloges, au duc de Nevers. Il se peut que dans un autre temps ce poëte amateur ait goûté Racine : on aurait dû le croire, lorsqu'on le vit, en 1670, faire choix de la tragédie de *Bérénice* pour les fêtes de son mariage avec Mlle de Thianges[5]. Quoi qu'il en soit, il s'était engagé depuis dans le parti littéraire qui formait le camp opposé. Brossette croyait savoir qu'il avait travaillé avec Desmarets de Saint-Sorlin au pamphlet publié, en 1675, contre Boileau, sous le titre de : *Défense du poëme héroïque*[6]. Si nous disions que cette même année 1675 le duc de Nevers avait déjà cabalé contre Racine, et encouragé l'*Iphigénie* de le Clerc, ce ne serait qu'une

---

1. *Mémoires*, tome XI, p. 109.
2. *Lettre à Coulanges*, 17 décembre 1690 (tome IX, p. 606).
3. *Lettre à Coulanges*, 10 avril 1691 (tome X, p. 12).
4. *Mémoires de Coulanges*, p. 224.
5. Voyez la *Notice de Bérénice*, tome II, p. 360.
6. *OEuvres de Boileau*, tome I, page 437.

conjecture, mais assez vraisemblable, puisque plus tard il adressait au même indigne rival de notre poëte, « au petit le Clerc de l'Académie, » comme dit Mme de Sévigné[1], une épître pleine de louanges. Nous pouvons joindre aux noms de la duchesse de Bouillon et de son frère ceux des jeunes princes de Vendôme : Brossette les compte parmi les chefs de la ligue qui se forma contre *Phèdre*[2].

Tels furent les ennemis puissants que Racine trouva sur son chemin : ils se crurent en état d'étouffer un chef-d'œuvre ; et si c'était tenter l'impossible, il faut au moins convenir qu'ils pouvaient en retarder le triomphe, et, forts de leur crédit et des moyens dont ils disposaient, faire, non pas sans doute échec, mais injure au génie, quelque mal inspirés qu'ils eussent été dans le choix de leur champion. Ce misérable champion leur fut, dit-on, désigné par Mme Deshoulières, une des muses de leur société, muse assez fade, qui n'avait dans le talent ni dans le cœur aucune élévation, et que Voltaire aurait bien pu, sans égard pour quelques vers sur les moutons, se dispenser de nommer dans son *Temple du goût*, surtout après y avoir dit :

> On ne voit point dans ce pourpris
> Les cabales toujours mutines
> De ces prétendus beaux esprits
> Qu'on vit soutenir dans Paris
> Les Pradons et les Scudéris
> Contre les immortels écrits
> Des Corneilles et des Racines[3].

Mme Deshoulières tenait un bureau d'esprit, et y avait admis Pradon, qui la flattait en la consultant sur ses ouvrages. Avant 1677, deux tragédies du jeune auteur, *Pyrame et Thisbé*, jouée en 1674, *Tamerlan*, dont l'impression est de 1676, avaient donné la mesure de son talent. Déjà dans l'*Avertissement* de *Tamerlan*, il avait paru vouloir s'annoncer comme un redoutable émule de Racine. Mme Deshoulières, qui l'avait introduit dans les hôtels de Nevers et de Bouillon, y fit espérer qu'on trouverait en lui le poëte dont on avait besoin pour opposer une

1. *Lettre à Coulanges*, 10 avril 1691 (tome X, p. 11)
2. Manuscrit de la Bibliothèque impériale, p. 235.
3. *OEuvres de Voltaire*, tome I, p. 333 et 334.

Phèdre à celle qui était attendue. La sotte vanité ne doute de rien. Pradon, accepté par la cabale, s'empressa de s'enrôler à son service. Il n'avait devant lui que trois mois pour être prêt au même moment que Racine. Mais le temps ne faisant rien à l'affaire, ces quelques semaines lui suffirent, comme il a pris soin de nous l'apprendre lui-même[1]. Nous ne saurions dire si Mme Deshoulières, la duchesse de Bouillon et le duc de Nevers mirent, ainsi qu'on l'a conjecturé[2], la main à l'œuvre avec lui. Mais soit qu'en effet un amour-propre de collaborateurs les animât, soit qu'un sentiment de haine fût un mobile assez puissant, leur zèle n'épargna rien pour s'assurer le succès dans la lutte qu'ils voulaient engager. On raconte que Mme de Bouillon retint les premières loges pour les six premières représentations de l'une et de l'autre pièce, et que cette loyale manœuvre lui coûta quinze mille livres[3]. Nous avons cité plus haut un passage de Brossette, où l'on a pu voir que la pièce de Pradon avait été jouée pour la première fois le dimanche 3 janvier. Cette date est fixée par le registre de la Grange. La tragédie de Racine avait paru deux jours plus tôt. Ainsi Pradon laissa la tragédie rivale prendre les devants. Il devait s'être flatté cependant qu'il suffisait de partir ensemble dans la carrière pour rendre au moins égales les chances du concours. Il est donc à croire qu'il n'aurait pas permis qu'on le gagnât de vitesse, s'il n'eût rencontré quelque obstacle. Ce qui l'arrêta, sans doute, ce fut la difficulté de trouver une actrice pour le rôle principal. Il reproche à ses adversaires, dans la préface de sa tragédie et dans ses *Nouvelles remarques*, d'avoir empêché les meilleures comédiennes de Guénégaud de se charger de ce rôle. L'auteur de la *Dissertation sur les tragédies de Phèdre et Hippolyte* s'exprime ainsi à ce sujet[4] : « Je ne vous dirai point.... s'il est vrai que M. Racine ait

1. Voyez la fin de sa *Préface*.
2. *Les Ennemis de Racine*, par M. Deltour, p. 95.
3. *Mémoires* de Louis Racine, dans notre tome I, p. 254. — On a dit que les deux salles entières avaient été louées par la duchesse de Bouillon. Voyez *les Nièces de Mazarin*, par Amédée Renée (1 vol. in-8º, 1856), p. 386, et *les Ennemis de Racine*, p. 331 et 332. Mais ce que rapporte Louis Racine est seul vraisemblable.
4. *Recueil de Dissertations* (publié par Granet), tome II, p. 355.

eu l'adresse et le pouvoir d'enlever à M. Pradon les principales
forces de sa troupe; j'aime mieux croire, comme quelques-uns
nous ont voulu persuader, que la crainte de ne pouvoir pas
égaler une actrice inimitable a fait refuser le premier emploi
dans cette pièce à une personne qui s'en fût sans doute bien
acquittée, et que la fierté d'une autre a dédaigné d'accepter ce
que la première avoit refusé par une prudence un peu trop
timide. » Les frères Parfait pensent que la première des deux
comédiennes dont il est question dans ce passage était Mlle de
Brie, la seconde Mlle Molière; et qu'à leur refus, Mlle du Pin
accepta le fardeau du rôle. Malgré les plaintes de Pradon, il est
clair que Racine ne put être pour rien dans cette répugnance
des actrices à jouer dans un pitoyable ouvrage, et à se faire
écraser par le double succès qu'assuraient à la Champmeslé et
son incomparable talent et l'heureuse occasion d'un tel chef-
d'œuvre à interpréter. Un autre grief a été mis en avant par
Pradon. Il rend grâces, dans ses *Nouvelles remarques*, à « la
bonté et à la justice du Roi, qui avoit permis qu'on jouât sa tragédie dans le temps de celle de M. Racine; » et il donne à entendre que celui-ci avait fait tous ses efforts pour que cette
permission ne fût pas accordée, de même qu'il avait, « par un
procédé sans exemple, empêché une autre *Iphigénie* de paroître
dans le temps de la sienne. » Cette plainte est-elle tout à fait
sans fondement? Pradon eût-il osé faire intervenir dans sa querelle le nom du Roi, s'il n'avait pas fallu, en effet, un ordre de
Louis XIV pour la représentation de la *Phèdre* du théâtre Guénégaud? Le fait est de nouveau affirmé très-expressément dans
l'épître en vers de Pradon à Madame la Dauphine, qui est en
tête du *Régulus* :

> *Phèdre*, qu'on étouffoit même avant que de naître,
> Par l'ordre de Louis sut se faire connoître.

On regretterait de trouver quelque part, dans cette guerre
contre Racine, le bon droit du côté de Pradon. C'eût été un
grand tort de ne pas lui laisser le champ libre; et le Roi fit
bien de ne pas vouloir qu'on *étouffât* son chef-d'œuvre. Toutefois, si ce ne furent pas seulement des amis trop officieux
de Racine qui tentèrent cette violence, si lui-même, ce qui n'est
pas démontré, y eut quelque part, il ne faut pas lui refuser toute

excuse, mais penser qu'il se voyait en face, non d'une concurrence loyale, mais d'une intrigue soutenue par le crédit d'une très-puissante maison et par les plus mauvais moyens. Il est bien ridicule que Pradon se soit flatté d'avoir inspiré par lui-même tant de terreur, et qu'osant prononcer ce nom de cabale, qui ne devait faire rougir que son propre parti, il ait cru pouvoir, parodiant Boileau, attester le terrible effet de son œuvre par cette fanfaronnade :

> La cabale en frémit, et vit en pâlissant
> Un second *Hippolyte* à sa barbe naissant [1].

Le second *Hippolyte* n'était de taille à faire pâlir personne; mais si Racine ne pouvait craindre Pradon, les Bouillon et les Nevers étaient plus redoutables; et en admettant qu'il ait essayé de susciter quelques obstacles, ce ne fut sans doute qu'aux machinations de ces puissants cabaleurs. Pradon prétend qu'on avait voulu empêcher non-seulement la représentation, mais aussi l'impression de sa pièce : « Mon lecteur, dit-il, ne pourra pas apprendre sans rire que ces Messieurs veulent ôter la liberté aux auteurs de faire des pièces de théâtre, aux comédiens de les jouer, aux libraires de les imprimer, et même au public d'en juger [2]. » Sa tragédie néanmoins fut jouée, imprimée, et aussi jugée; ce ne fut pas pour la plus grande gloire de l'auteur. Il est vrai qu'un moment, et rien, dans l'histoire littéraire, ne se peut citer de plus honteux, la lutte parut douteuse. Valincour dit avoir vu alors Racine au désespoir, et affirme que « pendant plusieurs jours Pradon triompha, et que la pièce de Racine fut sur le point de tomber. » Mais quand l'argent de la duchesse de Bouillon n'eut plus le pouvoir d'ôter au jugement public sa liberté, chacun des deux ouvrages prit bientôt sa vraie place. Celui de Racine fut de plus en plus admiré et entra glorieusement en possession de la scène pour tous les temps où il y aura un théâtre français. On joua d'abord celui de Pradon depuis le 3 janvier jusqu'à la fin du même mois, tous les jours de la semaine où les comédiens donnaient des représentations. Les recettes au commencement étaient assez belles. D'après le

---

1. *Préface* de *Phèdre et Hippolyte*.
2. *Ibidem*.

registre de la Grange, à qui nous devons ces renseignements, une partie de la famille royale assista à la dixième représentation, qui fut celle du dimanche 24 janvier. La pièce fut encore donnée six fois dans le mois de février, cinq fois dans celui de mai. Lorsque, dans ses *Nouvelles remarques*, Pradon nous dit que « le public lui fit justice tout entière pendant trois mois et ne fut point ennuyé de sa tragédie pendant un si long temps, » il se fait bonne mesure. Après ces trois mois incomplets, la chute de sa *Phèdre* fut définitive; il avait cependant conquis une célébrité d'un moment; et le *Mercure galant* avait raison de dire vers la fin de cette glorieuse campagne : « Je tiens que le secret de faire réussir les choses de cette nature, c'est d'en faire parler beaucoup, quand même on n'en feroit que dire du mal[1]. » Ce qui est vrai de la calomnie, l'est souvent aussi des louanges imméritées : il en reste quelque chose. La tragédie de Pradon a longtemps passé pour n'avoir d'autre défaut que la barbarie du style; la Harpe[2], qui d'ailleurs s'élève avec raison contre cette incroyable indulgence pour le plan de Pradon, rapporte ce mot attribué, dit-il, à Racine : « Toute la différence qu'il y a entre Pradon et moi, c'est que je sais écrire. » Racine n'a pu parler ainsi; c'étaient ses ennemis seuls qui avaient affecté de ne lui reconnaître d'autre supériorité que celle des beaux vers; et l'on est fort étonné de trouver chez Voltaire un dernier écho d'un tel paradoxe. Dans sa préface de *Mariamne* il a ainsi apprécié les deux *Phèdres :* « D'où vient cette distance si prodigieuse entre ces deux ouvrages? La conduite en est à peu près la même;... les personnages des deux pièces, se trouvant dans les mêmes situations, disent presque les mêmes choses; mais c'est là qu'on distingue le grand homme et le mauvais poëte. » Rien de plus faux. Ce n'est pas seulement par le style, c'est par la composition aussi, par la conduite de l'action, par les caractères que l'une des deux tragédies est admirable autant que l'autre est inepte. Qu'un si étrange arrêt de la critique, rendu en plein dix-huitième siècle par un des plus chauds admirateurs de Racine, nous fasse juger des belles choses qui devaient se dire, dans

1. *Mercure* d'avril 1677, p. 70, lettre du 1er mai.
2. *Cours de littérature*, seconde partie, livre Ier, appendice à la section VII.

les premiers temps, autour de notre poëte. Tels furent les préjugés trop durables que l'intrigue parvint à établir ; il nous a paru bon de montrer qu'elle n'en fut pas entièrement pour ses frais, et qu'au milieu d'un triomphe qui nous semblerait avoir dû être si facile, le grand poëte eut de trop bonnes raisons de se chagriner et de tomber dans le découragement.

L'affaire des sonnets ne fut pas un des incidents les moins pénibles pour lui d'une lutte qui lui disputait sa plus juste gloire. Cette bataille de sanglantes épigrammes se livra et eut son dénoûment dans le premier mois des représentations de *Phèdre*, ainsi que le prouve par sa date une lettre que Bussy écrivait au P. Brûlart le 30 janvier 1677. Laissons ce témoin contemporain, fort mal disposé pour Racine, nous la raconter le premier à sa manière : « Racine et Pradon ont fait chacun une comédie intitulée *Phèdre et Hippolyte;* et chacun a sa cabale. M. de Nevers, qui est pour Pradon, fit l'autre jour ce sonnet contre la comédie de Racine :

Dans un fauteuil doré, Phèdre, tremblante et blême, etc.

Racine, piqué du ridicule dont ce sonnet traitoit sa comédie, fit, dit-on, avec son ami Despréaux ce sonnet en réponse :

Dans un palais doré, Damon, jaloux et blême, etc.

Jamais il n'y eut rien de si insolent que ce sonnet : deux auteurs reprochent à un officier de la couronne qu'il n'est ni courtisan, ni guerrier, ni chrétien ; que sa sœur, la duchesse de Mazarin, est une coureuse, et qu'il a de l'amour pour elle, quoiqu'il soit Italien. Et bien que ces injures fussent des vérités, elles devoient attirer mille coups d'étrivière à des gens comme ceux-là ; cependant l'affaire fut accommodée[1]. » Il n'est point nécessaire de citer textuellement ces sonnets, qui se trouvent partout[2], ainsi qu'un troisième dont nous allons parler ; nous les épargnons à nos lecteurs ; il nous suffira d'en faire connaître quel-

---

[1]. *Correspondance de Roger de Rabutin*, tome III, p. 205-208.
[2]. Les curieux peuvent les chercher dans la lettre de Bussy que nous venons de citer, dans les notes de Brossette sur l'épître VII de Boileau, dans le chansonnier Maurepas, dans l'*Histoire du Théâtre françois* des frères Parfait (tome XII, p. 5-7), etc.

ques traits. Le premier ne fut pas, dit-on, l'œuvre du seul duc de Nevers; il fut composé dans un souper de la cabale, chez Mme Deshoulières, le soir même où la *Phèdre* de Racine avait été jouée pour la première fois. La dame du logis et d'autres amis de Pradon mirent en commun leurs inspirations poétiques avec celles du poëte grand seigneur. On fit circuler aussitôt ces vers, dont le sel est médiocre. « Dès le lendemain matin, dit Niceron[1], l'abbé Tallemant l'aîné apporta une copie à Mme Deshoulières, qui la reçut sans rien témoigner de la part qu'elle avoit au sonnet; et elle fut ensuite la première à le montrer, comme le tenant de l'abbé Tallemant. »

On attribua à Racine et à Despréaux, ainsi que le dit Bussy, le second sonnet, qui parodiait le premier sur les mêmes rimes. Il a des traits beaucoup plus heureux que celui des amis de Pradon, en même temps bien hardis et sanglants. Dirigé tout entier contre le duc de Nevers, comme s'il avait été le véritable et seul auteur de la petite pièce satirique, on y lit ce vers que Bussy, dans sa lettre, a relevé :

Il n'est ni courtisan, ni guerrier, ni chrétien.

Le premier tercet :

Une sœur vagabonde, aux crins plus noirs que blonds,
Dont, malgré son pays, Damon est idolâtre,

avait un sens trop clair. Le procès que le duc de Mazarin avait intenté, en 1668, à la duchesse sa femme, Hortense de Mancini, et où il avait dénoncé les galanteries du duc de Nevers et sa complicité dans l'évasion de sa sœur, avait fait un scandale assez public pour que les vers que nous venons de citer n'eussent pas besoin de glose. La fureur du duc de Nevers est facile à comprendre. Comme Bussy, comme presque tout le monde, il pensa que cette audacieuse riposte venait de Racine et de Boileau. Ceux-ci pourtant « la désavouoient, dit Brossette[2]; ils ont assuré depuis qu'elle avoit été faite par le chevalier de Nantouillet, avec le comte de Fiesque, le marquis

1. *Mémoires pour servir à l'histoire des hommes illustres dans la république des lettres*, tome XVIII, p. 24.
2. Commentaire sur l'épître VII de Boileau, tome I, p. 243.

d'Effiât, M. de Guilleragues et M. de Manicamp. C'étoit, en effet, l'ouvrage d'eux tous ensemble. » On s'est étonné de ce grand nombre de collaborateurs pour quelques rimes. Mais en pareil cas chacun lance son vers ; et le premier sonnet n'avait pas été autrement composé. Le grand seigneur outragé aima mieux ne trouver devant lui que des poëtes sans naissance et sans épée. Il tint Racine et Boileau pour les vrais coupables, et annonça qu'il tirerait d'eux la vengeance qui convenait à son rang et à leur basse condition. Il rima sa menace et la tourna en un sonnet, le troisième auquel donna lieu cette querelle. Ce n'était pas, ce semble, le signe d'une résolution très-ferme. Plus décidé à un acte de vigueur, il eût sans doute, comme on l'a dit, « donné les coups de bâton sans sonnet. » Voici par quelle rodomontade il crut d'abord devoir faire trembler ses ennemis :

> Racine et Despréaux, l'air triste et le teint blême,
> Viennent demander grâce et ne confessent rien....
> Damon, dans l'intérêt de cette sœur qu'il aime,
> Doit de ces scélérats châtier le maintien....
> Vous en serez punis, satiriques ingrats....
> Mais de coups de bâton donnés en plein théâtre.

Toutefois, après avoir sonné la charge, il ne sonna pas la victoire. Dans la maison de Condé on n'aimait peut-être pas beaucoup cette race de Mazarin, et l'on avait en grande faveur les deux poëtes si indignement menacés. Valincour rapporte que dans le temps où Racine et Boileau, qui étaient, dit-il, l'un et l'autre gens fort susceptibles de peur, craignaient d'être assassinés, ils reçurent le billet suivant de M. le duc Henri-Jules, fils du grand Condé : « Si vous n'avez pas fait le sonnet, venez à l'hôtel de Condé, où Monsieur le Prince saura bien vous garantir de ces menaces, puisque vous êtes innocents ; et si vous l'avez fait, venez aussi à l'hôtel de Condé, et Monsieur le Prince vous prendra de même sous sa protection, parce que le sonnet est très-plaisant et plein d'esprit. » Le duc de Nevers, trouvant à qui parler, eut la prudence de laisser là le bâton. Il paraît seulement avoir voulu répandre le bruit qu'il avait exercé sa brutale vengeance. On dit que ce fut lui qui commanda au poëte satirique Sanlecque le quatrième sonnet dont le *Supplément de Moréri* ne nous a conservé que les quatre premiers vers :

> Dans un coin de Paris, Boileau, tremblant et blême,
> Fut hier bien frotté, quoiqu'il n'en dise rien.
> Voilà ce qu'a produit son zèle peu chrétien.
> Disant du mal d'autrui, l'on s'en fait à soi-même [1].

Ce serait pour le récompenser de ces vers calomnieux que le duc de Nevers, si l'on en croyait Saint-Marc [2], aurait fait obtenir à Sanlecque l'évêché de Béthléem. Sanlecque ne fut pas le seul qui se chargea de propager la fable de la mésaventure de Boileau. L'abbé Tallemant osa la débiter en pleine Académie, et « y lut une lettre, dit Brossette [3], par laquelle on lui mandoit que le jour précédent, derrière l'hôtel de Condé, M. Despréaux avoit été fort maltraité. » Boileau lui-même a fixé le souvenir de cette odieuse hâblerie dans le vers 60 de son épître VI :

> Le bruit court qu'avant-hier on vous assassina.

Une note de Brossette sur ce vers nous apprend que « Pradon

---

1. Cizeron-Rival (*Récréations littéraires*, p. 73) rapporte autrement ce sonnet, qu'il donne tout entier. Mais les vers incorrects qu'il cite doivent plutôt être l'œuvre d'un temps où les personnes et les faits de cette époque n'étoient plus bien connus. On y lit :

> Mais le ressouvenir d'Iris aux cheveux blonds.....
> Ayant frappé au cœur l'amant qui l'idolâtre, etc.

La duchesse de Mazarin, comme le dit le sonnet des amis de Racine, avait les cheveux « plus noirs que blonds. » Si *l'amant qui l'idolâtre* désignait le duc de Nevers, on ne comprendrait pas que Sanlecque eût eu la maladresse de justifier l'imputation dont il s'agissait justement de châtier l'insolence. Aussi à la marge de ces vers a-t-on mis le nom du chevalier de Rohan ; ce serait lui qui aurait bâtonné Boileau. Mais s'il est vrai que le chevalier de Rohan avait été un des amants de la duchesse de Mazarin, il n'était plus question de lui en 1677. Tout le monde sait qu'il avait été décapité en 1674.

2. *Avertissement* de l'épître VII de Boileau, et note 5 de l'*Avertissement* de l'épître I. — La récompense que suppose Saint-Marc auroit été un peu tardive. Sanlecque ne fut nommé à l'évêché de Béthléem que plusieurs années après, vers 1695.

3. Remarque sur le vers 60 de l'épître VII.

étant à la table de M. Pellot, premier président à Rouen, avoit dit que M. Despréaux avoit reçu des coups de bâton. » Indigné de ces insolents mensonges, le grand Condé, qui avait d'abord laissé son fils se déclarer le protecteur des deux poëtes, intervint alors en personne. Il fit dire, suivant Brossette, au duc de Nevers « qu'il vengeroit comme faites à lui-même les insultes qu'on s'aviseroit de faire à deux hommes qu'il aimoit. » Ce fut le *si forte virum quem;* la cabale rentra dans le silence. Mais Boileau et Racine gardèrent rancune au duc de Nevers, et trouvèrent plus tard l'occasion de lui donner des marques de leur souvenir. Brossette assure que dans la première composition de l'épître VII les vers 17 et 18 n'étaient pas tels que nous les lisons aujourd'hui, et que, par une allusion fort peu dissimulée, Boileau y dénonçait

Des sots de qualité l'ignorante hauteur.

Quant à Racine, on lui attribue l'épigramme sur le *Gensérie* de Mme Deshoulières, où l'on remarque ces vers :

.... Auteur de qualité,
Vous vous cachez en donnant cet ouvrage.

Une réponse moins directement blessante aux persécuteurs du grand poëte, mais la plus noble et la plus accablante des réponses, ce fut toute cette éloquente épître VII de Boileau à Racine, que nous avons déjà plusieurs fois rappelée. Elle les a notés d'une ineffaçable flétrissure devant la postérité; elle a dû porter dans le cœur de Racine une grande consolation, bien qu'elle n'ait pu empêcher que la plus belle de ses tragédies profanes le dégoûtât pour toujours du théâtre.

Quel qu'ait été le découragement de Racine en présence de la conspiration formée contre sa *Phèdre*, il paraît que lui-même avait le sentiment de la supériorité de cette tragédie sur toutes celles qu'il avait jusque-là composées; qu'il allait même plus loin encore, et ne croyait pas même l'avoir égalée dans ses tragédies sacrées. Du moins Brossette l'affirmait, et attribuait le même jugement à Boileau : « Je demandai à M. Racine, dit M. Despréaux, quelle étoit celle de ses tragédies qu'il estimoit le plus. Il répondit : « Je suis pour *Phèdre*, et M. le prince « de Conti est pour *Athalie.* » M. Despréaux nommoit aussi

Phèdre la première, et *Andromaque* la seconde[1]. » Voltaire, évidemment, hésitait à donner à *Phèdre* le même rang ; il semblait lui préférer *Iphigénie*, comme plus parfaite dans l'ensemble, parce qu'il était frappé de quelques défauts dans la première de ces deux pièces : « Le rôle de Thésée trop faible, Hippolyte trop français, Aricie trop peu tragique, Théramène trop condamnable de débiter des maximes d'amour à son pupille[2]. » Néanmoins il jugeait que « le rôle de Phèdre est d'un bout à l'autre ce qui a jamais été écrit de plus touchant et de mieux travaillé[3]. » Il disait encore que ce rôle est « le plus beau qu'on ait jamais mis sur le théâtre dans aucune langue[4]. » Il l'appelait « le chef-d'œuvre de l'esprit humain[5]. » On peut, il est vrai, lorsqu'il ajoutait qu'il était « le modèle éternel, mais inimitable, de quiconque voudra jamais écrire en vers, » on peut se demander s'il n'était pas trop disposé à l'admirer un peu exclusivement pour ses vers magnifiques, et si la beauté de la diction ne lui faisait pas trop oublier que parmi les chefs-d'œuvre de Racine il n'y en a pas un autre où la peinture de la passion soit aussi énergique, aussi profonde, d'un aussi extraordinaire effet.

Lorsque la tragédie de *Phèdre* n'avait pas encore paru, et que cependant on commençait déjà à s'occuper dans le public de l'imitation de l'*Hippolyte* d'Euripide, à laquelle Racine travaillait, c'était, nous l'avons vu, sous ce même titre d'*Hippolyte* choisi par le poëte grec que Bayle avait entendu parler de la nouvelle pièce. Mais Euripide avait eu d'excellentes raisons pour désigner sa tragédie par le nom du personnage sur qui elle concentre l'intérêt, et auquel appartient le rôle dominant. Racine avait entièrement changé le point de vue. Son œuvre était, on peut le dire, tout autrement conçue que celle du poëte ancien. Il sentit bien qu'il devait lui imposer un autre nom, et adopta, comme Pradon le fit à son imitation, celui de *Phèdre et Hippolyte*. Ce n'était pas encore tout à fait

1. Manuscrit appartenant à M. Feuillet de Conches, p. 496.
2. *Dictionnaire philosophique*, *Art dramatique*, tome XXVII, p. 84.
3. *Ibidem*.
4. *Dictionnaire philosophique*, *Amplification*, tome XXVI, p. 285.
5. *Remarques sur Pulchérie*, tome XXXVI, p. 420.

assez. A partir de la seconde édition, c'est-à-dire de celle de 1687, sa tragédie n'eut plus d'autre titre que *Phèdre;* seul il répondait parfaitement à la manière dont il avait traité son sujet. On a fait d'ailleurs la remarque[1] qu'un des deux *Hippolytes* d'Euripide paraît avoir été connu dans des temps assez anciens sous le nom de *Phèdre,* donné aussi par le grammairien Priscien à l'*Hippolyte* de Sénèque. Cette question de titre serait assez indifférente, si elle ne conduisait à une autre question d'un plus grand intérêt. Si l'on a dit la *Phèdre* de Sénèque, la *Phèdre* d'Euripide, comme on dit la *Phèdre* de Racine, n'en doit-on pas conclure que notre poëte n'a pas été le premier qui ait envisagé son sujet autrement que ne l'a fait le poëte grec dans l'*Hippolyte couronné?* Et en effet, dans la tragédie de Sénèque, déjà la figure chaste du héros athénien pâlit devant celle de son amante passionnée. D'un autre côté, s'étonnant de trouver dans le déclamateur latin des beautés tragiques du premier ordre, plusieurs critiques ont conjecturé que l'*Hippolyte voilé* d'Euripide avait été le modèle suivi par Sénèque. Quelques indices, signalés par M. Patin dans ses *Études sur les tragiques grecs*[2], leur ont donné à croire que le remords et l'aveu de Phèdre venant, à la nouvelle de la mort de celui dont elle a noirci l'innocence, s'accuser devant son époux et rétracter sa calomnie, surtout cette scène si hardie où elle déclare elle-même son amour au fils de Thésée, étaient déjà dans le premier *Hippolyte* d'Euripide, et que Sénèque n'a fait que lui emprunter ces tragiques incidents, dont Racine à son tour a fait son profit. Nous ignorons si notre poëte a soupçonné à quelle source Sénèque avait pu les puiser, mais il a senti toute la beauté de quelques scènes de la tragédie latine;

1. Voyez les *Études sur les tragiques grecs* de M. Patin (in-8°, Paris, 1842), tome II, p. 331, et la note 4 de cette même page. — Nous retrancherions le témoignage de Lucien (Πρὸς τὸν ἀπαίδευτον, chapitre xxviii), parce qu'il ne semble pas avoir le sens qu'on lui a prêté. Lucien cite le personnage de Phèdre, mais ne donne pas le titre de *Phèdre* à la tragédie grecque où ce personnage figure.

2. Tome II, p. 332 et 333. — Il est dit aussi dans ces *Études* que l'aventure de Thésée aux enfers, et le bruit répandu de sa mort, sont peut-être des circonstances empruntées au premier *Hippolyte.* D'autres les croient plutôt tirées d'une *Phèdre* de Sophocle.

il a surtout bien compris, et ç'a été l'heureuse inspiration de son goût, de son génie, que ne pouvant essayer de nous rendre, dans toute sa chaste pureté, cette figure admirable, mais trop vraiment grecque pour des spectateurs français, de l'Hippolyte antique, il devait, dans son imitation, s'attacher de préférence à tout ce qui met en pleine lumière le personnage de Phèdre et l'éclaire sur le premier plan; il a donné au rôle de ce personnage des proportions dont il n'avait rencontré l'idée ni dans Euripide, ni même dans Sénèque; il en a même transformé la physionomie, et y a imprimé un caractère tout nouveau, qui en a fait la création la plus moderne, mais sans nous laisser cette fois le sentiment d'un anachronisme, sans paraître mentir à cette antiquité, qui n'eût jamais pourtant rien imaginé de semblable : tant il a su, par une habileté suprême, avec les sentiments et les idées des anciens, fondre et mêler, dans ce rôle de Phèdre, nos propres sentiments, nos propres idées, et les revêtir d'un langage qui nous fait illusion sur leur date! Il y a sur la première conception de la tragédie de *Phèdre* une anecdote par laquelle on a prétendu, en accordant beaucoup à une circonstance fortuite, expliquer le plan adopté par Racine. Cette anecdote est racontée par l'abbé de Saint-Pierre[1], qui la tenait, disait-il, de Mme de la Fayette elle-même. Mme de la Fayette s'était trouvée présente à un entretien dans lequel « Racine soutint qu'un bon poëte pouvoit faire excuser les plus grands crimes, et même inspirer de la compassion pour les criminels. Il ajouta qu'il ne falloit que de la fécondité, de la délicatesse, de la justesse d'esprit pour diminuer tellement l'horreur des crimes de Médée ou de Phèdre, qu'on les rendroit aimables aux spectateurs au point de leur inspirer de la pitié pour leurs malheurs. Comme les assistants lui nièrent que cela fût possible, et qu'on voulut même le tourner en ridicule sur une opinion si extraordinaire, le dépit qu'il en eut le fit résoudre à entreprendre la tragédie de *Phèdre*, où il réussit si bien à faire plaindre ses malheurs que le spectateur a plus de pitié de la criminelle belle-mère que du vertueux Hippolyte. » Croire trop aisément que Racine n'a si bien peint la *douleur*

---

1. Voyez les *Anecdotes dramatiques* de l'abbé de la Porte, tome II, p. 57 et 58.

vertueuse de Phèdre que pour répondre à un défi, pour soutenir une gageure, ne serait-ce pas singulièrement rapetisser une des plus grandes conceptions de son génie? Sans révoquer en doute l'exactitude des souvenirs de Mme de la Fayette, il faudrait savoir si au moment où elle entendit Racine développer sa théorie, vraie sans doute dans une certaine mesure, le sujet de *Phèdre*, tel qu'il l'a traité, n'occupait pas déjà son imagination, et si, au lieu d'avoir pris dans la dispute qu'il soutint l'idée de sa tragédie, il ne fut pas plutôt poussé à engager cette dispute par la conscience secrète de l'effet qu'allait produire l'œuvre qu'il méditait. Il faudrait, en outre, connaître dans quels termes exactement il parla. Ceux que le bon Saint-Pierre a arrangés à sa manière constitueraient une poétique dont la morale aurait trop à se plaindre, et qui, loin de s'accorder avec le désir que Racine dit avoir eu de faire regarder dans sa tragédie « la seule pensée du crime.... avec autant d'horreur que le crime même [1], » et de ramener ses pieux amis à un jugement plus favorable du théâtre, justifierait pleinement cette parole de J. J. Rousseau, que dans la plupart de nos pièces les crimes qu'on doit le plus exécrer deviennent « permis ou pardonnables à la faveur de je ne sais quelles commodes suppositions, et qu'on a peine à ne pas excuser Phèdre incestueuse et versant le sang innocent [2]. » Mais non, Racine n'a pas fait de son talent ce déplorable abus, d'embellir par les mensonges de l'art les monstres odieux ; s'il a rendu Phèdre, non pas excusable, mais digne de pitié, c'est qu'il a eu la pensée très-belle et très-juste de mettre dans la conscience de la criminelle elle-même la protestation la plus sévère contre la passion qui l'entraîne.

L'horreur de cette passion n'était pas le seul écueil que le poëte rencontrât dans une tragédie fondée sur une fable si conforme à l'esprit du paganisme. La fatalité en devait rester un des ressorts essentiels. « Qu'apprend-on dans *Phèdre*, a dit aussi Rousseau [3], sinon que l'homme n'est pas libre, et que le ciel le punit des crimes qu'il lui fait commettre? » Ce qui

1. *Préface de Phèdre* : voyez ci-après, p. 302.
2. *Lettre à d'Alembert.*
3. *Ibidem.*

était un danger du sujet est devenu pour Racine l'occasion d'une des beautés qu'on a de bonne heure le plus vivement senties. L'antique fatalité, corrigée par les croyances chrétiennes, a, dans notre tragédie de *Phèdre*, pris un sens tout moderne. On l'y peut nommer la fatalité du péché ; et, comme on l'a bien dit[1], « la doctrine de la grâce se sent toute voisine de là. » Les paroles de Chateaubriand sur le personnage de Phèdre ont été souvent citées : « C'est la chrétienne réprouvée, c'est la pécheresse tombée vivante dans les mains de Dieu[2]. » Et qu'on ne voie pas là une découverte hasardeuse, une imagination subtile de la critique de notre temps. Amis et ennemis de Racine avaient tout d'abord reconnu qu'une inspiration de Port-Royal avait passé dans l'œuvre rajeunie d'Euripide. « Je sais de science certaine, dit Voltaire[3], qu'on accusa *Phèdre* d'être janséniste. Comment? disaient les ennemis de l'auteur; sera-t-il permis de débiter à une nation chrétienne ces maximes diaboliques?

> Vous aimez ; on ne peut vaincre sa destinée ;
> Par un charme fatal vous fûtes entraînée.

N'est-ce pas là évidemment un juste à qui la grâce a manqué? J'ai entendu tenir ces propos dans mon enfance, non pas une fois, mais trente. » Autant les adversaires de Port-Royal, de la bouche de qui Voltaire avait recueilli ces plaintes, étaient irrités, autant fut favorable l'impression qu'Arnauld reçut à la lecture de la pièce. Ces deux jugements contraires se confirmaient. On doit croire, il est vrai, qu'Arnauld ne choisissait pas, pour y trouver l'expression de ses croyances, les paroles d'OEnone auxquelles Phèdre, comme Louis Racine l'a bien fait remarquer, répond avec horreur. Mais beaucoup de passages de la tragédie l'avaient frappé ; et lorsque Boileau, qui la lui avait apportée, vint quelques jours après lui en demander son sentiment : « Il n'y a rien, répondit-il, à reprendre au caractère de Phèdre, puisque par ce caractère

---

1. *Port-Royal* par M. Sainte-Beuve, tome V, p. 485.
2. *Génie du christianisme*, livre III de la 2ᵉ partie, chapitre III.
3. Lettre à M. le marquis Albergati Capacelli, tome LIX des OEuvres, p. 199.

il nous donne cette grande leçon, que lorsqu'en punition de fautes précédentes, Dieu nous abandonne à nous-mêmes, et à la perversité de notre cœur, il n'est point d'excès où nous ne puissions nous porter, même en les détestant[1]. » Confident de toute la pensée de Racine, Boileau sans doute n'avait pas négligé de mettre le grand docteur sur la voie, lorsqu'il soumit *Phèdre* à son examen. Grâce à son zèle officieux, la lecture de cette tragédie amena la réconciliation d'Arnauld, et, par lui, de Port-Royal tout entier avec notre poëte; nous l'avons dit ailleurs[2], et le détail de cette mémorable amnistie est dans les *Mémoires* de Louis Racine. Le critique Geoffroy, qui avait peu de sympathie pour Port-Royal, a rabaissé le jugement d'Arnauld aux proportions d'une misérable querelle avec les Jésuites : « Les Jésuites, dit-il, blâmoient la morale de *Phèdre*. Dans un de leurs exercices publics ils l'avoient condamnée; il n'en fallut pas davantage au janséniste Arnauld pour l'approuver et la sanctionner[3]. » Il n'y a d'incontestable ici que l'approbation d'Arnauld; aussi bien que Louis Racine, Valincour l'atteste : « Arnauld, suivant lui, admira la tragédie de *Phèdre*, et convint que de pareils spectacles ne seroient pas contraires aux bonnes mœurs. » Mais pour ce qui est des exercices publics des Jésuites, Geoffroy n'a-t-il pas commis une erreur de date?

1. *Mémoires* de Louis Racine. Voyez notre tome I, p. 273 et 274.
2. Voyez la *Notice biographique*, tome I, p. 92 et 93. — Nous saisissons l'occasion d'avertir le lecteur qu'en cet endroit nous avons à tort exprimé des doutes sur l'exactitude d'un mot qui se trouve dans le récit de Louis Racine. « Boileau, y est-il dit, déclara qu'il abandonnoit acteurs, actrices et théâtre. » Nous avions rapporté le pronom *il* du commencement de cette phrase à Racine ; et comprenant que Boileau annonçait la résolution prise par son ami de renoncer au théâtre, nous sommes parti de ce contre-sens pour supposer là quelque invraisemblance. Des personnes attentives nous ont averti de la distraction qui nous a fait passer par-dessus le membre de phrase suivant : « Sans prétendre les soutenir en aucune façon. » Il a fallu cette distraction, que nous avons peine nous-même à nous expliquer, pour nous empêcher de comprendre avec tout le monde que c'était Boileau qui « abandonnait les acteurs et le théâtre, » c'est-à-dire qui renonçait à les défendre. Nous devions réparation à l'auteur des *Mémoires*.
3. *OEuvres de Racine*, édition de 1808, tome IV, p. 629.

Louis Racine, dans sa *Comparaison de l'*Hippolyte *d'Euripide avec la tragédie françoise sur le même sujet*, a parlé d'un exercice qui fut soutenu à Paris dans le collége des RR. PP. le 9 juillet 1740, et dont le programme contenait ces mots au sujet de *Phèdre*, « qu'on n'en doit jamais permettre la lecture. » Si c'est à cette époque seulement, comme il y a quelque apparence, que les Jésuites s'avisèrent d'être si rigoristes à propos d'une œuvre de théâtre, ce seraient eux qu'on pourrait soupçonner d'avoir uniquement cherché à contredire Arnauld. Le même Geoffroy, quelques pages plus haut, tout en essayant de tourner Arnauld en ridicule, avait lui-même donné du goût de l'austère docteur pour la tragédie de Racine une explication moins puérile, et, quoique très-malveillante encore dans la forme, plus rapprochée cependant de celle qu'appuie le témoignage de Louis Racine : « Le hasard voulut que le héros de Port-Royal trouvât dans cette tragédie le dogme fatal du jansénisme : il ne vit dans Phèdre qu'une femme entraînée au crime, parce que la grâce lui manquait. Aveuglé par l'esprit de parti, il porta sur un ouvrage de littérature et de théâtre un jugement théologique, capable de fournir d'excellentes plaisanteries à un jésuite qui auroit eu le génie de Pascal[1]. » On ne peut cependant accepter non plus de telles paroles. Si c'était en effet une allusion toute fortuite aux querelles théologiques du jour qu'eût aperçue complaisamment dans Phèdre l'imagination d'un homme de parti, préoccupée d'une idée fixe, nous aurions peu insisté sur un fait, assez curieux encore sans doute, d'une importance très-secondaire toutefois pour l'histoire de cette tragédie. Mais Arnauld n'avait nullement rêvé, et ces idées chrétiennes qu'il avait si bien su reconnaître, ce ne fut point par hasard que Racine en marqua fortement l'empreinte dans sa dernière pièce profane. Ce frappant caractère d'une tragédie, où la passion est peinte avec des couleurs que l'antiquité ne pouvait seule fournir, n'intéresse pas uniquement la théologie, comme Geoffroy le veut insinuer, mais est digne surtout d'être remarqué au point de vue littéraire. Lorsque Racine écrivit *Phèdre*, les premières impressions reçues dans les écoles de Port-Royal se réveillaient avec vivacité dans son âme. A ce moment une nouvelle phase

---

1. *OEuvres de Racine*, édition de 1808, tome IV, p. 621

de son talent poétique se révèle; une nouvelle source d'inspiration commence à s'ouvrir; plus tard l'auteur d'*Esther* et d'*Athalie* y puisera plus directement et plus largement; mais dans *Phèdre* on sent déjà le poëte chrétien, à quelques grandes lueurs qu'il a jetées dans les profondeurs d'une âme livrée à ses remords et à sa honte. Il y a là un charme unique et sans autre exemple dans tout le théâtre de Racine; ce charme vient de quelque chose d'austère, d'une épouvante religieuse et pudique qui se mêle au délire de l'amour le plus effréné. Chateaubriand a dit que « la religion chrétienne multiplie les orages de la conscience autour du vice [1]. » Ces orages d'une conscience toute chrétienne, qui, dans le rôle de Phèdre, éclairent jusqu'au fond l'abîme d'un cœur passionné et en font éclater plus vivement à nos yeux les ardeurs, sont une des plus grandes beautés de ce rôle; c'est ainsi qu'il est devenu le premier intérêt de la pièce, et a porté l'œuvre du poëte moderne à une hauteur où il n'a plus eu à craindre la comparaison avec Euripide, dont la supériorité, sur d'autres points, a été souvent et, nous le croyons, victorieusement établie par la critique.

Que celle-ci ait tant de fois dans ses froides balances pesé deux immortelles tragédies, qu'elle ait disserté avec plus ou moins de sagacité et de justesse sur les beautés et sur les défauts de celle de Racine, beaucoup de nos lecteurs peut-être nous dispenseraient de le rappeler. Mais d'autres nous reprocheraient une omission qui laisserait incomplète l'histoire du théâtre de Racine.

Les critiques contemporaines, même lorsqu'elles sont sans valeur, ont un droit particulier à notre attention; elles sont des monuments de ces dures épreuves auxquelles un grand homme a été soumis. Pradon fut un des premiers qui songea à s'ériger en juge de la tragédie à laquelle il avait osé opposer la sienne. Dans ses *Nouvelles remarques*, après avoir dit très-grossièrement, à propos des vers 76 et suivants de l'épître VII de Boileau : « Voilà une grande fortune pour notre siècle de voir courir une femme après le fils de son mari, et vouloir faire un inceste en plein théâtre, comme Diogène un homme en plein marché, » il nous apprend qu'il avait composé, dans

---

1. *Génie du christianisme*, livre III de la 2ᵉ partie, chapitre 1.

les premiers temps des deux pièces, une critique en vers de celle de Racine, « parce que le bruit couroit que Racine en faisoit une de la sienne. » On devrait croire d'après ce qu'il ajoute que cette critique fut imprimée. C'était une comédie en un acte, intitulée : *le Jugement d'Apollon sur la* Phèdre *des anciens*. « Je la lus, dit-il, à des personnes du premier rang (*très-probablement il parle de la duchesse de Bouillon et du duc de Nevers*); elle les divertit assez, et auroit peut-être fait connoître que les endroits les plus beaux et les plus sérieux sont quelquefois susceptibles du plus grand comique. Cela n'ôte rien de la *Phèdre* de M. Racine, que j'estime fort. Cette petite critique étoit prête à paroître sur le théâtre de Guénégaud ; mais par politique on la supprima ; je la ferai pourtant paroître dans peu dans le recueil de mes ouvrages, afin que le public s'en divertisse. » Il y a cependant tout lieu de croire qu'elle n'a jamais été publiée. La perte que nous avons faite n'est pas grande ; on imagine aisément ce que devait être une parodie assaisonnée du sel de Pradon.

Ce n'eût pas été un grand dommage non plus si la *Dissertation sur les tragédies de* Phèdre *et* Hippolyte, attribuée à Subligny, n'était pas parvenue jusqu'à nous. Elle fut imprimée en 1677[1]. Comme il y est dit, vers le commencement[2], que « les brigues de deux auteurs ennemis font depuis peu de temps du fracas à Paris, » et à la fin[3] que « c'est toujours beaucoup pour M. Pradon d'avoir pu, au moins parmi le peuple, soutenir quelque temps le parallèle avec M. Racine, » on voit qu'elle fut écrite lorsque la pièce de Pradon venait d'entrer dans son déclin. L'attribution de cette critique à Subligny a beaucoup de vraisemblance. Dans l'examen qui y est fait, scène par scène, de la tragédie de Racine, les remarques pédantesques sur le style, les facéties de mauvais goût, que l'abbé Granet, avec une indulgence étrange, qualifie de *traits vifs et agréables*[4], la trivialité des expressions, la continuelle parodie rappellent, à

1. On la trouve au tome II du *Recueil* de l'abbé Granet, p. 351-414. Elle y est donnée sous le nom de Subligny.
2. Page 353.
3. Page 413.
4. *Préface* du *Recueil de dissertations*, p. cxxიii.

ne pouvoir s'y méprendre, la manière de l'auteur de la *Folle querelle*.

Avant de s'appesantir sur les chicanes de détail, la dissertation condamne le sujet de la tragédie : un crime tel que celui de Phèdre « ne donnant que de très-méchantes idées, ne devoit jamais remplir notre scène[1].... J'ai vu les dames les moins délicates n'entendre ces mots, dont cette pièce est farcie, qu'avec le dégoût que donnent les termes les plus libres, dont la modestie ne peut s'empêcher de rougir ; et je trouverois M. Racine fort dangereux, s'il avoit fait cette odieuse criminelle aussi aimable et autant à plaindre qu'il en avoit envie, puisqu'il n'y a point de vice qu'il ne pût embellir et insinuer agréablement après ce succès[2]. » La manière dont Racine a peint le caractère des personnages n'est pas plus heureuse que le choix du sujet : « M. Racine a fait son Thésée trop crédule et trop imprudent[3].... Phèdre est un caractère forcené ; M. Racine lui donne trop d'amour, trop de fureur et trop d'effronterie[4]. » Subligny ne fait grâce qu'au personnage d'Aricie ; c'est une des singularités de son jugement : « Pour Aricie, j'avouerai de bonne foi que c'est un personnage épisodique assez heureusement trouvé, et assez bien conduit par M. Racine[5]. » Pour achever de donner une idée de sa critique judicieuse, rappelons comment il apprécie l'admirable scène qui est la troisième du premier acte : « Cette languissante conversation de Phèdre et d'OEnone est prise toute entière et mot pour mot d'Euripide, mais elle n'en est pas moins belle, et j'estimerois autant cette traduction qu'une chose inventée, si elle n'étoit point ennuyeuse[6]. » Hippolyte amoureux, qui lui donnait occasion d'être une fois du moins sévère sans choquer le bon sens, n'a pu lui suggérer que ces pauvres réflexions : « Je ne pense pas que vous approuviez M. Racine d'avoir souillé l'innocence d'Hippolyte, que tant de siècles et d'auteurs ont respectée, et de l'avoir, par cette tendresse criminelle, rendu capable d'une révolte si ingrate à l'égard de son père et si dangereuse pour lui.... C'est vouloir faire passer.... un Joseph pour un Absalon[7]. »

Les censeurs de Racine étaient alors pour la plupart si peu

---

1. Page 357. — 2. Pages 359 et 360. — 3. Page 363.
4. Page 365. — 5. Page 366. — 6. Page 370. — 7. Page 392.

en état de l'avertir des défauts où le goût de son siècle l'entraînait quelquefois, qu'ils se plaignaient de le trouver trop rebelle aux exigences de ce goût. Subligny lui reproche d'avoir quelque part méconnu le bel usage de la cour, dont nous trouvons aujourd'hui que l'auteur de *Phèdre* s'est beaucoup plus souvenu qu'il ne fallait. OEnone, dans la scène II du premier acte, vient dire à Hippolyte que la Reine, en proie à sa douleur, ordonne d'écarter tout le monde. « C'est manquer de civilité, dit le critique, c'est choquer les règles de la bienséance ; c'est ignorer l'usage de la cour, qui ne veut pas que des ordres généraux comme celui-là soient donnés pour le fils du Roi ; c'est pécher contre le bon sens, qui veut qu'en pareille rencontre une personne chargée d'un ordre si général ne l'annonce point à un prince du sang sans une exception civile[1]. » Voilà certes un curieux échantillon des conseils que Racine était exposé à recevoir.

Sur un seul point, Subligny, devançant l'opinion de juges plus éclairés que lui, a donné un avis, qui, sans l'exagération et la grossièreté du langage, serait moins impertinent que de coutume, et qu'il est curieux de voir se produire à cette date. C'est à propos du grand récit de Théramène : Quand on vient faire à Thésée le récit de la mort d'Hippolyte, « qui est trop long et trop affecté, il n'est pas vraisemblable qu'annonçant à un père la mort de son fils, on s'amuse à faire la description des beaux chevaux qui l'ont tué, qu'on frise jusqu'au moindre de leurs crins, qu'on marque toutes leurs démarches, qu'on leur fasse même de chagrin baisser la tête et les oreilles, comme des rosses, et qu'on fasse la peinture de leurs harnois, jusqu'à leurs rênes flottantes.... Il me semble que la nature même ne veut pas qu'un père qui apprend la mort d'un fils si chéri et qu'il commence à croire innocent, écoute toutes ces descriptions inutiles avec tant de patience et de tranquillité[2]. » On voit que si l'accusation a un certain fondement, l'expression en est bien gâtée par de plates bouffonneries et par quelques ineptes remarques, au nombre desquelles il ne faut pas oublier celle-ci : « Je ne sais.... si vous trouverez bon qu'on dise qu'un prince a nourri ses

---

1. Page 370. — 2. Pages 400-402.

chevaux de sa propre main, et si vous passerez dans ce récit la fiction

D'un dieu qui d'aiguillons pressoit leurs flancs poudreux.

Mais pour moi je ne puis souffrir que M. Racine fasse un dieu Piquebœuf et un prince palefrenier[1]. »

Dans la conclusion de cette diatribe, le critique affectait de l'impartialité. Il confessait qu'après tout la tragédie de *Phèdre* « ne laisse pas d'être belle. » Moins ami de Pradon qu'ennemi de Racine, s'il fait la part beaucoup trop belle encore au ridicule antagoniste du grand poëte, il est loin de lui donner une complète approbation. Sa pièce, dit-il, « n'est point remplie de ces grandes intrigues, soutenue de ces hautes pensées, ni écrite de ce sublime que demande la majesté du cothurne tragique; elle est mieux intriguée que celle de M. Racine; elle suspend davantage les esprits et excite un peu plus la curiosité; mais les incidents n'en sont point d'une belle invention.... Il y a des fautes de jugement qu'on ne peut pardonner[2]. » Ce qu'il a très-bien compris, c'est que « la Phèdre de M. Pradon n'étant point mariée avec Thésée, n'est point cette incestueuse Phèdre.... Il a détruit le sujet en voulant affoiblir le crime.... et cet auteur, craignant d'enfreindre les lois de la modestie et de la bienséance, a violé les règles du théâtre et du bon sens[3]. » Plus loin il reconnaît qu'il n'y a pas quarante vers supportables en tout ce poëme de Pradon[4]. Cette demi-justice exercée contre l'auteur de la *Phèdre* du théâtre de Guénégaud ne suffit pas, il s'en faut, pour mériter la faveur avec laquelle Saint-Marc, dans son édition des *OEuvres de Boileau*[5], parle de cette dissertation, qui, à son avis, « renferme.... des réflexions très-solides. »

De Visé, qui dans le *Mercure galant* de 1677 écrivit deux lettres sur *Phèdre*, évita de porter sur cette pièce un jugement formel. Il se contenta d'insinuer que le sujet n'en était pas heureux, et qu'on eût bien fait « d'en épargner l'horreur aux spectateurs françois. » Du reste, il reconnaissait, comme Subligny, qu'après l'avoir choisi, on avait dû en accepter les condi-

---

1. Page 403. — 2. Page 405. — 3. Page 361. — 4. Page 412
5. *Avertissement* de l'épitre VII, tome II, p. 113.

tions essentielles, ce que Pradon avait eu tort de ne pas faire, et que « c'est ne l'avoir pas traité que d'avoir éloigné l'image de l'amour incestueux. » Se bornant à cette remarque, il déclarait « écarter toute comparaison entre deux tragédies si différentes par le sujet, » et louait du moins les beaux vers de Racine.

Nous pouvons nous faire aussi quelque idée des jugements contemporains par certains traits qui ont été recueillis alors dans les entretiens. Brossette nous apprend[1] que beaucoup de personnes, forcées d'avouer que les vers de Racine étaient mieux tournés que ceux de Pradon, se consolaient en disant que celui-ci avait été beaucoup plus régulier dans la conduite de sa tragédie. Boileau lui avait à ce sujet conté une anecdote où se peint son caractère. Il était à souper chez Mme de Broglio. Là « M. de Beaumont[2], dit Brossette, après avoir disputé longtemps sur le parallèle des deux tragédies, soutenait enfin que les règles avoient été mieux observées par M. Pradon que par M. Racine. « Ah! ce n'est donc plus que des règles que vous parlez, lui dit « M. Despréaux : or je m'en vais vous faire voir par les règles « mêmes combien vous vous trompez. La *péripétie* et l'*agnition* « se doivent rencontrer ensemble dans la tragédie, et c'est ce qui « arrive dans la *Phèdre* de M. Racine et qui n'est point dans celle « de Pradon.... » M. de Beaumont interrompit M. Despréaux pour lui demander ce que c'étoit que la *péripétie* et l'*agnition*. « Ah! « ah! lui répondit M. Despréaux, vous voulez parler des règles, « et vous n'en entendez pas même les termes. Apprenez à ne pas « vouloir disputer d'une chose que vous n'avez jamais apprise. » Cette moquerie était sans doute la meilleure réponse à faire aux puériles chicanes d'un pédantisme qui se payait de mots.

Racine connut une autre objection faite à sa tragédie, et qui le toucha certainement plus que celle d'une prétendue violation des règles. Cette objection fut faite par un admirateur de *Phèdre*, par un homme dont le suffrage avait pour notre poëte un prix tout particulier. « Pourquoi, disait Arnauld au témoignage de Valincour et de Louis Racine, pourquoi a-t-il fait son Hippolyte

1. Manuscrit de la Bibliothèque impériale, p. 241.
2. Brossette dit : « un nommé M. de Beaumont. » C'était évidemment Harlay de Beaumont, qui fut plus tard premier président. Il était beau-frère de Mme de Broglio. La raillerie hardie de Boileau s'adressait à un terrible railleur.

amoureux? » Il se peut qu'Arnauld, à qui le rôle de Phèdre avait paru renfermer une grande et morale leçon, ne trouvant rien de semblable dans l'amour d'Hippolyte et d'Aricie, ait pour des raisons d'austérité seulement blâmé la peinture d'une tendresse sans laquelle la vertu d'Hippolyte eût été d'un plus bel exemple. Mais quand il n'aurait parlé que comme moraliste, il n'en a pas moins rencontré la critique la plus sérieuse à faire de la pièce de Racine; et le poëte, qui sentit toute la force du reproche, n'y sut répondre qu'en alléguant les grossières plaisanteries auxquelles il eût été exposé, s'il fût resté plus fidèle à la chaste beauté du rôle grec : « Qu'auroient dit nos petits-maîtres[1] ? »

Quelques années après la mort de Racine, mais lorsque Boileau était encore là pour le défendre, nous retrouvons la critique à l'œuvre au sujet de *Phèdre*. Houdar de la Motte, dans son *Discours sur la poésie en général et sur l'Ode en particulier* qui fut imprimé en 1707, avait eu l'occasion de toucher à cette tragédie, en un seul point, il est vrai, et à propos d'un seul vers :

Le flot qui l'apporta recule épouvanté ;

mais, toute circonscrite qu'elle était, son attaque n'en avait pas moins une assez grande portée : elle mettait en question tout un ordre de beautés poétiques dans le style de Racine; il était surtout facile de l'étendre au récit entier de la mort d'Hippolyte; et c'est ce que la Motte lui-même indiquait suffisamment. Il s'était du reste exprimé avec modération; et son objection méritait certainement d'être examinée : « Ce vers, disait-il, est excessif dans la bouche de Théramène. On est choqué de voir un homme accablé de douleur, si recherché dans ses termes et si attentif à sa description. » Quelques lignes plus haut, commençant par envisager la question d'une manière plus générale, il avait fait remarquer que « les poëtes tragiques mêmes, qui s'abandonnent quelquefois à l'enflure, doivent toujours être en garde contre l'excès de l'expression. Comme ils ne font point parler des poëtes,

1. Voyez toutefois, sur l'authenticité de ce mot, notre tome I, p. 274, note 2.

mais des hommes ordinaires, ils ne doivent qu'exprimer les sentiments qui conviennent à leurs acteurs, et prendre pour cela les tours et les termes que la passion offre le plus naturellement. Racine n'a presque jamais passé ces bornes que dans quelques descriptions où il a affecté d'être poëte, comme dans celle de la mort d'Hippolyte, où l'on croit plutôt entendre l'auteur que le personnage qu'il fait parler. » Boileau sentit le danger de cette critique, qui pouvait mener loin et jusqu'à une poétique nouvelle, et il consacra à la réfutation de son confrère à l'Académie la onzième de ses *Réflexions critiques sur quelques passages de Longin.* Ce qu'il y dit de plus solide pour l'apologie de Racine se trouve dans ce passage : « Pouvoit-il employer la hardiesse de sa métaphore dans une circonstance plus considérable et plus sublime que dans l'effroyable arrivée de ce monstre, ni au milieu d'une passion plus vive que celle qu'il donne à cet infortuné gouverneur d'Hippolyte?... Aussi a-t-on remarqué que toutes les fois qu'on joue la tragédie de *Phèdre,* bien loin qu'on paroisse choqué de ce vers :

Le flot qui l'apporta recule épouvanté,

on y fait une espèce d'acclamation. » C'est en 1710 que la onzième *Réflexion* de Boileau avait été composée; elle ne fut publiée qu'après sa mort dans l'édition de 1713. La Motte y fit une réponse dans le second volume de la quatrième édition de ses *Odes,* lequel porte la date de 1714. Il persistait dans sa critique, tout en discutant avec politesse et convenance la réfutation d'un adversaire dont la mort avait rendu l'autorité plus digne encore de respect. Rien de très-nouveau d'ailleurs dans cette réplique; il y faut remarquer seulement que la Motte s'appuyait sur l'adhésion qu'il avait recueillie « à une séance de l'Académie, où tout ce qui se trouva d'académiciens le confirma dans son sentiment. » Il dut y être particulièrement confirmé par un de ses plus illustres confrères, dont le jugement est d'un bien autre poids que le sien, par Fénelon, que sur cette question alors agitée nous voyons, en cette même année 1714, se prononcer très-nettement, dans sa *Lettre à M. Dacier sur les occupations de l'Académie.* Admirateur de la simplicité grecque, de celle de Sophocle surtout, Fénelon était disposé à beaucoup de sévérité pour nos tragédies; il leur reprochait de l'emphase, un langage pompeux et affecté, sans épargner sur ce point Corneille plus que Racine. Les vers qui avaient choqué la Motte ne lui plaisaient pas davantage. Il faisait observer que « Sophocle est bien loin de cette élégance si déplacée et si contraire à la vraisemblance. » — « Rien, disait-il encore, n'est moins naturel que la narration de la mort d'Hippolyte à la fin de la tragédie de *Phèdre*, qui a d'ailleurs de grandes beautés. Théramène, qui vient pour apprendre à Thésée la mort funeste de son fils, devroit ne dire que ces deux mots, et manquer même de force pour les prononcer distinctement : « Hippolyte est mort. Un « monstre envoyé du fond de la mer par la colère des Dieux l'a « fait périr. Je l'ai vu. » Un tel homme, saisi, éperdu, sans haleine, peut-il s'amuser à faire la description la plus pompeuse et la plus fleurie de la figure du dragon...[1]? » Cette querelle n'est pas la seule que Fénelon ait cherchée à Racine dans la *Lettre à M. Dacier*. Un défaut plus incontestable de cette tragédie n'avait pas échappé à la sévérité de son goût : « M. Racine, dit-il, ... a fait un double spectacle, en joignant à Phèdre furieuse Hippolyte soupirant contre son vrai caractère. Il falloit laisser Phèdre toute seule dans sa fureur; l'action auroit été unique, courte, vive et rapide.... La mode du bel esprit faisoit mettre de l'amour partout; on s'imaginoit qu'il étoit impossible d'éviter l'ennui pendant deux heures sans le secours de quelque intrigue galante[2]. »

La polémique sur le récit de Théramène était loin d'être close. La Harpe a pu dire, en exagérant seulement un peu, qu'on a écrit des volumes pour ou contre ce récit. Louis Racine, dans sa *Comparaison de l'Hippolyte d'Euripide avec la tragédie de Racine sur le même sujet*, lue à l'Académie des inscriptions et belles-lettres le 3 décembre 1728[3], essaya de réfuter la critique de Fénelon, en y opposant cette réflexion, que Théramène, « frappé de toutes les circonstances d'une aventure si cruelle.... les raconte avec la même passion que s'il les voyoit encore, » et que d'ailleurs, il « parle à un père qu'il croit encore irrité et

---

1. *OEuvres de Fénelon* (édition Lebel), tome XXI, p. 214 et 215.
2. *Ibidem*, p. 212 et 213.
3. *Mémoires de l'Académie des inscriptions et belles-lettres*, tome VIII, p. 300-314.

plongé dans l'erreur; qu'il doit tâcher de l'attendrir par un récit touchant. » La défense de Racine fut également prise par d'Olivet en 1738[1], par Desfontaines l'année suivante[2], mais avec peu d'accord. Desfontaines se moqua de l'abbé d'Olivet, qui, pour justifier le fameux vers censuré par la Motte, avait allégué assez ridiculement qu'au temps d'Homère, véritable auteur chez les Grecs de la langue poétique, « les pays où les sciences étoient florissantes, c'étoit l'Égypte, c'étoit la Phénicie; et que la physique de ces pays-là reconnoissoit une âme universelle, une âme répandue dans tout ce qui existe. » Desfontaines tentait une justification plus simple, et qui n'était pas sans ressemblance avec celle qu'avait proposée Louis Racine : « On ne fait attention, disait-il, qu'à la douleur de Théramène, et il faut faire attention à la frayeur dont il est encore saisi, et à l'obligation où il est de rendre vraisemblable aux yeux de Thésée la mort de son fils. » D'Olivet du reste avait eu aussi quelques arguments meilleurs que celui dont riait Desfontaines. Tenant compte, non sans raison peut-être, des régions toutes poétiques où l'on oubliait trop que la pièce de Racine nous transporte, il s'était étonné « qu'un *flot épouvanté* eût pu scandaliser dans une scène où il s'agit d'un monstre envoyé par Neptune, et dans une tragédie dont l'héroïne est petite-fille du Soleil. » Voltaire, passant condamnation sur quelques détails du récit, ne voulut pas accorder cependant qu'on eût dû le réduire à ces mots : *Hippolyte est mort; je l'ai vu, c'en est fait.* « Qui voudrait même, ajoutait-il, qu'on en retranchât quatre vers? Ce n'est pas là une vaine description d'une tempête, inutile à la pièce; ce n'est pas là une amplification mal écrite : c'est la diction la plus pure et la plus touchante; enfin c'est Racine[3]. » La Harpe vint à son tour, ne s'éloignant pas beaucoup, suivant sa coutume, des traces de Voltaire; il reconnut qu'il y avait dans le récit quelque luxe de style; mais, selon lui, sept ou huit vers seulement étaient de trop; de ce nombre il comptait celui qui

---

[1]. *Remarques de grammaire* (Paris, M.DCC.XXXVIII, in-12), p. 97-107.

[2]. *Racine vengé, ou Examen des remarques grammaticales de M. l'abbé d'Olivet* (Avignon, M.DCC.XXXIX, in-12), p. 89-121.

[3]. *Dictionnaire philosophique, Amplification*, tome XXVI, p. 293.

avait été attaqué par la Motte et défendu par Boileau[1]. Du reste il ne trouvait que pédanterie dans quelques-unes des énormes diatribes auxquelles ce vers avait donné lieu, particulièrement dans celle du commentateur de Boileau, Saint-Marc. Au contraire Marmontel, dans ses *Éléments de littérature*, au mot *Narration*, a jugé les vers du récit de Théramène « très-beaux, mais déplacés. »

Quoique nous ne nous attachions d'ordinaire qu'à l'histoire d'une critique plus générale, nous n'avons pas voulu entièrement omettre cette fameuse discussion, où, du côté des censeurs d'un récit admiré si longtemps par le public, se manifestait un certain symptôme de révolution dans le goût littéraire. Mais le champ de bataille que la tragédie de *Phèdre* avait ouvert à la critique ne fut pas renfermé dans les limites étroites de cette dispute sur un morceau descriptif; souvent on fit choix d'un terrain plus large, et de tout temps la pièce entière fut, comme toutes les grandes œuvres, très-discutée. Brumoy, dans le tome Ier de son *Théâtre des Grecs*, imprimé en 1730, donna des *Réflexions sur l'*Hippolyte *d'Euripide et sur la* Phèdre *de Racine*, et les fit suivre de *Réflexions sur l'*Hippolyte *de Sénèque*. Il ne manqua pas de faire ressortir avec quelque exagération tout ce que Racine devait aux deux tragiques anciens, ne lui laissant presque plus en propre que l'épisode d'Aricie. « Mais, dit-il, toute cette imitation ne lui ôte rien de sa gloire; et s'il a surpassé de beaucoup Sénèque, et en quelques endroits Euripide, en se servant de leurs pensées, ce bel art de bien choisir ce qu'on imite ne peut tourner.... qu'au profit du poëte grec, sans préjudice du françois. » Il avait évidemment, malgré quelques apparences d'impartialité, la cause d'Euripide plus à cœur que celle de Racine; ce qui ne l'empêcha pas, au risque de frapper du même coup le modèle et son imitateur, de faire valoir contre le sujet de *Phèdre* l'objection en faveur parmi les hommes de sa robe. Ce sujet, à son avis, « roule.... sur un point un peu délicat, et qui a paru à bien des personnes éclairées être un fonds tout à fait défectueux, et même d'une conséquence dangereuse pour les mœurs. » Louis Racine, dans la *Comparaison* que nous avons déjà citée, rendit justice aux

---

1. *OEuvres de Racine*, édition de 1807, tome IV, p. 299.

grandes beautés du poëte grec, mais en laissant voir pour la tragédie de son père une prédilection dont il eût été peu naturel qu'il se défendît. L'objection d'Arnauld contre Hippolyte amoureux l'embarrassait. Il accorda quelque chose à une si respectable autorité, et avoua qu'il avait « peine à voir aux genoux d'une maîtresse cet homme si fameux par sa haine contre le sexe, et par les sévères maximes que Pitthée lui avoit apprises. » Néanmoins l'Hippolyte d'Euripide lui semblait trop sauvage, la vertu de l'Hippolyte français plus modeste et plus aimable. Il insista avec raison sur le caractère de Phèdre, bien supérieur à celui que lui a donné la tragédie grecque. Voltaire, qui, nous l'avons vu déjà, était un juge assez sévère de plusieurs des défauts de la pièce française, ne sut point parler d'Euripide avec le même respect que Louis Racine. Ses opinions sur la littérature grecque étaient de la force de celles de Perrault. Dans sa troisième lettre sur *OEdipe*, écrite, il est vrai, en 1719 (il n'avait alors que vingt-cinq ans), il ne craignit pas de parler ainsi de l'*Hippolyte* grec, tout en déclarant Euripide supérieur à Sophocle : Malgré la belle scène copiée par Racine (la IIIe du Ier acte dans Phèdre), « il ne faut pas que le lecteur séduit s'imagine que la pièce d'Euripide soit un bon ouvrage; » cette scène est « le seul bel endroit de sa tragédie, et même le seul raisonnable; » et il comparait le tragique grec à Cyrano de Bergerac, chez qui Molière reprenait son bien[1]. La Harpe, dans son *Lycée*[2], se chargea de développer, comme si c'eût été une critique sérieuse, cette étrange boutade du maître, et décida que Racine, qui n'avait que peu d'obligations à Euripide, avait « remplacé les plus grandes fautes par les plus grandes beautés; » enfin « qu'il falloit bien pardonner au tragique grec son ouvrage, puisque nous lui devons celui de Racine. » Heureusement pour la Harpe, il put, quand il vint à l'examen de la tragédie de Racine[3], en parler avec plus de compétence et de bon sens qu'il n'avait fait de son modèle. On peut lui reprocher cependant de l'avoir défendue à outrance contre les critiques les plus modérées, et d'avoir « hasardé, suivant son

---

1. *OEuvres de Voltaire*, tome II, p. 31.
2. 1re partie, livre Ier, chapitre v, section iv.
3. *Lycée*, 2e partie, livre Ier, chapitre iii, section vii.

expression, l'apologie » de l'épisode de l'amour d'Aricie. Il y a moins de faveur pour notre poëte, mais beaucoup de vues judicieuses dans les *Observations sur l'Hippolyte d'Euripide et la Phèdre de Racine* que l'abbé Batteux lut à l'Académie des inscriptions le 9 février 1776[1]. Si Batteux, tout au contraire de Voltaire et de la Harpe, incline un peu trop du côté d'Euripide, son jugement toutefois est assez libre de préventions, et renferme quelques réflexions originales. Il fait bien ressortir la différence essentielle du sujet dans les deux poëtes, et en parle d'une manière ingénieuse. « Phèdre criminelle, dit-il, et Hippolyte vertueux, tous deux malheureux, sont mieux placés dans Euripide que dans Racine, parce qu'il est dans la nature et dans l'ordre que quand la vertu malheureuse se trouve en concurrence avec le crime malheureux, l'intérêt dominant et l'affection principale soient pour la vertu, qui n'a pas mérité son malheur, plutôt que pour le crime, qui a mérité le sien. L'objet naturel de la pitié, dit Aristote, est le malheur non mérité : d'où il suit qu'il est possible qu'Euripide ait mieux pris son sujet, relativement à l'effet de la tragédie, en subordonnant Phèdre à Hippolyte.... Phèdre est l'héroïne de la pièce de Racine; et c'est pour rendre son rôle plus beau et plus touchant qu'Hippolyte a été en quelque sorte dégradé. Euripide savait que les héros qu'on veut offrir à la pitié doivent être bons d'une bonté morale; Racine le savoit aussi, puisqu'il donne partout l'amour de Phèdre comme l'effet de la colère de Vénus, pour la rendre moins odieuse; mais Euripide n'a eu qu'à suivre son plan simplement et sans aucun effort; Racine a eu besoin de beaucoup d'art pour suivre le sien.... Ne pouvant diminuer le malheur d'Hippolyte, il a fallu en diminuer la vertu, sans quoi il eût éclipsé Phèdre et emporté tout l'intérêt. » Tout cela est finement déduit d'une théorie très-plausible. Est-il cependant bien sûr qu'Euripide ait, absolument parlant, mieux placé l'intérêt de la tragédie, et que Racine, au contraire, ne l'ait mieux placé que par rapport aux faiblesses de notre goût? Les règles de l'art tracées par une savante esthétique ont leur valeur; mais Racine n'a-t-il pas su, par un art supérieur, fran-

---

1. *Mémoires de l'Académie des inscriptions et belles-lettres*, tome XLII, p. 452-472.

chir les limites de l'art? Batteux, dans ces *Observations*, semble trop souvent méconnaître ces grands coups du génie, où il ne veut voir qu'habileté, adresse, finesse des moyens : ce sont des mots qu'à propos de Racine il répète trop volontiers. Nous lui contesterions aussi la justesse de cette remarque, « qu'il y a dans le rôle de la Phèdre d'Euripide une décence rigoureuse qui n'est pas dans la Phèdre françoise. » On sera plus frappé de cette critique du dernier acte de la tragédie de Racine : Thésée y réunit sur lui presque tout l'intérêt. « Phèdre, après la scène de la rivalité, n'intéresse plus; le sort du fils est décidé; Thésée est le seul qui reste, ou du moins qui domine sur la scène. Cette translation de l'intérêt d'un personnage à l'autre ne se trouve point dans la pièce grecque. Hippolyte, donné pour point de vue dès la première scène, intéresse continuement et d'une façon dominante jusqu'à son dernier soupir. »

Geoffroy, dans l'édition qu'il a donnée des *OEuvres de Racine* en 1808, a montré pour Euripide une préférence encore plus décidée, ce semble, que celle de Batteux, surtout à prendre sa critique dans ses détails. Son jugement général est exprimé avec une certaine ambiguïté, mais au fond le sens n'en est pas douteux : « La conception du poëte grec, dit-il, considérée en elle-même, me paroît plus forte, plus tragique, plus faite pour plaire dans tous les temps et dans tous les pays; mais le développement de la passion de Phèdre, qui eût été pour les Grecs un défaut, a tant de charmes pour les Français, il est si conforme à l'esprit et au goût de notre nation.... qu'on ne peut se défendre d'une secrète prédilection pour Racine : c'est le jugement du cœur plus que celui de l'esprit[1]. » Geoffroy d'ailleurs n'a pas apporté dans la question la même finesse d'aperçus que l'abbé Batteux; il n'est même pas toujours dans une disposition d'esprit équitable, mais semble animé contre le poëte dont il publie et commente les œuvres d'une sorte de malveillance; il se range ridiculement du côté de ceux qui, à l'exemple de Pradon, de Subligny et des jésuites dans leur thèse de 1740, ont attaqué la tragédie de Racine comme contraire à la bonne morale.

Une critique qui a été célèbre, et dont il nous reste à parler

---

1. *Jugement sur* Phèdre *et sur les auteurs qui ont traité le même sujet*, dans les *OEuvres de Racine*, tome IV, p. 585.

en dernier lieu, avait paru un an avant celle de Geoffroy. Elle était l'ouvrage d'un homme qui, ainsi que nous l'avons déjà dit dans la *Notice* d'*Iphigénie*, apportait presque toujours dans ses jugements sur l'art tragique une sagacité pénétrante, mais dont l'esprit supérieur était, lorsqu'il s'agissait de nos poëtes, aveuglé par un miso-gallisme trop patriotique. Ce fut à Paris même qu'A. W. Schlegel publia sa *Comparaison entre la* Phèdre *de Racine et celle d'Euripide*[1], qu'il avait écrite en français. Quoique dans d'autres écrits il ait été sévère pour Euripide, il lui a dans celui-ci amplement rendu justice, et personne n'a mieux que lui fait ressortir la beauté du caractère d'Hippolyte dans la pièce grecque. Que n'a-t-il parlé avec la même équité, avec la même éloquente admiration du caractère de Phèdre dans Racine? Il ne semble même pas l'avoir compris, dominé qu'il était par ses préventions; il y cherche une foule de contradictions, ne prenant pas garde que, si Phèdre se contredit,

Comme on voit tous vos vœux l'un l'autre se détruire !

c'est par là surtout que la peinture de sa passion est d'une admirable vérité. On se serait attendu à quelque chose de plus neuf dans ses objections; il en a reproduit beaucoup qu'on avait déjà faites et qui étaient sans valeur. Par exemple, il n'a pas dédaigné d'affecter, lui aussi, des scrupules pleins de pruderie et très-mal fondés. Il dit au sujet de la scène de la déclaration : « Si la poésie est l'art de farder le vice, je conviens que cette scène mérite de grands éloges; car la plupart des lecteurs ne reconnaîtront pas, sous la politesse des formes et l'élégance des vers, ce qui, sans ce déguisement, les aurait choqués au plus haut point[2]. » Presque toutes ses autres chicanes sont aussi peu solides. Comme il lui importait surtout d'établir qu'un poëte français n'avait pu connaître les mœurs grecques, il s'était imaginé en avoir trouvé une preuve dans ce vers de la scène VI de l'acte IV, qui lui semblait inconvenant :

Dans le fond des forêts alloient-ils se cacher ?

« Racine.... ne savait-il pas, dit-il, combien les femmes grec-

1. Un volume in-8°, à Paris, chez Tourneisen fils, 1807.
2. Page 23.

ques vivaient retirées, qu'elles ne quittaient guère leurs appartements sans être voilées et accompagnées[1]. » Tous ces critiques si préoccupés de la couleur locale ne tombent-ils pas souvent eux-mêmes dans une confusion d'époques? Le siècle d'Euripide, tout comme notre dix-septième siècle, a sans nul doute commis plus d'un anachronisme contre les mœurs des temps héroïques ; et c'est peut-être d'un de ces anachronismes que Schlegel s'armait pour en reprocher un à Racine. Si la *cour* de Thésée ne ressemblait pas beaucoup à la cour de Louis XIV, elle ne devait pas beaucoup plus ressembler à une maison athénienne au cinquième siècle. Nous ne nous figurons pas les héroïnes de ce temps, les Pasiphaé, les Ariane toujours enfermées au gynécée ; elles avaient évidemment quelques aventures dans les forêts, parmi les rochers. Pourquoi tant s'étonner que « la vertueuse Aricie donne rendez-vous à son amant dans des lieux écartés des habitations humaines[2] ? » Cette fois, chose piquante, c'est Schlegel qui ne trouvait pas Racine assez strict observateur du décorum et de l'étiquette. Vers la fin de sa *Comparaison*, le critique, pour mieux faire ressortir sans doute l'altération des tragiques beautés de la pièce antique par l'intrigue qu'y avait substituée un poëte sans vigueur, proposait avec quelque ironie un nouveau dénoûment, qui eût fait de *Phèdre* une tragi-comédie : « Il n'y avait aucune nécessité de faire mourir Hippolyte. Phèdre pouvait se tuer, persuadée que la malédiction de Thésée pousserait Hippolyte à sa perte ; Thésée pouvait être éclairé à temps sur l'innocence de son fils ; il pouvait révoquer ses vœux adressés à Neptune. Hippolyte pouvait revenir sur la scène.... Aricie pouvait être unie à son amant ; et on aurait vu l'amour vertueux récompensé, tandis que l'amour criminel eût été puni. Si la beauté principale de la pièce consiste dans le rôle de Phèdre, comme on en convient, cela n'aurait pu lui nuire aucunement[3]. » Schlegel en voulait plus à la France qu'à Racine, qu'il déclarait « le poëte tragique le plus estimé du théâtre français, peut-être le plus parfait[4]. » Au fond, c'était contre notre nation que les attaques de son patriotisme allemand étaient dirigées, surtout contre notre grand siècle littéraire : « Sachant d'un côté, disait-il, qu'Euripide a été le poëte favori

---

1. Page 30. — 2. *Ibidem*. — 3. Pages 106 et 107. — 4. Page 9.

de ses contemporains, admettant de l'autre, comme nous le devons certainement, que Racine était l'auteur le plus habile et le plus exercé dans la pratique du théâtre français, et qu'il réunissait dans la culture de son esprit les traits les plus saillants et les plus raffinés du siècle de Louis XIV, notre parallèle de l'original et de l'imitation contiendra nécessairement un jugement indirect sur la valeur comparative du siècle d'Euripide et de celui de Racine[1]. » Un peu plus loin il faisait expressément le procès au goût du dix-septième siècle, en exagérant beaucoup le triomphe qu'y avait obtenu Pradon : « Lorsqu'en lisant la *Phèdre* de Pradon, l'on se rappelle quel prodigieux succès cette pièce ridiculement plate a eu de son temps, de préférence à la *Phèdre* de Racine, succès trop longtemps soutenu pour avoir été l'ouvrage d'une cabale, l'on ne saurait douter que ce qui a nui à Racine auprès de ses contemporains n'ait été d'avoir encore trop conservé de la simplicité et de la hardiesse antiques. Pradon ayant réussi à réduire à une petite intrigue de boudoirs ce sujet dont la force et l'étrange nature se refusent aux raffinements maniérés, remporta la pluralité des suffrages dans ce siècle tant vanté pour la pureté de son goût et la grandeur de ses pensées[2]. » Le dix-septième siècle et Racine trouvèrent un vengeur qu'on ne se serait pas attendu à rencontrer ici comme arbitre d'une querelle littéraire. Le grand Roi lui-même n'eût pu mieux protéger ni plus despotiquement ses poëtes et la gloire de son règne que ne le fit le gouvernement impérial en 1811. Mme de Staël raconte, dans *Dix années d'exil*[3], qu'en cette année le préfet du Léman (c'était alors le baron Capelle, qui avait succédé à M. de Barante) intima l'ordre à Schlegel, son ami, à qui elle avait confié l'éducation de ses fils, de quitter Genève et même Coppet. « Je demandai, dit-elle, ce qu'avait fait M. Schlegel contre la France ; le préfet m'objecta ses opinions littéraires, et entre autres une certaine brochure de lui, dans laquelle, en comparant la *Phèdre* d'Euripide à celle de Racine, il avait donné la préférence à la première. » Elle ajoute que, dans le vrai, Schlegel n'était persécuté que parce qu'il était son ami ; il

1. Page 8. — 2. Pages 40 et 41.
3. 2e partie, chapitre II.

se peut bien ; car le péché littéraire du critique allemand était déjà vieux de quatre années. Mais ce fait d'une si haute intervention politique en faveur de la *Phèdre* de Racine n'en méritait pas moins de trouver place dans l'histoire de cette tragédie. Pour que les admirateurs de Racine gardent un peu moins rancune à Schlegel, il est bon de rappeler que dans son *Cours de littérature dramatique* il a sinon rétracté, du moins adouci beaucoup l'injuste jugement qu'il avait porté sur *Phèdre*. Voici en quels termes il s'y est exprimé : « Quoi qu'il en soit du mérite relatif d'Euripide, de Sénèque et de Racine, il n'en est pas moins vrai que la *Phèdre* française fait époque par un style vraiment tragique, et qu'elle contraste fortement avec tous les ouvrages des auteurs contemporains. Si on la compare avec la *Phèdre* de Pradon, où l'on ne découvre pas le moindre vestige de l'antiquité, où tout rappelle les peintures des cabinets de toilette au temps de Louis XIV, l'on doit d'autant plus admirer le poëte qui, pénétré du sentiment des grandes beautés antiques, a su les reproduire avec éclat, et sans en altérer davantage la simplicité. Si Racine a véritablement dit que la seule différence entre Pradon et lui était qu'il savait écrire, il s'est fait à lui-même une injustice criante[1]. »

On a dû remarquer, dans les jugements qui ont été portés sur *Phèdre*, que le parallèle qu'on en a fait avec son modèle grec a pesé d'un grand poids. Ce parallèle est dans les droits de la critique, mais il n'en faut point abuser. On peut éviter plus d'une erreur, lorsque l'on contemple à part et à son point de vue chacun des deux magnifiques monuments. Le chef-d'œuvre antique apparaît, éclairé d'une lumière transparente, sereine, comme celle qui dessinait si bien dans toute la pureté de leurs contours les beaux marbres de la sculpture grecque; le chef-d'œuvre moderne a surtout la flamme; ses perspectives ont une étrange profondeur. Ne nous plaignons pas si, au lieu d'avoir répété dans une autre langue l'ouvrage d'Euripide, Racine a créé pour nous un second objet d'admiration.

Naturellement on a fait beaucoup moins de rapprochements entre notre *Phèdre* et l'*Hippolyte* latin. Racine cependant s'en est beaucoup inspiré; et le P. Brumoy a eu quelque raison de

---

1. *Cours de littérature dramatique*, tome II, p. 204 et 205.

s'étonner que notre poëte n'ait pas reconnu dans sa préface tout ce qu'il devait à Sénèque. Mais si l'on pouvait remarquer, comme on l'a fait, les heureux emprunts que Racine, dans quelques-unes de ses plus belles scènes, a su chercher au milieu de tant de déclamations d'une rhétorique ampoulée, il n'y avait pas moyen de songer à une véritable comparaison entre l'une des œuvres théâtrales les plus parfaites, et un exercice d'école, où l'on serait bien surpris de voir briller çà et là quelques admirables fragments, s'il n'était pas à croire, comme nous l'avons dit, qu'ils ont été dérobés à une tragédie grecque aujourd'hui perdue.

Après Euripide et Sénèque, doit-on citer encore quelque autre auteur qui ait eu l'honneur de suggérer de loin en loin un trait, une pensée, une expression à Racine? Avant lui il y avait eu sur la scène plusieurs tragédies d'*Hippolyte*, et il paraît bien qu'il avait jeté les yeux sur plusieurs au moins d'entre elles.

« Les ennemis de Racine, s'il faut en croire les frères Parfait[1], débitoient sourdement que les pièces de (*Robert*) Garnier et de Rotrou lui avoient été d'un grand secours. » Il leur eût été difficile, en ce qui est du premier de ces poëtes, de prouver leur allégation par des citations précises. Garnier avait composé un *Hippolyte* que nous trouvons imprimé en 1573[2]. Il y a, non pas toujours, mais souvent, traduit Sénèque ; dans cette imitation du tragique latin, il est naturel qu'il se rencontre plus d'une fois avec Racine; mais celui-ci, pour qui il était aisé de remonter directement à la même source que Garnier, n'aurait pu profiter chez lui que de quelques expressions rendues heureusement dans notre langue, et il n'y en avait guère qui eussent ce mérite dans l'*Hippolyte* du seizième siècle, dont le style devait paraître à Racine singulièrement barbare. Le vieil auteur français a souvent renchéri sur le mauvais goût de Sénèque. On trouve chez lui, bien plus encore que dans son modèle, de ces paroles dont la rude hardiesse lève tous les voiles de l'impudicité la plus honteuse et de l'inceste, et qu'on n'accusera pas du moins de *farder le vice*. Notre poëte a fait subir

---

1. *Histoire du Théâtre françois*, tome III, p. 365.
2. *Hippolyte, tragédie de Robert Garnier,* Paris, de l'imprimerie de Robert Estienne, M.D.LXXIII, in-8º.

une transformation contraire aux emprunts qui lui sont communs avec Garnier.

On a aussi de la Pinelière un *Hippolyte* en cinq actes et en vers, qui fut imprimé en 1635[1], et eut de la célébrité. Nous trouvons en tête de cette pièce des vers de Benserade et du grand Corneille lui-même, qui en font un hyperbolique éloge; elle le mérite peu. Nous avons lu quelque part que Racine avait évidemment imité cet *Hippolyte*, qu'il en avait suivi la marche et l'intrigue, et s'était approprié plusieurs de ses vers, particulièrement dans le récit de la mort d'Hippolyte. Cela nous paraît fort inexact. Si la *Phèdre* de Racine a parfois quelques rapports avec l'*Hippolyte* du poëte angevin, comme avec celui de Garnier, c'est uniquement parce que la Pinelière aussi a souvent imité Sénèque, tout en l'accommodant à la mode de son temps, comme il le dit lui-même dans son *Épître à M. de Bautru* : « Ce jeune seigneur, le plus vertueux de toute la Grèce, vient se présenter à vous avec un équipage à la françoise et un nouveau train que je lui ai donné.... Je me suis donné le loisir d'ajouter aux inventions de Sénèque quelques-unes des miennes. » Mais ces dernières inventions, Racine les lui a laissées.

Il est vraisemblable qu'il n'a pas dédaigné de se souvenir de quelques passages d'un autre *Hippolyte*, publié en 1647. C'était l'œuvre de Gabriel Gilbert, alors secrétaire de la duchesse de Rohan, plus tard secrétaire des commandements de la reine Christine. Cette tragédie avait pour titre *Hippolyte ou le Garçon insensible*[2]. Nous avons indiqué dans les notes de *Phèdre* quelques emprunts de détail, qui ne sont pas tous également certains, et dont il ne faut pas s'exagérer l'importance. La versification de Gilbert est faible; la conception de sa pièce l'est plus encore, et n'a pu être de quelque secours qu'à Pradon, si c'est là que celui-ci a trouvé l'idée ridicule de purifier le sujet par la supposition que Phèdre n'est pas encore l'épouse de Thésée. Ce qui est, s'il se peut, plus déraisonnable dans la pièce de Gilbert,

---

1. *Hippolyte, tragédie par de la Pinelière, Angevin*, à Paris, chez Antoine de Sommaville, M.DC.XXXV, in-8º.

2. A Paris, chez Augustin Courbé, M.DC.XXXXVII (in-8º), avec une épître à la duchesse de Sully. — L'Achevé d'imprimer est du 16 octobre 1646.

c'est le tendre sentiment que Phèdre inspire au garçon insensible, bien que l'auteur nous eût avertis « qu'il blessa les yeux des plus belles dames de son siècle, et ne ressentit point le mal qu'il leur avoit fait. » Les rapprochements qu'on peut faire entre quelques-uns de ses vers et de ceux de Racine ne sauraient tirer à conséquence, et ne sont qu'un objet de curiosité.

Très-peu de temps avant la *Phèdre* de Racine, on avait représenté à Lille une tragédie d'*Hippolyte* dont l'auteur est Bidar[1]. Le passage du grand récit où Théramène rapporte les dernières paroles du jeune héros, et la scène où Phèdre avoue son crime et s'empoisonne, donneraient à penser que cette pièce a aussi été connue de Racine. Mais il est fort douteux que l'amour d'Hippolyte pour Cyane, princesse de Naxe, lui ait suggéré quelque idée de son épisode d'Aricie, conçu et traité très-différemment. Bidar est un de ceux qui n'ont pas voulu que Phèdre et Thésée fussent encore mariés. En général, il est aussi froid et aussi plat que Pradon.

Ce sujet d'*Hippolyte*, dont la beauté tragique avait tenté un si grand nombre de poëtes, pouvait-il se trouver quelqu'un d'assez téméraire pour oser y toucher encore après Racine ? Michel de Cubières, connu sous le nom de Dorat-Cubières, eut cette présomptueuse insolence. L'entreprise était digne de celui qui plus tard refit avec le même succès l'*Art poétique* de Boileau. Sa détestable pièce, intitulée *Hippolyte, tragédie en trois actes*, fut représentée sur le petit théâtre du Marais[2] le 9 ventôse an XI (27 février 1803). Dans son épître dédicatoire en vers, Cubières injuriait Racine. C'était un Pradon que le dix-neuvième siècle voyait renaître. Deux ans après, Schiller, qui, lui du moins, aurait pu sans ridicule tenter la lutte avec un chef-d'œuvre du génie, donna une *Phèdre*; mais c'était une traduction de la *Phèdre* française, un hommage que l'Allemagne rendait à Racine, et qui démentait par avance les critiques passionnées

---

1. *Hippolyte, tragédie par M. Bidar, représentée à Lille par les comédiens de Son Altesse Sérénissime Monseigneur le Prince*, à Lille, de l'imprimerie de Balthazar le Francq, M.DC.LXXV, in-12. — Le privilége est daté du 25 janvier 1675.

2. Ce théâtre, construit rue Culture-Sainte-Catherine, en 1791, fut fermé en 1807. Les acteurs de la province y venaient jouer pour se faire connaître à Paris.

de Schlegel. Cette traduction, dit M. Regnier dans sa *Vie de Schiller*[1], fut achevée « en vingt-six jours, du 17 décembre 1804 au 14 janvier 1805.... Elle fut représentée (*c'était à Weimar*) pour fêter l'anniversaire de la duchesse régnante, le 30 janvier. » Goethe et Schiller à ce moment étaient en veine de justice pour notre théâtre. Les excès dont ils étaient témoins sur leur propre scène les réconciliaient un peu avec notre goût; ils croyaient que nos plus belles tragédies pouvaient être un utile exemple à proposer. Schiller, dans cette pensée, ne pouvait faire un meilleur choix que *Phèdre*.

Cette tragédie, applaudie au commencement de notre siècle sur une scène étrangère, qu'on eût pu lui croire hostile, a de tout temps été sur la nôtre une des plus admirées, une de celles qui y ont le mieux conservé toute la puissance de leur effet. Il nous reste à esquisser l'histoire de ses représentations.

Lorsque les deux troupes de l'Hôtel de Bourgogne et de l'Hôtel de Guénégaud se réunirent en 1680, elles inaugurèrent cette réunion le 25 août par une représentation de *Phèdre*, comme l'atteste le registre de la Grange. On a remarqué que les comédiens français avaient souvent choisi cette tragédie pour les grandes solennités qui font époque dans l'histoire de leur théâtre. Ainsi le lundi 18 avril 1689, lorsqu'après avoir quitté l'Hôtel de Guénégaud, ils parurent sur la nouvelle scène de la rue des Fossés-Saint-Germain-des-Prés, ce fut encore *Phèdre* qu'ils jouèrent[2]. Il en fut de même quand ils transportèrent leur théâtre de la rue des Fossés aux Tuileries, le 23 avril 1770[3]. Il est superflu de dire que, depuis l'entrée de la Champmeslé dans la troupe de Guénégaud, un peu avant la réunion des deux théâtres, on compte dans le registre de la Grange, jusqu'à l'époque où s'arrête ce registre, de nombreuses représentations de *Phèdre*, soit à Paris, soit devant la cour, tantôt à Versailles, tantôt à Fontainebleau, Chambord et Marly. De ce temps où la Champmeslé continuait à briller dans le rôle de Phèdre, le souvenir qu'après celui de cette grande actrice il est intéressant de recueillir, est le grand succès de Guérin dans le rôle de Théramène. Brumoy a parlé des larmes qu'il faisait répandre

---

1. Page 158. — 2. *Histoire du Théâtre françois*, tome XIII, p. 127.
3. *Galerie historique des acteurs*, par Lemazurier, tome I, p. 16.

en récitant le grand morceau objet de tant de critiques. « Les spectateurs, dit-il, souvent peu attentifs au reste de la pièce tant de fois répétée, se disoient : « Voyons pleurer le bonhomme « Guérin[1]. » Une particularité de son jeu qui devait peu contribuer, ce semble, à cet effet touchant, et qu'en tout cas il n'y a pas lieu de proposer à l'imitation des acteurs d'aujourd'hui, a été notée par Lemazurier : « Les acteurs tragiques, dit-il, portaient alors une perruque à trois marteaux. Or, toutes les fois que Guérin arrivait à ce vers :

> J'ai vu, Seigneur, j'ai vu votre malheureux fils,

il ne manquait pas de rejeter régulièrement derrière lui un de ses marteaux[2]. » Guérin, qui vécut jusqu'à un âge très-avancé, et resta longtemps au théâtre, put encore faire pleurer dans le fameux récit les spectateurs des premières années du dix-huitième siècle.

Mais après avoir fait une exception en faveur du vieux Guérin, nous pouvons laisser de côté les Théramènes, et même les majestueux Thésées (comme, par exemple, Brizart et Saint-Prix), les Hippolytes (on pourrait citer Saint-Fal, que l'on trouvait noble et touchant), enfin les Aricies : pour ce dernier personnage une mention suffira, celle de Mlle Gaussin, qui, dans ses débuts en 1731, le représenta avec une grâce charmante; car ces douces et modestes héroïnes, que nul poëte n'a su peindre comme Racine, n'ont jamais paru insignifiantes quand il s'est rencontré une actrice pour exprimer dignement leur chaste sensibilité. Il est clair toutefois que dans une tragédie où le rôle de Phèdre est si dominant, c'est à peu près uniquement de ce rôle qu'il nous faut parler.

L'actrice qui la première, après la Champmeslé, le rendit avec un talent digne de mémoire fut Adrienne Lecouvreur. Elle commença à s'y montrer dès ses débuts en 1717. Dans aucun autre elle n'eut de plus éclatants triomphes. Son admirable jeu avait-il tellement saisi les esprits que de cette vive impression il soit sorti une légende? Ou bien faut-il croire qu'il y ait quelque vérité dans ce que les recueils d'anecdotes dramatiques écrits

---

1. *Théâtre des Grecs*, tome I, p. 397.
2. *Galerie des acteurs*, tome I, p. 277.

au dix-huitième siècle ont raconté de la terrible vengeance que la tragédienne aurait provoquée par quelques vers de *Phèdre*, récités avec toute la brûlante énergie d'une passion personnelle? Ces mêmes vers dont la Champmeslé, suivant Brossette, avait craint que Mme de Montespan ne se fît l'application, Mlle Lecouvreur, dit-on, les adressa du geste et du regard, avec un magnifique mépris, à la puissante rivale qui lui disputait le cœur du maréchal de Saxe ; le public comprit et confirma l'outrage par ses applaudissements. On ajoute que peu de jours après la duchesse de Bouillon (nom fatal dans l'histoire de *Phèdre*) fit mourir par le poison celle qui l'avait insultée. Si cette lugubre aventure, dont s'est emparé de notre temps le théâtre [1], n'est pas un roman arrangé à plaisir ou rêvé par des imaginations frappées, voilà une représentation de *Phèdre* qui n'a jamais eu d'égale pour l'effet tragique.

Peu d'années après la mort d'Adrienne Lecouvreur, Phèdre renaquit dans toute sa gloire en la personne de Mlle Dumesnil. L'année même où cette actrice se fit connaître sur la scène française, elle joua cinq fois le grand rôle qui convenait si bien à son talent pathétique ; et ce fut après y avoir été admirée à Fontainebleau, le 7 octobre de cette même année, qu'elle fut admise à la Comédie. Au témoignage de ses contemporains, elle s'y surpassait elle-même, comme avait fait Mlle Lecouvreur ; et cependant elle trouva une digne émule dans Mlle Clairon, qui, bien jeune encore, eut l'audace de lutter contre une renommée si justement conquise. Il semble qu'entre les deux tragédiennes la victoire soit restée indécise. « Nous avons vu, disent les éditeurs du *Racine* de 1807 [2], remplir alternativement *ce rôle* par les deux plus grandes actrices de la Comédie française : Mlle Dumesnil et Mlle Clairon, qui toutes deux l'ont joué d'une manière admirable, quoique fort différemment l'une de l'autre. » En mars 1743, Mlle Clairon

---

1. Dans la comédie de M. Legouvé, qui a pour titre : *Adrienne Lecouvreur, comédie-drame, en cinq actes, en prose*, représentée le 14 avril 1849. — Dans une de ses lettres à Mme de Calandrini, Mlle Aïssé raconte la mort d'Adrienne Lecouvreur, avec des détails qu'elle tenait évidemment de d'Argental. Mais l'anecdote de la scène de *Phèdre* ne se trouve pas dans son récit.

2. *Additions des éditeurs* sur *Phèdre*, tome IV, p. 375 et 376.

avait débuté au Théâtre-Français par la comédie; quelques mois après, elle voulut aborder la tragédie, et demanda qu'on lui confiât d'abord le rôle de Phèdre. On lui en proposait d'autres, par exemple celui d'Aricie, et l'on riait de son audace, à laquelle on refusait de donner libre carrière. « La colère (c'est elle-même qui raconte[1]), la colère me dévorait; mais la fierté me soutint. Je répondis aussi tranquillement et surtout aussi majestueusement qu'il m'était possible : « Mes-« sieurs, vous me voulez, ou vous ne me voulez pas; j'ai le « droit de choisir. Je jouerai Phèdre, ou ne jouerai rien. » Tout le monde se contint; on accepta, et je débutai par Phèdre. » C'était le 19 septembre 1743. La jeune débutante était plus jolie que belle et de petite taille. Elle n'eut jamais, même plus tard, la véhémence entraînante, les inspirations sublimes et la flamme de la Dumesnil, mais de bonne heure son art fut consommé. Dès la première représentation, le succès, auquel personne ne s'était attendu, justifia sa confiance. Nous avons vu, dans les notices de pièces précédentes, qu'elle avait pris soin de nous donner quelque idée de l'intelligente étude faite par elle de ses principaux rôles. Voici comment elle parle de celui de Phèdre. Son style, nous l'avons fait remarquer ailleurs, n'est pas un modèle; mais ses observations, pleines de sagacité, peuvent avoir de l'intérêt; elles font connaître le caractère de son interprétation : « Racine a marqué d'acte en acte les gradations que la passion de Phèdre doit avoir. Suivez l'auteur exactement dans sa marche; tâchez de l'atteindre; gardez-vous de prétendre le surpasser.... Je m'étais prescrit, dans tout ce qui tient aux remords, une diction simple, des accents nobles et doux, des larmes abondantes, une physionomie profondément douloureuse, et, dans tout ce qui tient à l'amour, l'espèce d'ivresse, de délire que peut offrir une somnambule conservant dans les bras du sommeil le souvenir du feu qui la consume en veillant.... Dans la scène du second acte avec Hippolyte, je disais le premier couplet d'une voix basse, tremblante et sans oser lever les yeux.... Le second couplet avait.... une émotion différente : mes mots étaient entrecoupés par le battement de mon cœur, et non par la crainte. Au troi-

---

1. *Mémoires d'Hippolyte Clairon*, p. 190.

sième, un coup d'œil enflammé, et réprimé au même instant, marquait le combat qui s'élevait dans mon âme. Au quatrième, ce combat était encore plus sensible, mais l'amour l'emportait. Au cinquième, il régnait seul, et, dans mon égarement, je n'avais conservé que l'habitude de la noblesse et de la décence. Le délire du second acte est causé par la révolte des sens ; celui du quatrième acte, par le désespoir et la terreur. Mettez dans le premier tout ce que le regard, le son de voix, les mouvements peuvent avoir de séduisant, de doux, de caressant ; gardez les grands éclats pour l'autre [1]. » Juge difficile de son propre succès, Mlle Clairon nous apprend qu'aucune de ses tentatives pour dire le couplet qui termine la scène de la déclaration ne l'avait satisfaite. « Je suis obligée d'avouer, dit-elle, qu'en disant et faisant de mon mieux, je suis toujours restée bien loin et de l'auteur et de mon idée [2]. » Ses observations sur le rôle de Phèdre ont une assez grande étendue ; nous n'avons pu citer que les plus saillantes. Il y en a d'autres encore qui n'attesteraient pas moins l'esprit vraiment critique avec lequel elle savait analyser pour elle-même les beautés poétiques qu'elle avait à interpréter. Si elle n'avait pas toute la passion de Mlle Dumesnil, on comprend cependant qu'avec un talent si réfléchi, une intelligence si pénétrante, elle arrivât à une perfection d'un autre genre, qui faisait hésiter les connaisseurs sur le prix à décerner.

Inférieure aux Clairon et aux Dumesnil, Mlle Raucourt eut toutefois sa part de renommée dans le rôle de Phèdre ; mais les succès qu'elle y obtint furent souvent contestés, un jour entre autres avec la brutalité la plus injurieuse. C'était en 1778. La Harpe dans sa *Correspondance littéraire* [3] raconte que le public appliqua à cette actrice les fameux vers de son rôle qui avaient déjà servi en d'autres temps à de sanglantes allusions, et même celui-ci :

Et moi, triste rebut de la nature entière.

Mais ces grossières vengeances, que soulevaient des querelles

---

1. *Mémoires d'Hippolyte Clairon*, p. 120-122.
2. *Ibidem*, p. 123.
3. Tome III, p. 2 (édition de l'an IX).

entre actrices ou des faits de la vie privée, n'ont rien à faire avec les questions d'art. Mlle Raucourt, qui dans toute sa carrière s'attacha avec persévérance à un rôle où elle déployait de remarquables qualités, y mérita surtout une critique, qui ne laissait pas d'être grave : elle y manquait de sensibilité, et ne rendait bien que la fureur, le délire de la passion. L'ancienne tradition de choisir la représentation de *Phèdre* pour les grands jours de la Comédie française s'était conservée. Lorsque Mlle Raucourt prit possession le 29 nivôse an V (20 janvier 1797) de l'ancienne salle du faubourg Saint-Germain, qui fut plus tard l'Odéon, la première pièce qu'on y joua fut *Phèdre*, où Mlle Raucourt parut dans son rôle de prédilection. En 1800 elle y fut encore fidèle pour sa rentrée au théâtre. Geoffroy, qui a rendu compte de cette représentation[1], reproche à la tragédienne de n'avoir point de larmes et de paraître dans toute la pièce ne se rappeler que ce vers :

> C'est Vénus toute entière à sa proie attachée.

Bien différente fut Mlle Duchesnois. Elle avait précisément les dons refusés à Mlle Raucourt. Phèdre fut son rôle de début en 1802; elle le joua aussi dans sa représentation de retraite; et quelques années plus tard nous nous souvenons de l'avoir vue reparaître encore une fois dans la même tragédie sur la scène qu'elle avait depuis longtemps quittée ; mais nous n'avons pu juger de ce jeu autrefois si admiré, car la tragédienne n'était plus alors que l'ombre d'elle-même. Revenons à ses débuts; ils furent un événement au théâtre. C'était le temps où le public s'occupait aussi beaucoup du tableau de *Phèdre accusant Hippolyte devant Thésée*, que Pierre Guérin, s'inspirant de la tragédie de Racine, et même, disait-on, du jeu des acteurs du théâtre de la République, avait exposé au Louvre cette même année 1802. *Phèdre* était doublement à la mode, et l'on se plaisait à louer en vers comme en prose et le peintre et la nouvelle tragédienne. Voici quel jugement Geoffroy portait alors de celle-ci : « Son organe est doux, sonore et touchant; elle a.... l'expression, la sensibilité, la chaleur.... Elle émeut par un

---

1. *Cours de littérature dramatique*, tome VI, p. 200. Feuilleton du 19 germinal an VIII (11 avril 1800).

secret bien simple, quoique rare : elle est émue elle-même ; elle fait pleurer parce qu'elle pleure.... Dans la scène de la déclaration, sa physionomie, d'abord triste et abattue, s'anime tout à coup, et semble se colorer des rayons du désir et de l'espérance ; une sorte de joie y brille à travers l'inquiétude et la crainte ; tour à tour hardie et timide, tendre et furieuse, naïve et passionnée, elle offre l'image la plus vraie et la plus touchante des tourments d'un amour malheureux et coupable. Elle n'a pas produit moins d'effet dans la scène de la jalousie.... Je me suis surpris avec plaisir dans un attendrissement tout à fait nouveau pour moi.... Mon avis sur Mlle Duchesnois est donc le même que celui de Louis XV sur le Kain : elle m'a fait pleurer, moi qui ne pleure guère[1]. » Un tel succès obtenu dès les commencements ne fit que s'accroître à mesure que Mlle Duchesnois devint plus complétement maîtresse de son rôle. Ce n'est pas qu'elle n'eût aussi ses détracteurs, ou tout au moins ses juges sévères. Ceux-là reconnaissaient qu'elle était touchante ; mais ils lui reprochaient de manquer d'énergie, et de jouer Phèdre comme elle aurait joué Ariane ; ils étaient disposés à mettre au-dessus d'elle Mlle Georges, qui rivalisait avec elle dans ce rôle en 1803. D'un autre côté, ses admirateurs lui avaient appliqué ce vers de la tragédie où elle excellait :

Phèdre, depuis longtemps, ne craint plus de rivale.

Beaucoup de ceux qui l'avaient vue dans le temps où elle excitait cet enthousiasme purent encore, avec les souvenirs d'un passé qui commençait, il est vrai, à s'effacer dans le lointain, la comparer avec Mlle Rachel. Cette comparaison, où nous n'apporterions pas une impression personnelle, nous est interdite. Nous sommes porté à croire qu'elle était bien difficile, l'interprétation du même rôle par ces deux grandes actrices paraissant avoir été entièrement différente. D'ailleurs, dans cet art des tragédiens dont il ne reste qu'une mémoire vague et impossible à bien fixer, il est prudent de renoncer à tout parallèle entre des talents qu'une génération sépare. Chaque époque a son goût, dont l'époque suivante n'est pas juge, quand l'objet du juge-

---

1. *Cours de littérature dramatique*, tome VI, p. 265-268. Feuilleton du 17 messidor an X (7 juillet 1802).

ment ne lui est connu que par une incertaine tradition : nous discuterions peut-être aussi vainement aujourd'hui sur la déclamation de Mlle Duchesnois que sur celle de la Champmeslé. Laissons aux impressions de nos devanciers leur place dans l'histoire de la scène française; et disons à notre tour quelles ont été les nôtres, quand nous avons vu briller avec tant d'éclat une Phèdre nouvelle. Dans la première scène où paraissait Mlle Rachel, rien ne se pouvait imaginer d'une vérité plus effrayante et plus belle que cette femme mourante, consumée par l'ardeur de la passion. Tout le délire et des sens et du cœur était exprimé d'une manière admirable dans la scène de la déclaration; celle de la jalousie était peut-être de toutes la plus parfaitement rendue. On ne peut surtout oublier avec quelle énergie, quelle douleur éperdue, dans ce vers :

Pardonne, un dieu cruel a perdu ta famille,

le mot *pardonne* était prononcé. Ce qui nous frappait dans toute la pièce, c'est que la double physionomie du rôle était mise par la tragédienne dans un égal relief. Les emportements d'un amour dont Vénus elle-même attisait les flammes, et les touchants, les religieux remords étaient interprétés avec la même force. On a dit que dans les commencements on se plaisait surtout à trouver dans Mlle Rachel la Phèdre chrétienne; que plus tard, lorsque ses voyages à l'étranger l'eurent habituée à mettre dans son jeu plus de violence et quelque exagération, la Phèdre païenne eut son tour. Il se peut; mais il y eut certainement un moment de perfection où toutes les deux se montraient telles qu'elles sont dans l'œuvre du poëte. Un caractère bien remarquable encore du talent de Mlle Rachel, dans ce beau rôle, c'est qu'elle y savait atteindre à tous les effets de la réalité la plus franche, et que cependant elle ne lui faisait rien perdre de sa couleur poétique, qu'elle n'abaissait point sa grandeur héroïque et mythologique. La manière était large, et en même temps chaque pensée, chaque mot, chaque détail ressortait. Peut-être avait-elle retrouvé les inspirations sublimes de Mlle Dumesnil et l'art savant de Mlle Clairon. Mlle Rachel avait pour la première fois joué le rôle de Phèdre le samedi 21 janvier 1843; elle avait à y lutter contre les souvenirs laissés par Mlle Duchesnois, et même contre un succès contemporain, celui de Mlle Maxime, actrice pleine de feu, dont il est juste de rappeler ici le nom. Mlle Rachel, dit-on, avait perdu ce jour-là toute confiance en elle-même ; son jeu parut trop étudié, trop calculé ; à cet art qui ne se dissimulait pas assez, on eût préféré les larmes de Mlle Duchesnois. Mais qu'importe ? Si en effet dans cette première représentation la tragédienne resta loin de l'idéal qu'elle cherchait encore, qu'elle avait déjà entrevu, nous croyons qu'elle y atteignit au milieu de sa carrière.

Nous avons suivi pour la tragédie de *Phèdre*, comme pour les précédentes, le texte de 1697. Nous donnons les variantes très-rares qu'offrent l'édition originale, imprimée en 1677, et l'édition de 1687. Les autres impressions, données du vivant de Racine, telles que celle qui a été jointe au recueil de 1676, celle de 1678 (impression de Hollande, avec la devise *Quærendo*), et celle de 1680 (à Paris, chez Claude Barbin), ne sont pas, à proprement parler, des éditions. On n'y peut avoir à signaler que des fautes de l'imprimeur.

L'édition originale a pour titre :

PHEDRE
ET
HIPPOLYTE,
Tragedie
Par Mr Racine.
A Paris,
Chez Claude Barbin.
M.DC.LXXVII.
Avec privilege du Roy.

En face du titre est une gravure d'après Charles Lebrun, qui représente la mort d'Hippolyte; on la retrouve dans un assez grand nombre des anciennes éditions de *Phèdre*. Pour le titre, la préface, l'extrait du privilége et la liste des acteurs, on compte 5 feuillets; il y a en outre 78 pages. L'Achevé d'imprimer est du 15 mars 1677.

Nous avons mentionné ci-dessus une impression de *Phèdre*, jointe après coup avec une pagination distincte au recueil de 1676. Le titre est également *Phèdre et Hippolyte, tragedie par Mr Racine*. Mais il ne contient aucune autre indication, pas de date, pas de nom de libraire. La pièce, qui est une réimpression de la première édition, a 74 pages seulement, précédées des 5 feuillets de préliminaires.

PRÉFACE.

Voici encore une tragédie dont le sujet est pris d'Euripide. Quoique j'aie suivi une route un peu différente de celle de cet auteur pour la conduite de l'action, je n'ai pas laissé d'enrichir ma pièce de tout ce qui m'a paru plus éclatant[1] dans la sienne. Quand je ne lui devrois que la seule idée du caractère de Phèdre, je pourrois dire que je lui dois ce que j'ai peut-être mis de plus raisonnable sur le théâtre. Je ne suis point étonné que ce caractère ait eu un succès si heureux du temps d'Euripide, et qu'il ait encore si bien réussi dans notre siècle, puisqu'il a toutes les qualités qu'Aristote demande dans le héros de la tragédie, et qui sont propres à exciter la compassion et la terreur[2]. En effet, Phèdre n'est ni tout à fait coupable, ni tout à fait innocente. Elle est engagée par sa destinée, et par la colère des Dieux, dans une passion illégitime, dont elle a horreur toute la première. Elle fait tous ses efforts pour la surmonter. Elle aime mieux se laisser mourir que de la déclarer à personne. Et lorsqu'elle est forcée de la découvrir, elle en parle avec une confusion qui fait bien voir que son crime est plutôt une punition des Dieux qu'un mouvement de sa volonté.

J'ai même pris soin de la rendre un peu moins odieuse qu'elle n'est dans les tragédies des anciens, où elle se résout d'elle-même à accuser Hippolyte. J'ai cru que la calomnie avoit quelque chose de trop bas et de trop noir

---

1. Les éditions antérieures à celle de 1697, dont nous suivons le texte, portent : « m'a paru le plus éclatant. » — Nous n'oserions affirmer que la suppression de l'article, quoique autorisée par de nombreux exemples, soit bien de Racine.

2. Voyez la *Poétique*, chapitre XIII.

pour la mettre dans la bouche d'une princesse qui a d'ailleurs des sentiments si nobles et si vertueux. Cette bassesse m'a paru plus convenable à une nourrice, qui pouvoit avoir des inclinations plus serviles[1], et qui néanmoins n'entreprend cette fausse accusation que pour sauver la vie et l'honneur de sa maîtresse. Phèdre n'y donne les mains que parce qu'elle est dans une agitation d'esprit qui la met hors d'elle-même, et elle vient un moment après dans le dessein de justifier l'innocence et de déclarer la vérité.

Hippolyte est accusé, dans Euripide et dans Sénèque, d'avoir en effet violé sa belle-mère : *Vim corpus tulit*[2]. Mais il n'est ici accusé que d'en avoir eu le dessein. J'ai voulu épargner à Thésée une confusion qui l'auroit pu rendre moins agréable aux spectateurs.

Pour ce qui est du personnage d'Hippolyte, j'avois remarqué dans les anciens qu'on reprochoit à Euripide de l'avoir représenté comme un philosophe exempt de toute imperfection : ce qui faisoit que la mort de ce jeune

---

1. Schlegel (*Comparaison entre la* Phèdre *de Racine et celle d'Euripide*, p. 35) relève vivement ce passage de la *Préface :* « Je ne m'arrête pas, dit-il, à cette manière de courtisan de rejeter les bassesses dont on peut avoir besoin dans une tragédie, sur les personnages d'un rang inférieur ; mais Racine avait-il donc oublié cette maxime triviale du droit et de la morale, que chacun est censé avoir fait lui-même ce qu'il a fait faire par un autre ? » On peut, en abusant peut-être des expressions de Racine, trouver, dans un siècle démocratique, qu'il parle ici des humbles conditions avec quelque dédain ; mais il est clair, en lisant tout ce passage, et surtout la pièce, qu'il a moins ménagé dans Phèdre son rang élevé que ces *sentiments nobles et vertueux* dont il a voulu laisser des marques touchantes dans cette âme égarée. Là surtout est la grande beauté du rôle. Sans doute, en bonne morale, on est coupable de tout ce qu'on a laissé faire. Néanmoins, si Phèdre avait pris d'elle-même la résolution d'accuser Hippolyte, au lieu de se laisser arracher un consentement hésitant, elle eût bien plus révolté, et n'eût pas inspiré la même pitié.

2. Acte III, scène II, vers 892.

prince causoit beaucoup plus d'indignation que de pitié[1]. J'ai cru lui devoir donner quelque foiblesse qui le rendroit un peu coupable envers son père, sans pourtant lui rien ôter de cette grandeur d'âme avec laquelle il épargne l'honneur de Phèdre, et se laisse opprimer sans l'accuser. J'appelle foiblesse la passion qu'il ressent malgré lui pour Aricie, qui est la fille et la sœur des ennemis mortels de son père.

Cette Aricie n'est point un personnage de mon invention. Virgile dit qu'Hippolyte l'épousa, et en eut un fils, après qu'Esculape l'eut ressuscité[2]. Et j'ai lu encore dans quelques auteurs[3] qu'Hippolyte avoit épousé et emmené

1. La théorie sur laquelle s'appuie le reproche adressé à Euripide est celle d'Aristote dans la *Poétique*, chapitre XIII. Mais cette critique du caractère de l'Hippolyte grec, que Racine a trouvée si à propos pour justifier l'altération qu'il a fait subir à ce caractère, où l'a-t-il lue chez *les anciens*? S'il ne l'y a pas lue, quel est celui de leurs commentateurs auquel il s'en est rapporté? Nous n'avons pu découvrir la source, quelle qu'elle soit, où il a puisé. Nous savons seulement que Racine était incapable, non pas seulement de chercher à tromper ses lecteurs, mais même de parler légèrement. Dans sa *Comparaison* entre les deux *Phèdres*, p. 95 et 96, Schlegel, sans indiquer s'il croit que la critique citée par Racine ait été réellement faite dans l'antiquité, se contente d'en proposer une réfutation assez plausible : Hippolyte, quoique doué par Euripide de toutes les vertus morales, n'était pas irréprochable suivant les idées des anciens. Il avait traité Vénus avec dédain : c'était une faute.

2. *Énéide*, livre VII, vers 761-769.

3. Racine n'avait-il pas lu cette histoire d'une Aricie athénienne dans une traduction des *Tableaux de Philostrate*, publiée en 1615, en un volume in-folio, à Paris, chez la veuve Abel Langelier, sous ce titre : *Les Images ou tableaux de platte peinture des deux Philostrates*, ... *mis en François par Blaise de Vigenere*? Dans l'*Annotation* du tableau d'*Hippolyte*, au livre second, p. 311, il est dit à propos de la forêt Aricine mentionnée par Ovide : « On estime que ce lieu fut ainsi appelé d'une belle jeune demoiselle de la contrée d'Attique, nommée Aricie, de laquelle Hippolyte s'étant enamouré, l'emmena en Italie, où il l'épousa. » — Pradon, dans la préface de sa *Phèdre*, dit avoir tiré son épisode d'Aricie des *Tableaux de Philostrate*.

en Italie une jeune Athénienne de grande naissance, qui s'appeloit Aricie, et qui avoit donné son nom à une petite ville d'Italie.

Je rapporte ces autorités, parce que je me suis très-scrupuleusement attaché à suivre la fable. J'ai même suivi l'histoire de Thésée, telle qu'elle est dans Plutarque.

C'est dans cet historien que j'ai trouvé que ce qui avoit donné occasion de croire que Thésée fût descendu dans les enfers pour enlever Proserpine, étoit un voyage que ce prince avoit fait en Épire vers la source de l'Achéron, chez un roi dont Pirithoüs vouloit enlever la femme, et qui arrêta Thésée prisonnier, après avoir fait mourir Pirithoüs[1]. Ainsi j'ai tâché de conserver la vraisemblance de l'histoire, sans rien perdre des ornements de la fable, qui fournit extrêmement à la poésie. Et le bruit de la mort de Thésée, fondé sur ce voyage fabuleux, donne lieu à Phèdre de faire une déclaration d'amour qui devient une des principales causes de son malheur, et qu'elle n'auroit jamais osé faire tant qu'elle auroit cru que son mari étoit vivant.

Au reste, je n'ose encore assurer que cette pièce soit en effet la meilleure de mes tragédies. Je laisse et aux lecteurs et au temps à décider de son véritable prix. Ce que je puis assurer, c'est que je n'en ai point fait où la vertu soit plus mise en jour que dans celle-ci. Les moindres fautes y sont sévèrement punies. La seule pensée du crime y est regardée avec autant d'horreur que le crime même. Les foiblesses de l'amour y passent pour de vraies foiblesses; les passions n'y sont présentées aux yeux que pour montrer tout le désordre dont elles sont cause ; et

---

1. Voyez Plutarque, *Vie de Thésée*, chapitre XXXI; et Pausanias, *Attique*, chapitre XVII. — Le roi dont Pirithoüs voulait enlever, selon Plutarque, la fille, et, selon Pausanias, la femme, s'appelait *Ædonée* (en grec Ἀϊδωνεύς, un des noms d'Hadès ou Pluton).

le vice y est peint partout avec des couleurs qui en font connoître et haïr la difformité. C'est là proprement le but que tout homme qui travaille pour le public doit se proposer ; et c'est ce que les premiers poëtes tragiques avoient en vue sur toute chose. Leur théâtre étoit une école où la vertu n'étoit pas moins bien enseignée que dans les écoles des philosophes. Aussi Aristote a bien voulu donner des règles du poëme dramatique ; et Socrate, le plus sage des philosophes, ne dédaignoit pas de mettre la main aux tragédies d'Euripide[1]. Il seroit à souhaiter que nos ouvrages fussent aussi solides et aussi pleins d'utiles instructions que ceux de ces poëtes. Ce seroit peut-être un moyen de réconcilier la tragédie avec quantité de personnes, célèbres par leur piété et par leur doctrine, qui l'ont condamnée dans ces derniers temps[2], et qui en jugeroient sans doute plus favorablement, si les auteurs songeoient autant à instruire leurs spectateurs qu'à les divertir, et s'ils suivoient en cela la véritable intention de la tragédie.

1. Diogène de Laerte, au commencement de son chapitre sur Socrate (v^e du livre II), rapporte, en citant à l'appui divers témoignages, que le philosophe passait pour aider le poëte.
2. Voyez, en tête de la tragédie d'*Attila*, antérieure à *Phèdre* de dix ans, une courte réponse de Corneille (tome VII des *OEuvres*, p. 105) « aux invectives, comme il les appelle, qu'on a publiées depuis quelque temps contre la Comédie. » Voyez en outre ce que M. Marty-Laveaux dit, en note (même page 105), des deux *Traités de la Comédie* de Nicole et du prince de Conti, dont le premier parut en 1659 et fut réimprimé dans les *Essais de morale* (tome III), et dont le second fut publié en 1667.

ACTEURS.

THÉSÉE, fils d'Égée, roi d'Athènes.
PHÈDRE, femme de Thésée, fille de Minos et de Pasiphaé.
HIPPOLYTE, fils de Thésée, et d'Antiope[1], reine des Amazones.
ARICIE, princesse du sang royal d'Athènes.
ŒNONE, nourrice et confidente de Phèdre.
THÉRAMÈNE, gouverneur d'Hippolyte.
ISMÈNE, confidente d'Aricie.
PANOPE, femme de la suite de Phèdre.
GARDES.

La scène est à Trézène, ville du Péloponnèse[2].

---

1. Voyez ci-après, p. 308, note 1.
2. Dans l'*Argolide*. La scène est également à Trézène dans l'*Hippolyte* d'Euripide ; elle est à Athènes dans l'*Hippolyte* de Sénèque.

PHÈDRE[1],

TRAGÉDIE.

ACTE I.

SCÈNE PREMIÈRE.

HIPPOLYTE, THÉRAMÈNE.

HIPPOLYTE.

Le dessein en est pris : je pars, cher Théramène,
Et quitte le séjour de l'aimable Trézène.
Dans le doute mortel dont je suis agité,
Je commence à rougir de mon oisiveté.
Depuis plus de six mois éloigné de mon père,   5
J'ignore le destin d'une tête si chère ;
J'ignore jusqu'aux lieux qui le peuvent cacher.

THÉRAMÈNE.

Et dans quels lieux, Seigneur, l'allez-vous donc chercher ?
Déjà, pour satisfaire à votre juste crainte,
J'ai couru les deux mers que sépare Corinthe ;   10
J'ai demandé Thésée aux peuples de ces bords

---

1. Dans la première édition, ainsi que dans l'appendice de 1676 et dans les impressions de 1678 et de 1680, le titre est : PHÈDRE ET HIPPOLYTE. — Voyez ci-dessus la *Notice*, p. 261 et 262.

Où l'on voit l'Achéron[1] se perdre chez les morts;
J'ai visité l'Élide, et laissant le Ténare,
Passé jusqu'à la mer qui vit tomber Icare[2].
Sur quel espoir nouveau, dans quels heureux climats   15
Croyez-vous découvrir la trace de ses pas?
Qui sait même, qui sait si le Roi votre père
Veut que de son absence on sache le mystère?
Et si, lorsqu'avec vous nous tremblons pour ses jours,
Tranquille, et nous cachant de nouvelles amours,   20
Ce héros n'attend point qu'une amante abusée....

          HIPPOLYTE.

Cher Théramène, arrête, et respecte Thésée.
De ses jeunes erreurs désormais revenu,
Par un indigne obstacle il n'est point retenu;
Et fixant de ses vœux l'inconstance fatale,   25
Phèdre depuis longtemps ne craint plus de rivale.
Enfin en le cherchant je suivrai mon devoir,
Et je fuirai ces lieux que je n'ose plus voir.

          THÉRAMÈNE.

Hé! depuis quand, Seigneur, craignez-vous la présence[3]
De ces paisibles lieux, si chers à votre enfance,   30

---

1. Louis Racine dit que son père voulut que l'on prononçât *l'Achéron*, à la française; mais que Lulli, à l'Opéra, tint à ce que l'on dît *l'Aquéron*.

2. Ce voyage entrepris par l'ordre d'Hippolyte pour chercher Thésée rappelle celui de Télémaque à la recherche d'Ulysse dans *l'Odyssée*. Racine a pu s'en souvenir. Mais le voyage de Théramène est plus long que celui de Télémaque. *Les deux mers que sépare Corinthe* ne doivent probablement pas s'entendre seulement de la mer de Crissa et de la mer Saronique, mais de la mer Ionienne et de la mer Égée. Théramène va jusqu'en Épire, où l'Achéron se perd dans le lac Acherusia, puis il visite l'Élide sur la côte occidentale du Péloponèse, double le promontoire de Ténare au sud de la même péninsule, et de là va jusqu'à la mer Icarienne qui baigne le littoral de l'Asie Mineure.

3. L'auteur de la *Dissertation sur les deux tragédies de* Phèdre cite ainsi ce vers (p. 367):

   Et depuis quand, Seigneur, fuyez-vous la présence....

Il prétend que cette expression, *la présence de ces lieux*, ne peut être reçue: « Avez-vous jamais ouï dire que les lieux aient une présence? »

Et dont je vous ai vu préférer le séjour
Au tumulte pompeux d'Athène et de la cour[1]?
Quel péril, ou plutôt quel chagrin vous en chasse?
                    HIPPOLYTE.
Cet heureux temps n'est plus. Tout a changé de face,
Depuis que sur ces bords les Dieux ont envoyé   35
La fille de Minos et de Pasiphaé.
                    THÉRAMÈNE.
J'entends : de vos douleurs la cause m'est connue.
Phèdre ici vous chagrine, et blesse votre vue.
Dangereuse marâtre, à peine elle vous vit,
Que votre exil d'abord signala son crédit.   40
Mais sa haine sur vous autrefois attachée,
Ou s'est évanouie, ou s'est bien relâchée.
Et d'ailleurs quels périls vous peut faire courir[2]
Une femme mourante et qui cherche à mourir?
Phèdre, atteinte d'un mal qu'elle s'obstine à taire,   45
Lasse enfin d'elle-même et du jour qui l'éclaire,
Peut-elle contre vous former quelques desseins?
                    HIPPOLYTE.
Sa vaine inimitié n'est pas ce que je crains.
Hippolyte en partant fuit une autre ennemie :
Je fuis, je l'avoûrai, cette jeune Aricie,   50
Reste d'un sang fatal conjuré contre nous.
                    THÉRAMÈNE.
Quoi? vous-même, Seigneur, la persécutez-vous?
Jamais l'aimable sœur des cruels Pallantides[3]

1. *Var.* Au tumulte pompeux d'Athènes, de la cour. (1677)
— Ici encore une faute d'impression pourrait être la première origine de la leçon définitive. L'édition de 1687, changeant l'orthographe sans égard à la quantité, porte : « d'Athènes et de la cour. »
2. *Var.* Et d'ailleurs quel péril vous peut faire courir. (1677-78)
3. Les Pallantides étaient les fils de Pallas, ou, comme l'appelle Racine au vers 330, de Pallante, fils de Pandion et frère d'Égée. Quand ils virent Thésée reconnu pour le fils d'Égée et l'héritier de la royauté d'Athènes, à laquelle ils

Trempa-t-elle aux complots de ses frères perfides?
Et devez-vous haïr ses innocents appas? 55
HIPPOLYTE.
Si je la haïssois, je ne la fuirois pas.
THÉRAMÈNE.
Seigneur, m'est-il permis d'expliquer votre fuite?
Pourriez-vous n'être plus ce superbe Hippolyte
Implacable ennemi des amoureuses lois,
Et d'un joug que Thésée a subi tant de fois? 60
Vénus, par votre orgueil si longtemps méprisée,
Voudroit-elle à la fin justifier Thésée?
Et vous mettant au rang du reste des mortels,
Vous a-t-elle forcé d'encenser ses autels?
Aimeriez-vous, Seigneur?
HIPPOLYTE.
     Ami, qu'oses-tu dire? 65
Toi, qui connois mon cœur depuis que je respire,
Des sentiments d'un cœur si fier, si dédaigneux,
Peux-tu me demander le désaveu honteux?
C'est peu qu'avec son lait une mère amazone[1]
M'ait fait sucer encor cet orgueil qui t'étonne; 70
Dans un âge plus mûr moi-même parvenu,
Je me suis applaudi quand je me suis connu.
Attaché près de moi par un zèle sincère,
Tu me contois alors l'histoire de mon père.
Tu sais combien mon âme, attentive à ta voix, 75
S'échauffoit au récit de ses nobles exploits,
Quand tu me dépeignois ce héros intrépide

prétendaient, ils conspirèrent contre lui et lui dressèrent une embuscade. Thésée les tailla en pièces; et après ce meurtre, il alla à Trézène pour se faire purifier. Voyez Plutarque, *Vie de Thésée*, chapitre XIII; et Pausanias, livre I, chapitre XXII.

1. Cette Amazone, qui fut mère d'Hippolyte, se nommait Antiope, ou, suivant quelques-uns, Hippolyte. Elle était reine des Amazones. Thésée l'épousa après sa première expédition contre ces femmes guerrières.

Consolant les mortels de l'absence d'Alcide,
Les monstres étouffés et les brigands punis,
Procruste, Cercyon, et Scirron, et Sinnis,   80
Et les os dispersés du géant d'Épidaure,
Et la Crète fumant du sang du Minotaure[1].
Mais quand tu récitois des faits moins glorieux,
Sa foi partout offerte et reçue en cent lieux;
Hélène à ses parents dans Sparte dérobée[2];   85
Salamine témoin des pleurs de Péribée[3];
Tant d'autres, dont les noms lui sont même échappés,
Trop crédules esprits que sa flamme a trompés :
Ariane aux rochers contant ses injustices[4],
Phèdre enlevée enfin sous de meilleurs auspices;   90
Tu sais comme à regret écoutant ce discours,
Je te pressois souvent d'en abréger le cours[5],

1. Une note sur chacun de ces exploits, pour lesquels on peut consulter les dictionnaires mythologiques, serait ici superflue. Il est plus à propos de citer à côté des vers de Racine, comme l'ont déjà fait de précédents éditeurs, des vers d'Ovide où se trouve la même énumération des triomphes de Thésée. Notre poëte les avait sans doute présents à la mémoire :

> . . . . *Te, maxime Theseu,*
> *Mirata est Marathon Cretæi sanguine tauri....*
> . . . . *Tellus Epidauria per te*
> *Clavigeram vidit Vulcani occumbere prolem;*
> *Vidit et immitem Cephesias ora Procrusten;*
> *Cercyonis letum vidit Cerealis Eleusin.*
> *Occidit ille Sinis, magnis male viribus usus,*
> *Qui poterat curvare trabes, et agebat ab alto*
> *Ad terram late sparsuras corpora pinus.*
> *Tutus ad Alcathoën, Lelegeia mœnia, limes,*
> *Composito Scirone, patet.* . . . .
>   (*Métamorphoses*, livre VII, vers 433-444.)

2. Voyez *Iphigénie*, vers 1281 et suivants.
3. Péribée, qui au vers 568 de l'*Ajax* de Sophocle est appelée *Éribée*, épousa Télamon, roi de Salamine et père d'Ajax, après avoir été abandonnée par Thésée.
4. Ariane fut abandonnée par Thésée dans l'île de Naxos. Le vers de Racine fait allusion aux plaintes célèbres d'Ariane dans Catulle.
5. Luneau de Boisjermain et la Harpe ont remplacé *abréger* par *arrêter*, et ils donnent le vrai texte pour une variante ne se trouvant que dans la première édition (1677).

Heureux si j'avois pu ravir à la mémoire
Cette indigne moitié d'une si belle histoire.
Et moi-même, à mon tour, je me verrois lié ?   95
Et les Dieux jusque-là m'auroient humilié ?
Dans mes lâches soupirs d'autant plus méprisable [1],
Qu'un long amas d'honneurs rend Thésée excusable,
Qu'aucuns monstres par moi domptés jusqu'aujourd'hui
Ne m'ont acquis le droit de faillir comme lui.   100
Quand même ma fierté pourroit s'être adoucie,
Aurois-je pour vainqueur dû choisir Aricie [2] ?
Ne souviendroit-il plus à mes sens égarés
De l'obstacle éternel qui nous a séparés ?
Mon père la réprouve ; et par des lois sévères   105
Il défend de donner des neveux à ses frères :
D'une tige coupable il craint un rejeton ;
Il veut avec leur sœur ensevelir leur nom,
Et que jusqu'au tombeau soumise à sa tutelle,
Jamais les feux d'hymen ne s'allument pour elle.   110
Dois-je épouser ses droits contre un père irrité ?
Donnerai-je l'exemple à la témérité ?
Et dans un fol amour ma jeunesse embarquée....

THÉRAMÈNE.

Ah ! Seigneur, si votre heure est une fois marquée,
Le ciel de nos raisons ne sait point s'informer.   115
Thésée ouvre vos yeux [3] en voulant les fermer ;
Et sa haine, irritant une flamme rebelle,

---

1. L'édition de 1680 a changé ainsi ce vers :

   Dans mes lâches soupirs d'autant plus misérable.

Ce n'est probablement qu'une faute de l'imprimeur.

2. Dans la même impression on lit :

   Aurois-je pour vainqueur dû chercher Aricie ?

C'est encore sans doute une erreur, et non une véritable variante.

3. L'édition définitive (1697) porte *les yeux*, pour *vos yeux*. C'est aussi une faute évidente.

ACTE I, SCÈNE I.

Prête à son ennemie une grâce nouvelle.
Enfin d'un chaste amour pourquoi vous effrayer?
S'il a quelque douceur, n'osez-vous l'essayer? 120
En croirez-vous toujours un farouche scrupule?
Craint-on de s'égarer sur les traces d'Hercule?
Quels courages Vénus n'a-t-elle pas domptés?
Vous-même, où seriez-vous, vous qui la combattez,
Si toujours Antiope à ses lois opposée, 125
D'une pudique ardeur n'eût brûlé pour Thésée[1]?
Mais que sert d'affecter un superbe discours?
Avouez-le, tout change ; et depuis quelques jours
On vous voit moins souvent, orgueilleux et sauvage,
Tantôt faire voler un char sur le rivage, 130
Tantôt, savant dans l'art par Neptune inventé,
Rendre docile au frein un coursier indompté.

---

1. Voltaire (tome V, p. 481, *Dissertation sur la tragédie*) dit que ces paroles, « plus convenables à un berger qu'au gouverneur d'un prince, » sont tirées du *Pastor fido*. Les commentateurs de Racine, Luneau de Boisjermain le premier peut-être, ont fait remarquer aussi que le même argument contre le célibat se trouve dans *les Femmes savantes*, acte I, scene I. C'est Henriette qui dit à sa sœur Armande :

.... Vous ne seriez pas ce dont vous vous vantez,
Si ma mère n'eût eu que de ces beaux côtés ;
Et bien vous prend, ma sœur, que son noble génie
N'ait pas vaqué toujours à la philosophie.

Les Femmes savantes ont été jouées cinq ans avant *Phèdre*. Toutefois il n'est pas probable que ce soit Molière, encore moins le *Pastor fido*, qui ait fourni à Racine la première idée de ces vers. Comme il y a un passage presque semblable dans l'*Hippolyte* de Gilbert, il est bien plus naturel de chercher dans sa pièce la vraie source, si l'on en veut trouver une, de l'argument de Théramène. Gilbert fait ainsi parler Achrise (acte II, scène III), lorsqu'elle s'efforce de vaincre l'insensibilité d'Hippolyte :

Dites-moi, seriez-vous du nombre des vivants,
Auriez-vous de lauriers la tête couronnée,
Si la belle Antiope eût fùy l'hyménée?
Pouvez-vous l'honorer et ne l'imiter pas?

Il n'y a rien dans l'*Hippolyte* d'Euripide qui ait servi de modèle à ces vers de Gilbert et de Racine ; mais ils sont tout à fait dans le goût du tragique grec ; et l'on serait moins étonné de les rencontrer chez lui que chez notre poète, à qui l'on a reproché d'avoir cette fois abaissé le ton de la tragédie.

Les forêts de nos cris moins souvent retentissent;
Chargés d'un feu secret, vos yeux s'appesantissent.
Il n'en faut point douter : vous aimez, vous brûlez; 135
Vous périssez d'un mal que vous dissimulez.
La charmante Aricie a-t-elle su vous plaire?
HIPPOLYTE.
Théramène, je pars, et vais chercher mon père.
THÉRAMÈNE.
Ne verrez-vous point Phèdre avant que de partir,
Seigneur?
HIPPOLYTE.
C'est mon dessein : tu peux l'en avertir. 140
Voyons-la, puisqu'ainsi mon devoir me l'ordonne.
Mais quel nouveau malheur trouble sa chère OEnone?

SCÈNE II.
HIPPOLYTE, OENONE, THÉRAMÈNE.
OENONE.
Hélas! Seigneur, quel trouble au mien peut être égal?
La Reine touche presque à son terme fatal.
En vain à l'observer jour et nuit je m'attache : 145
Elle meurt dans mes bras d'un mal qu'elle me cache[1].
Un désordre éternel règne dans son esprit.
Son chagrin inquiet l'arrache de son lit.
Elle veut voir le jour; et sa douleur profonde
M'ordonne toutefois d'écarter tout le monde.... 150
Elle vient.
HIPPOLYTE.
Il suffit : je la laisse en ces lieux,
Et ne lui montre point un visage odieux.

---
1. . . . . *Mæsta secretum occulit,*
Statuitque secum ferre, quo moritur, malum.
(Sénèque, *Hippolyte*, vers 860 et 861.)

SCÈNE III.

PHÈDRE, OENONE.

PHÈDRE.

N'allons point plus avant. Demeurons, chère OEnone.
Je ne me soutiens plus : ma force m'abandonne[1].
Mes yeux sont éblouis du jour que je revoi,　　　155
Et mes genoux tremblants se dérobent sous moi.
Hélas!

(Elle s'assit[2].)

OENONE.

Dieux tout-puissants, que nos pleurs vous apaisent.

PHÈDRE,

Que ces vains ornements, que ces voiles me pèsent[3]!

1.　Αἴρετέ μου δέμας· ὀρθοῦτε κάρα.
　　Δέλυμαι μελέων ξυνδεσμα, φίλαι.

« Soutenez-moi; relevez ma tête; mes membres brisés n'ont plus de force, ô mes amies. » (Euripide, *Hippolyte*, vers 197 et 198.)

2. Il y a bien *s'assit*, au sens du présent, dans toutes les éditions publiées du vivant de l'auteur. Cette indication manque dans l'impression de 1678. Les éditeurs modernes ont remplacé *s'assit* par *s'assied*, que déjà Vaugelas donne comme la seule forme régulière de la troisième personne du présent.

3.　Βαρύ μοι κεφαλῆς ἐπίκρανον ἔχειν·
　　Ἄφελ'· ἀμπέτασον βόστρυχον ὤμοις.

« Ce voile sur ma tête est pesant; écarte-le; laisse retomber ces boucles sur mes épaules. » (Euripide, *Hippolyte*, vers 200 et 201.)

La Pinelière, dans son *Hippolyte* (acte III, scène 1), a ainsi développé ce passage d'Euripide :

> Qu'on ôte de mes yeux tous ces habits royaux.
> Serrez ces chaînes d'or; cachez tous ces joyaux.
> Que je ne voye plus ces riches broderies,
> Ces perles du Levant, toutes ces pierreries!
> Non, ne me poudrez plus désormais les cheveux;
> Arrachez ces rubans, faites ce que je veux,
> Et qu'au gré du zéphyre ils volent sans contrainte.
> Mettez-moi ces carquois; que sans honte et sans crainte
> Je suive mon chasseur à travers ces forêts.

Quelle importune main, en formant tous ces nœuds,
A pris soin sur mon front d'assembler mes cheveux ? 160
Tout m'afflige et me nuit, et conspire à me nuire.

OENONE.

Comme on voit tous ses vœux l'un l'autre se détruire !
Vous-même, condamnant vos injustes desseins,
Tantôt à vous parer vous excitiez nos mains ;
Vous-même, rappelant votre force première, 165
Vous vouliez vous montrer et revoir la lumière.
Vous la voyez, Madame ; et prête à vous cacher,
Vous haïssez le jour que vous veniez chercher[1] ?

PHÈDRE.

Noble et brillant auteur d'une triste famille,

1. Τόδε σοι φέγγος λαμπρὸν, ὅδ' αἰθήρ....
Δεῦρο γὰρ ἐλθεῖν πᾶν ἔπος ἦν σοι.
Τάχα δ' ἐς θαλάμους σπεύσεις τὸ πάλιν·
Ταχὺ γὰρ σφάλλει, κοὐδενὶ χαίρεις,
Οὐδέ σ' ἀρέσκει τὸ παρὸν, τὸ δ' ἀπὸν
Φίλτερον ἡγεῖ.

« La voici cette brillante lumière, le voici cet air pur.... C'était ici que vous demandiez instamment à venir ; et peut-être allez-vous vous hâter de rentrer dans votre appartement ; vous êtes prompte à rejeter ce que vous souhaitiez ; rien ne vous cause de joie ; ce que vous avez cesse de vous plaire ; et il vous semble que vous aimez mieux ce que vous n'avez pas. » (Euripide, *Hippolyte*, vers 177-184.)

On retrouve les mêmes traits dans Sénèque :

. . . . *Nil idem dubiæ placet.*
. . . . *Attolli jubet,*
Iterumque poni corpus ; et solvi comas
Rursusque fingi : semper impatiens sui,
Mutatur habitus. . . . .
(Vers 365-373.)

Robert Garnier a ainsi rendu ce passage :

Rien ne lui sauroit plaire : elle s'assied dolente,
Puis elle se relève, ou se couche inconstante....
Tantôt elle pâlit, et tout soudainement
La couleur lui rehausse. . . . .

Et la Pinelière (acte II, scène II) :

Elle quitte un discours, et puis elle l'achève ;
Tantôt elle s'assied, tantôt elle se lève ;
Tout plaît et tout déplaît à ses esprits confus ;
Elle veut une chose, et puis ne la veut plus.

Toi, dont ma mère osoit se vanter d'être fille[1], 170
Qui peut-être rougis du trouble où tu me vois,
Soleil, je te viens voir pour la dernière fois.

OENONE.

Quoi? vous ne perdrez point cette cruelle envie?
Vous verrai-je toujours, renonçant à la vie,
Faire de votre mort les funestes apprêts? 175

PHÈDRE.

Dieux! que ne suis-je assise à l'ombre des forêts!
Quand pourrai-je, au travers d'une noble poussière,
Suivre de l'œil un char fuyant dans la carrière[2]?

OENONE.

Quoi, Madame?

PHÈDRE.

Insensée, où suis-je? et qu'ai-je dit?
Où laissé-je égarer mes vœux et mon esprit? 180
Je l'ai perdu : les Dieux m'en ont ravi l'usage.

---

1. Voyez ci-après, p. 324, note 1.
2. Αἴ! αἴ!
Πῶς ἂν δροσερᾶς ἀπὸ κρηνῖδος
Καθαρῶν ὑδάτων πῶμ' ἀρυσαίμαν;
Ὑπό τ' αἰγείροις ἔν τε κομήτῃ
Λειμῶνι κλιθεῖσ' ἀναπαυσαίμαν;...
Πέμπετέ μ' εἰς ὄρος . . . . .
Δέσποιν' ἁλίας Ἄρτεμι Λίμνας
Καὶ γυμνασίων τῶν ἱπποκρότων,
Εἴθε γενοίμαν ἐν σοῖς δαπέδοις
Πώλους Ἐνέτας δαμαλιζομένα.

« Hélas! hélas! comment pourrai-je me désaltérer dans les eaux pures d'une source fraiche? Quand me reposerai-je couchée sous les peupliers, au milieu d'une prairie ombreuse?... Conduisez-moi sur la montagne.... O Diane, souveraine de Limna, où, sur les bords de la mer, on exerce les bruyants coursiers, que ne suis-je au milieu de tes plaines, domptant les chevaux venètes! » (Euripide, *Hippolyte*, vers 207-231.)

Ovide a imité ce passage d'Euripide dans l'*Épître* de *Phèdre à Hippolyte*, aux vers 37-46, dont les deux derniers ont une assez grande analogie avec ceux de Racine :

> *Sæpe juvat versare leves in pulvere currus,*
> *Torquentem frænis ora sequacis equi.*

OEnone, la rougeur me couvre le visage :
Je te laisse trop voir mes honteuses douleurs ;
Et mes yeux, malgré moi, se remplissent de pleurs[1].

OENONE.

Ah! s'il vous faut rougir, rougissez d'un silence   185
Qui de vos maux encore aigrit la violence.
Rebelle à tous nos soins, sourde à tous nos discours,
Voulez-vous sans pitié laisser finir vos jours?
Quelle fureur les borne au milieu de leur course?
Quel charme ou quel poison en a tari la source ?   190
Les ombres par trois fois ont obscurci les cieux
Depuis que le sommeil n'est entré dans vos yeux,
Et le jour a trois fois chassé la nuit obscure
Depuis que votre corps languit sans nourriture[2].

1. Δύστανος ἐγὼ, τί ποτ' εἰργασάμαν;
    Ποῖ παρεπλάγχθην γνώμας ἀγαθᾶς;
    Ἐμάνην, ἔπεσον δαίμονος ἄτᾳ....
    Μαῖα, πάλιν μου κρύψον κεφαλάν·
    Αἰδούμεθα γὰρ τὰ λελεγμένα μοι.
    Κρύπτε· κατ' ὄσσων δάκρυ μοι βαίνει,
    Καὶ ἐπ' αἰσχύνην ὄμμα τέτραπται.

« Malheureuse, qu'ai-je fait? où ai-je laissé égarer ma raison? Le délire s'est emparé de moi, la malédiction d'une divinité m'a perdue !... Mère, cache encore mon visage ; je rougis de ce que je viens de te dire. Cache-moi ; les larmes tombent de mes yeux, et je sens que la honte trouble mes regards. » (Euripide, *Hippolyte*, vers 239-246.)

2. Dans Euripide également, le chœur ayant dit en parlant de Phèdre (vers 274) :

Ὡς ἀσθενεῖ τε καὶ κατέξανται δέμας!

« Comme son corps languit et s'est amaigri ! »
la Nourrice répond (vers 275) :

Πῶς δ' οὔ; τριταίαν γ' οὖσ' ἄσιτος ἡμέραν.

« Comment s'en étonner? voici le troisième jour qu'elle reste sans nourriture. »
C'est ce que le chœur lui-même dit un peu plus haut en ces termes plus ornés :

Τριτάταν δέ νιν κλύω
Τάνδε κατ' ἀμβροσίου
Στόματος ἁμέραν
Δάματρος ἀκτᾶς δέμας ἁγνὸν ἴσχειν,

A quel affreux dessein vous laissez-vous tenter? 195
De quel droit sur vous-même osez-vous attenter?
Vous offensez les Dieux auteurs de votre vie ;
Vous trahissez l'époux à qui la foi vous lie ;
Vous trahissez enfin vos enfants malheureux,
Que vous précipitez sous un joug rigoureux. 200
Songez qu'un même jour leur ravira leur mère,
Et rendra l'espérance au fils de l'étrangère,
A ce fier ennemi de vous, de votre sang,
Ce fils qu'une Amazone a porté dans son flanc,
Cet Hippolyte....

PHÈDRE.

Ah, Dieux!

OENONE.

Ce reproche vous touche.

PHÈDRE.

Malheureuse, quel nom est sorti de ta bouche?

OENONE.

Hé bien! votre colère éclate avec raison :
J'aime à vous voir frémir à ce funeste nom.

Κρυπτῷ γε πένθει θανάτου θέλουσαν
Κέλσαι ποτὶ τέρμα δύστανον.

« J'entends dire que depuis trois jours les dons de Cérès n'ont pas approché de sa bouche, et qu'elle s'est abstenue de toute nourriture, parce que, dévorée d'une secrète douleur, elle veut marcher au terme d'une vie misérable. »
(Vers 134-139.)

L'expression de Sénèque est plus brève :

. . . . . *Nulla jam Cereris subit*
Cura, aut salutis....
(Vers 373 et 374.)

Si l'on a pu reprocher à Racine une expression trop poétique, Robert Garnier échappe à la même critique :

Elle ne mange point : la viande aperçue,
Devant que d'y goûter, lui offense la vue.
Le sommeil qui nourrit tout ce qui vit au monde,
Ne peut clore ses yeux.

Vivez donc. Que l'amour, le devoir vous excite[1].
Vivez, ne souffrez pas que le fils d'une Scythe[2],   210
Accablant vos enfants d'un empire odieux,
Commande au plus beau sang de la Grèce et des Dieux.
Mais ne différez point : chaque moment vous tue.
Réparez promptement votre force abattue,
Tandis que de vos jours, prêts à se consumer,   215
Le flambeau dure encore, et peut se rallumer.
                    PHÈDRE.
J'en ai trop prolongé la coupable durée.
                    OENONE.
Quoi? de quelques remords êtes-vous déchirée?
Quel crime a pu produire un trouble si pressant?
Vos mains n'ont point trempé dans le sang innocent?
                    PHÈDRE.
Grâces au ciel, mes mains ne sont point criminelles.

1. Τροφός. Ἀλλ' ἴσθι μέντοι (πρὸς τάδ' αὐθαδεστέρα
Γίγνου θαλάσσης), εἰ θανεῖ, προδοῦσα σοὺς
Παῖδας, πατρῴων μὴ μεθέξοντας δόμων,
Μὰ τὴν ἄνασσαν ἱππίαν Ἀμαζόνα,
Ἥ σοῖς τέκνοισι δεσπότην ἐγείνατο
Νόθον, φρονοῦντα γνήσι' (οἶσθά νιν καλῶς),
Ἱππόλυτον.
Φαίδρα.   Οἴ μοι!
Τροφός.   Θιγγάνει σέθεν τόδε;
Φαίδρα. Ἀπώλεσάς με, μαῖα, καί σε, πρὸς θεῶν,
Τοῦδ' ἀνδρὸς αὖθις λίσσομαι σιγᾶν πέρι.
Τροφός. Ὁρᾷς; φρονεῖς μὲν εὖ, φρονοῦσα δ', οὐ θέλεις
Παῖδάς τ' ὀνῆσαι καὶ σὸν ἐκσῶσαι βίον.

« LA NOURRICE. Reste donc plus sourde à mes prières que les flots de la mer, mais sache bien que, si tu meurs, tu trahis tes enfants, qui n'auront point l'héritage paternel, j'en jure par cette reine guerrière, par cette Amazone, qui a mis au monde, pour devenir le maître de tes enfants, ce bâtard, tout plein de l'orgueil d'un fils légitime (tu sais qui je veux dire), cet Hippolyte. — PHÈDRE. Grands Dieux! — LA NOURRICE. Est-ce que cette parole te touche? — PHÈDRE. Quel coup tu m'as porté, ma mère! Je t'en conjure au nom des Dieux, ne prononce plus ce nom. — LA NOURRICE. Eh bien! c'est parler sagement. Mais, malgré cette sagesse, tu refuses de veiller aux intérêts de tes enfants, et de te conserver. » (Euripide, *Hippolyte*, vers 304-314.)

2. On plaçait généralement les Amazones en Asie Mineure, aux rives du Thermodon, mais on les regardait comme originaires de Scythie.

Plût aux Dieux que mon cœur fût innocent comme elles[1] !
OENONE.
Et quel affreux projet avez-vous enfanté
Dont votre cœur encor doive être épouvanté?
PHÈDRE.
Je t'en ai dit assez. Épargne-moi le reste.   225
Je meurs, pour ne point faire un aveu si funeste.
OENONE.
Mourez donc, et gardez un silence inhumain;
Mais pour fermer vos yeux cherchez une autre main.
Quoiqu'il vous reste à peine une foible lumière,
Mon âme chez les morts descendra la première.   230
Mille chemins ouverts y conduisent toujours[2],
Et ma juste douleur choisira les plus courts.
Cruelle, quand ma foi vous a-t-elle déçue?
Songez-vous qu'en naissant mes bras vous ont reçue?
Mon pays, mes enfants, pour vous j'ai tout quitté.   235
Réserviez-vous ce prix à ma fidélité?
PHÈDRE.
Quel fruit espères-tu de tant de violence?
Tu frémiras d'horreur si je romps le silence.
OENONE.
Et que me direz-vous qui ne cède, grands Dieux!
A l'horreur de vous voir expirer à mes yeux[3]?   240

---

1. Τροφός. Ἁγνὰς μὲν, ὦ παῖ, χεῖρας αἵματος φέρεις.
Φαίδρα. Χεῖρες μὲν ἁγναί, φρὴν δ' ἔχει μίασμά τι.

« LA NOURRICE. O ma fille, tes mains sont pures de sang. — PHÈDRE. Oui, mes mains sont pures; mais sur mon âme il y a une souillure. » (Euripide, *Hippolyte*, vers 316 et 317.)

2. *Noctes atque dies patet atri janua Ditis.*
(Virgile, *Énéide*, livre VI, vers 127.)

3. Φαίδρα. Τί δρᾷς; βιάζει χειρὸς ἐξηρτημένη.
Τροφός. Καὶ σῶν γε γονάτων οὐ μεθήσομαί ποτε.
Φαίδρα. Κάκ', ὦ τάλαινα, σοί, τάδ' εἰ πεύσει, κακά.
Τροφός. Μεῖζον γὰρ, ἢ σοῦ μὴ τυχεῖν, τί μοι κακόν;

« PHÈDRE. Que fais-tu? Quelle est cette violence? Tu t'attaches à ma main. — LA NOURRICE. Je ne cesserai point d'embrasser tes genoux. — PHÈDRE. Mal-

PHÈDRE.

Quand tu sauras mon crime, et le sort qui m'accable,
Je n'en mourrai pas moins, j'en mourrai plus coupable.

OENONE.

Madame, au nom des pleurs que pour vous j'ai versés,
Par vos foibles genoux que je tiens embrassés,
Délivrez mon esprit de ce funeste doute. 245

PHÈDRE.

Tu le veux. Lève-toi.

OENONE.

Parlez, je vous écoute[1].

PHÈDRE.

Ciel! que lui vais-je dire, et par où commencer?

OENONE.

Par de vaines frayeurs cessez de m'offenser.

PHÈDRE.

O haine de Vénus! O fatale colère!
Dans quels égarements l'amour jeta ma mère! 250

OENONE.

Oublions-les, Madame; et qu'à tout l'avenir
Un silence éternel cache ce souvenir.

PHÈDRE.

Ariane, ma sœur, de quel amour blessée,
Vous mourûtes aux bords où vous fûtes laissée[2]!

---

heur à toi, hélas! malheur, si je dis ce que tu veux savoir. — LA NOURRICE. Et quel plus grand malheur peut-il m'arriver que de te perdre? » (Euripide, *Hippolyte*, vers 325-328.)

1. Τροφός. Σιγῶμ' ἂν ἤδη· σὸς γὰρ οὑντεῦθεν λόγος.

« LA NOURRICE. Je veux me taire; je te laisse parler. » (Euripide, *Hippolyte*, vers 336.)

2. On croit trouver le germe de ce vers dans un passage de l'*Hippolyte* de Robert Garnier:

Qu'attendé-je, sinon que je soy' massacrée
Comme fut Antiope, ou qu'il me laisse au bord
Où il laissa ma sœur, pour y avoir la mort?

ACTE I, SCÈNE III.

OENONE.

Que faites-vous, Madame? et quel mortel ennui
Contre tout votre sang vous anime aujourd'hui?.

PHÈDRE.

Puisque Vénus le veut, de ce sang déplorable
Je péris la dernière et la plus misérable[1].

OENONE.

Aimez-vous?

PHÈDRE.

De l'amour j'ai toutes les fureurs.

OENONE.

Pour qui?

PHÈDRE.

Tu vas ouïr le comble des horreurs.
J'aime.... A ce nom fatal, je tremble, je frissonne.
J'aime....

OENONE.

Qui?

---

1. Φαίδρα. Ὦ τλῆμον, οἷον, μῆτερ, ἠράσθης ἔρον;
Τροφός. Ὁν ἔσχε ταύρου, τέκνον; ἢ τί φῂς τόδε;
Φαίδρα. Σύ τ', ὦ τάλαιν' ὅμαιμε, Διονύσου δάμαρ.
Τροφός. Τέκνον, τί πάσχεις; ξυγγόνους κακορροθεῖς.
Φαίδρα. Τρίτη δ' ἐγὼ δύστηνος, ὡς ἀπόλλυμαι!

« PHÈDRE. Mère infortunée, de quel amour tu as brûlé! — LA NOURRICE. Pour ce taureau, ô ma fille? est-ce la ce que tu veux dire? — PHÈDRE. Et toi, malheureuse sœur, amante de Bacchus. — LA NOURRICE. Ma fille, que fais-tu? Tu révèles la honte de toute ta famille. — PHÈDRE. Et moi, qui suis la troisième malheureuse, dans quel abîme je suis tombée! » (Euripide, *Hippolyte*, vers 337-341.)

C'est moins, comme l'a fait remarquer Louis Racine, ce dernier vers d'Euripide qui a été ainsi traduit par Racine :

Je péris la dernière et la plus misérable,

que le vers 891 de l'*Antigone* de Sophocle :

Ὦν λοισθία 'γὼ καὶ κάκιστα δὴ μακρῷ
Κάτειμι . . . . . .

On peut comparer aussi avec tout ce passage de la tragédie les vers 55-62 de l'*Épître* de *Phèdre à Hippolyte* dans Ovide.

PHÈDRE.

Tu connois ce fils de l'Amazone,
Ce prince si longtemps par moi-même opprimé?

OENONE.

Hippolyte? Grands Dieux!

PHÈDRE.

C'est toi qui l'as nommé[1].

OENONE.

Juste ciel! tout mon sang dans mes veines se glace. 265
O désespoir! ô crime! ô déplorable race!
Voyage infortuné! Rivage malheureux,
Falloit-il approcher de tes bords dangereux[2]?

1. Τροφός. Τί φής; ἐρᾷς, ὦ τέκνον, ἀνθρώπων τινός;
Φαίδρα. Ὅστις ποθ' οὗτός ἐσθ' ὁ τῆς Ἀμαζόνος....
Τροφός. Ἱππόλυτον αὐδᾷς;
Φαίδρα. Σοῦ τάδ', οὐκ ἐμοῦ κλύεις.

« LA NOURRICE. Que dis-tu? Aimes-tu donc quelque mortel, ma fille? — PHÈDRE. Quel qu'il soit, ce fils de l'Amazone.... — LA NOURRICE. Qui donc? Hippolyte? — PHÈDRE. C'est de ta bouche, non de la mienne, que ce nom est sorti. » (Euripide, *Hippolyte*, vers 350-352.)

Dans l'*Hippolyte* de Gilbert (acte I, scène II), Achrise, comme OEnone dans la tragédie de Racine, supplie Phèdre de ne plus cacher son douloureux secret. Phèdre lui répond :

. . . . . . Malgré moi ta voix me sollicite.
Je révère le fils d'Antiope. ACHR. Hippolyte!
PHÈD. Ne m'en accuse point; c'est toi qui l'as nommé.

Il se peut que Racine, comme on l'a dit souvent, ait emprunté ce dernier hémistiche à Gilbert. Cependant le vers de Gilbert se rapproche assez du texte grec, pour qu'il soit permis de supposer aussi que Racine s'est rencontré avec lui dans une même traduction.

2. Il y a un mouvement semblable dans ces vers du chœur de l'*Hippolyte* d'Euripide, quoiqu'il n'y soit pas question du même voyage de Phèdre :

Ὦ λευκόπτερε Κρησία
Πορθμίς, ἃ διὰ πόντιον
Κῦμ' ἁλίκτυπον ἅλμας
Ἐπόρευσας ἐμὰν ἄνασσαν ὀλβίων ἀπ' οἴκων,
Κακονυμφοτάταν ὄνασιν.

« O vaisseau de Crète aux blanches ailes, qui pour un funeste hymen as de son heureuse demeure jusque sur ces bords amené ma reine, à travers les flots grondants de la mer! » (Vers 749-753.)

PHÈDRE.

Mon mal vient de plus loin. A peine au fils d'Égée
Sous les lois de l'hymen je m'étois engagée, 270
Mon repos, mon bonheur sembloit être affermi ;
Athènes me montra mon superbe ennemi[1].
Je le vis, je rougis, je pâlis à sa vue ;
Un trouble s'éleva dans mon âme éperdue ;
Mes yeux ne voyoient plus, je ne pouvois parler ; 275
Je sentis tout mon corps et transir et brûler[2] ;
Je reconnus Vénus et ses feux redoutables,

1. C'est ce que raconte Vénus elle-même dans le prologue d'Euripide :

'Ελθόντα γάρ νιν Πιτθέως ποτ' ἐκ δόμων,
Σεμνῶν ἐς ὄψιν καὶ τέλη μυστηρίων,
Πανδίονος γῆν, πατρὸς εὐγενὴς δάμαρ
Ἰδοῦσα Φαίδρα καρδίαν κατέσχετο
Ἔρωτι δεινῷ τοῖς ἐμοῖς βουλεύμασιν.

« Un jour qu'Hippolyte quitta la maison de Pitthée, pour venir dans la terre de Pandion assister au spectacle et aux cérémonies augustes des mystères, la noble épouse de son père, Phèdre, le vit, et un violent amour s'empara de son cœur par ma volonté. » (Euripide, *Hippolyte*, vers 24-28.)

2. Louis Racine dit avec raison que ce passage « est imité de l'ode fameuse de Sapho. » Il semble même que Racine se soit particulièrement inspiré de deux des stances de la traduction qu'en a donnée Boileau dans le chapitre VIII du *Traité du Sublime* de Longin, et qui fut, on le sait, publiée trois ans avant *Phèdre* :

Je sens de veine en veine une subtile flamme
Courir par tout mon corps sitôt que je te vois ;
Et dans les doux transports où s'égare mon âme,
Je ne saurois trouver de langue ni de voix.

Un nuage confus se répand sur ma vue ;
Je n'entends plus : je tombe en de douces langueurs ;
Et pâle, sans haleine, interdite, éperdue,
Un frisson me saisit, je tremble, je me meurs.

Luneau de Boisjermain fait cette remarque assez frappante que l'heureux artifice qu'on a trouvé dans les désinences sourdes de ces vers de Boileau :

Un nuage *confus* se répand sur ma *vue ;*
Je n'entends *plus....*

est reproduit dans les vers de Racine :

. . . . Je pâlis à sa *vue ;*
Un trouble s'éleva dans mon âme *éperdue ;*
Mes yeux ne voyoient *plus*. . . . .

D'un sang qu'elle poursuit tourments inévitables[1].
Par des vœux assidus je crus les détourner :
Je lui bâtis un temple, et pris soin de l'orner[2] ; 280
De victimes moi-même à toute heure entourée,
Je cherchois dans leurs flancs ma raison égarée.
D'un incurable amour remèdes impuissants[3] !
En vain sur les autels ma main brûloit l'encens :
Quand ma bouche imploroit le nom de la Déesse, 285
J'adorois Hippolyte ; et le voyant sans cesse,
Même au pied[4] des autels que je faisois fumer,
J'offrois tout à ce dieu que je n'osois nommer.

1. *Fatale miseræ matris agnosco malum.*
(Sénèque, *Hippolyte*, vers 113.)

Dans le même passage de la tragédie de Sénèque (vers 124-126), Phèdre explique les motifs de cette haine de Vénus :

Stirpem perosa Solis invisi Venus,
Per nos catenas vindicat Martis sui
Suasque....

Pasiphaé, mère de Phèdre, était fille du Soleil et de Créta, ou de Perséis, suivant d'autres. Or c'était le Soleil qui avait découvert et dénoncé à Vulcain l'adultère de Mars et de Vénus.

2. Il est parlé de ce temple dans le prologue d'Euripide (vers 29-33) :

Καὶ πρὶν μὲν ἐλθεῖν τήνδε γῆν Τροιζηνίαν,
Πέτραν παρ' αὐτὴν Παλλάδος, κατόψιον
Γῆς τῆσδε ναὸν Κύπριδος ἐγκαθείσατο,
Ἐρῶσ' ἔρωτ' ἔκδημον· Ἱππολύτῳ δ' ἔπι
Τὸ λοιπὸν ὠνόμαζεν ἱδρῦσθαι θεάν.

« Avant d'arriver dans ce pays de Trézène, Phèdre sur le rocher même de Pallas, en un lieu d'où l'on aperçoit la terre où nous sommes, fit bâtir un temple à Vénus, monument de son amour pour un absent ; et cet édifice qu'elle consacra à la Déesse, c'est du nom d'Hippolyte qu'elle le nomma pour tous les temps à venir. » C'est ce qu'on lit aussi dans Diodore, livre IV. Le scoliaste d'Homère dit sur le vers 320 du XIe livre de l'*Odyssée* que le temple de Vénus bâti à Athènes par Phèdre s'appelait encore l'*Hippolyteum*.

3. Louis Racine rapproche de ces vers ceux de Virgile (livre IV, vers 63 et suivants), qui semblent en effet les avoir inspirés :

. . . . *Pecudumque reclusis*
Pectoribus inhians, spirantia consulit exta.
Heu vatum ignaræ mentes ! Quid vota furentem,
Quid delubra juvant ? . . . .

4. Geoffroy, comme ailleurs déjà, a remplacé *au pied* par *aux pieds*.

Je l'évitois partout. O comble de misère!
Mes yeux le retrouvoient dans les traits de son père. 290
Contre moi-même enfin j'osai me révolter :
J'excitai mon courage à le persécuter.
Pour bannir l'ennemi dont j'étois idolâtre,
J'affectai les chagrins d'une injuste marâtre;
Je pressai son exil, et mes cris éternels 295
L'arrachèrent du sein et des bras paternels.
Je respirois, OEnone; et depuis son absence,
Mes jours moins agités couloient dans l'innocence¹.
Soumise à mon époux, et cachant mes ennuis,
De son fatal hymen je cultivois les fruits. 300
Vaines précautions! Cruelle destinée!
Par mon époux lui-même à Trézène amenée,
J'ai revu l'ennemi que j'avois éloigné :
Ma blessure trop vive aussitôt a saigné.
Ce n'est plus une ardeur dans mes veines cachée : 305
C'est Vénus toute entière² à sa proie attachée³.
J'ai conçu pour mon crime une juste terreur;
J'ai pris la vie en haine, et ma flamme en horreur.
Je voulois en mourant prendre soin de ma gloire,
Et dérober au jour une flamme si noire : 310
Je n'ai pu soutenir tes larmes, tes combats;
Je t'ai tout avoué; je ne m'en repens pas,
Pourvu que de ma mort respectant les approches,
Tu ne m'affliges plus par d'injustes reproches,
Et que tes vains secours cessent de rappeler 315
Un reste de chaleur tout prêt à s'exhaler⁴.

1. Ce vers a été omis dans l'édition de 1678.
2. *Toute entière* est l'orthographe de toutes les éditions publiées du vivant de Racine.
3.   *In me tota ruens Venus.*
              (Horace, ode XIX du livre I, vers 9.)
4. Dans la scène II de l'acte I de la tragédie de Gilbert, dont nous avons tout

SCÈNE IV.

PHEDRE, OENONE, PANOPE.

PANOPE.

Je voudrois vous cacher une triste nouvelle,
Madame; mais il faut que je vous la révèle.
La mort vous a ravi votre invincible époux;
Et ce malheur n'est plus ignoré que de vous.

OENONE.

Panope, que dis-tu?

PANOPE.

Que la Reine abusée
En vain demande au ciel le retour de Thésée;
Et que par des vaisseaux arrivés dans le port
Hippolyte son fils vient d'apprendre sa mort.

PHÈDRE.

Ciel!

PANOPE.

Pour le choix d'un maître Athènes se partage.
Au Prince votre fils l'un donne son suffrage,
Madame; et de l'État l'autre oubliant les lois,
Au fils de l'étrangère ose donner sa voix.
On dit même qu'au trône une brigue insolente
Veut placer Aricie et le sang de Pallante[1].
J'ai cru de ce péril vous devoir avertir.
Déjà même Hippolyte est tout prêt à partir;

à l'heure cité un passage, se trouvent ces vers, qui ne sont pas, pour la pensée du moins, sans quelque rapport avec ceux de Racine :

> ACHR. Ah! que m'avez-vous dit? PHÈD. Ce que je devois taire.
> Tu m'as fait déclarer ce dangereux mystère,
> Et d'un nouvel amour découvrir le flambeau
> Qui luira seulement pour me mettre au tombeau.

1. Voyez ci-dessus, p. 307, note 3.

Et l'on craint, s'il paroît dans ce nouvel orage,
Qu'il n'entraîne après lui tout un peuple volage.
OENONE.
Panope, c'est assez. La Reine, qui t'entend,   335
Ne négligera point cet avis important.

SCÈNE V.
PHÈDRE, OENONE.
OENONE.
Madame, je cessois de vous presser de vivre;
Déjà même au tombeau je songeois à vous suivre;
Pour vous en détourner je n'avois plus de voix;
Mais ce nouveau malheur vous prescrit d'autres lois.   340
Votre fortune change et prend une autre face[1] :
Le Roi n'est plus, Madame[2]; il faut prendre sa place.
Sa mort vous laisse un fils à qui vous vous devez,
Esclave s'il vous perd, et roi si vous vivez.
Sur qui, dans son malheur, voulez-vous qu'il s'appuie?   345
Ses larmes n'auront plus de main qui les essuie;
Et ses cris innocents, portés jusques aux Dieux,
Iront contre sa mère irriter ses aïeux.
Vivez, vous n'avez plus de reproche à vous faire :
Votre flamme devient une flamme ordinaire.   350
Thésée en expirant vient de rompre les nœuds
Qui faisoient tout le crime et l'horreur de vos feux[3].

---

1. Racine a dit au vers 2 d'*Andromaque* :

    Ma fortune va prendre une face nouvelle.

2. Dans les anciennes éditions, rien n'indique comment ce vers doit être coupé. *Madame* y est entre deux virgules.

3. Schlegel dit, dans sa *Comparaison* des deux *Phèdres* (p. 21) : « Si c'était un inceste auparavant, c'en est certainement encore un; si ce n'était point un inceste, ce n'était donc qu'une passion vulgairement vicieuse, qui ne méritait pas

Hippolyte pour vous devient moins redoutable ;
Et vous pouvez le voir sans vous rendre coupable.
Peut-être convaincu de votre aversion, 355
Il va donner un chef à la sédition.
Détrompez son erreur, fléchissez son courage.
Roi de ces bords heureux, Trézène est son partage ;
Mais il sait que les lois donnent à votre fils
Les superbes remparts que Minerve a bâtis. 360
Vous avez l'un et l'autre une juste ennemie :
Unissez-vous tous deux pour combattre Aricie.

PHÈDRE.

Hé bien ! à tes conseils je me laisse entraîner.
Vivons, si vers la vie on peut me ramener,
Et si l'amour d'un fils en ce moment funeste 365
De mes foibles esprits peut ranimer le reste.

d'être annoncée comme l'effet du courroux céleste, ni surtout de faire le sujet d'une tragédie. » Mais il ne faut pas chercher la raison dans les sophismes complaisants d'OEnone. Phèdre parle tout autrement qu'elle :

La veuve de Thésée ose aimer Hippolyte !

La scène de la déclaration (acte II, scène v) est pleine de l'horreur qu'inspire à Phèdre son inceste, même depuis qu'elle a appris la mort de Thésée.

FIN DU PREMIER ACTE.

ACTE II.

SCÈNE PREMIÈRE.
ARICIE, ISMÈNE.

ARICIE.
Hippolyte demande à me voir en ce lieu?
Hippolyte me cherche, et veut me dire adieu?
Ismène, dis-tu vrai? N'es-tu point abusée?

ISMÈNE.
C'est le premier effet de la mort de Thésée. 370
Préparez-vous, Madame, à voir de tous côtés
Voler vers vous les cœurs par Thésée écartés.
Aricie à la fin de son sort est maîtresse,
Et bientôt à ses pieds verra toute la Grèce.

ARICIE.
Ce n'est donc point, Ismène, un bruit mal affermi? 375
Je cesse d'être esclave, et n'ai plus d'ennemi?

ISMÈNE.
Non, Madame, les Dieux ne vous sont plus contraires;
Et Thésée a rejoint les mânes de vos frères.

ARICIE.
Dit-on quelle aventure a terminé ses jours?

ISMÈNE.
On sème de sa mort d'incroyables discours. 380
On dit que, ravisseur d'une amante nouvelle,
Les flots ont englouti cet époux infidèle.
On dit même, et ce bruit est partout répandu,

Qu'avec Pirithoüs aux enfers descendu[1],
Il a vu le Cocyte et les rivages sombres, 385
Et s'est montré vivant aux infernales ombres ;
Mais qu'il n'a pu sortir de ce triste séjour,
Et repasser les bords qu'on passe sans retour[2].

ARICIE.

Croirai-je qu'un mortel, avant sa dernière heure,
Peut pénétrer des morts la profonde demeure ? 390
Quel charme l'attiroit sur ces bords redoutés ?

ISMÈNE.

Thésée est mort, Madame, et vous seule en doutez :
Athènes en gémit, Trézène en est instruite,
Et déjà pour son roi reconnoît Hippolyte.
Phèdre, dans ce palais, tremblante pour son fils, 395
De ses amis troublés demande les avis.

ARICIE.

Et tu crois que pour moi plus humain que son père,
Hippolyte rendra ma chaîne plus légère ?
Qu'il plaindra mes malheurs ?

ISMÈNE.

     Madame, je le croi.

ARICIE.

L'insensible Hippolyte est-il connu de toi ? 400
Sur quel frivole espoir penses-tu qu'il me plaigne,
Et respecte en moi seule un sexe qu'il dédaigne ?
Tu vois depuis quel temps il évite nos pas,
Et cherche tous les lieux où nous ne sommes pas.

ISMÈNE.

Je sais de ses froideurs tout ce que l'on récite ; 405

---

1. Thésée explique lui-même plus bas (vers 957-970) quelle avait été cette prétendue descente aux enfers avec Pirithoüs. Racine a mis à profit en même temps les traditions de l'histoire et celles de la fable.
2. Virgile a dit (*Énéide*, livre VI, vers 425) :
 Evaditque celer ripam irremeabilis undæ.

Mais j'ai vu près de vous ce superbe Hippolyte ;
Et même, en le voyant, le bruit de sa fierté
A redoublé pour lui ma curiosité.
Sa présence à ce bruit n'a point paru répondre :
Dès vos premiers regards je l'ai vu se confondre. 410
Ses yeux, qui vainement vouloient vous éviter,
Déjà pleins de langueur, ne pouvoient vous quitter.
Le nom d'amant peut-être offense son courage ;
Mais il en a les yeux, s'il n'en a le langage.

ARICIE.

Que mon cœur, chère Ismène, écoute avidement 415
Un discours qui peut-être a peu de fondement !
O toi qui me connois, te sembloit-il croyable
Que le triste jouet d'un sort impitoyable,
Un cœur toujours nourri d'amertume et de pleurs,
Dût connoître l'amour et ses folles douleurs ? 420
Reste du sang d'un roi noble fils de la terre[1],
Je suis seule échappée aux fureurs de la guerre.
J'ai perdu, dans la fleur de leur jeune saison,
Six frères[2], quel espoir d'une illustre maison !
Le fer moissonna tout ; et la terre humectée 425
But à regret le sang des neveux d'Érechthée.
Tu sais, depuis leur mort, quelle sévère loi
Défend à tous les Grecs de soupirer pour moi :
On craint que de la sœur les flammes téméraires
Ne raniment un jour la cendre de ses frères. 430
Mais tu sais bien aussi de quel œil dédaigneux
Je regardois ce soin d'un vainqueur soupçonneux.
Tu sais que de tout temps à l'amour opposée,

---

1. Pallante ou Pallas, père d'Aricie et de tous les Pallantides, de même qu'Égée, père de Thésée, descendait d'Érechthée, fils de la Terre. Pour Égée, voyez toutefois ci-après, p. 334, note 3.

2. Plutarque, dans la *Vie de Thésée* (chapitre III), porte à cinquante le nombre des Pallantides.

Je rendois souvent gràce a l'injuste Thésée,
Dont l'heureuse rigueur secondoit mes mépris. 435
Mes yeux alors, mes yeux n'avoient pas vu son fils.
Non que par les yeux seuls lâchement enchantée,
J'aime en lui sa beauté, sa grâce tant vantée,
Présents dont la nature a voulu l'honorer,
Qu'il méprise lui-même, et qu'il semble ignorer. 440
J'aime, je prise en lui de plus nobles richesses,
Les vertus de son père, et non point les foiblesses.
J'aime, je l'avoùrai, cet orgueil généreux
Qui jamais n'a fléchi sous le joug amoureux.
Phèdre en vain s'honoroit des soupirs de Thésée : 445
Pour moi, je suis plus fière, et fuis la gloire aisée
D'arracher un hommage à mille autres offert,
Et d'entrer dans un cœur de toutes parts ouvert.
Mais de faire fléchir un courage inflexible,
De porter la douleur dans une âme insensible, 450
D'enchaîner un captif de ses fers étonné,
Contre un joug qui lui plaît vainement mutiné :
C'est là ce que je veux, c'est là ce qui m'irrite.
Hercule à désarmer coûtoit moins qu'Hippolyte ;
Et vaincu plus souvent, et plus tôt surmonté, 455
Préparoit moins de gloire aux yeux qui l'ont dompté.
Mais, chère Ismène, hélas! quelle est mon imprudence!
On ne m'opposera que trop de résistance.
Tu m'entendras peut-être, humble dans mon ennui,
Gémir du même orgueil que j'admire aujourd'hui. 460
Hippolyte aimeroit? Par quel bonheur extrême
Aurois-je pu fléchir....

ISMÈNE.

Vous l'entendrez lui-même :
Il vient à vous.

SCÈNE II.

HIPPOLYTE, ARICIE, ISMÈNE.

HIPPOLYTE.

Madame, avant que de partir,
J'ai cru de votre sort vous devoir avertir.
Mon père ne vit plus. Ma juste défiance   465
Présageoit les raisons de sa trop longue absence :
La mort seule, bornant ses travaux éclatants,
Pouvoit à l'univers le cacher si longtemps.
Les Dieux livrent enfin à la parque homicide
L'ami, le compagnon, le successeur d'Alcide.   470
Je crois que votre haine, épargnant ses vertus,
Écoute sans regret ces noms qui lui sont dus.
Un espoir adoucit ma tristesse mortelle :
Je puis vous affranchir d'une austère tutelle.
Je révoque des lois dont j'ai plaint la rigueur[1]. 475
Vous pouvez disposer de vous, de votre cœur;
Et dans cette Trézène, aujourd'hui mon partage,
De mon aïeul Pitthée autrefois l'héritage[2].
Qui m'a, sans balancer, reconnu pour son roi[3],
Je vous laisse aussi libre, et plus libre que moi. 480

ARICIE.

Modérez des bontés dont l'excès m'embarrasse.

---

1. Subligny, qui connaît si mal la langue poétique, ne manque pas de blâmer cette heureuse hardiesse : « De bonne foi, dit-il, ce n'est pas là parler françois; on se plaint de la rigueur d'une loi, et l'on ne plaint point sa rigueur. »

2. Pitthée, père d'Éthra qui fut l'épouse d'Égée et la mère de Thésée, était roi de Trézène. Il était regardé comme le plus sage des hommes de son temps. Voyez plus bas, vers 1103.

3. Dans les éditions de Luneau de Boisjermain, de la Harpe, de Geoffroy et de M. Aimé-Martin on indique comme variante :

    Qui m'a, sans hésiter, reconnu pour son roi.

Nous n'avons pas rencontré cette leçon.

D'un soin si généreux honorer ma disgrâce,
Seigneur, c'est me ranger, plus que vous ne pensez,
Sous ces austères lois dont vous me dispensez.

HIPPOLYTE.

Du choix d'un successeur Athènes incertaine, 485
Parle de vous, me nomme, et le fils de la Reine.

ARICIE.

De moi, Seigneur?

HIPPOLYTE.

Je sais, sans vouloir me flatter,
Qu'une superbe loi semble me rejeter.
La Grèce me reproche une mère étrangère[1].
Mais si pour concurrent je n'avois que mon frère, 490
Madame, j'ai sur lui de véritables droits
Que je saurois sauver du caprice des lois.
Un frein plus légitime arrête mon audace :
Je vous cède, ou plutôt je vous rends une place,
Un sceptre que jadis vos aïeux ont reçu 495
De ce fameux mortel que la terre a conçu[2].
L'adoption le mit entre les mains d'Égée[3].
Athènes, par mon père accrue et protégée,
Reconnut avec joie un roi si généreux,
Et laissa dans l'oubli vos frères malheureux. 500

---

1. C'est ce qu'exprime la Nourrice, dans Euripide, quand elle donne à Hippolyte le nom de νόθος (vers 309). Voyez ci-dessus, p. 318, note 1.

2. C'est-à-dire d'Érechthée.

3. Louis Racine, dans ses *Remarques* sur *Phèdre*, dit à propos de ce vers : « Les Pallantides, au rapport de Plutarque (*Vie de Thésée*, chapitre XIII), prétendirent qu'Égée étoit un fils supposé de Pandion II ; et Tzétzès, sur Lycophron (*vers* 494), dit que Thésée fut adopté par Pandion. C'est sur l'autorité de Tzétzès que me paroît fondé ce vers, si étonnant dans la bouche d'Hippolyte :

L'adoption le mit entre les mains d'Égée.

.... Il résulte de cette adoption que Thésée avoit raison de craindre que la sœur des Pallantides n'eût un rejeton, puisque n'étant fils de Pandion que par adoption, le sceptre appartenoit aux descendants de Pallante, plutôt qu'à lui. »

Athènes dans ses murs maintenant vous rappelle.
Assez elle a gémi d'une longue querelle ;
Assez dans ses sillons votre sang englouti
A fait fumer le champ dont il étoit sorti.
Trézène m'obéit. Les campagnes de Crète   505
Offrent au fils de Phèdre une riche retraite.
L'Attique est votre bien. Je pars, et vais pour vous
Réunir tous les vœux partagés entre nous.

ARICIE.

De tout ce que j'entends étonnée et confuse,
Je crains presque, je crains qu'un songe ne m'abuse. 510
Veillé-je? Puis-je croire un semblable dessein?
Quel Dieu, Seigneur, quel Dieu l'a mis dans votre sein?
Qu'à bon droit votre gloire en tous lieux est semée !
Et que la vérité passe la renommée !
Vous-même, en ma faveur, vous voulez vous trahir? 515
N'étoit-ce pas assez de ne me point haïr,
Et d'avoir si longtemps pu défendre votre âme
De cette inimitié....

HIPPOLYTE.

Moi, vous haïr, Madame?
Avec quelques couleurs qu'on ait peint ma fierté,
Croit-on que dans ses flancs un monstre m'ait porté? 520
Quelles sauvages mœurs, quelle haine endurcie
Pourroit, en vous voyant, n'être point adoucie?
Ai-je pu résister au charme décevant....

ARICIE.

Quoi? Seigneur.

HIPPOLYTE.

Je me suis engagé trop avant.
Je vois que la raison cède à la violence.   525
Puisque j'ai commencé de rompre le silence,
Madame, il faut poursuivre : il faut vous informer
D'un secret que mon cœur ne peut plus renfermer.

Vous voyez devant vous un prince déplorable,
D'un téméraire orgueil exemple mémorable. 530
Moi qui contre l'amour fièrement révolté,
Aux fers de ses captifs ai longtemps insulté;
Qui des foibles mortels déplorant les naufrages,
Pensois toujours du bord contempler les orages[1];
Asservi maintenant sous la commune loi, 535
Par quel trouble me vois-je emporté loin de moi!
Un moment a vaincu mon audace imprudente :
Cette âme si superbe est enfin dépendante.
Depuis près de six mois, honteux, désespéré,
Portant partout le trait dont je suis déchiré, 540
Contre vous, contre moi, vainement je m'éprouve :
Présente, je vous fuis; absente, je vous trouve;
Dans le fond des forêts votre image me suit;
La lumière du jour, les ombres de la nuit,
Tout retrace à mes yeux les charmes que j'évite; 545
Tout vous livre à l'envi le rebelle Hippolyte.
Moi-même, pour tout fruit de mes soins superflus,
Maintenant je me cherche, et ne me trouve plus.
Mon arc, mes javelots, mon char, tout m'importune;
Je ne me souviens plus des leçons de Neptune; 550
Mes seuls gémissements font retentir les bois,
Et mes coursiers oisifs ont oublié ma voix.

Peut-être le récit d'un amour si sauvage
Vous fait, en m'écoutant, rougir de votre ouvrage.
D'un cœur qui s'offre à vous quel farouche entretien! 555
Quel étrange captif pour un si beau lien!
Mais l'offrande à vos yeux en doit être plus chère.
Songez que je vous parle une langue étrangère;

---

1. Ce passage rappelle les fameux vers de Lucrèce (1 et 2 du livre II) :

Suave mari magno, turbantibus æquora ventis,
E terra magnum alterius spectare laborem.

Et ne rejetez pas des vœux mal exprimés,
Qu'Hippolyte sans vous n'auroit jamais formés.   560

SCÈNE III.

HIPPOLYTE, ARICIE, THÉRAMÈNE, ISMÈNE.

THÉRAMÈNE.
Seigneur, la Reine vient, et je l'ai devancée.
Elle vous cherche.
HIPPOLYTE.
  Moi?
THÉRAMÈNE.
    J'ignore sa pensée.
Mais on vous est venu demander de sa part.
Phèdre veut vous parler avant votre départ.
HIPPOLYTE.
Phèdre? Que lui dirai-je? Et que peut-elle attendre....
ARICIE.
Seigneur, vous ne pouvez refuser de l'entendre.
Quoique trop convaincu de son inimitié,
Vous devez à ses pleurs quelque ombre de pitié.
HIPPOLYTE.
Cependant vous sortez. Et je pars. Et j'ignore
Si je n'offense point les charmes que j'adore!   570
J'ignore si ce cœur que je laisse en vos mains....
ARICIE.
Partez, Prince, et suivez vos généreux desseins.
Rendez de mon pouvoir Athènes tributaire.
J'accepte tous les dons que vous me voulez faire.
Mais cet empire enfin si grand, si glorieux,   575
N'est pas de vos présents le plus cher à mes yeux.

SCÈNE IV.

HIPPOLYTE, THÉRAMÈNE.

HIPPOLYTE.

Ami, tout est-il prêt? Mais la Reine s'avance.
Va, que pour le départ tout s'arme en diligence.
Fais donner le signal, cours, ordonne, et revien
Me délivrer bientôt d'un fâcheux entretien.   580

SCÈNE V[1].

PHÈDRE, HIPPOLYTE, OENONE.

PHÈDRE, à OEnone[2].

Le voici. Vers mon cœur tout mon sang se retire.
J'oublie, en le voyant, ce que je viens[3] lui dire.

OENONE.

Souvenez-vous d'un fils qui n'espère qu'en vous.

PHÈDRE.

On dit qu'un prompt départ vous éloigne de nous,
Seigneur. A vos douleurs je viens joindre mes larmes.
Je vous viens pour un fils expliquer mes alarmes.
Mon fils n'a plus de père; et le jour n'est pas loin
Qui de ma mort encor doit le rendre témoin.

---

1. Dans cette admirable scène, Racine doit beaucoup, non plus à Euripide, qui n'a rien de semblable, mais à Sénèque. Racine nomme Sénèque dans un passage de sa préface; mais il ne dit pas (le P. Brumoy le lui a reproché, *Théâtre des Grecs*, tome II, p. 314) qu'il a puisé dans la pièce du poëte latin quelques-unes de ses plus belles inspirations.

2. Dans l'édition de Luneau de Boisjermain, etc.: « PHÈDRE, à OEnone, *dans le fond du théâtre.* »

3. L'édition d'Amsterdam de 1698 porte *veux*, au lieu de *viens*.

ACTE II, SCÈNE V.

Déjà mille ennemis attaquent son enfance.
Vous seul pouvez contre eux embrasser sa défense.   590
Mais un secret remords agite mes esprits.
Je crains d'avoir fermé votre oreille à ses cris.
Je tremble que sur lui votre juste colère
Ne poursuive bientôt une odieuse mère.

HIPPOLYTE.

Madame, je n'ai point des sentiments si bas.   595

PHÈDRE.

Quand vous me haïriez, je ne m'en plaindrois pas,
Seigneur. Vous m'avez vue attachée à vous nuire ;
Dans le fond de mon cœur vous ne pouviez pas lire.
A votre inimitié j'ai pris soin de m'offrir.
Aux bords que j'habitois je n'ai pu vous souffrir.   600
En public, en secret contre vous déclarée,
J'ai voulu par des mers en être séparée ;
J'ai même défendu, par une expresse loi,
Qu'on osât prononcer votre nom devant moi.
Si pourtant à l'offense on mesure la peine,   605
Si la haine peut seule attirer votre haine,
Jamais femme ne fut plus digne de pitié,
Et moins digne, Seigneur, de votre inimitié.

HIPPOLYTE.

Des droits de ses enfants une mère jalouse
Pardonne rarement au fils d'une autre épouse[1].   610
Madame, je le sais. Les soupçons importuns
Sont d'un second hymen les fruits les plus communs.
Toute autre[2] auroit pour moi pris les mêmes ombrages,
Et j'en aurois peut-être essuyé plus d'outrages.

---

1. Alceste, dans la tragédie de ce nom, dit semblablement (vers 322 et 323) :

Ἐχθρὰ γὰρ ἡ 'πιοῦσα μητρυιὰ τέκνοις
Τοῖς πρόσθε.

2. L'édition de 1713, celle de Cologne de 1723, plus tard Luneau de Bois-

PHÈDRE.

Ah! Seigneur, que le ciel, j'ose ici l'attester, 615
De cette loi commune a voulu m'excepter!
Qu'un soin bien différent me trouble et me dévore!

HIPPOLYTE.

Madame, il n'est pas temps de vous troubler encore.
Peut-être votre époux voit encore le jour;
Le ciel peut à nos pleurs accorder son retour. 620
Neptune le protége, et ce dieu tutélaire
Ne sera pas en vain imploré par mon père.

PHÈDRE.

On ne voit point deux fois le rivage des morts,
Seigneur. Puisque Thésée a vu les sombres bords,
En vain vous espérez qu'un dieu vous le renvoie; 625
Et l'avare Achéron ne lâche point sa proie[1].
Que dis-je? Il n'est point mort, puisqu'il respire en vous.
Toujours devant mes yeux je crois voir mon époux.
Je le vois, je lui parle; et mon cœur.... Je m'égare,
Seigneur[2], ma folle ardeur malgré moi se déclare. 630

HIPPOLYTE.

Je vois de votre amour l'effet prodigieux.
Tout mort qu'il est, Thésée est présent à vos yeux;

---

jermain et les éditeurs qui l'ont suivi ont mis *tout autre*; mais il y a bien *toute*, au féminin, dans toutes les éditions publiées du vivant de Racine.

1. Phèdre, dans l'*Hippolyte* de Sénèque (vers 219-221), dit à la Nourrice:

*Reditusque nullos metuo. Non unquam amplius
Convexa tetigit supera, qui mersus semel
Adiit silentem nocte perpetua domum.*

Mais Racine, pour tout ce passage, a surtout fait un emprunt direct à la scène de la déclaration dans le poëte latin (vers 623-626):

PHÆD. *Miserere viduæ.* HIPP. *Summus hoc omen Deus
Avertat: aderit sospes actutum parens.*
PHÆD. *Regni tenacis dominus et tacitæ Stygis
Nullam relictos facit ad Superos viam.*

2. Les anciennes éditions n'indiquent pas où la phrase doit être coupée. *Seigneur* est entre deux virgules.

Toujours de son amour votre âme est embrasée¹.
PHÈDRE.
Oui, Prince, je languis, je brûle pour Thésée.
Je l'aime, non point tel que l'ont vu les enfers, 635
Volage adorateur de mille objets divers,
Qui va du dieu des morts déshonorer la couche;
Mais fidèle, mais fier, et même un peu farouche,
Charmant, jeune, traînant tous les cœurs après soi,
Tel qu'on dépeint nos dieux, ou tel que je vous voi. 640
Il avoit votre port, vos yeux, votre langage,
Cette noble pudeur coloroit son visage
Lorsque de notre Crète il traversa les flots,
Digne sujet des vœux des filles de Minos².
Que faisiez-vous alors? Pourquoi, sans Hippolyte, 645
Des héros de la Grèce assembla-t-il l'élite?
Pourquoi, trop jeune encor, ne pûtes-vous alors
Entrer dans le vaisseau qui le mit sur nos bords?
Par vous auroit péri le monstre de la Crète,
Malgré tous les détours de sa vaste retraite. 650
Pour en développer l'embarras incertain,
Ma sœur du fil fatal eût armé votre main³.
Mais non, dans ce dessein je l'aurois devancée :

---

1. HIPP. *Amore nempe Thesei casto furis.*
(Sénèque, *Hippolyte*, vers 645.)

2. On nomme quatre filles de Minos; mais Racine, dans ce qu'il fait dire ici à Phèdre, paraît n'avoir en vue qu'elle-même et sa sœur Ariane.

3. Tout cet endroit est imité de Sénèque (vers 646-662) :

    PHÆD. *Hippolyte, sic est : Thesei vultus amo*
    Illos priores, quos tulit quondam puer,
    Quum prima puras barba signaret genas,
    Monstrique cæcam Gnossii vidit domum,
    Et longa curva fila collegit via.
    Quis tum ille fulsit! . . . .
    Tuæve Phœbes vultus (inerat), *aut Phœbi mei,*
    Tuusve potius : talis, en talis fuit,
    Quum placuit hosti . . . .
    Est genitor in te totus; et torvæ tamen

L'amour m'en eût d'abord inspiré la pensée.
C'est moi, Prince, c'est moi dont l'utile secours 655
Vous eût du Labyrinthe enseigné les détours.
Que de soins m'eût coûtés cette tête charmante !
Un fil n'eût point assez rassuré votre amante.
Compagne du péril qu'il vous falloit chercher,
Moi-même devant vous j'aurois voulu marcher; 660
Et Phèdre au Labyrinthe avec vous descendue
Se seroit avec vous retrouvée, ou perdue.

HIPPOLYTE.

Dieux ! qu'est-ce que j'entends? Madame, oubliez-vous
Que Thésée est mon père, et qu'il est votre époux ?

PHÈDRE.

Et sur quoi jugez-vous que j'en perds la mémoire, 665
Prince? Aurois-je perdu tout le soin de ma gloire?

HIPPOLYTE.

Madame, pardonnez. J'avoue, en rougissant,
Que j'accusois à tort un discours innocent.

Pars aliqua matris miscet ex æquo decus.
In ore Graïo Scythicus apparet rigor.
Si cum parente Creticum intrasses fretum,
Tibi fila potius nostra nevisset soror.

— Voici comment Robert Garnier, avant Racine, a imité Sénèque :

HIPP. C'est l'amour de Thésée qui vous tourmente ainsi.
PHÈD. Hélas ! voire, Hippolyte, hélas ! c'est mon souci.
J'ai, misérable, j'ai la poitrine embrasée
De l'amour que je porte aux beautés de Thésée,
Telles qu'il les avoit lorsque bien jeune encor
Son menton cotonnoit d'une frisure d'or,
Quand il vit étranger la maison Dédalique
De l'homme mi-taureau, notre monstre Crétique.
Hélas! que sembloit-il ? Ses cheveux crépelés
Comme soye retorse en petits annelets
Lui blondissoient la tête . . . .
Sa taille belle et droite, avec ce teint divin,
Ressembloit, égalée, à celle d'Apollin,
A celle de Diane, et surtout à la vôtre....
Si nous vous eussions vu, quand votre géniteur
Vint en l'île de Crète, Ariadne ma sœur
Vous eût plutôt que lui de son fil salutaire
Retiré des prisons du roi Minos, mon père.

Ma honte ne peut plus soutenir votre vue ;
Et je vais....

PHÈDRE.

    Ah! cruel, tu m'as trop entendue.   670
Je t'en ai dit assez pour te tirer d'erreur.
Hé bien! connois donc Phèdre et toute sa fureur.
J'aime. Ne pense pas qu'au moment que je t'aime,
Innocente à mes yeux, je m'approuve moi-même ;
Ni que du fol amour qui trouble ma raison   675
Ma lâche complaisance ait nourri le poison[1].
Objet infortuné des vengeances célestes,
Je m'abhorre encor plus que tu ne me détestes.
Les Dieux m'en sont témoins, ces Dieux qui dans mon flanc
Ont allumé le feu fatal à tout mon sang ;   680
Ces Dieux qui se sont fait une gloire cruelle
De séduire le cœur d'une foible mortelle.
Toi-même en ton esprit rappelle le passé.
C'est peu de t'avoir fui, cruel, je t'ai chassé ;
J'ai voulu te paroître odieuse, inhumaine ;   685
Pour mieux te résister, j'ai recherché ta haine.
De quoi m'ont profité mes inutiles soins?
Tu me haïssois plus, je ne t'aimois pas moins.
Tes malheurs te prêtoient encor de nouveaux charmes.
J'ai langui, j'ai séché, dans les feux, dans les larmes.   690
Il suffit de tes yeux pour t'en persuader,
Si tes yeux un moment pouvoient me regarder.

---

1. L'idée de cette lutte de la passion et des remords se trouve en germe dans Euripide, où l'ont prise Sénèque et Racine :

Τὰ χρήστ' ἐπιστόμεσθα καὶ γιγνώσκομεν,
Οὐκ ἐκπονοῦμεν δέ..........
Ἐπεί μ' ἔρως ἔτρωσεν, ἐσκόπουν ὅπως
Κάλλιστ' ἐνέγκαιμ' αὐτόν........

« Nous savons, nous connaissons le bien, nous n'avons pas la force de l'accomplir.... Quand je me sentis blessée par l'amour, j'examinai comment je pourrais supporter le mieux un tel mal. » (*Hippolyte*, vers 381-394.)

Que dis-je? Cet aveu que je te viens de faire,
Cet aveu si honteux, le crois-tu volontaire?
Tremblante pour un fils que je n'osois trahir, 695
Je te venois prier de ne le point haïr.
Foibles projets d'un cœur trop plein de ce qu'il aime!
Hélas! je ne t'ai pu parler que de toi-même.
Venge-toi, punis-moi d'un odieux amour.
Digne fils du héros qui t'a donné le jour, 700
Délivre l'univers d'un monstre qui t'irrite.
La veuve de Thésée ose aimer Hippolyte!
Crois-moi, ce monstre affreux ne doit point t'échapper.
Voilà mon cœur. C'est là que ta main doit frapper.
Impatient déjà d'expier son offense, 705
Au-devant de ton bras je le sens qui s'avance.
Frappe. Ou si tu le crois indigne de tes coups,
Si ta haine m'envie un supplice si doux,
Ou si d'un sang trop vil ta main seroit trempée,
Au défaut de ton bras prête-moi ton épée. 710
Donne[1].

[1]. Dans la tragédie de Sénèque, l'épée d'Hippolyte reste de même entre les mains de Phèdre, et doit servir de témoignage contre lui. Mais ce n'est point, comme chez Racine, Phèdre qui cherche à s'emparer de cette épée : Hippolyte la tire pour tuer Phèdre, puis la lui abandonne, parce qu'elle a été souillée par son contact impur :

> HIPP. *Stringatur ensis ; merita supplicia exigat....*
> PHÆD. *Hippolyte, nunc me compotem voti facis.*
> *Sanas furentem ; majus hoc voto meo est,*
> *Salvo ut pudore manibus immoriar tuis.*
> HIPP. *Abscede, vive, ne quid exores ; et hic*
> *Contactus ensis deserat castum latus.*
>   (Vers 706-714.)

Ce dernier vers peut être surtout rapproché des vers 750-752 de Racine :

> Il suffit que ma main l'ait une fois touchée,
> Je l'ai rendue horrible à ses yeux inhumains ;
> Et ce fer malheureux profaneroit ses mains.

Dans la tragédie de la Pinelière (acte III, scène III), Hippolyte dit :

> Et jetons dans ces lieux désormais cette lame
> Qu'a touchée aujourd'hui cette impudique femme.

OENONE.

Que faites-vous, Madame? Justes Dieux !
Mais on vient. Évitez des témoins odieux ;
Venez, rentrez, fuyez une honte certaine.

SCÈNE VI.
HIPPOLYTE, THÉRAMÈNE.

THÉRAMÈNE.

Est-ce Phèdre qui fuit, ou plutôt qu'on entraîne?
Pourquoi, Seigneur, pourquoi ces marques de douleur?
Je vous vois sans épée, interdit, sans couleur?

HIPPOLYTE.

Théramène, fuyons. Ma surprise est extrême.
Je ne puis sans horreur me regarder moi-même.
Phèdre.... Mais non, grands Dieux ! qu'en un profond oubli
Cet horrible secret demeure enseveli. 720

THÉRAMÈNE.

Si vous voulez partir, la voile est préparée.
Mais Athènes, Seigneur, s'est déjà déclarée.
Ses chefs ont pris les voix de toutes ses tribus.
Votre frère l'emporte, et Phèdre a le dessus.

HIPPOLYTE.

Phèdre?

THÉRAMÈNE.

Un héraut chargé des volontés d'Athènes 725
De l'État en ses mains vient remettre les rênes.
Son fils est roi, Seigneur.

HIPPOLYTE.

Dieux, qui la connoissez,
Est-ce donc sa vertu que vous récompensez?

THÉRAMÈNE.

Cependant un bruit sourd veut que le Roi respire.

On prétend que Thésée a paru dans l'Épire. 730
Mais moi qui l'y cherchai, Seigneur, je sais trop bien....

HIPPOLYTE.

N'importe, écoutons tout, et ne négligeons rien.
Examinons ce bruit, remontons à sa source.
S'il ne mérite pas d'interrompre ma course,
Partons; et quelque prix qu'il en puisse coûter, 735
Mettons le sceptre aux mains dignes de le porter.

FIN DU SECOND ACTE.

ACTE III.

SCÈNE PREMIÈRE.
PHÈDRE, OENONE.

PHÈDRE.

Ah! que l'on porte ailleurs les honneurs qu'on m'envoie.
Importune, peux-tu souhaiter qu'on me voie?
De quoi viens-tu flatter mon esprit désolé?
Cache-moi bien plutôt : je n'ai que trop parlé.   740
Mes fureurs au dehors ont osé se répandre.
J'ai dit ce que jamais on ne devoit entendre.
Ciel! comme il m'écoutoit! Par combien de détours
L'insensible a longtemps éludé mes discours!
Comme il ne respiroit qu'une retraite prompte!   745
Et combien sa rougeur a redoublé ma honte!
Pourquoi détournois-tu mon funeste dessein?
Hélas! quand son épée alloit chercher mon sein,
A-t-il pâli pour moi? me l'a-t-il arrachée?
Il suffit que ma main l'ait une fois touchée,   750
Je l'ai rendue horrible à ses yeux inhumains;
Et ce fer malheureux profaneroit ses mains.

OENONE.

Ainsi, dans vos malheurs ne songeant qu'à vous plaindre,
Vous nourrissez un feu qu'il vous faudroit éteindre.
Ne vaudroit-il pas mieux, digne sang de Minos,   755
Dans de plus nobles soins chercher votre repos,
Contre un ingrat qui plaît recourir à la fuite,
Régner, et de l'État embrasser la conduite?

PHÈDRE.

Moi régner! Moi ranger un État sous ma loi,
Quand ma foible raison ne règne plus sur moi! 760
Lorsque j'ai de mes sens abandonné l'empire!
Quand sous un joug honteux à peine je respire!
Quand je me meurs!

OENONE.
Fuyez.

PHÈDRE.
Je ne le puis quitter.

OENONE.
Vous l'osâtes bannir, vous n'osez l'éviter.

PHÈDRE.
Il n'est plus temps. Il sait mes ardeurs insensées. 765
De l'austère pudeur les bornes sont passées[1].
J'ai déclaré ma honte aux yeux de mon vainqueur,
Et l'espoir, malgré moi, s'est glissé dans mon cœur.
Toi-même rappelant ma force défaillante,
Et mon âme déjà sur mes lèvres errante, 770
Par tes conseils flatteurs tu m'as su ranimer.
Tu m'as fait entrevoir que je pouvois l'aimer.

OENONE.
Hélas! de vos malheurs innocente ou coupable,
De quoi pour vous sauver n'étois-je point capable?
Mais si jamais l'offense irrita vos esprits, 775
Pouvez-vous d'un superbe oublier les mépris?
Avec quels yeux cruels sa rigueur obstinée
Vous laissoit à ses pieds peu s'en faut prosternée!
Que son farouche orgueil le rendoit odieux!
Que Phèdre en ce moment n'avoit-elle mes yeux? 780

---

1. Louis Racine a rapproché de ce vers les paroles de Phèdre dans Ovide (*Épître de Phèdre à Hippolyte*, vers 155) :

Depuduit, profugusque pudor sua signa reliquit.

ACTE III, SCÈNE I.

PHÈDRE.

OEnone, il peut quitter cet orgueil qui te blesse.
Nourri dans les forêts, il en a la rudesse.
Hippolyte, endurci par de sauvages lois,
Entend parler d'amour pour la première fois.
Peut-être sa surprise a causé son silence : 785
Et nos plaintes peut-être ont trop de violence.

OENONE.

Songez qu'une barbare en son sein l'a formé.

PHÈDRE.

Quoique Scythe et barbare, elle a pourtant aimé.

OENONE.

Il a pour tout le sexe une haine fatale.

PHÈDRE.

Je ne me verrai point préférer de rivale [1]. 790
Enfin tous tes conseils ne sont plus de saison.
Sers ma fureur, OEnone, et non point ma raison.
Il oppose à l'amour un cœur inaccessible :
Cherchons pour l'attaquer quelque endroit plus sensible.
Les charmes d'un empire ont paru le toucher ; 795
Athènes l'attiroit, il n'a pu s'en cacher ;
Déjà de ses vaisseaux la pointe étoit tournée,
Et la voile flottoit aux vents abandonnée.

---

1. Ce dialogue est imité de Sénèque (vers 229-243) :

NUTR. *Quis hujus animum flectet intractabilem?*
Exosus omne feminæ nomen fugit ;...
. . . . . *Genus Amazonium scias....*
PHÆD. . . . . *Precibus haud vinci potest ?*
NUTR. *Ferus est.* PHÆD. *Amore didicimus vinci feros....*
NUTR. *Genus omne profugit.* PHÆD. *Pellicis careo metu.*

Gilbert (acte III, scène I) s'est inspiré de ces vers de Sénèque ; mais il en a détruit toute la force, en intervertissant l'ordre du dialogue entre Phèdre et sa confidente, faute que Racine ne pouvait commettre :

PHÈD. Pour toutes sa froideur, sa haine sont égales.
ACHR. Tant mieux, vous n'aurez point à craindre de rivales.

Cependant le choix de ce dernier mot pour traduire *pellicis* pourrait faire penser que Racine avait sous les yeux les vers de Gilbert.

Va trouver de ma part ce jeune ambitieux,
OEnone; fais briller la couronne à ses yeux.   800
Qu'il mette sur son front le sacré diadème;
Je ne veux que l'honneur de l'attacher moi-même [1].
Cédons-lui ce pouvoir que je ne puis garder.
Il instruira mon fils dans l'art de commander;
Peut-être il voudra bien lui tenir lieu de père.   805
Je mets sous son pouvoir et le fils et la mère [2].
Pour le fléchir enfin tente tous les moyens :
Tes discours trouveront plus d'accès que les miens [3].
Presse, pleure, gémis; plains-lui Phèdre mourante [4];
Ne rougis point de prendre une voix suppliante.   810
Je t'avoûrai de tout; je n'espère qu'en toi.
Va : j'attends ton retour pour disposer de moi.

1. Phèdre, dans Sénèque (vers 617 et 618), dit à Hippolyte :

> *Mandata recipe sceptra; me famulam accipe.*
> *Te imperia regere, me decet jussa exsequi.*

Le P. Brumoy (*Théâtre des Grecs*, tome I, p. 393) dit qu'il y a dans ces vers « un trait inimitable, dont Racine a formé une scène entière. »

2. *Sinu receptam, supplicem ac servam tege.*
(*Ibidem*, vers 622.)

3. C'est ainsi que dans le livre IV de l'*Énéide* (vers 423) Didon charge sa sœur de fléchir Énée :

> *Sola viri molles aditus et tempora noras.*

4. Tel est le texte de l'édition de 1697. Les précédentes donnent ainsi ce vers :

> Presse, pleure, gémis; peins-lui Phèdre mourante.

Entre les éditions postérieures à 1697 nous ne connaissons que celles de 1702, de 1713 et de 1723 (Cologne) qui portent *plains*. Toutes les autres que nous avons pu voir ont adopté *peins*.

SCÈNE II.

PHÈDRE, seule.

O toi, qui vois la honte où je suis descendue,
Implacable Vénus, suis-je assez confondue?
Tu ne saurois plus loin pousser ta cruauté. 815
Ton triomphe est parfait; tous tes traits ont porté.
Cruelle, si tu veux une gloire nouvelle,
Attaque un ennemi qui te soit plus rebelle.
Hippolyte te fuit; et bravant ton courroux,
Jamais à tes autels n'a fléchi les genoux. 820
Ton nom semble offenser ses superbes oreilles.
Déesse, venge-toi : nos causes sont pareilles[1].
Qu'il aime.... Mais déjà tu reviens sur tes pas,
OEnone? On me déteste, on ne t'écoute pas.

SCÈNE III.

PHÈDRE, OENONE.

OENONE.

Il faut d'un vain amour étouffer la pensée, 825
Madame. Rappelez votre vertu passée :
Le Roi, qu'on a cru mort, va paroître à vos yeux;

---

1. Dans le grand monologue de *Médée*, acte I, scène IV, vers 201-206 de la tragédie de ce nom, Corneille avait dit :

> Souverains protecteurs des lois de l'hyménée....
> Voyez de quel mépris vous traite son parjure,
> Et m'aidez à venger cette commune injure.

Voltaire, dans le commentaire de *Médée*, fait cette remarque: « Racine a imité ce vers dans *Phèdre*...; mais dans Corneille, il n'est qu'une beauté de poésie; dans Racine, il est une beauté de sentiment. » Nous avouons qu'en comparant les deux passages, cette distinction nous échappe.

Thésée est arrivé, Thésée est en ces lieux.
Le peuple, pour le voir, court et se précipite.
Je sortois par votre ordre, et cherchois Hippolyte,   830
Lorsque jusques au ciel mille cris élancés....

PHÈDRE.

Mon époux est vivant, OEnone, c'est assez[1].
J'ai fait l'indigne aveu d'un amour qui l'outrage;
Il vit : je ne veux pas en savoir davantage.

OENONE.

Quoi?

PHÈDRE.

Je te l'ai prédit; mais tu n'as pas voulu.   835
Sur mes justes remords tes pleurs ont prévalu.
Je mourois ce matin digne d'être pleurée;
J'ai suivi tes conseils, je meurs déshonorée[2].

OENONE.

Vous mourez?

PHÈDRE.

Juste ciel! qu'ai-je fait aujourd'hui?
Mon époux va paroître, et son fils avec lui.   840
Je verrai le témoin de ma flamme adultère
Observer de quel front j'ose aborder son père[3],

---

1. Ici encore la coupe du vers est indécise. Dans les anciennes éditions *OEnone* est entre deux virgules.

2. Mêmes reproches de Phèdre à la Nourrice dans Euripide :

Οὐκ εἶπον (οὐ σῆς προὐνοησάμην φρενός;)
Σιγᾶν, ἐφ' οἷσι νῦν ἐγὼ κακύνομαι;
Σὺ δ' οὐκ ἀνέσχου· τοιγὰρ οὐκ ἔτ' εὐκλεεῖς
Θανούμεθα . . . . .

« N'avais-je pas prévu ce que tu voulais? Ne t'avais-je pas dit de te taire sur ce qui fait maintenant mon malheur? Mais tu n'as pu te résigner au silence; aussi mourrons-nous déshonorées. » (Vers 682-684.)

3. Racine met ici dans la bouche de Phèdre ce qu'Euripide fait dire à Hippolyte lui-même. Il menace la Nourrice en ces termes :

Θεάσομαι δὲ σὺν πατρὸς μολὼν ποδί,
Πῶς νιν προσόψει, καὶ σὺ καὶ δέσποινα σή·
Τῆς σῆς δὲ τόλμης εἴσομαι γεγευμένος.

« Quand je viendrai avec mon père, j'observerai de quel front tu osera

Le cœur gros de soupirs, qu'il n'a point écoutés,
L'œil humide de pleurs, par l'ingrat rebutés.
Penses-tu que sensible à l'honneur de Thésée, 845
Il lui cache l'ardeur dont je suis embrasée?
Laissera-t-il trahir et son père et son roi?
Pourra-t-il contenir l'horreur qu'il a pour moi?
Il se tairoit en vain. Je sais mes perfidies,
OEnone, et ne suis point de ces femmes hardies 850
Qui goûtant dans le crime une tranquille paix,
Ont su se faire un front qui ne rougit jamais.
Je connois mes fureurs, je les rappelle toutes.
Il me semble déjà que ces murs, que ces voûtes
Vont prendre la parole, et prêts à m'accuser, 855
Attendent mon époux pour le désabuser.
Mourons. De tant d'horreurs qu'un trépas me délivre.
Est-ce un malheur si grand que de cesser de vivre[1]?
La mort aux malheureux ne cause point d'effroi.
Je ne crains que le nom que je laisse après moi. 860
Pour mes tristes enfants[2] quel affreux héritage!
Le sang de Jupiter[3] doit enfler leur courage;
Mais quelque juste orgueil qu'inspire un sang si beau,
Le crime d'une mère est un pesant fardeau.
Je tremble qu'un discours, hélas! trop véritable, 865
Un jour ne leur reproche une mère coupable.
Je tremble qu'opprimés de ce poids odieux

l'aborder, toi et ta maîtresse; et j'apprendrai à connaître ton audace. » (Vers 657-659.)

1. *Usque adeone mori miserum est?...*
(Virgile, *Énéide*, livre XII, vers 646.)

2. Phèdre avait deux fils : Acamas et Démophon.

3. Quelques auteurs comptent, aux temps héroïques, deux Minos. Ils font le plus ancien fils de Jupiter et d'Europe, et, après sa mort, juge aux enfers; l'autre, dont Phèdre était fille, petit-fils du premier. Racine, de même qu'Homère et Hésiode, n'en connaît qu'un : voyez ci-après, vers 1278 et suivants.

L'un ni l'autre jamais n'ose¹ lever les yeux².

OENONE.

Il n'en faut point douter, je les plains l'un et l'autre ;
Jamais crainte ne fut plus juste que la vôtre.   870
Mais à de tels affronts pourquoi les exposer ?
Pourquoi contre vous-même allez-vous déposer ?
C'en est fait : on dira que Phèdre, trop coupable,

1. *N'ose* est dans toutes les anciennes impressions. Quelques éditeurs récents, à partir de Luneau de Boisjermain, y ont substitué le pluriel *n'osent*.

2. On reconnaîtra plusieurs des idées de ce morceau dans ces paroles de la Phèdre d'Euripide :

.... Ἐπειδὴ τοισίδ' οὐκ ἐξήνυτον
Κύπριν κρατῆσαι, κατθανεῖν ἔδοξέ μοι
Κράτιστον..........
Μισῶ δὲ καὶ τὰς σώφρονας μὲν ἐν λόγοις,
Λάθρα δὲ τόλμας οὐ καλὰς κεκτημένας.
Αἵ πῶς ποτ', ὦ δέσποινα ποντία Κύπρι,
Βλέπουσιν ἐς πρόσωπα τῶν ξυνευνετῶν,
Οὐδὲ σκότον φρίσσουσι τὸν ξυνεργάτην
Τέρεμνά τ' οἴκων, μή ποτε φθογγὴν ἀφῇ ;
Ἡμᾶς γὰρ αὐτὸ τοῦτ' ἀποκτείνει, φίλαι,
Ὡς μή ποτ' ἄνδρα τὸν ἐμὸν αἰσχύνασ' ἁλῶ,
Μὴ παῖδας, οὓς ἔτικτον · ἀλλ' ἐλεύθεροι,
Παρρησίᾳ θάλλοντες, οἰκοῖεν πόλιν
Κλεινῶν Ἀθηνῶν, μητρὸς οὕνεχ' εὐκλεεῖς.
Δουλοῖ γὰρ ἄνδρα, κἂν θρασύσπλαγχνός τις ᾖ,
Ὅταν ξυνειδῇ μητρὸς ἢ πατρὸς κακά.

« Lorsque je vis que tous ces efforts pour triompher de Vénus étaient vains, mourir me parut la résolution que je devais préférer.... Je hais ces femmes sages dans leurs discours, qui cachent au fond de leur âme une criminelle audace. Comment, ô puissante déesse de Chypre, comment osent-elles regarder en face leurs époux ? Comment ne tremblent-elles pas que les ténèbres leurs complices, que les voûtes de leur demeure ne prennent un jour la parole ? Oui, mes amies (*Phèdre s'adresse au chœur*), c'est là ce qui décide ma mort : je ne veux point, surprise dans mon crime, couvrir de honte mon époux, et les enfants à qui j'ai donné la vie ; mais plutôt que dans l'illustre Athènes ils marchent le front haut, en hommes libres, leur mère ayant tout fait pour épargner leur gloire. Car, quelque fierté qu'un homme ait dans le cœur, il se sent avili comme un esclave, quand il a conscience du déshonneur d'une mère ou d'un père. » (Vers 401-426.)

Dans ces vers d'Euripide, imités par Racine, il y a un passage qu'Euripide lui-même a imité de l'*Agamemnon* d'Eschyle (vers 37 et 38) :

... Οἶκος δ' αὐτός, εἰ φθογγὴν λάβοι,
Σαφέστατ' ἂν λέξειεν .....

« Cette demeure elle-même, si elle avait eu une voix, aurait parlé clairement. »

De son époux trahi fuit l'aspect redoutable.
Hippolyte est heureux qu'aux dépens de vos jours 875
Vous-même en expirant appuyez¹ ses discours.
A votre accusateur que pourrai-je répondre?
Je serai devant lui trop facile à confondre.
De son triomphe affreux je le verrai jouir,
Et conter votre honte à qui voudra l'ouïr. 880
Ah! que plutôt du ciel la flamme me dévore!
Mais ne me trompez point, vous est-il cher encore?
De quel œil voyez-vous ce prince audacieux?

PHÈDRE.

Je le vois comme un monstre effroyable à mes yeux.

OENONE.

Pourquoi donc lui céder une victoire entière? 885
Vous le craignez. Osez l'accuser la première
Du crime dont il peut vous charger aujourd'hui.
Qui vous démentira²? Tout parle contre lui :
Son épée en vos mains heureusement laissée,
Votre trouble présent, votre douleur passée, 890
Son père par vos cris dès longtemps prévenu,
Et déjà son exil par vous-même obtenu.

PHÈDRE.

Moi, que j'ose opprimer et noircir l'innocence?

OENONE.

Mon zèle n'a besoin que de votre silence.
Tremblante comme vous, j'en sens quelque remords. 895
Vous me verriez plus prompte affronter mille morts.

---

1. Il y a bien *appuyez* dans toutes les éditions anciennes. Luneau de Boisjermain et ceux qui sont venus après lui donnent *appuyiez*.
2. La Nourrice dit semblablement dans Sénèque (vers 719-724) :

>..... *Quid segnis stupes?*
>*Regeramus ipsi crimen, atque ultro impiam*
>*Venerem arguamus.* . . . .
>*Ausæ priores simus, an passæ nefas,*
>*Secreta quum sit culpa, quis testis sciet?*

Mais puisque je vous perds sans ce triste remède,
Votre vie est pour moi d'un prix à qui tout cède[1].
Je parlerai. Thésée, aigri par mes avis,
Bornera sa vengeance à l'exil de son fils.   900
Un père en punissant, Madame, est toujours père :
Un supplice léger suffit à sa colère.
Mais le sang innocent dût-il être versé,
Que ne demande point votre honneur menacé?
C'est un trésor trop cher pour oser le commettre.   905
Quelque loi qu'il vous dicte, il faut vous y soumettre,
Madame; et pour sauver notre honneur combattu[2],
Il faut immoler tout, et même la vertu[3].
On vient; je vois Thésée.

PHÈDRE.

Ah! je vois Hippolyte;
Dans ses yeux insolents je vois ma perte écrite.   910
Fais ce que tu voudras, je m'abandonne à toi.
Dans le trouble où je suis, je ne puis rien pour moi.

1. Εἰ μὲν γὰρ ἦν σοι μὴ 'πὶ συμφοραῖς βίος
Τοιᾶσδε, σώφρων δ' οὖσ' ἐτύγχανες γυνή,
Οὐκ ἄν ποτ' εὐνῆς οὕνεχ' ἡδονῆς τε σῆς
Προσῆγον ἄν σε δεῦρο· νῦν δ' ἀγὼν μέγας
Σῶσαι βίον σόν, κοὐκ ἐπίφθονον τόδε.

« Car si votre vie n'était pas accablée d'une telle douleur, si vous étiez plus maîtresse de votre passion, jamais pour servir votre amour et vos plaisirs je ne vous pousserais à de telles résolutions. Mais à cette heure il s'agit d'engager un grand combat pour sauver vos jours; et ce que j'ose est excusable. » (Euripide, *Hippolyte*, vers 494-498.)

2. Dans l'édition de 1736 et dans celles de la Harpe et de M. Aimé-Martin ce vers se lit ainsi :

Madame; et pour sauver votre honneur combattu.

3. Dans sa *Satire* X, composée quinze ans après *Phèdre*, Boileau s'est élevé contre ces opéras où l'on apprend

. . . . Qu'à l'Amour, comme au seul dieu suprême,
On doit immoler tout, jusqu'à la vertu même.

(Vers 137 et 138.)

N'avait-il pas quelque souvenir du vers de Racine, sans bien se rappeler où il l'avait vu? On ne peut supposer qu'il ait été dans sa pensée d'en faire la critique.

SCÈNE IV.

THÉSÉE, HIPPOLYTE, PHÈDRE, OENONE, THÉRAMÈNE.

THÉSÉE.

La fortune à mes vœux cesse d'être opposée,
Madame; et dans vos bras met....

PHÈDRE.

Arrêtez, Thésée,
Et ne profanez point des transports si charmants.   915
Je ne mérite plus ces doux empressements.
Vous êtes offensé. La fortune jalouse
N'a pas en votre absence épargné votre épouse.
Indigne de vous plaire et de vous approcher,
Je ne dois désormais songer qu'à me cacher.   920

SCÈNE V.

THÉSÉE, HIPPOLYTE, THÉRAMÈNE.

THÉSÉE.

Quel est l'étrange accueil qu'on fait à votre père[1],
Mon fils?

HIPPOLYTE.

Phèdre peut seule expliquer ce mystère.
Mais si mes vœux ardents vous peuvent émouvoir,

---

1. Thésée, dans Euripide, s'étonne de ne trouver personne pour saluer son arrivée :

Οὐ γάρ τί μ' ὡς θεωρὸν ἀξιοῖ δόμος
Πύλας ἀνοίξας εὐφρόνως προσεννέπειν.

« Cette maison ne daigne point, après m'avoir ouvert ses portes, me saluer de l'accueil joyeux que l'on doit à celui qui revient de consulter les dieux. » (Vers 788 et 789.)

Permettez-moi, Seigneur, de ne la plus revoir;
Souffrez que pour jamais le tremblant Hippolyte 925
Disparoisse des lieux que votre épouse habite.
THÉSÉE.
Vous, mon fils, me quitter?
HIPPOLYTE.
Je ne la cherchois pas:
C'est vous qui sur ces bords conduisîtes ses pas.
Vous daignâtes, Seigneur, aux rives de Trézène
Confier en partant Aricie et la Reine. 930
Je fus même chargé du soin de les garder.
Mais quels soins désormais peuvent me retarder?
Assez dans les forêts mon oisive jeunesse
Sur de vils ennemis a montré son adresse.
Ne pourrai-je, en fuyant un indigne repos, 935
D'un sang plus glorieux teindre mes javelots?
Vous n'aviez pas encore atteint l'âge où je touche,
Déjà plus d'un tyran, plus d'un monstre farouche
Avoit de votre bras senti la pesanteur;
Déjà, de l'insolence heureux persécuteur, 940
Vous aviez des deux mers assuré les rivages.
Le libre voyageur ne craignoit plus d'outrages;
Hercule, respirant sur le bruit de vos coups,
Déjà de son travail se reposoit sur vous.
Et moi, fils inconnu d'un si glorieux père, 945
Je suis même encor loin des traces de ma mère.
Souffrez que mon courage ose enfin s'occuper.
Souffrez, si quelque monstre a pu vous échapper,
Que j'apporte à vos pieds sa dépouille honorable,
Ou que d'un beau trépas la mémoire durable, 950
Éternisant des jours si noblement finis,
Prouve à tout l'univers que j'étois votre fils.
THÉSÉE.
Que vois-je? Quelle horreur dans ces lieux répandue

Fait fuir devant mes yeux ma famille éperdue?
Si je reviens si craint et si peu desiré, 955
O ciel, de ma prison pourquoi m'as-tu tiré?
Je n'avois qu'un ami. Son imprudente flamme
Du tyran de l'Épire alloit ravir la femme;
Je servois à regret ses desseins amoureux;
Mais le sort irrité nous aveugloit tous deux. 960
Le tyran m'a surpris sans défense et sans armes.
J'ai vu Pirithoüs, triste objet de mes larmes,
Livré par ce barbare à des monstres cruels
Qu'il nourrissoit du sang des malheureux mortels[1].
Moi-même, il m'enferma dans des cavernes sombres, 965
Lieux profonds, et voisins de l'empire des ombres.
Les Dieux, après six mois, enfin m'ont regardé :
J'ai su tromper les yeux de qui j'étois gardé[2].
D'un perfide ennemi j'ai purgé la nature;
A ses monstres lui-même a servi de pâture; 970
Et lorsque avec transport je pense m'approcher
De tout ce que les Dieux m'ont laissé de plus cher;
Que dis-je? quand mon âme, à soi-même rendue,
Vient se rassasier d'une si chère vue,
Je n'ai pour tout accueil que des frémissements : 975
Tout fuit, tout se refuse à mes embrassements.
Et moi-même, éprouvant la terreur que j'inspire,
Je voudrois être encor dans les prisons d'Épire.
Parlez. Phèdre se plaint que je suis outragé.
Qui m'a trahi? Pourquoi ne suis-je pas vengé? 980
La Grèce, à qui mon bras fut tant de fois utile,

1. Plutarque dans sa *Vie de Thésée* (chapitre XXXI) raconte que le roi des Molosses, Ædonée, donna Pirithoüs à dévorer à son chien Cerbère.
2. *Var.* J'ai su tromper les yeux par qui j'étois gardé. (1677-87.)
— Les éditions de 1702, de 1713 et de 1723 reproduisent le texte de 1697, que nous avons suivi; mais celles de 1698 (Amsterdam), de 1736, de Luneau de Boisjermain, la Harpe, Geoffroy, etc., ont substitué à *de* le *par* des premières impressions.

A-t-elle au criminel accordé quelque asile ?
Vous ne répondez point. Mon fils, mon propre fils
Est-il d'intelligence avec mes ennemis ?
Entrons. C'est trop garder un doute qui m'accable. 985
Connoissons à la fois le crime et le coupable.
Que Phèdre explique enfin le trouble où je la voi.

SCÈNE VI.
HIPPOLYTE, THÉRAMÈNE.

HIPPOLYTE.

Où tendoit ce discours qui m'a glacé d'effroi ?
Phèdre, toujours en proie à sa fureur extrême,
Veut-elle s'accuser et se perdre elle-même ? 990
Dieux ! que dira le Roi ? Quel funeste poison
L'amour a répandu sur toute sa maison !
Moi-même, plein d'un feu que sa haine réprouve,
Quel il m'a vu jadis, et quel il me retrouve !
De noirs pressentiments viennent m'épouvanter. 995
Mais l'innocence enfin n'a rien à redouter.
Allons, cherchons ailleurs par quelle heureuse adresse
Je pourrai de mon père émouvoir la tendresse,
Et lui dire un amour qu'il peut vouloir troubler,
Mais que tout son pouvoir ne sauroit ébranler. 1000

FIN DU TROISIÈME ACTE.

ACTE IV.

SCÈNE PREMIÈRE.
THÉSÉE, OENONE.

THÉSÉE.

Ah! qu'est-ce que j'entends? Un traître, un téméraire
Préparoit cet outrage à l'honneur de son père?
Avec quelle rigueur, destin, tu me poursuis!
Je ne sais où je vais, je ne sais où je suis [1].
O tendresse! ô bonté trop mal récompensée!   1005
Projet audacieux! détestable pensée!
Pour parvenir au but de ses noires amours,
L'insolent de la force empruntoit le secours.
J'ai reconnu le fer, instrument de sa rage,
Ce fer dont je l'armai pour un plus noble usage [2].   1010
Tous les liens du sang n'ont pu le retenir?
Et Phèdre différoit à le faire punir?

---

1. *Var.* Je ne sais où je vas, je ne sais où je suis. (1677-80)
— Thésée dit aussi dans Euripide :

. . . . Πᾶ
Φύγω βάρος κακῶν;
Ἀπὸ γὰρ ὀλέμενος οἴχομαι....
Ἱππόλυτος εὐνῆς τῆς ἐμῆς ἔτλη θιγεῖν
Βίᾳ, τὸ σεμνὸν Ζηνὸς ὄμμ' ἀτιμάσας.

« Où fuir le malheur qui m'accable? C'en est fait de moi, je suis perdu....
Hippolyte a osé profaner ma couche, sans respecter, dans sa violence, le regard
auguste de Jupiter. » (Vers 875-884.)

2. Virgile a dit semblablement de l'épée, présent d'Énée, et dont s'arme
Didon, prête à se frapper (*Énéide*, livre IV, vers 647) :

. . . . *Non hos quæsitum munus in usus.*

Le silence de Phèdre épargnoit le coupable?
OENONE.
Phèdre épargnoit plutôt un père déplorable[1].
Honteuse du dessein d'un amant furieux
Et du feu criminel qu'il a pris dans ses yeux,
Phèdre mouroit, Seigneur, et sa main meurtrière
Éteignoit de ses yeux l'innocente lumière.
J'ai vu lever le bras, j'ai couru la sauver.
Moi seule à votre amour j'ai su la conserver;
Et plaignant à la fois son trouble et vos alarmes,
J'ai servi, malgré moi, d'interprète à ses larmes.
THÉSÉE.
Le perfide! Il n'a pu s'empêcher de pâlir.
De crainte, en m'abordant, je l'ai vu tressaillir.
Je me suis étonné de son peu d'allégresse;
Ses froids embrassements ont glacé ma tendresse.
Mais ce coupable amour dont il est dévoré
Dans Athènes déjà s'étoit-il déclaré?
OENONE.
Seigneur, souvenez-vous des plaintes de la Reine.
Un amour criminel causa toute sa haine.
THÉSÉE.
Et ce feu dans Trézène a donc recommencé?
OENONE.
Je vous ai dit, Seigneur, tout ce qui s'est passé.
C'est trop laisser la Reine à sa douleur mortelle;
Souffrez que je vous quitte et me range auprès d'elle.

---

1. Les éditions de 1750 (Amsterdam), de 1768 et de 1807 ont ainsi changé ce vers:
    Phèdre épargnoit toujours un père déplorable.

D'après la note de Luneau de Boisjermain (1768), reproduite par la Harpe (1807), on crbiroit que *plutôt*, qui est le texte de toutes les anciennes éditions, ne se trouve que dans la première de toutes (1677).

SCÈNE II[1].

THÉSÉE, HIPPOLYTE.

THÉSÉE.

Ah ! le voici. Grands Dieux ! à ce noble maintien [2]   1035
Quel œil ne seroit pas trompé comme le mien ?
Faut-il que sur le front d'un profane adultère
Brille de la vertu le sacré caractère ?
Et ne devroit-on pas à des signes certains
Reconnoître le cœur des perfides humains[3] ?   1040

1. Subligny, dans sa *Dissertation sur les tragédies de* Phèdre *et* Hippolyte, parle de cette scène comme de la troisième. Il y avait évidemment, avant l'impression de la pièce, une autre scène II de l'acte IV, que Racine a supprimée, et qui est ainsi critiquée dans la *Dissertation* (p. 389) : « Thésée.... aussi persuadé de ce crime supposé, que s'il s'étoit commis à ses yeux, s'amuse à faire des exclamations sur son énormité, au lieu d'aller chercher auprès de Phèdre ou d'OEnone des preuves plus solides de cette affreuse accusation. » La scène retranchée était donc un monologue de Thésée. C'est ce qui n'avait été jusqu'ici, nous le croyons, signalé par aucun éditeur de Racine.

2. La même *Dissertation* de Subligny (p. 390) nous apprend que Racine avait d'abord écrit :

Mais le voici, grands Dieux ! à ce chaste maintien....

vers que le critique traite de *ridicule* et de *gaulois*. « Et le parterre, ajoute-t-il, d'une commune voix fait le second vers en raillant, et dit d'un style burlesque :

Ne le prendroit-on pas pour un homme de bien?

Mais non.... notre auteur a corrigé ce vers dans les dernières représentations, et au lieu de *chaste*.... il a mis *noble*, et a toujours laissé ce *maintien* qui devoit être changé plutôt que l'autre. » Ce ne fut pas sans doute pour éviter un misérable quolibet que Racine fit à ce vers le changement noté par Subligny. Nous ne voyons pas pourquoi la raillerie ne se seroit pas appliquée aussi bien à la variante qu'à la première leçon. Le sonnet contre *Phèdre* nous paraît confirmer d'ailleurs par sa parodie la leçon du *chaste maintien* :

Hippolyte la hait presque autant qu'elle l'aime ;
Rien ne change son air et son *chaste maintien*.

3. La même pensée se trouve dans l'*Hippolyte* d'Euripide, mais avec une expression très-différente :

Φεῦ! χρῆν βροτοῖσι τῶν φίλων τεκμήριον
Σαφές τι κεῖσθαι καὶ διάγνωσιν φρενῶν,

HIPPOLYTE.

Puis-je vous demander quel funeste nuage,
Seigneur, a pu troubler votre auguste visage?
N'osez-vous confier ce secret à ma foi?

THÉSÉE.

Perfide, oses-tu bien te montrer devant moi?
Monstre, qu'a trop longtemps épargné le tonnerre, 1045
Reste impur des brigands dont j'ai purgé la terre.
Après que le transport d'un amour plein d'horreur
Jusqu'au lit de ton père a porté sa fureur [1]
Tu m'oses présenter une tête ennemie [2],

<pre>
Ὅστις τ' ἀληθής ἐστιν, ὅς τε μὴ, φίλος·
Δισσάς τε φωνὰς πάντας ἀνθρώπους ἔχειν,
Τὴν μὲν δικαίαν, τὴν δ' ὅπως ἐτύγχανεν,
Ὡς ἡ φρονοῦσα τἄδικ' ἐξηλέγχετο
Πρὸς τῆς δικαίας, κοὐκ ἂν ἠπατώμεθα.
</pre>

« Ah! il faudrait que les mortels pussent à des signes certains reconnaître les cœurs amis, discerner l'amitié sincère et celle qui ne l'est pas. Il faudrait que tous les hommes eussent deux langages, celui de la loyauté, et celui dont il se faut défier, afin que la voix des volontés injustes fût convaincue par la voix de la justice, et que nous ne fussions pas abusés. » (Vers 923-929.)

— Sénèque, à l'imitation d'Euripide, fait dire à Thésée :

*O vita fallax! abditos sensus geris,
Animisque pulchram turpibus faciem induis.*

« Imposture du monde! Tu nous caches les vrais sentiments, tu mets sur la laideur de l'âme le masque d'une noble physionomie. » (Vers 918 et 919.)

Ce n'est pas seulement dans *Hippolyte* que les imitateurs d'Euripide ont pu rencontrer cette pensée. Elle est exprimée aussi dans sa tragédie de *Médée*; et là peut-être se rapproche-t-elle plus encore des vers de Racine par la forme que le poëte lui a donnée :

<pre>
Ὦ Ζεῦ, τί δὴ χρυσοῦ μὲν, ὃς κίβδηλος ᾖ,
Τεκμήρι' ἀνθρώποισιν ὤπασας σαφῆ,
Ἀνδρῶν δ' ὅτῳ χρὴ τὸν κακὸν διειδέναι,
Οὐδεὶς χαρακτὴρ ἐμπέφυκε σώματι;
</pre>

« O Jupiter, pourquoi as-tu donné aux hommes des moyens assurés de reconnaître l'or de mauvais aloi, et n'as-tu imprimé sur la personne humaine aucun caractère qui puisse faire discerner le méchant? » (Vers 514-517.)

1. *Var.* Jusqu'au lit de ton père a porté ta fureur. (1677-87)

2. Δεῖξον δ', ἐπειδή γ' ἐς μίασμ' ἐλήλυθας,
Τὸ σὸν πρόσωπον δεῦρ' ἐναντίον πατρί.

« Viens, après t'être souillé d'infamie, présenter ici ton visage à ton père. » (Euripide, *Hippolyte*, vers 944 et 945.)

Tu parois dans des lieux pleins de ton infamie,   1050
Et ne vas pas chercher, sous un ciel inconnu,
Des pays où mon nom ne soit point parvenu.
Fuis, traître. Ne viens point braver ici ma haine,
Et tenter un courroux que je retiens à peine.
C'est bien assez pour moi de l'opprobre éternel   1055
D'avoir pu mettre au jour un fils si criminel,
Sans que ta mort encor, honteuse à ma mémoire,
De mes nobles travaux vienne souiller la gloire.
Fuis ; et si tu ne veux qu'un châtiment soudain
T'ajoute aux scélérats qu'a punis cette main,   1060
Prends garde que jamais l'astre qui nous éclaire
Ne te voie en ces lieux mettre un pied téméraire.
Fuis, dis-je ; et sans retour précipitant tes pas,
De ton horrible aspect purge tous mes États [1].

 Et toi, Neptune, et toi, si jadis mon courage   1065
D'infâmes assassins nettoya ton rivage,
Souviens-toi que pour prix de mes efforts heureux,
Tu promis d'exaucer le premier de mes vœux [2].

 1. Ἔξερρε γαίας τῆσδ' ὅσον τάχος φυγάς,
Καὶ μήτ' Ἀθήνας τὰς θεοδμήτους μόλης,
Μήτ' εἰς ὅρους γῆς ἧς ἐμὸν κρατεῖ δόρυ.

« Fuis au plus vite de cette terre, exile-toi ; et n'approche plus ni d'Athènes bâtie par les Dieux, ni des frontières de ce pays que mon sceptre gouverne. » (Euripide, *Hippolyte*, vers 971-973.)

 2. Ἀλλ', ὦ πάτερ Πόσειδον, ἅς ἐμοί ποτε
Ἀρὰς ὑπέσχου τρεῖς, μιᾷ κατέργασαι
Τούτων ἐμὸν παῖδ', ἡμέραν δὲ μὴ φύγοι
Τήνδ', εἴπερ ἡμῖν ὤπασας σαφεῖς ἀράς.

« Mais, ô Neptune, mon père, toi qui as promis d'exaucer trois de mes vœux, fais du moins qu'un d'eux s'accomplisse par la perte de mon fils ; que cette journée ne le laisse pas échapper, si tu as accordé une vraie puissance à mes prières. » (*Ibidem*, vers 885-888.)
— Mais Racine a suivi Sénèque de plus près encore :

. . . . . . *Genitor æquoreus dedit*
Ut vota prono trina concipiam deo....
En, perage donum triste, regnator freti.
Non cernat ultra lucidum Hippolytus diem....
Fer abominandam nunc opem nato, parens.
Nunquam supremam numinis munus tui

Dans les longues rigueurs d'une prison cruelle
Je n'ai point imploré ta puissance immortelle. 1070
Avare du secours que j'attends de tes soins [1],
Mes vœux t'ont réservé pour de plus grands besoins :
Je t'implore aujourd'hui. Venge un malheureux père.
J'abandonne ce traître à toute ta colère ;
Étouffe dans son sang ses desirs effrontés : 1075
Thésée à tes fureurs connoîtra tes bontés.

HIPPOLYTE.

D'un amour criminel Phèdre accuse Hippolyte !
Un tel excès d'horreur rend mon âme interdite ;
Tant de coups imprévus m'accablent à la fois,
Qu'ils m'ôtent la parole et m'étouffent la voix [2]. 1080

THÉSÉE.

Traître, tu prétendois qu'en un lâche silence
Phèdre enseveliroit ta brutale insolence.
Il falloit, en fuyant, ne pas abandonner
Le fer qui dans ses mains aide à te condamner ;
Ou plutôt il falloit, comblant ta perfidie, 1085
Lui ravir tout d'un coup la parole et la vie.

HIPPOLYTE.

D'un mensonge si noir justement irrité,

> *Consumeremus, magna ni premerent mala.*
> *Inter profunda Tartara et Ditem horridum....*
> *Voto peperci : redde nunc pactam fidem,*
> *Genitor* . . . .
> (Vers 942-954.)

— C'est également Sénèque que Robert Garnier a imité :

> Tu sais qu'étant là-bas aux pieds de Rhadamante,
> Prisonnier de Pluton sous la voûte relente,
> J'ai toujours épargné ce vœu que langoureux
> Je dépens aujourd'hui contre ce malheureux.

1. *Var.* Avares du secours que j'attends de tes soins. (1677-87)

2. Ἐκ τοι πέπληγμαι· σοὶ γὰρ ἐκπλήσσουσί με
Λόγοι . . . .

« Je demeure interdit, frappé d'étonnement par tes paroles. » (Euripide, *Hippolyte*, vers 932 et 933.)

Je devrois faire ici parler la vérité,
Seigneur; mais je supprime un secret qui vous touche.
Approuvez le respect qui me ferme la bouche[1]; 1090
Et sans vouloir vous-même augmenter vos ennuis,
Examinez ma vie, et songez qui je suis.
Quelques crimes toujours précèdent les grands crimes.
Quiconque a pu franchir les bornes légitimes
Peut violer enfin les droits les plus sacrés; 1095
Ainsi que la vertu, le crime a ses degrés;
Et jamais on n'a vu la timide innocence
Passer subitement à l'extrême licence.
Un jour seul ne fait point d'un mortel vertueux
Un perfide assassin, un lâche incestueux. 1100
Élevé dans le sein d'une chaste héroïne[2],
Je n'ai point de son sang démenti l'origine.
Pitthée, estimé sage entre tous les humains,
Daigna m'instruire encore au sortir de ses mains[3].
Je ne veux point me peindre avec trop d'avantage; 1105
Mais si quelque vertu m'est tombée en partage,
Seigneur, je crois surtout avoir fait éclater

---

1. Dans la réponse d'Hippolyte à son père, Euripide indique une semblable réticence :

Εἰ δ' ἥδε δειμαίνουσ' ἀπώλεσεν βίον,
Οὐκ οἶδ'· ἐμοὶ γὰρ οὐ θέμις λέγειν πέρα.

« Si Phèdre s'est donné la mort par crainte, je ne sais : il ne m'est pas permis d'en dire davantage. » (Vers 1030 et 1031.)
— Un vers de Gilbert (acte III, scène 1) a une légère ressemblance de forme avec un des vers de Racine. C'est Achrise qui parle :

Possible qu'avec vous le même soin le touche,
Qu'un respect paternel lui fait fermer la bouche.

2. Voyez ci-dessus, p. 75. le vers 1190 de *Mithridate*.
3. Pitthée, roi de Trézène, était l'aïeul maternel de Thésée : voyez ci-dessus, vers 478, et la note sur ce vers. Thésée avait été élevé par lui, et lui avait lui-même confié l'éducation d'Hippolyte. Dans le prologue d'Euripide (vers 11), Hippolyte est nommé le disciple du vertueux Pitthée :

Ἱππόλυτος, ἁγνοῦ Πιτθέως παιδεύματα.

La haine des forfaits qu'on ose m'imputer[1].
C'est par là qu'Hippolyte est connu dans la Grèce.
J'ai poussé la vertu jusques à la rudesse. 1110
On sait de mes chagrins[2] l'inflexible rigueur.
Le jour n'est pas plus pur que le fond de mon cœur.
Et l'on veut qu'Hippolyte, épris d'un feu profane....

THÉSÉE.

Oui, c'est ce même orgueil, lâche! qui te condamne.
Je vois de tes froideurs le principe odieux : 1115
Phèdre seule charmoit tes impudiques yeux[3];
Et pour tout autre objet ton âme indifférente
Dédaignoit de brûler d'une flamme innocente.

HIPPOLYTE.

Non, mon père, ce cœur, c'est trop vous le celer,
N'a point d'un chaste amour dédaigné de brûler. 1120
Je confesse à vos pieds ma véritable offense :
J'aime, j'aime, il est vrai, malgré votre défense.
Aricie à ses lois tient mes vœux asservis;
La fille de Pallante a vaincu votre fils.
Je l'adore, et mon âme, à vos ordres rebelle, 1125
Ne peut ni soupirer ni brûler que pour elle.

1. Ἑνὸς δ' ἄθικτος, ᾧ με νῦν ἑλεῖν δοκεῖς·
Λέχους γὰρ ἐς τόδ' ἡμέρας ἁγνὸν δέμας.

« S'il est un crime dont je sois éloigné, c'est celui dont tu crois me convaincre : aucun amour jusqu'ici n'a souillé ma pureté. » (Euripide, *Hippolyte*, vers 1000 et 1001.)

2. Le *Dictionnaire de l'Académie* de 1694 définit le mot *chagrin* : « fâcheuse, mauvaise humeur. » C'est ici, plus particulièrement, « humeur sévère, austère. »

3. Thésée, dans l'*Hippolyte* de Gilbert (acte IV, scène III), retourne aussi contre son fils ce que celui-ci vient de dire pour sa justification :

HIPP. Comparez seulement mes mœurs avec ce vice....
Pour juger du présent rappelez le passé.
THÉS. Il est vrai, tu menois une vie exemplaire.
Mais tu pensois par là couvrir ton adultère.

Il y a là quelque ressemblance avec les paroles du Thésée de Racine. On ne trouve rien de pareil dans Euripide ni dans Sénèque.

####### THÉSÉE.

Tu l'aimes? ciel! Mais non, l'artifice est grossier.
Tu te feins criminel pour te justifier.

####### HIPPOLYTE.

Seigneur, depuis six mois je l'évite, et je l'aime.
Je venois en tremblant vous le dire à vous-même. 1130
Hé quoi? de votre erreur rien ne vous peut tirer?
Par quel affreux serment faut-il vous rassurer?
Que la terre, le ciel, que toute la nature¹....

####### THÉSÉE.

Toujours les scélérats ont recours au parjure.
Cesse, cesse, et m'épargne un importun discours, 1135
Si ta fausse vertu n'a point d'autre secours.

####### HIPPOLYTE.

Elle vous paroît fausse et pleine d'artifice.
Phèdre au fond de son cœur me rend plus de justice.

####### THÉSÉE.

Ah! que ton impudence excite mon courroux!

####### HIPPOLYTE.

Quel temps à mon exil, quel lieu prescrivez-vous? 1140

####### THÉSÉE.

Fusses-tu par delà les colonnes d'Alcide,
Je me croirois encor trop voisin d'un perfide ².

---

1. Νῦν δ' Ὁρκιόν σοι Ζῆνα καὶ πέδον χθονός
Ὄμνυμι, τῶν σῶν μήποθ' ἄψασθαι γάμων.

« Maintenant je te le jure par Jupiter qui entend les serments, et par le sol de cette terre, jamais je n'ai profané ton hymen. » (Euripide, *Hippolyte*, vers 1023 et 1024.)

2. Ἱππ. Οἴ μοι! τί δράσεις; οὐδὲ μηνυτὴν χρόνον
Δέξει καθ' ἡμῶν, ἀλλά μ' ἐξελᾷς χθονός;
Θησ. Πέραν γε Πόντου καὶ τόπων Ἀτλαντικῶν,
Εἴ πως δυναίμην, ὡς σὸν ἐχθαίρω κάρα.

« HIPP. Hélas! que veux-tu faire? Sans attendre que le temps témoigne pour nous, tu me chasses de cette terre? — THÉS. Oui, et si je pouvais, ce serait par delà les mers et les bornes atlantiques : tant je hais ta présence! » (*Ibidem*, vers 1049-1052.)

HIPPOLYTE.

Chargé du crime affreux dont vous me soupçonnez,
Quels amis me plaindront, quand vous m'abandonnez?

THÉSÉE.

Va chercher des amis dont l'estime funeste   1145
Honore l'adultère, applaudisse à l'inceste,
Des traîtres, des ingrats, sans honneur et sans loi,
Dignes de protéger un méchant tel que toi[1].

HIPPOLYTE.

Vous me parlez toujours d'inceste et d'adultère?
Je me tais. Cependant Phèdre sort d'une mère,   1150
Phèdre est d'un sang, Seigneur, vous le savez trop bien,
De toutes ces horreurs plus rempli que le mien.

THÉSÉE.

Quoi? ta rage à mes yeux perd toute retenue?
Pour la dernière fois, ôte-toi de ma vue :
Sors, traître. N'attends pas qu'un père furieux 1155

---

1. Ἱππ. Ποῖ δῆτα τλήμων τρέψομαι; τίνος ξένων
  Δόμους ἔσειμι, τῇδ᾽ ἐπ᾽ αἰτίᾳ φυγών;
Θησ. Ὅστις γυναικῶν λυμεῶνας ἥδεται
  Ξένους κομίζων καὶ ξυνοικούρους κακῶν.

« HIPP. Où chercher un refuge dans mon malheur? Quels hôtes m'ouvriront leurs maisons, lorsque j'irai en exil chargé d'un tel crime? — THÉS. Ceux qui aiment à protéger les adultères, les lâches complices des crimes domestiques. » (Euripide, *Hippolyte*, vers 1064-1067.)
— On peut aussi rapprocher des vers de Racine les vers suivants dans lesquels Gilbert (acte IV, scène III) a imité ce passage d'Euripide. Mais il n'y a pas lieu de croire que Racine y ait cherché un emprunt qu'il a dû faire directement au poète grec :

> HIPP. Si je suis exilé pour un crime si noir,
> Hélas ! qui des mortels me voudra recevoir?
> Je serai redoutable à toutes les familles :
> Aux frères pour leurs sœurs, aux pères pour leurs filles.
> Où sera ma retraite en sortant de ces lieux?
> THÉS. Va chez les scélérats, les ennemis des Dieux,
> Chez les monstres cruels, assassins de leurs mères,
> Chez ceux qui sont souillés de meurtres, d'adultères :
> Ceux-là te recevront.

Te fasse avec opprobre arracher de ces lieux[1].

SCÈNE III.

THÉSÉE, seul.

Misérable, tu cours à ta perte infaillible.
Neptune, par le fleuve aux Dieux mêmes terrible,
M'a donné sa parole, et va l'exécuter.
Un dieu vengeur te suit, tu ne peux l'éviter. 1160
Je t'aimois ; et je sens que malgré ton offense
Mes entrailles pour toi se troublent par avance[2].
Mais à te condamner tu m'as trop engagé.
Jamais père en effet fut-il plus outragé?
Justes Dieux, qui voyez la douleur qui m'accable, 1165
Ai-je pu mettre au jour un enfant si coupable?

1. Θησ. Οὐχ ἕλξετ' αὐτὸν, δμῶες; οὐκ ἀκούετε
Πάλαι ξενοῦσθαι τόνδε προὐννέποντά με;...
Ἱππ. Σὺ δ' αὐτὸς, εἴ σοι θυμὸς, ἐξώθει χθονός.
Θησ. Δράσω τάδ', εἰ μὴ τοῖς ἐμοῖς πείσει λόγοις.

« THÉS. Esclaves, ne l'arracherez-vous pas d'ici? N'entendez-vous pas que depuis longtemps mes ordres l'ont banni?... — HIPP. Que ce soit toi-même, si tu le veux, dont le bras me chasse de cette terre. — THÉS. Je vais le faire, si tu ne m'obéis pas. « (Euripide, *Hippolyte*, vers 1082-1086.)

2. Sénèque a peint aussi le trouble involontaire de Thésée, alors même qu'il croit encore son fils coupable :

. . . . *O nimium potens,*
Quanto parentes sanguinis vinclo tenes,
Natura ! quam te colimus inviti quoque !
(Vers 1114-1116.)

SCÈNE IV[1].

PHÈDRE, THÉSÉE.

PHÈDRE.

Seigneur, je viens à vous, pleine d'un juste effroi.
Votre voix redoutable a passé jusqu'à moi[2].
Je crains qu'un prompt effet n'ait suivi la menace.
S'il en est temps encore, épargnez votre race,   1170
Respectez votre sang, j'ose vous en prier.
Sauvez-moi de l'horreur de l'entendre crier;
Ne me préparez point la douleur éternelle
De l'avoir fait répandre à la main paternelle.

THÉSÉE.

Non, Madame, en mon sang ma main n'a point trempé;
Mais l'ingrat toutefois ne m'est point échappé.
Une immortelle main de sa perte est chargée.
Neptune me la doit, et vous serez vengée.

PHÈDRE.

Neptune vous la doit! Quoi? vos vœux irrités....

THÉSÉE.

Quoi? craignez-vous déjà qu'ils ne soient écoutés?   1180
Joignez-vous bien plutôt à mes vœux légitimes.

---

1. Il y a également dans l'*Hippolyte* de Gilbert une scène, la seconde de l'acte V, où Phèdre vient demander à Thésée la grâce d'Hippolyte. Plus bas, la scène VI de l'acte IV de Racine peut être comparée aussi à la scène I de l'acte V de Gilbert, où Phèdre adresse de sévères reproches à Achrise. Il est permis de ne pas regarder ces rencontres comme fortuites, surtout lorsqu'on voit Achrise (nous le dirons à la note du vers 1466) se faire justice à elle-même par une mort toute semblable à celle d'Œnone.

2. Ce vers semble une traduction d'un vers d'Euripide; mais le poëte grec l'a mis dans la bouche d'Hippolyte :

Κραυγῆς ἀκούσας σῆς ἀφικόμην, πάτερ,
Σπουδῇ.

« J'ai entendu les éclats de votre voix, mon père, et je me hâte de venir. » (Vers 900.)

Dans toute leur noirceur retracez-moi ses crimes ;
Échauffez mes transports trop lents, trop retenus.
Tous ses crimes encor ne vous sont pas connus :
Sa fureur contre vous se répand en injures : 1185
Votre bouche, dit-il, est pleine d'impostures ;
Il soutient qu'Aricie a son cœur, a sa foi,
Qu'il l'aime.
PHÈDRE.
Quoi, Seigneur ?
THÉSÉE.
Il l'a dit devant moi.
Mais je sais rejeter un frivole artifice.
Espérons de Neptune une prompte justice. 1190
Je vais moi-même encore au pied[1] de ses autels
Le presser d'accomplir ses serments immortels.

SCÈNE V.
PHÈDRE, seule.

Il sort. Quelle nouvelle a frappé mon oreille ?
Quel feu mal étouffé dans mon cœur se réveille ?
Quel coup de foudre, ô ciel ! et quel funeste avis ! 1195
Je volois toute entière au secours de son fils ;
Et m'arrachant des bras d'OEnone épouvantée,
Je cédois au remords dont j'étois tourmentée.
Qui sait même où m'alloit porter ce repentir ?
Peut-être à m'accuser j'aurois pu consentir ; 1200
Peut-être, si la voix ne m'eût été coupée,
L'affreuse vérité me seroit échappée.
Hippolyte est sensible, et ne sent rien pour moi !
Aricie a son cœur ! Aricie a sa foi !

---

1. Plusieurs éditeurs modernes ont remplacé *au pied* par *aux pieds*.

Ah, Dieux ! Lorsqu'à mes vœux l'ingrat inexorable 1205
S'armoit d'un œil si fier, d'un front si redoutable,
Je pensois qu'à l'amour son cœur toujours fermé
Fût contre tout mon sexe également armé.
Une autre cependant a fléchi son audace;
Devant ses yeux cruels une autre a trouvé grâce. 1210
Peut-être a-t-il un cœur facile à s'attendrir.
Je suis le seul objet qu'il ne sauroit souffrir;
Et je me chargerois du soin de le défendre?

SCÈNE VI.
PHÈDRE, OENONE.

PHÈDRE.
Chère OEnone, sais-tu ce que je viens d'apprendre?
OENONE.
Non; mais je viens tremblante, à ne vous point mentir.
J'ai pâli du dessein qui vous a fait sortir :
J'ai craint une fureur à vous-même fatale.
PHÈDRE.
OEnone, qui l'eût cru? j'avois une rivale.
OENONE.
Comment?
PHÈDRE.
Hippolyte aime, et je n'en puis douter.
Ce farouche ennemi qu'on ne pouvoit dompter, 1220
Qu'offensoit le respect, qu'importunoit la plainte,
Ce tigre, que jamais je n'abordai sans crainte,
Soumis, apprivoisé, reconnoît un vainqueur :
Aricie a trouvé le chemin de son cœur.
OENONE.
Aricie?
PHÈDRE.
Ah! douleur non encore éprouvée! 1225

ACTE IV, SCÈNE VI.

A quel nouveau tourment je me suis réservée!
Tout ce que j'ai souffert, mes craintes, mes transports,
La fureur de mes feux, l'horreur de mes remords,
Et d'un refus cruel l'insupportable injure
N'étoit qu'un foible essai du tourment que j'endure. 1230
Ils s'aiment! Par quel charme ont-ils trompé mes yeux?
Comment se sont-ils vus? Depuis quand? Dans quels lieux?
Tu le savois. Pourquoi me laissois-tu séduire?
De leur furtive ardeur ne pouvois-tu m'instruire?
Les a-t-on vus[1] souvent se parler, se chercher? 1235
Dans le fond des forêts alloient-ils se cacher?
Hélas! ils se voyoient avec pleine licence.
Le ciel de leurs soupirs approuvoit l'innocence;
Ils suivoient sans remords leur penchant amoureux;
Tous les jours se levoient clairs et sereins pour eux. 1240
Et moi, triste rebut de la nature entière,
Je me cachois au jour, je fuyois la lumière;
La mort est le seul dieu que j'osois implorer.
J'attendois le moment où j'allois expirer[2];
Me nourrissant de fiel, de larmes abreuvée, 1245
Encor dans mon malheur de trop près observée,
Je n'osois dans mes pleurs me noyer à loisir:
Je goûtois en tremblant ce funeste plaisir;
Et sous un front serein déguisant mes alarmes,
Il falloit bien souvent me priver de mes larmes. 1250

OENONE.

Quel fruit recevront-ils de leurs vaines amours?
Ils ne se verront plus.

---

1. Les éditions imprimées du vivant de Racine ont: *Les a-t-on vu*, et non *vus*. C'était au dix-septième siècle un usage assez ordinaire de laisser sans accord le participe suivi d'un infinitif. Voyez ci-dessus, p. 142, note 1.

2. Dans les éditions de 1677 et de 1678, il y a une virgule seulement à la fin de ce vers; un point après le vers suivant. Dans les autres éditions anciennes, le vers 1245 est entre deux virgules. L'édition de 1702 met un point après le vers 1244.

PHÈDRE.

        PHÈDRE.
            Ils s'aimeront toujours.
Au moment que je parle, ah! mortelle pensée!
Ils bravent la fureur d'une amante insensée.
Malgré ce même exil qui va les écarter,   1255
Ils font mille serments de ne se point quitter.
Non, je ne puis souffrir un bonheur qui m'outrage,
OEnone. Prends pitié de ma jalouse rage,
Il faut perdre Aricie. Il faut de mon époux
Contre un sang odieux réveiller le courroux.   1260
Qu'il ne se borne pas à des peines légères :
Le crime de la sœur passe celui des frères.
Dans mes jaloux transports je le veux implorer.
    Que fais-je? Où ma raison se va-t-elle égarer?
Moi jalouse! et Thésée est celui que j'implore!   1265
Mon époux est vivant, et moi je brûle encore!
Pour qui? Quel est le cœur où prétendent mes vœux?
Chaque mot sur mon front fait dresser mes cheveux.
Mes crimes désormais ont comblé la mesure.
Je respire à la fois l'inceste et l'imposture.   1270
Mes homicides mains, promptes à me venger,
Dans le sang innocent brûlent de se plonger.
Misérable! et je vis? et je soutiens la vue
De ce sacré soleil dont je suis descendue?
J'ai pour aïeul le père et le maître des Dieux;   1275
Le ciel, tout l'univers est plein de mes aïeux.
Où me cacher[1]? Fuyons dans la nuit infernale.

---

1. Racine s'est approprié, mais en les transformant avec un art admirable, quelques idées dont le germe se trouve dans Sénèque. C'est la Nourrice, dans la tragédie latine, qui rappelle à Phèdre combien son crime trouve de juges parmi les Dieux ses ancêtres, Minos, le Soleil, Jupiter lui-même :

> *Si, quod maritus supera non cernit loca,*
> *Tutum esse facinus credis, et vacuum metu,*
> *Erras . . . .*
> *Quid ille, lato maria qui regno premit,*

Mais que dis-je? mon père y tient l'urne fatale ;
Le sort, dit-on, l'a mise en ses sévères mains :
Minos juge aux enfers tous les pâles humains. 1280
Ah! combien frémira son ombre épouvantée,
Lorsqu'il verra sa fille à ses yeux présentée,
Contrainte d'avouer tant de forfaits divers,
Et des crimes peut-être inconnus aux enfers !
Que diras-tu, mon père, à ce spectacle horrible ? 1285
Je crois voir de ta main tomber l'urne terrible ;
Je crois te voir, cherchant un supplice nouveau,
Toi-même de ton sang devenir le bourreau.
Pardonne. Un Dieu cruel a perdu ta famille ;
Reconnois sa vengeance aux fureurs de ta fille. 1290
Hélas! du crime affreux dont la honte me suit
Jamais mon triste cœur n'a recueilli le fruit[1].
Jusqu'au dernier soupir de malheurs poursuivie,
Je rends dans les tourments une pénible vie.

OENONE.

Hé! repoussez, Madame, une injuste terreur. 1295
Regardez d'un autre œil une excusable erreur.
Vous aimez. On ne peut vaincre sa destinée.
Par un charme fatal vous fûtes entraînée.
Est-ce donc un prodige inouï parmi nous?

> *Populisque reddit jura centenis pater ?*
> *Latere tantum facinus occultum sinet ?...*
> *Quid ille rebus lumen infundens suum*
> *Matris parens? quid ille, qui mundum quatit....*
> *Sator Deorum? Credis hoc posse effici,*
> *Inter videntes omnia ut lateas avos ?*
> (Vers 145-158.)

1. On trouve dans le *Clitandre* de Corneille quelques vers qui rappellent ceux-ci, et dont il n'est pas probable cependant que Racine ait eu aucun souvenir :

> Mais tels sont les excès du malheur qui m'opprime
> Qu'il ne m'est pas permis de jouir de mon crime;
> Dans l'état pitoyable où le sort me réduit,
> J'en mérite la peine, et n'en ai pas le fruit.
> (*Clitandre*, acte II, scène VI, vers 553-556.)

L'amour n'a-t-il encor triomphé que de vous ?   1300
La foiblesse aux humains n'est que trop naturelle.
Mortelle, subissez le sort d'une mortelle.
Vous vous plaignez d'un joug imposé dès longtemps :
Les Dieux même[1], les Dieux, de l'Olympe habitants[2],
Qui d'un bruit si terrible épouvantent les crimes,   1305
Ont brûlé quelquefois de feux illégitimes[3].

PHÈDRE.

Qu'entends-je? Quels conseils ose-t-on me donner?
Ainsi donc jusqu'au bout tu veux m'empoisonner,
Malheureuse? Voilà comme tu m'as perdue[4].

1. Il y a *même*, sans *s*, dans toutes les anciennes éditions.
2. C'est la traduction de l'épithète qu'Homère donne aux Dieux : Θεοὶ...,
Ὀλύμπια δώματ' ἔχοντες.
3. Dans Euripide la Nourrice parle à peu près de même à Phèdre, au moment
où elle vient de recevoir sa confidence :

Οὐ γὰρ περισσὸν οὐδὲν, οὐδ' ἔξω λόγου
Πέπονθας· ὀργαὶ δ' ἐς σ' ἀπέσκηψαν θεᾶς.
Ἐρᾷς (τί τοῦτο θαῦμα;) σὺν πολλοῖς βροτῶν.
Κἄπειτ' ἔρωτος οὕνεκα ψυχὴν ὀλεῖς;...
Κύπρις γὰρ οὐ φορητὸς, ἢν πολλὴ ῥυῇ....
Ἴσασι μὲν Ζεὺς ὥς ποτ' ἠράσθη γάμων
Σεμέλης, ἴσασι δ' ὡς ἀνήρπασέν ποτε
Ἡ καλλιφεγγὴς Κέφαλον ἐς θεοὺς Ἕως....
. . . . Ἀλλ' ὅμως ἐν οὐρανῷ
Ναίουσι . . . .
Λῆξον δ' ὑβρίζουσ'· οὐ γὰρ ἄλλο πλὴν ὕβρις
Τάδ' ἐστί, κρείσσω δαιμόνων εἶναι θέλειν.

« Ce qui t'arrive n'a rien qui soit hors de la loi commune, rien que de naturel : la colère d'une déesse s'est appesantie sur toi. Tu aimes : qu'y a-t-il là d'étonnant ? c'est le sort de beaucoup de mortels. Et ce serait à cause de cet amour que tu voudrais quitter la vie?... Vénus est irrésistible, quand elle fond tout entière sur nous.... On sait que Jupiter s'est épris de Sémélé, on sait que la brillante Aurore enleva un jour Céphale dans le séjour céleste.... Et cependant ces divinités n'en habitent pas moins l'Olympe.... Renonce à tant d'orgueil; car c'est une orgueilleuse insolence, que de vouloir être plus fort que les Dieux. » (Vers 438-476.)
Dans l'*Hippolyte* de Gilbert (acte IV, scène 1) c'est Thésée qui dit :

L'homme ne peut faillir en imitant les Dieux.
Le monarque du ciel n'a-t-il pas des maîtresses ?

4. Dans l'impression de 1680, on lit :

Malheureuse! voilà comment tu m'as perdue.

Ce changement est sans doute le fait de l'imprimeur.

ACTE IV, SCÈNE VI.

Au jour que je fuyois c'est toi qui m'as rendue. 1310
Tes prières m'ont fait oublier mon devoir.
J'évitois Hippolyte, et tu me l'as fait voir.
De quoi te chargeois-tu? Pourquoi ta bouche impie
A-t-elle, en l'accusant, osé noircir sa vie?
Il en mourra peut-être, et d'un père insensé 1315
Le sacrilége vœu peut-être est exaucé.
Je ne t'écoute plus. Va-t-en, monstre exécrable :
Va, laisse-moi le soin de mon sort déplorable.
Puisse le juste ciel dignement te payer!
Et puisse ton supplice à jamais effrayer 1320
Tous ceux qui comme toi, par de lâches adresses,
Des princes malheureux nourrissent les foiblesses,
Les poussent au penchant où leur cœur est enclin,
Et leur osent du crime aplanir le chemin,
Détestables flatteurs, présent le plus funeste 1325
Que puisse faire aux rois la colère céleste [1]!

---

1. Aux conseils corrupteurs de la Nourrice, Phèdre, dans Euripide, répond :

Τοῦτ' ἔσθ', ὃ θνητῶν εὖ πόλεις οἰκουμένας
Δόμους τ' ἀπόλλυσ', οἱ καλοὶ λίαν λόγοι.

« C'est cela qui ruine les cités florissantes et les familles des mortels, ce sont les discours trop séduisants. » (Vers 487 et 488.)

Mais Racine a surtout imité les reproches que Phèdre, sur le point de se donner la mort, adresse à la Nourrice :

Ὦ παγκακίστη, καὶ διαφθορεῦ φίλων,
Οἷ' εἰργάσω με! Ζεύς σ', ὁ γεννήτωρ ἐμὸς,
Πρόρριζον ἐκτρίψειεν, οὐτάσας πυρί....
Ὄλοιο καὶ σὺ χὤστις ἄκοντας φίλους
Πρόθυμός ἐστι μὴ καλῶς εὐεργετεῖν....
Ἀλλ' ἐκποδὼν ἄπελθε, καὶ σαυτῆς πέρι
Φρόντιζ'· ἐγὼ γὰρ τἀμὰ θήσομαι καλῶς.

« O malheureuse! fléau de tes amis! où m'as-tu conduite? Que Jupiter, auteur de ma race, t'écrase de sa foudre!... Puisses-tu périr et périssent comme toi tous ces amis zélés qui par de honteux conseils veulent vous servir malgré vous.... Va-t-en, et ne songe plus qu'à toi-même : je saurai bien régler ma propre destinée. » (Vers 679-706.)

OENONE, seule.

Ah, Dieux[1] ! pour la servir j'ai tout fait, tout quitté ;
Et j'en reçois ce prix? Je l'ai bien mérité.

1. Il y a *Dieu*, au singulier, dans les éditions de 1687 et de 1697. C'est évidemment une faute d'impression. L'édition de 1702 l'a reproduite.

FIN DU QUATRIÈME ACTE.

ACTE V.

SCÈNE PREMIÈRE.

HIPPOLYTE, ARICIE [1].

ARICIE.

Quoi? vous pouvez vous taire en ce péril extrême?
Vous laissez dans l'erreur un père qui vous aime? 1330
Cruel, si de mes pleurs méprisant le pouvoir,
Vous consentez sans peine à ne me plus revoir,
Partez; séparez-vous de la triste Aricie;
Mais du moins en partant assurez votre vie.
Défendez votre honneur d'un reproche honteux, 1335
Et forcez votre père à révoquer ses vœux.
Il en est temps encor. Pourquoi, par quel caprice,
Laissez-vous le champ libre à votre accusatrice?
Éclaircissez Thésée.

HIPPOLYTE.

Hé! que n'ai-je point dit?
Ai-je dû mettre au jour l'opprobre de son lit? 1340
Devois-je, en lui faisant un récit trop sincère,
D'une indigne rougeur couvrir le front d'un père?
Vous seule avez percé ce mystère odieux.
Mon cœur pour s'épancher n'a que vous et les Dieux.
Je n'ai pu vous cacher, jugez si je vous aime, 1345
Tout ce que je voulois me cacher à moi-même.

---

1. M. Aimé-Martin ajoute le nom d'*Ismène* à ceux des personnages de cette scène. Il dit que ce nom ne se trouve pas dans la première édition; il n'est pas davantage dans les suivantes, de 1678 à 1697.

Mais songez sous quel sceau je vous l'ai révélé.
Oubliez, s'il se peut, que je vous ai parlé,
Madame; et que jamais une bouche si pure
Ne s'ouvre pour conter cette horrible aventure. 1350
Sur l'équité des Dieux osons nous confier :
Ils ont trop d'intérêt à me justifier;
Et Phèdre, tôt ou tard de son crime punie,
N'en sauroit éviter la juste ignominie.
C'est l'unique respect que j'exige de vous. 1355
Je permets tout le reste à mon libre courroux.
Sortez de l'esclavage où vous êtes réduite;
Osez me suivre, osez accompagner ma fuite;
Arrachez-vous d'un lieu funeste et profané,
Où la vertu respire un air empoisonné; 1360
Profitez, pour cacher votre prompte retraite,
De la confusion que ma disgrâce y jette.
Je vous puis de la fuite assurer les moyens.
Vous n'avez jusqu'ici de gardes que les miens;
De puissants défenseurs prendront notre querelle; 1365
Argos nous tend les bras, et Sparte nous appelle :
A nos amis communs portons nos justes cris;
Ne souffrons pas que Phèdre, assemblant nos débris,
Du trône paternel nous chasse l'un et l'autre,
Et promette à son fils ma dépouille et la vôtre. 1370
L'occasion est belle, il la faut embrasser.
Quelle peur vous retient? Vous semblez balancer?
Votre seul intérêt m'inspire cette audace.
Quand je suis tout de feu, d'où vous vient cette glace?
Sur les pas d'un banni craignez-vous de marcher? 1375

ARICIE.

Hélas! qu'un tel exil, Seigneur, me seroit cher!
Dans quels ravissements, à votre sort liée,
Du reste des mortels je vivrois oubliée!
Mais n'étant point unis par un lien si doux,

ACTE V, SCÈNE I. 383

Me puis-je avec honneur dérober avec vous ? 1380
Je sais que sans blesser l'honneur le plus sévère,
Je me puis affranchir des mains de votre père :
Ce n'est point m'arracher du sein de mes parents ;
Et la fuite est permise à qui fuit ses tyrans.
Mais vous m'aimez, Seigneur ; et ma gloire alarmée....

HIPPOLYTE.

Non, non, j'ai trop de soin de votre renommée.
Un plus noble dessein m'amène devant vous :
Fuyez mes ennemis, et suivez votre époux.
Libres dans nos malheurs, puisque le ciel l'ordonne,
Le don de notre foi ne dépend de personne. 1390
L'hymen n'est point toujours entouré de flambeaux.
  Aux portes de Trézène, et parmi ces tombeaux,
Des princes de ma race antiques sépultures,
Est un temple sacré formidable aux parjures.
C'est là que les mortels n'osent jurer en vain : 1395
Le perfide y reçoit un châtiment soudain ;
Et craignant d'y trouver la mort inévitable,
Le mensonge n'a point de frein plus redoutable.
Là, si vous m'en croyez, d'un amour éternel
Nous irons confirmer le serment solennel ; 1400
Nous prendrons à témoin le dieu qu'on y révère ;
Nous le prîrons tous deux de nous servir de père.
Des dieux les plus sacrés j'attesterai le nom.
Et la chaste Diane, et l'auguste Junon,
Et tous les Dieux enfin, témoins de mes tendresses, 1405
Garantiront la foi de mes saintes promesses.

ARICIE.

Le Roi vient. Fuyez, Prince, et partez promptement.
Pour cacher mon départ, je demeure un moment.
Allez ; et laissez-moi quelque fidèle guide,
Qui conduise vers vous ma démarche timide. 1410

SCÈNE II.

THÉSÉE, ARICIE, ISMÈNE.

THÉSÉE.

Dieux, éclairez mon trouble, et daignez à mes yeux
Montrer la vérité, que je cherche en ces lieux.

ARICIE.

Songe à tout, chère Ismène, et sois prête à la fuite.

SCÈNE III.

THÉSEE, ARICIE.

THÉSÉE.

Vous changez de couleur, et semblez interdite,
Madame! Que faisoit Hippolyte en ce lieu ? 1415

ARICIE.

Seigneur, il me disoit un éternel adieu.

THÉSÉE.

Vos yeux ont su dompter ce rebelle courage ;
Et ses premiers soupirs sont votre heureux ouvrage.

ARICIE.

Seigneur, je ne vous puis nier la vérité :
De votre injuste haine il n'a pas hérité ; 1420
Il ne me traitoit point comme une criminelle.

THÉSÉE.

J'entends : il vous juroit une amour éternelle.
Ne vous assurez point sur ce cœur inconstant ;
Car à d'autres que vous il en juroit autant.

ARICIE.

Lui, Seigneur ?

THÉSÉE.

   Vous deviez le rendre moins volage : 1425
Comment souffriez¹-vous cet horrible partage?

ARICIE.

Et comment souffrez-vous que d'horribles discours
D'une si belle vie osent noircir le cours?
Avez-vous de son cœur si peu de connoissance ?
Discernez-vous si mal le crime et l'innocence ? 1430
Faut-il qu'à vos yeux seuls un nuage odieux
Dérobe sa vertu qui brille à tous les yeux?
Ah ! c'est trop le livrer à des langues perfides.
Cessez : repentez-vous de vos vœux homicides;
Craignez, Seigneur, craignez que le ciel rigoureux 1435
Ne vous haïsse assez pour exaucer vos vœux.
Souvent dans sa colère il reçoit nos victimes;
Ses présents sont souvent la peine de nos crimes.

THÉSÉE.

Non, vous voulez en vain couvrir son attentat :
Votre amour vous aveugle en faveur de l'ingrat. 1440
Mais j'en crois des témoins certains, irréprochables :
J'ai vu, j'ai vu couler des larmes véritables.

ARICIE.

Prenez garde, Seigneur. Vos invincibles mains
Ont de monstres sans nombre affranchi les humains;
Mais tout n'est pas détruit, et vous en laissez vivre 1445
Un.... Votre fils, Seigneur, me défend de poursuivre.
Instruite du respect qu'il veut vous conserver,
Je l'affligerois trop si j'osois achever.
J'imite sa pudeur, et fuis votre présence
Pour n'être pas forcée à rompre le silence. 1450

1. Dans l'édition de 1698 (Amsterdam), l'imprimeur a substitué « souffrirez » à « souffriez. » Cette faute a passé dans l'édition de la Harpe.

SCÈNE IV.

THÉSÉE, seul.

Quelle est donc sa pensée? et que cache un discours
Commencé tant de fois, interrompu toujours?
Veulent-ils m'éblouir par une feinte vaine?
Sont-ils d'accord tous deux pour me mettre à la gêne?
Mais moi-même, malgré ma sévère rigueur, 1455
Quelle plaintive voix crie au fond de mon cœur?
Une pitié secrète et m'afflige et m'étonne.
Une seconde fois interrogeons OEnone.
Je veux de tout le crime être mieux éclairci.
Gardes, qu'OEnone sorte, et vienne seule ici. 1460

SCÈNE V.

THÉSÉE, PANOPE.

PANOPE.

J'ignore le projet que la Reine médite,
Seigneur, mais je crains tout du transport qui l'agite.
Un mortel désespoir sur son visage est peint;
La pâleur de la mort est déjà sur son teint.
Déjà, de sa présence avec honte chassée, 1465
Dans la profonde mer OEnone s'est lancée [1].

---

1. « On a remarqué que Racine était le seul des trois tragiques qui ont traité le sujet de *Phèdre*, chez qui la Nourrice soit punie. C'est une faute de mœurs dans Euripide et dans Sénèque, et que Racine ne pouvait pas commettre. On assure qu'il en a l'obligation à un Gilbert, qui avait fait une *Phèdre* où OEnone est aussi noyée. » (*Note de l'édition de* 1807.) — En effet, dans l'acte V,

On ne sait point d'où part ce dessein furieux ;
Et les flots pour jamais l'ont ravie à nos yeux.
THÉSÉE.
Qu'entends-je ?
PANOPE.
Son trépas n'a point calmé la Reine :
Le trouble semble croître en son âme incertaine.   1470
Quelquefois, pour flatter ses secrètes douleurs,
Elle prend ses enfants et les baigne de pleurs ;
Et soudain, renonçant à l'amour maternelle,
Sa main avec horreur les repousse loin d'elle [1].
Elle porte au hasard ses pas irrésolus ;   1475
Son œil tout égaré ne nous reconnoît plus.
Elle a trois fois écrit ; et changeant de pensée,
Trois fois elle a rompu sa lettre commencée [2].
Daignez la voir, Seigneur ; daignez la secourir.
THÉSÉE.
O ciel ! OEnone est morte, et Phèdre veut mourir ?   1480
Qu'on rappelle mon fils, qu'il vienne se défendre !
Qu'il vienne me parler, je suis prêt de l'entendre.

---

scène v, de l'*Hippolyte* de Gilbert, Pasithée répond à Thésée qui s'informe du sort d'Achrise :

<blockquote>
Dans les flots de la mer elle a fini ses jours.
De son crime elle-même a payé le salaire.
</blockquote>

Mais ce qui n'appartient qu'à Racine, c'est l'effet produit par cette nouvelle de la mort volontaire d'OEnone, annoncée à Thésée au moment où le doute entre dans son esprit.

1. Ces vers semblent avoir été inspirés par la scène si pathétique de la *Médée* d'Euripide où Médée couvre ses enfants de baisers :

<blockquote>
Δότ', ὦ τέκνα,
Δότ' ἀσπάσασθαι μητρὶ δεξιὰν χέρα...
</blockquote>

puis les repousse loin d'elle :

<blockquote>
Χωρεῖτε, χωρεῖτ'· οὐκ ἔτ' εἰμὶ προσβλέπειν
Οἵα πρὸς ὑμᾶς.
</blockquote>

Voyez les vers 1059-1067 de *Medee*.

2. Ici Racine s'est souvenu des vers 37 et 38 de l'*Iphigénie* d'Euripide, qui n'avaient pas trouvé place dans sa tragédie sur le même sujet.

Ne précipite point tes funestes bienfaits,
Neptune; j'aime mieux n'être exaucé jamais.
J'ai peut-être trop cru des témoins peu fidèles, 1485
Et j'ai trop tôt vers toi levé mes mains cruelles.
Ah! de quel désespoir mes vœux seroient suivis!

SCÈNE VI.
THÉSÉE, THÉRAMÈNE.

THÉSÉE.

Théramène, est-ce toi? Qu'as-tu fait de mon fils?
Je te l'ai confié dès l'âge le plus tendre.
Mais d'où naissent les pleurs que je te vois répandre?
Que fait mon fils?

THÉRAMÈNE.

O soins tardifs et superflus!
Inutile tendresse! Hippolyte n'est plus[1].

THÉSÉE.

Dieux!

THÉRAMÈNE.

J'ai vu des mortels périr le plus aimable,
Et j'ose dire encor, Seigneur, le moins coupable.

THÉSÉE.

Mon fils n'est plus? Hé quoi? quand je lui tends les bras,
Les Dieux impatients ont hâté son trépas?
Quel coup me l'a ravi? quelle foudre soudaine?

THÉRAMÈNE.

A peine nous sortions des portes de Trézène,
Il étoit sur son char; ses gardes affligés

---

1. C'est aussi, dans Euripide, une des premières paroles du Messager :
Ἱππόλυτος οὐκ ἔτ' ἐστίν....
(Vers 1152.)

Imitoient son silence, autour de lui rangés ; 1500
Il suivoit tout pensif le chemin de Mycènes ;
Sa main sur ses chevaux laissoit flotter les rênes[1].
Ses superbes coursiers, qu'on voyoit autrefois
Pleins d'une ardeur si noble obéir à sa voix,
L'œil morne maintenant et la tête baissée, 1505
Sembloient se conformer à sa triste pensée.
Un effroyable cri, sorti du fond des flots,
Des airs en ce moment a troublé le repos ;
Et du sein de la terre une voix formidable
Répond en gémissant à ce cri redoutable. 1510
Jusqu'au fond de nos cœurs notre sang s'est glacé ;
Des coursiers attentifs le crin s'est hérissé.
Cependant sur le dos de la plaine liquide
S'élève à gros bouillons une montagne humide ;
L'onde approche, se brise, et vomit à nos yeux, 1515
Parmi des flots d'écume, un monstre furieux[2].
Son front large est armé de cornes menaçantes ;
Tout son corps est couvert d'écailles jaunissantes ;
Indomptable taureau, dragon impétueux,
Sa croupe se recourbe en replis tortueux. 1520
Ses longs mugissements font trembler le rivage.
Le ciel avec horreur voit ce monstre sauvage ;

---

1. *Var.* Sa main sur les chevaux laissoit flotter les rênes. (1677-87)
— *Les*, au lieu de *ses*, est le texte de 1698 (Amsterdam), de 1736 et, en général, des éditions modernes. — La circonstance que ce vers exprime est empruntée à l'*Hippolyte* de Sénèque (vers 1006) :

    . . . . *Habenis lora permissis quatit.*

2. Quelques vers, dans le récit de l'*Hippolyte* de Garnier (acte V), rappellent un peu ceux de Racine, au moins pour le mouvement ; ceux-ci par exemple :

    Elle bout, elle écume, et suit en mugissant
    Le monstre qui se va sur le bord élançant.

Gilbert a ainsi rendu le même passage :

    L'onde s'enfle ; on la voit largement écumer.

La terre s'en émeut, l'air en est infecté;
Le flot, qui l'apporta, recule épouvanté[1].
Tout fuit; et sans s'armer d'un courage inutile, 1525
Dans le temple voisin chacun cherche un asile.
Hippolyte lui seul, digne fils d'un héros,
Arrête ses coursiers, saisit ses javelots,
Pousse au monstre, et d'un dard lancé d'une main sûre,
Il lui fait dans le flanc une large blessure. 1530
De rage et de douleur le monstre bondissant
Vient aux pieds des chevaux tomber en mugissant,
Se roule, et leur présente une gueule enflammée,
Qui les couvre de feu, de sang et de fumée.
La frayeur les emporte[2]; et sourds à cette fois, 1535
Ils ne connoissent plus ni le frein ni la voix[3].
En efforts impuissants leur maître se consume;
Ils rougissent le mors d'une sanglante écume.
On dit qu'on a vu même, en ce désordre affreux,
Un Dieu qui d'aiguillons pressoit leur flanc poudreux.
A travers des rochers la peur les précipite[4];
L'essieu crie et se rompt. L'intrépide Hippolyte
Voit voler en éclats tout son char fracassé;
Dans les rênes lui-même il tombe embarrassé[5].

1. . . . . *Refluitque exterritus amnis.*
(*Énéide*, livre VIII, vers 240.)

2. Voici encore deux vers de Garnier, qui peuvent être ici l'objet d'une comparaison. L'hémistiche qui commence le premier de ces vers avait pu rester dans la mémoire de Racine :

La frayeur les maîtrise, et quoiqu'il s'évertue,
Il ne leur peut ôter cette crainte têtue.

3. La bride ni sa voix ne leur sert plus de loi.
(*Hippolyte* de Gilbert, acte V, scène IV.)

4. *Var.* A travers les rochers la peur les précipite. (1678-87)
— Cette leçon, antérieure à 1697, a été adoptée par la plupart des éditeurs modernes.

5. Dans les rênes qu'il tient il s'engage en tombant.
(*Hippolyte* de Gilbert, acte V, scène IV.)

ACTE V, SCÈNE VI.

Excusez ma douleur. Cette image cruelle 1545
Sera pour moi de pleurs une source éternelle.
J'ai vu, Seigneur, j'ai vu votre malheureux fils
Traîné par les chevaux que sa main a nourris[1].
Il veut les rappeler, et sa voix les effraie;
Ils courent. Tout son corps n'est bientôt qu'une plaie[2].

1. Dans Euripide, Hippolyte, apporté mourant sur la scène, s'écrie :

Ὦ στυγνὸν ὄχημ' ἵππειον, ἐμῆς
Βόσκημα χερός,
Διά μ' ἔφθειρας, κατὰ δ' ἔκτεινας.

« O funeste attelage, cavales que ma main avait nourries, c'est vous qui m'avez perdu, qui m'avez tué. » (Vers 1346-1348.)

2. Voici, dans le récit prolixe et ampoulé de Sénèque, les principaux passages qu'on peut rapprocher de quelques-uns des vers de Racine :

Consurgit ingens pontus in vastum aggerem,
Tumidumque monstro pelagus in terras ruit....
Cærulea taurus colla sublimis gerens,
Erexit altam fronte viridanti jubam.
Stant hispidæ aures: cornibus varius color....
Tum pone tergus ultima in monstrum coit
Facies, et ingens bellua immensam trahit
Squamosa partem . . . .
Tremuere terræ . . . .
. . . . Solus immunis metu,
Hippolytus arctis continet frenis equos,
Pavidosque notæ vocis hortatu ciet....
Inobsequentes protinus frenis equi
Rapuere currum; jamque deerrantes via,
Quacumque rabidos pavidus evexit furor,
Hac ire pergunt, seque per scopulos agunt....
Præceps in ora fusus, implicuit cadens
Laqueo tenaci corpus; et quanto magis
Pugnat, sequaces hoc magis nodos ligat....
Late cruentat arva, et illisum caput
Scopulis resultat : auferunt dumi comas;
Et ora durus pulchra populatur lapis,
Peritque multo vulnere infelix decor.

(Vers 1015-1096.)

Sénèque avait fait des emprunts à Ovide, qui, dans le livre XV de ses *Métamorphoses* (vers 506 et suivants), a mis dans la bouche d'Hippolyte ressuscité un récit dont Racine lui-même s'est parfois inspiré :

Pittheam profugo curru Trœzena petebam;
Jamque Corinthiaci carpebam littora ponti,
Quum mare surrexit, cumulusque immanis aquarum
In montis speciem curvari et crescere visus,
Et dare mugitus, summoque cacumine findi.
Corniger hinc taurus ruptis expellitur undis

De nos cris douloureux la plaine retentit.
Leur fougue impétueuse enfin se ralentit :
Ils s'arrêtent, non loin de ces tombeaux antiques
Où des rois ses aïeux sont les froides reliques.
J'y cours en soupirant, et sa garde me suit. 1555
De son généreux sang la trace nous conduit :
Les rochers en sont teints; les ronces dégouttantes

> *Pectoribusque tenus molles erectus in auras,*
> *Naribus et patulo partem maris evomit ore.*
> *Corda pavent comitum, mihi mens interrita mansit,*
> *Exiliis contenta suis : quum colla feroces*
> *Ad freta convertunt, adrectisque auribus horrent*
> *Quadrupedes; monstrique metu turbantur, et altis*
> *Præcipitant currus scopulis : ego ducere vana*
> *Frena manu, spumis albentibus oblita, luctor....*
> *Excutior curru, lorisque tenentibus artus,*
> *Viscera viva trahi, nervos in stirpe teneri,*
> *Membra rapi partim, partim reprensa relinqui,*
> *Ossa gravem dare fracta sonum, fessamque videres*
> *Exhalari animam, nullasque in corpore partes*
> *Noscere quas posses : unumque erat omnia vulnus.*

Le récit d'Euripide était le premier qui s'offrait à l'imitation de Racine; on reconnaît sans peine qu'il y a plus d'une fois puisé directement, mais en le chargeant de plus d'ornements, comme on le lui a reproché. Citons les vers de la tragédie grecque que ceux de notre poëte rappellent plus ou moins :

> .... Πρόσπολοι δ' ὑφ' ἅρματος
> Πέλας χαλινῶν εἰπόμεσθα δεσπότῃ....
> .... Τις ἠχὼ, χθόνιος ὡς βροντὴ Διὸς,
> Βαρὺν βρόμον μεθῆκε, φρικώδη κλύειν.
> Ὀρθὸν δὲ κρᾶτ' ἔστησαν οὖς τ' ἐς οὐρανὸν
> Ἵπποι· παρ' ἡμῖν δ' ἦν φόβος νεανικὸς,
> Πόθεν ποτ' εἴη φθόγγος. Ἐς δ' ἁλιρρόθους
> Ἀκτὰς ἀποβλέψαντες, ἱερὸν εἴδομεν
> Κῦμ' οὐρανῷ στηρίζον........
> Κἄπειτ' ἀνοιδῆσάν τε καὶ πέριξ ἀφρὸν
> Πολὺν καχλάζον ποντίῳ φυσήματι
> Χωρεῖ πρὸς ἀκτὰς, οὗ τέθριππος ἦν ὄχος.
> Αὐτῷ δὲ σὺν κλύδωνι καὶ τρικυμίᾳ
> Κῦμ' ἐξέθηκε ταῦρον, ἄγριον τέρας,
> Οὗ πᾶσα μὲν χθὼν φθέγματος πληρουμένη,
> Φρικῶδες ἀντεφθέγγετ'· εἰσορῶσι δὲ
> Κρεῖσσον θέαμα δεργμάτων ἐφαίνετο.
> Εὐθὺς δὲ πώλοις δεινὸς ἐμπίπτει φόβος....
> Αἱ δ' ἐνδακοῦσαι στόμια πυριγενῆ γναθμοῖς,
> Βίᾳ φέρουσιν, οὔτε ναυκλήρου χερὸς,
> Οὔθ' ἱπποδέσμων, οὔτε κολλητῶν ὄχων
> Μεταστρέφουσαι...........
> Σύμφυρτα δ' ἦν ἅπαντα· σύριγγές τ' ἄνω

ACTE V, SCÈNE VI. 393

Portent de ses cheveux les dépouilles sanglantes.
J'arrive, je l'appelle; et me tendant la main,
Il ouvre un œil mourant, qu'il referme soudain [1]. 1560
« Le ciel, dit-il, m'arrache une innocente vie.
Prends soin après ma mort de la triste Aricie.
Cher ami, si mon père un jour désabusé
Plaint le malheur d'un fils faussement accusé,

> Τροχῶν ἐπήδων ἀξόνων τ᾽ ἐνήλατα.
> Αὐτὸς δ᾽ ὁ τλήμων, ἡνίαισιν ἐμπλακεὶς,
> Δεσμὸν δυσεξήνυκτον ἕλκεται δεθείς,
> Σποδούμενος μὲν πρὸς πέτρας φίλον κάρα,
> Θραύων τε σάρκας, δεινὰ δ᾽ ἐξαυδῶν κλύειν....
> .... Χὠ μὲν ἐκ δεσμῶν λυθείς
> Τμητῶν ἱμάντων, οὐ κάτοιδ᾽ ὅτῳ τρόπῳ
> Πίπτει, βραχὺν δὴ βίοτον ἐμπνέων ἔτι.

« Nous autres serviteurs, nous tenant à côté du char, près des rênes, nous suivions notre maître.... Un bruit, semblable à un tonnerre souterrain de Jupiter, éclata avec un grand fracas, qu'on ne pouvait entendre sans frissonner. Les cavales levèrent la tête vers le ciel, et dressèrent les oreilles. Ne sachant d'où vient ce bruit, une grande terreur nous saisit. Alors nous jetons les yeux sur les côtes battues par les flots, et nous apercevons une vague immense qui touche la voûte des cieux. Elle s'enfle, vomit bruyamment une abondante écume; et l'onde bouillonnante s'approche du rivage, à l'endroit où était alors le quadrige. Avec cette vague agitée, ce flot de tempête, la mer rejette un taureau, monstre sauvage, dont les mugissements remplissent toute la côte, qui lui répond avec un écho formidable. Sa vue est si terrible, qu'aucun regard ne peut la soutenir. Aussitôt les cavales sont saisies d'épouvante.... Elles mordent le frein étincelant, et s'emportent, n'obéissant plus ni à la main qui les gouverne, ni aux rênes, ni au char auquel elles sont attelées.... Tout n'est plus que confusion. Les rayons des roues et les chevilles de l'essieu se rompent. Le malheureux lui-même, embarrassé dans les rênes, est traîné dans ces liens inextricables; sa tête se heurte contre les rochers; ses chairs sont en lambeaux; il pousse des cris douloureux.... Quand il est dégagé des courroies, qui enfin se brisent, il tombe, je ne sais comment, et n'a plus qu'un souffle de vie. » (Vers 1185-1236.)

1. Dans la scène III de l'acte v de l'*Hippolyte* de Bidar, le récit de la mort d'Hippolyte a quelques vers qui ont avec ceux-ci un rapport frappant :

> Ce prince avec effort ouvre enfin la paupière,
> Et tournant dessus moi la mourante lumière
> Qui reste dans ses yeux. . . . .

Un peu plus bas les paroles mises dans la bouche du héros expirant se terminent avec une suspension de sens, comme dans Racine:

> « L'adorable Cyane.... » Un soupir tout de flamme
> Lui fait à ce beau nom exhaler sa grande âme.

Pour apaiser mon sang et mon ombre plaintive, 1565
Dis-lui qu'avec douceur il traite sa captive;
Qu'il lui rende.... » A ce mot ce héros expiré
N'a laissé dans mes bras qu'un corps défiguré,
Triste objet, où des Dieux triomphe la colère,
Et que méconnoîtroit l'œil même de son père. 1570

THÉSÉE.

O mon fils! cher espoir que je me suis ravi!
Inexorables Dieux, qui m'avez trop servi[1]!
A quels mortels regrets ma vie est réservée!

THÉRAMÈNE.

La timide Aricie est alors arrivée.
Elle venoit, Seigneur, fuyant votre courroux, 1575
A la face des Dieux l'accepter pour époux.
Elle approche : elle voit l'herbe rouge et fumante;
Elle voit (quel objet pour les yeux d'une amante!)
Hippolyte étendu, sans forme et sans couleur.
Elle veut quelque temps douter de son malheur; 1580
Et ne connoissant plus ce héros qu'elle adore,
Elle voit Hippolyte et le demande encore.
Mais trop sûre à la fin qu'il est devant ses yeux,
Par un triste regard elle accuse les Dieux;
Et froide, gémissante, et presque inanimée, 1585
Aux pieds de son amant elle tombe pâmée.
Ismène est auprès d'elle; Ismène, toute en pleurs,
La rappelle à la vie, ou plutôt aux douleurs.
Et moi, je suis venu, détestant la lumière,
Vous dire d'un héros la volonté dernière, 1590
Et m'acquitter, Seigneur, du malheureux emploi
Dont son cœur expirant s'est reposé sur moi.
Mais j'aperçois venir sa mortelle ennemie.

---

1. *Tuque semper, genitor, iræ facilis assensor meæ.*
(Sénèque, *Hippolyte*, vers 1207.)

SCÈNE VII.

THÉSÉE, PHÈDRE, THÉRAMÈNE, PANOPE, Gardes.

THÉSÉE.

Hé bien! vous triomphez, et mon fils est sans vie.
Ah! que j'ai lieu de craindre! et qu'un cruel soupçon,
L'excusant dans mon cœur, m'alarme avec raison!
Mais, Madame, il est mort, prenez votre victime :
Jouissez de sa perte, injuste ou légitime.
Je consens que mes yeux soient toujours abusés.
Je le crois criminel, puisque vous l'accusez. 1600
Son trépas à mes pleurs offre assez de matières,
Sans que j'aille chercher d'odieuses lumières,
Qui ne pouvant le rendre à ma juste douleur,
Peut-être ne feroient qu'accroître mon malheur.
Laissez-moi, loin de vous et loin de ce rivage, 1605
De mon fils déchiré fuir la sanglante image.
Confus, persécuté d'un mortel souvenir,
De l'univers entier je voudrois me bannir.
Tout semble s'élever contre mon injustice.
L'éclat de mon nom même augmente mon supplice
Moins connu des mortels, je me cacherois mieux.
Je hais jusques au soin dont m'honorent les Dieux ;
Et je m'en vais pleurer leurs faveurs meurtrières,
Sans plus les fatiguer d'inutiles prières.
Quoi qu'ils fissent pour moi, leur funeste bonté 1615
Ne me sauroit payer de ce qu'ils m'ont ôté.

PHÈDRE.

Non, Thésée, il faut rompre un injuste silence :
Il faut à votre fils rendre son innocence.
Il n'étoit point coupable.

THÉSÉE.

Ah! père infortuné!
Et c'est sur votre foi que je l'ai condamné! 1620
Cruelle, pensez-vous être assez excusée....

PHÈDRE.

Les moments me sont chers, écoutez-moi, Thésée.
C'est moi qui sur ce fils chaste et respectueux
Osai jeter un œil profane, incestueux.
Le ciel mit dans mon sein une flamme funeste [1]; 1625
La détestable OEnone a conduit tout le reste [2].
Elle a craint qu'Hippolyte, instruit de ma fureur,
Ne découvrît un feu qui lui faisoit horreur.
La perfide, abusant de ma foiblesse extrême,
S'est hâtée à vos yeux de l'accuser lui-même. 1630
Elle s'en est punie, et fuyant mon courroux,
A cherché dans les flots un supplice trop doux.
Le fer auroit déjà tranché ma destinée;
Mais je laissois gémir la vertu soupçonnée.
J'ai voulu, devant vous exposant mes remords, 1635
Par un chemin plus lent descendre chez les morts.
J'ai pris, j'ai fait couler dans mes brûlantes veines
Un poison que Médée apporta dans Athènes.
Déjà jusqu'à mon cœur le venin parvenu
Dans ce cœur expirant jette un froid inconnu; 1640
Déjà je ne vois plus qu'à travers un nuage
Et le ciel et l'époux que ma présence outrage;
Et la mort, à mes yeux dérobant la clarté,

---

1. . . . . . *Falsa memoravi; et nefas,*
Quod ipsa demens pectore insano hauseram,
Mentita finxi. Vana punisti pater;
Juvenisque castus crimine incesto jacet.
(Sénèque, *Hippolyte*, vers 1192-1195.)

2. Achrise, Achrise seule a causé ces malheurs....
Ne pouvant le corrompre, elle osa l'accuser.
(*Hippolyte* de Gilbert, acte V, scène v.)

Rend au jour, qu'ils souilloient, toute sa pureté[1].
PANOPE.

Elle expire, Seigneur!
THÉSÉE.

D'une action si noire　　　1645
Que ne peut avec elle expirer la mémoire!
Allons, de mon erreur, hélas! trop éclaircis,
Mêler nos pleurs au sang de mon malheureux fils.
Allons de ce cher fils embrasser ce qui reste,
Expier la fureur d'un vœu que je déteste.　　　1650
Rendons-lui les honneurs qu'il a trop mérités;
Et pour mieux apaiser ses mânes irrités,
Que malgré les complots d'une injuste famille,
Son amante aujourd'hui me tienne lieu de fille.

1. Dans Sénèque, Phèdre, après s'être accusée elle-même, se frappe d'une épée :

. . . . *Hac manu pœnas tibi*
Solvam, et nefando pectori ferrum inseram,
Animaque Phædram pariter ac scelere exuam.
(Vers 1176-1178.)

FIN DU CINQUIÈME ET DERNIER ACTE.

ESTHER

TRAGÉDIE

TIRÉE DE L'ÉCRITURE SAINTE

1689

NOTICE.

Lorsque Racine composa la tragédie d'*Esther*, il se tenait, depuis près de douze ans, éloigné du théâtre. Il ne crut pas manquer à la résolution qu'il avait prise d'y renoncer, parce qu'il consentait à écrire pour les jeunes élèves de Saint-Cyr une pièce tirée des livres saints. Mais quelque modeste que fût la scène, où des enfants furent les interprètes de son génie, il arriva que ce génie n'y fut pas à l'étroit, qu'il s'y déploya, au contraire, avec plus de liberté, plus d'originalité que jamais : l'histoire du théâtre n'offre pas d'autre exemple d'un événement semblable. Il faut le dire, cette scène de pensionnat ne se trouva pas si humble qu'on aurait d'abord pu le croire : Saint-Cyr eut pour spectateurs des rois, des princes, de grands seigneurs, de grandes dames, des prélats, toute l'élite de la cour la plus brillante : bonne fortune qui n'est pas réservée d'ordinaire à des exercices de couvent. Cependant ce qui agrandit le petit théâtre, ce fut moins la présence de Louis XIV et de ses courtisans que la poésie de Racine : elle seule d'ailleurs avait pu l'ouvrir avec tant d'éclat aux imposantes assemblées que réunirent les représentations d'*Esther*, et que le Roi ni Mme de Maintenon, malgré la faveur dont ils entouraient la maison de Saint-Louis, n'auraient pas eu l'idée de convoquer, si le poëte n'avait si fort dépassé leurs espérances.

Nous avons, dans les *Souvenirs de Mme de Caylus*, une fidèle histoire de ces fêtes du génie données à Saint-Cyr; Mme de Caylus n'en avait pas seulement été témoin, elle y avait pris une part active. Avant même l'époque où furent publiées les agréables pages qu'elle a écrites, Louis Racine, dans ses *Mémoires*, en avait fait connaître les passages les plus intéressants parmi ceux où il est parlé d'*Esther*. M. Théophile

Lavallée, annaliste élégant et exact de la maison de Saint ,
a tiré des papiers des Dames de Saint-Louis beaucoup de détails curieux, qui complètent, sur les représentations d'*Esther*,
les récits de Mme de Caylus. Nous avons donc à traiter dans
cette notice un sujet très-connu ; mais notre tâche est moins de
chercher la nouveauté que de réunir les témoignages, de les
rapprocher sous les yeux de nos lecteurs.

Nous lisons dans le *Journal* de Dangeau, à la date du 18 août
1688 : « Racine, par l'ordre de Mme de Maintenon, fait un
opéra, dont le sujet est *Esther et Assuérus*. Il sera chanté et
récité par les petites filles de Saint-Cyr. Tout ne sera pas en
musique. C'est un nommé Moreau qui fera les airs. » Telle est
la plus ancienne mention que nous ayons rencontrée de la
pièce d'*Esther*; elle marque sans doute à peu près l'époque
où Racine commençait à y travailler [1]. On croyait qu'il s'agissait d'un opéra, parce que des chants, mêlés à quelques parties
déclamées, avaient été demandés à Racine, et que les chants
étaient alors exclus de nos tragédies. Il est à remarquer que dans
le privilége du Roi donné aux Dames de Saint-Cyr, *Esther* n'est
point nommée une tragédie, mais « un ouvrage de poésie....
propre à être récité et à être chanté. » Le programme qu'on
avait tracé à Racine était, sans qu'apparemment on s'en fût
douté, celui d'une tragédie du théâtre grec. Naturellement, et
bien mieux que dans les tentatives archaïques de nos poëtes
érudits du seizième siècle, on allait, par l'introduction d'un
chœur lié à l'action, revenir à l'art des Eschyle et des Sophocle ; et ce qui ne devait pas le moins en rapprocher, on demandait des inspirations à la religion du pays, à des croyances
vivantes. Aussi, quoique à ce moment Racine se plaçât dans un
ordre de sentiments étrangers au monde religieux et littéraire
de la Grèce, jamais cependant il n'avait autant ressemblé aux
poëtes antiques que dans les deux pièces sacrées où il semblait

---

1. Dangeau, qui avait les informations de première main, dut recevoir celle-ci au moment même où Racine se mit à l'œuvre. Les personnes du dehors les plus promptes à recueillir les nouvelles de la
cour n'entendirent parler d'*Esther* que plus tard, et quand elle fut
achevée. C'est seulement dans une lettre du 31 décembre 1688
(tome VIII, p. 370) que Mme de Sévigné écrit à sa fille : « On parle
d'une comédie d'*Esther*, qui sera représentée à Saint-Cyr. »

qu... it abandonné leurs traces. Il fut seul peut-être à se bi... endre compte de toute la portée de l'idée qu'on lui avait suggérée, et qui le ramenait, comme par un détour, plus près qu'autrefois encore des modèles dont il s'était promis depuis si longtemps de ne plus directement s'inspirer. Il y a un passage de sa préface d'*Esther* où, dans un langage simple que nous n'avons plus, et auquel cette simplicité n'ôtait rien de son grand sens, il dit s'être aperçu, en travaillant sur le plan qu'on lui avait donné, de l'occasion qui, tant de fois désirée, s'offrait enfin à lui de conformer son œuvre aux exemples de la scène grecque.

Voici quel hasard de circonstances donna lieu à ce projet d'*opéra*, dont parle Dangeau. La maison de Saint-Louis était fondée depuis deux ans. Mme de Maintenon y donnait tous ses soins aux jeunes filles de la pauvre noblesse qu'elle y faisait élever. La supérieure était Mme de Brinon, autrefois religieuse ursuline, qui avait des prétentions au savoir, à l'esprit, à l'éloquence, à la poésie même. Pour le divertissement de ses jeunes élèves, et en même temps pour la culture de leur mémoire et de leur esprit, elle eut l'idée de leur faire jouer de petites pièces, ce qui d'ailleurs était alors la coutume dans plusieurs maisons d'éducation. Elle composait elle-même ces pièces, dont les représentations avaient commencé dès le temps de Noisy-le-Sec, c'est-à-dire avant la translation de la maison à Saint-Cyr, mais devinrent plus fréquentes dans ce dernier établissement, « surtout, dit M. Lavallée[1], pendant le carnaval de 1688. » Les pieuses comédies de Mme de Brinon étaient « détestables[2]. » Mme de Maintenon ne les goûta pas. Elle demanda qu'on fît un choix parmi les tragédies de Corneille et de Racine. On essaya alors de jouer *Cinna, Andromaque, Iphi-*

---

1. *Mme de Maintenon et la Maison royale de Saint-Cyr* (2ᵉ édition, 1862, 1 volume in-8º), p. 83.

2. *Souvenirs de Mme de Caylus* (dans la *Collection des mémoires relatifs à l'histoire de France*, tome LXVI), p. 450. — Mme de Brinon, qui, bien involontairement, rendit, lorsqu'elle imagina la première les exercices dramatiques de Saint-Cyr, un si grand service à la poésie française et à la gloire de Racine, n'assista point aux représentations d'*Esther*. Dans le mois qui précéda celui où la pièce fut jouée, Mme de Maintenon, lasse de ses prétentions et de ses extravagances, la congédia.

404   ESTHER.

*génie*¹. Mais *Andromaque* particulièrement était une pièce qui
pouvait apprendre à de jeunes filles, formées pour la piété,
quelque chose de plus que l'élégance du langage, la bonne
grâce du maintien et une prononciation correcte. On est un
peu étonné que Mme de Maintenon ne s'en soit avisée qu'après
une représentation de cette brûlante tragédie, où les petites
actrices avaient récité avec beaucoup trop de feu, tout comme
si elles comprenaient ou devinaient à peu près. Elle écrivit
alors à Racine, ainsi que le rapporte Mme de Caylus² : « Nos
petites filles viennent de jouer *Andromaque*, et l'ont si bien
jouée qu'elles ne la joueront plus, ni aucune de vos pièces. »
Elle lui demanda, dans la même lettre, de composer pour les
jeunes enfants un petit ouvrage propre à inspirer les sentiments
dont on voulait nourrir leur cœur, et qui n'étant destiné d'ailleurs qu'à être un amusement de classe, n'intéresserait pas sa
réputation. Racine hésita; non sans doute qu'un théâtre si
différent de celui des comédiens lui donnât des scrupules, mais
il ne croyait peut-être pas, comme Mme de Maintenon, que ce
fût l'engager dans une bagatelle tout à fait sans conséquence
pour sa gloire, dont il gardait encore quelque souci, au moins
dans le passé. Il consulta Boileau; celui-ci, moins effrayé que
Racine d'un refus qui risquait fort de déplaire, pensa que son
ami, dût-il mal faire sa cour, était dans la nécessité de résister, et se prononça très-brusquement dans ce sens. Racine
réfléchit, et ne suivit pas le conseil. Chacun des deux amis
fut dans son caractère. Boileau comprenait moins les mé-
nagements du courtisan; Racine était plus esclave de la faveur, plus timide en face de la puissance; en même temps il
avait un tout autre coup d'œil de grand poëte, pour découvrir
tout à coup et saisir, dans un travail en apparence peu digne
de lui, tout ce que le génie pouvait y mettre. Nourri de plus
en plus, depuis quelques années surtout, de la lecture des
livres saints et de leur magnifique éloquence, il songea à un

    1. Mme de Caylus (p. 451) ne nomme que *Cinna* et *Andromaque*.
M. Lavallée ajoute *Iphigénie*, et la Beaumelle, autorité beaucoup
moins certaine, *Marianne*, *Polyeucte*, *Alexandre*. Voyez, dans ses
Mémoires pour servir à l'histoire de Mme de Maintenon, le chapitre xv
du livre VIII (édition d'Amsterdam, 1757, p. 170).
    2. *Souvenirs de Mme de Caylus*, p. 452.

sujet biblique, où il répandrait tous les trésors de poésie sacrée amassés dans son âme. La proposition qu'on lui avait faite de mêler des chants au récit avait peut-être fait craindre à Boileau quelque fadeur édifiante, digne d'un Quinault de couvent, tandis qu'elle évoqua, comme nous l'avons dit, devant l'imagination de Racine, la scène grecque renouvelée, et surpassée par l'esprit d'une religion auprès de laquelle toutes les mythologies sont petites. Dans les souvenirs dont il était rempli, le sujet de l'histoire d'Esther s'offrit à lui; il en fut frappé; il sentit qu'il y trouverait sans peine un charme, une douceur, une innocence faite pour la bouche des enfants; que le sublime de l'Écriture y aurait naturellement place, un sublime qui, surtout lorsqu'il est naïvement traduit dans une langue sans emphase, comme celle dont il avait le secret, permet à tous les âges de l'approcher, qu'admirent les plus hautes intelligences, et qui laisse les petits venir jusqu'à lui. Il est à croire qu'il reconnut tout d'abord aussi quels traits de ressemblance avec les augustes protecteurs de Saint-Cyr il lui serait facile, sans trop changer les physionomies historiques du livre saint, de donner à son Esther et à son Assuérus. Irions-nous trop loin si nous supposions que, dès le premier moment où sa pensée s'arrêta sur le *Livre d'Esther*, il conçut l'idée de son chœur de jeunes Israélites, et qu'il put se dire non-seulement avec quelle parfaite convenance seraient représentées par les jeunes élèves de Mme de Maintenon les filles de Sion que la reine Esther *met son étude et ses soins à former*, mais aussi quel plaisir il aurait à donner, par une allusion secrète, à ces innocentes captives, menacées par la persécution, les craintes, les douleurs, l'enthousiasme, le doux courage des filles de Port-Royal, sa maison bien-aimée, la maison de son enfance et de ses années de pieux repentir? Mme de Caylus laisse au moins comprendre qu'il ne se décida qu'après avoir médité sur ce qu'il pouvait tirer d'un sujet si heureusement offert à son génie. « Après un peu de réflexion, dit-elle, il trouva dans le sujet d'*Esther* tout ce qu'il falloit pour plaire à la cour. Despréaux lui-même en fut enchanté, et l'exhorta à travailler, avec autant de zèle qu'il en avoit eu pour l'en détourner [1]. » Quoi-

---

1. *Souvenirs de Mme de Caylus*, p. 452.

qu'elle fût bien informée sans doute des principales circonstances qui entourèrent cette naissance d'*Esther*, Mme de Caylus, trop préoccupée de la cour, a dû les mal saisir en un seul point. Racine ne se fût pas senti entraîné si vivement vers le travail qui l'avait d'abord effrayé, il n'aurait pas été si prompt à reconquérir l'approbation de Boileau, s'il n'avait trouvé dans son sujet que « ce qu'il falloit pour plaire à la cour. » Il ne nous paraît pas douteux que, pour ramener son ami, il dut développer devant lui d'autres beautés de son projet de tragédie. Quand toutes ses incertitudes furent fixées, il se hâta de mettre la main à l'œuvre. « Racine, continue Mme de Caylus, ne fut pas longtemps sans porter à Mme de Maintenon, non-seulement le plan de sa pièce, car il avoit accoutumé de les faire en prose, scène par scène, avant d'en faire les vers, mais même le premier acte tout fait. Mme de Maintenon en fut charmée[1]. » Cette œuvre, où la perfection du style surpassait peut-être tout ce que Racine avait écrit jusque-là, fut cependant rapidement achevée. On la répétait à Versailles dans les premiers jours de l'année 1689. « Le Roi, après son dîner, dit le *Journal* de Dangeau, à la date du vendredi 7 janvier, entendit chez Mme de Maintenon, pour la seconde fois, la répétition de la tragédie d'*Esther* avec la symphonie. Monseigneur et Monsieur le Prince y étoient. » La musique, comme Dangeau l'avait annoncé dans son *Journal* du 18 août 1688, était de Jean-Baptiste Moreau, organiste de Saint-Cyr. Racine, vers la fin de la préface d'*Esther*, loue les airs touchants de Moreau, qui « ont fait, dit-il, un des plus grands agréments de la pièce. » Plus tard on trouva que le musicien méritait peu ces éloges[2]. Il n'en est pas moins vrai qu'à tort ou à raison il plut dans son temps. Le Roi, quelques jours après la première représentation d'*Esther*, lui donna deux cents pistoles d'argent comptant et deux cents écus de pension[3].

1. *Souvenirs de Mme de Caylus*, p. 452.
2. Voyez l'*Histoire du Théâtre françois*, tome XV, p. 440, note *a*.
3. *Journal* de Dangeau, mercredi 2 mars 1689, à Marly. — Moreau a mis également en musique les chœurs d'*Athalie* et les *Cantiques sacrés* de Racine. On conserve aujourd'hui cette musique à la bibliothèque de la ville de Versailles. Nous la donnerons dans un album qui fera partie de cette édition.

Avant les répétitions auxquelles le Roi assista, et dont la seconde seulement est mentionnée par Dangeau, il y en eut certainement plusieurs à Saint-Cyr, où Racine « étoit tous les jours, par ordre de Mme de Maintenon[1]. » Les jeunes filles recevaient ainsi, pour diriger leur inexpérience, les leçons du meilleur des maîtres. Louis Racine rappelle qu'elles « avoient été formées à la déclamation par l'auteur même, qui en fit d'excellentes actrices[2]. » Boileau le secondait, faisait répéter la pièce avec lui, et, dans le temps qu'elle fut jouée, se tenait avec son ami derrière le théâtre, pour être toujours à portée de donner des conseils, de rassurer les enfants qui s'intimidaient. A ces petites actrices de Saint-Cyr une seule personne, qui n'était pas de la maison, vint se joindre; c'était la jeune nièce de Mme de Maintenon, la fille de M. de Villette, son cousin germain, mariée alors au comte de Caylus, qu'elle avait épousé en 1686, à l'âge de treize ans, celle même dont nous avons tant de fois à citer ici les *Souvenirs*. Voici comment Mme de Caylus parle elle-même de l'exception qui fut faite en sa faveur : « Me trouvant présente aux récits que M. Racine venoit faire à Mme de Maintenon de chaque scène, à mesure qu'il les composoit, j'en retenois des vers, et comme j'en récitai un jour à M. Racine, il en fut si content qu'il demanda en grâce à Mme de Maintenon de m'ordonner de faire un personnage, ce qu'elle fit; mais je n'en voulus point de ceux qu'on avoit déjà destinés, ce qui l'obligea de faire pour moi le prologue de la Piété[3]. » Avec un si grand génie, que Racine, par surcroît, avait d'esprit! Qui n'eût été embarrassé pour donner, dans une pièce achevée, un rôle à qui n'en voulait qu'un nouveau? Et voilà l'occasion de ce prologue qui donnait à la tragédie une forme plus semblable encore à celle des pièces grecques, et en même temps, avec tant de convenance pour ces représentations de Saint-Cyr, permettait de rendre hommage au Roi, bienfaiteur de la maison : un incomparable chef-d'œuvre où la grâce s'unit à la grandeur, où l'on pourrait trouver dans sa perfection l'art du courtisan, si cet art ne

---

1. *Mémoires de Louis Racine*, dans notre tome I, p. 308.
2. *Ibidem*.
3. *Souvenirs de Mme de Caylus*, p. 453 et 454.

disparaissait dans l'élévation de la pensée et du style, dans la profondeur du sentiment chrétien! Racine avait cru convenable, prudent peut-être, de solliciter pour un travail si délicat les conseils de Louis XIV. C'est ce que nous paraît du moins faire supposer ce passage d'une lettre qu'il écrivait à Mme de Maintenon[1] : « Le tour que j'ai choisi pour la fin du prologue est conforme aux observations du Roi. » Nous pensons du reste que cette *fin* est seulement l'apostrophe :

Et vous, qui vous plaisez aux folles passions, etc.,

non ce qui précède. Le Roi ne dut avoir aucune part à son propre éloge, à celui du Dauphin, au manifeste du poëte contre la ligue d'Augsbourg.

La première représentation d'*Esther* fut donnée à Saint-Cyr, le mercredi 26 janvier 1689 : « A trois heures, dit le *Journal* de Dangeau sous la date de ce même jour, le Roi et Monseigneur allèrent à Saint-Cyr[2], où l'on représenta pour la première fois la tragédie d'*Esther*, qui réussit à merveille. Mme de Maintenon avoit disposé de toutes les places, et il n'y eut aucun embarras. Toutes les petites filles jouèrent et chantèrent très-bien, et Mme de Caylus fit le prologue mieux que n'auroit pu faire la Champmeslé. Le Roi, les dames et les courtisans qui eurent permission d'y aller en revinrent charmés. Il y avoit de courtisans, MM. de Beauvilliers, la Rochefoucauld, de Noailles, de Brionne, de la Salle et de Tilladet, dans le second carrosse du Roi, et MM. de Louvois, de Chevreuse, les évêques de Beauvais, de Meaux et de Châlon-sur-Saône, MM. de Montchevreuil, d'Aubigné et moi. » M. Lavallée a recueilli tous les détails de cette mémorable représentation. Nous ne pouvons mieux faire que de les lui emprunter. Au second étage du grand escalier des Demoiselles, était le spacieux vestibule des dortoirs; on l'avait partagé en deux parties, l'une pour la scène, l'autre pour les spectateurs. Là deux am-

1. M. Aimé-Martin a publié cette lettre pour la première fois, d'après l'autographe, dit-il, dans la cinquième de ses éditions des *OEuvres de Racine*.

2. D'après la *Lettre de Mme de Sévigné à Mme de Grignan*, en date du 28 janvier 1689 (tome VIII, p. 436 et 437), Monsieur le Prince assistait aussi à cette première représentation, et il y pleura.

phithéâtres avaient été adossés aux murs, le plus petit réservé
à la communauté, le plus grand aux jeunes pensionnaires; les
plus petites, qui formaient la classe rouge, et qui étaient âgées
de moins de onze ans, furent placées sur les gradins d'en haut;
au-dessous d'elles les vertes, qui n'avaient pas encore quatorze
ans; au-dessous des vertes, les jaunes, parmi lesquelles on
était rangé de quatorze à dix-sept ans; enfin sur les gradins
d'en bas les plus grandes, les bleues. Entre les deux amphi-
théâtres étaient les sièges pour les spectateurs du dehors.
Mme de Maintenon n'avait rien négligé pour donner de l'éclat
au spectacle. La salle était éclairée par des lustres de cristal;
les décors avaient été peints par Borin, décorateur des spectacles de la cour; l'accompagnement des chœurs avait été
confié aux musiciens du Roi et à Nivers, organiste de la maison, qui tenait le clavecin. Les habits des actrices étaient
magnifiques : ils avaient coûté plus de quatorze mille livres :
c'étaient des robes à la persane, ornées de perles et de dia-
mants, qui avaient autrefois servi au Roi dans ses ballets [1].
« Lorsque le Roi, dit M. Lavallée, fut monté dans le vestibule
du théâtre, il regarda avec satisfaction les Demoiselles, qui
étoient rangées sur leurs bancs, et s'étant mis à sa place avec
Mme de Maintenon, qui avoit un fauteuil un peu en arrière pour
être à portée de répondre à ses questions, le spectacle commença [2]. » Racine, quoique jamais dans les préfaces de ses autres tragédies il n'ait fait l'éloge (ce n'était pas encore la
mode) des comédiens qui les interprétaient, a parlé, dans celle
d'*Esther*, de la grâce, de la modestie, de la piété avec lesquelles
la pièce fut déclamée et chantée par les jeunes Demoiselles [3].
Quand elles eurent surmonté un moment de timidité, bien
naturelle en présence d'un tel auditoire, l'exécution, grâce au
charme de leur âge et aux leçons du poëte, sembla ravissante.
Dangeau nous a dit avec quelle perfection Mme de Caylus récita
le prologue [4]; elle était de toutes ces jeunes personnes la mieux

---

1. *La Maison de Saint-Cyr*, p. 88.
2. *Ibidem*, p. 89.
3. Voyez ci-après, p. 456.
4. Mme de Sévigné, dans sa lettre du 28 janvier (tome VIII,
p. 437), dit : « Mme de Caylus fait Esther, qui fait mieux que la

préparée à briller sur ce charmant théâtre, quoique peut-être avec un agrément moins naïf. « Jamais, dit Saint-Simon, un visage si spirituel, si touchant, si parlant, jamais une fraîcheur pareille, jamais tant de grâces, ni plus d'esprit.... jamais de créature plus séduisante.... Elle.... surpassoit les plus fameuses actrices à jouer des comédies[1]. » Le rôle d'Esther était rempli par Mlle de Veilhenne, dont la figure douce et modeste convenait parfaitement à ce personnage. Mlle de Lastic, « belle comme le jour, » disait Mme de Maintenon, faisait Assuérus. « J'étois en peine, dit Mme de Sévigné, qu'une petite demoiselle représentât le Roi : on dit que cela est fort bien[2]. » Une grande et belle personne, Mlle de Glapion, avait été distinguée par Racine pour jouer le rôle de Mardochée. Quand il eut songé à elle, qui modestement se tenait à l'écart, il dit tout joyeux à Mme de Maintenon : « J'ai trouvé un Mardochée, dont la voix va jusqu'au cœur. » Le personnage d'Élise fut confié, non, comme le dit la Beaumelle, à Mme de la Maisonfort, chanoinesse de Poussai, si longtemps chère à Mme de Maintenon, plus tard disgraciée pour son attachement aux doctrines de Mme Guyon, mais à sa jeune sœur, Mlle de la Maisonfort. Les rôles d'Aman, de Zarès et d'Hydaspe avaient été donnés à Mlles d'Abancourt, de Marsilly, de Mornay. Les

Champmeslé. » A cette date, cela n'est pas exact ; Mme de Caylus ne prit, comme nous le verrons, le rôle d'Esther qu'à la seconde représentation.

1. *Mémoires*, tome IV, p. 379 et 380. — Voltaire, qui sans doute avait eu quelques occasions d'entendre la déclamation de Mme de Caylus, en fait également l'éloge dans une note de son édition des *Souvenirs* de cette dame (p. 454 de l'édition citée) : « Mme de Caylus, dit-il, est la dernière qui ait conservé la déclamation de Racine : elle récitait admirablement la première scène d'*Esther*; elle disait que Mme de Maintenon la lisait aussi d'une manière fort touchante. » Il nous est assez difficile d'ailleurs de nous faire une idée exacte de la récitation de ce temps. Voltaire dit, dans cette même note : « On cadençait alors les vers dans la déclamation; c'était une espèce de mélopée. » C'est à peu près dans ces termes qu'on a souvent parlé de la déclamation de la Champmeslé. Il paraîtrait que la Duclos, qui la première joua le rôle d'Esther sur un théâtre public, avait conservé cette tradition.

2. *Lettre de Mme de Sévigné*, 28 janvier 1689 (tome VIII, p. 437).

chœurs furent conduits par Mlles de Champigny, de Beaulieu, de la Haye[1]. Mlles de Veilhenne et de Glapion n'avaient que quinze ans; quelques autres des actrices seize ou dix-sept ans. Nous ne savons à quelle représentation d'*Esther* (on ne dit pas que ce fut à la première) une d'elles, jouant le rôle d'Élise en présence du Roi, manqua de mémoire. « Ah! Mademoiselle, s'écria Racine, quel tort vous faites à ma pièce! » La jeune fille pleura. Touchée de sa douleur, Racine courut à elle, essuya ses larmes avec son mouchoir, et pleura avec elle[2].

Le succès de la première représentation enchanta le Roi; il avait trouvé la pièce admirable. Trois jours après, le 29 janvier, il voulut la voir une seconde fois; il amena à Saint-Cyr la Dauphine, le duc d'Orléans, les princes de la maison royale, et quelques-uns des plus grands personnages de la cour, très-empressés d'admirer, avec lui, une tragédie sur les louanges de laquelle il ne tarissait pas. Il y avait aussi de très-pieux spectateurs; car Mme de Maintenon avait voulu que cette fois *on jouât*, suivant son expression, *pour les saints*. « Mme de Miramion, écrivait Mme de Sévigné le 31 janvier[3], et huit jésuites, dont le P. Gaillard étoit, ont honoré de leur présence la dernière représentation. » En février, la pièce fut donnée quatre fois, le 3, le 5, le 15 et le 19.

Dangeau a consigné en ces termes dans son *Journal* le souvenir de ces représentations : « *Jeudi*, 3 *février, à Versailles*. Après dîner, le Roi, Monseigneur et Madame la Dauphine et toute la maison royale allèrent à Saint-Cyr, où on joua la tragédie d'*Esther*. Il n'y vint que les dames et les courtisans que le Roi nomma, et tout le monde en fut également charmé. — *Samedi*, 5 *février, à Versailles*. Le Roi dîna de bonne heure, et en sortant de table alla à Saint-Cyr. Sur les trois heures, le roi et la reine d'Angleterre[4] y arrivèrent. Le Roi les reçut dans le chapitre, et ensuite les mena voir la tragédie d'*Esther;* il y avoit trois fauteuils. La reine d'Angleterre étoit assise au milieu, le roi d'Angleterre à droite, et le Roi à gauche. Mme de Caylus

---

1. *La Maison de Saint-Cyr*, p. 85-87.
2. *Mémoires de Louis Racine*, p. 313. — 3. Tome VIII, p. 445.
4. Le roi Jacques II et la reine Marie d'Este, qui étaient arrivés à Saint-Germain depuis trois semaines.

joua le rôle d'Esther[1], et jamais la pièce n'avoit mieux réussi. — *Mardi, 15 février, à Versailles.* Le Roi, Monseigneur, Monsieur, Madame, Mademoiselle et les princesses allèrent à Saint-Cyr voir la tragédie d'*Esther*, qu'on admire toujours de plus en plus. — *Samedi, 19 février, à Versailles.* Le Roi et Monseigneur, en sortant de dîner, allèrent à Saint-Cyr voir la dernière représentation de la tragédie d'*Esther*. » La nouvelle de la mort de la reine d'Espagne, qu'on reçut le soir de ce même jour, n'eût sans doute interrompu les représentations que pour très-peu de temps; car dès le mois de mars reparaissaient à Versailles les comédies, qui étaient des divertissements d'un tout autre caractère. Mais quand nul deuil ne fût survenu, quand le temps du carême n'eût pas nécessairement suspendu des exercices un peu trop semblables aux amusements mondains, le petit théâtre de Saint-Cyr allait, au moins pour cette année 1689, être fermé. La résolution en était déjà prise par Mme de Maintenon, qui commençait à se fatiguer et même à s'effrayer de ces fêtes si brillantes. La veille de l'avant-dernière représentation, le 14 février, elle écrivait à l'abbé Gobelin : « La représentation d'*Esther* m'empêche de les voir (*les Dames de Saint-Louis*) si souvent que je le voudrois; je ne puis plus en supporter la fatigue, et j'ai résolu, sans le dire, de ne la plus faire jouer pour le public. Le Roi vient, et après cela nos actrices seront malades et ne joueront plus qu'en particulier pour nous ou pour le Roi, s'il l'ordonnoit. Nous retrouverons tout en paix, s'il plaît à Dieu, pour passer saintement notre carême[2]. »

On peut ajouter quelques détails à ceux que donne Dangeau sur les six représentations de 1689. Mme de Sévigné, dans une lettre du 4 février, nous apprend que Pompone était à la représentation du 3. « Mme de Maintenon, dit-elle à sa fille[3], fait aller (*à Saint-Cyr*) tous les gens d'une profonde

---

[1]. M. Lavallée dit qu'elle le joua dès la seconde représentation. Elle nous apprend elle-même, dans ses *Souvenirs* (p. 454), « qu'ayant appris, à force de les entendre, tous les rôles, elle les joua successivement, à mesure qu'une des actrices se trouvoit incommodée. »

[2]. *Correspondance générale de Mme de Maintenon*, publiée par M. Théophile Lavallée, tome III, p. 170 et 171.

[3]. Tome VIII, p. 454 et 456.

sagesse. Racine lui parla de M. de Pompone; elle fit un cri, et le Roi aussi, et Sa Majesté lui fit ordonner d'y aller. Il y fut donc hier, cet illustre Pompone; je ne finirai point cette lettre que je ne l'aie vu, et que le Chevalier (*de Grignan*) et son neveu ne soient arrivés. » Et en effet, reprenant sa lettre dans la même journée, elle ajoutait : « Voilà le billet que le Chevalier m'écrit, et qui vous fera voir que ces Messieurs ne s'ennuient pas à Versailles, que le Chevalier est ravi et transporté d'*Esther*. » Trois jours après, le lundi 7 février, elle mandait à Mme de Grignan : « Je fus.... chez M. de Pompone : il revenoit de Saint-Cyr.... Le Roi lui dit le matin qu'il étoit fort digne d'en juger, qu'il en seroit assurément content, et en effet il l'est au dernier point. Racine s'est surpassé; il aime Dieu comme il aimoit ses maîtresses; il est pour les choses saintes comme il étoit pour les profanes. La sainte Écriture est suivie exactement dans cette pièce; tout est beau, tout est grand, tout est traité avec dignité. Vous avez vu ce que Monsieur le Chevalier m'en a écrit; ses louanges et ses larmes sont bonnes. Le roi et la reine d'Angleterre y étoient samedi. Quand elle sera imprimée, je l'enverrai à ma chère fille : plût à Dieu qu'elle la pût voir[1]! » A la représentation du samedi 5 février, dont Mme de Sévigné parle ici en dernier lieu, et à laquelle la présence de trois têtes couronnées donna tant d'éclat, les Dames de Saint-Cyr rapportent que le Roi « avoit donné pour ce jour-là quelques-unes de ses musiciennes des plus sages et des plus habiles pour mêler avec les Demoiselles, afin de fortifier le chœur des Israélites. On les habilla comme elles à la persane, ce qui auroit dû les confondre avec les autres; mais ceux qui ne les connoissoient pas pour être de la musique du Roi, les distinguoient fort bien pour n'être pas de nos Demoiselles, en qui on remarquoit une certaine modestie et une noble simplicité, bien plus aimable que les airs affectés que se donnent les filles de cette sorte.... D'un côté on voyoit sur le théâtre de jeunes Demoiselles bien faites, fort jolies, qui représentoient parfaitement bien.... Si l'on tournoit la tête de l'autre côté, on voyoit cette multitude de Demoiselles, rangées pour ainsi dire en pyramide, très-proprement mises dans leurs

---

1. Tome VIII, p. 457 et 458.

habits de Saint-Cyr, qui, avec les rubans de chaque couleur qu'elles portent, faisoient une diversité agréable. Pour ce qui est de la place du milieu, on y voyoit les rois et tout ce qu'il y avoit de plus grand à la cour[1]. » Malgré l'honneur extraordinaire fait en cette circonstance à leur maison, les Dames, qui expriment si bien la supériorité de leurs innocentes actrices sur les musiciennes de profession, n'eurent sans doute pas une satisfaction sans mélange. Le danger de ces fêtes de cour dans un couvent se déclarait. Pour faire honneur à ses royaux invités, le Roi oubliait trop qu'il était imprudent de mêler des chanteuses d'opéra à de jeunes enfants pieusement élevées, que mieux eût valu laisser les chœurs plus faibles, et qu'à ne voir même que l'intérêt de l'art, on risquait, en permettant aux artifices de la coquetterie de s'étaler sur le théâtre de Saint-Cyr, d'altérer la candide simplicité, la grâce naturelle du jeu de ces jeunes filles, qui, avant d'entrer en scène, s'agenouillaient derrière la scène, et, pour soutenir leur courage, récitaient le *Veni creator*[2]. Mme de Sévigné disait, approuvant un jugement de sa fille : « Il est fort vrai qu'il falloit des personnes innocentes pour chanter les malheurs de Sion; la Champmeslé vous auroit fait mal au cœur. C'est cette convenance qui charmoit dans cette pièce[3]. » On le sentait si bien, malgré quelques moments d'oubli, dont on vient de voir un exemple, que, vers le temps de la quatrième représentation, Mme de Caylus, dont l'abbé de Choisy a dit qu' « elle laissoit échapper en déclamant des tons ravissants[4], » parut devoir être écartée. Mme de Sévigné en donnait la nouvelle à sa fille le 9 février : « On continue à représenter *Esther*. Mme de Caylus, qui en étoit la Champmeslé, ne joue plus; elle faisoit trop bien, elle étoit trop touchante : on ne veut que la simplicité toute pure de ces petites âmes innocentes[5]. »

Jusque-là Mme de Sévigné, qui avait si bien tenu Mme de Grignan au courant des représentations de Saint-Cyr dans ses lettres, n'avait pu en parler que par ouï-dire; mais elle brûlait

---

1. *La Maison de Saint-Cyr*, p. 95 et 96. — 2. *Ibidem*, p. 91.
3. *Lettre à Mme de Grignan*, 21 mars 1689 (tome VIII, p. 539).
4. Voyez au tome LXIII de la *Collection Petitot*, p. 298.
5. Tome VIII, p. 463.

d'être au nombre des spectateurs privilégiés, et déjà elle commençait à concevoir l'espérance d'être bientôt admise par Mme de Maintenon. Ses amies, Mme de Chaulnes et Mme de Coulanges, avaient joui de cet honneur, et s'employaient pour lui ouvrir à son tour les voies, ce qui n'était pas absolument facile; « car la presse, écrivait Mme de Sévigné, est devenue si extrême, que je ne croirai y aller que quand je serai partie[1]. » Enfin, pour le dernier jour où *Esther* fut jouée cette année, c'est-à-dire pour le samedi 19 février, l'invitation tant désirée fut obtenue, Mme de Sévigné allait à Saint-Cyr avec le président de Lamoignon, avec Mme de Coulanges, qui y retournait, et avec quelques autres amis encore. Nous retrouvons à cette représentation Bossuet, qui avait assisté à la première. Mais laissons parler la spirituelle spectatrice; nul témoin n'eût pu nous rendre plus vivement l'impression que faisait la pièce : « Nous y allâmes samedi (*à Saint-Cyr*), Mme de Coulanges, Mme de Bagnols, l'abbé Têtu et moi. Nous trouvâmes nos places gardées. Un officier dit à Mme de Coulanges que Mme de Maintenon lui faisoit garder un siége auprès d'elle : vous voyez quel honneur. « Pour vous, Ma-
« dame, me dit-il, vous pouvez choisir. » Je me mis avec Mme de Bagnols au second banc derrière les duchesses. Le maréchal de Bellefonds vint se mettre, par choix, à mon côté droit, et devant c'étoient Mmes d'Auvergne, de Coislin, de Sully. Nous écoutâmes, le maréchal et moi, cette tragédie avec une attention qui fut remarquée, et de certaines louanges sourdes et bien placées, qui n'étoient peut-être pas sous les fontanges de toutes les dames. Je ne puis vous dire l'excès de l'agrément de cette pièce : c'est une chose qui n'est pas aisée à représenter, et qui ne sera jamais imitée; c'est un rapport de la musique, des vers, des chants, des personnes, si parfait et si complet, qu'on n'y souhaite rien; les filles qui font des rois et des personnages sont faites exprès : on est attentif, et on n'a point d'autre peine que celle de voir finir une si aimable pièce; tout y est simple, tout y est innocent, tout y est sublime et touchant : cette fidélité de l'histoire sainte donne du respect; tous les chants convenables aux paroles, qui sont

---

1. *Lettre à Mme de Grignan*, 18 février 1689 (tome VIII, p. 473).

tirées des *Psaumes* ou de *la Sagesse*, et mis dans le sujet, sont d'une beauté qu'on ne soutient pas sans larmes. La mesure de l'approbation qu'on donne à cette pièce, c'est celle du goût et de l'attention. J'en fus charmée, et le maréchal aussi, qui sortit de sa place pour aller dire au Roi combien il étoit content, et qu'il étoit auprès d'une dame qui étoit bien digne d'avoir vu *Esther*. Le Roi vint vers nos places, et après avoir tourné, il s'adressa à moi, et me dit : « Madame, je suis assuré que « vous avez été contente. » Moi, sans m'étonner, je répondis : « Sire, je suis charmée; ce que je sens est au-dessus des pa- « roles. » Le Roi me dit : « Racine a bien de l'esprit. » Je lui dis : « Sire, il en a beaucoup; mais en vérité ces jeunes per- « sonnes en ont beaucoup aussi : elles entrent dans le sujet « comme si elles n'avoient jamais fait autre chose. » Il me dit : « Ah ! pour cela, il est vrai. » Et puis Sa Majesté s'en alla, et me laissa l'objet de l'envie : comme il n'y avoit quasi que moi de nouvelle venue, il eut quelque plaisir de voir mes sincères admirations sans bruit et sans éclat. Monsieur le Prince, Madame la Princesse me vinrent dire un mot; Mme de Maintenon, un éclair : elle s'en alloit avec le Roi; je répondis à tout, car j'étois en fortune.... Monsieur de Meaux me parla fort de vous; Monsieur le Prince aussi; je vous plaignis de n'être point là [1]. » Quoique Mme de Sévigné n'ait pas toujours été aussi juste pour Racine, tout ce qu'elle dit d'*Esther* est trop vrai, trop délicatement senti, pour que nous puissions admettre qu'elle n'ait point parlé sincèrement, mais par pure flatterie, ou même que son amour-propre *en fortune* lui ait seul dicté son jugement. Mais il faut avouer qu'en louant une pièce si fort en faveur, on pouvait paraître tenté de faire sa cour : « Je fis la mienne, l'autre jour, à Saint-Cyr, » disait Mme de Sévigné dans cette même lettre [2]. Elle raconte aussi ailleurs comment Mme de Coulanges, de tout temps d'ailleurs déclarée pour Racine, embarrassa, chez M. de Croissy, la maréchale d'Estrées par un reproche sur le silence qu'elle gardait au sujet d'*Esther :* « Il faut que Madame la ma-

---

1. *Lettre à Mme de Grignan*, 21 février 1689 (tome VIII, p. 476-479).
2. *Ibidem*, p. 476.

réchale ait renoncé à louer jamais rien, puisqu'elle ne loue pas cette pièce ; » et lui arracha cette plainte, que *c'étoit pour lui faire une affaire*[1]. On en était là ; l'admiration la plus juste avait fini par avoir quelque chose de suspect, et pouvait passer pour n'être plus qu'un devoir de courtisan. Jamais en effet œuvre de poëte n'avait été aussi goûtée du Roi et de Mme de Maintenon. On a pu voir que Louis XIV ne s'en rassasiait pas. Le bon ordre à maintenir dans des représentations où il amenait successivement toute la cour était devenu une de ses fonctions royales. C'est un fait que les Dames de Saint-Cyr avaient noté. « Mme de Maintenon, disent-elles, faisoit faire une liste de tous ceux qui devoient entrer, qu'on donnoit à la portière, afin qu'elle n'en laissât pas passer d'autres ; et quand le Roi étoit arrivé, il se mettoit à la porte en dedans ; et tenant sa canne haute pour servir de barrière, il demeuroit ainsi jusqu'à ce que toutes les personnes conviées fussent entrées ; alors il faisoit fermer la porte[2]. » Un tel enchantement, et dont on voyait des marques si extraordinaires, s'expliquait par bien des causes. Non-seulement Louis XIV et Mme de Maintenon étaient très-capables de sentir les beautés du chef-d'œuvre ; mais il les flattait dans leur passion pour Saint-Cyr, et aussi dans les sentiments de piété qui leur étaient alors communs à tous deux. Ce n'était même pas tout : Louis XIV, habitué à tant de louanges, n'en avait jamais reçu dans un langage plus éloquent que celui du prologue. Il pouvait, dans le personnage d'Assuérus, contempler la rayonnante image de sa propre majesté. Mais c'était surtout Mme de Maintenon dont la tragédie d'*Esther* publiait la gloire. Le poëte, sans s'écarter des livres saints, en avait su tirer d'ingénieuses allusions que tout le monde avait saisies. Mme de Caylus dit quelques mots de ces allusions : « La modestie de Mme de Maintenon ne put l'empêcher de trouver dans le caractère d'Esther, et dans quelques circonstances de ce sujet, des choses flatteuses pour elle. La Vasthi avoit ses applications, Aman avoit de grands traits de ressem-

---

1. *Lettres à Mme de Grignan*, 16 et 18 février 1689 (tome VIII, p. 473 et 474).
2. *La Maison de Saint-Cyr*, p. 93.

blance¹. » Mme de la Fayette, sur un ton épigrammatique, a relevé les mêmes interprétations auxquelles se prêtait la tragédie, et malicieusement expliqué quelques-unes des causes du succès. Citons le passage des *Mémoires de la cour de France* où elle parle d'*Esther* ; nous en retrancherons seulement ce qui serait une répétition inutile de ce que nous avons déjà vu. Ce passage est curieux, parce que, peu favorable à la pièce du poëte, la traitant même avec une sorte de dédain, il nous laisse voir, à côté d'une approbation si générale, un petit coin d'opposition frondeuse : « Mme de Maintenon, pour divertir ses petites filles et le Roi, fit faire une comédie par Racine, le meilleur poëte du temps, que l'on a tiré de sa poésie, où il étoit inimitable, pour en faire, à son malheur et celui de ceux qui ont le goût du théâtre, un historien très-imitable. Elle ordonna au poëte de faire une comédie, mais de choisir un sujet pieux ; car à l'heure qu'il est, hors de la piété point de salut à la cour, aussi bien que dans l'autre monde. Racine choisit l'histoire d'Esther et d'Assuérus, et fit des paroles pour la musique.... Tout cela composa un petit divertissement fort agréable pour les petites filles de Mme de Maintenon ; mais comme le prix des choses dépend ordinairement des personnes qui les font ou qui les font faire², la place qu'occupe Mme de Maintenon fit dire à tous les gens qu'elle y mena que jamais il n'y avoit rien eu de plus charmant, que la comédie étoit supérieure à tout ce qui s'étoit jamais fait en ce genre-là, et que les actrices, même celles qui étoient transformées en acteurs, jetoient de la poudre aux yeux de la Chammelay, de la Raisin, de Baron et des Monfleury. Le moyen de résister à tant de louanges ? Mme de Maintenon étoit flattée de l'inven-

---

1. *Souvenirs de Mme de Caylus*, p. 453.

2. Cette phrase très-nette servirait peut-être d'explication à une phrase entortillée par laquelle débute, dans le *Mercure galant* (lettre du 31 janvier 1689), le compte rendu des représentations d'*Esther :* « Il y a des temps et des raisons pour toutes choses, et elles sont souvent blâmées ou estimées, suivant qu'on a égard à l'un et à l'autre dans ce que l'on fait, et qu'on se sert de tout ce qui en peut faire valoir l'exécution. Tout cela se rencontre dans la tragédie d'*Esther*, qui a été représentée depuis peu de jours à Saint-Cyr. » Cet obscur début n'était-il pas un peu sournois ?

tion et de l'exécution. La comédie représentoit en quelque sorte la chute de Mme de Montespan et l'élévation de Mme de Maintenon. Toute la différence fut qu'Esther étoit un peu plus jeune et moins précieuse en fait de piété. L'application qu'on lui faisoit du caractère d'Esther, et de celui de Vasthi à Mme de Montespan, fit qu'elle ne fut pas fâchée de rendre public un divertissement qui n'avoit été fait que pour la communauté et pour quelques-unes de ses amies particulières. Le Roi en revint charmé : les applaudissements que Sa Majesté donna augmentèrent encore ceux du public. Enfin l'on y porta un degré de chaleur qui ne se comprend pas ; car il n'y eut ni petit ni grand qui n'y voulût aller ; et ce qui devoit être regardé comme une comédie de convent devint l'affaire la plus sérieuse de la cour. Les ministres, pour faire leur cour en allant à cette comédie, quittoient leurs affaires les plus pressées.... Tout le monde crut toujours que cette comédie étoit allégorique, qu'Assuérus étoit le Roi, que Vasthi, qui étoit la femme concubine détrônée, paroissoit pour Mme de Montespan. Esther tomboit sur Mme de Maintenon, Aman représentoit M. de Louvois, mais il n'y étoit pas bien peint, et apparemment Racine n'avoit pas voulu le marquer [1]. »

Il semblerait qu'il fût dans la destinée du sujet d'*Esther* transporté sur notre théâtre d'y paraître, suivant l'expression de Mme de la Fayette, allégorique. On avait autrefois reconnu, dans la tragédie de *la Perfidie d'Aman, mignon et favori du roi Assuérus*, la catastrophe du maréchal d'Ancre. Quoique la tragédie de Racine ne parût pas dans des circonstances qui dussent lui donner le même à-propos, nous voyons par le témoignage de Mmes de Caylus et de la Fayette combien on y supposa de secrètes intentions. Le poëte les y avait-il toutes mises? Non, sans aucun doute. Parmi les malignes interprétations du public, il y en a qui sont au moins douteuses. Racine, qui devait beaucoup à Mme de Montespan, ne se fût pas fait beaucoup d'honneur en lui reprochant, dans sa disgrâce,

---

1. *Mémoires de la cour de France, pour les années* 1688 *et* 1689, *par Mme la comtesse de la Fayette*, à Amsterdam, chez Jean-Frédéric Bernard, M.DCC.XXXI, p. 126-130.

supportée alors avec dignité, les fautes de son ancien orgueil, et l'on admettra difficilement que, par cette indiscrète allusion au règne de la favorite, il eût espéré être agréable à Louis XIV, ou même à Mme de Maintenon, qui ne croyait pas apparemment *occuper la place* de Mme de Montespan. La Beaumelle s'est amusé à faire confirmer par Mme de Maintenon elle-même l'interprétation des vers sur Vasthi. Il lui fait dire, dans une lettre adressée à une certaine Mme de Fontenay :

> Non, depuis la disgrâce
> De l'altière Vasthi, dont j'occupe la place,

je n'eus jamais un plaisir égal à celui que je ressens aujourd'hui. » Mais cette lettre est apocryphe, comme on peut le voir dans la *Correspondance générale de Mme de Maintenon*, publiée par M. Lavallée[1]. Le peu d'ailleurs que Racine dit de Vasthi avait naturellement, on pourrait presque dire nécessairement place dans sa tragédie, et est conforme à l'Écriture ou aux explications de plusieurs de ses interprètes. Quant à Louvois, Mme de la Fayette nous paraît parler sérieusement, quand elle dit peu vraisemblable que Racine eût voulu le marquer. On sait, il est vrai, que vers ce temps les rapports de ce ministre avec Mme de Maintenon étaient, comme le dit le biographe moderne de Louvois[2], « devenus froids, gênés, difficiles. » Il y a plus : nous avons une lettre de Mme de Maintenon, celle-ci d'une authenticité incontestée, qu'elle écrivit à l'abbesse de Fontevrault le 27 septembre 1691, peu de jours après la mort de Louvois, et dans laquelle, appliquant au nouvel Aman un vers d'*Esther* qu'elle semblait regarder comme prophétique, elle dit : « Il ne fit que passer et n'étoit déjà plus[3]. » Enfin ce qui paraîtrait peut-être à quelques personnes accréditer encore le soupçon d'une allusion cherchée par Racine, c'est que son fils lui-même a recueilli, mais toutefois sans vouloir s'en porter garant, cette tradition que

---

1. Tome IV, p. 206 et 209.
2. *Histoire de Louvois*, par M. Camille Rousset, 2ᵉ partie, tome II, p. 252.
3. *Correspondance générale de Mme de Maintenon*, tome III, p. 306.

Louvois avait dit quelque chose de semblable à ces vers d'*Esther* dans la première scène de l'acte III :

> Il sait qu'il me doit tout, et que pour sa grandeur
> J'ai foulé sous les pieds remords, crainte, pudeur.

Et pourtant croirons-nous que Louis XIV eût aimé à entendre dire qu'il avait confié une partie de son pouvoir à des mains impitoyables? Lui aurait-on bien fait sa cour en flétrissant par de si dures paroles une politique que lui-même, après tout, avait approuvée et adoptée? Un ministre qui, malgré ses ennemis, était maintenu dans sa place, et restait encore si puissant, était-il un homme qu'on osât représenter devant toute la cour comme digne du gibet? Sachant qu'il avait déplu à Mme de Maintenon, Racine put bien se tenir éloigné de lui; mais tant de haine, de telles insultes seraient d'autant plus inexplicables, qu'il avait eu autrefois à se louer de sa bienveillance [1].

On fut trop ingénieux dans les commentaires, dans les applications; il y en eut même de telles qu'on ne peut plus dire celles-là douteuses, mais impossibles, et évidemment contraires aux intentions de l'auteur. Dans ce vers :

> Et le Roi trop crédule a signé cet édit,

on vit l'édit de la révocation [2]. La proscription des Juifs par Aman était la proscription des huguenots par Louvois; une femme née de la race persécutée était, comme autrefois Esther, l'épouse aimée du Roi. De là ces vers qui volèrent de bouche en bouche, et que l'on a attribués au baron de Breteuil :

> Racine, cet homme excellent,
> Dans l'antiquité si savant,

---

[1]. Voyez la *lettre* de Racine à Boileau, en date du 24 août 1687.

[2]. Il est fort étonnant que les éditeurs des *OEuvres de Racine* (1807), avec le commentaire de la Harpe (voyez leurs *Additions* sur *Esther*), aient pu supposer que l'intention de Racine avait été, en effet, de faire allusion par ce vers à l'édit qui avait révoqué celui de Nantes, et de « prendre ouvertement la défense des opprimés, » c'est-à-dire des huguenots.

Des Grecs imitant les ouvrages,
Nous peint sous des noms empruntés
Les plus illustres personnages
Qu'Apollon ait jamais chantés.

Sous le nom d'Aman le cruel
Louvois est peint au naturel,
Et de Vasthi la décadence
Nous retrace un portrait vivant
De ce qu'a vu la cour de France
A la chute de Montespan.

La persécution des Juifs,
De nos huguenots fugitifs
Est une vive ressemblance ;
Et l'Esther qui règne aujourd'hui
Descend de rois dont la puissance
Fut leur asile et leur appui.

Pourquoi donc, comme Assuérus,
Notre roi, comblé de vertus,
N'a-t-il pas calmé sa colère ?
Je vais vous le dire en deux mots :
Les Juifs n'eurent jamais affaire
A jésuites ni dévots.

Ce n'était certes pas la tragédie d'*Esther*, c'était l'histoire sainte elle-même qui présentait le miroir aux coupables, et avait raconté d'avance les crimes permis par Louis XIV, encouragés par son ministre[1]. Quant à Racine, si, en reprodui-

---

1. M. Édouard Fournier, dans les notes de sa comédie de *Racine à Uzès*, p. 94, parle d'une édition que les protestants donnèrent de la tragédie d'*Esther*, en 1689, à Neuchâtel, chez Jean Pistorius, et où il était dit, dans un avertissement des éditeurs, que le sujet de cette pièce a un grand rapport avec l'état présent de l'Église réformée ; que « l'on y voit clairement un triste récit de la dernière persécution ; » enfin, que « le lecteur pourra faire aisément une application des personnages d'Assuérus et d'Aman. » La citation de cette édition, que nous n'avons pas rencontrée, est curieuse. Mais nous pensons qu'il eût mieux valu se contenter de ce renseignement intéressant, et ne pas dire, à la même page, « qu'*Esther* avait été une protestation pour les victimes de la révocation de l'édit de Nantes, » et que « Mme de

sant les récits de la *Bible*, il songea à quelque persécution, si en faisant entendre ce conseil :

> Rois, chassez la calomnie,

il ne put s'empêcher de songer au temps présent, ses regards se portèrent du côté de Port-Royal, qui avait ses *jeunes et tendres fleurs par le sort agitées*, et, comme d'autres avant nous l'ont dit, dans Arnauld peut-être son Mardochée inflexible[1]. Il semble même qu'on surprend sa préoccupation dès le second vers de son prologue :

> Je descends dans ce lieu, par la Grâce habité.

Mais il faisait là comme ces peintres à qui il est arrivé de cacher, pour leur propre satisfaction, quelques noms chéris dans des replis de draperies presque inaccessibles aux regards de la foule. Il put avoir ses allégories secrètes : les seules qu'il ait voulu rendre transparentes, et qui restent incontestables, sont celles qui, sous les traits des jeunes Israélites, représentent les enfants de Saint-Cyr; sous ceux d'Esther, Mme de Maintenon. Voilà ce qui fut compris et accepté de tout le monde. On sait comment Boileau, docile à un conseil que lui avait donné Racine[2], a loué dans sa dixième satire Mme de Maintenon :

> J'en sais une chérie et du monde et de Dieu,
> Humble dans les grandeurs, sage dans la fortune,
> Qui gémit, comme Esther, de sa gloire importune[3].

Dans l'épitaphe de Mme de Maintenon par l'abbé Vertot, elle est appelée : « Une autre Esther dans la faveur; » et dans

---

Maintenon avait inspiré à Racine l'idée de cette sublime supplique, la seule qu'elle pût faire entendre au Roi en leur faveur. » Les protestants de Neuchâtel étaient dans leur droit en tirant à eux la tragédie de Racine; mais eux-mêmes, sans doute, n'imaginaient pas que la leçon qu'ils voulaient y trouver et la condamnation de leurs persécuteurs eussent été dans les intentions de Mme de Maintenon et de Racine.

1. *Port-Royal*, par M. Sainte-Beuve, tome V, p. 493.
2. Voyez la *lettre* de Racine à Boileau, en date du 31 mai 1693.
3. Vers 516-518.

celle qui fut proposée par MM. Tiberge et Brisacier : *Summa apud Regem gratia Esther altera.* La ressemblance avait été marquée par Racine de traits non équivoques.

On ne s'étonne pas après cela qu'une faveur persévérante ait fait reparaître *Esther* à Saint-Cyr en 1690, quoique l'année précédente Mme de Maintenon, cédant peut-être déjà à des scrupules qu'on lui inspirait, en eût suspendu les représentations. Elles recommencèrent en janvier 1690. Dangeau fait mention de celles du 5, du 10, du 19, du 23 et du 30 janvier de cette année, auxquelles le Roi assista. M. Lavallée parle aussi de deux représentations en février, le 3 et le 10. Parmi les spectateurs de ces derniers temps d'*Esther* à Saint-Cyr, on nomme plusieurs célèbres jésuites, entre autres Bourdaloue.

Cependant un succès si bien protégé n'avait pas laissé, nous l'avons dit, de rencontrer quelque opposition. *Esther* avait été imprimée en 1689, peu de jours après la suspension des représentations de Saint-Cyr ; elle trouva alors plus d'un censeur. Mme de Sévigné écrivait à sa fille, le 9 mars de cette même année : « L'impression a fait son effet ordinaire : vous savez que M. de la Feuillade dit que c'est une requête civile contre l'approbation publique[1]. » Le maréchal de la Feuillade, que Mme de Sévigné nommait « courtisan passant tous les courtisans passés, » aurait dû, ce semble, à moins qu'il prétendît ne partager avec aucun concurrent le privilége d'encenser le Roi, être un des admirateurs les plus enthousiastes d'un poëte qui louait si bien Louis XIV, d'un ouvrage pour lequel ce maître déclarait si hautement son goût ; mais en ce temps-là il ne savait plus ménager la faveur. La dévotion était de mode à la cour ; la Feuillade, cette fois, manqua de souplesse. C'est de son fils, non de lui, que Saint-Simon a dit : « C'étoit.... un impie de bel air et de profession[2]. » Mais sur ce point le père ne différait guère du fils ; et son antipathie contre les dévots n'était pas silencieuse ; car il était grand diseur de bons mots. Dans la résistance au succès d'*Esther*, il faut attribuer une grande part à ceux que faisait murmurer comme lui le nouvel esprit introduit à la cour par Mme de Maintenon. Les pré-

1. Tome VIII, p. 517.
2. *Mémoires*, tome III, p. 336.

curseurs du dix-huitième siècle dans la réaction contre cet esprit devenaient nombreux. Les inimitiés littéraires se mirent certainement aussi de la partie dans la campagne qu'on entreprit alors plus ou moins ouvertement contre la tragédie de Saint-Cyr. Louis Racine se plaint des vives attaques de « plusieurs même de ceux qui avoient répété si souvent dans leurs épîtres dédicatoires, ou dans leurs discours académiques, que le Roi étoit au-dessus des autres hommes autant par la justesse de son esprit que par la grandeur de son rang[1]. » Un moment, Mme de Sévigné, qui n'avait que trop de penchant à hésiter dans son admiration pour un ouvrage de Racine, faillit se laisser entraîner par ce nouveau courant d'opinion si différent du premier, et eut quelque envie de se repentir de son enthousiasme et de se raviser. Après avoir entendu, non peut-être sans un peu de secrète complaisance, les critiques que la pièce imprimée avait soulevées, elle disait : « Pour moi, je ne réponds que de l'agrément du spectacle, qui ne peut pas être contesté[2]. » Mais, hâtons-nous de le dire, son bon jugement, plus encore sans doute que la crainte de se donner un démenti ridicule, la ramena bientôt, et très-décidément, du côté de la vérité. Il paraît que Mme de Grignan lui avait fait remarquer le mouvement de retraite que sa lettre du 9 mars semblait indiquer : « Pour *Esther*, répondit-elle, je ne vous reprends point du tout les louanges que je lui ai données : je serai toute ma vie charmée de l'agrément et de la nouveauté du spectacle ; j'en suis ravie ; j'y trouve mille choses si justes, si bien placées, si importantes à dire à un roi, que j'entrois, avec un sentiment extraordinaire, dans le plaisir de pouvoir dire, en se divertissant et en chantant, des vérités si solides : j'étois touchée de toutes ces différentes beautés ; ainsi je suis bien loin de changer de sentiment ; mais je vous disois que l'impression a fait son effet ordinaire, et s'est fait voir comme une *requête civile* contre les approbations de ceux qui avoient loué dans l'excès et de bonne foi : pour moi, je l'ai encore lue avec plaisir, et les critiques sont déboutés[3]. »

---

1. *Mémoires*, p. 309.
2. *Lettre à Mme de Grignan*, 9 mars 1689 (tome VIII, p. 517).
3. *Lettre* du 23 mars 1689 (tome VIII, p. 541 et 542).

Cependant les représentations d'*Esther*, lorsqu'elles recommencèrent en 1690, étaient depuis longtemps déjà menacées par des murmures plus redoutables que ceux des poëtes jaloux, des ennemis littéraires et des libertins, comme on les nommait. C'était la dévotion elle-même, la dévotion austère qui protestait. Nous aurons à parler, dans la *Notice* d'*Athalie*, des réclamations dont l'invincible opiniâtreté fit obstacle aux représentations de ce nouveau chef-d'œuvre à Saint-Cyr. Mais, dès le temps d'*Esther*, Mme de Maintenon dut tenir compte des plaintes qui s'élevaient, et en fut assez touchée pour qu'en 1690, comme en 1689, on cessât de jouer la pièce plus tôt qu'elle et le Roi ne l'eussent voulu. Hébert, curé de Versailles, dont le zèle était intraitable, avait constamment refusé d'assister à des divertissements qui lui semblaient dangereux; il s'en expliqua avec liberté, et les exemples de Bossuet, de l'abbé Gobelin, de tant d'ecclésiastiques, de religieux et de personnes pieuses, qui lui furent allégués par Mme de Maintenon, ne purent le convaincre. Les raisons qu'il opposait à ces autorités n'étaient pas, il faut l'avouer, toutes sans force. La tragédie de Racine était irréprochable; mais ce spectacle devenu réellement public, des jeunes filles produites sur un théâtre, exposées, comme des comédiennes, aux regards de tous les courtisans, leur orgueil excité par les applaudissements : n'y avait-il là rien à critiquer, rien à craindre? Le bon ordre et une décence sévère furent, il est vrai, toujours maintenus dans ces spectacles; rien ne pouvait cependant empêcher quelques abus de s'y produire. Il y eut des exemples de passions qui y prirent naissance pour des actrices d'*Esther :* telle fut celle qu'inspira Mlle de Marsilly au marquis de Villette. Le mariage en fut le dénoûment. Ce qui fut plus grave, une autre de ces jeunes actrices, Mlle de Sainte-Osmane, se laissa entraîner à une légèreté de conduite, qu'elle expia plus tard dans un couvent par une fin de vie très-pénitente et très-sainte. Ajoutons que Mme de Caylus, qui fut d'ailleurs, comme nous l'avons dit, écartée de bonne heure de ces représentations, n'était pas précisément un modèle à proposer aux jeunes filles à qui on la donnait pour compagne. Il ne faut pourtant rien exagérer, ni, ce qui flétrirait le souvenir de ces aimables représentations d'*Esther*, s'imaginer trop de démentis donnés à la pieuse innocence qui en avait été un des charmes. La plupart de celles qui y avaient eu des rôles, Mlles de Veilhenne, de Lastic, de la Maisonfort, d'Abancourt et de Mornay restèrent de fidèles filles de Sion ; elles embrassèrent la vie religieuse ; Mlle de Glapion devint supérieure de la maison de Saint-Cyr. Mais il n'en fallut pas moins finir par s'avouer qu'il y avait eu quelque imprudence dans des solennités trop brillantes, où trop de monde était admis. Mme de Maintenon, dans la suite, se plaignit souvent, ses lettres l'attestent, d'une maladie de bel esprit qu'elle avait laissé se répandre à Saint-Cyr, et de l'orgueil qui y avait pénétré à la suite de tant de triomphes enivrants : « Je pourrois, écrivait-elle à l'abbé Gobelin, le 20 février 1689, en dire des particularités qui étonneroient tout l'orgueil renfermé dans Versailles[1]. » Les Dames de Saint-Cyr avaient bien compris tous ces dangers. Sans un ordre exprès du Roi, elles n'auraient pas, à l'exception de celles qui gardaient les Demoiselles, assisté aux représentations ; et quand on leur fit quitter, pour y venir, les tribunes où elles s'étaient retirées pour prier, elles ne furent présentes au spectacle que les yeux baissés et occupées à dire leur chapelet[2]. Il y avait donc bien des avertissements pour Mme de Maintenon, sans parler des craintes que plusieurs personnes cherchaient à lui donner sur le jansénisme de Racine ; et le jour ne tarda pas où elle se crut obligée de céder aux avis des rigoristes. « Les dernières représentations de l'année 1690, dit M. Lavallée[3], marquent l'époque où finirent ces amusements trop détournés de leur but. » On joua cependant quelquefois encore à Saint-Cyr, sous le règne de Louis XIV, mais dans la classe bleue, sans appareil, sans autre habit que celui de la maison, et seulement en présence de quelques dames qui y étaient amenées par Mme de Maintenon[4]. La duchesse de Bourgogne prit part à ces rares et modestes représentations. Elle n'était arrivée en France que depuis deux mois, et pas encore mariée, lorsque le 12 janvier 1697, elle fut conduite par Mme de Maintenon dans la maison de Saint-Louis, où elle fit, dans la tragédie d'*Esther*, le « personnage d'une

---

1. Voyez *la Maison de Saint-Cyr*, p. 104.
2. *Ibidem*, p. 93 et 138.
3. *Ibidem*, p. 100.
4. *Ibidem*, p. 114 et 115.

petite Israélite[1]. » Elle n'avait pas alors douze ans. Plus tard encore, il lui arriva de temps à autre d'emmener chez Mme de Maintenon, à Versailles, quelques-unes des bleues pour jouer la même pièce[2]. Nous voyons dans le *Journal* de Dangeau que, tout à fait à la fin du règne de Louis XIV, il fut encore question d'un projet de représentation d'*Esther*, à Saint-Cyr même. Sous la date du 2 juin 1715, Dangeau dit . « M. le comte de Lusace (*c'était le nom que prenait, en France, le prince électoral de Saxe*).... avoit fort souhaité voir Saint-Cyr, et Mme de Maintenon l'y attendoit aujourd'hui, où, après lui avoir montré la maison, elle lui préparoit un divertissement, qui étoit de faire jouer la comédie d'*Esther* par les Demoiselles de Saint-Cyr ; mais la fièvre prit hier à ce prince. » Le même *Journal* nous apprend aussi qu'on eut recours, quoique rarement sans doute, à d'autres voix que celles de ces enfants, non pour réciter la pièce entière, mais seulement pour chanter les chœurs. Nous y lisons en effet qu'à Marly, le 1ᵉʳ mai 1700, « les musiciens du Roi chantèrent, chez Mme de Maintenon, la musique de la tragédie d'*Esther*. » Mais on eût cru profaner cette tragédie sainte, faire outrage aux souvenirs de Saint-Cyr et trahir les intentions qu'avait eues le poëte, si l'on avait permis au théâtre, où *Polyeucte* cependant n'avait pas autrefois paru déplacé, de représenter un ouvrage écrit uniquement dans une pensée d'édification. Du reste, le privilége d'*Esther*, donné aux Dames de Saint-Louis[3], faisait défense expresse aux comédiens de jouer cette tragédie. Cette défense fut maintenue trente-deux ans. Devait-elle l'être toujours? Un tel chef-d'œuvre, sans doute, ne semblait pas devoir rester la propriété exclusive d'une maison d'éducation : la France entière avait sur lui des droits. Disons-le cependant, *Esther* ne brilla jamais assez sur une plus vaste scène, pour n'y pas paraître comme « une jeune et tendre fleur transplantée sous un ciel étranger, » pour faire oublier que sa première, sa vraie patrie était Saint-Cyr. C'est là seulement qu'aujourd'hui encore notre imagination aime à se la représenter sur un théâtre fait pour elle. La maison de Saint-Louis ne cessa jamais

---

1. *Journal* de Dangeau, *samedi 12 janvier* 1697.
2. *La Maison de Saint-Cyr*, p. 227.
3. Voyez ci-après, p. 451 et 452.

de croire que la tragédie composée à son intention lui appartenait, et même la tradition des représentations d'*Esther* s'y perpétua, reprise de loin en loin dans des occasions qui rappelaient jusqu'à un certain point, avec bien moins d'éclat toutefois, la gloire des premières années. En 1731, la reine Marie Leczinska, qui visitait assez fréquemment Saint-Cyr, désira qu'*Esther* y fût jouée en sa présence. Malheureusement elle n'en fut pas aussi charmée que l'avait été Mme de Maintenon, n'y ayant point le même intérêt personnel, et d'ailleurs moins en état sans doute d'en goûter toutes les beautés. Elle dissimula à peine son ennui [1]. Il y eut encore, en 1756, une représentation honorée par la présence d'augustes spectateurs. La *Gazette de France* du 17 janvier 1756 en fait mention : « *De Versailles, le 15 janvier* 1756. Aujourd'hui, Monseigneur le Dauphin a dîné chez Madame la Dauphine, avec Madame, Mesdames Victoire, Sophie et Louise, et les dames de leur suite, à une table de quarante couverts. Ce prince et ces princesses ont assisté cet après-midi, dans la maison royale de Saint-Cyr, à la tragédie d'*Esther*, représentée par les Demoiselles de cette maison. » Le duc de Luynes, dans ses *Mémoires*[2], donne plus de détails : « Monseigneur le Dauphin, dit-il, Madame la Dauphine et Mesdames.... partirent un peu après deux heures. En arrivant dans la maison, ils furent reçus à la porte par Monsieur l'évêque de Chartres et par Mme du Han, supérieure; ils furent conduits tout au haut de la maison dans la salle du théâtre.... Racine, fils du grand Racine, et père de celui qui vient de périr à Cadix, étoit à cette pièce; il s'étoit occupé depuis trois ou quatre mois à instruire les pensionnaires; il a même fait un prologue convenable aux circonstances.... La décoration du théâtre étoit très-agréable; il y eut un changement pour représenter les jardins du palais; la perspective en étoit fort bien exécutée. Il n'y avoit d'instruments que deux violoncelles qui accompagnoient les voix et qui étoient derrière les coulisses.

---

1. *La Maison de Saint-Cyr*, p. 314. — M. Lavallée nous fait connaitre les noms des principales actrices : Mlle de Loubert (Esther), Mlle de Gensian (Assuérus), Mlle Hurault (Aman), Mlle de Fleurigny (Zarès).

2. Tome XIV, p. 383-388, sous la date du lundi 19 janvier 1756.

Les rôles qui parurent les mieux exécutés furent celui d'Aman et celui de Mardochée; celui d'Esther le fut assez bien aussi en certains endroits[1]. Clérembaut, organiste de Saint-Cyr, et son frère, tous deux fils du grand Clérembaut, avoient travaillé l'un et l'autre pour l'exécution de cette pièce. Le premier avoit fait plusieurs changements à la musique des chœurs, et l'autre avoit dirigé les habillements.... On s'étoit servi de toutes les étoffes de la maison, que l'on avoit chamarrées avec du clinquant, et l'on avoit fait usage d'un grand nombre de pierreries fausses qui appartiennent à la maison ; elles lui ont été données par Louis XIV, et l'on estime qu'il y en a pour vingt mille livres. Ces pierreries ont été données à l'occasion des deux tragédies d'*Esther* et d'*Athalie*.... Les chœurs furent fort bien exécutés. Les filles qui chantoient avoient conservé sur le théâtre les distinctions de leur classe. Quoique ce soit l'usage de mettre du rouge sur le théâtre, aucune des actrices n'en avoit, et on ne s'en apercevoit point. » Dans cette représentation de 1756, on s'était évidemment flatté de revenir, au moins pour un jour, aux grandes représentations de 1689 et de 1690. La présence de la famille royale, les mêmes pierreries qui avaient brillé sous les yeux de Louis XIV, rien n'y manquait. Il y avait même un Racine encore pour animer de ses encouragements, diriger par ses conseils les jeunes actrices, et tenter de faire revivre dans un nouveau prologue l'inspiration paternelle. Malheureusement ce fils du grand Racine ne connaissait pas, n'aimait pas le théâtre comme son père, n'était pas comme lui un récitateur sans égal. Cependant il pouvait, lui si pieusement zélé pour la gloire de l'auteur d'*Esther*, si pénétré des sentiments qui avaient inspiré cette tragédie, ne pas rester trop au-dessous de la tâche qu'on lui avait confiée; mais dans le temps qu'il préparait cette représentation commémorative, le malheur

1. Le duc de Luynes donne un peu plus loin les noms des actrices : Mlle de Crécy (Assuérus), Mlle de la Salle (Esther), Mlle du Moutier (Mardochée), Mlle d'Escaquelonde (Aman), Mlle de Maillé-Carman (Zarès), Mlle de Chabrignac (Hydaspe), Mlle de Charpin (Asaph), Mlle de Beaulieu (Élise), Mlle du Han de Crèvecœur (Thamar). Il nomme aussi les demoiselles qui formaient les chœurs des jeunes Israélites, et celles qui étaient chargées des récits des chœurs. Mais ce serait ici entrer dans un trop grand détail.

vint cruellement le frapper. Ce fut deux mois avant le jour
fixé pour la fête, au mois de novembre 1755, que la mort
tragique de son fils chéri lui porta un coup dont son âme ne
se releva jamais. Il ne fut plus en état de remplir qu'imparfaitement le devoir qu'il avait accepté. L'effort qu'il dut faire
sur lui-même le jour où il assista à la représentation dut être
cruel. Le prologue, qu'il avait composé dans des circonstances
si tristes, ne se trouva pas digne de son talent poétique, tant il
s'en fallut qu'il rappelât, même de loin, les admirables vers de
l'ancien prologue. Il serait donc sans intérêt de le citer. C'est
un dialogue entre *la Piété*, *l'Innocence* et *la Paix*, qu'on trouvera dans les *Mémoires* du duc de Luynes[1]. La supérieure de
Saint-Cyr, Mme du Han, avait écrit au sujet de ce prologue
une lettre à Louis Racine[2]. Elle l'y avertissait que des gens zélés
trouvaient à redire à son prologue, que leurs critiques « pourroient avoir des suites, » enfin qu'ils avaient eux-mêmes refait
ce morceau. Le prologue de ces connaisseurs, qu'elle lui envoyait en même temps, diffère peu, sauf quelques fautes de
prosodie, de celui que le duc de Luynes nous a conservé. Peut-
être les critiques s'étaient-ils contentés de quelques corrections ; ou Louis Racine, découragé par son chagrin, avait-il,
pour en finir plus tôt, adopté en partie leurs pauvres vers.
Cependant on retrouve encore chez lui quelques-unes des
expressions qu'on avait désapprouvées. Qu'il ait été d'ailleurs plus ou moins docile aux avis officieux, son œuvre

1. Tome XIV, p. 386 et 387.
2. Nous en devons la communication à M. Auguste de Naurois.
N'ayant pu d'abord bien lire la signature de cette lettre, où il est
question de la prochaine représentation d'*Esther*, et d'objections faites
par quelques personnes à un premier projet de prologue, nous l'avions
crue adressée à l'auteur d'*Esther* lui-même, et nous étions prêt à en
conclure que deux ou trois expressions critiquées par la supérieure de
Saint-Cyr se trouvaient dans le prologue d'*Esther* sous sa première
forme. Ce commencement de la lettre nous embarrassait cependant :
« Je n'ai pas osé vous presser de venir ici, Monsieur : je respecte la
croix que vous portez. » Nous ne pouvions guère comprendre à quelle
douleur de Racine cela faisait allusion. Nous avons parlé de cette
difficulté dans une note de notre *Notice biographique*, p. 47. On voit
que cette note est à supprimer.

fut une bien regrettable dissonance au milieu de la poésie d'*Esther*[1].

Mais s'il fut trop facile de reconnaître qu'on n'était plus aux beaux jours de Racine et des premières années de Saint-Cyr, ce dut être pourtant une grande joie pour la maison royale que cette tentative qui lui fut permise pour rajeunir des souvenirs si chers. La fidèle mémoire qu'à Saint-Cyr on garda toujours d'*Esther* nous est encore attestée par une anecdote touchante que rapporte M. Lavallée. Au temps où Saint-Cyr approchait de sa destruction définitive, « le 16 novembre 1792, mourut la dernière dame de Saint-Louis qui ait été enterrée à Saint-Cyr; elle se nommait Catherine de Cockborne de Villeneuve, et était âgée de soixante-onze ans. Dans le délire de ses derniers moments, cette pauvre religieuse chantait d'une voix sépulcrale les chœurs d'*Esther* où les Israélites déplorent, dans une langue divine, les malheurs de leur patrie[2]. »

Après avoir épuisé tout ce que nous avions à raconter de Saint-Cyr, il nous reste à dire quel fut le sort d'*Esther* sur une scène plus vaste et plus profane. Ce fut seulement après la mort du Roi, après celle aussi de Mme de Maintenon, et sous la liberté de la Régence, peu gênée par les pieux scrupules, que la représentation de cette tragédie put avoir lieu au Théâtre-Français. Celle d'*Athalie*, qui l'avait précédée sur le même théâtre, marquait assez que, même dans les choses littéraires, la volonté de Louis XIV ne faisait plus loi. Les comédiens jouèrent pour la première fois *Esther* sur le théâtre de leur hôtel, rue des Fossés-Saint-Germain, le 8 mai 1721. Ils avaient supprimé tout le chant et conservé seulement quelques vers des chœurs. La pièce eut huit représentations, dont la dernière fut donnée le mardi 27 du même mois. Les principaux rôles étaient ainsi distribués : Baron fit *Assuérus;* Mlle Duclos, *Esther;* Legrand, *Mardochée;* Quinault-Dufresne, *Aman;*

---

1. On avait ajouté aux chœurs de la tragédie ce dernier chant :

>   Dieu, qui consacrez notre enfance
>   A prier pour nos souverains,
>   Recevez l'encens de nos mains,
> Versez vos dons les plus chers sur la France.

2. *La Maison de Saint-Cyr*, p. 371.

Mlle Lecouvreur, Zarès[1]. Le *Mercure* de 1721, qui nous donne ces détails, ajoute que le public a vu ces représentations « avec grand plaisir. » Mais les auteurs de l'*Histoire du Théâtre françois* disent que « le poëme, supérieurement rendu par les acteurs, ne fit pas tout l'effet qu'on s'en étoit promis[2]. » C'est un fait curieux que Louis Racine ne connut ces représentations que bien des années après, et par la lecture du tome XV de l'ouvrage des frères Parfait. Il avait alors écrit ses *Remarques sur Esther* et sur *Athalie*; il y fit une *Addition*, après avoir lu ce qui était pour lui une nouvelle. « Je ne sais, dit-il dans cette *Addition*[3], comment il m'est arrivé de n'avoir eu aucune connoissance de ces représentations d'*Esther*... [*Elles*] firent donc bien peu de bruit, puisque je n'en entendis point parler alors, et qu'elles m'étoient encore aujourd'hui inconnues. Des personnes qui les ont vues viennent de m'assurer qu'elles n'avoient pas fait une grande impression sur les spectateurs, qui, en admirant la pièce, l'écoutèrent très-froidement.... Je ne puis imputer le malheur d'*Esther* (si c'en est un) au jeu des acteurs. Les deux principaux personnages étoient exécutés, l'un par notre Roscius, l'autre par une actrice extrêmement célèbre. Je ne puis l'imputer à la sainteté de la pièce : la même sainteté règne dans *Athalie*. Je ne puis l'imputer au goût d'un siècle qui, en 1716, rendit justice à *Athalie*.... Je pourrois dire que le retranchement des chœurs, où règne toute la douleur, a dû lui faire perdre sur le théâtre public sa plus grande beauté. Cependant l'action seule ne devoit-elle pas, comme celle d'*Athalie*, faire sur les spectateurs une vive impression? Sans doute; et s'ils sont restés froids, c'est la faute de la pièce. Je suis contraint de l'avouer.... L'auteur étoit trop instruit de son art pour ne pas sentir, au milieu des applaudissements donnés à Saint-Cyr, que cet ouvrage n'avoit point la partie la plus essentielle de la tragédie.... C'est par la représentation que le mérite d'une action théâtrale est connu. » Louis Racine, cette fois, abandonnait trop facilement la cause d'un chef-d'œuvre de son père. Il le croyait condamné par les principes d'Aristote;

---

1. *Mercure* des mois de juin et juillet 1721, p. 158 et suivantes.
2. *Histoire du Théâtre françois*, tome XV, p. 441.
3. *Remarques sur les tragédies de Jean Racine*, tome II, p. 337 et suivantes.

mais ce n'était pas le cas de demander aux anciens la règle d'un poëme qu'ils n'avaient pu prévoir. S'il était vrai que la tragédie d'*Esther* manquât des conditions essentielles d'une action dramatique, elle eût, même à Saint-Cyr, paru froide et sans intérêt. Nous comprenons bien que là tout fut plus en harmonie avec un poëme si pieux, si plein de douceur, mais non pas que l'art de toucher et de plaire soit entièrement différent sur un petit théâtre et sur un plus grand. Les explications que Louis Racine rejetait du malheur d'*Esther* n'étaient peut-être pas aussi insuffisantes qu'il le pensait. La suppression des chœurs, que le poëte avait si bien liés à l'action, n'était pas un médiocre dommage apporté à son œuvre, et ne la dépouillait pas seulement d'un des plus magnifiques ornements de poésie, mais encore la mutilait dans une des parties les plus nécessaires et les plus vivantes de son ensemble. Il se peut bien aussi que le Roscius et la célèbre actrice aient été fort inférieurs aux jeunes filles formées par Racine lui-même, dans l'interprétation d'une pièce qui demande tant de naturel simple, de pudeur et de sincérité religieuse. Quant au goût du siècle, on peut y moins déférer que ne l'a fait Louis Racine : on avait alors un besoin exagéré de vives émotions sur la scène, de mouvement théâtral. *Athalie*, supérieure incontestablement à *Esther* par de plus hautes beautés tragiques, avait surtout peut-être trouvé grâce, parce que ces beautés étaient plus animées : faut-il pour cela méconnaître combien celles de la première tragédie sacrée de Racine étaient touchantes, à ne parler même que de l'action de la pièce, et indépendamment des beaux vers ? Enfin, si *Athalie* fut, avec la même sainteté, mieux appréciée qu'*Esther*, sous la Régence, nous sommes persuadé cependant que cette sainteté, alors peu goûtée, nuisit à cette dernière tragédie, dont, en l'absence de grands effets dramatiques et de la pompe du spectacle, il est plus nécessaire encore de pouvoir comprendre et aimer le sens religieux, la pieuse tendresse. Aussi peut-on remarquer avec quelle injustice, quelle absence complète de sympathie et même de bon goût, quel dénigrement passionné, Voltaire, qui fut si longtemps grand admirateur d'*Athalie*, a parlé d'*Esther*. « *Esther*, dit-il au chapitre XXVII du *Siècle de Louis XIV*, ... n'inspira que de la froideur et ne reparut plus.... Le public impartial ne vit qu'une aventure sans intérêt et sans vraisemblance ; un roi insensé, qui a passé six mois avec sa femme sans savoir, sans s'informer même qui elle est ; un ministre assez ridiculement barbare pour demander au Roi qu'il extermine toute une nation, vieillards, femmes, enfants, parce qu'on ne lui a pas fait la révérence ; ce même ministre assez bête pour signifier l'ordre de tuer tous les Juifs dans onze mois, afin de leur donner apparemment le temps d'échapper ou de se défendre ; un roi imbécile, qui, sans prétexte, signe cet ordre ridicule, et qui, sans prétexte, fait pendre subitement son favori : tout cela, sans intrigue, sans action, sans intérêt, déplut beaucoup à quiconque avoit du sens et du goût. Mais, malgré le vice du sujet, trente vers d'*Esther* valent mieux que beaucoup de tragédies qui ont eu de grands succès. » Voilà donc tout le mérite d'*Esther* réduit à des vers élégants et harmonieux! Dans une note de ce même passage du *Siècle de Louis XIV*, Voltaire s'était avec raison moqué des *Mémoires* de la Beaumelle où il est dit que Racine, affligé du mauvais succès de sa pièce à la lecture, s'était écrié : « Pourquoi m'y suis-je exposé? Pourquoi m'a-t-on détourné de me faire chartreux? » mais que mille louis le consolèrent. La Beaumelle voulut prendre sa revanche en montrant combien était ridicule le jugement que l'auteur du *Siècle de Louis XIV* prête au *public impartial :* « Analyse injuste, dit-il[1] ; le public ne vit point cela ; car le public étoit chrétien. On lui présentoit un fait intéressant et miraculeux, d'après un livre admis comme divin ; il ne discutoit point l'action, parce qu'on ne discute pas ce qu'on regarde comme démontré. »

C'était en effet ce qui aurait dû être ; mais la Beaumelle disait-il aussi bien ce qui était? La disposition d'esprit où se trouvait Voltaire n'était-elle pas, en 1721, celle d'une grande partie du public? et la Beaumelle lui-même en était-il fort éloigné, lorsque pour expliquer comment se dissipa le charme de la pièce imprimée, il reproche à *Esther* « trop d'exactitude à suivre le narré du Saint-Esprit? » Pour Voltaire, il est évident que cette *fidélité de l'Histoire sainte*, qui paraissait à Mme de Sévigné *donner du respect*, ne le laissait pas seulement

---

1. Voyez les *Mémoires pour servir à l'histoire de Mme de Maintenon*, livre VIII, chapitre xv (tome III, p. 180 et 181).

froid, comme beaucoup de ses contemporains, mais était son véritable grief contre l'œuvre de Racine. Nous n'avons cité que le *Siècle de Louis XIV*, mais il est souvent revenu ailleurs sur les invraisemblances du sujet, répétant les mêmes plaisanteries, par exemple dans ses *Remarques sur le troisième discours de Corneille*, où il entame ainsi le propos : « Quelquefois une tragédie, dénuée de vraisemblance et de raison, charme à la lecture par la beauté continue du style, comme la tragédie d'*Esther*. On rit du sujet, et on admire l'auteur. Ce sujet, en effet, respectable dans nos saintes Écritures, révolte l'esprit partout ailleurs[1]. » L'histoire d'Esther était une de celles qui, dans la Bible, égayait, ou ce serait peut-être mieux dire, irritait le plus Voltaire; on peut voir comme il l'a commentée dans *la Bible enfin expliquée par plusieurs aumôniers de Sa Majesté le Roi de Pologne*, et les railleries qu'il en a faites dans les *Questions de Zapata* et dans *la Canonisation de saint Cucufin*. La préoccupation de ce qu'il voulait trouver absurde dans le *Livre d'Esther* obsédait tellement son esprit, quand il jugeait la tragédie de Racine, qu'il censurait chez le poëte ce qui n'y était pas, mais se trouvait seulement dans le livre saint; témoin ce passage cité tout à l'heure du *Siècle de Louis XIV*, où il relève la bêtise du ministre qui laisse onze mois aux Juifs pour se préparer à se défendre, tandis que Racine, forcé de resserrer les événements dans un temps plus court, a substitué dix jours[2] à ces onze mois.

Nous n'avons pas besoin de dire que Voltaire avait lu le *Livre d'Esther* avec beaucoup de préventions, avec beaucoup de légèreté. La critique la plus libre, quand elle n'est pas systématiquement hostile, non-seulement en reconnaît les grandes beautés, mais fait disparaître devant un examen sérieux bien de prétendues invraisemblances historiques qu'on avait cru signaler. M. Athanase Coquerel, dans son livre intitulé ATHALIE *et* ESTHER *de Racine, avec un commentaire biblique*[3], a discuté quelques-unes de ces questions[4]. Pour nous, nous n'avons pas ici à les aborder; c'est uniquement pour les notes

1. *Œuvres de Voltaire*, tome XXXVI, p. 523.
2. Voyez le vers 180 d'*Esther*.
3. Paris, J. Cherbuliez, 1863, 1 volume in-8º.
4. Voyez particulièrement le § IV de l'*Introduction* d'*Esther*.

de la pièce, pour les rapprochements à faire entre les vers de
Racine et les nombreux passages des livres saints que nous
avons pu faire d'utiles emprunts à la consciencieuse étude de
M. Coquerel, à son érudition biblique. Il nous suffit de dire
que dans une œuvre de foi, comme celle de Racine, tout ce qui
est tiré de l'Écriture doit être accepté, non-seulement comme
vraisemblable, mais comme vrai. Voltaire même aurait bien pu
accorder à *Esther* ce qu'il accordait sans doute aux tragédies
grecques, fondées sur les croyances mythologiques. Il ne restait réellement que deux questions à examiner : Racine a-t-il
trouvé dans le récit des livres saints la matière d'une pièce
qui remplît les conditions dramatiques? A-t-il suivi ces livres
avec fidélité? Sur le premier point, voici comment Chamford
parle d'*Esther*[1] : « Toutes les parties de la tragédie y sont parfaitement observées. Rien n'est plus grand que le sujet, puisqu'il s'agit du sort de toute une nation. Les développements
de l'action y sont admirables.... et la péripétie est une des plus
belles qu'il y ait au théâtre : c'est au moment où Aman s'imagine être au faîte des honneurs, qu'il tombe tout à coup, et
qu'une nation entière, dévouée à la mort, semble sortir du tombeau pour renaître au bonheur. » Il est vrai que Chamford trouvait au rôle d'Esther « un défaut capital » (nous dirons tout à
l'heure quel était ce défaut), qui, selon lui, « empêcherait toujours la pièce d'être accueillie sur la scène. » Pour la conformité
de la tragédie d'*Esther* aux livres saints, ce qu'il y avait de
mieux à en dire, Racine lui-même l'a dit dans sa préface . « Il
me sembla que.... je pourrois remplir toute mon action avec les
seules scènes que Dieu lui-même, pour ainsi dire, a préparées. » De tant de belles scènes de la pièce, il n'y en a pas une
en effet qui ne soit dans le *Livre d'Esther*. Telle était la souplesse de l'art de Racine, qu'il ne fut nullement gêné par cette
soumission à un texte révéré; son génie d'ailleurs et son âme
étaient depuis longtemps en harmonie avec le modèle qu'il
avait à rendre. Il faut le remarquer cependant, Racine se flattait seulement de n'avoir altéré « aucune des circonstances

---

1. *Essai d'un commentaire sur Racine. Notes sur Racine.* Voyez les
OEuvres complètes de *Chamford* publiées par M. Auguis, Paris,
Chammerot jeune, 1825, tome V, p. 7-84.

tant soit peu considérables de l'Écriture sainte, » ce qui lui aurait paru « une espèce de sacrilége. » Quelques points, qui évidemment étaient libres, avaient été développés par lui suivant son goût. Mais n'y eut-il pas un changement, une suppression plus grave dont il ne parle pas? Quand il relisait, pour y chercher sa tragédie, le *Livre d'Esther*, que pensait-il de ces passages où il est dit que les Juifs eurent permission de tuer leurs ennemis avec leurs femmes et leurs enfants, et de piller leurs dépouilles; qu'ils firent périr dans Suse jusqu'à cinq cents hommes, et qu'après ce massacre le Roi invita la reine Esther à songer que le carnage avait dû être bien plus grand dans toutes les provinces (on y tua, en effet, soixante-quinze mille personnes), et l'interrogea sur ce qu'elle demandait de plus? A quoi Esther répondit : « S'il plaît au Roi, qu'il donne aux Juifs le pouvoir de faire encore demain ce qu'ils ont fait aujourd'hui dans Suse, et que les dix fils d'Aman soient pendus[1]. » Nous le répétons, qu'en pensait Racine? Il pensait, nous n'en doutons point, comme Saci, « qu'on a quelque lieu de s'étonner que Mardochée et Esther, qui procurèrent cet édit, aient pu se porter à un excès si cruel en apparence; » mais que « ces choses se passoient durant le temps de l'ancienne loi, qui étoit un temps de rigueur; » et que « d'ailleurs on peut présumer que l'Esprit de Dieu qui avoit conduit jusqu'alors, tant la reine que Mardochée, leur inspira aussi bien qu'au Roi d'en user ainsi pour des raisons qu'on est plus obligé d'adorer que de pénétrer[2]. » C'est avec cette soumission que sa foi devait s'incliner; et il ne croyait certainement pas que Dieu eût besoin qu'on atténuât, qu'on dissimulât ses rigueurs. Toutefois, sans qu'il faille supposer aucun embarras du croyant, la poétique a ses lois, et Racine les connaissait trop bien pour changer tout à coup la douceur de son Esther en une si terrible inflexibilité de vengeance. Et puis il a pu se dire que l'action de sa tragédie s'arrêtait à la délivrance des Juifs et à la punition d'Aman, qu'il lui était

---

1. Voyez le *Livre d'Esther*, chapitre VIII, verset 11, et chapitre IX, versets 10, 12 et 13.
2. Voyez dans la *Bible* de Saci, l'*Explication* du chapitre VIII du *Livre d'Esther*.

permis de ne pas suivre au delà le récit divin, enfin que, dans un spectacle destiné à un auditoire chrétien, on était autorisé, même en lui mettant sous les yeux une histoire de l'Ancien Testament, à suivre de plus près l'esprit de la loi de grâce. Dans *Athalie*, il n'a pas reculé devant une plus fidèle hardiesse à retracer les effrayantes sévérités de la *Bible* : elle lui a semblé conforme à la conception de sa tragédie. Il n'a pas été toutefois aussi loin dans l'adoucissement des vengeances d'Esther qu'un de ses devanciers, qui lui fait demander grâce pour Aman lui-même, au moment où Assuérus l'envoie au supplice :

> Ah ! Sire, en sa faveur écoutez la clémence[1].

Celui-là dépassait la limite. Mais il était naturel de pencher du côté de la mansuétude dans ce sujet d'*Esther*[2]. Racine a, comme toujours, gardé la mesure ; il a conservé à Esther tout son charme, sans l'affadir. Dans la scène v de l'acte III, elle fait éclater sa sainte énergie autant qu'il faut :

> Va, traître, laisse-moi....
> Bientôt ton juste arrêt te sera prononcé.

Cet éclair de courroux suffit et ne dépare point l'aimable reine : c'est tout ce que demandait le respect de l'histoire sainte ; guidé par le seul sentiment de l'art, c'eût encore été ce que le poëte eût eu de mieux à imaginer. Là pourtant est ce défaut dans le caractère d'Esther qui gâtait la pièce pour Chamford : « Celui, dit-il, qui avait admiré dans la jeune reine le dangereux courage de braver les ordres d'un despote pour sauver sa patrie, voudrait pouvoir encore admirer en elle la clémence. » Évidemment il eût désiré que ce rôle fût traité à la façon de du Ryer. Mais comment, en tout cas, pouvait-il voir là une faute capitale du plan de Racine, et qui justifiait le peu de succès de sa tragédie sur le théâtre? Ne lui

---

1. *Esther* de Pierre du Ryer, acte V, scène v.
2. Ceux qui ont traité ce même sujet avec le plus de rudesse, comme Pierre Matthieu et Montchrestien, ont parlé du massacre des Juifs et du supplice des dix fils d'Aman, mais ont attribué ces cruautés au seul Assuérus, sans les faire solliciter par Esther.

reprochons pas trop rigoureusement d'ailleurs cette erreur. Il a, malgré tout, bien senti la beauté de la pièce, et en a parlé avec une vive et sincère admiration : « Pour moi, dit-il, j'avoue que j'ai une tendresse particulière pour *Esther*. Elle produit sur moi le double effet de l'ode et de la tragédie en même temps. Outre les sentiments de pitié et de crainte qu'elle me fait éprouver tour à tour, je me sens encore, en la lisant, dans une sorte d'enthousiasme continuel. L'onction du style, les chœurs sublimes de ces filles d'Israël, tout concourt à mon illusion. Il me semble, lorsque je prends cette tragédie, que j'entre dans un de ces temples antiques élevés avec pompe dans Jérusalem au culte du Très-Haut. » Cette prédilection pour *Esther*, qui étonnera peut-être quelques-uns, s'est rencontrée cependant plus d'une fois. M. Sainte-Beuve a dit, il y a assez longtemps, à peu près dans le même sentiment que Chamford, et avec des expressions dont, nous le croyons, il atténuerait aujourd'hui quelque chose en faveur d'*Athalie* : « L'avouerai-je ? *Esther*, avec ses douceurs charmantes et ses aimables peintures, *Esther*, moins dramatique qu'*Athalie*, et qui vise moins haut, me semble plus complète en soi.... Ce délicieux poëme, si parfait d'ensemble, si rempli de pudeur, de soupirs et d'onction pieuse, me semble le fruit le plus naturel qu'ait porté le génie de Racine[1]. » Nous aurions dû citer avant tous Arnauld, qui écrivait à Willard, au sujet d'*Esther* et d'*Athalie* : « Comme il est bien difficile que deux enfants d'un même père soient si également parfaits qu'il n'ait pas plus d'inclination pour l'un que pour l'autre, je voudrois bien savoir laquelle de ces deux pièces votre voisin (*Racine*) aime davantage. Mais pour moi, je vous dirai franchement que les charmes de la cadette n'ont pu m'empêcher de donner la préférence à l'aînée[2]. » Toutefois, pour compter plus que tout autre ce suffrage contemporain, donné par un si grand esprit, il faudrait d'abord savoir si Arnauld, en s'exprimant ainsi, portait vraiment un jugement littéraire. La poésie et le théâtre n'étaient-ils pas, jusqu'à un certain point, hors de son domaine ? Et les applications que dans *Esther* il pouvait trouver, comme

---

1. *Critiques et portraits*, tome I, p. 166 (1re édition, 1832).
2. *Lettre* du 10 avril 1691.

on l'a dit, à l'oppression qui pesait sur Port-Royal ne le séduisaient-elles pas? D'un autre côté, il y avait dans le Joad d'*Athalie* bien des traits qui devaient aussi lui plaire, en lui offrant quelque chose de sa propre image ; et si la principale raison de sa préférence est celle qu'il donne lui-même dans sa lettre, qu' « il trouve dans *Esther* beaucoup plus de choses très-édifiantes et très-capables d'inspirer la piété, » elle n'est peut-être pas aussi étrangère qu'il semblerait d'abord à la question littéraire et poétique. Il ne pouvait juger *Athalie* moins religieuse; ce qu'il sentait donc plus particulièrement dans *Esther*, c'était cette piété qui va au cœur, qui s'y insinue avec un charme irrésistible. Si Racine n'a jamais été un plus puissant enchanteur, il n'a jamais été plus vraiment poëte.

Esther, qui marque l'époque où le talent de Racine reparut sous une forme toute nouvelle, plus originale, plus libre, l'époque d'une inspiration puisée à des sources moins éloignées, moins étrangères, à des sources qui jaillirent au plus profond de l'âme du poète, *Esther* est aussi d'un prix bien rare comme la première manifestation de ce génie lyrique, jusque-là inconnu, qui allait produire encore les quatre cantiques sacrés et les chœurs d'*Athalie*. Ce n'est pas assez d'avoir parlé des chœurs d'*Esther* comme ayant introduit avec tant de bonheur dans notre tragédie un des éléments essentiels du drame antique [1]. Considérés en eux-mêmes, et à part de la constitution du drame, ces chœurs, par leur savante harmonie, par la pureté parfaite de leur style, par leur poésie tour à tour tendre et énergique, douce et sublime, toujours naturelle et simple dans son élégance et sa grandeur, ont un caractère particulier

---

[1]. Voltaire a dit au sujet de ces chœurs des choses bien étranges. Racine, à son avis, « s'y est pris avec plus de précaution que les Grecs ; il ne les a guère fait paraître que dans les entr'actes ; encore a-t-il eu bien de la peine à le faire avec la vraisemblance qu'exige toujours l'art du théâtre. A quel propos faire chanter une troupe de Juives lorsqu'Esther a raconté ses aventures à Élise?... Je ne parle pas du bizarre assortiment du chant et de la déclamation dans une même scène. » (*Lettre* IV sur *OEdipe*, tome I des *OEuvres*, p. 47 et 48.) Ces lettres sur *OEdipe* étaient écrites dans l'âge des jugements téméraires. On voudrait que Voltaire eût cherché depuis quelque occasion de se rétracter.

qui les distingue des plus belles odes de notre langue, et, sans qu'il y ait à en comparer les beautés avec des beautés toutes différentes, leur réserve un rang qui ne leur sera jamais disputé. La pièce tout entière est tellement pleine de l'inspiration des livres saints qu'il ne suffit pas de rechercher et de signaler les passages directement imités. L'esprit même de l'Ecriture est partout, tant le génie de Racine en était pénétré. Mais cela est vrai surtout des chants du chœur : ce sont vraiment les harpes de Sion qui y résonnent.

Qu'on nous pardonne si nous avons interrompu l'histoire des représentations d'*Esther*. Ces représentations elles-mêmes ne reparaissent sur la scène qu'à de longs intervalles. Soit qu'avertis par le médiocre succès de 1721, les comédiens craignissent de toucher de nouveau à cette tragédie dont la pieuse candeur déconcertait un art profane, soit que le public du dix-huitième siècle se souciât peu de la revoir, pensant presque tout entier comme Voltaire, que « le fond d'*Esther* n'était fait que pour des petites filles de couvent[1], » le Théâtre-Français, pendant plus de quatre-vingts ans, s'abstint d'une seconde tentative. En 1803 seulement *Esther* reparut. Ce fut sur le théâtre de l'Opéra, dans une représentation pour la retraite de Mme Vestris. On sait que pour ces représentations extraordinaires on cherche souvent quelque spectacle inusité, qui ait par cela même plus d'attrait pour la curiosité publique. Ce fut peut-être le véritable titre que la belle tragédie, si longtemps délaissée, parut avoir à l'exhumation dont on l'honorait. La soirée choisie pour cette reprise d'*Esther* fut celle du jeudi 13 prairial an XI (2 juin 1803). L'affluence des spectateurs, malgré le prix élevé des places, fut immense. La recette fut de vingt-huit mille francs ; mais il est difficile de savoir si l'empressement du public fut pour Racine, ou pour Mme Vestris. Il paraît d'ailleurs, par des témoignages contemporains, que, si l'on avait seulement compté sur un succès de curiosité et d'argent, on rencontra quelque chose de mieux. L'effet produit fut très-grand. Comme on avait à sa disposition les ressources de l'Opéra, on ne se trouva pas, comme en 1721, dans la malheu-

1. *Remarques sur* Héraclius, *préface du commentateur*, dans les OEuvres de *Voltaire*, tome XXXVI, p. 6.

reuse nécessité de supprimer les chœurs. La musique de Moreau avait été abandonnée. Plantade en avait composé une nouvelle, qui était, dit-on, simple et élégante, que ne surchargeait aucun effet harmonique, et qui laissait entendre distinctement les paroles. De moins bienveillants jugèrent qu'à l'exception du chœur qui termine le second acte.

> O douce paix!
> O lumière éternelle!

l'œuvre du musicien fut un médiocre ornement pour la pièce. Pour les acteurs, il ne faut peut-être pas leur attribuer une trop grande part dans les applaudissements que recueillit la tragédie. Cependant le Théâtre-Français a rarement vu une pareille réunion de grands talents. Talma joua *Assuérus;* Lafon, *Aman;* Monvel, *Mardochée;* Mlle Duchesnois, *Esther;* Mlle Volnais, *Zarès.* On ne trouva pas Talma cette première fois à la hauteur de sa renommée; les admirateurs de Mlle Duchesnois louèrent la décence de son maintien, sa sensibilité, des intentions justes; mais tous convinrent qu'elle avait récité avec une lenteur étudiée; et les plus sévères l'accusaient d'avoir été traînante et monotone. Monvel déclama avec feu, mais laissa trop voir l'art du comédien, ce qui sera toujours l'écueil de tous ces rôles destinés par le poëte à de tout autres interprètes. Le tragédien dont on fut le plus content fut Lafon, qui sut mettre dans son rôle d'Aman une expression juste et forte. Quoique cette représentation eût laissé à désirer, elle devint l'époque d'une renaissance assez durable d'*Esther*. Dix jours après, le 23 prairial, elle fut jouée à Saint-Cloud devant le premier Consul. Dans cette soirée une ode fut lue, qui était un cri de guerre contre les Anglais: on peut se souvenir que le prologue d'*Esther* avait eu le sien contre la ligue d'Augsbourg. Dans les années qui suivirent, on revint plusieurs fois aux représentations de la même tragédie: nous en trouvons en 1806; l'empereur Napoléon y prenait intérêt, et faisait des observations à Talma sur son jeu, sur Racine, sur Mme de Maintenon, sur les allusions que les courtisans du grand règne trouvaient dans la pièce. Il était bien rare que Talma ne se rendît pas maître de ce qu'il étudiait. Dans ce rôle d'Assuérus, où l'on pourrait sans doute le suivre au delà de 1806, il n'en était pas resté aux hésitations de sa première tentative ; on aimait à l'y voir ; on disait qu'il y ressemblait à Louis XIV, au moins à l'idée qu'on s'en faisait ; ressemblance qu'assurément il cherchait, croyant que Racine y avait pensé.

Esther, jouée plusieurs fois au temps de notre grand tragédien, disparut encore une fois, après lui, et pour un assez long temps, de la scène française. Mlle Rachel l'y ramena. Elle aborda pour la première fois le rôle d'*Esther* en 1839, le 28 février. La date était remarquable, et avait été choisie à dessein : c'est le 28 février que les Juifs célèbrent aujourd'hui encore l'anniversaire de leur délivrance par l'épouse d'Assuérus. Quelques personnes s'étonnèrent de l'idée qu'on avait eue de donner par là à cette représentation une sorte de caractère religieux très-différent de celui qui était dans les intentions de Racine, et se demandèrent ce qu'aurait pensé le poëte chrétien de son *Esther* jouée par une Juive dans un jour solennisé par les Juifs. Mais il n'eût pas fallu trop s'arrêter à cette recherche d'un à-propos quelque peu étrange, ni remarquer, comme on le fit alors avec malice, que cette première fois Mlle Rachel avait joué *Esther* « en famille, » si, avec son rare talent, elle eût enfin donné pour la première fois aux spectateurs du Théâtre-Français une représentation de cette tragédie, telle que Saint-Cyr lui-même, le Saint-Cyr de Louis XIV, n'en avait sans doute jamais vu. Il n'en fut rien ; et son triomphe ne put faire de peine aux ombres de Mlle de Veilhenne et de Mme de Caylus. Elle renonça bientôt à ce rôle, qui ne parut pas lui convenir : nous croyons qu'elle ne le joua plus que le 4 et le 9 du mois suivant. On avait, comme en 1721, mutilé la pièce par le retranchement des chœurs, dont l'exécution offre toujours des difficultés sur une scène qui doit emprunter ses chanteurs à d'autres théâtres. En 1864 cependant, le mardi 5 juillet, on eut la bonne pensée de jouer *Esther* au Théâtre-Français, sans la dépouiller d'un de ses plus beaux ornements. La musique de Moreau eût semblé de nos jours bien monotone et d'une forme surannée ; on pensa que celle de Plantade ne serait pas trouvée beaucoup plus satisfaisante. M. Jules Cohen, élève d'Halévy, fut chargé de composer la musique des chœurs, qu'exécutèrent les élèves du Conservatoire. On la jugea brillante et variée ; mais l'eussions-nous entendue, et fussions-nous compétent, il ne conviendrait pas ici de parler d'une œuvre si récente. Les décors, pour lesquels on avait mis à profit toutes les découvertes de l'archéologie et les antiques monuments du Musée assyrien, étaient d'une grande magnificence. Racine n'avait rien rêvé de semblable; et peut-être cette splendeur orientale, ce palais d'Assuérus savamment restauré, ces taureaux symboliques, ces costumes si exacts, toute cette érudition pittoresque lui eussent paru moins en harmonie avec son œuvre, sobre de couleur, que la modeste mise en scène de la maison de Saint-Louis. N'eût-il pas surtout regretté qu'on eût, dans l'intérêt de la musique, mêlé aux compagnes d'Esther quelques jeunes hommes israélites qui ne pouvaient se trouver là, et lui auraient semblé bien étranges au milieu de ces voix virginales que seules il avait voulu faire entendre? Il nous est en vérité plus facile d'ajouter à ces œuvres du dix-septième siècle la couleur asiatique, dont elles se passaient, que d'y conserver celle que leur donnaient des génies préoccupés d'autres pensées et d'autres sentiments que les nôtres. Si ces brillantes représentations d'*Esther*, qui furent continuées pendant quelque temps, purent donner lieu, comme nous venons de le voir, à quelques critiques, on doit louer cependant cette tentative pour faire revivre, avec tant de pompe, un des chefs-d'œuvre de notre scène. Plusieurs rôles, dit-on, furent très bien rendus. On donna des éloges à la grâce pudique, à la dignité modeste de l'actrice (Mme Favart) chargée de celui d'Esther.

Nous avons, avant de terminer cette notice, à dire quelques mots des tragédies sur le sujet d'*Esther*, composées avant celle de Racine; nous croyons, il est vrai, qu'il ne s'est guère préoccupé de leur existence; nulle comparaison d'ailleurs entre un chef-d'œuvre et des pièces dont la meilleure ne s'élève pas très-haut; mais il est curieux de constater que les récits très-dramatiques du *Livre d'Esther* avaient tenté de bonne heure et de tout temps les auteurs de tragédies. Plusieurs pièces latines ont été faites sur ce sujet. Le *Catalogue de la Bibliothèque dramatique de M. de Soleinne* fait mention d'une *Esther* de Zevecotius, imprimée en 1623 à Anvers dans la troisième édition des œuvres poétiques de cet auteur, et d'une autre tragédie publiée aussi à Anvers sous le même titre en 1563, et composée par Philicinus (Pierre Campson); celle-ci est en cinq actes et a un prologue. Dans les *Drames sacrés* de Naogeorgus (Thomas Kirchmaïer, écrivain protestant), imprimés à Bâle en 1547, nous avons lu un *Haman* (*Hamanus, tragœdia ex libro Hester*). Cette tragédie latine a également un prologue, et, comme l'*Esther* de Racine, un chœur; du reste nous retrouvons ce chœur dans la plupart des anciennes tragédies écrites sur le même sujet. Des passages presque textuels du *Livre d'Esther*, bizarrement mêlés à un continuel pastiche du style de Térence, voilà tout ce que nous avons pu remarquer dans ce drame, qui ne fournit aucun rapprochement de détail avec notre tragédie.

Parmi les pièces françaises tirées de l'histoire d'Esther, la première en date que nous ayons trouvée est l'*Aman* d'André de Rivaudeau, gentilhomme du bas Poitou. Imprimé à Poitiers en 1566, il est dédié à Jeanne de Foix, reine de Navarre; c'est une *tragedie saincte* en cinq actes et en vers. Après la liste des personnages, on lit cette indication : « L'action de la tragedie est establie à Suze, ville capitale de l'empire des Perses. La troupe doit estre des damoiselles et filles servantes de la Royne Esther. » A la fin de chacun des actes il y a un chœur de la troupe des Filles d'Esther. Voilà un rapport avec la tragédie de Racine, le seul qu'on puisse remarquer sans doute. A la marge de divers passages de sa pièce, André de Rivaudeau a pris soin de renvoyer au texte des livres saints, de la *Genèse*, de l'*Exode*, des *Nombres*, des *Rois*, etc. Racine ne l'a pas fait; mais un exemplaire de son *Esther*, dont il est fait mention dans le *Catalogue* de M. Renouard (tome III, p. 77), porte sur la marge, écrits de la main de l'auteur, les passages de l'Écriture qu'il avait imités. Admirateur de Ronsard, ami de Remy Belleau, Rivaudeau put bien être goûté à son heure, comme un des ouvriers de la révolution dramatique qui excitait l'enthousiasme de ce temps. Mais du style aujourd'hui ridicule de son *Aman*, de cette composition sans intérêt, nous ne pourrions rien citer. Après Rivaudeau, nous rencontrons deux disciples de Garnier, Pierre Matthieu et Antoine de Montchrestien, dont l'un a composé une *Esther*, l'autre un *Aman*. La tragédie de Pierre Matthieu, principal du collége de Verceil en Piémont, fut, suivant les frères Parfait, représentée en 1578, quelques-uns disent à Besançon avec un grand succès, d'autres sur la place publique de Verceil[1]. Nous avons vu cette pièce, imprimée à Lyon en 1685 [2]. Elle a un chœur de princes, un chœur de princesses, un chœur de Juifs. Les chants des chœurs sont divisés, comme ceux des chœurs grecs, en strophes, antistrophes et épodes. La longueur de l'œuvre est démesurée; l'action en est double; car la première partie de la pièce est la répudiation de Vasthi, la seconde la chute d'Aman. Les discours des *entre-parleurs* sont des amplifications d'une prolixité sans fin. Autant l'art manque à la composition, autant le style est barbare[3]. Matthieu s'avisa un peu plus tard que de sa longue tragédie il valait mieux en faire deux. Il fit représenter en 1587 et imprimer en 1589 une pièce sous le nom de *Vasthi*, une autre sous celui d'*Aman*, formées des débris de son *Esther*.

L'*Aman* de Montchrestien[4] est bien supérieur, et sans comparaison possible. Le style s'élève quelquefois, et il y brille des éclairs de talent. On reconnaît que le poëte, qui finit par passer aux huguenots, s'était nourri de la lecture de la *Bible*, dont il sentait bien la poésie. Peut-être, en lisant les chœurs de sa pièce, particulièrement celui du premier acte, où la courte durée des prospérités de l'orgueilleux n'est pas trop faiblement

---

1. *Histoire du Théâtre françois*, tome III, p. 435 et 436.
2. 1 volume in-12 de 211 pages.
3. Si l'on est curieux d'en voir un échantillon, il y a une scène entre Zarès et Aman qui vient de recevoir l'ordre de préparer le triomphe de Mardochée. Aman s'écrie :

> O change infortuné! pensant pour moi parler,
> Las! de mon ennemi j'ai fait le nom voler
> Par toute la contrée, et la fame langarde
> L'estimera toujours, si je n'y prends bien garde.

Zarès lui répond :

> De tes fréquents soupirs ores je me souris ;
> Tu pâmerois de peur pour le bruit d'un souris....
> Il faut que du gibet il (*Mardochée*) soit le coronal,
> Si tu veux de tes pleurs reboucher le canal.

4. On le trouve sous ce titre : *Aman ou la Vanité*, tragedie par *Antoine de Montcrestien*, aux pages 225 et suivantes d'un petit volume in-12 renfermant *les Tragedies de Antoine de Montcrestien, sieur de Vasteville*, à Rouen, chez Jean Petit (sans date).

exprimée, Racine y a-t-il trouvé la première idée de ses beaux chants lyriques. Nous croyons toutefois qu'il n'y a pas lieu de rapprocher de l'*Esther* de Racine un aussi grand nombre de passages de la tragédie de Montchrestien que l'a fait M. de la Rochefoucauld-Liancourt dans ses *Études littéraires et morales de Racine*[1]. Il nous semble surtout que ceux mêmes de ces passages dont la pensée rappelle le plus celle de notre poëte ne donnent guère à croire qu'ils aient pu être imités par lui ; la ressemblance ne va jamais que jusqu'au degré où elle s'explique assez par le *Livre d'Esther*, qui fut le commun modèle.

En 1617, et cinq ans plus tard en 1622, fut imprimée une tragédie en vers de *la Perfidie d'Aman, mignon et favori du roi Assuérus*[2]. La date de la première impression, et sans doute aussi le titre de la pièce ont fait penser, nous l'avons dit, que l'auteur anonyme de *la Perfidie d'Aman* avait voulu faire une tragédie allégorique à la sanglante catastrophe du maréchal d'Ancre, assassiné le 24 avril 1617[3]. Les allusions ne semblent pas marquées de traits aussi particuliers qu'on s'y attendrait. La pièce d'ailleurs est sans valeur. L'auteur a égayé son sujet de quelques bouffonneries. Les entre-parleurs Happe-Souppe, Frippe-Sausse et Guingnotrou amusent le spectateur dans les entr'actes.

Vers le même temps parut *la Belle Hester, tragedie françoise tirée de la saincte Bible, de l'inuention du sieur Japien Marfriere*[4]. Quoique l'impression ne porte pas de date, le *Manuel du libraire* de M. Brunet indique celle de 1620, et nous apprend que l'auteur, qui avait pris un pseudonyme, est Ville-

---

1. Pages 153-167.
2. Nous n'avons eu entre les mains que la seconde de ces éditions. Elle a pour titre : « Tragedie nouuelle de la perfidie d'Aman, mignon et fauoris (*sic*) du Roy Assuerus. Sa conjuration contre les Juifs, ou l'on voit nayuement representé l'estat miserable de ceulx qui se fient aux grandeurs. Le tout tiré et extraict de l'Ancien Testament, du *Liure d'Esther....* A Paris, chez la veufue Ducarroy, M.DC.XXII, in-8°. »
3. Voyez l'*Histoire du Théâtre françois*, tome IV, p. 264.
4. 1 volume in-8°, de 32 pages seulement, à Rouen, chez Abraham Cousturier, rue de la Grosse-Horloge, devant les Cycoignes (sans date).

Toustain. Les cinq actes de sa tragédie, où les scènes ne sont pas distinguées les unes des autres, sont extrêmement courts. Rien de plus sec, de plus plat, de plus pauvre que cet ouvrage. Jusque-là le dix-septième siècle restait au-dessous du seizième dans ces pièces tirées de l'histoire d'Esther. Après la tragédie de Montchrestien on est étonné d'en trouver de si déplorables. Mais en 1643 on représenta une nouvelle *Esther*, où se marquent les grands progrès que les leçons de Rotrou et de Corneille avaient fait faire en peu d'années à notre théâtre pour la composition dramatique et pour le style poétique. Cette tragédie d'*Esther*, en cinq actes et en vers, est de Pierre du Ryer[1]. Elle est sagement conduite; souvent les vers en sont fermes et d'une facture apprise à l'école de Corneille. Mais les beautés très-réelles d'un dialogue qui a parfois de la vigueur ne sont généralement pas celles que le sujet demandait avant tout. Il n'y a rien du charme si doux, de l'inspiration pieuse de Racine. Du Ryer a fidèlement suivi le *Livre d'Esther*; mais, en dehors du récit biblique qu'il avait sous les yeux, il ne montre pas qu'il eût étudié les saintes écritures, surtout qu'il se fût, comme Racine, pénétré de leur esprit. Racine n'eut donc à puiser aucune inspiration chez celui de ses devanciers qui, par la proximité des temps et surtout par le talent, était le plus digne d'être quelquefois consulté par lui.

1. Elle fut imprimée en 1644 sous ce titre: *Esther, tragedie de P. du Ryer*. A Paris, chez Antoine de Sommaville et Augustin Courbé, M.DC.XXXXIV (in-4º). L'Achevé d'imprimer pour la première fois est du 3o mars 1644. — On joua cette tragédie à Paris et à Rouen. L'abbé d'Aubignac en parle ainsi au livre II de sa *Pratique du théâtre*, p. 63 et 64 (édition d'Amsterdam, 1725): « Nous avons eu sur notre théâtre l'*Esther* de M. du Ryer, ornée de divers événements, fortifiée de grandes passions, et composée avec beaucoup d'art; mais le succès en fut beaucoup moins heureux à Paris qu'à Rouen; et quand les comédiens nous en dirent la nouvelle à leur retour, chacun s'en étonna sans en connoître la cause; mais pour moi, j'estime que la ville de Rouen étant presque toute dans le trafic, est remplie d'un grand nombre de Juifs, les uns connus, les autres secrets, et qu'ainsi les spectateurs prenoient plus de part dans les intérêts de cette pièce toute judaïque par la conformité de leurs mœurs et de leurs pensées. »

La seule idée même qu'à la rigueur et sans aucune certitude on pourrait croire avoir été suggérée à Racine par les anciennes tragédies d'*Esther*, celle de l'introduction des chants lyriques dans la pièce, était devenue étrangère aux habitudes de la scène au temps de du Ryer : il n'y a pas de chœur chez lui ; il a laissé à Racine l'honneur d'un retour aux formes de notre vieille tragédie, qui devait alors être regardé comme une innovation.

Plus près encore de notre *Esther* que la tragédie de du Ryer, on trouve sur le même sujet un poëme héroïque de Jean Desmarets, publié d'abord en 1670, réimprimé en 1673, sous le pseudonyme de Boisval[1]. Ce poëme d'*Esther*, inachevé, au moins dans l'édition de 1670, a quatre chants. Les inventions romanesques mêlées par Desmarets à l'histoire qu'il avait empruntée aux livres saints, le plan très-peu raisonnable, l'absence de toute poésie, le mauvais style nous auraient dispensé de parler ici de son poëme, si nous ne nous étions proposé de montrer combien de poëtes avant Racine avaient eu l'ambition de traiter le beau sujet dont il a seul tiré une œuvre immortelle.

1. *Esther, poëme heroïque, composé et dedié au Roy par le sieur de Boisval.* A Paris, chez Pierre le Petit (in-4°), M.DC.LXX. Le privilége est du 6 février 1670. Nous n'avons pas vu l'édition de 1673 ; elle est, dit-on, du format in-12, et contient sept chants au lieu de quatre. Desmarets avait-il achevé son poëme en y ajoutant trois chants nouveaux, ou avait-il seulement adopté une autre division des chants ? L'œuvre est si faible qu'on peut se consoler de ne l'avoir pas lue tout entière, s'il y eut en effet une suite.

NOTICE. 451

Avant l'impression d'*Esther*, qui se trouve dans le recueil de 1697, et dont nous reproduisons le texte, on a deux éditions de cette tragédie, l'une in-4°, l'autre in-12, publiées en 1689, et qui, comparées l'une avec l'autre, n'offrent que des variantes d'orthographe et de ponctuation, sans parler de quelques différences qui se remarquent dans l'impression du *Privilége*. Quoique l'édition in-12 n'ait probablement paru qu'après l'autre, on peut les considérer toutes deux comme ne formant qu'une édition originale. L'édition in-4° a pour titre :

ESTHER

TRAGEDIE

Tirée de l'Écriture sainte.

A PARIS,

Chez DENYS THIERRY[1]....

M.DC.LXXXIX.

AVEC PRIVILEGE DU ROY.

Le frontispice représente la scène VII de l'acte II, d'après Charles Lebrun. On compte ensuite 6 feuillets non chiffrés, pour le titre, la préface, les noms des personnages et le prologue; en outre 83 pages. Le privilége commence au milieu de la page 83, et se continue à la page 84, qui n'a pas de chiffre.

Le titre de l'édition in-12 est semblable à celui de l'édition in-4°. En tête est le même frontispice. On compte ensuite sept feuillets pour les préliminaires, y compris le prologue; puis 86 pages. Le privilége commence à la 86ᵉ page et continue sur les deux feuillets suivants qui ne sont pas numérotés.

Il n'y a d'Achevé d'imprimer ni dans l'une ni dans l'autre des deux impressions. Le *Privilége du Roi* est assez intéressant pour que nous en donnions ici les principaux passages :

« Louis, par la grace de Dieu, Roy de France et de Navarre.... Nos tres-cheres et bien amées les Dames de la Communauté de S. Louïs, Nous ont fait remontrer que nostre cher et bien amé le sieur

---

1. Dans d'autres exemplaires : « Chez CLAUDE BARBIN.... »

Racine, ayant à leur prière, et pour l'édification et instruction des jeunes Demoiselles confiées à leur conduite, composé un Ouvrage de Poësie intitulé, *Esther*, tiré de l'Escriture Sainte, et propre à estre recité, et à estre chanté : Elles ont consideré que cet Ouvrage pourroit aussi servir à l'édification de plusieurs personnes de pieté, et estre principalement utile à plusieurs Communautés et Maisons Religieuses [1], où l'on a pareillement soin d'élever la jeunesse et de la former aux bonnes mœurs : c'est pourquoy elles desireroient de le donner au public ; ce que ne pouvant faire sans avoir nos Lettres de permission, elles nous ont tres-humblement fait supplier de les leur vouloir accorder : A ces Causes, sçachant l'utilité que le public en pourra recevoir, et ayant veu nous-mesmes plusieurs representations dudit Ouvrage, dont Nous avons esté satisfaits, nous avons aux Dames de ladite Communauté de saint Louïs permis et accordé, permettons et accordons par ces Presentes, de faire imprimer ledit ouvrage, tant les Paroles que la Musique, par tel Libraire et Imprimeur qu'il leur plaira, en tout ou en partie, en tel volume, marge et caractère, et autant de fois que bon leur semblera, pendant le temps de quinze années consecutives, à commencer du jour qu'il sera achevé d'imprimer ; et de le faire vendre et distribuer par tout nostre Royaume : faisant défenses à tous Libraires, Imprimeurs, et autres d'imprimer, faire imprimer, vendre, et distribuer ledit Ouvrage sous quelque pretexte que ce soit, mesme d'impression estrangere, sans le consentement desdites Dames ou de leurs ayans cause.... Avec pareilles défenses à tous Acteurs, et autres montans sur les Theatres publics, d'y representer ny chanter ledit Ouvrage.... Donné à Versailles, le 3. jour de Fevrier, l'an de grace 1689. Et de nostre regne le quarante-sixiéme. Signé, par le Roy en son conseil : Boucher : et scellé.

« .... Les Dames de la Communauté de S. Louïs, ont cedé leur droit de Privilege à Denys Thierry, Imprimeur, Marchand Libraire et Juge Consul de Paris.

« *Ledit Thierry a fait part dudit Privilege à Claude Barbin.* »

---

1. *Esther* fut jouée sans nul doute dans plusieurs maisons religieuses. Dans le *Mercure* d'août 1738 (p. 1718 et suivantes) on lit un prologue ayant pour titre : « Vers servant de Prologue à la tragédie d'*Esther*, de M. Racine, représentée dans une communauté. » Ces vers très-faibles sont signés ainsi : *Par M. P****.

Il y a eu une impression à part des *Chœurs de la tragedie d*'Esther chez Denys Thierry. Nous l'avons trouvée à la Bibliothèque impériale dans le tome II d'un recueil de diverses pièces de théâtre ayant appartenu à Jean Nicolas de Tralage. Le titre manque; mais à la fin de cette impression, de 16 pages in-4°, on lit : *De l'imprimerie de Denys Thierry. Avec permission de Monsieur le lieutenant général de police.* Il n'y a point de date, mais, au-dessous des derniers mots, Tralage (nous croyons bien du moins que la note est de sa main) a écrit : *en janvier* 1689. En comparant le texte de cette impression des *Chœurs* avec celui des éditions originales de la pièce entière, nous avons remarqué quelques légères différences, qui sont indiquées dans nos notes.

Les éditions de 1702, 1713, 1723 (Cologne), et, à leur exemple, Luneau de Boisjermain (1768), ont divisé *Esther* en cinq actes. L'édition de 1728 (Paris) l'a partagée en quatre actes, quoique par une erreur d'impression le quatrième acte ait le chiffre V; ces divisions ne sont dans aucune des impressions faites du temps de Racine; la tragédie y est toujours en trois actes.

PRÉFACE.

La célèbre maison de Saint-Cyr ayant été principalement établie pour élever dans la piété un fort grand nombre de jeunes demoiselles rassemblées de tous les endroits du royaume, on n'y a rien oublié de tout ce qui pouvoit contribuer à les rendre capables de servir Dieu dans les différents états où il lui plaira de les appeler. Mais en leur montrant les choses essentielles et nécessaires, on ne néglige pas de leur apprendre celles qui peuvent servir à leur polir l'esprit et à leur former le jugement. On a imaginé pour cela plusieurs moyens, qui sans les détourner de leur travail et de leurs exercices ordinaires, les instruisent en les divertissant. On leur met, pour ainsi dire, à profit leurs heures de récréation. On leur fait faire entre elles, sur leurs principaux devoirs, des conversations ingénieuses, qu'on leur a composées exprès, ou qu'elles-mêmes composent sur-le-champ. On les fait parler sur les histoires qu'on leur a lues, ou sur les importantes vérités qu'on leur a enseignées. On leur fait réciter par cœur et déclamer les plus beaux endroits des meilleurs poëtes. Et cela leur sert surtout à les défaire de quantité de mauvaises prononciations qu'elles pourroient avoir apportées de leurs provinces. On a soin aussi de faire apprendre à chanter à celles qui ont de la voix, et on ne leur laisse pas perdre un talent qui les peut amuser innocemment, et qu'elles peuvent employer un jour à chanter les louanges de Dieu.

Mais la plupart des plus excellents vers de notre langue ayant été composés sur des matières fort profanes, et nos plus beaux airs étant sur des paroles extrêmement molles et efféminées, capables de faire des impressions dangereuses sur de jeunes esprits, les personnes illustres qui ont bien voulu prendre la principale direction de cette maison ont souhaité qu'il y eût quelque ouvrage qui sans avoir tous ces défauts, pût produire une partie de ces bons effets. Elles me firent l'honneur de me communiquer leur dessein, et même de me demander si je ne pourrois pas faire, sur quelque sujet de piété et de morale, une espèce de poëme où le chant fût mêlé avec le récit, le tout lié par une action qui rendît la chose plus vive et moins capable d'ennuyer.

Je leur proposai le sujet d'Esther, qui les frappa d'abord, cette histoire leur paroissant pleine de grandes leçons d'amour de Dieu, et de détachement du monde au milieu du monde même. Et je crus de mon côté que je trouverois assez de facilité à traiter ce sujet; d'autant plus qu'il me sembla que sans altérer aucune des circonstances tant soit peu considérables de l'Écriture sainte, ce qui seroit, à mon avis, une espèce de sacrilege, je pourrois remplir toute mon action avec les seules scènes que Dieu lui-même, pour ainsi dire, a préparées.

J'entrepris donc la chose, et je m'aperçus qu'en travaillant sur le plan qu'on m'avoit donné, j'exécutois en quelque sorte un dessein qui m'avoit souvent passé dans l'esprit, qui étoit de lier, comme dans les anciennes tragédies grecques, le chœur et le chant avec l'action, et d'employer à chanter les louanges du vrai Dieu cette partie du chœur que les païens employoient à chanter les louanges de leurs fausses divinités.

A dire vrai, je ne pensois guère que la chose dût être aussi publique qu'elle l'a été. Mais les grandes vérités de l'Écriture, et la manière sublime dont elles y sont énoncées, pour peu qu'on les présente, même imparfaitement, aux yeux des hommes, sont si propres à les frapper; et d'ailleurs ces jeunes demoiselles ont déclamé et chanté cet ouvrage avec tant de grâce, tant de modestie et tant de piété, qu'il n'a pas été possible qu'il demeurât renfermé dans le secret de leur maison. De sorte qu'un divertissement d'enfants est devenu le sujet de l'empressement de toute la cour ; le Roi lui-même, qui en avoit été touché, n'ayant pu refuser à tout ce qu'il y a de plus grands seigneurs de les y mener, et ayant eu la satisfaction de voir, par le plaisir qu'ils y ont pris, qu'on se peut aussi bien divertir aux choses de piété qu'à tous les spectacles profanes.

Au reste, quoique j'aie évité soigneusement de mêler le profane avec le sacré, j'ai cru néanmoins que je pouvois emprunter deux ou trois traits d'Hérodote[1], pour mieux peindre Assuérus. Car j'ai suivi le sentiment de plusieurs savants interprètes de l'Écriture, qui tiennent que ce roi est le même que le fameux Darius, fils d'Hystaspe, dont parle cet historien. En effet, ils en rapportent quantité de preuves, dont quelques-unes me paroissent des démonstrations[2]. Mais je n'ai pas jugé à propos de croire ce

---

1. Voyez ci-après les notes des vers 404 et 1114.

2. La version des Septante et Josèphe (*Antiquités judaïques*, livre XI, chapitre VI) donnent, au lieu du nom d'*Assuérus*, celui d'*Artaxerxès*. Parmi « les savants interprètes de l'Écriture, » qui, suivant Racine, ont pensé qu'Assuérus était Darius, il peut avoir eu particulièrement en vue l'abbé de Saci (Isaac le Maistre). Le tome de la traduction de la *Sainte Bible* par de Saci qui renferme le *Livre d'Esther* avait paru en 1688 ; l'Achevé d'imprimer est du 31 août. Dans l'avertissement qui est en tête du *Livre d'Esther*, le traducteur cherche à établir qu'Assuérus ne peut être que Darius, fils d'Hystaspe. Les preuves qu'il propose n'ont point paru à tout le monde *des démonstrations*. Plusieurs savants aujourd'hui sont d'avis que l'Assuérus du *Livre d'Esther* n'est ni Darius, ni, comme beaucoup de critiques modernes l'avaient pensé, Artaxerxès Longue-Main, mais Xerxès. Voyez à ce sujet le commentaire historique et philologique du *Livre d'Esther*, d'après la lecture des inscriptions perses, par M. Jules Oppert, p. 7-11. L'opinion de M. Oppert est celle aussi

même Hérodote sur sa parole, lorsqu'il dit que les Perses n'élevoient ni temples, ni autels, ni statues à leurs dieux [1], et qu'ils ne se servoient point de libations dans leurs sacrifices. Son témoignage est expressément détruit par l'Écriture, aussi bien que par Xénophon, beaucoup mieux instruit que lui des mœurs et des affaires de la Perse, et enfin par Quinte-Curse [2].

On peut dire que l'unité de lieu est observée dans cette pièce, en ce que toute l'action se passe dans le palais d'Assuérus. Cependant, comme on vouloit rendre ce divertissement plus agréable à des enfants, en jetant quelque variété dans les décorations, cela a été cause que je n'ai pas gardé cette unité avec la même rigueur que j'ai fait autrefois dans mes tragédies.

Je crois qu'il est bon d'avertir ici que bien qu'il y ait dans *Esther* des personnages d'hommes, ces personnages n'ont pas laissé d'être représentés par des filles avec toute la bienséance de leur sexe. La chose leur a été

---

qu'admet M. A. Coquerel, dans son *Commentaire biblique* sur *Esther et Athalie* (p. 225-239), et qui, suivant lui, n'est plus aujourd'hui révoquée en doute.

1. Hérodote dit en effet (livre I, chapitre cxxxi) : Πέρσας δὲ οἶδα νόμοισι τοῖσδε χρεωμένους· ἀγάλματα μὲν καὶ νηοὺς καὶ βωμοὺς οὐκ ἐν νόμῳ ποιευμένους ἱδρύεσθαι· ἀλλὰ καὶ τοῖσι ποιεῦσι μωρίην ἐπιφέρουσι.

2. Xénophon dans la *Cyropédie*, livre VIII, chapitre III, parle des temples, ou du moins des enceintes réservées aux Dieux chez les Perses, τὰ τεμένη τοῖς θεοῖς ἐξῃρημένα. Quinte-Curse, livre III, chapitre III, fait mention de simulacres d'or et d'argent des dieux de la Perse « deorum simulacra ex auro argentoque expressa, » et d'*autels* d'argent sur lesquels brûlait le feu sacré. Quant aux libations pratiquées par les Perses, on peut voir aussi la *Cyropédie*, livre VII, chapitre I, et Quinte-Curse, livre V, chapitre II. Mais l'autorité de la *Cyropédie* et celle de Quinte-Curse, en ce qui concerne la religion des anciens Perses, ont peu de poids. Racine aurait pu se contenter de celle de l'Écriture. — Nous avons conservé ici, comme au tome I, p. 516 et 521, l'orthographe *Quinte-Curse*, qui est celle des anciennes éditions de Racine.

d'autant plus aisée, qu'anciennement les habits des Persans et des Juifs étoient de longues robes qui tomboient jusqu'à terre.

Je ne puis me résoudre à finir cette préface sans rendre à celui qui a fait la musique la justice qui lui est due, et sans confesser franchement que ses chants ont fait un des plus grands agréments de la pièce[1]. Tous les connoisseurs demeurent d'accord que depuis longtemps on n'a point entendu d'airs plus touchants ni plus convenables aux paroles. Quelques personnes ont trouvé la musique du dernier chœur un peu longue, quoique très-belle. Mais qu'auroit-on dit de ces jeunes Israélites qui avoient tant fait de vœux à Dieu pour être délivrées de l'horrible péril où elles étoient, si ce péril étant passé, elles lui en avoient rendu de médiocres actions de grâces? Elles auroient directement péché contre la louable coutume de leur nation, où l'on ne recevoit de Dieu aucun bienfait signalé, qu'on ne l'en remerciât sur-le-champ par de fort longs cantiques : témoin ceux de Marie sœur de Moyse[2], de Débora[3] et de Judith[4], et tant d'autres dont l'Écriture est pleine. On dit même que les Juifs, encore aujourd'hui, célèbrent par de grandes actions de grâces le

---

1. Il a déjà été dit à la page 406, et à la note 2 de cette même page, que la musique d'*Esther* avait été composée par Jean-Baptiste Moreau, maître de musique de la chambre du Roi, et musicien de la maison de Saint-Louis, et que ce fut lui aussi qui composa celle des chœurs d'*Athalie* et des *Cantiques spirituels*. D'Olivet, dans ses *Remarques de grammaire*, p. 112, dit : « Des connoisseurs m'ont assuré que la musique des chœurs d'*Esther* et d'*Athalie* est parfaitement belle. » Elle ne passe pas aujourd'hui pour avoir autant de mérite que lui en attribuent Racine et d'Olivet. Comme nous la publierons dans cette édition, ainsi que nous l'avons annoncé dans la note précitée, on pourra la juger.

2. *Exode*, chapitre xv, versets 20 et 21.

3. *Juges*, chapitre v, versets 1 et suivants.

4. *Judith*, chapitre xvi, versets 1-21.

jour où leurs ancêtres furent délivrés par Esther de la cruauté d'Aman [1].

[1]. C'est la fête de *Phurim*, ou *fête des Sorts*, ainsi nommée au chapitre ix du *Livre d'Esther*, verset 31. Elle avait été fixée aux quatorzième et quinzième jours du mois d'Adar, comme il est dit au chapitre x du même livre. Ce que Racine avait entendu dire de l'usage qui s'est perpétué chez les Juifs de célébrer cette fête, est exact. La date qu'ils ont fixée, comme correspondante à celle qu'indiquent les livres saints, est le 28 février. Ils se préparent à la fête par un jour d'abstinence, qui porte le nom de *jeûne d'Esther*. Voici ce que l'abbé Rohrbacher, dans son *Histoire universelle de l'Église catholique* (tome III, p. 128), rapporte sur la solennité du 28 février : « Ils lisent alors dans leurs synagogues le *Livre d'Esther*, ainsi que l'histoire de la première défaite des Amalécites..., parce qu'Aman était du peuple des Amalécites.... En lisant le *Livre d'Esther*, le lecteur de la synagogue, en cinq endroits marqués, pousse des cris terribles pour effrayer les femmes et les enfants. Chaque fois qu'on prononce le nom d'Aman, tous les auditeurs, grands et petits, frappent des pieds ou avec des marteaux sur des images d'Aman pendu à la potence, ou sur son nom, et même sur tout ce qui se présente. »

NOMS DES PERSONNAGES[1].

ASSUÉRUS, roi de Perse.
ESTHER, reine de Perse.
MARDOCHÉE, oncle d'Esther.
AMAN, favori d'Assuérus.
ZARÈS, femme d'Aman.
HYDASPE[2], officier du palais intérieur d'Assuérus.
ASAPH, autre officier d'Assuérus.
ÉLISE, confidente d'Esther.
THAMAR, Israélite de la suite d'Esther.
GARDES DU ROI ASSUÉRUS.
CHOEUR DE JEUNES FILLES ISRAÉLITES.

La scène est à Suse[3], dans le palais d'Assuérus.

LA PIÉTÉ fait le prologue[4].

---

1. Telle est dans les anciennes éditions le titre de la liste qui suit. Dans les tragédies profanes de Racine c'est le mot *Acteurs* qui est en tête de la liste des personnages.
2. Les cinq premiers personnages de cette liste sont tirés du *Livre d'Esther*. Les quatre suivants sont de l'invention de Racine; mais il a pris dans l'Écriture trois de leurs noms, ceux d'*Asaph*, d'*Élise* et de *Thamar;* seulement *Élise* (*Élisa*) désigne dans la *Bible* un homme, et non une femme.
3. C'est dans cette ville, située sur le Choaspe, affluent du Tigre, que le *Livre d'Esther* place également la scène de cette histoire. Il y est dit au chapitre 1, verset 2, que lorsqu'Assuérus monta sur le trône, Suse était la capitale de son empire. Les rois de Perse séjournaient alternativement à Suse, à Babylone et à Ecbatane.
4. L'expression « fait le prologue » est empruntée à la langue latine : *agit prologum*. Mais dans ce sens on eût plutôt dit : « Tel acteur (Mme de Caylus) fait le prologue. »

PROLOGUE.

LA PIÉTÉ.

Du séjour bienheureux de la Divinité
Je descends dans ce lieu, par la Grâce habité[1].
L'Innocence s'y plaît, ma compagne éternelle,
Et n'a point sous les cieux d'asile plus fidèle.
Ici, loin du tumulte, aux devoirs les plus saints   5
Tout un peuple naissant est formé par mes mains.
Je nourris dans son cœur la semence féconde
Des vertus dont il doit sanctifier le monde.
Un roi qui me protège, un roi victorieux
A commis à mes soins ce dépôt précieux.   10
C'est lui qui rassembla ces colombes timides,
Éparses en cent lieux, sans secours et sans guides.
Pour elles, à sa porte[2] élevant ce palais,
Il leur y fit trouver l'abondance et la paix.

Grand Dieu, que cet ouvrage ait place en ta mémoire.
Que tous les soins qu'il prend pour soutenir ta gloire
Soient gravés de ta main au livre où sont écrits
Les noms prédestinés des rois que tu chéris.
Tu m'écoutes. Ma voix ne t'est point étrangère :
Je suis la Piété, cette fille si chère,   20
Qui t'offre de ce roi les plus tendres soupirs.
Du feu de ton amour j'allume ses desirs.
Du zèle qui pour toi l'enflamme et le dévore

---

1. La maison de Saint-Cyr. (*Note de Racine.*)
2. Saint-Cyr est dans le voisinage de Versailles.

La chaleur se répand du couchant à l'aurore¹.
Tu le vois tous les jours, devant toi prosterné, 25
Humilier ce front de splendeur couronné,
Et confondant l'orgueil par d'augustes exemples,
Baiser avec respect le pavé de tes temples.
De ta gloire animé, lui seul de tant de rois
S'arme pour ta querelle, et combat pour tes droits. 30
Le perfide intérêt, l'aveugle jalousie
S'unissent contre toi pour l'affreuse hérésie²;
La discorde en fureur frémit de toutes parts;
Tout semble abandonner tes sacrés étendards;
Et l'enfer, couvrant tout de ses vapeurs funèbres, 35
Sur les yeux les plus saints a jeté ses ténèbres³.
Lui seul, invariable et fondé sur la foi,
Ne cherche, ne regarde et n'écoute que toi;
Et bravant du démon l'impuissant artifice,
De la religion soutient tout l'édifice⁴. 40

1. Geoffroy explique bien ce passage. « Il s'agit ici, dit-il, des missions étrangères et des travaux apostoliques dans l'Orient et dans le Nouveau-Monde, que Louis XIV encourageoit par ses bienfaits. »

2. Allusion à la ligue d'Augsbourg (conclue en 1687), qui devait tourner au profit du prince d'Orange, défenseur de la religion protestante.

3. Quoi qu'en dise Geoffroy, si le roi et la reine d'Angleterre, lorsqu'*Esther* fut représentée devant eux, reconnurent ici le pape Innocent XI, nous croyons qu'ils ne se trompaient pas. On sait que quelques mois avant la première représentation d'*Esther* le Roi dans une lettre qu'il écrivait au cardinal d'Estrées, pour être mise sous les yeux du Saint-Père, accusait celui-ci de tenir une conduite qui aidait aux desseins formés par le prince d'Orange pour « le maintien de la religion protestante, ou plutôt l'extirpation de la catholique. » C'est évidemment le même reproche d'aveuglement que Racine adresse à Innocent XI dans ces deux vers. Cependant Luneau de Boisjermain et Louis Racine avaient, avant Geoffroy, révoqué en doute le sens qui n'avait échappé à personne. « La cour de France, dit Louis Racine dans ses *Remarques* sur *Esther*, étant alors brouillée avec la cour de Rome, on fit une application de ces deux vers, contraire aux intentions de l'auteur, qui n'étoit point capable de penser que l'enfer eût jeté ses ténèbres sur les yeux d'un pape aussi respectable qu'Innocent XI. » Le fils de Racine croyait sans doute servir par cette dénégation la mémoire de son père.

4. Louis XIV, ainsi que le montrent les allusions précédentes, est représenté dans ce prologue comme le seul soutien de la religion en Europe; mais il n'y

Grand Dieu, juge ta cause, et déploie aujourd'hui
Ce bras, ce même bras qui combattoit pour lui,
Lorsque des nations à sa perte animées
Le Rhin vit tant de fois disperser les armées.
Des mêmes ennemis je reconnois l'orgueil ; 45
Ils viennent se briser contre le même écueil.
Déjà, rompant partout leurs plus fermes barrières,
Du débris de leurs forts il couvre ses frontières¹.

 Tu lui donnes un fils prompt à le seconder,
Qui sait combattre, plaire, obéir, commander ; 50
Un fils qui, comme lui, suivi de la victoire,
Semble à gagner son cœur borner toute sa gloire ;
Un fils à tous ses vœux avec amour soumis,
L'éternel désespoir de tous ses ennemis.
Pareil à ces esprits que ta Justice envoie, 55
Quand son roi lui dit : « Pars, » il s'élance avec joie,
Du tonnerre vengeur s'en va tout embraser,
Et tranquille à ses pieds revient le déposer².

 Mais tandis qu'un grand roi venge ainsi mes injures,
Vous qui goûtez ici des délices si pures, 60

---

a pas là un mot d'éloge pour la répression de l'hérésie en France par la révocation de l'édit de Nantes (22 octobre 1685). Ceux qui l'ont dit ont eu une distraction, par exemple, au tome II, p. 325 de ses *Essais d'histoire littéraire*, M. Eugène Gerusez, écrivain de tant d'esprit et de solide instruction qu'une telle erreur, appuyée de son autorité, risquerait de s'accréditer au détriment de Racine.

1. Luneau de Boisjermain, et, à son exemple, la Harpe, Geoffroy, M. Aimé-Martin ont ainsi changé ce vers :

 Du débris de leurs forts ils couvrent ses frontières.

Il se rapporte au Roi comparé à un écueil. L'image est beaucoup plus juste et plus belle. — Racine fait allusion aux places qui furent emportées dans la campagne de 1688, et qui sont nommées dans la note suivante.

2. Le grand Dauphin avait été envoyé par Louis XIV au siége de Philisbourg, où il était arrivé le 6 octobre 1688. Après la prise de Philisbourg, il avait attaqué et pris Manheim, puis Frankenthal. Il était de retour auprès du Roi le dimanche 28 novembre 1688. La campagne qu'il venait de faire avec Vauban lui donna pour quelque temps une grande popularité.

S'il permet à son cœur un moment de repos,
A vos jeux innocents appelez ce héros.
Retracez-lui d'Esther l'histoire glorieuse,
Et sur l'impiété la foi victorieuse.
 Et vous, qui vous plaisez aux folles passions   65
Qu'allument dans vos cœurs les vaines fictions,
Profanes amateurs de spectacles frivoles,
Dont l'oreille s'ennuie au son de mes paroles,
Fuyez de mes plaisirs la sainte austérité.
Tout respire ici Dieu, la paix, la vérité.   70

ESTHER,

TRAGÉDIE.

ACTE I.

(Le théâtre représente l'appartement d'Esther¹.)

SCÈNE PREMIERE.

ESTHER, ÉLISE.

ESTHER.

Est-ce toi, chère Élise? O jour trois fois heureux !
Que béni soit le ciel qui te rend à mes vœux,
Toi qui de Benjamin comme moi descendue²,
Fus de mes premiers ans la compagne assidue,
Et qui d'un même joug souffrant l'oppression, 5
M'aidois à soupirer les malheurs de Sion.
Combien ce temps encore est cher à ma mémoire !
Mais toi, de ton Esther ignorois-tu la gloire ?
Depuis plus de six mois que je te fais chercher,
Quel climat, quel désert a donc pu te cacher ? 10

---

1. Cette indication est donnée par les éditions imprimées du vivant de Racine. Elle s'y trouve, comme en général les autres indications scéniques dans la suite de la pièce, placée à la marge ou près de la marge.
2. Dans les *Additions* au *Livre d'Esther* (chapitre XI, verset 2) et dans Josèphe (livre XI, chapitre VI), il est dit que Mardochée était de la tribu de Benjamin. Esther, fille de son frère, était nécessairement de la même tribu.

ÉLISE.

Au bruit de votre mort justement éplorée,
Du reste des humains je vivois séparée,
Et de mes tristes jours n'attendois que la fin,
Quand tout à coup, Madame, un prophète divin :
« C'est pleurer trop longtemps une mort qui t'abuse, 15
Lève-toi, m'a-t-il dit, prends ton chemin vers Suse.
Là tu verras d'Esther la pompe et les honneurs,
Et sur le trône assis le sujet de tes pleurs.
Rassure, ajouta-t-il, tes tribus alarmées,
Sion : le jour approche où le Dieu des armées [1] 20
Va de son bras puissant faire éclater l'appui ;
Et le cri de son peuple est monté jusqu'à lui [2]. »
Il dit. Et moi, de joie et d'horreur pénétrée,
Je cours. De ce palais j'ai su trouver l'entrée.
O spectacle ! O triomphe admirable à mes yeux, 25
Digne en effet du bras qui sauva nos aïeux !
Le fier Assuérus couronne sa captive,
Et le Persan superbe est aux pieds d'une Juive.
Par quels secrets ressorts, par quel enchaînement
Le ciel a-t-il conduit ce grand événement ? 30

ESTHER.

Peut-être on t'a conté la fameuse disgrâce
De l'altière Vasthi [3], dont j'occupe la place,

---

1. Le nom de *Dieu des armées* (*Dominus exercituum, Dominus Deus exercituum*) est fréquent dans les livres saints. Voyez *Isaïe*, XL, 3 ; *Jérémie*, XXXII, 18, XLII, 15, XLVI, 18, L, 18 et 31, etc. ; et les *Psaumes*, XXIII, 10, et LVIII, 5, où la *Vulgate* traduit le *Dieu des armées* du texte hébreu par les mots : *Dominus virtutum, Deus virtutum*.

2. Cette expression se trouve dans l'*Exode*, II, 23 : « Ingemiscentes filii « Israel, propter opera vociferati sunt ; *ascenditque clamor eorum ab operi-* « *bus* ; » et dans la *Prophétie de Jérémie*, XIV, 2 : « Luxit Judæa,... et *clamor* « *Jerusalem ascendit*. »

3. L'épithète d'*altière* donnée à Vasthi a généralement paru un trait dirigé contre Mme de Montespan. Le récit du *Livre d'Esther* nous apprend que Vasthi fut disgraciée pour avoir refusé de venir devant le Roi faire voir, au milieu d'un festin, sa beauté à tous les peuples et aux grands de la cour ; et

Lorsque le Roi, contre elle enflammé de dépit[1],
La chassa de son trône, ainsi que de son lit.
Mais il ne put sitôt en bannir la pensée.   35
Vasthi régna longtemps dans son âme offensée[2].
Dans ses nombreux États il fallut donc chercher[3]
Quelque nouvel objet qui l'en pût détacher.
De l'Inde à l'Hellespont ses esclaves coururent[4].
Les filles de l'Égypte à Suse comparurent[5].   40

plusieurs interprètes de la *Bible*, comme Saci le remarque, ont approuvé son refus. Racine a-t-il donc, dans le seul intérêt d'une allusion qui devait plaire, donné à la conduite de Vasthi une interprétation qu'on ne saurait admettre? Mais il faut remarquer que cette interprétation n'a pas été inventée par lui. Dans l'*Esther* de du Ryer (acte I, scène II), Mardochée dit à Esther, en lui rappelant la disgrâce de Vasthi :

> Si l'orgueil la fit choir d'une place adorée,
> Que la soumission vous la rende assurée.

L'*Esther*, poëme héroïque de Desmarets, a des vers tels que ceux-ci :

> De la fière Vasthi l'image éblouissante....
> Mais l'orgueil de Vasthi ne peut plaire à mes cieux.

Cependant du Ryer ni Desmarets ne songeaient à Mme de Montespan. Le texte même de l'Écriture autorisait ce jugement sur le caractère de Vasthi : *Venire contempsit*, « elle dédaigna de venir, » dit le *Livre d'Esther* (I, 12). Saci conclut de ces paroles « qu'il se peut bien faire que Vasthi ait parlé avec fierté et avec mépris. »

1. Dans le poëme héroïque d'*Esther* (chant II) on trouve cette même expression : *enflammé de dépit*, appliquée à Assuérus, lorsqu'il répudie Vasthi :

> Aussitôt par le Roi, de dépit enflammé...,

rencontre sans doute fortuite.

2. « Postquam regis Assueri indignatio deferbuerat, recordatus est Vasthi, « et quæ fecisset, vel quæ passa esset. » (*Esther*, II, 1.)

3. « Dixeruntque pueri regis ac ministri ejus : Quærantur regi puellæ vir-
« gines ac speciosæ, et mittantur qui considerent per universas provincias
« puellas speciosas et virgines; et adducant eas ad civitatem Susan, et tradant
« eas in domum feminarum ;... et quæcumque inter omnes oculis regis pla-
« cuerit, ipsa regnet pro Vasthi. Placuit sermo regi, et ita, ut suggesserant,
« jussit fieri. » (*Esther*, II, 2-4.)

4. L'empire des Perses s'étendait du côté de l'Europe jusqu'à l'Hellespont. L'Inde en était la limite orientale. Il est dit au chapitre I, verset 1 d'*Esther* : « In diebus Assueri, qui regnavit ab India usque Æthiopiam. »

5. On voit par le passage du *Livre d'Esther*, cité dans la note précédente, que l'Égypte était au nombre des provinces d'Assuérus.

Celles même du Parthe et du Scythe indompté [1]
Y briguèrent le sceptre offert à la beauté.
On m'élevoit alors, solitaire et cachée,
Sous les yeux vigilants du sage Mardochée.
Tu sais combien je dois à ses heureux secours. 4٤
La mort m'avoit ravi les auteurs de mes jours.
Mais lui, voyant en moi la fille de son frère,
Me tint lieu, chère Élise, et de père et de mère [2].
Du triste état des Juifs jour et nuit agité [3],

1. On a dit que Racine était sorti des limites de la domination des Perses, en nommant les Scythes et les Parthes, et avait fait un anachronisme, parce qu'il n'était pas encore dans ces temps-là question des Parthes. Mais l'épithète d'*indompté* donnée aux Scythes montre bien que le poète n'a pas entendu borner la recherche ordonnée par Assuérus aux provinces qui étaient sous son empire. Si les Parthes, nation scythique, n'ont fondé un royaume que plus tard, ils pouvaient cependant exister dès lors. La poésie d'ailleurs a toujours eu des priviléges que l'érudition, même lorsqu'elle est moins incertaine, ne peut pas lui contester.

2. « Erat vir Judæus in Susan civitate, vocabulo Mardochæus,... qui fuit « nutritius filiæ fratris suæ Edissæ, quæ altero nomine vocabatur Esther, et « utrumque parentem amiserat.... Mortuisque patre ejus ac matre, Mardochæus « sibi eam adoptavit in filiam. » (*Esther*, II, 5 et 7.) — Racine a suivi ce témoignage de la *Vulgate*. Josèphe (livre XI, chapitre VI) dit aussi que Mardochée était oncle d'Esther; mais d'après la version des Septante il était son cousin germain, et l'avait élevée pour être sa femme : Καὶ ἦν τούτῳ παῖς θρεπτή, θυγάτηρ Ἀμιναδὰβ ἀδελφοῦ πατρὸς αὐτοῦ, καὶ ὄνομα αὐτῇ Ἐσθήρ.... Ἐπαίδευσεν αὐτὴν ἑαυτῷ εἰς γυναῖκα. (Chapitre II, verset 7.)

3. On a reproché à Racine une erreur historique, lorsqu'il a, comme ici, représenté les Juifs en un triste état, et même ailleurs, par exemple aux vers 567 et 568, 1339 et suivants, en un état de servitude et de captivité. Quel que soit, a-t-on dit, celui des successeurs de Cyrus que l'on reconnaisse dans l'Assuérus du *Livre d'Esther*, les Juifs n'étaient plus captifs ; ils avaient cessé de l'être la première année du règne de Cyrus. Il ne faut pas oublier toutefois que jusqu'au temps de la lettre d'Artaxerxès Longue-Main, obtenue par Esdras, il y eut comme un reste de captivité. Louis Racine fait remarquer, dans l'*Examen d'Esther*, que la reconstruction du temple ayant été interrompue (elle ne le fut, il est vrai, que jusqu'à la seconde année du règne de Darius), et les rois de Perse, successeurs de Cyrus, n'ayant pas toujours été favorables aux Juifs, ceux-ci « se regardoient encore comme dans l'oppression. » S'il reste là quelque chose d'obscur et d'incertain, le poëte avait le droit de choisir sur l'état des Juifs demeurés en Perse la supposition qui lui permettait de mettre dans un plus beau jour le sujet de sa tragédie, c'est-à-dire la délivrance du peuple de Dieu par Esther.

Il me tira du sein de mon obscurité ; 50
Et sur mes foibles mains fondant leur délivrance,
Il me fit d'un empire accepter l'espérance.
A ses desseins secrets tremblante j'obéis.
Je vins. Mais je cachai ma race et mon pays[1].
Qui pourroit cependant t'exprimer les cabales 55
Que formoit en ces lieux ce peuple de rivales,
Qui toutes disputant un si grand intérêt,
Des yeux d'Assuérus attendoient leur arrêt?
Chacune avoit sa brigue et de puissants suffrages :
L'une d'un sang fameux vantoit les avantages ; 60
L'autre, pour se parer de superbes atours,
Des plus adroites mains empruntoit le secours[2].
Et moi, pour toute brigue et pour tout artifice[3],
De mes larmes au ciel j'offrois le sacrifice.
 Enfin on m'annonça l'ordre d'Assuérus. 65
Devant ce fier monarque, Élise, je parus.
Dieu tient le cœur des rois entre ses mains puissantes[4] ;
Il fait que tout prospère aux âmes innocentes,

---

1. « Quæ noluit indicare ei populum et patriam suam : Mardochæus enim « præceperat ei ut de hac re omnino reticeret. » (*Esther*, II, 10.) — Dans la tragédie d'*Esther* de du Ryer (acte I, scène II), Esther dit à Mardochée :

 J'ai suivi vos conseils, et je leur obéis.
 Ainsi je cache au Roi mon sang et mon pays :
 Il pense que le ciel me donna la naissance
 Dans les vastes pays de son obéissance.

2. Plusieurs commentateurs ont pensé que Racine avait eu présent à la mémoire ce passage de Tacite, où le tableau de brigues féminines offre en effet des traits semblables : « Nec minore ambitu feminæ exarserant : suam « quæque nobilitatem, formam, opes contendere, ac digna tanto matrimonio « ostentare. » (*Annales*, livre XII, chapitre I.)

3. « Quæ non quæsivit muliebrem cultum. » (*Esther*, II, 15.)

4. « Sicut divisiones aquarum, ita cor regis in manu Domini : quocumque « voluerit inclinabit illud. » (*Proverbes*, XXI, 1.) — Dans un des chœurs d'*Esther* (acte I, scène IX, vers 729-734), ce verset des *Proverbes* a été plus complètement rendu.—Montchrestien, dans un passage de sa tragédie d'*Aman*, que nous aurons à citer plus loin, a dit aussi :

 Toi qui tiens dans ta main des princes le courage.

Tandis qu'en ses projets l'orgueilleux est trompé.
De mes foibles attraits le Roi parut frappé.
Il m'observa longtemps dans un sombre silence ;
Et le ciel, qui pour moi fit pencher la balance,
Dans ce temps-là sans doute agissoit sur son cœur.
Enfin avec des yeux où régnoit la douceur :
« Soyez reine, » dit-il; et dès ce moment même
De sa main sur mon front posa son diadème [1].
Pour mieux faire éclater sa joie et son amour,
Il combla de présents tous les grands de sa cour ;
Et même ses bienfaits, dans toutes ses provinces,
Invitèrent le peuple aux noces de leurs princes [2].
  Hélas! durant ces jours de joie et de festins,
Quelle étoit en secret ma honte et mes chagrins !
« Esther, disois-je, Esther dans la pourpre est assise,
La moitié de la terre à son sceptre est soumise,
Et de Jérusalem l'herbe cache les murs !
Sion, repaire affreux de reptiles impurs [3],
Voit de son temple saint les pierres dispersées,
Et du Dieu d'Israël les fêtes sont cessées [4] ! »

ÉLISE.
N'avez-vous point au Roi confié vos ennuis?

ESTHER.
Le Roi, jusqu'à ce jour, ignore qui je suis [5].

---

1. « Et adamavit eam rex plus quam omnes mulieres.... et posuit diadema
« regni in capite ejus, fecitque eam regnare in loco Vasthi. » (*Esther*, II, 17.)
2. « Et jussit convivium præparari permagnificum cunctis principibus et
« servis suis, pro conjunctione et nuptiis Esther. Et dedit requiem universis
« provinciis, ac dona largitus est juxta magnificentiam principalem. » (*Ibidem*,
II, 18.)
3. « Et dabo Jerusalem in acervos arenæ et cubilia draconum. » (*Jérémie*,
IX, 11.) — « Ut ponat civitates Juda solitudinem et habitaculum draconum. »
(*Ibidem*, X, 22.)
4. Voyez ci-dessus la note sur le vers 49. *Esdras* (livre I, chapitre VI, 15-22)
nous montre le culte rétabli dans le nouveau temple sous le règne de Darius,
mais seulement dans la sixième année de ce règne.
5. Suivant quelques-uns, le surnom d'*Esther* donné à Édissa (voyez ci-des-

Celui par qui le ciel règle ma destinée
Sur ce secret encor tient ma langue enchaînée[1].

ÉLISE.

Mardochée ? Hé ! peut-il approcher de ces lieux[2] ?

ESTHER.

Son amitié pour moi le rend ingénieux.
Absent, je le consulte; et ses réponses sages   95
Pour venir jusqu'à moi trouvent mille passages.
Un père a moins de soin du salut de son fils.
Déjà même, déjà par ses secrets avis
J'ai découvert au Roi les sanglantes pratiques
Que formoient contre lui deux ingrats domestiques[3].
Cependant mon amour pour notre nation
A rempli ce palais de filles de Sion,

sus, p. 468, la note du vers 48) signifie *cachée*, et lui convenait parce que le Roi ignorait qui elle était. D'autres (voyez le *Commentaire du livre d'Esther* par M. J. Oppert, p. 4) disent que dans la langue persane *Esther* avait le sens d'*etoile*.

1. « Necdum prodiderat Esther patriam et populum suum, juxta mandatum
« ejus. Quidquid enim illa præcipiebat, observabat Esther; et ita cuncta fa-
« ciebat, ut eo tempore solita erat quo eam parvulam nutriebat. » (*Esther*,
II, 20.)

2. C'est ainsi que, pour aller au-devant d'une objection qu'on pouvait lui faire, Racine, au commencement de *Bajazet* (vers 3 et 4), fait dire par Osmin :

Et depuis quand, Seigneur, entre-t-on dans ces lieux,
Dont l'accès étoit même interdit à nos yeux ?

Mais il lui était plus facile de fonder la vraisemblance des communications établies entre Mardochée et Esther que celle de l'entrée d'Acomat dans le Harem. Toutes les difficultés qu'on peut élever, d'après l'idée que nous avons des mœurs de l'antique Orient, tombent devant le récit de l'Ecriture : « Qui
« (*Mardochæus*) deambulabat quotidie ante vestibulum domus, in qua electæ
« virgines servabantur, curam agens salutis Esther, et scire volens quid ei
« accideret. » (*Esther*, II, 11.) Cela se passait avant qu'Esther fût reine; mais elle l'était déjà à l'époque où le *Livre d'Esther* raconte les messages que s'envoient Esther et Mardochée, et dont ils chargent l'eunuque Athach. Voyez le *Livre d'Esther*, IV, 5-16.

3. « Eo igitur tempore quo Mardochæus ad regis januam morabatur, irati
« sunt Bagathan et Thares, duo eunuchi Regis.... voluĕruntque insurgere in
« Regem, et occidere eum. Quod Mardochæum non latuit, statimque nuntiavit
« Reginæ Esther; et illa Regi, ex nomine Mardochæi, qui ad se rem detulerat. »
(*Esther*, II, 21 et 22.)

Jeunes et tendres fleurs, par le sort agitées,
Sous un ciel étranger comme moi transplantées.
Dans un lieu séparé de profanes témoins, 105
Je mets à les former mon étude et mes soins [1];
Et c'est là que fuyant l'orgueil du diadème,
Lasse de vains honneurs, et me cherchant moi-même,
Aux pieds de l'Éternel je viens m'humilier,
Et goûter le plaisir de me faire oublier. 110
Mais à tous les Persans je cache leurs familles.
Il faut les appeler. Venez, venez, mes filles,
Compagnes autrefois de ma captivité,
De l'antique Jacob jeune postérité [2].

1. L'intention de donner à Esther quelques-uns des traits de Mme de Maintenon faciles à reconnaître n'est nulle part aussi évidente que dans ce passage. Louis Racine (*Remarques* sur *Esther*) a dit, en parlant des quatre vers qui suivent : « Ces quatre vers sont conformes à ce que l'Écriture sainte rapporte d'Esther. On croyoit cependant que le poëte y avoit voulu peindre Mme de Maintenon. » Il est très-vrai qu'Esther *fuyant l'orgueil du diadème et venant s'humilier aux pieds de l'Éternel* est bien l'Esther de l'Écriture sainte : voyez particulièrement le chapitre xiv du *Livre d'Esther*, versets 15-18. Mais lorsque Racine transforme un coin du palais d'Assuérus en une sorte de Saint-Cyr, où la Reine se plaît à former elle-même des jeunes filles, il n'est pas besoin d'avertir le lecteur qu'il n'y a rien de semblable à chercher dans l'Écriture. On n'oserait pas toutefois se plaindre d'une fiction poétique si gracieuse et si délicate, d'une si aimable flatterie, que suffirait à excuser l'à-propos, dans une pièce représentée par les jeunes élèves de Mme de Maintenon. Le *Livre d'Esther* (II, 9) parle de jeunes filles attachées au service de la Reine. Elles étaient au nombre de sept, et choisies dans la maison du Roi : « Septem « puellas speciosissimas de domo Regis. » Étaient-elles de la nation d'Esther ? On pourrait le supposer, puisque Esther jeûne avec elles : « Ego cum ancillis « meis.... jejunabo. » (*Esther*, IV, 16.)

2. Ce vers est une heureuse traduction du premier vers de l'*OEdipe-Roi* de Sophocle, avec le seul changement du nom de *Cadmus* en celui de *Jacob* :

Ὦ τέκνα, Κάδμου τοῦ πάλαι νέα τροφή.

SCÈNE II.

ESTHER, ÉLISE, LE CHOEUR.

UNE DES ISRAÉLITES chante derrière le théâtre[1].
Ma sœur, quelle voix nous appelle ? 115
UNE AUTRE.
J'en reconnois les agréables sons.
C'est la Reine.
TOUTES DEUX.
Courons, mes sœurs, obéissons.
La Reine nous appelle :
Allons, rangeons-nous auprès d'elle.
TOUT LE CHOEUR, entrant sur la scène par plusieurs endroits
différents.
La Reine nous appelle : 120
Allons, rangeons-nous auprès d'elle.
ÉLISE.
Ciel ! quel nombreux essaim d'innocentes beautés
S'offre à mes yeux en foule et sort de tous côtés !
Quelle aimable pudeur sur leur visage est peinte !
Prospérez, cher espoir d'une nation sainte. 125
Puissent jusques au ciel vos soupirs innocents
Monter comme l'odeur d'un agréable encens[2] !
Que Dieu jette sur vous des regards pacifiques.
ESTHER.
Mes filles, chantez-nous quelqu'un de ces cantiques
Où vos voix si souvent se mêlant à mes pleurs 130

---

1. *Var.* (édit. de 1689, in-4° et in-8°) : « UNE DES ISRAÉLITES, *chantant derrière le théâtre.* »
2. Racine a pris cette comparaison dans la *Bible*. On lit dans le *Psaume* CXL, verset 2 : « Dirigatur oratio mea sicut incensum in conspectu tuo, » verset que L. Racine a signalé ; et dans l'*Apocalypse*, VIII, 4 : « Et ascendit fumus in-
« censorum de orationibus sanctorum, de manu angeli, coram Deo. »

De la triste Sion célèbrent les malheurs.
UNE ISRAÉLITE seule chante.
Déplorable Sion, qu'as-tu fait de ta gloire ?
Tout l'univers admiroit ta splendeur :
Tu n'es plus que poussière; et de cette grandeur
Il ne nous reste plus que la triste mémoire. 135
Sion, jusques au ciel élevée autrefois,
Jusqu'aux enfers maintenant abaissée,
Puissé-je demeurer sans voix,
Si dans mes chants ta douleur retracée
Jusqu'au dernier soupir n'occupe ma pensée[1] ! 140
TOUT LE CHOEUR.
O rives du Jourdain ! ô champs aimés des cieux[2] !
Sacrés monts, fertiles vallées,
Par cent miracles signalées !
Du doux pays[3] de nos aïeux

---

1. Racine imite ici un passage du *Psaume* CXXXVI, *Super flumina Babylonis* (verset 6) : « Adhærcat lingua mea faucibus meis, si non meminero tui, « si non proposuero Jerusalem in principio lætitiæ meæ. »

2. M. A. Coquerel dans son *Commentaire biblique* sur *Esther* blâme *ô champs aimés des cieux !* Il voit dans cette phrase « une association d'idées contraire à tout l'ensemble des principes de la foi juive, et dont la Bible n'offre pas un exemple. » Il est très-possible que les divers passages des deux tragédies saintes dans lesquels le même commentateur a critiqué les actions de grâce rendues au ciel, ou les invocations qui lui sont adressées comme à Dieu même (voyez *Athalie*, vers 69, et *Esther*, vers 1194), s'éloignent des habitudes du langage de l'Ancien Testament. Toutefois Racine qui lisait dans la prière enseignée par le Christ lui-même : « Notre Père, qui êtes aux cieux, » et qui ne pouvait admettre entre les deux Testaments une différence essentielle de principes de foi, ne devait-il pas regarder le ciel comme le séjour de Dieu, et penser qu'un poëte avait bien le droit de nommer ce royaume du ciel pour le maître qui l'habite, sans encourir pour cela le reproche d'avoir oublié que « les Juifs évitaient soigneusement de matérialiser l'idée de Dieu? » Mais quand même l'observation très-rigoureuse de M. Coquerel devrait être acceptée dans un certain nombre de passages d'*Esther* et d'*Athalie*, nous comprenons peu qu'elle lui ait paru surtout applicable au vers qui fait l'objet de cette note. Des *champs aimés des cieux* peut signifier simplement « des champs qu'un heureux climat rend fertiles. » Dans cette expression poétique ainsi comprise, le ciel serait à peine personnifié, et ne représenterait pas Dieu lui-même.

3. Dans l'impression à part des *Chœurs d'Esther*, il y a *séjour*, au lieu de *pays*.

ACTE I, SCÈNE II.

Serons-nous toujours exilées? 145

UNE ISRAÉLITE seule.

Quand verrai-je, ô Sion! relever tes remparts,
Et de tes tours les magnifiques faîtes?
Quand verrai-je de toutes parts
Tes peuples en chantant accourir à tes fêtes?

TOUT LE CHOEUR.

O rives du Jourdain! ô champs aimés des cieux! 150
Sacrés monts, fertiles vallées,
Par cent miracles signalées!
Du doux pays de nos aïeux
Serons-nous toujours exilées?

SCÈNE III[1].

ESTHER, MARDOCHÉE, ÉLISE, LE CHOEUR.

ESTHER.

Quel profane en ce lieu s'ose avancer vers nous? 155
Que vois-je? Mardochée? O mon père, est-ce vous?
Un ange du Seigneur, sous son aile sacrée,
A donc conduit vos pas et caché votre entrée[2]?
Mais d'où vient cet air sombre, et ce cilice affreux,

---

1. Dans les éditions de 1702, 1713, 1722, 1723 (Cologne), et dans celle de Luneau de Boisjermain (1768), l'acte II commence à cette scène.
2. Le poëte devait nécessairement mettre en présence Mardochée et Esther. Mais on aurait trouvé tout à fait invraisemblable que Mardochée eût pu s'introduire dans l'appartement de la Reine, si Esther ne s'en était étonnée elle-même, et si elle n'avait expliqué par une faveur divine une apparition si inattendue. Pour échapper à une grande difficulté, on ne pouvait faire choix d'un moyen qui parût mieux dans le véritable esprit de cette histoire sacrée: *dignus vindice nodus*. Un auteur de nos anciens mystères qui, dans le même sujet, aurait eu ici la même idée, n'aurait pas manqué de nous montrer l'ange du Seigneur conduisant Mardochée par la main. Racine a indiqué discrètement l'intervention miraculeuse par une simple interrogation d'Esther, qui laisse au spectateur l'impression de la possibilité de cette intervention, mais ne le contraint pas à l'imaginer sous une forme définie. — Voyez ci-après, vers 232.

Et cette cendre enfin qui couvre vos cheveux[1] ? 160
Que nous annoncez-vous ?

MARDOCHÉE.

O Reine infortunée !
O d'un peuple innocent barbare destinée !
Lisez, lisez l'arrêt détestable, cruel.
Nous sommes tous perdus, et c'est fait d'Israël.

ESTHER.

Juste ciel ! tout mon sang dans mes veines se glace[2]. 165

MARDOCHÉE.

On doit de tous les Juifs exterminer la race.
Au sanguinaire Aman nous sommes tous livrés.
Les glaives, les couteaux sont déjà préparés.
Toute la nation à la fois est proscrite.
Aman, l'impie Aman, race d'Amalécite[3], 170

---

1. « Quæ cum audisset Mardochæus, scidit vestimenta sua, et indutus est « sacco, spargens cinerem capiti. » (*Esther*, IV, 1.) — Le *sac*, qu'il a sans doute paru à Racine trop difficile de faire entrer dans notre langue poétique, a été remplacé dans ses vers par le *cilice*; on a critiqué cette expression comme trop moderne. Voyez cependant *Jérémie*, chapitre VI, verset 26, dans la *Vulgate*. Avant Racine, Montchrestien avait dit dans son *Aman* (acte III) :

Nous avons vu, Madame, objet vraiment piteux,
Mardochée en état triste et calamiteux....
Ayant le chef grison de poussière couvert....
Son dos étoit chargé d'une poignante *haire*.

Et dans le poëme héroïque d'*Esther* (chant I) on lit ce vers sur les Hébreux :

Ils se couvrent de cendre, ils vêtent le *cilice*.

Ce n'était pas, suivant M. Coquerel, un cilice, une haire que les Juifs revêtaient dans leur deuil ; « c'était, dit-il, une sorte de sac en étoffe grossière de poil de chèvre, qui recouvrait le haut du corps, descendait jusqu'aux genoux et ne s'ouvrait qu'aux épaules pour admettre les bras. L'usage était de déchirer ce vêtement du cou à la poitrine, et quelquefois même jusqu'à la ceinture. »

2. Le même vers est dans la tragédie de *Phèdre*, acte I, scène III, vers 270.

3. On lit dans le *Livre d'Esther* (III, 1 et 10) qu'Aman était fils d'Amadath de la race d'Agag : « filium Amadathi, qui erat de stirpe Agag. » Le roi des Amalécites qui tomba vivant entre les mains de Saül, et fut épargné par lui contre l'ordre de Dieu, se nommait *Agag*. Aussi l'historien Josèphe (livre XI des *Antiquités judaïques*, chapitre VI, 5) dit-il qu'Aman était de race amalécite : Ἀμάνην δὲ Ἀμαδάθου μὲν υἱὸν, τὸ γένος δὲ Ἀμαληκίτην. Cependant au chapitre XVI, 10, du *Livre d'Esther*, on parle d'Aman comme d'un Macédonien de

ACTE I, SCENE III.

A pour ce coup funeste armé tout son crédit ;
Et le Roi, trop crédule, a signé cet édit[1].
Prévenu contre nous par cette bouche impure,
Il nous croit en horreur à toute la nature[2].
Ses ordres sont donnés ; et dans tous ses États,   175
Le jour fatal est pris pour tant d'assassinats.
Cieux, éclairerez-vous cet horrible carnage ?
Le fer ne connoîtra ni le sexe ni l'âge[3] ;
Tout doit servir de proie aux tigres, aux vautours ;

cœur et de race : *animo et gente Macedo*. Saci, dans son explication du chapitre III du *Livre d'Esther*, croit que l'on peut résoudre la difficulté en supposant « qu'Aman était descendu d'Agag du côté de son père ou de sa mère, et était Macédonien de l'autre côté. » Mais M. J. Oppert (*Commentaire du livre d'Esther*, p. 11) est d'avis que le nom de *Haman* trahit une origine médoperse, et que les Septante traduisent à tort l'hébreu *Agagi* par Μακεδών, le *Macédonien*. » Il ajoute : « Nous savons maintenant par les inscriptions de Khorsabad que le pays d'Agag composait réellement une partie de la Médie. » Ne peut-on répondre qu'au chapitre XVI, verset 10, du *Livre d'Esther*, il n'est pas dit seulement qu'Aman était Macédonien, mais qu'il était « étranger au sang des Perses, *alienusque a Persarum sanguine ?* » Au surplus, l'autorité de Josèphe et des plus anciens interprètes du *Livre d'Esther* suffit pour justifier Racine, qui appelle ici Aman *race d'Amalécite*, et ailleurs (vers 1086 et 1096) *un Thrace, un Scythe*. Voyez plus bas la note du vers 895.

1. On peut comparer ces vers de du Ryer (*Esther*, acte IV, scène 1) :

MARD. Il faut mourir, Esther, si le ciel favorable
N'achève par vos mains une œuvre mémorable.
Déjà le fer est prêt qui doit trancher vos jours.
. . . . Des Juifs la perte est arrêtée.
THAMAR. . . . . Pour ce grand dessein
Le Roi donne sa voix, son pouvoir et sa main.

2. Dans la lettre du Roi envoyée par Aman aux gouverneurs des provinces, la nation juive est accusée d'être en révolte contre tout le genre humain : « unam « gentem rebellem adversus omne hominum genus. » (*Esther*, XIII, 5.)

3. « Jussimus ut quoscumque Aman.... monstraverit, cum conjugibus ac « liberis deleantur. » (*Esther*, XIII, 6.) « Missæ sunt (*litteræ*) per cursores « Regis ad universas provincias, ut occiderent atque delerent omnes Ju- « dæos, a puero usque ad senem, parvulos et mulieres, uno die. » (*Ibidem*, III, 13.)

On doit ensevelir dans le même naufrage
Les vieillards, les enfants, et tout sexe et tout âge,
Et sans considérer le mérite et le rang,
En étouffer la race et l'éteindre en leur sang.
(Du Ryer, *Esther*, acte IV, scène 1.)

Et ce jour effroyable arrive dans dix jours. 180

ESTHER.

O Dieu, qui vois former des desseins si funestes,
As-tu donc de Jacob abandonné les restes ?

UNE DES PLUS JEUNES ISRAÉLITES.

Ciel ! qui nous défendra, si tu ne nous défends ?

MARDOCHÉE.

Laissez les pleurs, Esther, à ces jeunes enfants.
En vous est tout l'espoir de vos malheureux frères. 185
Il faut les secourir[1]. Mais les heures sont chères :
Le temps vole, et bientôt amènera le jour
Où le nom des Hébreux doit périr sans retour[2].
Toute pleine du feu de tant de saints prophètes,
Allez, osez au Roi déclarer qui vous êtes[3]. 190

ESTHER.

Hélas ! ignorez-vous quelles sévères lois
Aux timides mortels cachent ici les rois ?
Au fond de leur palais leur majesté terrible
Affecte à leurs sujets de se rendre invisible ;
Et la mort est le prix de tout audacieux 195
Qui sans être appelé se présente à leurs yeux,
Si le Roi dans l'instant, pour sauver le coupable,
Ne lui donne à baiser son sceptre redoutable.

---

1. Dans l'*Esther* de du Ryer (acte IV, scène I), Mardochée dit à Esther :

> L'infortune des Juifs, leurs douleurs et leurs craintes
> Ont besoin de secours, et non pas de vos plaintes.
> Ce n'est pas les aider que de craindre pour eux,
> Et c'est agir pour vous d'aider ces malheureux.

2. « Le nom qui périt » est une expression fréquente dans les livres saints : « Il fera périr leurs noms sous le ciel, » *disperdet nomina eorum sub cœlo*, dit le *Deutéronome*, VII, 24. — Dans les *Psaumes*, on lit : *Quando morietur, et peribit nomen ejus?* « Quand mourra-t-il, et quand son nom périra-t-il ? » (XL, 6.) Voyez aussi le *Psaume* CVIII, 13.

3. Mardochée, dans le *Livre d'Esther*, IV, 8, fait avertir Esther qu'elle doit aller trouver le Roi et intercéder pour son peuple : « *Ut intraret ad Regem et deprecaretur eum pro populo suo.* »

Rien ne met à l'abri de cet ordre fatal,
Ni le rang, ni le sexe, et le crime est égal. 200
Moi-même, sur son trône, à ses côtés assise,
Je suis à cette loi comme une autre soumise ;
Et sans le prévenir, il faut, pour lui parler,
Qu'il me cherche, ou du moins qu'il me fasse appeler[1].

MARDOCHÉE.

Quoi? lorsque vous voyez périr votre patrie, 205
Pour quelque chose, Esther, vous comptez votre vie !
Dieu parle, et d'un mortel vous craignez le courroux !
Que dis-je? Votre vie, Esther, est-elle à vous?
N'est-elle pas au sang dont vous êtes issue?
N'est-elle pas à Dieu dont vous l'avez reçue? 210
Et qui sait, lorsqu'au trône il conduisit vos pas,
Si pour sauver son peuple il ne vous gardoit pas[2]?
Songez-y bien : ce Dieu ne vous a pas choisie
Pour être un vain spectacle aux peuples de l'Asie,
Ni pour charmer les yeux des profanes humains. 215
Pour un plus noble usage il réserve ses saints.
S'immoler pour son nom et pour son héritage,
D'un enfant d'Israël voilà le vrai partage :
Trop heureuse pour lui de hasarder vos jours !
Et quel besoin son bras a-t-il de nos secours? 220
Que peuvent contre lui tous les rois de la terre?
En vain ils s'uniroient pour lui faire la guerre :
Pour dissiper leur ligue il n'a qu'à se montrer ;

---

1. « Quæ respondit ei, et jussit ut diceret Mardochæo : Omnes servi regis,
« et cunctæ, quæ sub ditione ejus sunt, norunt provinciæ, quod sive vir, sive
« mulier, non vocatus, interius atrium Regis intraverit, absque ulla cuncta-
« tione statim interficiatur, nisi forte Rex auream virgam ad eum tetenderit
« pro signo clementiæ, atque ita possit vivere. Ego igitur quomodo ad Regem
« intrare potero, quæ triginta jam diebus non sum vocata ad eum? » (*Esther*,
IV, 10 et 11.)

2. « Et quis novit utrum idcirco ad regnum veneris, ut in tali tempore
« parareris? » (*Esther*, IV, 14.)

Il parle, et dans la poudre il les fait tous rentrer[1].
Au seul son de sa voix la mer fuit, le ciel tremble[2];
Il voit comme un néant tout l'univers ensemble;
Et les foibles mortels, vains jouets du trépas,
Sont tous devant ses yeux comme s'ils n'étoient pas[3].
S'il a permis d'Aman l'audace criminelle,
Sans doute qu'il vouloit éprouver votre zèle.
C'est lui qui m'excitant à vous oser chercher,
Devant moi, chère Esther, a bien voulu marcher;
Et s'il faut que sa voix frappe en vain vos oreilles,
Nous n'en verrons pas moins éclater ses merveilles.
Il peut confondre Aman, il peut briser nos fers
Par la plus foible main qui soit dans l'univers.
Et vous, qui n'aurez point accepté cette grâce,
Vous périrez peut-être, et toute votre race[4].

1. « Avertente autem te faciem, turbabuntur.... et in pulverem suum re-
« vertentur. » (*Psaume* CIII, 29.) — J. B. Rousseau, dans le *Cantique* tiré du
Psaume XLVII, a faiblement imité Racine :

　　Il parle, et nous voyons leurs trônes mis en poudre.

2. « Dedit vocem suam, mota est terra. » (*Psaume* XLV, 7.) — « Mare vidit,
« et fugit. » (*Psaume* CXIII, 3.)
3. « Omnes gentes quasi non sint, sic sunt coram eo, et quasi nihilum et
« inane reputatæ sunt ei. » (*Isaïe*, XL, 17.)
4. « Ne putes quod animam tuam tantum liberes, quia in domo Regis es
« præ cunctis Judæis. Si enim nunc silueris, per aliam occasionem liberabuntur
« Judæi; et tu, et domus patris tui, peribitis. » (*Esther*, IV, 13 et 14.) — On
aimera à comparer aux vers de Racine les paroles que du Ryer met dans la
bouche de Mardochée. Les deux poëtes avaient le *Livre d'Esther* sous les yeux;
ils ont pu se rencontrer; mais il n'est pas invraisemblable que quelques développements aient été suggérés à Racine par son devancier :

　　.... Puisqu'en ce haut rang le ciel vous fait asseoir,
　　C'est à vous d'opposer le pouvoir au pouvoir....
　　Si pour sauver les Juifs votre bras ne s'emploie,
　　Le ciel pour les sauver peut faire une autre voie ;
　　Il peut fendre la terre en des chemins nouveaux,
　　De même que pour eux il sut fendre les eaux.
　　Croyez-vous que le ciel vous rende souveraine
　　Et vous donne l'éclat et le titre de reine
　　Pour briller seulement de l'illustre splendeur
　　Que répandent sur vous la pourpre et la grandeur ?
　　Croyez-vous aujourd'hui posséder la couronne

ESTHER.

Allez. Que tous les Juifs dans Suse répandus,
A prier avec vous jour et nuit assidus,   240
Me prêtent de leurs vœux le secours salutaire,
Et pendant ces trois jours gardent un jeûne austère[1].
Déjà la sombre nuit a commencé son tour :
Demain, quand le soleil rallumera le jour,
Contente de périr, s'il faut que je périsse,   245
J'irai pour mon pays m'offrir en sacrifice.
Qu'on s'éloigne un moment.
                    (Le Chœur se retire vers le fond du théâtre.)

> Pour jouir seulement des plaisirs qu'elle donne?...
> Dans le même moment que des cœurs inhumains
> Arment contre les Juifs de sanguinaires mains,
> Un roi qui vous chérit vous donne une puissance
> Capable d'étouffer cette injuste licence;
> Pensez-vous que ce Dieu, qui fait tout sagement,
> Nous fasse voir en vain ce grand évènement?
>   (*Esther*, acte IV, scène 1.)

On trouverait aussi quelques rapprochements à faire avec ces vers de Montchrestien (*Aman*, acte III). Mardochée parle ainsi :

> Et que sait-on, Seigneur, s'il te plaît derechef
> Te servir de la main d'une débile femme
> Pour retirer ta gent de mort et de diffame?...
> C'est afin voirement qu'en la foiblesse humaine
> Apparoisse tant mieux ta force souveraine.
> Tu fais du fort le foible, et du foible le fort ;
> Tu fais mourir le vif, tu fais vivre le mort....
> Et peut-être qu'elle est à ce degré promue
> Pour calmer seulement cette tempête émue,
> Pour retirer les siens de l'extrême danger
> Où les jette l'orgueil d'un tyran étranger.

1. « Vade et congrega omnes Judæos quos in Susan repereris, et orate
« pro me. Non comedatis et non bibatis tribus diebus et tribus noctibus ; et
« ego cum ancillis meis similiter jejunabo, et tunc ingrediar ad Regem, contra
« legem faciens, non vocata, tradensque me morti et periculo. » (*Esther*,
IV, 16.)

SCÈNE IV.

ESTHER, ÉLISE, LE CHOEUR.

ESTHER.

O mon souverain Roi[1] !
Me voici donc tremblante et seule devant toi.
Mon père mille fois m'a dit dans mon enfance
Qu'avec nous tu juras une sainte alliance, 250
Quand pour te faire un peuple agréable à tes yeux,
Il plut à ton amour de choisir nos aïeux.

---

1. Dans les *Additions* au *Livre d'Esther* (XIV, 3-19) on trouve la plupart des idées que Racine a exprimées avec tant d'éloquence dans cette prière d'Esther : « Domine mi, qui rex noster es solus, adjuva me solitariam, et « cujus præter te nullus est auxiliator alius. Periculum meum in manibus meis « est. Audivi a patre meo quod tu, Domine, tulisses Israel de cunctis genti- « bus, et patres nostros ex omnibus retro majoribus suis, ut possideres here- « ditatem sempiternam, fecistique eis sicut locutus es. Peccavimus in conspectu « tuo, et idcirco tradidisti nos in manus inimicorum nostrorum : coluimus « enim Deos eorum. Justus es, Domine. Et nunc non eis sufficit quod duris- « sima nos opprimunt servitute, sed robur manuum suarum idolorum potentiæ « deputantes, volunt tua mutare promissa, et delere hereditatem tuam, et « claudere ora laudantium te, atque exstinguere gloriam templi et altaris tui, « ut aperiant ora gentium, et laudent idolorum fortitudinem, et prædicent « carnalem regem in sempiternum. Ne tradas, Domine, sceptrum tuum his qui « non sunt, ne rideant ad ruinam nostram ; sed converte consilium eorum « super eos, et eum qui in nos cæpit sævire, disperde. Memento, Domine, et « ostende te nobis in tempore tribulationis nostræ, et da mihi fiduciam, Domine, « rex Deorum et universæ potestatis : tribue sermonem compositum in ore « meo in conspectu leonis, et transfer cor illius in odium hostis nostri, ut et « ipse pereat, et ceteri qui ei consentiunt. Nos autem libera manu tua, et ad- « juva me, nullum aliud auxilium habentem, nisi te, Domine, qui habes om- « nium scientiam, et nosti quia oderim gloriam iniquorum, et detester cubile « incircumcisorum, et omnis alienigenæ. Tu scis necessitatem meam, quod « abominer signum superbiæ et gloriæ meæ, quod est super caput meum in « diebus ostentationis meæ, et detester illud.... et non portem in diebus « silentii mei, et quod non comederim in mensa Aman, nec mihi placuerit « convivium Regis, et non biberim vinum libaminum ; et nunquam lætata sit « ancilla tua, ex quo huc translata sum usque in præsentem diem, nisi in te, « Domine, Deus Abraham. Deus fortis super omnes, exaudi vocem eorum qui « nullam aliam spem habent, et libera nos de manu iniquorum, et erue me a « timore meo. »

Même¹ tu leur promis de ta bouche sacrée
Une postérité d'éternelle durée.
Hélas ! ce peuple ingrat a méprisé ta loi ; 255
La nation chérie a violé sa foi ;
Elle a répudié son époux et son père,
Pour rendre à d'autres dieux un honneur adultère².
Maintenant elle sert sous un maître étranger.
Mais c'est peu d'être esclave, on la veut égorger. 260
Nos superbes vainqueurs, insultant à nos larmes,
Imputent à leurs dieux le bonheur de leurs armes,
Et veulent aujourd'hui qu'un même coup mortel
Abolisse ton nom, ton peuple et ton autel.
Ainsi donc un perfide, après tant de miracles, 265
Pourroit anéantir la foi de tes oracles,
Raviroit aux mortels le plus cher de tes dons,
Le saint que tu promets et que nous attendons³ ?
Non, non, ne souffre pas que ces peuples farouches,
Ivres de notre sang, ferment les seules bouches 270
Qui dans tout l'univers célèbrent tes bienfaits ;
Et confonds tous ces dieux qui ne furent jamais⁴.
  Pour moi, que tu retiens parmi ces infidèles,
Tu sais combien je hais leurs fêtes criminelles,

1. Il y a *mêmes* (*mesmes*), avec une *s* à la fin, dans les diverses éditions publiées du vivant de Racine.
2. Les mots qui expriment le crime d'adultère sont souvent dans les livres saints appliqués à l'idolâtrie. Dans la *Prophétie de Jérémie*, III, 9, il est dit de Juda : « Mœchata est cum lapide et ligno. » Voyez aussi *ibidem*, XIII, 27. Dans plusieurs chapitres de la *Prophétie d'Osée*, les exemples abondent.
3. On a objecté que « les Juifs proscrits par Aman pouvaient disparaître sans que l'espérance d'un rédempteur fût perdue. » (A. Coquerel, *Commentaire biblique sur Esther*.) Cependant il semble que Racine n'ait fait que donner un développement légitime aux paroles de la prière d'Esther, que nous avons citée tout à l'heure : « Volunt tua mutare promissa et delere hereditatem « tuam. » Dans l'explication du chapitre XIV, qui contient cette prière, Saci commente ainsi le verset 9 : « Car si l'édit publié à la sollicitation d'Aman contre tous les Juifs eût été exécuté, sa fureur ne se seroit pas arrêtée dans la seule Perse, mais auroit passé jusques à Jérusalem. »
4. C'est le « his qui non sunt » de cette même prière d'Esther (XIV, 11).

Et que je mets au rang des profanations 275
Leur table, leurs festins et leurs libations ;
Que même cette pompe où je suis condamnée,
Ce bandeau, dont il faut que je paroisse ornée
Dans ces jours solennels à l'orgueil dédiés,
Seule et dans le secret je le foule à mes pieds ; 280
Qu'à ces vains ornements je préfère la cendre,
Et n'ai de goût qu'aux pleurs que tu me vois répandre.
J'attendois le moment marqué dans ton arrêt,
Pour oser de ton peuple embrasser l'intérêt.
Ce moment est venu : ma prompte obéissance 285
Va d'un roi redoutable affronter la présence.
C'est pour toi que je marche. Accompagne mes pas
Devant ce fier lion[1] qui ne te connoît pas,
Commande en me voyant que son courroux s'apaise,
Et prête à mes discours un charme qui lui plaise. 290
Les orages, les vents, les cieux te sont soumis :
Tourne enfin sa fureur contre nos ennemis[2].

SCÈNE V.

(Toute cette scène est chantée.)

LE CHOEUR.

UNE ISRAÉLITE seule.

Pleurons et gémissons, mes fidèles compagnes.
 A nos sanglots donnons un libre cours.

---

1. « In conspectu leonis. » (*Esther*, xiv, 13.)
2. Il y a dans l'*Aman* de Montchrestien plusieurs passages, imités, comme cette belle prière de l'Esther de Racine, du chapitre xiv du *Livre d'Esther*. Mais cette imitation s'éloigne plus du texte sacré, et est dispersée entre différentes scènes. Comme elle est loin d'être sans mérite, il est intéressant d'en citer les principaux vers. Nous ne pouvons les donner ici, à cause de l'étendue de la citation ; on les trouvera dans un appendice à la fin de la pièce (p. 543).

Levons les yeux vers les saintes montagnes 295
D'où l'innocence attend tout son secours[1].
   O mortelles alarmes !
Tout Israël périt. Pleurez, mes tristes yeux.
  Il ne fut jamais sous les cieux
  Un si juste sujet de larmes. 300
   TOUT LE CHOEUR.
  O mortelles alarmes !
   UNE AUTRE ISRAÉLITE.
N'étoit-ce pas assez qu'un vainqueur odieux
De l'auguste Sion eût détruit tous les charmes,
Et traîné ses enfants captifs en mille lieux ?
   TOUT LE CHOEUR.
  O mortelles alarmes ! 305
   LA MÊME ISRAÉLITE.
Foibles agneaux livrés à des loups furieux[2],
  Nos soupirs sont nos seules armes.
   TOUT LE CHOEUR.
  O mortelles alarmes !
   UNE DES ISRAÉLITES[3].
Arrachons, déchirons tous ces vains ornements
  Qui parent notre tête. 310
   UNE AUTRE.
  Revêtons-nous d'habillements
  Conformes à l'horrible fête
  Que l'impie Aman nous apprête[4].

---

1. « Levavi oculos meos in montes, unde veniet auxilium mihi. » (*Psaume* CXX, 1.)

2. Cette image des loups dévorants, qui représentent les méchants, les persécuteurs, se trouve souvent dans les livres saints. Voyez *Jérémie*, V, 6 ; *Ézéchiel*, XXII, 27. Voyez aussi la tragédie d'*Athalie*, vers 642.

3. Tel est le texte des anciennes éditions. Dans celle de 1736 et dans la plupart des suivantes, on lit ici : « UNE ISRAÉLITE. »

4. « Cumque deposuisset (*Esther*) vestes regias, fletibus et luctui apta indumenta suscepit. » (*Esther*, XIV, 2.) — Dans l'impression à part des *Chœurs d'Esther*, les vers 309-313 sont prononcés par la même Israélite.

TOUT LE CHOEUR.

Arrachons, déchirons tous ces vains ornements
  Qui parent notre tête. 315

UNE ISRAÉLITE seule.

  Quel carnage de toutes parts !
On égorge à la fois les enfants, les vieillards,
  Et la sœur et le frère,
  Et la fille et la mère,
  Le fils dans les bras de son père[1]. 320
Que de corps entassés ! que de membres épars,
  Privés de sépulture !
  Grand Dieu ! tes saints sont la pâture
  Des tigres et des léopards[2].

UNE DES PLUS JEUNES ISRAÉLITES.

  Hélas ! si jeune encore, 325
Par quel crime ai-je pu mériter mon malheur ?
  Ma vie à peine a commencé d'éclore.
  Je tomberai comme une fleur[3]
  Qui n'a vu qu'une aurore.
  Hélas ! si jeune encore, 330
Par quel crime ai-je pu mériter mon malheur ?

UNE AUTRE.

Des offenses d'autrui malheureuses victimes,
Que nous servent, hélas ! ces regrets superflus ?
Nos pères ont péché, nos pères ne sont plus,
  Et nous portons la peine de leurs crimes. 335

---

1. Nous avons ici suivi le texte de 1689. L'édition de 1697 porte : « dans le bras de son père. »

2. On a donné les corps de ton peuple en pâture
  Aux oiseaux carnassiers qui volent par les cieux ;
  Les lions et les loups de farouche nature
  Ont fait de leurs boyaux leurs mets délicieux.
      (Montchrestien, *Aman*, acte III.)

3. « Tanquam flos agri sic efflorebit. » (*Psaume* CII, 15.)

ACTE I, SCÈNE V.

TOUT LE CHOEUR.

Le Dieu que nous servons est le Dieu des combats :
Non, non, il ne souffrira pas
Qu'on égorge ainsi l'innocence.

UNE ISRAÉLITE seule.

Hé quoi ? diroit l'impiété,
Où donc est-il ce Dieu si redouté
Dont Israël nous vantoit la puissance[1] ?

UNE AUTRE.

Ce Dieu jaloux, ce Dieu victorieux,
Frémissez, peuples de la terre,
Ce Dieu jaloux, ce Dieu victorieux
Est le seul qui commande aux cieux.
Ni les éclairs ni le tonnerre
N'obéissent point à vos dieux.

UNE AUTRE.

Il renverse l'audacieux.

UNE AUTRE.

Il prend l'humble sous sa défense.

TOUT LE CHOEUR.

Le Dieu que nous servons est le Dieu des combats :
Non, non, il ne souffrira pas
Qu'on égorge ainsi l'innocence.

DEUX ISRAÉLITES.

O Dieu, que la gloire couronne,
Dieu, que la lumière environne,
Qui voles sur l'aile des vents,

---

1. Pourquoi diront les Gents d'une profane bouche :
« Qu'est devenu le Dieu qu'ils souloient invoquer ? »
Ainsi que le souci de tes servants te touche,
Ne permets point aussi qu'on puisse te moquer.
        (Montchrestien, *Aman*, acte III.)

C'est une imitation de ces passages de l'Écriture : « Ne forte dicant in gentibus :
« Ubi est Deus eorum? » (*Psaume* LXXVIII, 10.) — « Dicitur mihi quotidie :
« Ubi est Deus tuus? » (*Psaume* XLI, 4.)

Et dont le trône est porté par les anges¹!
DEUX AUTRES DES PLUS JEUNES.
Dieu, qui veux bien que de simples enfants
Avec eux chantent tes louanges².
TOUT LE CHOEUR.
Tu vois nos pressants dangers :
Donne à ton nom la victoire ; 360
Ne souffre point que ta gloire
Passe à des dieux étrangers³.
UNE ISRAÉLITE seule.
Arme-toi, viens nous défendre :
Descends, tel qu'autrefois la mer te vit descendre⁴.
Que les méchants apprennent aujourd'hui 365
A craindre ta colère.
Qu'ils soient comme la poudre et la paille légère
Que le vent chasse devant lui⁵.
TOUT LE CHOEUR.
Tu vois nos pressants dangers :

---

1. « Amictus lumine, sicut vestimento.... Qui ambulas super pennas vento-
« rum. Qui facis angelos tuos spiritus. » (*Psaume* CIII, 2, 3 et 4.) — « Et
« ascendit super Cherubim, et volavit : volavit super pennas ventorum. »
(*Psaume* XVII, 11.) Ce dernier verset se retrouve avec une légère différence dans
le livre II des *Rois*, XXII, 11 : « Et ascendit super Cherubim, et volavit ; et
« lapsus est super pennas venti. »

2. « Ex ore infantium et lactentium perfecisti laudem. » (*Psaume* VIII, 3.)

3. Les idoles sont souvent appelés les étrangers (*alieni*) dans les livres saints.
On interprète ainsi ce mot dans *Jérémie*, II, 25, et III, 13.

4. «....Descendi ut liberem eum de manibus Ægyptiorum. » (*Exode*, III, 8.)

5. « Et disseminabo eos quasi stipulam, quæ vento raptatur in deserto. »
(*Jérémie*, XIII, 24.) — « Dabit quasi pulverem gladio ejus, sicut stipulam
« vento raptam arcui ejus. » (*Isaïe*, XLI, 2.) — « Et comminuam eos, ut
« pulverem ante faciem venti. » (*Psaume* XVII, 43.) — Voyez encore les *Psaumes*,
I, 4 ; XXXIV, 5 ; LXXXII, 14. — Montchrestien a aussi, dans sa tragédie d'*Aman*
(acte III), emprunté à la *Bible* cette image :

.... Comme le tourbillon
Qui pousse le fétu de sillon en sillon.

Donne à ton nom la victoire ; 370
Ne souffre point que ta gloire
Passe à des dieux étrangers.

FIN DU PREMIER ACTE.

ACTE II.

(Le théâtre représente la chambre où est le trône d'Assuérus.)

SCÈNE PREMIÈRE[1].

AMAN, HYDASPE.

AMAN.
Hé quoi? lorsque le jour ne commence qu'à luire,
Dans ce lieu redoutable oses-tu m'introduire?
HYDASPE.
Vous savez qu'on s'en peut reposer sur ma foi, 375
Que ces portes, Seigneur, n'obéissent qu'à moi.
Venez. Partout ailleurs on pourroit nous entendre.
AMAN.
Quel est donc le secret que tu me veux apprendre?
HYDASPE.
Seigneur, de vos bienfaits mille fois honoré,
Je me souviens toujours que je vous ai juré 380
D'exposer à vos yeux par des avis sincères
Tout ce que ce palais renferme de mystères.
Le Roi d'un noir chagrin paroît enveloppé.
Quelque songe effrayant cette nuit l'a frappé.
Pendant que tout gardoit un silence paisible, 385
Sa voix s'est fait entendre avec un cri terrible[2].

---

1. Ici commence l'acte III dans les éditions de 1702, 1713, 1722, 1723 (Cologne), et dans celle de Luneau de Boisjermain (1768).
2. Dans les *Choéphores* d'Eschyle (vers 31 et 32), on raconte de même que Clytemnestre, effrayée par un songe, a fait retentir le palais d'un cri terrible:

. . . . Ἀωρόνυκτον ἀμβόαμα
Μυχόθεν ἔλακε περὶ φόβω.

ACTE II, SCÈNE I.

J'ai couru. Le désordre étoit dans ses discours.
Il s'est plaint d'un péril qui menaçoit ses jours :
Il parloit d'ennemi, de ravisseur farouche ;
Même le nom d'Esther est sorti de sa bouche. 390
Il a dans ces horreurs passé toute la nuit.
Enfin, las d'appeler un sommeil qui le fuit,
Pour écarter de lui ces images funèbres,
Il s'est fait apporter ces annales célèbres [1]
Où les faits de son règne, avec soin amassés, 395
Par de fidèles mains chaque jour sont tracés.
On y conserve écrits le service et l'offense,
Monuments éternels d'amour et de vengeance.
Le Roi, que j'ai laissé plus calme dans son lit,
D'une oreille attentive écoute ce récit. 400

AMAN.
De quel temps de sa vie a-t-il choisi l'histoire ?

HYDASPE.
Il revoit tous ces temps si remplis de sa gloire,
Depuis le fameux jour qu'au trône de Cyrus
Le choix du sort plaça l'heureux Assuérus [2].

AMAN.
Ce songe, Hydaspe, est donc sorti de son idée ? 405

HYDASPE.
Entre tous les devins fameux dans la Chaldée,
Il a fait assembler ceux qui savent le mieux
Lire en un songe obscur les volontés des cieux.
Mais quel trouble vous-même aujourd'hui vous agite ?
Votre âme, en m'écoutant, paroît toute interdite. 410

---

1. « Noctem illam duxit Rex insomnem, jussitque sibi afferri historias et « annales priorum temporam. » (*Esther*, VI, 1.) Il est aussi parlé de ces annales au chapitre II, verset 23 du même *Livre d'Esther*.

2. Il n'est pas besoin de rappeler que Racine a adopté l'opinion de ceux qui dans Assuérus veulent reconnaître Darius. On sait comment, suivant Hérodote, livre III, chapitres LXXXV-LXXXVIII, le sort plaça Darius sur le trône. C'est là un de ces traits que Racine, dans sa *Préface*, dit avoir empruntés de cet historien. Voyez ci-dessus, p. 456.

L'heureux Aman a-t-il quelques secrets ennuis?

AMAN.

Peux-tu le demander dans la place où je suis,
Haï, craint, envié, souvent plus misérable
Que tous les malheureux que mon pouvoir accable?

HYDASPE.

Hé! qui jamais du ciel eut des regards plus doux? 415
Vous voyez l'univers prosterné devant vous.

AMAN.

L'univers? Tous les jours un homme.... un vil esclave,
D'un front audacieux me dédaigne et me brave.

HYDASPE.

Quel est cet ennemi de l'État et du Roi?

AMAN.

Le nom de Mardochée est-il connu de toi? 420

HYDASPE.

Qui? ce chef d'une race abominable, impie [1]?

AMAN.

Oui, lui-même.

HYDASPE.

Hé, Seigneur! d'une si belle vie
Un si foible ennemi peut-il troubler la paix?

AMAN.

L'insolent devant moi ne se courba jamais [2].
En vain de la faveur du plus grand des monarques 425
Tout révère à genoux les glorieuses marques.

---

1. Josèphe (*Antiquités judaïques*, livre XI, chapitre VI, 2) dit que Mardochée était un des premiers parmi les Juifs, τῶν δὲ πρώτων παρὰ τοῖς Ἰουδαίοις. Dans le *Livre d'Esther*, x, 3, on le qualifie de « grand parmi les Juifs, » *magnus apud Judæos*; mais il semble que ce soit après qu'Assuérus eût fait de lui la seconde personne dans l'Empire. Qu'il ait été, comme Hydaspe le dit ici, *le chef* de son peuple dans la Perse, c'est ce qui ne s'expliquerait pas facilement.

2. « Cunctique servi Regis, qui in foribus palatii versabantur, flectebant
« genua et adorabant Aman.... Solus Mardochæus non flectebat genu, neque
« adorabat eum. » (*Esther*, III, 2.)

Lorsque d'un saint respect tous les Persans touchés
N'osent lever leurs fronts à la terre attachés[1],
Lui, fièrement assis, et la tête immobile,
Traite tous ces honneurs d'impiété servile,   430
Présente à mes regards un front séditieux,
Et ne daigneroit pas au moins baisser les yeux.
Du palais cependant il assiége la porte[2] :
A quelque heure que j'entre, Hydaspe, ou que je sorte,
Son visage odieux m'afflige et me poursuit;   435
Et mon esprit troublé le voit encor la nuit.
Ce matin j'ai voulu devancer la lumière :
Je l'ai trouvé couvert d'une affreuse poussière,
Revêtu de lambeaux, tout pâle. Mais son œil
Conservoit sous la cendre encor le même orgueil.   440
D'où lui vient, cher ami, cette impudente audace ?

1. Voltaire fait dire à Mahomet :

Et je verrais leurs fronts attachés à la terre.
(*Mahomet*, acte II, scène v.)

2. Racine dit aussi plus bas, aux vers 560-562, en parlant de Mardochée :

Assis le plus souvent aux portes du palais....
Il y traîne, Seigneur, sa vie infortunée.

On lit dans le *Livre d'Esther*, II, 19 : « Mardochæus manebat ad januam Regis; » et II, 21 : « Mardochæus ad Regis januam morabatur ; » et enfin V, 9 : « Cumque vidisset Mardochæum *sedentem ante fores palatii*, et non solum « non assurrexisse sibi, sed nec motum quidem de loco sessionis suæ, indi- « gnatus est valde. » Mais faut-il comprendre, ainsi que Racine paraît l'avoir fait, que Mardochée venait s'asseoir devant cette porte, comme eût pu le faire tout passant? Il y a là sans nul doute une erreur, que M. A. Coquerel a signalée dans sa note sur le vers 562. Il fait remarquer avec raison que Mardochée avait un office à la cour de Suse, et que c'est là le sens de cette expression « être assis à la porte du Roi, » comme on en voit un exemple dans la *Prophétie de Daniel*, II, 49 : « Ipse autem Daniel erat in foribus Regis. » — « *La porte*, ajoute-t-il, désignait le palais des monarques de l'Asie, et, par extension, l'ensemble de leur entourage domestique et de l'administration de l'État. » On retrouve de notre temps ce sens dans ces mots : « la Porte Ottomane. » Il faut noter qu'au verset 19 du chapitre II d'*Esther*, où la *Vulgate* dit : « Mar- « dochæus manebat ad januam regis, » on trouve dans la version des Septante : Ὁ δὲ Μαρδοχαῖος ἐθεράπευεν ἐν τῇ αὐλῇ. Ajoutons cette citation de la *Vulgate* (*Esther*, XI, 3) : « (Mardochæus) inter primos aulæ regiæ. »

Toi, qui dans ce palais vois tout ce qui se passe,
Crois-tu que quelque voix ose parler pour lui?
Sur quel roseau fragile a-t-il mis son appui?

HYDASPE.

Seigneur, vous le savez, son avis salutaire   445
Découvrit de Tharès le complot sanguinaire[1].
Le Roi promit alors de le récompenser.
Le Roi, depuis ce temps, paroît n'y plus penser.

AMAN.

Non, il faut à tes yeux dépouiller l'artifice.
J'ai su de mon destin corriger l'injustice.   450
Dans les mains des Persans jeune enfant apporté,
Je gouverne l'empire où je fus acheté[2].
Mes richesses des rois égalent l'opulence.
Environné d'enfants, soutiens de ma puissance,
Il ne manque à mon front que le bandeau royal.   455
Cependant, des mortels aveuglement fatal!
De cet amas d'honneurs la douceur passagère
Fait sur mon cœur à peine une atteinte légère[3];
Mais Mardochée, assis aux portes du palais,

---

1. Le *Livre d'Esther*, II, 21 et 22, nomme deux auteurs de ce complot, Bagathan et Tharès, eunuques du Roi, et raconte qu'ils furent dénoncés par Mardochée. Voyez les vers 100, 527 et 529.

2. « Racine, dit M. A. Coquerel dans une note sur ce vers, pouvait emprunter ce trait à l'histoire ordinaire de l'Orient; mais le *Livre d'Esther* ne dit point qu'Aman eût commencé par l'esclavage. »

3. « Et exposuit illis magnitudinem divitiarum suarum, filiorumque turbam, « et quanta eum gloria super omnes principes et servos suos Rex elevasset. Et « post hæc ait : .... Cum hæc omnia habeam, nihil me habere puto, quamdiu « videro Mardochæum Judæum sedentem ante fores regias. » (*Esther*, V, 11-13.) — Voici comment du Ryer, dans son *Esther* (acte I, scène III), a rendu ce passage :

> Triste loi des grandeurs! vains charmes des esprits,
> Qui ne contentent point comme blesse un mépris!
> La fortune me rit, un roi me favorise,
> Tout le monde m'adore, un seul Juif me méprise;
> Et ce mépris tout seul occupant tous mes sens,
> Du monde universel m'empoisonne l'encens.

Dans ce cœur malheureux enfonce mille traits ; 460
Et toute ma grandeur me devient insipide,
Tandis que le soleil éclaire ce perfide.
HYDASPE.
Vous serez de sa vue affranchi dans dix jours :
La nation entière est promise aux vautours.
AMAN.
Ah! que ce temps est long à mon impatience! 465
C'est lui, je te veux bien confier ma vengeance,
C'est lui qui, devant moi refusant de ployer,
Les a livrés au bras qui les va foudroyer.
C'étoit trop peu pour moi d'une telle victime[1] :
La vengeance trop foible attire un second crime. 470
Un homme tel qu'Aman, lorsqu'on l'ose irriter,
Dans sa juste fureur ne peut trop éclater.
Il faut des châtiments dont l'univers frémisse ;
Qu'on tremble en comparant l'offense et le supplice ;
Que les peuples entiers dans le sang soient noyés. 475
Je veux qu'on dise un jour aux siècles effrayés :
« Il fut des Juifs, il fut une insolente race ;
Répandus sur la terre, ils en couvroient la face ;
Un seul osa d'Aman attirer le courroux,
Aussitôt de la terre ils disparurent tous. » 480
HYDASPE.
Ce n'est donc pas, Seigneur, le sang amalécite
Dont la voix à les perdre en secret vous excite ?

---

1. « Et pro nihilo duxit in unum Mardochæum mittere manus suas : au-
« dierat enim quod esset gentis Judææ, magisque voluit omnem Judæorum,
« qui erant in regno Assueri, perdere nationem. » (*Esther*, III, 6.) — Haman
parle ainsi dans l'*Esther* de du Ryer (acte I, scène III) :

> Il faut qu'avecque lui sa nation périsse....
> Je veux par mes raisons persuader au Roi
> De purger son État de ce peuple sans foi,
> De le faire passer par le fer et la flamme,
> De ne rien épargner de cette engeance infâme....
> . . . . À mon cœur, à mes yeux
> Un seul Juif a rendu tous les Juifs odieux.

AMAN.

Je sais que descendu de ce sang malheureux,
Une éternelle haine a dû m'armer contre eux ;
Qu'ils firent d'Amalec un indigne carnage ; 485
Que jusqu'aux vils troupeaux, tout éprouva leur rage ;
Qu'un déplorable reste à peine fut sauvé[1].
Mais, crois-moi, dans le rang où je suis élevé,
Mon âme, à ma grandeur toute entière attachée,
Des intérêts du sang est foiblement touchée. 490
Mardochée est coupable ; et que faut-il de plus ?
Je prévins donc contre eux l'esprit d'Assuérus :
J'inventai des couleurs ; j'armai la calomnie ;
J'intéressai sa gloire ; il trembla pour sa vie.
Je les peignis puissants, riches, séditieux ; 495
Leur dieu même ennemi de tous les autres dieux.
« Jusqu'à quand souffre-t-on que ce peuple respire,
Et d'un culte profane infecte votre empire ?
Étrangers dans la Perse, à nos lois opposés[2],
Du reste des humains ils semblent divisés, 500
N'aspirent qu'à troubler le repos où nous sommes,
Et détestés partout, détestent tous les hommes[3].
Prévenez, punissez leurs insolents efforts ;
De leur dépouille enfin grossissez vos trésors. »

1. Voyez le livre I des *Rois*, xv, 7-9.
2. « Dixitque Aman regi Assuero : Est populus per omnes provincias regni
« tui dispersus, et a se mutuo separatus, novis utens legibus et ceremoniis,
« insuper et Regis scita contemnens. Et optime nosti quod non expediat regno
« tuo ut insolescat per licentiam. » (*Esther*, III, 8.)
3.   Tu sais bien que les Juifs sont des objets de haine
    De qui chacun souhaite ou la perte ou la peine.
            (Du Ryer, *Esther*, acte I, scène III.)

Tacite (*Histoires*, livre V, chapitre v) a fait un portrait des Juifs dont Racine a
pu se souvenir. Il les a aussi représentés comme une race qui *déteste tous les
hommes :* « Apud ipsos fides obstinata, misericordia in promptu, sed adversus
« omnes alios hostile odium. » Il a parlé de même des chrétiens, qu'on ne
distinguait guère alors des Juifs : « Haud perinde in crimine incendii, quam
« odio generis humani, convicti sunt. » (*Annales*, livre XV, chapitre XLIV.)

Je dis, et l'on me crut. Le Roi, dès l'heure même, 505
Mit dans ma main le sceau de son pouvoir suprême[1] :
« Assure, me dit-il, le repos de ton roi ;
Va, perds ces malheureux : leur dépouille est à toi[2]. »
Toute la nation fut ainsi condamnée.
Du carnage avec lui je réglai la journée. 510
Mais de ce traître enfin le trépas différé
Fait trop souffrir mon cœur de son sang altéré.
Un je ne sais quel trouble empoisonne ma joie.
Pourquoi dix jours encor faut-il que je le voie ?

HYDASPE.

Et ne pouvez-vous pas d'un mot l'exterminer ? 515
Dites au Roi, Seigneur, de vous l'abandonner.

AMAN.

Je viens pour épier le moment favorable.
Tu connois comme moi ce prince inexorable.
Tu sais combien terrible en ses soudains transports,
De nos desseins souvent il rompt tous les ressorts. 520
Mais à me tourmenter ma crainte est trop subtile :
Mardochée à ses yeux est une âme trop vile.

HYDASPE.

Que tardez-vous ? Allez, et faites promptement
Élever de sa mort le honteux instrument[3].

---

1. « Tulit ergo Rex annulum quo utebatur de manu sua, et dedit eum Aman....
« hosti Judæorum. » (*Esther*, III, 10.)

2. Aman, dans le *Livre d'Esther*, III, 9, tente aussi la cupidité du Roi, en
lui promettant dix mille talents, qu'il payera lui-même au trésor royal : « Si tibi
« placet, decerne ut pereat, et decem millia talentorum appendam arcariis gazæ
« tuæ. » Dans l'explication de ce verset, Saci pense que, pour payer cette
somme énorme, Aman comptait sur les dépouilles des Juifs, dont le pillage
fut enfin ordonné, comme le dit le verset 13 du même chapitre. Assuérus répondit à Aman de garder l'argent pour lui, et de faire de ce peuple tout ce
qu'il lui plairait : « Argentum quod tu polliceris, tuum sit; de populo age quod
« tibi placet. » (*Ibidem*, III, 11.)

3. « Responderuntque ei Zares uxor ejus et cæteri amici : Jube parari excel-
« sam trabem habentem altitudinis quinquaginta cubitos, et dic mane Regi ut
« appendatur super eam Mardochæus. » (*Esther*, V, 14.)

AMAN.
J'entends du bruit; je sors. Toi, si le Roi m'appelle....
HYDASPE.
Il suffit.

SCÈNE II.
ASSUÉRUS, HYDASPE, ASAPH, suite d'Assuérus.
ASSUÉRUS.
Ainsi donc, sans cet avis fidèle,
Deux traîtres dans son lit assassinoient leur roi?
Qu'on me laisse, et qu'Asaph seul demeure avec moi.

SCÈNE III.
ASSUÉRUS, ASAPH.
ASSUÉRUS, assis sur son trône.
Je veux bien l'avouer : de ce couple perfide
J'avois presque oublié l'attentat parricide; 530
Et j'ai pâli deux fois au terrible récit
Qui vient d'en retracer l'image à mon esprit.
Je vois de quel succès leur fureur fut suivie,
Et que dans les tourments ils laissèrent la vie.
Mais ce sujet zélé qui, d'un œil si subtil, 535
Sut de leur noir complot développer le fil,
Qui me montra sur moi leur main déjà levée,
Enfin par qui la Perse avec moi fut sauvée,
Quel honneur pour sa foi, quel prix a-t-il reçu?
ASAPH.
On lui promit beaucoup : c'est tout ce que j'ai su[1]. 540

---

1. « .... Rex ait : Quid pro hac fide honoris ac præmii Mardochæus con-
« secutus est? Dixerunt ei servi illius ac ministri : Nihil omnino mercedis ac-
« cepit. » (*Esther*, vi, 3.)

ASSUÉRUS.

O d'un si grand service oubli trop condamnable[1] !
Des embarras du trône effet inévitable !
De soins tumultueux un prince environné
Vers de nouveaux objets est sans cesse entraîné ;
L'avenir l'inquiète, et le présent le frappe ;   545
Mais plus prompt que l'éclair, le passé nous échappe ;
Et de tant de mortels, à toute heure empressés
A nous faire valoir leurs soins intéressés,
Il ne s'en trouve point qui, touchés d'un vrai zèle,
Prennent à notre gloire un intérêt fidèle,   550
Du mérite oublié nous fassent souvenir,
Trop prompts à nous parler de ce qu'il faut punir !
Ah! que plutôt l'injure échappe à ma vengeance,
Qu'un si rare bienfait à ma reconnoissance.
Et qui voudroit jamais s'exposer pour son roi[2] ?   555
Ce mortel qui montra tant de zèle pour moi
Vit-il encore ?

1. Le Roi dans l'*Esther* de du Ryer (acte V, scène 1) se reproche aussi un trop long oubli du service de Mardochée :

> Certes, quand mon esprit revoit cet attentat,
> Qui menaçoit mes jours, ma gloire et mon État,
> Et que je songe enfin que le rare service,
> Qui me fit triompher dessus mon précipice,
> Demeure enseveli comme dans le mépris,
> Sans qu'une récompense en témoigne le prix,
> Je crois contribuer a ces sourdes pratiques
> D'où naissent tous les jours tant d'accidents tragiques,
> Ayant toujours jugé que les princes ingrats
> Sont complices contre eux des plus noirs attentats....
> Non, non, ayant dessein d'apprendre à m'obéir,
> Ne pas récompenser, c'est apprendre à trahir.
> Je veux que Mardochée ait une récompense
> Qui montre en même temps sa gloire et ma puissance ;
> Je veux que Mardochée ait un prix de sa foi
> Digne d'un bon sujet et digne d'un grand roi.

2.   Un service rendu mérite récompense ;
      Et qui pour sa grandeur diminuer le pense,
      Veut arracher du cœur de tous ses bienveillants
      Le soin qui pour son bien les rendoit vigilants.
                    (Montchrestien, *Aman*, acte V.)

ASAPH.
Il voit l'astre qui vous éclaire.
ASSUÉRUS.
Et que n'a-t-il plus tôt demandé son salaire?
Quel pays reculé le cache à mes bienfaits?
ASAPH.
Assis le plus souvent aux portes du palais,   560
Sans se plaindre de vous, ni de sa destinée,
Il y traîne, Seigneur, sa vie infortunée.
ASSUÉRUS.
Et je dois d'autant moins oublier la vertu,
Qu'elle-même s'oublie. Il se nomme, dis-tu?
ASAPH.
Mardochée est le nom que je viens de vous lire.   565
ASSUÉRUS.
Et son pays?
ASAPH.
Seigneur, puisqu'il faut vous le dire,
C'est un de ces captifs à périr destinés,
Des rives du Jourdain sur l'Euphrate amenés[1].
ASSUÉRUS.
Il est donc Juif? O ciel! Sur le point que la vie
Par mes propres sujets m'alloit être ravie,   570
Un Juif rend par ses soins leurs efforts impuissants?
Un Juif m'a préservé du glaive des Persans[2]?

---

1. « Qui translatus fuerat de Jerusalem eo tempore quo Jechoniam regem « Juda Nabuchodonosor, rex Babylonis, transtulerat. » (*Esther*, II, 6.) — Il y a là une difficulté chronologique, dont Racine n'avait pas à s'embarrasser, puisqu'il suivait l'Écriture. Cette difficulté d'ailleurs est surtout grande pour ceux qui placent l'histoire d'Esther sous un règne moins ancien que celui de Darius. Il est vrai qu'on a quelquefois rapporté le *qui* du verset que nous venons de citer, non pas à Mardochée, mais à son bisaïeul Cis, nommé aussi dans le verset précédent. Voyez l'*Introduction* au commentaire d'*Esther* par M. A. Coquerel, p. 224.

2. On a critiqué ce passage, parce que les Juifs, a-t-on dit, n'étaient pas en Perse à cette époque une race proscrite, mais « les propres sujets » d'Assuérus,

Mais puisqu'il m'a sauvé, quel qu'il soit, il n'importe.
Holà! quelqu'un.

SCÈNE IV.
ASSUÉRUS, HYDASPE, ASAPH.

HYDASPE.
Seigneur.
ASSUÉRUS.
Regarde à cette porte.
Vois s'il s'offre à tes yeux quelque grand de ma cour.
HYDASPE.
Aman à votre porte a devancé le jour.
ASSUÉRUS.
Qu'il entre[1]. Ses avis m'éclaireront peut-être.

SCÈNE V.
ASSUÉRUS, AMAN, HYDASPE, ASAPH.

ASSUÉRUS.
Approche, heureux appui du trône de ton maître,
Ame de mes conseils, et qui seul tant de fois
Du sceptre dans ma main as soulagé le poids.   580
Un reproche secret embarrasse mon âme.
Je sais combien est pur le zèle qui t'enflamme :
Le mensonge jamais n'entra dans tes discours,
Et mon intérêt seul est le but ou tu cours.

---

aussi bien que les Persans eux-mêmes. Cependant il ne faut pas oublier qu'Assuérus parle ainsi après qu'Aman a obtenu de lui la proscription des Juifs, et les lui a représentés comme une race ennemie.

1. « Statimque Rex : Quis est, inquit, in atrio ?... Responderunt pueri : « Aman stat in atrio. Dixitque Rex : Ingrediatur. » (*Esther*, VI, 4 et 5.)

Dis-moi donc : que doit faire un prince magnanime 585
Qui veut combler d'honneurs un sujet qu'il estime [1] ?
Par quel gage éclatant et digne d'un grand roi
Puis-je récompenser le mérite et la foi ?
Ne donne point de borne à ma reconnoissance :
Mesure tes conseils sur ma vaste puissance. 590

AMAN, tout bas.

C'est pour toi-même, Aman, que tu vas prononcer [2];
Et quel autre que toi peut-on récompenser?

ASSUÉRUS.

Que penses-tu ?

AMAN.

Seigneur, je cherche, j'envisage
Des monarques persans la conduite et l'usage.
Mais à mes yeux en vain je les rappelle tous : 595
Pour vous régler sur eux que sont-ils près de vous?
Votre règne aux neveux doit servir de modèle [3].
Vous voulez d'un sujet reconnoître le zèle,
L'honneur seul peut flatter un esprit généreux :
Je voudrois donc, Seigneur, que ce mortel heureux, 600
De la pourpre aujourd'hui paré comme vous-même,
Et portant sur le front le sacré diadème,
Sur un de vos coursiers pompeusement orné,
Aux yeux de vos sujets dans Suse fût mené ;
Que pour comble de gloire et de magnificence, 605
Un seigneur éminent en richesse, en puissance,

---

1. « Cumque esset ingressus, ait illi : Quid debet fieri viro quem Rex ho-
« norare desiderat? » (*Esther*, VI, 6.)

2. « Cogitans autem in corde suo Aman, et reputans quod nullum alium
« Rex, nisi se, vellet honorare, respondit. » (*Ibidem.*)

Quelque honneur tout nouveau m'est encore apprêté,
Et si veut-on qu'il soit de moi-même inventé.
(Montchrestien, *Aman*, acte V.)

3. « L'expression *aux neveux*, dit M. A. Coquerel, n'a rien d'hébraïque;
elle est latine. »

Enfin de votre empire après vous le premier,
Par la bride guidât son superbe coursier ;
Et lui-même, marchant en habits magnifiques,
Criât à haute voix dans les places publiques : 610
« Mortels, prosternez-vous : c'est ainsi que le Roi
Honore le mérite et couronne la foi¹. »

ASSUÉRUS.

Je vois que la sagesse elle-même t'inspire.
Avec mes volontés ton sentiment conspire.
Va, ne perds point de temps. Ce que tu m'as dicté, 615
Je veux de point en point qu'il soit exécuté².
La vertu dans l'oubli ne sera plus cachée.
Aux portes du palais prends le Juif Mardochée :
C'est lui que je prétends honorer aujourd'hui.
Ordonne son triomphe, et marche devant lui. 620
Que Suse par ta voix de son nom retentisse,
Et fais à son aspect que tout genou fléchisse.
Sortez tous.

AMAN.

Dieux³ !

---

1. « Debet indui vestibus regiis, et imponi super equum qui de sella Regis
« est, et accipere regium diadema super caput suum, et primus de regiis prin-
« cipibus ac tyrannis teneat equum ejus, et per plateam civitatis incedens
« clamet, et dicat : Sic honorabitur quemcumque voluerit Rex honorare. »
(*Esther*, VI, 8 et 9.)

   Que d'un habit royal son corps soit attourné ;
   Que de ton bandeau même il ait le chef orné
   Que dessus ton cheval pompeusement il monte ;
   Et que le prince encor dont tu fais plus de compte,
   Cheminant à côté, conduise de la main
   Ce cheval écumant'à l'entour de son frein.
   Qu'en ce brave équipage il aille par la ville,
   Et qu'un héraut publie à la tourbe civile
   Qu'ainsi soit fait à ceux qu'il te plaît honorer.
                    (Montchrestien, *Aman*, acte V.)

2. « Dixitque ei Rex : Festina, et sumpta stola et equo, fac ut locutus es
« Mardochæo Judæo, qui sedet ante fores palatii. Cave ne quidquam de his
« quæ locutus es prætermittas. » (*Esther*, VI, 10.)

3. Nous venons de citer dans les notes de cette scène quelques vers de

SCÈNE VI.

ASSUÉRUS, seul.

    Le prix est sans doute inouï :
Jamais d'un tel honneur un sujet n'a joui.
Mais plus la récompense est grande et glorieuse,   625
Plus même de ce Juif la race est odieuse,
Plus j'assure ma vie, et montre avec éclat
Combien Assuérus redoute d'être ingrat.
On verra l'innocent discerné du coupable.
Je n'en perdrai pas moins ce peuple abominable.   630
Leurs crimes....

SCÈNE VII.

ASSUÉRUS, ESTHER, ÉLISE, THAMAR,
PARTIE DU CHOEUR.

(Esther entre, s'appuyant sur Élise; quatre Israélites soutiennent sa robe [1].)

ASSUÉRUS.

    Sans mon ordre on porte ici ses pas?
Quel mortel insolent vient chercher le trépas?
Gardes.... C'est vous, Esther? Quoi? sans être attendue?

Montchrestien; mais c'est dans l'*Esther* de du Ryer surtout qu'on peut trouver un intéressant sujet de comparaison. Dans la scène correspondante à celle-ci, du Ryer est bien loin de l'élégance de Racine; mais sa langue, qui rappelle, nous l'avons dit, le temps de Corneille, ne manque pas de force en quelques endroits. Nous renvoyons la citation, qui serait trop longue, à l'*Appendice* que nous donnons à la fin de la pièce (p. 545).

1. Cette mise en scène est empruntée au *Livre d'Esther* (xv, 5-7); le poëte a seulement augmenté le nombre des suivantes : « Assumpsit duas famulas, « et super unam quidem innitebatur;... altera autem famularum sequebatur « dominam, defluentia in humum indumenta sustentans. »

ACTE II, SCÈNE VII. 505

ESTHER.

Mes filles, soutenez votre reine éperdue.
Je me meurs¹.

(Elle tombe évanouie.)

ASSUÉRUS.

Dieux puissants! quelle étrange pâleur
De son teint tout à coup efface la couleur?
Esther, que craignez-vous? Suis-je pas votre frère?
Est-ce pour vous qu'est fait un ordre si sévère?
Vivez, le sceptre d'or, que vous tend cette main,
Pour vous de ma clémence est un gage certain². 640

ESTHER.

Quelle voix salutaire ordonne que je vive,
Et rappelle en mon sein mon âme fugitive?

ASSUÉRUS.

Ne connoissez-vous pas la voix de votre époux?
Encore un coup, vivez, et revenez à vous.

ESTHER.

Seigneur, je n'ai jamais contemplé qu'avec crainte 645
L'auguste majesté sur votre front empreinte³ :
Jugez combien ce front irrité contre moi
Dans mon âme troublée a dû jeter d'effroi.
Sur ce trône sacré, qu'environne la foudre,
J'ai cru vous voir tout prêt à me réduire en poudre. 650
Hélas! sans frissonner, quel cœur audacieux
Soutiendroit les éclairs qui partoient de vos yeux⁴?

---

1. « Regina corruit, et in pallorem colore mutato, lassum super ancillulam
« reclinavit caput. » (*Esther*, xv, 10.)
2. « Quid habes, Esther? Ego sum frater tuus, noli metuere. Non morieris;
« non enim pro te, sed pro omnibus hæc lex constituta est. Accede igitur, et
« tange sceptrum. » (*Ibidem*, 12-14.)
3. « Quæ respondit : Vidi te, Domine, quasi angelum Dei, et conturbatum
« est cor meum præ timore gloriæ tuæ. Valde enim mirabilis es, Domine, et
« facies tua plena est gratiarum. » (*Ibidem*, 16 et 17.)
4. « Cumque.... ardentibus oculis furorem pectoris indicasset. » (*Ibidem*, 10.)

Ainsi du Dieu vivant la colère étincelle[1]....
ASSUÉRUS.

O soleil! ô flambeaux de lumière immortelle[2]!
Je me trouble moi-même, et sans frémissement   655
Je ne puis voir sa peine et son saisissement.
Calmez, Reine, calmez la frayeur qui vous presse.
Du cœur d'Assuérus souveraine maîtresse,
Éprouvez seulement son ardente amitié.
Faut-il de mes États vous donner la moitié[3]?   660
ESTHER.

Hé! se peut-il qu'un roi craint de la terre entière,
Devant qui tout fléchit et baise la poussière,
Jette sur son esclave un regard si serein,
Et m'offre sur son cœur un pouvoir souverain?
ASSUÉRUS.

Croyez-moi, chère Esther, ce sceptre, cet empire,   665
Et ces profonds respects que la terreur inspire,

---

1. « Exardescet sicut ignis ira tua? » (*Psaume* LXXXVIII, 47.) — On a aussi remarqué que Virgile avait dit : « Ignescunt iræ. » (*Énéide*, livre IX, vers 66.) — On trouve dans la *Judith* de Boyer (acte III, scène VI) un ridicule plagiat de tout le commencement de cette scène. Judith, paraissant devant Holoferne, feint d'être saisie de terreur :

(*A part.*) Pour flatter son orgueil, affectons tant d'effroi,
Un respect si profond.... Je tremble, soutiens-moi.
Ah! que de majesté! Tant de grandeur m'accable.
HOLOF. Quel objet est ici pour vous si redoutable?
Reprenez vos esprits, et commencez à voir
Que vos yeux sont ici plus craints que mon pouvoir.
Vous êtes en ces lieux souveraine maîtresse.
JUD. Quelle flatteuse voix rassure ma foiblesse,
Et me rend tout à coup l'usage de mes sens?
Mais en ouvrant les yeux, que de troubles puissants
Reviennent quand j'approche un trône si terrible,
Qui du trône éternel est l'image sensible!

2. Louis Racine, rapprochant de cet endroit le vers 676 (voyez aussi les vers 739 et 740), rappelle que « les Perses.... adoroient le soleil et les astres » et « ne doutoient point de leur influence. » Dans sa note, il a remplacé le pluriel *flambeaux* par le singulier *flambeau*, et c'est la leçon qu'ont introduite dans le texte Luneau de Boisjermain, la Harpe, M. Aimé-Martin.

3. « Dixitque ad eam Rex : Quid vis, Esther regina? Quæ est petitio tua?
« Etiam si dimidiam partem regni petieris, dabitur tibi. » (*Esther*, v, 3.)

A leur pompeux éclat mêlent peu de douceur,
Et fatiguent souvent leur triste possesseur.
Je ne trouve qu'en vous je ne sais quelle grâce
Qui me charme toujours et jamais ne me lasse. 670
De l'aimable vertu doux et puissants attraits !
Tout respire en Esther l'innocence et la paix.
Du chagrin le plus noir elle écarte les ombres,
Et fait des jours sereins de mes jours les plus sombres.
Que dis-je ? sur ce trône assis auprès de vous, 675
Des astres ennemis j'en crains moins le courroux,
Et crois que votre front prête à mon diadème
Un éclat qui le rend respectable aux Dieux même [1].
Osez donc me répondre, et ne me cachez pas
Quel sujet important conduit ici vos pas. 680
Quel intérêt, quels soins vous agitent, vous pressent ?
Je vois qu'en m'écoutant vos yeux au ciel s'adressent.
Parlez : de vos desirs le succès est certain,
Si ce succès dépend d'une mortelle main.

ESTHER.

O bonté qui m'assure autant qu'elle m'honore ! 685
Un intérêt pressant veut que je vous implore.
J'attends ou mon malheur ou ma félicité;
Et tout dépend, Seigneur, de votre volonté.
Un mot de votre bouche, en terminant mes peines,
Peut rendre Esther heureuse entre toutes les reines. 690

ASSUÉRUS.

Ah ! que vous enflammez mon desir curieux !

ESTHER.

Seigneur, si j'ai trouvé grâce devant vos yeux [2],

---

1. Bouhours, dans la *Suite des nouvelles remarques sur la langue françoise*, imprimée en 1692, cite ce vers comme digne de remarque, à cause de l'emploi du mot *respectable*. « Ce mot, dit-il (p. 175-177), est nouveau.... Il est né a la cour.... Nous le voyons aujourd'hui dans les livres. »

2. Cette expression traduite du verset que nous allons citer dans la note

Si jamais à mes vœux vous fûtes favorable,
Permettez, avant tout, qu'Esther puisse à sa table
Recevoir aujourd'hui son souverain seigneur, 695
Et qu'Aman soit admis à cet excès d'honneur.
J'oserai devant lui rompre ce grand silence,
Et j'ai, pour m'expliquer, besoin de sa présence[1].

ASSUÉRUS.

Dans quelle inquiétude, Esther, vous me jetez!
Toutefois qu'il soit fait comme vous souhaitez. 700

(A ceux de sa suite.)

Vous, que l'on cherche Aman; et qu'on lui fasse entendre
Qu'invité chez la Reine, il ait soin de s'y rendre[2].

---

suivante, est fréquente dans l'Écriture. On la trouve au même *Livre d'Esther*, II, 9, et aussi dans l'*Exode*, XXXIII, 13 et 17, et dans le livre I des *Rois*, I, 18. Elle a été employée par l'auteur de la *Tragédie nouvelle de la Perfidie d'Aman* (acte III, scène II):

> Sire, celui lequel a trouvé quelque grâce
> Devant le doux aspect de votre auguste face.

1. « Si inveni in conspectu Regis gratiam, et si Regi placet ut det mihi
« quod postulo, et meam impleat petitionem, veniat Rex et Aman ad convi-
« vium quod paravi eis, et cras aperiam Regi voluntatem meam. » (*Esther*, v, 8.)

2. « Statimque Rex : Vocate, inquit, cito Aman, ut Esther obediat volun-
« tati. » (*Esther*, v, 5.) — Montchrestien (*Aman*, acte IV) a traduit à sa manière cette scène du *Livre d'Esther* :

> ESTH. Ha, Rachel, soutiens-moi! soutiens-moi! Je me pâme.
> ASS. Ha, ma fille, qu'as-tu? qu'as-tu, ma petite âme?
> Je suis ton cher époux; ma belle, ne crains pas;
> Tu ne dois pour ta faute encourir le trépas.
> Pour le commun sans plus est faite l'ordonnance.
> Esther, approche donc, change de contenance.
> J'étends sur toi mon sceptre : apaise, apaise-toi,
> Reine de mes desirs, baise un petit ton roi.
> ESTH. Ta majesté sévère a tant donné de crainte
> A mon âme, de honte et de respect atteinte,
> Que j'ai senti ma force écouler peu à peu
> Au regard de tes yeux, comme la cire au feu.
> Je te pensois un ange environné de gloire;
> La clarté de ton front m'incitoit à le croire,
> Et puis ce feu sortant du sommet de ton chef.
> Mais soutiens-moi, Rachel, je tombe derechef....
> ASS. Esther, parle sans peur, Assuère s'apprête,
> Quoi qu'il puisse arriver, d'accorder ta requête.
> ESTH. Je requiers seulement, puisqu'il te plaît, grand Roi,

ACTE II, SCÈNE VII.

HYDASPE.

Les savants Chaldéens, par votre ordre appelés,
Dans cet appartement, Seigneur, sont assemblés.

ASSUÉRUS.

Princesse, un songe étrange occupe ma pensée. 705
Vous-même en leur réponse êtes intéressée.
Venez, derrière un voile écoutant leurs discours,
De vos propres clartés me prêter le secours.
Je crains pour vous, pour moi, quelque ennemi perfide.

ESTHER.

Suis-moi, Thamar. Et vous, troupe jeune et timide, 710
Sans craindre ici les yeux d'une profane cour,
A l'abri de ce trône attendez mon retour.

SCÈNE VIII.

(Cette scène est partie déclamée sans chant, et partie chantée.)

ÉLISE, PARTIE DU CHOEUR.

ÉLISE.

Que vous semble, mes sœurs, de l'état où nous sommes ?
   D'Esther, d'Aman, qui le doit emporter ?
     Est-ce Dieu, sont-ce les hommes 715
    Dont les œuvres vont éclater ?
   Vous avez vu quelle ardente colère

D'abaisser aujourd'hui ton regard jusqu'à moi....
Qu'il plaise à ta grandeur au banquet assister
Que j'ai fait ce matin en ma chambre apprêter,
Et que ce brave Aman soit aussi de la bande.

— Après le vers 702, Luneau de Boisjermain et les éditeurs venus après lui commencent une nouvelle scène, la scène VIII, dont les personnages sont indiqués par le premier, Luneau de Boisjermain, dans cet ordre : ESTHER, ASSUÉRUS, HYDASPE, ÉLISE, THAMAR, *une partie du Chœur*. La scène suivante devient la scène IX.

Allumoit de ce roi le visage sévère.
UNE DES ISRAÉLITES.
Des éclairs de ses yeux l'œil étoit ébloui.
UNE AUTRE.
Et sa voix m'a paru comme un tonnerre horrible. 720
ÉLISE.
Comment ce courroux si terrible
En un moment s'est-il évanoui?
UNE DES ISRAÉLITES chante.
Un moment a changé ce courage inflexible.
Le lion rugissant est un agneau paisible.
Dieu, notre Dieu sans doute a versé dans son cœur 725
Cet esprit de douceur[1].
LE CHOEUR chante.
Dieu, notre Dieu sans doute a versé dans son cœur
Cet esprit de douceur.
LA MÊME ISRAÉLITE chante.
Tel qu'un ruisseau docile
Obéit à la main qui détourne son cours, 730
Et laissant de ses eaux partager le secours,
Va rendre tout un champ fertile,
Dieu, de nos volontés arbitre souverain,
Le cœur des rois est ainsi dans ta main[2].
ÉLISE.
Ah! que je crains, mes sœurs, les funestes nuages 735
Qui de ce prince obscurcissent les yeux!
Comme il est aveuglé du culte de ses dieux!
UNE DES ISRAÉLITES.
Il n'atteste jamais que leurs noms odieux.
UNE AUTRE.
Aux feux inanimés dont se parent les cieux

---

1. « Convertitque Deus spiritum Regis in mansuetudinem. » (*Esther*, xv, 11.)
2. Toute cette stance est une imitation d'un passage des *Proverbes*, xxi, 1. Voyez ci-dessus la note sur le vers 67, p. 469.

ACTE II, SCÈNE VIII.

Il rend de profanes hommages. 740
UNE AUTRE.
Tout son palais est plein de leurs images.
LE CHOEUR chante.
Malheureux! vous quittez le maître des humains
Pour adorer l'ouvrage de vos mains[1]!
UNE ISRAÉLITE chante.
Dieu d'Israël, dissipe enfin cette ombre.
Des larmes de tes saints quand seras-tu touché? 745
Quand sera le voile arraché[2]
Qui sur tout l'univers jette une nuit si sombre?
Dieu d'Israël, dissipe enfin cette ombre :
Jusqu'à quand seras-tu caché?
UNE DES PLUS JEUNES ISRAÉLITES.
Parlons plus bas, mes sœurs. Ciel! si quelque infidèle,
Écoutant nos discours, nous alloit déceler[3]!
ÉLISE.
Quoi? fille d'Abraham, une crainte mortelle
Semble déjà vous faire chanceler?
Hé! si l'impie Aman, dans sa main homicide
Faisant luire à vos yeux un glaive menaçant, 755
A blasphémer le nom du Tout-Puissant
Vouloit forcer votre bouche timide?
UNE AUTRE ISRAÉLITE.
Peut-être Assuérus, frémissant de courroux,

---

1. « Et miserunt deos eorum in ignem : non enim erant dii, sed opera
« manuum hominum. » (*Livre IV des Rois*, xix, 18.) — « Opus manuum
« suarum adoraverunt, quod fecerunt digiti eorum. « (*Isaïe*, II, 8.) — Voyez
aussi *Jérémie*, I, 16; et *Osée*, xiv, 4.

2. « Cum autem conversus fuerit ad Dominum, auferetur velamen. » (*Épître II
aux Corinthiens*, III, 16.)

3. Dans les *Choéphores* d'Eschyle, dont Racine s'est peut-être souvenu ici,
le Chœur dit de même (vers 259-261) :

Σιγᾶθ', ὅπως μὴ πεύσεταί τις, ὦ τέκνα,
Γλώσσης χάριν δὲ πάντ' ἀπαγγείλῃ τάδε
Πρὸς τοὺς κρατοῦντας.

Si nous ne courbons les genoux
Devant une muette idole,
Commandera qu'on nous immole.
Chère sœur, que choisirez-vous?

LA JEUNE ISRAÉLITE.

Moi! je pourrois trahir le Dieu que j'aime?
J'adorerois un dieu sans force et sans vertu,
Reste d'un tronc par les vents abattu,
Qui ne peut se sauver lui-même?

LE CHOEUR chante. [plorent

Dieux impuissants, dieux sourds[1], tous ceux qui vous im-
Ne seront jamais entendus.
Que les démons, et ceux qui les adorent,
Soient à jamais détruits et confondus.

UNE ISRAÉLITE chante.

Que ma bouche et mon cœur, et tout ce que je suis,
Rendent honneur au Dieu qui m'a donné la vie.
Dans les craintes, dans les ennuis,
En ses bontés mon âme se confie.
Veut-il par mon trépas que je le glorifie?
Que ma bouche et mon cœur, et tout ce que je suis,
Rendent honneur au Dieu qui m'a donné la vie.

ÉLISE.

Je n'admirai jamais la gloire de l'impie.

UNE AUTRE ISRAÉLITE.

Au bonheur du méchant qu'une autre[2] porte envie.

ÉLISE.

Tous ses jours paroissent charmants;
L'or éclate en ses vêtements;

---

1. « Aures habent (*simulacra gentium*) et non audient. » (*Psaume* CXIII, *Non nobis Domine*, 6.) — « Omnia idola nationum,... quibus neque oculorum « usus est ad videndum.... neque aures ad audiendum.... » (*Sagesse*, XV, 15.)

2. Les éditions de 1702, 1713, 1723 (Cologne), 1736, Luneau de Boisjermain, etc., ont remplacé « une autre » par « un autre. »

Son orgueil est sans borne ainsi que sa richesse;
Jamais l'air n'est troublé de ses gémissements;
Il s'endort, il s'éveille au son des instruments;
 Son cœur nage dans la mollesse.

UNE AUTRE ISRAÉLITE.

Pour comble de prospérité,
Il espère revivre en sa postérité;
Et d'enfants à sa table une riante troupe
Semble boire avec lui la joie à pleine coupe[1].

(Tout ce reste[2] est chanté.)

LE CHOEUR.

Heureux, dit-on, le peuple florissant
Sur qui ces biens coulent en abondance!
 Plus heureux le peuple innocent
Qui dans le Dieu du ciel a mis sa confiance[3]!

UNE ISRAÉLITE seule.

Pour contenter ses frivoles desirs,
L'homme insensé vainement se consume:
 Il trouve l'amertume
 Au milieu des plaisirs.

---

1. J. B. Rousseau a imité ce vers dans sa cantate de *Bacchus* :

> La céleste troupe
> Dans ce jus vanté
> Boit à pleine coupe
> L'immortalité.

Avec une hardiesse d'expression dont Racine a pu se souvenir, Virgile a dit (*Énéide*, livre I, vers 749) :

> . . . . *Longumque bibebat amorem.*

2. L'impression d'Amsterdam 1706, l'édition de 1736, et la plupart des éditeurs suivants ont substitué « le reste » à « ce reste. »

3. Le *Psaume* CXLIII, 15 se termine par une opposition semblable : « Beatum dixerunt populum cui hæc sunt : beatus populus cujus Dominus Deus ejus. » L'imitation de ce verset et de la description qui le précède est évidente. M. Coquerel peut avoir raison de prendre le psaume dans un autre sens; Racine a suivi l'interprétation ordinaire, très-naturelle pour qui s'en tient, comme il faisait, à la *Vulgate*, et fort belle en tout cas.

UNE AUTRE seule.

Le bonheur de l'impie est toujours agité ;
Il erre à la merci de sa propre inconstance[1].
  Ne cherchons la félicité
  Que dans la paix de l'innocence.

LA MÊME avec une autre.

  O douce paix !
  O lumière éternelle !
  Beauté toujours nouvelle !
Heureux le cœur épris de tes attraits !
  O douce paix !
  O lumière éternelle !
Heureux le cœur qui ne te perd jamais !

LE CHOEUR.

  O douce paix !
  O lumière éternelle !
  Beauté toujours nouvelle !
  O douce paix !
Heureux le cœur qui ne te perd jamais !

LA MÊME seule.

Nulle paix pour l'impie[2]. Il la cherche, elle fuit,
Et le calme en son cœur ne trouve point de place.
  Le glaive au dehors le poursuit ;
  Le remords au dedans le glace[3].

UNE AUTRE.

La gloire des méchants en un moment s'éteint.
  L'affreux tombeau pour jamais les[4] dévore.
Il n'en est pas ainsi de celui qui te craint :

---

1. « Impii autem quasi mare fervens, quod quiescere non potest.... » (*Isaïe*, LVII, 20.)

2. « Non est pax impiis, dicit Dominus Deus. » (*Ibidem*, LVII, 21, et XLVIII, 22.)

3. « Foris vastabit eos gladius, et intus pavor. » (*Deutéronome*, XXXII, 25.)

4. L'édition de 1697 à *les* substitue *le*, qui paraît être une faute, bien qu'il puisse à la rigueur se rapporter à *l'impie* de la strophe précédente.

Il renaîtra, mon Dieu, plus brillant que l'aurore.
LE CHOEUR.
O douce paix!
Heureux le cœur qui ne te perd jamais!
ÉLISE, sans chanter.
Mes sœurs, j'entends du bruit dans la chambre prochaine.
On nous appelle : allons rejoindre notre reine. 825

FIN DU SECOND ACTE.

ACTE III[1].

Le théâtre représente les jardins d'Esther, et un des côtés du salon où se fait le festin.

SCÈNE PREMIÈRE.
AMAN, ZARÈS.

ZARÈS.

C'est donc ici d'Esther le superbe jardin ;
Et ce salon pompeux est le lieu du festin[2].
Mais tandis que la porte en est encor fermée,
Écoutez les conseils d'une épouse alarmée.
Au nom du sacré nœud qui me lie avec vous,   830
Dissimulez, Seigneur, cet aveugle courroux ;
Éclaircissez ce front où la tristesse est peinte :
Les rois craignent surtout le reproche et la plainte.
Seul entre tous les grands par la Reine invité,
Ressentez donc aussi cette félicité.   835
Si le mal vous aigrit, que le bienfait vous touche.
Je l'ai cent fois appris de votre propre bouche :
Quiconque ne sait pas dévorer un affront,
Ni de fausses couleurs se déguiser le front,
Loin de l'aspect des rois qu'il s'écarte, qu'il fuie.   840
Il est des contre-temps qu'il faut qu'un sage essuie.
Souvent avec prudence un outrage enduré
Aux honneurs les plus hauts a servi de degré.

---

1. Dans les éditions de 1702, 1713, 1722, 1723, 1768, c'est l'acte IV.
2. Nous n'avons point mis, après ce vers, le point d'interrogation qui se trouve dans la plupart des impressions modernes. Il n'y en a ni dans l'une ni dans l'autre des éditions de 1689, ni dans l'édition de 1697.

AMAN.

O douleur! ô supplice affreux à la pensée!
O honte, qui jamais ne peut être effacée! 845
Un exécrable Juif, l'opprobre des humains,
S'est donc vu de la pourpre habillé par mes mains?
C'est peu qu'il ait sur moi remporté la victoire;
Malheureux, j'ai servi de héraut à sa gloire.
Le traître! Il insultoit à ma confusion; 850
Et tout le peuple même avec dérision,
Observant la rougeur qui couvroit mon visage,
De ma chute certaine en tiroit le présage.
Roi cruel! ce sont là les jeux où tu te plais.
Tu ne m'as prodigué tes perfides bienfaits 855
Que pour me faire mieux sentir ta tyrannie,
Et m'accabler enfin de plus d'ignominie.

ZARÈS.

Pourquoi juger si mal de son intention?
Il croit récompenser une bonne action.
Ne faut-il pas, Seigneur, s'étonner au contraire 860
Qu'il en ait si longtemps différé le salaire?
Du reste, il n'a rien fait que par votre conseil.
Vous-même avez dicté tout ce triste appareil.
Vous êtes après lui[1] le premier de l'Empire.
Sait-il toute l'horreur que ce Juif vous inspire? 865

AMAN.

Il sait qu'il me doit tout[2], et que pour sa grandeur
J'ai foulé sous les pieds remords, crainte, pudeur;
Qu'avec un cœur d'airain exerçant sa puissance,

---

1. Dans les éditions de 1702, 1713, 1723 (Cologne), au lieu d' « après lui, » on lit : « près de lui. »

2. Louis Racine, dans ses *Remarques* sur *Esther*, dit ici : « On assure qu'un ministre, qui étoit encore en place alors, mais qui n'étoit plus en faveur, avoit donné lieu à ce vers, parce que, dans un mouvement de colère, il avoit dit quelque chose de semblable. » Le ministre dont parle Louis Racine est Louvois. Voyez ci-dessus la *Notice*, p. 420 et 421.

J'ai fait taire les lois et gémir l'innocence ;
Que pour lui, des Persans bravant l'aversion, 870
J'ai chéri, j'ai cherché la malédiction ;
Et pour prix de ma vie à leur haine exposée[1],
Le barbare aujourd'hui m'expose à leur risée !

ZARÈS.

Seigneur, nous sommes seuls. Que sert de se flatter ?
Ce zèle que pour lui vous fîtes éclater, 875
Ce soin d'immoler tout à son pouvoir suprême,
Entre nous, avoient-ils d'autre objet que vous-même ?
Et sans chercher plus loin, tous ces Juifs désolés,
N'est-ce pas à vous seul que vous les immolez ?
Et ne craignez-vous point que quelque avis funeste....
Enfin la cour nous hait, le peuple nous déteste.
Ce Juif même, il le faut confesser malgré moi,
Ce Juif, comblé d'honneurs, me cause quelque effroi[2].
Les malheurs sont souvent enchaînés l'un à l'autre,
Et sa race toujours fut fatale à la vôtre. 885
De ce léger affront songez à profiter.
Peut-être la fortune est prête à vous quitter ;
Aux plus affreux excès son inconstance passe.
Prévenez son caprice avant qu'elle se lasse.
Où tendez-vous plus haut ? Je frémis quand je voi 890

1. Dans l'édition de 1768 on lit *opposée*, au lieu d'*exposée*; et en note, comme si cette leçon était tirée de quelque autre édition : « Nous croyons qu'il y a ici une faute d'impression, et qu'il s'est glissé *opposée* pour *exposée*. Ce mot *exposée* se trouveroit, en ce cas, deux fois dans deux vers. » La Harpe approuve *opposée*, en dépit de toutes les anciennes éditions. « *Opposée*, dit-il, s'entend très-bien ; il est plus fort qu'*exposée*, et sauve le petit inconvénient d'une répétition de mots qui serait faible ou affectée. » Il nous semble au contraire qu'*opposée* serait un latinisme d'un sens très-équivoque, et que la véritable négligence serait d'avoir employé ..*posée* et ..*pose* à si peu de distance ; tandis que dans la leçon authentique il y a une antithèse, non pas affectée, mais très-naturelle.

2. « Cui responderunt sapientes quos habebat in consilio, et uxor ejus : Si
« de semine Judæorum est Mardochæus, ante quem cadere cœpisti, non poteris
« ei resistere, sed cades in conspectu ejus. » (*Esther*, VI, 13.)

Les abîmes profonds qui s'offrent devant moi :
La chute désormais ne peut être qu'horrible.
Osez chercher ailleurs un destin plus paisible.
Regagnez l'Hellespont, et ces bords écartés
Où vos aïeux errants jadis furent jetés [1],   895
Lorsque des Juifs contre eux la vengeance allumée
Chassa tout Amalec [2] de la triste Idumée [3].
Aux malices du sort enfin dérobez-vous.
Nos plus riches trésors marcheront devant nous.
Vous pouvez du départ me laisser la conduite ;   900
Surtout de vos enfants j'assurerai la fuite.
N'ayez soin cependant que de dissimuler.
Contente, sur vos pas vous me verrez voler :
La mer la plus terrible et la plus orageuse
Est plus sûre pour nous que cette cour trompeuse.   905
Mais à grands pas vers vous je vois quelqu'un marcher.
C'est Hydaspe.

---

1. Dans son explication du chapitre III (verset 1) du *Livre d'Esther*, Saci dit « qu'il peut être arrivé fort aisément que les restes des Amalécites, après cette défaite générale et ce grand carnage qui en fut fait sous le règne de Saül, s'étant enfuis et dispersés de toutes parts dans les provinces, ceux qui étaient les ancêtres d'Aman soient venus s'établir dans la Macédoine. » Racine admettait sans doute cette conjecture qu'avaient suggérée à Saci les versets 10 et 14 du chapitre XVI du *Livre d'Esther*. Si l'on écartait cette interprétation des deux versets, regardée par plusieurs comme douteuse, on ne verrait pas sur quelle autorité historique se serait appuyé notre poète, lorsqu'il a voulu que les aïeux d'Aman aient été jetés sur ces bords voisins de l'Hellespont.

2. Louis Racine dit dans ses *Notes sur la langue d'*Esther : « On ne diroit point *tout Hercule* pour les Héraclides, *tout Pallante* pour les Pallantides ; mais comme dans le style de l'Écriture sainte on dit *tout Israël* pour le peuple sorti d'Israël, on peut dire *tout Amalec* pour les Amalécites, dont il fut le père. » Louis Racine paraît avoir oublié que le peuple des Amalécites est constamment appelé *Amalec* dans l'Écriture.

3. L'Idumée était située entre la Judée et l'Arabie. Les Amalécites étaient considérés comme habitant cette contrée, dont ils étaient au moins voisins.

SCÈNE II.

AMAN, ZARÈS, HYDASPE.

HYDASPE.
Seigneur, je courois vous chercher [1].
Votre absence en ces lieux suspend toute la joie ;
Et pour vous y conduire Assuérus m'envoie.

AMAN.
Et Mardochée est-il aussi de ce festin ? 910

HYDASPE.
A la table d'Esther portez-vous ce chagrin ?
Quoi ? toujours de ce Juif l'image vous désole ?
Laissez-le s'applaudir d'un triomphe frivole.
Croit-il d'Assuérus éviter la rigueur ?
Ne possédez-vous pas son oreille et son cœur ? 915
On a payé le zèle, on punira le crime ;
Et l'on vous a, Seigneur, orné votre victime.
Je me trompe, ou vos vœux par Esther secondés
Obtiendront plus encor que vous ne demandez.

AMAN.
Croirai-je le bonheur que ta bouche m'annonce ? 920

HYDASPE.
J'ai des savants devins entendu la réponse :
Ils disent que la main d'un perfide étranger
Dans le sang de la Reine est prête à se plonger [2] ;
Et le Roi, qui ne sait où trouver le coupable,
N'impute qu'aux seuls Juifs ce projet détestable. 925

---

1. « Adhuc illis loquentibus, venerunt eunuchi Regis, et cito cum ad convivium quod Regina paraverat pergere compulerunt. » (*Esther*, VI, 14.)
2. Le *Livre d'Esther* ne parle pas de cet avis donné par les devins ; il est de l'invention du poëte.

ACTE III, SCÈNE II.

AMAN.

Oui, ce sont, cher ami, des monstres furieux ;
Il faut craindre surtout leur chef audacieux.
La terre avec horreur dès longtemps les endure ;
Et l'on n'en peut trop tôt délivrer la nature.
Ah! je respire enfin. Chère Zarès, adieu. 930

HYDASPE.

Les compagnes d'Esther s'avancent vers ce lieu.
Sans doute leur concert va commencer la fête.
Entrez, et recevez l'honneur qu'on vous apprête.

SCÈNE III.

ÉLISE, LE CHOEUR.

(Ceci se récite sans chant.)

UNE DES ISRAÉLITES.

C'est Aman.

UNE AUTRE.

C'est lui-même, et j'en frémis, ma sœur.

LA PREMIÈRE.

Mon cœur de crainte et d'horreur se resserre. 935

L'AUTRE.

C'est d'Israël le superbe oppresseur.

LA PREMIÈRE.

C'est celui qui trouble la terre.

ÉLISE.

Peut-on, en le voyant, ne le connoître pas?
L'orgueil et le dédain sont peints sur son visage.

UNE ISRAÉLITE.

On lit dans ses regards sa fureur et sa rage. 940

UNE AUTRE.

Je croyois voir marcher la Mort devant ses pas.

ESTHER.

UNE DES PLUS JEUNES.

Je ne sais si ce tigre a reconnu sa proie ;
Mais en nous regardant, mes sœurs, il m'a semblé
Qu'il avoit dans les yeux une barbare joie,
    Dont tout mon sang est encore troublé.   945

ÉLISE.

Que ce nouvel honneur va croître son audace !
    Je le vois, mes sœurs, je le voi :
A la table d'Esther l'insolent près du Roi
    A déjà pris sa place.

UNE DES ISRAÉLITES.

Ministres du festin, de grâce dites-nous,   950
Quels mets à ce cruel, quel vin préparez-vous ?

UNE AUTRE.

Le sang de l'orphelin,

UNE TROISIÈME.

    les pleurs des misérables,

LA SECONDE.

Sont ses mets les plus agréables[1].

LA TROISIÈME.

C'est son breuvage le plus doux.

ÉLISE.

Chères sœurs, suspendez la douleur qui vous presse[2].
Chantons, on nous l'ordonne ; et que puissent nos chants
Du cœur d'Assuérus adoucir la rudesse,
Comme autrefois David par ses accords touchants
Calmoit d'un roi jaloux la sauvage tristesse[3] !

    (Tout le reste de cette scène est chanté.)

---

1. On trouve dans les livres saints des images analogues, par exemple dans le *Psaume* XLI, 4 : « Fuerunt mihi lacrymæ meæ panes die ac nocte. »
2. Dans l'édition de 1697, et dans celles de 1702, 1713, 1723 (Cologne), 1728, ce vers et les quatre suivants sont dans la bouche de la troisième Israélite.
3. Voyez le livre I des *Rois*, XVI, 23.

ACTE III, SCÈNE III.

UNE ISRAÉLITE.

Que le peuple est heureux, 960
Lorsqu'un roi généreux,
Craint dans tout l'univers, veut encore qu'on l'aime!
Heureux le peuple! heureux le roi lui-même!

TOUT LE CHOEUR.

O repos! ô tranquillité!
O d'un parfait bonheur assurance éternelle, 965
Quand la suprême autorité
Dans ses conseils a toujours auprès d'elle
La justice et la vérité[1]!

(Ces quatre stances sont chantées alternativement par une voix seule et par tout le Chœur.)

UNE ISRAÉLITE.

Rois, chassez la calomnie[2].
Ses criminels attentats 970
Des plus paisibles États
Troublent l'heureuse harmonie.

Sa fureur, de sang avide,
Poursuit partout l'innocent.
Rois, prenez soin de l'absent 975
Contre sa langue homicide.

De ce monstre si farouche
Craignez la feinte douceur.
La vengeance est dans son cœur,

---

1. On trouve dans *Isaïe* (LX, 17) la justice et la paix personnifiées presque de la même manière que le sont ici la justice et la vérité. Dieu lui-même dit à Jérusalem : « Ponam visitationem tuam pacem, et præpositos tuos justitiam. »
2. « L'auteur se félicitoit de ces quatre stances, qui contiennent des vérités si utiles aux rois. » (*Note de Louis Racine*, dans ses *Remarques sur Esther*.) — Dans la lettre que Racine en disgrâce écrivit à Mme de Maintenon, il rappelle le premier vers de ces stances. — Dans l'impression à part des *Chœurs d'Esther*, la première des quatre stances est dite par *Une Israélite*, la seconde par *Deux Israélites*, la troisième par *Une seule*, la quatrième par *Toutes ensemble*.

Et la pitié dans sa bouche. 980
La fraude adroite et subtile
Sème de fleurs son chemin;
Mais sur ses pas vient enfin
Le repentir inutile.

UNE ISRAÉLITE seule.

D'un souffle l'aquilon écarte les nuages, 985
Et chasse au loin la foudre et les orages.
Un roi sage, ennemi du langage menteur,
Écarte d'un regard le perfide imposteur.

UNE AUTRE.

J'admire un roi victorieux,
Que sa valeur conduit triomphant en tous lieux; 990
Mais un roi sage et qui hait l'injustice,
Qui sous la loi du riche impérieux,
Ne souffre point que le pauvre gémisse[1],
Est le plus beau présent des cieux.

UNE AUTRE.

La veuve en sa défense espère. 995

UNE AUTRE.

De l'orphelin il est le père;

TOUTES ENSEMBLE.

Et les larmes du juste implorant son appui
Sont précieuses devant lui[2].

UNE ISRAÉLITE seule.

Détourne, Roi puissant, détourne tes oreilles
De tout conseil barbare et mensonger. 1000
Il est temps que tu t'éveilles:

---

1. « Rex qui judicat in veritate pauperes, thronus ejus in æternum firma-
« bitur. » (*Proverbes*, XXIX, 14.)
2. J. B. Rousseau s'est approprié ce dernier vers:

Et les larmes de l'innocence
Sont précieuses devant lui.
(Livre I, ode VI.)

Dans le sang innocent ta main va se plonger,
Pendant que tu sommeilles.
Détourne, Roi puissant, détourne tes oreilles
De tout conseil barbare et mensonger.   1005

UNE AUTRE.

Ainsi puisse sous toi trembler la terre entière !
Ainsi puisse à jamais contre tes ennemis
Le bruit de ta valeur te servir de barrière !
S'ils t'attaquent, qu'ils soient en un moment soumis ;

Que de ton bras la force les renverse ;   1010
Que de ton nom la terreur les disperse ;
Que tout leur camp nombreux soit devant tes soldats
Comme d'enfants une troupe inutile ;
Et si par un chemin il entre en tes États,
Qu'il en sorte par plus de mille.   1015

SCÈNE IV[1].

ASSUÉRUS, ESTHER, AMAN, ÉLISE,
LE CHOEUR.

ASSUÉRUS, à Esther.

Oui, vos moindres discours ont des grâces secrètes :
Une noble pudeur à tout ce que vous faites
Donne un prix que n'ont point ni la pourpre ni l'or.
Quel climat renfermoit un si rare trésor ?
Dans quel sein vertueux avez-vous pris naissance ?   1020
Et quelle main si sage éleva votre enfance ?

---

1. Dans les éditions de 1702, 1713, 1722, 1723, 1768 : « ACTE V. SCÈNE I. »
Dans la dernière, on lit en outre cette indication du lieu de la scène : « *Le théâtre représente le salon du festin.* » — L'édition de 1728, qui a suivi jusque-là l'ancienne division des actes d'*Esther*, finit l'acte III après la scène III, en indiquant cette fin par ces mots : *Fin du quatrième acte* ; et commence ici un acte V.

Mais dites promptement ce que vous demandez :
Tous vos desirs, Esther, vous seront accordés,
Dussiez-vous, je l'ai dit, et veux bien le redire,
Demander la moitié de ce puissant empire [1].   1025

ESTHER.

Je ne m'égare point dans ces vastes desirs.
Mais puisqu'il faut enfin expliquer mes soupirs,
Puisque mon roi lui-même à parler me convie,

(Elle se jette aux pieds du Roi.)

J'ose vous implorer, et pour ma propre vie,
Et pour les tristes jours d'un peuple infortuné,   1030
Qu'à périr avec moi vous avez condamné [2].

ASSUÉRUS, la relevant.

A périr? Vous? Quel peuple? Et quel est ce mystère [3]?

---

1. Voyez ci-dessus, p. 506, la note du vers 660. Assuérus, dans le *Livre d'Esther*, répète trois fois cette promesse (v, 3 et 6; vii, 2).

2. « .... Si tibi placet, dona mihi animam, pro qua rogo, et populum meum, « pro quo obsecro. Traditi enim sumus ego et populus meus, ut conteramur, « jugulemur et pereamus. » (*Esther*, vii, 3 et 4.)

3. Assuérus, dans le *Livre d'Esther* (vii, 5), marque le même étonnement, mais par des questions différentes. Il demande quel est cet ennemi dont a parlé la Reine : « Quis est iste, et cujus potentiæ, ut hæc audeat facere? » S'il fut surpris d'apprendre qu'Esther était Juive, il n'en est rien dit dans ce chapitre. Tout le développement qui suit dans la scène de Racine appartient donc au poëte. Mais a-t-on eu raison de lui reprocher une invraisemblance, par la raison que le Roi n'aurait pu tarder si longtemps à s'éclaircir sur l'origine d'Esther? On se souvient qu'au chapitre ii, 20 il a été dit qu'Esther, d'après le conseil de Mardochée, n'avait pas encore fait connaître sa patrie et son peuple; c'était au temps où le Roi avait commandé un festin pour ses noces. Assuérus put sans doute plus tard apprendre ce qu'on lui avait caché. Cependant, lorsque le verset 1 du chapitre viii d'*Esther* nous fait connaître que la Reine avait avoué être la nièce de Mardochée, Assuérus avait déjà ordonné le supplice d'Aman. Cela donne à penser qu'Assuérus ne savait rien jusque-là du secret d'Esther, et que Racine a sans doute bien interprété l'Écriture en supposant ce qui n'y est pas dit explicitement. Montchrestien et du Ryer, dans une scène qui correspond à celle de Racine, ont placé au même moment l'aveu que fait Esther de son origine. La Reine parle ainsi dans l'*Aman* de Montchrestien (acte V) :

> Mais voici cet Aman, ce tyran sanguinaire,
> Qui voulant démentir ta douceur ordinaire....
> A contre tous les Juifs allumé sa colère,

ACTE III, SCENE IV.

AMAN *tout bas* [1].

Je tremble.

ESTHER.

Esther, Seigneur, eut un Juif pour son père.
De vos ordres sanglants vous savez la rigueur.

AMAN.

Ah, Dieux!

ASSUÉRUS.

Ah! de quel coup me percez-vous le cœur?
Vous la fille d'un Juif? Hé quoi? tout ce que j'aime,
Cette Esther, l'innocence et la sagesse même,
Que je croyois du ciel les plus chères amours,
Dans cette source impure auroit puisé ses jours?
Malheureux [2]!

> Sans qu'un seul toutefois pensât de lui mal faire,
> Enveloppant encor dans ce danger ici
> Ta pauvre femme Esther et Mardochée aussi;
> Car cette nation serviable et bénine
> A tous deux nous donna le nom et l'origine.

Dans l'*Esther* de du Ryer (acte V, scène v), le Roi, comme dans l'*Esther* de Racine, est d'abord atterré par l'aveu de la Reine, qu'il interrompt deux fois en s'écriant : « Quoi? vous sortez des Juifs? » C'est ainsi que Racine fait dire à Assuérus : « Vous la fille d'un Juif? » Voici quelques-uns des vers de du Ryer :

> ESTH. Il ne faut plus cacher Esther à votre vue;
> Il faut rompre le voile, et qu'elle soit connue :
> Ce n'est pas un défaut de sortir comme moi
> D'un peuple malheureux, mais fidèle à son roi.
> LE ROI. Quoi? vous sortez des Juifs? Leurs rois sont vos ancêtres?
> ESTH. Oui, je sors des grands rois qu'ils connurent pour maîtres;
> Et lorsqu'à mon amour votre cœur s'est rendu,
> Toujours grand, toujours haut, il n'a point descendu.
> LE ROI. Quoi? vous sortez des Juifs? ESTH. Oui, Sire; et Mardochée
> Qu'attaque injustement une haine cachée,
> Lui qui vous conserva, lui qui veille pour vous,
> Fut frère de mon père, et prince parmi nous....
> Sire, après ce discours qui vous a dû surprendre,
> Je remets à vos pieds ma grandeur et mon sort,
> Pour attendre de vous ou ma vie ou ma mort.

1. L'édition de 1736, Luneau de Boisjermain et la Harpe remplacent « *tout bas* » par « *bas, à part;* » et mettent avant le vers 1035 : « AMAN, *à part.* »

2. L'édition de 1768 prétend qu'ici une erreur des premières impressions est vraisemblable, et met l'exclamation : *Malheureux!* dans la bouche d'AMAN (*bas, à part*). Il n'y a aucune raison d'adopter ce changement, qui avait été, paraît-il, approuvé par la Harpe : voyez la note de l'édition de 1807.

ESTHER.
Vous pourrez rejeter ma prière. 1040
Mais je demande au moins que pour grâce dernière
Jusqu'à la fin, Seigneur, vous m'entendiez parler,
Et que surtout Aman n'ose point me troubler.
ASSUERUS.
Parlez.
ESTHER.
O Dieu, confonds l'audace et l'imposture [1].
Ces Juifs, dont vous voulez délivrer la nature, 1045
Que vous croyez, Seigneur, le rebut des humains,
D'une riche contrée autrefois souverains,
Pendant qu'ils n'adoroient que le Dieu de leurs pères
Ont vu bénir le cours de leurs destins prospères.
Ce Dieu, maître absolu de la terre et des cieux, 1050
N'est point tel que l'erreur le figure à vos yeux.
L'Éternel est son nom. Le monde est son ouvrage;
Il entend les soupirs de l'humble qu'on outrage,
Juge tous les mortels avec d'égales lois,
Et du haut de son trône interroge les rois. 1055
Des plus fermes États la chute épouvantable,
Quand il veut, n'est qu'un jeu de sa main redoutable.
Les Juifs à d'autres dieux osèrent s'adresser :
Roi, peuples, en un jour tout se vit disperser.
Sous les Assyriens leur triste servitude 1060
Devint le juste prix de leur ingratitude.
Mais pour punir enfin nos maîtres à leur tour,
Dieu fit choix de Cyrus, avant qu'il vît le jour,
L'appela par son nom, le promit à la terre,
Le fit naître, et soudain l'arma de son tonnerre, 1065
Brisa les fiers remparts et les portes d'airain,

---

1. M. Coquerel dit que ce vœu d'Esther est un aparté. Nous penchons a le comprendre ainsi.

ACTE III, SCÈNE IV.

Mit des superbes rois la dépouille en sa main[1],
De son temple détruit vengea sur eux l'injure.
Babylone paya nos pleurs avec usure.
Cyrus, par lui vainqueur, publia ses bienfaits,   1070
Regarda notre peuple avec des yeux de paix,
Nous rendit et nos lois et nos fêtes divines;
Et le temple déjà sortoit de ses ruines.
Mais de ce roi si sage héritier insensé,
Son fils interrompit l'ouvrage commencé[2],   1075
Fut sourd à nos douleurs. Dieu rejeta sa race,
Le retrancha lui-même, et vous mit en sa place.
  Que n'espérions-nous point d'un roi si généreux?
« Dieu regarde en pitié son peuple malheureux,
Disions-nous : un roi règne, ami de l'innocence. »   1080
Partout du nouveau prince on vantoit la clémence :
Les Juifs partout de joie en poussèrent des cris.
Ciel! verra-t-on toujours par de cruels esprits
Des princes les plus doux l'oreille environnée,
Et du bonheur public la source empoisonnée?   1085
Dans le fond de la Thrace un barbare enfanté
Est venu dans ces lieux souffler la cruauté.
Un ministre ennemi de votre propre gloire[3]....

---

1. « Hæc dicit Dominus christo meo Cyro, cujus apprehendi dexteram, ut
« subjiciam ante faciem ejus gentes.... Ego ante te ibo; et gloriosos terræ
« humiliabo; portas æreas conteram, et vectes ferreos confringam.... Et vocavi
« te nomine tuo.... » (*Isaïe*, XLV, 1-4.) — Bossuet, dans l'*Oraison funèbre du
prince de Condé*, a ainsi imité ce passage d'Isaïe : « Tu n'es pas encore...,
mais je te vois, et je t'ai nommé par ton nom; tu t'appelleras Cyrus. Je mar-
cherai devant toi dans les combats; à ton approche, je mettrai les rois en fuite;
je briserai les portes d'airain. »

2. Ce fils de Cyrus est Cambyse. Esdras, qui lui donne le nom d'Assuérus
(livre I, chapitre IV, 6), dit qu'au commencement de son règne les ennemis
des Juifs lui remirent une accusation écrite contre les habitants de Juda et de
Jérusalem.

3.   .... Le coupable auteur d'un si sanglant orage
      Sur un peuple innocent veut étendre sa rage :
      Il veut de votre État faire un funeste étang
      Qui ne soit composé que de pleurs et de sang;

AMAN.

De votre gloire? Moi? Ciel! Le pourriez-vous croire?
Moi, qui n'ai d'autre objet ni d'autre Dieu....

ASSUÉRUS.

Tais-toi.
Oses-tu donc parler sans l'ordre de ton roi?

ESTHER.

Notre ennemi cruel devant vous se déclare :
C'est lui[1]. C'est ce ministre infidèle et barbare,
Qui d'un zèle trompeur à vos yeux revêtu,
Contre notre innocence arma votre vertu.   1095
Et quel autre, grand Dieu! qu'un Scythe impitoyable
Auroit de tant d'horreurs dicté l'ordre effroyable?
Partout l'affreux signal en même temps donné
De meurtres remplira l'univers étonné.
On verra, sous le nom du plus juste des princes,   1100
Un perfide étranger désoler vos provinces,
Et dans ce palais même, en proie à son courroux,
Le sang de vos sujets regorger jusqu'à vous.
   Et que reproche aux Juifs sa haine envenimée?
Quelle guerre intestine avons-nous allumée?   1105
Les a-t-on vus[2] marcher parmi vos ennemis?
Fut-il jamais au joug esclaves plus soumis?
Adorant dans leurs fers le Dieu qui les châtie,
Pendant que votre main sur eux appesantie
A leurs persécuteurs les livroit sans secours,   1110
Ils conjuroient ce Dieu de veiller sur vos jours,
De rompre des méchants les trames criminelles,

  Et pour combler l'horreur d'une trame si noire,
  Il va jusques à vous attaquer votre gloire!
    (Du Ryer, *Esther*, acte V, scène v.)

1. « Dixitque Esther : Hostis et inimicus noster pessimus iste est Aman. » (*Esther*, vii, 6.)

2. Il y a *vu*, sans accord, dans les deux impressions de 1689 et dans celle de 1697. Voyez ci-dessus, p. 375, note 1.

De mettre votre trône à l'ombre de ses ailes¹.
N'en doutez point, Seigneur, il fut votre soutien.
Lui seul mit à vos pieds le Parthe et l'Indien,   1115
Dissipa devant vous les innombrables Scythes²,
Et renferma les mers dans vos vastes limites.
Lui seul aux yeux d'un Juif découvrit le dessein
De deux traîtres tout prêts à vous percer le sein.
Hélas! ce Juif jadis m'adopta pour sa fille.   1120

ASSUÉRUS.

Mardochée?

ESTHER.

Il restoit seul de notre famille.
Mon père étoit son frère. Il descend comme moi
Du sang infortuné de notre premier roi³.
Plein d'une juste horreur pour un Amalécite,
Race que notre Dieu de sa bouche a maudite,   1125
Il n'a devant Aman pu fléchir les genoux,
Ni lui rendre un honneur qu'il ne croit dû qu'à vous⁴.

1. Image qui se trouve souvent dans les livres saints : « Sub umbra alarum tua-
« rum protege me. » (*Psaume* XVI, 8.) « In tegmine alarum tuarum sperabunt. »
(*Psaume* XXXV, 8.) « In umbra alarum tuarum sperabo. » (*Psaume* LVI, 2.)
« In velamento alarum tuarum exultabo. » (*Psaume* LXII, 8.)

2. Pour les Indiens, voyez Hérodote, livre IV, chapitre XLIV; et pour
l'expédition contre les Scythes, même livre, chapitres LXXXII et suivants. Pour
les Parthes, voyez ci-dessus, p. 468, note 1.

3. Saül, de la tribu de Benjamin, était fils de Cis (*livre I des Rois*, IX,
1 et 2). Parmi les aïeux de Mardochée il y en avait un du nom de Cis (*Es-
ther*, II, 5). De là cette conjecture, très-hasardée, de quelques interprètes du
Livre d'Esther, que Mardochée et Esther descendaient de Saül. Saci, dont
Racine devait avoir la *Bible* sous les yeux, dit dans son explication du cha-
pitre II : « Il se peut bien faire que Mardochée fût descendu de la race de
Saul, dont le père se nommoit Cis, et qu'il en fût descendu par Jonathas et
Miphiboset. » Du Ryer (*Esther*, acte V, scène v) fait dire à Esther :

.... Sans nos longues misères....
Je régnerois au trône où régnoient mes aïeux.

4. Mardochée dit lui-même dans sa prière : « Cuncta nosti, et scis quia non
« pro superbia et contumelia et aliqua gloriæ cupiditate fecerim hoc, ut non
« adorarem Aman superbissimum.... Sed timui ne honorem Dei mei trans-
« ferrem ad hominem, et ne quemquam adorarem, excepto Deo meo. » (*Es-*

De là contre les Juifs et contre Mardochée
Cette haine, Seigneur, sous d'autres noms cachée.
En vain de vos bienfaits Mardochée est paré. 1130
A la porte d'Aman est déjà préparé
D'un infâme trépas l'instrument exécrable.
Dans une heure au plus tard ce vieillard vénérable,
Des portes du palais par son ordre arraché,
Couvert de votre pourpre, y doit être attaché. 1135

ASSUÉRUS.

Quel jour mêlé d'horreur vient effrayer mon âme?
Tout mon sang de colère et de honte s'enflamme.
J'étois donc le jouet.... Ciel, daigne m'éclairer.
Un moment sans témoins cherchons à respirer [1].
Appelez Mardochée : il faut aussi l'entendre. 1140

(Le Roi s'éloigne.)

ther, XIII, 12 et 14.) Ce passage a été ainsi rendu dans l'*Aman* de Montchrestien (acte III) :

.... Si je n'ai point adoré ce superbe,
Qui nous foule à ses pieds comme une puante herbe,
Et si pour éviter son dépiteux courroux
Je n'ai voulu fléchir devant lui mes genoux,
Tu sais que ce n'est pas par mon outrecuidance :
Tu veux qu'aux magistrats on porte révérence....
Mais, ô luisant soleil, plus à mes yeux n'éclaire,
Quand pour plaire aux humains on me verra déplaire
A cil qui des humains est le père et l'auteur,
Mettant la créature au lieu du Créateur.

1. Racine d'ordinaire amène avec un art plus habile la sortie de ses personnages, qui ne s'éloignent pas pour « respirer un moment. » On s'est demandé s'il est vraisemblable, non-seulement qu'Assuérus se retire sous un tel prétexte, mais aussi qu'Aman soit laissé par lui en présence d'Esther. La réponse à ces critiques n'est point du tout celle qu'on a faite, qu'une tragédie, composée pour Saint-Cyr, n'était pas rigoureusement assujettie aux règles du théâtre : elle est dans la citation suivante du *Livre d'Esther*, auquel Racine s'est conformé : « Rex autem iratus surrexit, et de loco convivii intravit in hortum « arboribus consitum. Aman quoque surrexit, ut rogaret Esther reginam pro « anima sua.... Qui cum reversus esset de horto nemoribus consito, et intras« set convivii locum, reperit Aman super lectulum corruisse in quo jacebat « Esther. » (*Esther*, VII, 7 et 8.) — « On a présenté, dit M. Coquerel (*Introduction* au *Commentaire* sur *Esther*, § 3, p. 283), cette disparition du

UNE ISRAÉLITE.

Vérité, que j'implore, achève de descendre.

SCÈNE V.

ESTHER, AMAN, le Chœur[1].

AMAN, à Esther.

D'un juste étonnement je demeure frappé.
Les ennemis des Juifs m'ont trahi, m'ont trompé.
J'en atteste du ciel la puissance suprême,
En les perdant j'ai cru vous assurer vous-même. 1145
Princesse, en leur faveur, employez mon crédit :
Le Roi, vous le voyez, flotte encore interdit.
Je sais par quels ressorts on le pousse, on l'arrête ;
Et fais, comme il me plaît, le calme et la tempête.
Les intérêts des Juifs déjà me sont sacrés. 1150
Parlez : vos ennemis aussitôt massacrés,
Victimes de la foi que ma bouche vous jure,
De ma fatale erreur répareront l'injure.
Quel sang demandez-vous ?

ESTHER.

Va, traître, laisse-moi.
Les Juifs n'attendent rien d'un méchant tel que toi. 1155
Misérable, le Dieu vengeur de l'innocence,
Tout prêt à te juger, tient déjà sa balance.
Bientôt son juste arrêt te sera prononcé.
Tremble. Son jour approche, et ton règne est passé.

AMAN.

Oui, ce Dieu, je l'avoue, est un Dieu redoutable. 1160

souverain comme une forme annonçant la sentence de l'accusé, qui reste sans
pouvoir même plaider sa cause et solliciter sa grâce. »

1. M. Aimé-Martin ajoute le nom d'*Élise* dans l'indication des personnages
de cette scène.

Mais veut-il que l'on garde une haine implacable?
C'en est fait : mon orgueil est forcé de plier;
L'inexorable Aman est réduit à prier.
(Il se jette à ses pieds.)
Par le salut des Juifs, par ces pieds que j'embrasse,
Par ce sage vieillard, l'honneur de votre race, 1165
Daignez d'un roi terrible apaiser le courroux.
Sauvez Aman, qui tremble à vos sacrés genoux [1].

SCÈNE VI.

ASSUÉRUS, ESTHER, AMAN, ÉLISE,
Gardes, le Chœur.

ASSUÉRUS.

Quoi? le traître sur vous porte ses mains hardies [2]?
Ah! dans ses yeux confus je lis ses perfidies;
Et son trouble, appuyant la foi de vos discours, 1170
De tous ses attentats me rappelle le cours.
Qu'à ce monstre à l'instant l'âme soit arrachée;
Et que devant sa porte, au lieu de Mardochée,
Apaisant par sa mort et la terre et les cieux,
De mes peuples vengés il repaisse les yeux [3]. 1175
(Aman est emmené par les Gardes.)

1. Merci, belle princesse! hélas! faites merci
Au misérable Aman . . . .
Redonnez-lui la vie, afin qu'à l'advenir
Votre humble serviteur il puisse devenir....
Madame, permettez que vos genoux j'embrasse.
(Montchrestien, *Aman*, acte V.)

2. « .... Et ait : Etiam Reginam vult opprimere, me præsente, in domo
« mea. » (*Esther*, VII, 8.)

3. « Dixitque Harbona, unus de eunuchis... : En lignum, quod para-
« verat Mardochæo qui locutus est pro Rege, stat in domo Aman, habens
« altitudinis quinquaginta cubitos. Cui dixit Rex : Appendite eum in eo. »
(*Esther*, VII, 9.)

SCÈNE VII.

ASSUÉRUS, ESTHER, MARDOCHÉE, ÉLISE, LE Chœur.

ASSUÉRUS continue en s'adressant à Mardochée.

Mortel chéri du ciel, mon salut et ma joie,
Aux conseils des méchants ton roi n'est plus en proie.
Mes yeux sont dessillés, le crime est confondu.
Viens briller près de moi dans le rang qui t'est dû.
Je te donne d'Aman les biens et la puissance[1] :   1180
Possède justement son injuste opulence.
Je romps le joug funeste où les Juifs sont soumis ;
Je leur livre le sang de tous leurs ennemis ;
A l'égal des Persans je veux qu'on les honore,
Et que tout tremble au nom du Dieu qu'Esther adore.
Rebâtissez son temple, et peuplez vos cités[2].
Que vos heureux enfants dans leurs solennités
Consacrent de ce jour le triomphe et la gloire[3],
Et qu'à jamais mon nom vive dans leur mémoire.

---

1. « Tulitque Rex annulum, quem ab Aman recipi jusserat, et tradidit
« Mardochæo. Esther autem constituit Mardochæum super domum suam. »
(*Esther*, VIII, 2.)

2. La reconstruction du temple, qui avait été longtemps interrompue, fut
reprise, d'après le livre I d'*Esdras*, IV, 24, la seconde année du règne de
Darius, qui est l'Assuérus de Racine, et, d'après le même livre d'*Esdras*, VI, 15,
achevée la sixième année de ce règne.

3. « Scripsit itaque Mardochæus omnia hæc, et litteris comprehensa misit
« ad Judæos.... ut quartamdecimam et quintamdecimam diem mensis Adar pro
« festis susciperent, et revertente semper anno solemni celebrarent honore....
« Atque ex illo tempore dies isti appellati sunt Phurim, id est sortium. »
(*Esther*, IX, 20, 21 et 26.) — Les Israélites, comme nous l'avons dit, célèbrent
encore aujourd'hui cette fête : voyez ci-dessus, p. 459, note 1.

SCÈNE VIII.

ASSUÉRUS, ESTHER, MARDOCHÉE, ASAPH,
ÉLISE, LE CHOEUR.

ASSUÉRUS.

Que veut Asaph?

ASAPH.

    Seigneur, le traître est expiré, 1190
Par le peuple en fureur à moitié déchiré.
On traîne, on va donner en spectacle funeste
De son corps tout sanglant le misérable reste.

MARDOCHÉE.

Roi, qu'à jamais le ciel prenne soin de vos jours.
Le péril des Juifs presse, et veut un prompt secours[1].

ASSUÉRUS.

Oui, je t'entends. Allons, par des ordres contraires,
Révoquer d'un méchant les ordres sanguinaires[2].

ESTHER.

O Dieu, par quelle route inconnue aux mortels
Ta sagesse conduit ses desseins éternels[3]!

---

1. Dans le *Livre d'Esther*, VIII, 5, c'est la Reine qui demande la révocation des ordres de proscription : « Obsecro ut novis epistolis veteres Aman litteræ, « insidiatoris et hostis Judæorum, quibus eos in cunctis Regis provinciis perire « præceperat, corrigantur. »

2. « Responditque rex Assuerus Esther reginæ et Mardochæo Judæo... : « Scribite ergo Judæis, sicut vobis placet, Regis nomine. » (*Esther*, VIII, 7 et 8.)

3. Du Ryer finit de même sa tragédie par deux vers qui en sont comme la moralité. Il les a mis dans la bouche de Mardochée, au moment où le Roi vient d'annoncer le triomphe de l'innocence :

  O ciel, c'est de toi seul que ce bien va descendre,
  Et ce n'est qu'à toi seul que nous devons le rendre.

Comparez aussi les quatre derniers vers d'*Athalie*.

SCÈNE IX.
LE CHOEUR.

TOUT LE CHOEUR.

Dieu fait triompher l'innocence : 1200
Chantons, célébrons sa puissance.

UNE ISRAÉLITE.

Il a vu contre nous les méchants s'assembler,
  Et notre sang prêt à couler.
Comme l'eau sur la terre ils alloient le répandre[1] :
  Du haut du ciel sa voix s'est fait entendre ; 1205
  L'homme superbe est renversé.
  Ses propres flèches l'ont percé[2].

UNE AUTRE.

J'ai vu l'impie adoré sur la terre.
  Pareil au cèdre, il cachoit dans les cieux
    Son front audacieux. 1210
Il sembloit à son gré gouverner le tonnerre,
  Fouloit aux pieds ses ennemis vaincus.
Je n'ai fait que passer, il n'étoit déjà plus[3].

---

1. « Effuderunt sanguinem eorum tanquam aquam in circuitu Jerusalem. » (*Psaume* LXXVIII, 3.) — Montchrestien a aussi imité ce passage dans des vers lyriques qu'il a mis dans la bouche de Mardochée :

> On a versé leur sang comme de l'eau coulante ;
> Tous les champs d'alentour en sembloient regorger.
>   (*Aman*, acte III.)

2. « Gladium evaginaverunt peccatores ; intenderunt arcum suum, ut dejiciant pauperem et inopem, ut trucident rectos corde. Gladius eorum intret in corda ipsorum, et arcus eorum confringatur. » (*Psaume* XXXVI, 14 et 15.)

3. « Vidi impium superexaltatum, et elevatum sicut cedros Libani. Et transivi, et ecce non erat ; et quæsivi eum, et non inventus est locus ejus. » (*Psaume* XXXVI, 35 et 36.) Luneau de Boisjermain rapporte que Boileau admirait avec quel bonheur Racine, que la simplicité majestueuse des psaumes avait souvent désespéré, a rendu cet endroit du Psalmiste. — Dans le choeur de l'acte I de son *Aman*, Montchrestien a orné d'images différentes, et d'une poésie bien

UNE AUTRE.

On peut des plus grands rois surprendre la justice.
    Incapables de tromper, 1215
    Ils ont peine à s'échapper
    Des piéges de l'artifice.
Un cœur noble ne peut soupçonner en autrui
    La bassesse et la malice
    Qu'il ne sent point en lui[1]. 1220

UNE AUTRE.

Comment s'est calmé l'orage?

UNE AUTRE.

Quelle main salutaire a chassé le nuage?

TOUT LE CHOEUR.

L'aimable Esther a fait ce grand ouvrage.

UNE ISRAÉLITE seule.

De l'amour de son Dieu son cœur s'est embrasé;
    Au péril d'une mort funeste 1225
    Son zèle ardent s'est exposé.
    Elle a parlé. Le ciel a fait le reste.

---

pâle à côté de celle-là, cette pensée, si convenable au sujet de sa tragédie, que la prospérité de l'orgueilleux, de l'impie est de courte durée :

    Pour autant qu'il va se haussant
    Sur le mont d'un honneur glissant,
    Il s'estime fils de fortune,
    Et que jamais disgrâce aucune
    En bas ne l'ira renversant.

    Mais il se trompe fort souvent,
    L'espoir qui le va décevant
    Avec lui volant en fumée,
    Et sa gloire tant estimée
    Fuyant plus vite que le vent.

    Son crédit n'est jamais constant :
    Ainsi qu'il vint en un instant,
    Il s'en retourne en peu d'espace.
    Bref, ainsi qu'un nuage, passe
    Ce que le monde admire tant.

1. Voyez les vers 339 et 340 de *Britannicus*, et la note sur ces vers, au tome II, p. 271.

DEUX ISRAÉLITES.

Esther a triomphé des filles des Persans.
La nature et le ciel à l'envi l'ont ornée.

L'UNE DES DEUX.

Tout ressent de ses yeux les charmes innocents. 1230
Jamais tant de beauté fut-elle couronnée?

L'AUTRE.

Les charmes de son cœur sont encor plus puissants.
Jamais tant de vertu fut-elle couronnée[1]?

TOUTES DEUX ensemble.

Esther a triomphé des filles des Persans.
La nature et le ciel à l'envi l'ont ornée. 1235

UNE ISRAÉLITE seule.

Ton Dieu n'est plus irrité.
Réjouis-toi, Sion, et sors de la poussière.
Quitte les vêtements de ta captivité,
Et reprends ta splendeur première[2].

Les chemins de Sion à la fin sont ouverts. 1240
    Rompez vos fers,
    Tribus captives.
    Troupes fugitives,
Repassez les monts et les mers.
Rassemblez-vous des bouts de l'univers. 1245

TOUT LE CHOEUR.

    Rompez vos fers,
    Tribus captives.
    Troupes fugitives,
Repassez les monts et les mers.
Rassemblez-vous des bouts de l'univers. 1250

---

1. Dans l'impression à part des *Chœurs d'Esther*, les six vers 1228-1231 sont dans la bouche des *deux Israélites* ensemble; et la répétition, qui suit, des deux vers 1228 et 1229 n'est pas indiquée.

2. « Consurge, consurge, induere fortitudine tua, Sion, induere vestimentis

540   ESTHER.
UNE ISRAÉLITE seule.
Je reverrai ces campagnes si chères.
UNE AUTRE.
J'irai pleurer au tombeau de mes pères[1].
TOUT LE CHOEUR.
Repassez les monts et les mers.
Rassemblez-vous des bouts de l'univers.
UNE ISRAÉLITE seule.
Relevez, relevez les superbes portiques   1255
Du temple où notre Dieu se plaît d'être adoré.
Que de l'or le plus pur son autel soit paré,
Et que du sein des monts le marbre soit tiré.
Liban, dépouille-toi de tes cèdres antiques.
Prêtres sacrés, préparez vos cantiques.   1260
UNE AUTRE.
Dieu descend et revient habiter parmi nous.
Terre, frémis d'allégresse et de crainte[2];
Et vous, sous sa majesté sainte,
Cieux, abaissez-vous[3]!
UNE AUTRE.
Que le Seigneur est bon! que son joug est aimable[4]!

« gloriæ tuæ, Jerusalem.... Excutere de pulvere, consurge; sede, Jerusalem:
« solve vincula colli tui, captiva filia Sion. » (*Isaïe*, LII, 1 et 2.)

1. Après ce vers, on lit dans l'impression à part des *Chœurs d'Esther* :
TOUT LE CHOEUR.
Rompez vos fers, etc.

2. « Dominus regnavit : exsultet terra. » (*Psaume* XCVI, 1.)

3. « Inclinavit cœlos et descendit; et caligo sub pedibus ejus. » (*Livre II des Rois*, XXII, 10; et *Psaume* XVII, 10.) — Voltaire a dit dans *la Henriade*, chant V :

Viens, des cieux enflammés abaisse la hauteur;

et J. B. Rousseau, dans sa XIIIe ode sacrée :

Lève ton bras, lance ta flamme,
Abaisse la hauteur des cieux.

4. Voici comment Boyer savait imiter Racine :

Rendez tous
Grâce au Dieu qui combattoit pour vous.
Que ses décrets sont admirables!

ACTE III, SCENE IX.

Heureux qui dès l'enfance en connoît la douceur!
Jeune peuple, courez à ce maître adorable.
Les biens les plus charmants n'ont rien de comparable
Aux torrents de plaisirs qu'il répand dans un cœur.
Que le Seigneur est bon! que son joug est aimable! 1270
Heureux qui dès l'enfance en connoît la douceur[1]!

UNE AUTRE.

Il s'apaise[2], il pardonne.
Du cœur ingrat qui l'abandonne
Il attend le retour.
Il excuse notre foiblesse. 1275
A nous chercher même il s'empresse.
Pour l'enfant qu'elle a mis au jour
Une mère a moins de tendresse.
Ah! qui peut avec lui partager notre amour?

TROIS ISRAÉLITES.

Il nous fait remporter une illustre victoire. 1280

L'UNE DES TROIS.

Il nous a révélé sa gloire.

TOUTES TROIS ensemble.

Ah! qui peut avec lui partager notre amour?

TOUT LE CHOEUR.

Que son nom soit béni; que son nom soit chanté.
Que l'on célèbre ses ouvrages

Que ses lois sont aimables!
Que son joug est doux!
(*Jephté*, acte I, scène v.)

— Racine traduit par cette expression : « le *joug aimable* du Seigneur, » les paroles mêmes de Jésus-Christ (saint Matthieu, XI, 30) : « Iugum enim meum « suave est, et onus meum leve. » Saint Jean a dit aussi (*Épitre* I, chapitre v, verset 3) : « Mandata ejus gravia non sunt. » C'est particulièrement le Nouveau Testament qui a inspiré cette strophe et la suivante; voyez cependant pour ces paroles : « Que le Seigneur est bon! » le *Psaume* cv, verset 1 : « Confi-« temini Domino, quoniam bonus. »

1. La répétition de ces deux derniers vers ne se trouve pas dans l'impression à part des *Chœurs d'Esther*.
2. Dans l'édition de 1697 : « il apaise, » faute évidente.

Au delà des temps et des âges,
Au delà de l'éternité¹!

1. « Dominus regnabit in æternum et ultra. » (*Exode*, xv, 18.) — M. Coquerel, dans une note sur ce dernier vers d'*Esther*, dit que le texte hébreu porte simplement : « Dieu régnera éternellement, à jamais ; » et qu'il a été mal rendu par la traduction de la *Vulgate*, à laquelle d'ailleurs celle des Septante est conforme en cet endroit. Cela se peut ; mais l'hyperbole, poussée dans ce verset jusqu'à l'impossible, jusqu'au contradictoire, n'a dû paraître à Racine ni sans beauté, ni en désaccord avec le génie des langues de l'Orient. Aussi le goût de M. Coquerel semble-t-il admettre volontiers ce que son érudition rejette : « Comme poésie, dit-il, l'expression de Racine est, en un sens, plus imposante que celle qu'il imitait, et termine dignement son poëme. »

FIN DU CINQUIÈME ET DERNIER ACTE.

APPENDICE.

I

Il a été dit à la note du vers 292 (p. 484) que Montchrestien dans sa tragédie d'*Aman* avait en divers passages imité quelques versets du chapitre XIV du *Livre d'Esther*, dont Racine s'est également inspiré. C'est d'abord dans la bouche de Mardochée que nous trouvons une paraphrase de plusieurs de ces versets :

> Éternel, je sais bien que nos grandes offenses
> Attirent sur nos chefs tes tardives vengeances ;
> Que les péchés commis contre ta sainte loi
> Te font d'un père doux un juge plein d'effroi.
> Je sais que notre orgueil, que notre fière audace
> Pour nous a desséché les ruisseaux de ta grâce,
> Et que tu ne vois plus que d'un œil courroucé
> Le reste de ta gent çà et là dispersé.
> Tu le livres aux fers des nations étranges,
> Afin que par leurs mains ton honneur tu revenges,
> Qui fut cent fois foulé par ce peuple insolent.
> En dure servitude il vit triste et dolent ;
> Que dis-je ? il vit, Seigneur ? las ! il ne doit plus vivre.
> Jusqu'au bord du tombeau ta main le veut poursuivre.
> Ta main l'y veut chasser, comme le tourbillon
> Qui pousse le fétu de sillon en sillon....
> Ta sainte majesté fut cent fois offensée
> Par cette même gent de fait et de pensée ;
> Tu l'as autant de fois exposée aux souhaits
> Que contre son salut ses ennemis ont faits ;
> Mais elle n'a jamais reconnu son offense
> Que tu n'aye aussitôt embrassé sa défense,
> Un simple repentir de t'avoir offensé
> Effaçant en ton cœur tout le dédain passé.
> Tu nous peux aujourd'hui faire connoître encore
> Que tu ne méconnois le peuple qui t'adore :
> Car bien qu'en tout péché son âme il ait pollu,
> C'est encor celui-là que toi-même as élu ;

> C'est le saint préciput que tu pris en partage,
> Quand ta main par le monde étendit le cordage....
> Mais toi qui t'es nommé Dieu de miséricorde,
> Écoute notre plainte, et de nous te recorde ;
> Sauve la gent, Seigneur, qui met en toi sa foi,
> Non pas pour l'amour d'elle, ains pour l'amour de toi....
> Ne souffre donc qu'en nous soit éteint ton renom ;
> Ne ferme point la bouche au peuple qui te chante ;
> Il espère en toi seul : ne trompe son attente.
> Ceux qui sont engloutis du sépulcre poudreux
> Ne ressortiront plus de son sein ténébreux
> Pour publier tes faits par les peuples étranges ;
> Et quand nous serons morts, qui dira tes louanges ?
> <div align="right">(<i>Aman</i>, acte III.)</div>

Un peu plus loin, dans le même acte III, Esther parle ainsi :

> Cette grandeur qui semble aux autres si prospère
> Ne m'a toujours semblé que pleine de malheur ;
> Ce qu'on juge ma joie est ma plus grand'douleur.
> Que Dieu présentement du haut du ciel envoie
> Un éclat flamboyant qui le chef me foudroie,
> Si je ne voudrois être en son temple sacré
> La moindre d'Israël, et lui servir à gré,
> Plutôt que, sur le trône, au monarque Assuère,
> Si pour plaire aux mortels il lui falloit déplaire.
> Je sais bien discerner les fanges d'ici-bas
> Des richesses du ciel qui ne périssent pas ;
> Cette poure opulence et cette vaine pompe
> Qui sans fin les humains par son beau lustre trompe
> N'éblouit point les yeux de mon entendement ;
> Pour servir à mon Dieu je m'en sers seulement.

Dans l'acte IV, elle dit :

> Et que te sert d'avoir ce bandeau sur le chef,
> Si tu ne peux au moins détourner ce méche ?
> Et que te sert d'avoir ce sceptre dans la destre,
> Si ton peuple par toi délivré ne peut estre ?...
> Certes je crois que Dieu veut se servir de moi
> Pour retirer les siens de ce mortel esmoi....
> Toi qui tiens en ta main des princes le courage,
> Toi qui leurs volontés mets sous ton arbitrage,
> Donne-moi ce pouvoir d'impétrer de mon Roi
> Qu'ores il me conserve, et tous les Juifs en moi....
> Nous n'avons après toi rien pour notre défense
> Que le foible rempart d'une simple innocence.

II

Nous avons annoncé, à la note du vers 623 (p. 503 et 504), la scène où du Ryer, dans son *Esther* (acte V, scène II), a, comme Racine, développé les versets 6-10 du *Livre d'Esther*. Voici la plus grande partie de cette scène :

HAMAN, *entrant*. Enfin nous allons vaincre et nous rendre contents.
LE ROI. Haman, comme en faveur de l'heureux hyménée
Dont le ciel qui nous aime amène la journée,
Comme en faveur d'Esther je veux de tous côtés
Répandre heureusement mes libéralités,
Tirer les criminels de la crainte des gênes,
Et porter le bonheur même au milieu des chaînes,
Comme je veux enfin, pour comble de bienfaits,
Qu'un oubli général efface tous forfaits....
HAM. Quoi? Sire, voulez-vous que ce peuple perfide,
Qui s'alloit signaler par votre parricide,
Voulez-vous que les Juifs, prêts à faire un effort,
Vivent par vos faveurs pour vous donner la mort?
LE ROI. Non, non, ils périront. Quand un prince fait grâce,
Jamais le factieux n'y doit avoir de place.
Mais comme mes faveurs vont jusques aux cachots
Porter aux criminels le jour et le repos,
Je veux, je veux, Haman, comme en une victoire,
Sur ceux qui m'ont servi répandre aussi ma gloire,
Montrer que la vertu peut seule me ravir,
Et par la récompense apprendre à bien servir.
HAM. C'est aussi d'un grand roi le plus noble exercice,
Puisque récompenser c'est rendre la justice.
Ouvrez donc aujourd'hui vos libérales mains :
Soyez égal aux Dieux qu'adorent les humains,
Et puissent vos sujets par une belle envie
Avecques tant d'ardeur vous consacrer leur vie,
Que Votre Majesté puisse aussi désormais
Donner autant de prix qu'elle aura de sujets.
LE ROI. Haman, j'aime un sujet généreux et fidèle
De qui de grands effets m'ont signalé le zèle ;
Je l'estime, je l'aime, et lui dois tant de biens
Que c'est trop peu pour lui du haut rang que tu tiens.
Dis-moi de quels honneurs ma puissance royale
Doit envers sa vertu se montrer libérale.
Dis-moi, que dois-je faire afin de l'honorer
Autant que ma grandeur le peut faire espérer ?
HAM. Comme mieux qu'un sujet un prince magnanime

D'un fidèle sujet sait le prix et l'estime,
Il n'appartient aussi qu'aux princes valeureux
De savoir honorer les sujets généreux.
LE ROI. Parle, je le souhaite, et je te le commande.
HAM. A vos commandements il faut que je me rende.
Puisqu'un sujet fidèle et prudent à la fois
Est le plus grand trésor que possèdent les rois,
Jugeant en sa faveur, Sire, j'oserai croire
Qu'on ne peut le combler d'une trop haute gloire,
Et qu'un prince régnant ne doit rien réserver
Ou pour se l'acquérir ou pour le conserver.
Si donc de vos faveurs la splendeur immortelle
Doit luire abondamment sur un sujet fidèle,
Si vous lui destinez des honneurs sans égaux,
Faites-le revêtir des ornements royaux.
Faites dessus son front briller le diadème,
Faites-le voir au peuple en ce degré suprême,
Et que quelqu'un des grands publie à haute voix
Qu'ainsi soient honorés ceux qu'honorent les rois.
Que si quelque envieux ose attaquer sa vie,
Immolez à son bien l'envieux et l'envie....
LE ROI. J'estime ton avis; et pour mieux te l'apprendre,
Ton avis est celui que ton prince veut prendre.
Connois-tu Mardochée? HAM. Oui, Sire. LE ROI. C'est celui
Que j'aime, que j'honore, et qui fut mon appui.
HAM. Quoi, Sire? Mardochée est ce sujet fidèle?
LE ROI. C'est lui, mon cher Haman, dont j'honore le zèle.
Ce n'est qu'en sa faveur que j'ai pris tes avis....
HAM. Quoi, Sire? à Mardochée un même honneur qu'au Roi?
LE ROI. Tu l'as ordonné tel, tel il l'aura de moi.
HAM. Mais il fit son devoir, s'il vous rendit service.
LE ROI. Et je ferai le mien, si je lui rends justice.
HAM. Sire, il faut à son rang mesurer vos bienfaits.
LE ROI. Je le dois mesurer par les biens qu'il m'a faits....
Quoi? veux-tu t'opposer à tes propres conseils?
A qui destinois-tu ces honneurs sans pareils?
HAM. Aux princes seulement, ces appuis des provinces.
LE ROI. Haman, de bons sujets me tiennent lieu de princes;
Je sais bien estimer la noblesse du sang,
Mais la fidélité me plaît plus que le rang.
HAM. Mais, Sire.... LE ROI. Mais enfin, pour tirer Mardochée
De cette obscurité dont sa gloire est cachée,
Pour rendre avec usure à sa fidélité
Le bien que je lui dois et qu'elle a mérité,
Je veux en sa faveur, devant que tu sommeilles,
Te voir exécuter ce que tu me conseilles;
Je veux rendre par toi ses honneurs sans égaux :
Fais-le donc revêtir des ornements royaux,

APPENDICE.

Fais briller sur son front l'éclat du diadème,
Fais-le voir à mon peuple en ce degré suprême.
Toi-même en sa faveur publie à haute voix
Qu'ainsi soient honorés ceux qu'honorent les rois.
Que si quelque envieux ose noircir sa vie,
Immole à son repos l'envieux et l'envie.
Enfin, quelques grands biens qu'il puisse demander,
A qui m'a tout sauvé je dois tout accorder.
Va m'obéir, Haman, va-t'en me satisfaire;
Exécute cet ordre, ou crains de me déplaire;
Et montre par l'ardeur que j'espère de toi
Que tu chéris les cœurs qui chérissent leur roi.

Au lieu de cette seule exclamation d'Aman : « Dieux ! » par laquelle finit la scène de Racine, on trouve dans du Ryer (acte V, scène III) un long monologue où l'orgueilleux favori exhale son dépit et sa douleur, et délibère s'il ne refusera pas l'obéissance aux ordres du Roi.

ATHALIE

TRAGÉDIE

TIRÉE DE L'ÉCRITURE SAINTE

1691

NOTICE.

ATHALIE fut, comme *Esther*, écrite pour la maison de Saint-Louis. Racine commença très-probablement à s'occuper de la seconde de ses tragédies sacrées fort peu de temps après les brillantes représentations d'*Esther*, que Saint-Cyr avait données pendant le carnaval de 1689. Il nous semble qu'on peut le conclure des paroles de Mme de Caylus, lorsqu'immédiatement après avoir parlé de ces représentations, elle ajoute : « Ce grand succès mit Racine en goût : il voulut composer une autre pièce, et le sujet d'*Athalie*, c'est-à-dire la mort de cette reine et la reconnoissance de Joas, lui parut le plus beau de tous ceux qu'il pouvoit tirer de l'Écriture sainte. Il y travailla sans perdre de temps; et l'hiver d'après (*l'hiver de* 1690-1691), cette nouvelle pièce se trouva en état d'être représentée[1]. » Un an et quelques mois suffirent donc à Racine pour la composition d'*Athalie*. Son œuvre était sans doute achevée lorsqu'il en lut des fragments, au mois de novembre 1690, chez le marquis de Chandenier; et il paraît que, même avant cette date, elle était connue de quelques personnes. Il n'est pas sans intérêt de recueillir les sentiments d'admiration que la lecture du nouveau chef-d'œuvre, faite à des auditeurs privilégiés, donna lieu d'exprimer à un homme de beaucoup d'esprit, ami d'ailleurs de Port-Royal, comme Racine, et par là bien préparé à entrer dans la pensée religieuse du poëte. Voici ce qu'écrivait Duguet[2],

---

1. *Souvenirs de Mme de Caylus*, p. 455.
2. La lettre de Duguet est citée dans le *Port-Royal* de M. Sainte-Beuve, tome V, p. 389. On la trouve au tome VI de la Correspondance de Duguet, publiée sous le titre de : *Lettres sur divers sujets de morale et de piété*, 10 volumes in-12. Le tome VI a été imprimé

le 15 novembre 1690, à une dame dont le nom est désigné par l'initiale D*** : « Aujourd'hui.... j'ai passé une grande partie du jour chez M. le marquis de Chandenier [1].... M. Racine y a bien voulu réciter quelques scènes de son *Athalie;* et dans le vrai, rien n'est plus grand ni plus parfait. Des personnes de bon goût me l'avoient fort vantée, mais on ne peut mettre de la proportion entre le mérite de cette pièce et les louanges; le courage de l'auteur est encore plus digne d'admiration que sa lumière, sa délicatesse et son inimitable talent pour les vers. L'Écriture y brille partout, et d'une manière à se faire respecter par ceux qui ne respectent rien. C'est partout la Vérité qui touche et qui plaît; c'est elle qui attendrit et qui arrache les larmes de ceux mêmes qui s'appliquent à les retenir. On est encore plus instruit que remué, mais on est remué jusqu'à ne pouvoir dissimuler les mouvements de son cœur. Comme je sais que vous aimez M. Racine, et que je l'aime avec la même tendresse, je n'ai pu retenir en votre présence les sentiments que je voudrois vous inspirer, si vous ne les aviez déjà. » Qui n'eût pensé alors, parmi les premiers auditeurs d'*Athalie,* que son succès égalerait, surpasserait peut-être, celui d'*Esther ?* Il n'en fut rien, parce que les circonstances furent moins favorables. Non-seulement l'œuvre du poëte ne fut pas, cette fois, soutenue par les allusions flatteuses qui avaient tant contribué à faire goûter la première de ses pièces saintes, mais la maison de Saint-Cyr, ayant été sévèrement blâmée pour ses divertissements mondains, ne pouvait plus offrir à Racine qu'un

---

en 1735. Le passage de la lettre xxxiv°, que nous citons, y est aux pages 347-349.

1. François de Rochechouart, marquis de Chandenier, baron de la Tour. Saint-Simon parle de lui comme d'un homme « plein d'honneur, d'esprit et de courage..., de beaucoup de goût et d'excellente compagnie, et qui avoit beaucoup vu et lu; il fut longtemps avant sa mort dans une grande piété. » (*Mémoires,* tome I, p. 348 et 349.) Saint-Simon dit au même passage qu'il avait « vu plusieurs fois M. de Chandenier, avec un vrai respect, à Sainte-Geneviève, dans la plus simple, mais la plus jolie retraite, qu'il s'y étoit faite, et où il mourut. » Le marquis de Chandenier avait près de quatre-vingts ans, et était déjà sans doute dans sa retraite de Sainte-Geneviève quand Racine fit chez lui la lecture de son *Athalie.*

théâtre fermé au public, privé de tout éclat, et où l'on se contenterait de cacher quelques représentations timides, bientôt abandonnées. « Mme de Maintenon, dit Mme de Caylus[1], reçut de tous côtés tant d'avis et tant de représentations des dévots, qui agissoient en cela de bonne foi, et de la part des poëtes jaloux de la gloire de Racine, qui, non contents de faire parler les gens de bien, écrivirent plusieurs lettres anonymes, qu'ils empêchèrent enfin *Athalie* d'être représentée sur le théâtre (*de Saint-Cyr*) ... Mme de Maintenon.... auroit pu ne pas s'embarrasser de discours qui n'étoient fondés que sur l'envie et la malignité; mais elle pensa différemment, et arrêta ces spectacles dans le temps que tout étoit prêt pour jouer *Athalie*. Elle fit seulement venir à Versailles, une fois ou deux, les actrices, pour jouer dans sa chambre, devant le Roi, avec leurs habits ordinaires. Cette pièce est si belle que l'action n'en parut pas refroidie; il me semble même qu'elle produisit alors plus d'effet qu'elle n'en a produit sur le théâtre de Paris. » Sans nous demander si Mme de Caylus n'était pas quelque peu partiale pour des mystères auxquels elle était admise et pour les actrices de Saint-Cyr, comment comparer une représentation publique avec une simple récitation dans la chambre de Mme de Maintenon? Si un grand effet fut produit, ce qui nous semble douteux, il faut remarquer du moins que ce fut devant un auditoire, à la vérité très-auguste, mais singulièrement restreint. Nous devons expliquer un peu plus en détail le récit de Mme de Caylus que nous venons de transcrire. Parmi les dévots dont les scrupules s'opposèrent aux représentations d'*Athalie*, celui qui paraît avoir été le plus écouté est l'abbé Godet des Marais, sulpicien d'une piété solide, mais étroite, qui commençait, dans ce temps, à prendre un irrésistible ascendant sur Mme de Maintenon, et qu'elle fit nommer évêque de Chartres au commencement de l'année 1690. Au temps des représentations d'*Esther*, il avait été appelé à Saint-Cyr comme confesseur. Dès ses premières visites, il condamna ces spectacles. Par une destinée singulière, Racine, celui de tous nos poëtes qu'inspira le mieux la religion, eut comme le privilége de donner en tout temps de l'ombrage au zèle religieux, et le

---

[1]. *Souvenirs*, p. 455 et 456.

trouva toujours prêt à lui susciter des obstacles. Il avait failli, dès le commencement de sa carrière, être arrêté par les anathèmes de Port-Royal. Redevenu docile à la voix de ses anciens maîtres, il avait, pour se réconcilier avec eux comme avec sa conscience, renoncé à la scène profane; et maintenant qu'avec leur approbation et à leurs applaudissements il était entré dans une voie nouvelle, d'autres rigoristes, venus d'un tout autre côté, lui fermaient le théâtre innocent où son génie avait trouvé un asile. Nous n'avons pas nié, dans la *Notice d'Esther*, que des exercices de théâtre, si pieux qu'ils fussent, ne pussent avoir pour les jeunes filles de Saint-Cyr quelques-uns des dangers qu'on signalait; mais Racine, consacrant sa muse aux louanges de Dieu, et n'osant plus aborder d'autre scène que celle d'un couvent, jouait de malheur de devenir là encore, avec *Esther* et *Athalie*, une pierre de scandale. Mme de Maintenon était depuis longtemps ébranlée par beaucoup d'objections; Godet des Marais l'effraya décidément. M. Lavallée donne à entendre, nous ne savons si c'est d'après les *Mémoires des Dames de Saint-Cyr*, que, si le Roi n'eût pas obstinément refusé de faire aux plaintes dont les divertissements de la maison de Saint-Louis étaient l'objet, autant de concessions qu'en conseillait Mme de Maintenon, on eût été jusqu'à détourner Racine de continuer un travail devenu inutile. Heureusement le Roi trouva un peu outrées les exigences des zélés : « Aussi on laissa Racine achever *Athalie*, et on fit apprendre la pièce aux Demoiselles [1]. » Avant les représentations dans la chambre de Mme de Maintenon, il y en eut, en très-petit nombre, à Saint-Cyr même, qui sont passées sous silence par Mme de Caylus, peut-être parce qu'elles ne furent considérées que comme des répétitions. C'est ainsi du moins qu'en parle le *Journal* de Dangeau : « *Vendredi 5 janvier* 1691, *à Versailles*. Le Roi et Monseigneur allèrent l'après-dînée à Saint-Cyr, où il y eut une répétition d'*Athalie* avec la musique. — *Jeudi 8 février* 1691, *à Versailles*. Il y eut à Saint-Cyr une répétition d'*Athalie* en particulier; Mme de Maintenon y mena fort peu de dames. — *Jeudi 22 février* 1691, *à Versailles*. Le

---

1. *Mme de Maintenon et la Maison royale de Saint-Cyr*, p. 113.

roi et la reine d'Angleterre allèrent à Saint-Cyr, où il y eut une répétition d'*Athalie*. »

Ces répétitions se firent avec une excessive simplicité. On n'avait voulu ni décorations, ni théâtre. Les jeunes actrices récitèrent la pièce dans la classe bleue, sans costumes, et n'ayant que leurs habits de Saint-Cyr, auxquels il leur fut permis seulement d'ajouter quelques perles, quelques rubans[1]. La troisième de ces représentations à Saint-Cyr, quoiqu'on n'y eût pas, à ce qu'il paraît, déployé plus de pompe que dans les deux précédentes, eut plus de solennité, et rappela un peu mieux les jours brillants d'*Esther*, du moins par le rang illustre des invités que le Roi y amena. Outre le roi et la reine d'Angleterre, cinq ou six personnes y furent admises, au nombre desquelles était Fénelon. Le *Journal* de Dangeau, dont nous avons tout à l'heure produit le témoignage, fixe incontestablement cette représentation au 22 février, et non, comme l'a fait M. Lavallée[2], au 5 janvier, qui fut le jour de la première répétition. La Beaumelle a également parlé, sans en donner la date, de ce jour où *Athalie* fut jouée en présence de Leurs Majestés Britanniques, et aussi, dit-il, du P. de la Chaise, de Fénelon et de plusieurs ecclésiastiques. Il ajoute ce détail, dont, sur la foi de sa seule autorité, nous ne garantirions pas l'exactitude : « Mme de Maintenon pria Monsieur de Chartres de s'y trouver. Fénelon, son collègue et son ami, ne le persuada point. Pendant le spectacle, l'évêque fit aux Dames de Saint-Louis une conférence sur l'état déplorable des chrétiens qui se livrent avant le carême[3] à des plaisirs scandaleux, et sur la nécessité de lui en faire une amende honorable par le silence et par la retraite[4]. » — « Après cette représentation, dit M. Lavallée[5], le Roi céda aux prières de Mme de Maintenon, et résolut de ne plus troubler par ces sortes de divertissements la

---

1. *La Maison de Saint-Cyr*, p. 113. — 2. *Ibidem*.
3. Le carême commença cette année le 28 février.
4. *Mémoires de Mme de Maintenon*, livre VIII, chapitre xv, tome III, p. 188 et 189.
5. *La Maison de Saint-Cyr*, p. 113 et 114. — Les premiers mots : « Après cette représentation, » rendent évidente l'erreur de la date du 5 janvier 1691.

régularité de la maison.... Il déclara donc que ni lui ni personne de la cour ne viendrait aux spectacles de Saint-Cyr, lesquels se passeraient dorénavant devant les Demoiselles seules et la communauté.... Néanmoins l'année où fut représentée *Athalie*, et les deux suivantes, le Roi demanda à Mme de Maintenon que les Demoiselles vinssent quelquefois à Versailles, pour jouer, sans appareil, dans sa propre chambre, en présence des princes du sang et de quelques seigneurs de distinction. Ces représentations se firent comme il l'avait demandé. Les Demoiselles étaient amenées dans les carrosses du Roi et gardées par des dames de la cour, pieuses et âgées; elles jouaient sans autre parure que leur habit ordinaire. » Dangeau n'a point noté ces représentations à Versailles; nous en ignorons la date précise. Nous avons vu que Mme de Caylus n'en comptait *qu'une ou deux*. Cependant on doit conclure des paroles de M. Lavallée qu'il y en eut en 1691, 1692 et 1693; celles de 1691 ne purent avoir lieu qu'après le retour du Roi de sa campagne de Mons. Le silence de Dangeau, chroniqueur si minutieux, celui de Mme de Sévigné, toujours bien informée de ce qui faisait du bruit à la cour, prouvent d'une manière frappante à quel point on avait réussi à tenir dans l'obscurité un chef-d'œuvre qui méritait d'avoir à sa naissance l'éclat des premières représentations du *Cid* ou d'*Andromaque*[1]. Nous sommes disposé à

[1]. Nous savons si peu de chose de ces représentations d'*Athalie* dans la chambre de Mme de Maintenon, que le témoignage de Boileau sur le succès de l'une d'elles serait particulièrement précieux. Mais la lettre de Boileau à Racine, que M. Aimé-Martin a publiée le premier dans son édition de 1844 (tome VI, p. 197), et qui n'est point dans le recueil donné par Louis Racine à la bibliothèque du Roi, nous paraît avoir été fabriquée. M. Aimé-Martin place cette lettre chronologiquement avant celle du 25 mars 1691, ce qui est impossible. Il dit en note qu'*Athalie* fut représentée deux fois à Versailles en 1690, que Racine était à la première représentation, qu'il s'agit donc de la seconde. *Athalie* ne fut pas représentée en 1690. Là du reste n'est pas l'objection contre la lettre elle-même, qui n'est datée que de *Versailles, à six heures*, sans indication même du jour. Mais voici pourquoi cette lettre nous est très-suspecte : « J'ai été appelé, dit Boileau, dans la chambre de Mme de Maintenon, pour voir jouer devant le Roi, par les actrices de Saint-Cyr, votre pièce d'*Athalie*. Quoique les élèves n'eussent que leurs habits ordinaires, tout a été

croire qu'*Athalie* fut estimée à Saint-Cyr et à Versailles, mais qu'elle n'y fut pas admirée avec un grand enthousiasme. On avait beau ne la jouer qu'à huis clos, cet enthousiasme, s'il eût été le même que pour *Esther*, se fût révélé, et eût donné l'éveil au public, ce dont nous ne trouvons aucune trace. Il faut dire que toutes faciles à sentir que soient les beautés d'*Athalie* même à la simple lecture, cependant pour une tragédie conçue par le poëte comme s'il l'eût destinée à la plus vaste scène, c'était un grand dommage d'être seulement récitée par des enfants, sans aucun appareil, alors que Saint-Cyr, aux plus beaux jours de son théâtre, n'aurait pu la représenter dignement. Emporté cette fois par son génie à des hauteurs que n'avaient point prévues ceux qui lui avaient commandé cette seconde tragédie sainte, Racine semblait avoir oublié pour quelle scène, pour quels acteurs il travaillait. Dans sa pièce, l'énergie des caractères, la vigueur des pensées eût demandé d'autres interprètes que de jeunes filles. Joas, Josabet et les chœurs étaient seuls à leur taille. Ce temple du Seigneur devenu le champ de bataille d'une grande révolution,

le mieux du monde et a produit un grand effet. » Boileau a copié Mme de Caylus, plus qu'il n'était besoin. Pourquoi apprendre à Racine que c'était par les actrices de Saint-Cyr que sa pièce avait été jouée, et avec leurs habits ordinaires? Racine le savait de reste. On désirerait un détail, qui ne se trouvât point partout. En voici un : « Si j'avois plus de loisir, je vous rapporterois un mot charmant de Monsieur de Chartres sur votre pièce, et qui a fait dire de grands biens de vous par le Roi. » Remettre au lendemain la citation de ce mot charmant est en vérité le fait d'un homme bien pressé. *Monsieur de Chartres* doit venir là en souvenir du passage de la Beaumelle que nous avons cité : « Mme de Maintenon pria Monsieur de Chartres de s'y trouver. » Mais il eût fallu lire avec plus d'attention ce qui suit. Godet des Marais, le jour où il fut invité à la répétition d'*Athalie*, n'y vint pas. Est-il très-vraisemblable qu'il ait été plus tard invité à Versailles, pour entendre réciter par les Demoiselles de Saint-Cyr une pièce qu'il n'eût pas voulu qu'on leur apprît? et se le figure-t-on facilement disant un mot charmant, sans doute un mot d'éloge délicat, sur la tragédie, objet de ses sévérités? On croirait volontiers à une distraction qui aurait fait penser, en lisant ce nom de *Monsieur de Chartres* dans la Beaumelle, au jeune duc de Chartres, au futur régent.

ces troupes de lévites armés, tout cet appareil religieux et guerrier, c'était trop peut-être pour nos théâtres publics eux-mêmes. Aux dernières scènes d'*Athalie*, dont la pompe sacerdotale à la fois et nationale rappelle, avec plus de mouvement et d'intérêt dramatique, les dernières scènes des *Euménides* d'Eschyle, il en eût fallu un, ce nous semble, tel que celui d'Athènes, où de grands spectacles étaient possibles, en présence d'un peuple si nombreux, animé d'ailleurs des mêmes sentiments que le poëte, et disposé à être ému par les souvenirs de son histoire religieuse. Non-seulement Racine n'eut point un semblable théâtre à sa disposition, mais pour une œuvre à laquelle la scène française ne paraissait pas en état de suffire, il n'eut pas même la modeste scène accordée à *Esther*. Quoi qu'en ait dit Mme de Caylus, à l'autorité de laquelle nous avons peut-être trop déféré nous-même dans un passage de notre *Notice biographique*[1], *Athalie*, jouée dans une chambre devant quelques personnes, dut paraître froide, parce qu'autour d'elle tout était froid, tout était disproportionné avec tant de grandeur. Si l'on admet, comme nous sommes porté à le faire, que son succès fut médiocre à la cour, l'explication que nous venons de donner suffit. On en a proposé une autre : Louis XIV aurait été blessé de plusieurs maximes trop hardies; mais les preuves manquent, et même la vraisemblance. Dans *Esther* aussi il y avait eu bien des hardiesses, qui cependant n'avaient pas déplu; et, ce qui peut réfuter plus directement la supposition d'un mécontentement du Roi, on trouve très-répandue à l'époque d'*Athalie* l'opinion que quelques-unes des faveurs royales accordées alors au poëte étaient la récompense de cette tragédie[2].

Athalie fut imprimée au mois de mars 1691, après les trois représentations de Saint-Cyr auxquelles on s'était fait une loi de donner si peu d'éclat, et qui par suite avaient eu si peu de retentissement au dehors. Le public se croyait sans doute averti de n'avoir pas à compter sur un chef-d'œuvre. Il lut avec des préventions qui n'étaient guère favorables. Racine d'ailleurs, qui avait longtemps, même dans les pièces où il s'était élevé le plus haut, composé avec les faiblesses de son siècle, le dépassa trop dans ses tragédies saintes, dans la seconde surtout, et

---

1. Tome I, p. 141. — 2. Voyez au même tome, p. 150.

le dérouta. On jugea donc qu'*Athalie*, malgré ses beaux vers, était sans intérêt. Les ennemis s'acharnèrent sur une œuvre si peu soutenue par l'opinion générale. Ils n'eurent pas honte de la poursuivre des plus absurdes invectives. On attribue à Fontenelle, qui, nous le croyons pour son honneur, n'était pas capable d'écrire d'aussi plates injures, cette épigramme que l'on trouve dans le *Recueil Maurepas*[1], où elle est rapportée à l'année 1691 :

> Gentilhomme extraordinaire,
> Poëte missionnaire,
> Transfuge de Lucifer,
> Comment diable as-tu pu faire
> Pour renchérir sur *Esther* ?

Le même recueil[2] donne aussi à la date de 1691 le quatrain suivant :

> Racine, de ton *Athalie*
> Le public fait bien peu de cas.
> Ta famille en est anoblie,
> Mais ton nom ne le sera pas ;

et ces autres vers :

> Quand tu récitois *Athalie*,
> Je disois d'une âme ravie :

1. Tome VII, fol. 115. — Il serait moins difficile de croire l'épigramme de Fontenelle, si l'on en adoptait une version très-différente, donnée, d'après un ancien recueil manuscrit, dans les *OEuvres de Racine*, édition de la Harpe (1807, tome V, p. 285, *Additions des éditeurs*) :

> Pour expier ses tragédies,
> Racine fait des psalmodies
> En style de *Pater noster*.
> Moins il peut émouvoir et plaire,
> Plus l'œuvre lui semble exemplaire.
> Mais pour nous donner pis qu'*Esther*,
> Comment Racine a-t-il pu faire ?

Voltaire, qui croit ces vers de Fontenelle, cite ainsi les deux derniers dans son *Discours historique et critique à l'occasion de la tragédie des* Guèbres (*OEuvres*, tome IX, p. 16) :

> Pour avoir fait pis qu'*Esther*,
> Comment diable as-tu pu faire ?

2. Tome VII, fol. 113.

« Racine est poëte excellent ; »
Mais quand tout seul j'ai pu la lire,
J'ai dit : « Que l'ouvrage est méchant !
Comment a-t-il pu me séduire ? »

Les notes qui commentent ces petites pièces paraissent fort anciennes ; il y a peut-être, à ce titre, quelque intérêt à les recueillir. Sur le second vers de l'avant-dernière, une de ces notes dit : « Cela n'est pas tout à fait vrai ; car cette tragédie avoit beaucoup de partisans, comme elle avoit beaucoup de frondeurs ; aussi y avoit-il de fort belles choses ; mais la matière en déplaisoit avec raison, et donnoit un grand relief aux défauts qui y étoient d'ailleurs. » Une autre note explique ainsi la dernière épigramme : « Racine, charmé de l'encens que les courtisans donnoient à son *Athalie*, les uns pour plaire à Mme de Maintenon, les autres par ignorance, ou parce que c'étoit la mode de louer cette pièce, l'a récitée à ceux qu'il a cru pouvoir y donner du crédit par leur approbation ; et comme il récite mieux qu'aucun comédien, il a séduit les gens les plus capables de bien juger de ces sortes de pièces, lesquels l'ayant lue en particulier imprimée, l'ont d'autant plus sûrement condamnée qu'ils étoient fâchés de l'avoir louée, séduits par le ton important dont l'auteur la leur avoit prononcée. » Nous ne voulons pas reconnaître beaucoup de poids à de pareils témoignages ; mais rapprochés de ce que nous savons d'ailleurs, ils le confirment sur ce point qu'après l'impression surtout *Athalie* trouva beaucoup de censeurs, et que dans les premières lectures que l'auteur en avait faites elle avait été mieux accueillie. Louis Racine dit dans ses *Mémoires*[1] qu'étonné de voir sa pièce s'éteindre presque dans l'obscurité, le poëte s'imaginait avoir manqué son sujet, et que Boileau ne le rassurait un peu qu'en lui affirmant que le public y reviendrait.

Mme de Maintenon, s'il faut en croire la Beaumelle, était de l'avis de Boileau sur *Athalie*. Malgré les dédains d'une grande partie du public, elle « soutint, dit-il[2], que *Racine* n'avoit rien fait de plus beau. » Quoi qu'il en soit, les représentations

---

1. Voyez notre tome I, p. 317.
2. *Mémoires pour servir à l'histoire de Mme de Maintenon*, livre VIII, chapitre xv, tome III, p. 190.

à Saint-Cyr et à la cour, mais toujours modestes, et discrètement renfermées dans une classe ou dans une chambre, furent reprises de temps à autre. Il en est question en différentes années, soit du vivant, soit après la mort de Racine. C'était bien le moins d'ailleurs de garder une place pour *Athalie*, lorsqu'en ces mêmes années, n'ayant point renoncé aux pièces saintes, on faisait apprendre aux Demoiselles de Saint-Cyr, et jouer en présence du Roi, le *Jephté*, la *Judith*, le *Jonathas*, l'*Absalon*, la *Débora*, le *Saül*, le *Joseph*, œuvres ou mauvaises ou médiocres de Boyer, de Duché, de Longepierre et de l'abbé Genest.

En 1697, la présence de la jeune princesse de Savoie ranima quelque peu les exercices dramatiques de Saint-Cyr. Le *Journal* de Dangeau dit à la date du 6 février de cette année : « La princesse.... alla à Saint-Cyr, où elle vit jouer la tragédie d'*Athalie*. » Lorsque la princesse de Savoie était devenue la duchesse de Bourgogne, on lit dans le même *Journal* sous la date du 27 *février* 1699, *à Versailles* : « L'après-dînée, Monseigneur le duc de Bourgogne et Madame la duchesse de Bourgogne virent chez Mme de Maintenon la représentation d'*Athalie*. On avoit fait venir pour cela des Demoiselles de Saint-Cyr, qui la jouèrent fort bien. Le spectacle fut fort touchant et fort agréable ; cela se fit fort en particulier. » On était bien près des derniers jours de Racine. La disgrâce qui lui avait causé un si profond chagrin semblait alors avoir perdu beaucoup de sa rigueur. Cette représentation d'*Athalie* en pourrait fournir une preuve.

Ce fut en 1702 qu'*Athalie* eut à Versailles son moment le plus brillant, et dont on parla le plus. Dangeau mentionne dans son *Journal* deux répétitions de cette pièce chez Mme de Maintenon, aux dates du 28 janvier et du 11 février. La duchesse de Bourgogne s'y préparait à jouer devant le Roi. Quelques jours après, les représentations eurent lieu. Il y en eut trois ; le *Journal* de Dangeau en parle ainsi : « *Mardi*, 14 *février* 1702, *à Versailles*. Madame la duchesse de Bourgogne a joué aujourd'hui, chez Mme de Maintenon, *Athalie*. Le Roi y vint à deux différentes reprises ; mais il n'y put pas demeurer toujours, parce qu'il avoit beaucoup à travailler avec M. de Pontchartrain. — *Jeudi*, 23 *février* 1702, *à Versailles*. Le soir, chez Mme de Maintenon, *le Roi* vit jouer *Athalie* à Madame la duchesse de Bourgogne. Le Roi y demeura pendant toute la pièce, qui fut parfaitement bien jouée. Monseigneur, Monseigneur le duc de Bourgogne et Madame y étoient. Monseigneur le duc de Berri y vint sur la fin. — *Samedi*, 25 *février* 1702, *à Versailles*. Le soir, chez Mme de Maintenon, le Roi vit encore jouer *Athalie* à Madame la duchesse de Bourgogne. Monseigneur, Messeigneurs les ducs de Bourgogne et de Berri, Madame, et Mme la princesse de Conti y étoient. » Le *Mercure galant* de février 1702 rend compte de ces spectacles de Versailles. Voici les détails qu'il donne (p. 381-385) : « On a joué trois fois *Athalie* de M. Racine, avec tous les ornements et les chœurs mis en musique depuis longtemps par M. Moreau, qui avoit fait ceux d'*Esther*. Ces chœurs ont été parfaitement bien exécutés par les demoiselles de la musique du Roi. Madame la duchesse de Bourgogne a joué Josabet, avec toute la grâce et tout le bon sens imaginable, et quoique son rang pût lui permettre de faire voir plus de hardiesse qu'une autre, celle qu'elle a fait paroître seulement pour marquer qu'elle étoit maîtresse de son rôle, a toujours été mêlée d'une certaine timidité, que l'on doit nommer plutôt modestie que crainte. Les habits de cette princesse étoient d'une grande magnificence.... Monsieur le duc d'Orléans a parfaitement bien joué le rôle d'Abner, et avec une intelligence que l'on n'attrape que lorsque l'on a beaucoup d'esprit. M. le comte d'Ayen a joué [Mathan[1]], et Madame la comtesse sa femme Salomith.... Mme la présidente de Chailly s'est fait admirer dans le rôle d'Athalie, et M. le comte de l'Esparre, second fils de M. le duc de Guiche, qui n'a que sept à huit ans, a charmé dans le personnage du jeune roi Joas. M. de Champeron, qui est encore fort jeune, a très-bien réussi dans le rôle du fils du grand prêtre Joad, et celui de ce grand prêtre a été joué

1. Le *Mercure galant* dit *Joab* ; la correction que nous avons faite était nécessaire, parce qu'il n'y a pas de *Joab* dans *Athalie* ; en citant l'article du *Mercure* dans les notes du *Journal* de Dangeau, on a imprimé *Joas*, au lieu de *Joab*. Mais, outre que le comte d'Ayen n'était pas d'âge à jouer le rôle de Joas, ce rôle était, suivant le *Mercure*, rempli par le jeune comte de l'Esparre. Comme nous savons aussi à qui avaient été confiés ceux d'Abner, de Joad et de Zacharie, il paraît évident que le comte d'Ayen représenta Mathan.

par le sieur Baron, qui, au sentiment de tous ceux qui ont eu l'honneur d'être nommés pour voir jouer cette pièce, qui n'a été représentée que devant très-peu de monde, n'a jamais joué avec plus de force. » Les renseignements que Saint-Simon donne aussi sur ces divertissements de la cour en 1702 auraient laissé plus d'incertitude en ce qui concerne les acteurs d'*Athalie*, parce qu'il mêle les souvenirs des représentations de cette pièce à celui des représentations de quelques autres tragédies, de l'*Absalon*, par exemple, que le Roi récompensa d'une pension de mille livres accordée à Duché son auteur : « Le Roi, dit-il[1], vit en grand particulier, mais souvent, et toujours chez Mme de Maintenon, des pièces saintes, comme *Absalon*, *Athalie*, etc. Madame la duchesse de Bourgogne, Monsieur le duc d'Orléans, le comte et la comtesse d'Ayen, le jeune comte de Noailles, Mlle de Melun, poussée par les Noailles. y faisoient les principaux personnages, en habits de comédiens fort magnifiques. Le vieux Baron, excellent acteur, les instruisoit et jouoit avec eux, et quelques domestiques de M. de Noailles. Lui et son habile femme étoient les inventeurs et les promoteurs de ces plaisirs intérieurs.... Il n'y avoit de place que pour quarante spectateurs. Monseigneur, et les deux princes ses fils, Madame la princesse de Conti, Monsieur du Maine, les dames du palais, Mme de Noailles et ses filles y furent les seuls admis. Il n'y eut que deux ou trois courtisans en charge et en familiarité, et pas toujours. Madame y fut admise avec son grand habit de deuil. » S'il faut regarder comme authentique une lettre de Mme de Maintenon au duc de Noailles, publiée par la Beaumelle[2], ce que M. Lavallée nous apprendra quand il sera arrivé à la correspondance de cette époque, la duchesse de Bourgogne avait eu quelque peine à obtenir le rôle de Josabet. Cette lettre sans date dans la Beaumelle serait sans doute de la fin de 1701 ou des premiers jours de 1702. Moins suspecte d'altération, elle aurait quelque intérêt, surtout parce qu'elle prouverait le goût très-décidé que Mme de Maintenon avait toujours eu pour *Athalie*. Nous en citerons la plus grande

1. *Mémoires*, tome III, p. 340.
2. *Lettres de Mme de Maintenon*, Amsterdam, M.DCC.LVII, tome V, p. 1 et 2.

partie : « Voilà donc *Athalie* encore tombée[1]! Le malheur poursuit tout ce que je protége et que j'aime. Madame la duchesse de Bourgogne m'a dit qu'elle ne réussiroit pas, que c'étoit une pièce fort froide, que Racine s'en étoit repenti, que j'étois la seule qui l'estimois, et mille autres choses qui m'ont fait pénétrer, par la connoissance que j'ai de cette cour-là, que son personnage lui déplaît. Elle veut jouer Josabet, qu'elle ne jouera pas comme la comtesse d'Ayen; elle fera pourtant tout ce que je voudrai. Je lui ai répondu que ce n'étoit pas à elle à se contraindre dans un divertissement que je n'avois imaginé que pour elle. Elle est ravie, et trouve *Athalie* merveilleuse. Jouons-la, puisque nous y sommes engagés : mais en vérité il n'est point agréable de se mêler des plaisirs des grands.... Il faudra que la comtesse d'Ayen fasse Salomith; car sans compter ce qu'on doit à Mme de Chailly[2] qu'on fait venir pour jouer Athalie, je ne puis me résoudre à voir la comtesse d'Ayen jouer la furieuse. »

Dès les premiers temps de la Régence, l'interdiction faite aux comédiens de jouer *Athalie* fut levée. Le Régent, qui aimait cette tragédie, où il avait joué avec succès son rôle dans les représentations de Versailles, pensa qu'elle serait d'un grand effet sur un théâtre public, et qu'on ne devait pas lui refuser plus longtemps la scène française. Il n'était pas homme à tenir compte du déplaisir de Mme de Maintenon, qui, d'après la correspondance publiée par la Beaumelle, écrivait en ce temps-là à Mme de Dangeau[3] : « Je suis étonnée de ce que M. le cardinal de Noailles ne s'oppose point aux représentations d'*Athalie*. Vous croyez bien, Madame, qu'on le trouve très-mauvais à Saint-Cyr. » La liberté que l'on prenait de passer par-dessus de respectables scrupules aurait eu besoin d'être

---

1. Cette première phrase est singulière. Que signifie cette nouvelle chute d'*Athalie?* Il semble que Mme de Maintenon veuille simplement dire qu'au moment de la jouer on rencontrait encore une fois des difficultés. Elle annonce pourtant que ces difficultés étaient aplanies. La Beaumelle a peut-être mêlé des lettres différentes.

2. Le texte de la Beaumelle porte *de Mailly*. C'est évidemment une faute du copiste ou de l'imprimeur.

3. *Lettres de Mme de Maintenon*, tome VII, p. 112.

excusée par une exécution brillante. Il est douteux que les comédiens aient beaucoup réussi à lui assurer cette justification. Ils représentèrent *Athalie* pour la première fois le mardi 3 mars 1716[1]. Voici d'abord un témoignage qui leur est favorable. Dans l'*Histoire journalière de Paris*[2], publiée cette même année, il est dit que « l'on doit la louange aux acteurs d'avoir représenté cette tragédie d'une manière parfaite et avec tout l'art du théâtre. » Le nouvelliste exprime seulement le regret que les chœurs aient été retranchés : c'était en effet une mutilation des plus malheureuses, et qui, d'avance connue du public, avait fait croire à des remaniements plus barbares encore. Le *Mercure galant* de février 1716 (p. 282), en annonçant la prochaine représentation, disait : « Quel triomphe pour M. Dancourt ! L'*Athalie* de Racine va briller sur la scène, revue, augmentée, embellie et corrigée par M. Dancourt ! L'esprit de M. Dancourt va ranimer les vers de ce grand homme ! » Mais la crainte n'était pas fondée ; on ne toucha pas aux vers de Racine ; la suppression des chœurs ne l'exigea pas. Après l'une des représentations données en mars 1716, le *Mercure* de ce même mois (p. 184) en rendit ainsi compte : « On représenta *Athalie*, où M. Beaubourg joua son rôle du grand prêtre très-bien et bien fort. M. Dancourt fit le rôle du prophète Mathan. C'est un rôle de scélérat, qu'il joua comme il joue celui de don Juan du *Festin de pierre*. Mlle Desmares fit le rôle d'Athalie ; Mlle Duclos, celui de Josabet.... [*Elles*] récitèrent leur rôle avec tant d'art et de feu que leur déclamation ravit tous leurs spectateurs. D'amies inséparables qu'elles étoient avant qu'il fût question d'*Athalie*, elles se sont depuis (vous n'aurez pas de peine à deviner pourquoi) juré une si forte inimitié que c'est aux motifs de leur haine que le public a la principale obligation du succès de cette tragédie, dont en effet les deux premières actrices sont dans tout le cours de la pièce deux ennemies irréconciliables. Mlle Mimi Dancourt y joua le rôle de Zacharie

---

1. Dans *le Siècle de Louis XIV*, chapitre XXVII, dans le *Mercure* de juin et juillet 1721 (1re partie, p. 153), et dans plusieurs autres ouvrages, on place les premières représentations d'*Athalie* au Théâtre-Français en 1717. C'est une erreur.

2. 1 volume in-12, Paris, Étienne Ganeau, 1716, p. 16.

avec toute la noblesse et toute la grâce imaginable. Pour Joas, dont le rôle fut représenté par le fils de Laurent, concierge de la comédie, il fut admiré et applaudi de tout le monde, et, à proportion de son âge, il surpassa de beaucoup tous les autres acteurs de la tragédie[1]. » Ce Beaubourg qui joue *bien fort*, ces deux actrices que leur rancune échauffe, ce petit Joas qui est le meilleur de la troupe, tout cela feroit croire qu'il se mêle une assez forte dose d'ironie aux éloges que le *Mercure* distribue aux comédiens. Mme de Caylus dit que la pièce lui parut être « défigurée.... par une Josabet fardée, par une Athalie outrée, et par un grand prêtre plus ressemblant aux capucinades du P. Honoré qu'à la majesté d'un prophète divin[2]. » Quoi que l'on puisse en définitive penser des acteurs, loués par les uns, sévèrement jugés par les autres, il paraît certain que la pièce, dont on donna quatorze représentations, du 3 au 28 mars, fit une très-bonne impression sur les spectateurs, au moins par son propre mérite. Dangeau en parle ainsi dans son *Journal* du jeudi 5 mars 1716 : « On croyoit, quoique ce soit une très-belle pièce, qu'elle ne réussiroit pas, étant jouée par les comédiens ; cependant on nous a dit qu'elle avoit eu un grand succès. » Une lettre de Mme de Dangeau à Mme de Maintenon, donnée par la Beaumelle[3], constate également ce succès : « Je suis obligée de vous dire, Madame, que tout Paris est touché d'*Athalie*, et qu'on en sort très-édifié.... Si vos dames le savoient, elles seroient peut-être moins choquées de ce que

1. Pages 183-186. — Dans les *Recherches sur les théâtres de France*, par M. de Beauchamps, M.DCC.XXXV (in-4°, tome II, p. 245), on ajoute à ces détails que le rôle de Zacharie fut joué par Mme Deshayes, celui d'Abner par Poisson fils.

2. *Souvenirs de Mme de Caylus*, p. 456. — Dans une note de son édition de ces *Souvenirs*, Voltaire dit : « La Josabet fardée, c'étoit la Duclos qui chantoit trop son rôle. L'Athalie outrée étoit la Desmarets (*sic*), qui n'avoit pas encore acquis la perfection du tragique. Le Joad capucin étoit Beaubourg, qui jouoit en démoniaque, avec une voix aigre. »

3. *Lettres de Mme de Maintenon*, tome VII, p. 99 et 100. — On trouve aussi au même tome, p. 110, une autre lettre de Mme de Dangeau où elle dit qu'*Athalie* « a très-bien réussi » sur le théâtre de Paris et que l'on a trouvé « ce spectacle parfaitement beau. »

les acteurs font une profanation de ce spectacle édifiant. » Voltaire, dans son *Siècle de Louis XIV*[1], dit qu'*Athalie*, dans ces premiers temps, « fut reçue.... avec transport. »

A la fin du même mois de mars 1716, le lundi 30, *Athalie* fut jouée aux Tuileries, devant le Roi. Dangeau, à cette date, a noté cette représentation : « Le Roi vit sur les cinq heures, dans son antichambre, représenter la tragédie d'*Athalie*. La foule y fut fort grande, malgré le bon ordre qu'on avoit apporté. » La présence d'un jeune roi, âgé de six ans, et que l'on regardait comme un autre Joas, miraculeusement conservé à la nation, au milieu de tant de morts qui avoient frappé la famille royale, donna, Louis Racine le dit dans ses *Mémoires*[2], quelque chose de touchant à ces spectacles de la cour. On y saisissait avec attendrissement les allusions qui s'offraient sans peine :

> Voilà donc votre Roi, votre unique espérance....
> Songez qu'en cet enfant tout Israël réside.

Il y eut, en 1721, une reprise d'*Athalie* devant le Roi; ce fut le 10 juin. Le *Mercure* de juin et juillet 1721 (p. 153 et 154) nous fait connaître la distribution des rôles, dont quelques-uns seulement furent joués par les mêmes acteurs qui les avaient créés en 1716. Mlle Duclos s'était mise enfin en possession de celui d'Athalie; Josabet était représentée par Mlle Dangeville; Mathan, par Legrand; Joas, par le petit Dangeville. Mais ce qui donna aux représentations de 1721 une grande supériorité sur les premières, c'est que Baron, qui en 1720 était rentré au théâtre, y parut dans le rôle qu'il avait autrefois joué chez Mme de Maintenon, dans celui du grand prêtre. Il y fut très-admiré pour la noblesse de sa déclamation et de ses gestes, et pour une véhémence qui s'élevait quelquefois jusqu'au sublime. *Athalie* fut peut-être alors plus goûtée qu'elle ne l'avait été jusque-là; l'attention des critiques se trouva rappelée sur cette belle tragédie : on en voit la preuve dans le *Mercure* de l'année suivante, où parut, dans les mois de sep-

---

1. Chapitre XXVII : voyez au tome XX des *Œuvres de Voltaire*, p. 203.
2. Voyez notre tome I, p. 319.

tembre (p. 69-97) et d'octobre (p. 10-31), un jugement sur *Athalie*, très-long, très-détaillé, qui, à côté de peu justes censures, exprime souvent une très-juste admiration, et que Louis Racine, à la fin de ses *Remarques* sur *Athalie*, n'a pas dédaigné de discuter, déclarant qu'il n'avait point mérité d'être oublié.

On trouve encore, en 1728 et 1729, *Athalie* jouée par Baron ; ce n'était plus alors Mlle Duclos qui remplissait le rôle de la vieille reine, c'était Mlle Lecouvreur.

Du Théâtre-Français, l'année 1756 nous ramène à Saint-Cyr. On a vu dans la *Notice* de la pièce précédente que, cette année, *Esther* avait été jouée, dans la maison de Saint-Cyr, devant la Reine, le 15 janvier. Deux mois après, le samedi 22 mars, il y eut une représentation d'*Athalie*, dont les *Mémoires* du duc de Luynes nous ont conservé le souvenir : « La Reine, lisons-nous dans ces *Mémoires*[1], avoit dit assez positivement qu'elle n'iroit point ; il ne devoit y avoir que Monsieur le Dauphin, Madame la Dauphine et Mesdames.... La Reine n'arriva qu'à quatre heures.... La salle du théâtre étoit arrangée comme pour la tragédie d'*Esther*, dont j'ai parlé.... La pièce fut très-bien exécutée pour des pensionnaires de couvent.... Ceux qui l'ont vu jouer par les comédiens ont trouvé une grande différence dans l'exécution, et cela doit être ; il y eut cependant des endroits fort bien joués ; et celle qui fit le grand prêtre paroît avoir du talent. Celle qui jouoit le petit Joas joua fort bien aussi. » Voici les noms des actrices donnés par le duc de Luynes : Mlle de Cambis joua le petit Joas ; Mlle d'Escaquelonde, Athalie ; Mlle de Crécy, Joad ; Mlle de la Salle, Josabet ; Mlle d'Entremont, Zacharie ; Mlle de Beaulieu, Salomith ; Mlle de Carman, Abner ; Mlle d'Andechy, Azarias ; Mlle de Capdeville, Ismaël ; Mlle du Moustier, Mathan ; Mlle de Chabrignac, Nabal ; Mlle de la Tour, Agar. Un grand nombre de Demoiselles, dont les noms sont également cités[2], figuraient dans les *troupes de prêtres et de lévites*, et dans la *suite d'Athalie*. Le chœur des jeunes filles de la tribu

1. Tome XIV, p. 476. Voyez aussi aux pages 477 et 478.
2. Pour ces noms, et pour ceux des Demoiselles qui chantèrent dans les chœurs, nous renvoyons aux *Mémoires* du duc de Luynes. Ce sont des souvenirs qui intéressent seulement les familles.

de Lévi était composé de vingt-six personnes ; enfin on en compte treize qui, tour à tour, chantèrent seules. Dans les chœurs, il y avait quelques voix mâles, probablement des voix de jeunes parents des Demoiselles de Saint-Cyr.

Nous retrouvons à Saint-Cyr, plus tard encore, des preuves qu'*Athalie* n'y était point oubliée. Dans une visite qu'y fit Horace Walpole en 1769, les Demoiselles eurent ordre de chanter pour lui les chœurs de cette tragédie[1]. Dans d'autres pensionnats de jeunes filles, *Athalie*, comme *Esther*, même depuis que le théâtre s'en était emparé, fut représentée plus d'une fois. Une lettre de Mme de Simiane écrite à d'Héricourt à la fin de 1736[2] parle d'une de ces représentations que l'on répétait alors dans un couvent de Provence où était élevée sa petite-fille *Pouponne* (Mlle de Castellane). Pouponne devait jouer le rôle d'Athalie. Dans une lettre qui suit celle-ci[3], Mme de Simiane, à propos du jeu de sa petite-fille, dit quelques mots qui marquent bien la réputation différente laissée dans ce même rôle par Mlle Duclos et par Mlle Lecouvreur : « Le fort de *Pouponne*, c'est le sentiment.... Les choses qu'elle dit le moins bien, ce sont les simples, et où il ne faut pas de déclamation : c'étoit le triomphe de la Lecouvreur. Pour *Pouponne*, il lui faut de la fureur, c'est une petite Duclos. »

Revenons au théâtre, et achevons de suite l'histoire de ce qui mérite d'y être signalé dans les représentations d'*Athalie*. Après Mlle Lecouvreur, le rôle où elle avait brillé fut longtemps rempli avec un très-grand succès par Mlle Dumesnil ; on y admirait l'énergie terrible de son expression. Mlle Clairon s'y était elle-même essayée quelquefois en l'absence de Mlle Dumesnil, mais, suivant Grimm[4], avec peu de succès, « parce que, dit-il, c'est un rôle passionné.... où l'art et le jeu raisonné sont mortels. » Cependant, lorsqu'eurent lieu à Versailles les fêtes du mariage du Dauphin et de la Dauphine en 1770, Mlle Clairon, retirée du théâtre depuis cinq ans, réclama l'hon-

---

1. *La Maison de Saint-Cyr*, p. 327.
2. Elle est datée du 3 décembre. Voyez les *Lettres de Mme de Sévigné*, tome XI, p. 270.
3. *Lettre à d'Héricourt*, du 19 décembre 1736, même tome, p. 272.
4. Voyez sa *Correspondance*, au mois de juillet 1770 (tome I, p. 206).

neur de jouer devant la cour le rôle dont Mlle Dumesnil était en possession. Ses brigues l'emportèrent, et le jeudi 24 mai, dans la salle du nouvel Opéra à Versailles, elle joua le rôle d'Athalie. Grimm dit que les dispositions du public, irrité d'une faveur injuste, étaient telles que Mlle Clairon, eût-elle divinement joué, n'aurait pas réussi; mais que d'ailleurs « l'on s'accorde à dire qu'elle.... joua mal. » Le *Mercure de France* parle tout autrement de son succès; mais sa relation des fêtes du mariage semble avoir comme un caractère officiel; et l'on peut croire à un parti pris de tout y admirer. « La demoiselle Clairon, dit ce journal, ... a joué le rôle d'Athalie de manière à ajouter encore aux regrets que cause sa retraite; .... la demoiselle Dubois dans le rôle de Josabeth, le sieur Brizart dans celui de Joad, le sieur le Kain dans celui d'Abner .... ont disputé de zèle et de talent[1]. » Il y avait là deux acteurs du moins qu'on pouvait louer sans complaisance : Brizart, qui, d'après tous les témoignages, excellait dans le personnage de Joad, et le Kain. On trouve dans le même article du *Mercure* d'autres détails qui se rapportent à la magnificence du spectacle. C'était la première fois que l'on jouait *Athalie* avec la pompe qu'elle demande. « La décoration représentant le temple de Jérusalem *étoit* parfaitement bien peinte et de la plus grande ordonnance.... La partie intérieure du temple, formée par une arcade assez haute et assez ouverte pour que l'œil ne perdît rien de la noblesse et de l'élévation de l'architecture.... étoit terminée au fond par une colonnade circulaire, au-dessus de laquelle on avoit pratiqué une galerie destinée à recevoir une quantité considérable de prêtres et de peuple, dans l'instant où Joas paroît sur son trône, entouré de ses défenseurs victorieux. Il seroit difficile de donner une véritable idée de la beauté majestueuse de ce spectacle, rendu encore plus frappant par les chœurs nombreux[2]... » Nous croyons qu'à ces chœurs on avait mêlé des chants qui y étaient étrangers. C'est du moins, comme nous l'apprend le *Mercure* de juin 1770[3], ce qui avait été fait à une répétition donnée le 3 mai précédent sur le théâtre du faubourg Saint-Germain : « On a emprunté d'*Ernelinde*, dit le

---

1. *Mercure de France* d'octobre 1770, p. 153 et 154.
2. *Ibidem*. — 3. Page 188.

Mercure, le chœur du serment et plusieurs morceaux de différents opéras qui font un très-grand effet dans les chœurs. »
Ernelinde, opéra de Philidor, était fort à la mode en 1770, où il venait d'y en avoir une reprise. On vantait comme magnifique le chœur du serment dans le premier acte :

> Jurons sur nos glaives sanglants, etc.

Il avait sans nul doute été placé dans la scène vi de l'acte IV. L'effet musical pouvait être heureux ; et la musique couvre bien des choses ; toutefois elle ne dut pas obtenir grâce auprès de tout le monde pour la hardiesse un peu trop grande qu'on s'était permise, s'il faut comprendre qu'on avait mêlé aux vers de Racine les vers de Poinsinet et de Sedaine.

On suit presque sans interruption l'histoire des représentations d'*Athalie*, dans celle du Théâtre-Français, où l'on ne demeura jamais longtemps sans jouer cette tragédie ; mais nous ne devons nous attacher qu'aux souvenirs les plus marquants. Tels sont ceux qui sont restés du temps de Talma. Ce grand tragédien se chargea successivement des rôles d'Abner et de Joad [1]. Les critiques les plus sévères pour lui avaient reconnu le talent supérieur dont il faisait preuve dans quelques parties du rôle d'Abner, surtout aux derniers actes. Son succès cependant ne l'avait pas entièrement satisfait lui-même ; et nous voyons qu'en 1806 il avait laissé ce rôle à Lafon, qui y produisit un grand effet. C'était le temps où Saint-Prix jouait Joad, et où Mlle Georges, puis Mlle Duchesnois tentaient le rôle d'Athalie. On donna cette année plusieurs de ces représentations de la tragédie sainte, depuis le mois d'octobre. Talma, plus tard, s'attacha au rôle qui, par sa grandeur imposante, lui convenait mieux encore. Il avait, dans le personnage de Joad, à exprimer la majesté sainte d'un pon-

---

1. Une singularité, que l'on trouve consignée dans l'*Histoire du Théâtre-Français, depuis le commencement de la Révolution*, par Étienne et Martainville (tome I, p. 184), c'est qu'en 1790 (le 23 octobre, jour où Mlle Joly, soubrette de la Comédie française, remplit le rôle d'Athalie), Talma joua un simple rôle de lévite, et qu'il y eut un sifflet qui le poursuivit pendant toute la pièce ; mais c'était la suite d'une querelle de comédiens.

tife, l'enthousiasme d'un prophète, et l'énergie d'une grande âme ; ce rôle si difficile, et pour lequel la scène risque toujours de paraître bien profane, fut un de ceux qu'il marqua fortement de l'empreinte de son génie tragique. Il ne l'aborda qu'en 1819, et pour la première fois le 10 mars, à une grande représentation qui fut donnée sur le théâtre de l'Académie royale de musique. Brizart, que nous avons nommé à l'occasion des spectacles de Versailles en 1770, avait laissé dans ce même rôle, souvent joué par lui, des souvenirs redoutables, contre lesquels depuis avait toujours vainement lutté Saint-Prix avec tous les avantages de sa belle taille, de sa physionomie et de sa voix ; Brizart, en effet, non moins imposant, avait eu dans le personnage du grand prêtre bien plus de force et de chaleur, et un pathétique qui, dans quelques scènes, arrachait, dit-on, aux spectateurs des larmes d'attendrissement et d'admiration. Quoique les vieux amateurs du théâtre, qui avaient vu Brizart, eussent de la peine à trouver en 1819 qu'il fût vaincu par Talma, ils étaient forcés d'avouer qu'il lui aurait envié la manière dont il rendait certains passages, par exemple, dans la première scène, la réplique à Abner :

> Du zèle de ma loi que sert de vous parer ? etc.,

les vers de la prophétie :

> Pécheurs, disparoissez ; le Seigneur se réveille ;

et la fin de cette même prophétie :

> Heureux qui pour Sion d'une sainte ferveur, etc.

Il y eut quatre de ces grandes représentations données à l'Opéra au mois de mai 1819. Lafon et Mlle Duchesnois y remplirent avec un grand succès les rôles d'Abner et d'Athalie. A la seconde, la recette fut de dix-sept mille francs. Les chœurs, comme nous le dirons tout à l'heure, n'avaient pas été supprimés, et contribuèrent au succès de cette brillante reprise. La mise en scène seule put être vivement critiquée. L'image du bœuf Apis et les statues assises d'Isis et d'Osiris dans le temple n'avaient pas été d'un heureux effet.

En 1847, le talent de Mlle Rachel donna un nouvel éclat aux représentations d'*Athalie*. Ce fut le 7 avril de cette année qu'elle joua pour la première fois dans cette pièce. Quoiqu'elle fût bien jeune pour représenter l'aïeule de Joas, elle triompha de cette difficulté; et son succès fut grand tout d'abord. Quelques personnes, il est vrai, lui reprochèrent, à la première représentation, d'avoir exagéré la fureur; mais tous l'admirèrent, dès ce jour-là, dans la scène vi du cinquième acte; et dans d'autres passages l'on remarqua de très-beaux effets, par exemple la profonde expression qu'elle donna à ce vers :

.... Je serois sensible à la pitié?

et la terrible ironie avec laquelle elle disait :

.... J'aime à voir comme vous l'instruisez [1].

Elle joua *Athalie* dix-huit fois de suite, et s'y fit de plus en plus applaudir. On n'eut, dans cette reprise de 1847, à se plaindre que du retranchement des chœurs. Il est bien à regretter que si souvent, aux époques même les plus brillantes des représentations d'*Athalie*, le Théâtre-Français ait trouvé impossible de donner une telle œuvre dans son intégrité.

En plusieurs occasions cependant les chœurs ont été exécutés, par exemple dans cette représentation à Versailles en 1770, où, comme nous l'avons dit, l'on paraît avoir mêlé à la poésie de Racine des passages de quelques opéras. En 1786, *Athalie* fut donnée plusieurs fois devant la cour, pendant le voyage de Fontainebleau, et depuis à Versailles, avec les chœurs dont Gossec avait refait la musique, celle de Moreau n'étant plus jugée suffisante. Les chœurs de Gossec ont été estimés dans leur temps; on en trouvait la musique savante et expressive; toutefois les formes en parurent trop modernes [2].

A la ville on n'avait pas encore entendu ces chœurs de Gossec, lorsqu'en 1791 le Théâtre de la Nation put, grâce au concours que le Théâtre-Italien [3] lui prêta, donner une reprise

---

1. *Biographie universelle* (tome XXXV, Paris, Mme Desplaces), article *Rachel*, par M. Édouard Thierry.

2. Gossec avait écrit les morceaux d'ensemble; presque tous les solo étaient d'Haydn.

3. Ce théâtre était alors établi place Favart. Malgré le nom qu'il avait conservé, il y avait plusieurs années qu'il n'avait plus d'acteurs

d'*Athalie* où ils furent exécutés. La première représentation eut lieu sur le Théâtre-Italien, la seconde sur le Théâtre de la Nation. On vit alors paraître à côté les uns des autres les premiers sujets des deux troupes [1]. Vanhove était chargé du rôle de Joad, où il eut peu de succès. La musique de Gossec ne fut que médiocrement goûtée.

Cette musique fut cependant, après une interruption de vingt-huit ans, soumise de nouveau au jugement du public dans les représentations qu'on donna sur le théâtre de l'Opéra en 1819, et dont nous avons parlé. La symphonie dans la scène de la prophétie fut un des morceaux qui produisirent le plus d'effet, bien qu'au jugement de quelques-uns celle de Baudron [2], qu'on exécutait d'ordinaire au Théâtre-Français, fût peut-être préférable par son caractère solennel et religieux. Mais on trouva fort beau surtout le chœur qui avait été écrit pour le serment du quatrième acte. Ces vers que Racine a mis dans la bouche d'Azarias :

> Oui, nous jurons ici pour nous, pour tous nos frères, etc.,

n'avaient cependant pas été destinés par le poëte à être mis en musique.

Avant cette époque, Boïeldieu, pendant le séjour qu'il fit en Russie de 1803 à 1811, avait composé à Saint-Pétersbourg de nouveaux chœurs d'*Athalie* qui furent chantés par les magnifiques voix des cent chanteurs de la chapelle impériale. Il s'y trouvait, dit-on, de grandes beautés, ce que le nom du célèbre compositeur autorise à croire; l'effet en fut tel que l'enthousiasme du public pour cette musique découragea la célèbre actrice, qui remplissait sur ce théâtre étranger le rôle d'Athalie (c'était Mlle Georges), et qui ne recueillait plus que la moindre part dans les applaudissements.

Les chœurs de Boïeldieu furent exécutés à Paris en 1838, à une représentation au bénéfice de Mme Paradol, qui y faisait

---

italiens. En 1762 il avait été réuni à l'Opéra-Comique; on y jouait non-seulement des pièces à ariettes, mais des comédies. — A la fin de 1789 le Théâtre-Français avait pris le nom de Théâtre de la Nation.

1. Voyez le *Mercure* de juillet 1791, 1re partie, p. 76-78.
2. Ce compositeur avait été, dans la seconde moitié du dix-huitième siècle, premier violon de l'orchestre du Théâtre-Français.

ses adieux au public dans le rôle d'Athalie, dont elle était depuis longtemps en possession. Cette représentation eut lieu le 29 mai, et fut suivie de deux autres, où les mêmes chœurs furent encore chantés, le 2 et le 3 juin.

Au mois d'avril 1859, *Athalie* fut reprise au Théâtre-Français, avec des chœurs de M. Jules Cohen, qu'exécutèrent les élèves du Conservatoire. Il y eut alors un assez grand nombre de représentations, où l'on entendit la nouvelle musique; Mme Guyon y jouait le rôle d'Athalie [1].

Avant de clore cette histoire sommaire des représentations d'*Athalie*, nous devons y rattacher quelques faits, qui ont leur intérêt, parce qu'ils feraient, s'il en était besoin, ressortir un des caractères du chef-d'œuvre de Racine, ce courage qu'avait admiré Duguet, cette généreuse hardiesse de sentiments qui étonne, surtout lorsqu'on pense à l'époque où la pièce fut écrite, à cette cour, à ce roi devant qui elle fut d'abord représentée, et qui avaient donné l'ordre au poëte de la composer. Les tragiques grecs, qui travaillaient pour des théâtres où le peuple entier se rassemblait, ont souvent dans leurs tragédies des traits, des maximes bien propres à provoquer les applaudissements d'une nation patriotique et libre. Ces applaudissements populaires, politiques, que Racine apparemment n'ambitionnait pas à Saint-Cyr et à Versailles, son *Athalie* les a souvent obtenus sur nos théâtres, pour lesquels elle n'avait pas été faite. Il y

---

1. Sur la musique composée à différentes époques pour les chœurs d'*Athalie*, nous n'avons cru devoir dire que ce qui intéresse directement la scène française. En dehors cependant des chœurs exécutés sur notre théâtre, pour remplacer ceux de Moreau, nous en trouvons d'autres dès le dix-septième siècle. Une édition d'*Athalie* fut publiée en 1697 à Amsterdam, chez Étienne Roger (in-4° de 118 pages), *avec les chœurs mis en musique par M. Servaas de Könink*. Plus tard (nous croyons qu'il y a environ vingt-cinq ans) Mendelssohn-Bartholdy composa une ouverture et des chœurs pour *Athalie*. Mais ce fut en Allemagne qu'il fit entendre cette musique, qu'il avait adaptée aux paroles, non de Racine, mais d'un traducteur allemand. Un de nos compositeurs français, qui a consacré son talent à la musique religieuse, M. Félix Clément a aussi écrit de nouveaux chœurs d'*Athalie*. Ils ont été exécutés à la salle Sainte-Cécile, le 20 mars 1858, par les artistes de l'Opéra.

aura toujours quelque chose de touchant dans cette sympathie entre l'âme de la foule et celle d'un poëte qui n'avait pu chercher à la flatter par des allusions. Dans un temps où se faisait sentir l'approche de notre révolution, et où les esprits se passionnaient de plus en plus pour les idées nouvelles, des vers d'*Athalie*, qu'il est à peine besoin de signaler, excitèrent un enthousiasme presque séditieux. Dans l'ouvrage auquel on a donné le titre de *Mémoires de Condorcet*[1], on trouve un rapport d'un inspecteur de police sur une représentation d'*Athalie*, qui avait eu lieu le 16 août 1787. Jamais vers de circonstance n'avaient été accueillis avec des applaudissements d'une signification plus menaçante que ceux de la grande tirade de Joad, dans la scène III du quatrième acte :

Loin du trône nourri, de ce fatal honneur, etc.

L'acteur était interrompu à chaque vers par les battements de mains[2]. De même encore en 1790, à la représentation du 23 octobre, dont nous avons eu occasion de parler[3], le public fit de nombreuses applications des vers de Racine aux circonstances politiques[4]. Il paraîtrait que sous le premier Empire, on s'était mis en garde contre ces manifestations importunes de l'esprit public. M. de Barante, dans sa notice sur Lemontey[5], raconte que celui-ci, alors censeur impérial des théâtres, disait à ses amis : « N'allez-vous pas voir, ce soir, *Athalie* par Racine et Lemontey? » Il va sans dire que l'*Athalie* de Lemontey était l'*Athalie* expurgée de ses médisances contre le pouvoir absolu.

N'ayant pas à disserter ici sur les beautés des tragédies de

---

1. 2 volumes in-8º, Paris, 1824. Le rapport dont nous parlons est aux pages 231-235 du tome I.

2. Il faut dire que parmi ces applaudissements tous n'étaient pas également dignes d'un peuple qui aspirait si justement à la liberté, ni en rapport avec les sentiments généreux qui avaient inspiré le poëte. Ainsi on battit des mains à ce vers :

Confonds dans ses desseins une reine cruelle.

3. Voyez ci-dessus la note 1 de la page 571.

4. *Histoire du Théâtre-Français, etc.*, par Étienne et Martainville, tome I, p. 184.

5. *Biographie universelle* (édition citée), article *Lemontey*.

Racine, nous nous sommes toujours contenté de rapporter historiquement ce qu'il peut y avoir de plus digne de remarque dans les jugements que la critique en a portés. Celle du siècle de Louis XIV a été à peu près muette sur un chef-d'œuvre d'abord peu compris. Mais le temps a mis *Athalie* à sa place ; et cette place est au-dessus de toutes les autres tragédies de notre grand poëte. S'il s'est rencontré de nos jours des censeurs dont le paradoxe n'a pas respecté une admiration qu'en dépit de leur dissidence, on peut dire aujourd'hui si unanime, leurs attaques n'ont laissé d'autre souvenir que celui d'un scandale littéraire, auquel probablement ils s'attendaient. Il serait sans doute inutile de discuter des assertions comme celles-ci qu' « *Athalie* est une des pièces les plus médiocres de Racine ; » que le poëte y a été entraîné « à défigurer, sans nécessité et sans raison, les principaux caractères de son drame ; » qu'il a fait « du temple une espèce d'église, et de Mathan et de Joas un bedeau et un enfant de chœur ; » que « considérée dans son plan, dans la distribution de ses moyens, dans la marche de ses idées, *Athalie* serait donc une pièce toute disloquée, toute trébuchante, toute boiteuse ; » que « le style d'*Athalie* est généralement mal venu ; » que « l'Opéra-Comique d'à présent y regarderait à deux fois avant d'admettre des couplets » de facture semblable à celle des stances des chœurs ; enfin, pour couronner le tout, qu'il y a « beaucoup trop fréquemment dans *Athalie* des fautes de français[1]. » Des attaques de ce genre n'auraient leur intérêt historique que si elles étaient, comme celles de Subligny, l'œuvre d'une malveillance contemporaine avec laquelle Racine aurait eu à compter. Si nous désirons rappeler quelques critiques, ce sont celles qui, recommandées à l'attention par l'autorité de noms considérables dans les lettres, ont eu une grande notoriété.

---

[1]. Voyez les *OEuvres littéraires de Granier de Cassagnac*, *Portraits littéraires*, 1 volume in-12, Paris, M.DCCC.LII, p. 187-203. — Pour les fautes de français découvertes par M. Granier, contentons-nous d'un échantillon. Racine a dit au vers 1269 :

Armez-vous d'un courage et d'une foi nouvelle.

Il eût fallu dire, selon M. Granier :

Armez-vous d'un courage et d'une foi nouveaux.

Lorsque d'Olivet écrivit en 1737 ses *Remarques de grammaire* sur Racine, il s'abstint de l'examen d'*Athalie*, et rendit ainsi raison de l'exception qu'il avait faite pour cette pièce : « J'ai dû me défendre de toucher.... à la dernière (*tragédie de Racine*);... car l'Académie, il y a quelques années, entreprit de faire sur *Athalie* ce qu'elle fit autrefois sur *le Cid*. J'aurais donc manqué de respect en même temps et à ma compagnie, si j'avais osé la prévenir, et au public, si je l'avais occupé des doutes d'un simple particulier lorsqu'il se promet les décisions d'un tribunal dont l'autorité lui est connue [1]. » L'Académie songeait alors à publier sa critique, qui avait été délibérée vers 1730; cependant elle la garda dans ses cartons. Les éditeurs du *Racine* de 1807 (édition de la Harpe) eurent entre les mains une copie du manuscrit, et l'imprimèrent avec un *Avertissement* dans leur tome V[e 2]. M. de la Rochefoucauld-Liancourt, dans ses *Études littéraires et morales de Racine*[3], a donné des variantes de ces remarques de l'Académie; il dit que d'Alembert et la Harpe se sont permis de faire des changements au travail de l'illustre compagnie, et que lui-même rétablit le véritable texte, en signalant les suppressions et additions. Il n'indique pas d'ailleurs où il a trouvé le manuscrit authentique, et il ne nous a pas été donné de nous le procurer. Telle qu'elle a été publiée d'abord, ou telle que le texte doit en être restitué d'après M. de la Rochefoucauld (les différences ne sont pas considérables), cette critique est surtout grammaticale, et nous semble avoir à peu près les mêmes qualités et les mêmes défauts que les *Remarques* de l'abbé d'Olivet, à qui l'Académie aurait pu abandonner ce travail minutieux. On y trouve bien peu d'observations qui s'élèvent au-dessus des détails. Il y en a deux seulement qui ont peut-être plus de portée : l'une blâme quelques vers de la scène III du troisième acte, où le langage de Mathan a paru s'écarter de la vérité; l'autre se rapporte à ce passage de la prophétie qui fait prévoir au spectateur les crimes futurs de Joas, et que l'on accuse de détruire ainsi l'intérêt pour le jeune roi. Nous

---

1. *Remarques de grammaire*, p. 8.
2. Pages 245-264.
3. Pages 217-232.

n'avons pas cru devoir réimprimer entièrement ces *Sentiments de l'Académie sur* Athalie, qui ne pouvaient, ni par leur date (nous ne parlons pas de celle de la tardive publication), ni par l'importance de la critique, être un événement littéraire comme les *Sentiments sur* le Cid. Nous en citons seulement dans les notes de la pièce ce qui nous a paru le plus intéressant à mettre sous les yeux du lecteur.

Voltaire a très-souvent parlé d'*Athalie*. Il en a fait d'abord l'éloge le plus enthousiaste; plus tard on rencontre chez lui de singulières restrictions aux louanges qu'il lui donne. Littérateur et poëte, il admirait, il était charmé, ravi; homme de parti, philosophe ennemi de la religion qui avait inspiré l'auteur d'*Athalie*, il se débattait, il se révoltait contre sa propre admiration; mais par là même il en attestait la vivacité, puisqu'il ne pouvait entièrement l'abjurer en dépit d'une passion qui avait fini par la lui rendre si difficile. Dans la lettre qu'il écrivait au marquis Maffei, pour lui dédier *Mérope*, jouée en 1743, il disait : « La France se glorifie d'*Athalie*: c'est le chef-d'œuvre de notre théâtre ; c'est celui de la poésie[1]. » Il en parlait de même dans son *Épître à la duchesse du Maine*, en tête d'*Oreste* (1750) : « L'ouvrage le plus approchant de la perfection qui soit jamais sorti de la main des hommes, resta longtemps méprisé; et son illustre auteur mourut avec le chagrin d'avoir vu son siècle, éclairé, mais corrompu, ne pas rendre justice à son chef-d'œuvre[2]. » Le plus beau rôle de la pièce fut la pierre d'achoppement où Voltaire se heurta. Ce n'est pas qu'il ait jamais nié expressément la beauté dramatique du personnage de Joad, la vigueur avec laquelle est peinte cette sublime figure; mais cet exemple d'énergie sacerdotale l'irritait : un séditieux portant la tiare était bien plus exécrable à ses yeux que tous les tyrans couronnés. Toutes ses sympathies étaient pour Athalie, ses antipathies pour Joad. Il y a un essai de conciliation entre son admiration et son déplaisir dans ce passage du *Dictionnaire philosophique*[3] : « Je ferais ici l'éloge de cette pièce, le chef-d'œuvre de l'esprit humain, si tous les gens de

---

1. *OEuvres de Voltaire*, tome V, p. 101.
2. *Ibidem*, tome VI, p. 155.
3. *Art dramatique*, tome XXVII des *OEuvres*, p. 97 et 98.

goût de l'Europe ne s'accordaient pas à lui donner la préférence sur presque toutes les autres pièces. On peut condamner le caractère et l'action du grand prêtre Joad, sa conspiration, son fanatisme.... J'avoue qu'en réfléchissant sur cet événement, on peut détester la personne du pontife; mais on admire l'auteur. » Ailleurs il a donné beaucoup plus de développements à ses objections contre Joad. Il en eut surtout l'esprit obsédé lorsqu'il se mit à composer des tragédies où il se proposait de faire détester l'intolérance : l'une, *Olympie*, dans laquelle il introduisit un hiérophante, un grand prêtre, d'un caractère aussi accommodant, d'un esprit aussi soumis aux puissances de ce monde, que Joad est intraitable ; l'autre, *les Guèbres*, qui est un tableau de toutes les abominations des « tyrans sacrés, » et montre l'exemple consolant d'un empereur dont la puissance met un frein aux crimes des persécuteurs et des fanatiques. Il avait sans doute assez de goût pour sentir que, malgré la cause meilleure qu'il se flattait de défendre sur le théâtre, il ne pouvait pas tout à fait égaler la force et l'éloquence de Racine ; et peut-être cette conscience de son infériorité redoublait-elle sa mauvaise humeur contre Joad. A une époque où probablement il commençait à méditer son *Olympie*, le 20 mai 1761, il écrivait à M. de Cideville : « *Athalie*, qui est le chef-d'œuvre de la belle poésie, n'en est pas moins le chef-d'œuvre du fanatisme. Il me semble que Grégoire VII et Innocent IV ressemblent à Joad, comme Ravaillac ressemble à Damiens. Il me souvient d'un poëme intitulé *la Pucelle*.... Il y a dans ce poëme une petite liste des assassins sacrés, pas si petite pourtant ; elle finit ainsi :

> Et Mérobad, assassin d'Itobad,
> Et Benadad, et la reine Athalie
> *Si méchamment mise à mort par Joad*[1]. »

L'année suivante, dans une lettre du 8 février à Mme de Fontaine, il lui annonçait la prochaine représentation d'*Olympie*, à laquelle il donnait alors le nom de *Cassandre :* « Je ne vois pas ce qui empêcherait, disait-il, de jouer *Cassandre* vers la mi-carême.... Je vous avoue que je me meurs d'envie de voir sur le théâtre un prêtre bon homme, qui sera le contraire du fa-

---

1. *OEuvres de Voltaire*, tome LIX, p. 421 et 422.

natique Joad, qui me fait chérir la personne d'Athalie[1]. » Lorsqu'il imprima son *Olympie*, il ne manqua pas d'y insérer une longue note sur un des vers de la pièce, où il fit ressortir les excellentes leçons que donnait le rôle de son hiérophante, n'épargna pas le blâme au caractère de Joad, et cette fois même commença à insinuer contre la pièce de Racine quelques autres critiques. Il cherchait par exemple à jeter du ridicule sur toute cette histoire d'Athalie, en calculant l'âge que devait avoir cette vieille reine, et qui ne pouvait pas, selon lui, être au-dessous de cent six ans; calcul de fantaisie, qu'il a souvent depuis répété. Voici comment se terminait sa note : « J'admire, comme je le dois, la difficulté surmontée dans la tragédie d'*Athalie*, la force, la pompe, l'élégance de la versification, le beau contraste du guerrier Abner et du prêtre Mathan. J'excuse la faiblesse du rôle de Josabet; j'excuse quelques longueurs; mais je crois que si un roi avait dans ses États un homme tel que Joad, il ferait fort bien de l'enfermer[2]. » C'est en parlant de cette note, pour l'expliquer et la justifier, qu'il disait à M. de Cideville, dans une lettre du 4 juin 1763 : « J'avais dès longtemps assez d'antipathie contre le rôle de Joad.... Je sais bien qu'en supposant qu'Athalie voulait tuer son petit-fils, le seul rejeton de sa famille, Joad avait raison ; mais comment imaginer qu'une vieille centenaire veuille égorger son petit-fils, pour se venger de ce qu'on a tué tous ses frères et tous ses enfants? Cela est absurde :

Quodcumque ostendis mihi sic, incredulus odi.

Le public n'y fait pas réflexion; il ne sait pas sa sainte Écriture. Racine l'a trompé avec art ; mais, au fond, il résulte que Joad est du plus mauvais exemple. Qui voudrait avoir un tel archevêque[3] ? »

Quelques années plus tard (1769) parurent *les Guèbres*. Voltaire se laissait de plus en plus entraîner sur la pente où il s'était lancé, et finissait par ne plus rien trouver de bon dans la composition de la tragédie de Racine, ne faisant grâce qu'à la belle

1. *OEuvres de Voltaire*, tome LX, p. 167.
2. *Ibidem*, tome VII, p. 431.
3. *Ibidem*, tome LXI, p. 58.

versification. Il est vrai qu'il avait la précaution de mettre ses critiques, devenues si déraisonnables, dans la bouche d'un étranger, *Milord Cornsbury*, avec qui il avait eu, disait-il, une conversation à Paris, au sujet d'une représentation d'*Athalie*. Il rapportait ainsi l'opinion de ce « digne pair d'Angleterre, » dans son *Discours historique et critique à l'occasion de la tragédie des* Guèbres : « Je ne puis aimer le pontife Joad. Comment ? conspirer contre sa reine, à laquelle il a fait serment d'obéissance ! la trahir par le plus lâche des mensonges, en lui disant qu'il y a de l'or dans sa sacristie, et qu'il lui donnera cet or ! la faire ensuite égorger par des prêtres à la Porte-aux-Chevaux !... Athalie est une grand'mère de près de cent ans ; le jeune Joas est son petit-fils, son unique héritier ; elle n'a plus de parents ; son intérêt est de l'élever et de lui laisser la couronne ; elle déclare elle-même qu'elle n'a pas d'autre intention. C'est une absurdité insupportable de supposer qu'elle veuille élever Joas chez elle pour s'en défaire ; c'est pourtant sur cette absurdité que le fanatique Joad assassine sa reine. Je l'appelle hardiment fanatique, puisqu'il parle ainsi à sa femme :

Quoi ? fille de David, vous parlez à ce traître ? etc.

Je fus très-content du parterre qui riait de ces vers, et non moins content de l'acteur[1] qui les supprima dans la représentation suivante.... Si on ne joue point *Athalie* à Londres, c'est qu'il n'y a point assez d'action pour nous ; c'est que tout s'y passe en longs discours ; c'est que les quatre premiers actes entiers sont des préparatifs ; c'est que Josabet et Mathan sont des personnages peu agissants ; c'est que le grand mérite de cet ouvrage consiste dans l'extrême simplicité et dans l'élégance noble du style[2]. » Voilà à quelles injustices la passion avait peu à peu conduit Voltaire contre une pièce si longtemps proclamée par lui la plus parfaite de notre théâtre. Il avait feint, à la vérité, de réfuter de son mieux Milord Cornsbury ; mais personne ne s'y trompa ; et jaloux de le flatter, ses amis lui écrivirent pour approuver, en les lui attribuant à lui-même, les critiques du

---

1. Les éditeurs du *Racine* de 1807, dans une note sur ce passage qu'ils citent aussi, nous avertissent que cet acteur était Sarrazin.
2. OEuvres de Voltaire, tome IX, p. 18-20.

seigneur anglais. On a dans ce sens une lettre du cardinal de Bernis de 1770[1], et une lettre de d'Alembert de 1769[2]. Celui-ci disait : « Je suis depuis longtemps entièrement de votre avis sur *Athalie*. J'ai toujours regardé cette pièce comme un chef-d'œuvre de versification, et comme une très-belle tragédie de collége. Je n'y trouve ni action ni intérêt ; on ne s'y soucie de personne.... Je suis persuadé que les idées de religion dont nous sommes imbus dès l'enfance contribuent, sans que nous nous en apercevions, au peu d'intérêt qui soutient cette pièce, et que si on changeait les noms, et que Joad fût un prêtre de Jupiter ou d'Isis, et Athalie une reine de Perse ou d'Égypte, cette pièce serait bien froide au théâtre.... Je crois en général (et je vais peut-être dire un blasphème) que c'est plutôt l'art de la versification que celui du théâtre qu'il faut apprendre chez Racine. J'en connais à qui je donnerais un plus grand éloge, mais ils n'ont pas l'honneur d'être morts. » Était-ce à cette conclusion que l'auteur des *Guèbres* avait voulu amener ses admirateurs? Quoi qu'à cet égard on puisse penser, nous venons d'entendre quels barbares jugements sur *Athalie* et sur le théâtre de Racine tout entier il avait encouragés et provoqués, laissant contredire, contredisant lui-même son ancienne admiration. D'Alembert avait fait une belle découverte, lorsqu'il avait cru reconnaître que le sentiment religieux contribuait quelque peu à l'intérêt d'une pièce uniquement fondée sur la religion, tout animée de son esprit ! Faites de Joad un prêtre de Jupiter, la tragédie de Racine, dit d'Alembert, restera bien froide. Nous le croyons sans peine. A une critique si puérile, et qui, sans le vouloir, prouve contre elle-même, nous ne saurions mieux faire que d'opposer quelques passages d'une autre critique aussi vraie qu'élevée. On y trouve la réponse à plus d'une objection. Voici comment M. Sainte-Beuve a parlé d'*Athalie* dans le chapitre XI du livre VI de *Port-Royal* : « Le grand personnage ou plutôt l'unique d'*Athalie*, depuis le premier vers jusqu'au dernier, c'est Dieu. Dieu est là, au-dessus du grand prêtre et de l'enfant, et à chaque point de cette simple et forte histoire...; il y est invisible, immuable, partout senti.... Cette unité, cette omni-

---

1. Œuvres de *Voltaire*, tome LXVI, p. 178.
2. *Ibidem*, p. 105.

potence du personnage éternel, bien loin d'anéantir le drame, de le réduire à l'hymne continu, devient l'action dramatique elle-même, et, en planant sur tous, elle se manifeste par tous, se distribue et se réfléchit en eux selon les caractères propres à chacun.... C'est tellement cet invisible qui domine dans *Athalie*, l'intérêt y vient tellement d'autre part que des hommes, bien que ces hommes y remplissent si admirablement le rôle qui leur est à chacun assigné, que le personnage intéressant du drame, l'enfant miraculeux et saint, Joas, est, à un moment capital, brisé lui-même et flétri comme exprès en sa fleur d'espérance.... Qu'est-ce que Joas devant l'Éternel?... Le temple juif vu par l'œil chrétien, le culte juif attendri par l'idée chrétienne si abondamment semée aux détails de la pièce.... voilà bien le sens d'*Athalie*.

« *Athalie*, comme art, égale tout. Le sentiment de l'Éternel, que j'ai marqué le dominant, et l'unique de la pièce, est si bien conçu et exprimé par l'âme et par l'art à la fois, que ceux mêmes qui ne croiraient pas seraient pris non moins puissamment par ce seul côté de l'art, pour peu qu'ils y fussent accessibles.... *Athalie* est belle comme l'*OEdipe-Roi*, avec le vrai Dieu de plus [1]. » Envisagée au point de vue où le critique pénétrant s'est placé, où auraient dû se placer Voltaire et d'Alembert, n'eussent-ils cherché que « le côté de l'art » dont parle M. Sainte-Beuve, *Athalie* échappe aux reproches que le dix-huitième siècle ne lui adressait que pour les faire retomber sur les livres saints. Puisque ces livres seuls ont inspiré Racine, c'est en les acceptant qu'il faut juger *Athalie*. Voltaire était surtout irrité par le caractère de Joad. Le fanatisme séditieux, la férocité, la perfidie dont il l'accuse prennent une autre couleur et d'autres noms, dès qu'avec Racine on voit dans ce pontife le vengeur, le libérateur que Dieu arme et autorise. Dans la note que Racine a laissée parmi ses manuscrits pour justifier l'équivoque du grand prêtre [2], il est clair, par les

1. *Port-Royal*, tome V, p. 501-505.
2. Voyez ci-après la note sur le vers 1653 d'*Athalie*. — Dans l'annotation de la pièce, nous avons fait usage des notes recueillies dans les papiers de Racine, et qu'on avait déjà citées, mais un peu moins complétement, dans quelques éditions de ses *OEuvres*. Elles se trouvent dans les manuscrits donnés à la bibliothèque du Roi par Louis Racine, qui

exemples mêmes qu'il a choisis pour son apologie, qu'il a entendu réduire cette apologie à ceci : « Il s'agit de la cause de Dieu, qui peut vouloir aveugler ses ennemis : » justification sans réplique, lorsqu'il s'agit d'une pièce sacrée, œuvre d'un croyant, écrite pour des croyants. Louis Racine n'avait que faire, pour défendre Joad, de citer, dans ses *Remarques* sur *Athalie*, les opinions de Grotius tirées de son traité *de Jure belli et pacis*.

La *Bible*, étudiée et comprise à la lumière de la vérité chrétienne, voilà le modèle que s'est proposé Racine, le guide qu'il a constamment suivi. On ne prouverait nullement, comme quelques-uns ont prétendu le faire, qu'il s'en fût un moment écarté, parce que l'on montrerait un souvenir du théâtre grec qui serait venu se mêler dans son esprit aux inspirations puisées dans les saintes Écritures. Il y a certainement des rapports frappants entre un petit nombre de passages de l'*Ion* d'Euripide et quelques parties du rôle de Joas. Brumoy les avait signalés brièvement dans son *Théâtre des Grecs*[1]. M. Patin a mieux que nul autre tiré tout le parti possible de ce rapprochement, dans l'examen qu'il a fait de la pièce d'Euripide : « Nous possédons, dit-il[2], une tragédie dont la conduite est également soumise à l'influence manifeste de la Divinité, qui se passe de même dans un temple, où l'on voit, comme ici, paraître un jeune lévite dans toute l'innocence du premier âge, toute la sainteté du sacré ministère; où, par une suite d'événements non moins merveilleux, un enfant se trouve rapproché de parents cruels qui, sans le connaître, veulent le perdre, et porté, à leur confusion, sur le trône dont ils descendent. » M. Patin fait encore remarquer que dans l'*Ion* on retrouve, non-seulement la beauté de quelques détails admirés dans Racine, mais « quelque chose de la naïveté enfantine de Joas, de la curiosité inquiète d'Athalie, du tour si familièrement tragique de leur entretien. » Il est vraisemblable en effet que Racine avait été frappé de cette intéressante figure du jeune

---

a mis ce petit avertissement en tête des feuillets où son père les a écrites : « Quelques remarques écrites par Jean Racine, dans le temps apparemment qu'il composoit son *Athalie*. »

1. Tome II, p. 688, et à la note de la même page.
2. *Études sur les tragiques grecs*, tome III, p. 270 et 271.

néocore, élevé dans le temple d'Apollon, de cet orphelin à qui le dieu avait servi de père et de mère. Ce trait léger, à peine indiqué, du personnage de Joas a pu lui donner la première idée d'une peinture qu'il a si librement achevée. L'enfant royal, plein de grandeur dans sa naïveté charmante, n'en est pas moins sa création originale; et si, avec la marque de son génie, cette création en porte une autre, c'est bien plus celle des livres saints que de la tragédie grecque. Il ne faut pas d'ailleurs l'oublier, la naïveté d'Ion, déjà en pleine adolescence, n'est pas précisément celle d'un enfant : différence essentielle entre lui et Joas. Ajoutons que le drame d'Euripide, noué et dénoué par la Divinité, et ayant le temple pour théâtre, ne doit pas nous faire illusion sur les emprunts que Racine a pu lui faire de ce côté : la grandeur religieuse y manque, non pas seulement celle que le paganisme ne pouvait connaître, mais celle qu'Eschyle sans nul doute y eût mise. Loin de faire à la majesté divine la place que le sujet comportait, Euripide a souvent placé dans la bouche d'Ion lui-même des réflexions qui peuvent passer pour irréligieuses. Au milieu de ses bizarreries si romanesques, sa tragédie a de grandes beautés, mais surtout dans des passages que Racine n'a pas eu à imiter.

On peut affirmer d'avance que, dans une tragédie où l'inspiration puissante et la conception originale sont aussi visibles que dans *Athalie*, si l'on trouvait quelque part la trace légère d'une imitation suggérée par d'autres souvenirs que par ceux des livres saints, on ne la suivrait pas loin : un emprunt plus ou moins douteux que l'on découvrirait, ne serait jamais qu'un objet de curiosité. Le Théâtre-Français, antérieur à Racine, nous avait offert quelques tragédies d'*Esther*; nous n'y en avons pas rencontré sur le sujet d'*Athalie*; mais il en est une dont on fait mention comme ayant paru sur une scène plus modeste. Les colléges jouaient beaucoup de pièces bibliques, écrites en latin. Une *Athalia* fut représentée en 1658 au collége de Clermont. Loret, dans sa *Muze historique* (livre IX, lettre xxxიი, du 24 août 1658), a parlé assez longuement de cette représentation, qui avait eu lieu environ cinq jours avant celui où il écrivait, et à laquelle il avait assisté lui-même, dit-il, pour quinze sols. Plus heureuse que la tragédie de Racine, l'*Athalie* latine fut jouée « avec appareil extrême. » Loret loue beaucoup les acteurs qui faisaient les personnages de Joas, de Josaba et de la jeune Mariane, dont il ne dit pas quel était le rôle. Il finit par l'éloge de la pièce :

> Bien loin d'exercer la critique
> Contre cette pièce tragique,
> J'en ouïs qui louoient sans fin
> Son intrigue et son beau latin.
> La construction théâtrale
> Étant magnifique et royale,
> On y dansa quatre balets,
> Moitié graves, moitié folets.

Nous ne savons si cette *Athalia* a été imprimée; nous l'avons cherchée en vain. On cite une tragédie latine de Stancari Dominicus, ayant pour titre : *Joas, Judææ rex*. Elle nous échappe aussi; mais personne ne croira que nous eussions trouvé dans l'une ni dans l'autre le modèle de l'*Athalie* de Racine.

Métastase, qu'on a surnommé quelquefois le Racine de l'Italie, a composé un *Joas* (*Gioas*[1]). Cette *action sacrée* (comme il l'appelle) fut représentée à Vienne en 1735; elle n'est nullement une de ces traductions de notre *Athalie*, comme il en a été fait plusieurs sur les théâtres étrangers[2]; le sujet y est

---

1. *Gioas, Re di Giuda. Azione sacra, scritta dall' Autore in Vienna, d'ordine dell' Imperator Carlo VI, ed eseguita la prima volta, con Musica del Reütter, nella Cappella Imperiale l'anno 1735*. — La pièce est divisée en deux parties. On la trouve au tome VI des *OEuvres de Métastase*, imprimées à Paris en M.DCC.LXXX, 12 volumes in-8°.

2. Ainsi, dans les *OEuvres* de l'abbé Conti, on en trouve une, dont Louis Racine a cité quelques fragments dans ses *Remarques* sur *Athalie*. Elle est au tome I, p. CLIX-CCLVI du livre qui a pour titre : *Prose e Poesie del signor Abate Antonio Conti, patrizio veneto* (2 volumes in-4°, imprimés à Venise, le premier en M.DCC.LXXXIX). Conti a fait précéder sa traduction d'une *Dissertation*, où il dit qu'il fit ce travail dans l'automne de l'année 1720, à la campagne de la comtesse de Caylus, qui avait, ajoute-t-il, représenté la pièce de Racine avec les Demoiselles de Saint-Cyr devant Louis XIV et la cour. Il assure avoir souvent entendu dire à Mme de Caylus que Racine préférait cette tragédie à toutes celles qu'il avait composées. — Une autre traduction italienne de la même pièce a été publiée sous ce titre : *Atalia, tragedia sacra del sign. Racine, transportata dall' idioma francese in*

défiguré par l'introduction du rôle malheureusement conçu de Sébia, mère de Joas. C'est une œuvre faible, dont les développements sont écourtés; mais comme l'auteur n'y a, dit-on, cherché qu'un prétexte à la musique, il semble permis de ne pas juger trop sévèrement une pièce peu digne de lui. Il suffit de dire que l'on n'a pas à y chercher des points de comparaison avec le chef-d'œuvre de Racine. *Athalie*, qui n'a pas eu d'ancêtres, n'a pas eu non plus de postérité.

versi Toscani. Da un Academico Fiorentino. Pisa, 1792, in-8°. — Dans le *Journal de Trévoux* d'octobre 1752 (p. 2128), on annonce, comme devant paraître prochainement, une traduction d'*Athalie* en vers espagnols. Elle a sans doute été publiée.

NOTICE.

Pour *Athalie* comme pour *Esther* il y a eu du vivant de Racine deux éditions séparées, l'une in-4°, l'autre in-12.

L'édition in-4°, qui est l'édition originale, a pour titre :

ATHALIE

TRAGÉDIE.

Tirée de l'Écriture sainte.

A PARIS,
Chez DENYS THIERRY....

M.DC.XCI.

AVEC PRIVILEGE DU ROY.

Cette édition a 6 feuillets sans pagination, pour le titre, la préface, l'extrait du privilége, les noms des personnages; après le sixième de ces feuillets il y a un frontispice d'après un dessin de J. B. Corneille, et gravé par J. Mariette, représentant la scène v de l'acte V. La pièce a 87 pages. — L'Achevé d'imprimer pour la première fois est du 3. mars 1691.

L'édition in-12 a pour titre :

ATHALIE,

TRAGÉDIE,

Tirée de l'Écriture sainte.

A PARIS,
Chez DENYS THIERRY....

M.DC.XCII.

AVEC PRIVILEGE DU ROY.

Il y a 7 feuillets sans pagination, pour le titre, la préface, l'extrait du privilége et les noms des personnages; après le septième feuillet, une réduction de la gravure de l'édition in-4°. Le texte de la tragédie a 114 pages.

Le texte que nous avons suivi est celui du recueil de 1697.

PRÉFACE.

Tout le monde sait que le royaume de Juda étoit composé des deux tribus de Juda et de Benjamin, et que les dix autres tribus qui se révoltèrent contre Roboam composoient le royaume d'Israël. Comme les rois de Juda étoient de la maison de David, et qu'ils avoient dans leur partage la ville et le temple de Jérusalem, tout ce qu'il y avoit de prêtres et de lévites se retirèrent auprès d'eux, et leur demeurèrent toujours attachés. Car depuis que le temple de Salomon fut bâti, il n'étoit plus permis de sacrifier ailleurs; et tous ces autres autels qu'on élevoit à Dieu sur des montagnes, appelés par cette raison dans l'Écriture les hauts lieux, ne lui étoient point agréables. Ainsi le culte légitime ne subsistoit plus que dans Juda. Les dix tribus, excepté un très-petit nombre de personnes, étoient ou idolâtres ou schismatiques.

Au reste, ces prêtres et ces lévites faisoient eux-mêmes une tribu fort nombreuse. Ils furent partagés en diverses classes pour servir tour à tour dans le temple, d'un jour de sabbath à l'autre [1]. Les prêtres étoient de la famille d'Aaron; et il n'y avoit que ceux de cette famille, les-

---

[1]. On voit dans le livre I des *Paralipomènes*, XXIII, 3, 4 et 5, que, sous David, lorsque les lévites furent comptés, ils étaient au nombre de trente-huit mille; que vingt-quatre mille furent choisis pour le ministère du temple; qu'on les divisa en préposés, juges, portiers et musiciens; que David avait partagé les sacrificateurs ou prêtres en vingt-quatre familles, seize composées des fils d'Éléazar, huit des fils d'Ithamar. (*Ibidem*, XXIV, 3-5.) Éléazar et Ithamar étaient fils d'Aaron, frère de Moïse. Les lévites remplissaient à tour de rôle les fonctions du ministère saint, chacune des diverses maisons de la tribu de Lévi servant à son tour : « Et distribuit eos David per vices « filiorum Levi, Gerson videlicet, et Caath et Merari. » (*Ibidem*, XXIII,

quels pussent exercer la sacrificature¹. Les lévites leur étoient subordonnés, et avoient soin, entre autres choses, du chant, de la préparation des victimes, et de la garde du temple. Ce nom de lévite ne laisse pas d'être donné quelquefois indifféremment à tous ceux de la tribu. Ceux qui étoient en semaine avoient, ainsi que le grand prêtre, leur logement dans les portiques ou galeries dont le temple étoit environné, et qui faisoient partie du temple même. Tout l'édifice s'appeloit en général le lieu saint. Mais on appeloit plus particulièrement de ce nom cette partie du temple intérieur où étoit² le chandelier d'or, l'autel des parfums, et les tables des pains de proposition. Et cette partie étoit encore distinguée du Saint des Saints, où étoit l'arche, et où le grand prêtre seul avoit droit d'entrer une fois l'année. C'étoit une tradition assez constante, que la montagne sur laquelle le temple fut bâti étoit la même montagne où Abraham avoit autrefois offert en sacrifice son fils Isaac³.

J'ai cru devoir expliquer ici ces particularités, afin que

6.) Voyez aussi le verset 24 du même chapitre. Le livre IV des *Rois*, XI, 9, et le livre II des *Paralipomènes*, XXIII, 8, nous montrent les troupes des lévites se succédant dans leurs fonctions chaque semaine.

1. Dans les *Sentiments de l'Académie française sur* Athalie, cette phrase est censurée : « Il fallait *qui pussent*. Peut-être Racine n'a-t-il mis *lesquels* que pour éviter de faire le vers : *qui pussent exercer la sacrificature.* » Il était si facile d'éviter autrement le vers, que Racine n'a pu se décider par un tel motif à prendre une tournure de phrase qu'il n'eût pas regardée comme très-correcte.

2. Les éditeurs modernes ont écrit *étoient*. Mais *étoit* est l'orthographe des éditions imprimées du vivant de Racine; ce qui a fait dire à l'Académie dans ses *Sentiments* : « *Étoient* seroit plus exact. » Voyez cependant le vers 82 d'*Esther*. Voyez aussi le *Lexique*.

3. Lightfoot, théologien anglican, que Racine avait consulté, comme le prouvent quelques-unes de ses notes manuscrites, parle de cette tradition à la page 74 de son tome I : « Fundamenta templi jacta « in monte Moria, ubi Isaac fuerat oblatus. » Voyez aux vers 1438-1444.

ceux à qui l'histoire de l'Ancien Testament ne sera pas assez présente n'en soient point arrêtés en lisant cette tragédie. Elle a pour sujet Joas reconnu et mis sur le trône ; et j'aurois dû dans les règles l'intituler *Joas*. Mais la plupart du monde n'en ayant entendu parler que sous le nom d'*Athalie*, je n'ai pas jugé à propos de la leur présenter sous un autre titre, puisque d'ailleurs Athalie y joue un personnage si considérable, et que c'est sa mort qui termine la pièce. Voici une partie des principaux événements qui devancèrent cette grande action.

Joram, roi de Juda, fils de Josaphat, et le septième roi de la race de David, épousa Athalie, fille d'Achab et de Jézabel, qui régnoient en Israël, fameux l'un et l'autre, mais principalement Jézabel, par leurs sanglantes persécutions contre les prophètes. Athalie, non moins impie que sa mère, entraîna bientôt le Roi son mari dans l'idolâtrie, et fit même construire dans Jérusalem un temple à Baal, qui étoit le dieu du pays de Tyr et de Sidon, où Jézabel avoit pris naissance. Joram, après avoir vu périr par les mains des Arabes et des Philistins tous les princes ses enfants, à la réserve d'Okosias, mourut lui-même misérablement d'une longue maladie qui lui consuma les entrailles. Sa mort funeste n'empêcha pas Okosias d'imiter son impiété et celle d'Athalie sa mère. Mais ce prince, après avoir régné seulement un an, étant allé rendre visite au roi d'Israël, frère d'Athalie, fut enveloppé dans la ruine de la maison d'Achab, et tué par l'ordre de Jéhu, que Dieu avoit fait sacrer par ses prophètes pour régner sur Israël, et pour être le ministre de ses vengeances. Jéhu extermina toute la postérité d'Achab, et fit jeter par les fenêtres Jézabel, qui, selon la prédiction d'Élie, fut mangée des chiens dans la vigne de ce même Naboth qu'elle avoit fait mourir autrefois pour s'emparer de son héritage. Athalie, ayant appris à Jérusalem tous ces massacres, entreprit de son côté d'éteindre entièrement la race royale de David, en faisant mourir tous les enfants d'Okosias, ses petits-fils. Mais heureusement Josabet, sœur d'Okosias, et fille de Joram, mais d'une autre mère qu'Athalie, étant arrivée lorsqu'on égorgeoit les princes ses neveux, elle trouva moyen de dérober du milieu des morts le petit Joas encore à la mamelle, et le confia avec sa nourrice au grand prêtre, son mari, qui les cacha tous deux dans le temple, où l'enfant fut élevé secrètement jusqu'au jour qu'il fut proclamé roi de Juda. L'Histoire des Rois dit que ce fut la septième année d'après[1]. Mais le texte grec des *Paralipomènes*, que Sévère Sulpice[2] a

[1] « Septem annorum erat Joas cum regnare cœpisset. » (*Livre IV des Rois*, XI, 21; et *livre II des Paralipomènes*, XXIV, 1.)

[2] Cet auteur dit au livre Ier de son *Histoire sacrée* : « Gotholia (*Gotholia* est le même nom qu'*Athalia*, et se trouve aussi dans les Septante et dans Josèphe) imperium post occupavit, adempto nepoti « imperio, etiam tum parvo puero, cui *Joas* nomen fuit. Sed huic « ab avia præreptum imperium, *post octo fere annos*, per sacerdotem « et populum, depulsa avia, redditum. » (*Sulpitii Severi Opera omnia quæ extant*, Lugd. Batavorum. Ex officina Elzeviriana, 1643, 1 volume in-12, p. 55.) — « J'ignore, dit Geoffroy, pourquoi Racine a transposé les noms de cet historien ecclésiastique : on le nomme ordinairement *Sulpice Sévère*. » Le critique pouvait se contenter de signaler l'usage qui a prévalu; mais il lui eût été facile de se rendre compte des raisons que Racine a eues de dire *Sévère Sulpice*. Dans le catalogue que Gennadius a donné des illustres docteurs de l'Église, il est dit au chapitre XX : « Severus cognomento Sulpicius.... » (*S. Gennadii Massiliensis presbyteri libellus*, etc., Helmœstadii, M.DC.XII, in-4°, p. 9.) *Sulpice* était donc le surnom de Sévère. Au tome VII, p. 32 des *Archives historiques et statistiques du département du Rhône*, M. Parelle dit avoir en sa possession un *Sulpice Sévère*, édition de 1574, in-12, qui a appartenu à Racine, et qu'il a annoté en latin depuis la première jusqu'à la dernière page. Sur le premier feuillet, au devant du titre, on trouve une lettre de Scaliger, où est justifié l'ordre des noms de l'historien ecclésiastique, tel que l'a adopté Racine.

PRÉFACE. 595

suivi, dit que ce fut la huitième[1]. C'est ce qui m'a autorisé à donner à ce prince neuf à dix ans, pour le mettre déjà en état de répondre aux questions qu'on lui fait.

Je crois ne lui avoir rien fait dire qui soit au-dessus de la portée d'un enfant de cet âge qui a de l'esprit et de la mémoire. Mais quand j'aurois été un peu au delà, il faut considérer que c'est ici un enfant tout extraordinaire, élevé dans le temple par un grand prêtre, qui le regardant comme l'unique espérance de sa nation, l'avoit instruit de bonne heure dans tous les devoirs de la religion et de la royauté. Il n'en étoit pas de même des enfants des Juifs, que de la plupart des nôtres. On leur apprenoit les saintes lettres, non-seulement dès qu'ils avoient atteint l'usage de la raison, mais, pour me servir de l'expression de saint Paul, dès la mamelle[2]. Chaque

---

[1]. Racine a fait la même remarque dans le manuscrit dont nous avons parlé dans la *Notice*, p. 584, note 2, et que nous désignerons ainsi : *Notes manuscrites sur* Athalie. On y lit : « Les Septante, aux *Paralipomènes*, disent que Joïada entreprit de rétablir Joas à la huitième année. » Voici le texte des Septante : Καὶ ἐν τῷ ἔτει τῷ ὀγδόῳ ἐκραταίωσεν Ἰωδαέ.... (*Livre II des Paralipomènes*, XXIII, 1.) On lit cependant dans la même version, comme dans la *Vulgate*, au dernier verset du chapitre précédent, que Joas resta caché six ans dans la maison de Dieu : Καὶ ἦν μετ' αὐτοῦ ἐν οἴκῳ τοῦ Θεοῦ κατακεκρυμμένος ἓξ ἔτη. Racine était-il plus porté à adopter la huitième année pour le commencement du règne de Joas, par cette raison qu'il aurait cru remarquer dans cet âge de huit ans quelque chose de fatal pour l'avénement des rois de Juda? Quelque singulière que puisse paraître cette idée, elle nous semble seule expliquer un passage de ses *Notes manuscrites sur* Athalie. Il y cite les versets 1 et 2 du chapitre XXXIV du livre II des *Paralipomènes*, qui commencent ainsi : « Octo annorum « erat Josias cum regnare coepisset, » et le verset 9 du chapitre XXXVI du même livre : « Octo annorum erat Joachim cum regnare coepis- « set, » etc. Et en marge il a écrit : *huit ans.*

[2]. Nous pensons que Racine traduit ainsi les mots ἀπὸ βρέφους dans ce passage de la IIe *épître à Timothée*, III, 15 : Καὶ ὅτι ἀπὸ βρέφους τὰ ἱερὰ γράμματα οἶδας; passage qui est ainsi traduit dans la *Vulgate :* « Et quia ab infantia sacras litteras nosti. »

Juif étoit obligé d'écrire une fois en sa vie, de sa propre main, le volume de la loi tout entier. Les rois étoient même obligés de l'écrire deux fois[1], et il leur étoit en-

[1]. « Ce que Racine avance ici n'est nullement exact. 1° Chaque Juif n'était point obligé d'écrire le volume de la loi. Cela n'eût été possible chez aucun peuple. Le commun des Juifs était si peu instruit qu'il fallait, tous les sept ans, dans l'année sabbatique, lire la loi au peuple assemblé, de peur qu'il ne l'oubliât. 2° Les rois n'étaient obligés d'écrire, et, suivant plusieurs interprètes, de faire écrire qu'une copie de la loi. Le passage de l'Écriture qui prescrit cette obligation la restreint même au *Deutéronome.* » (*Sentiments de l'Académie.*) — Il est permis de croire peu vraisemblables les faits admis par Racine; mais fallait-il laisser supposer qu'il les eût avancés sans pouvoir les appuyer d'aucune autorité? Il y a d'abord, en ce qui concerne les rois, le passage de l'Écriture dont parle l'Académie; il est au chapitre XVII, versets 18 et 19 du *Deutéronome :* « Postquam autem sederit in solio regni sui, describet sibi Deute-« ronomium legis hujus in volumine.... et habebit secum, legetque « illud omnibus diebus vitæ suæ. » Philon (*de Creatione principis*) est de ceux qui ont compris que les rois devaient écrire cette loi du *Deutéronome* de leur propre main : τὴν ἐπινομίδα γράψαι αὐτοχειρίᾳ. Des commentateurs, il est vrai, sont d'avis qu'ils pouvaient se servir d'une autre main : « Alii censent potuisse uti aliena manu, » comme le dit Menochius dans son *Commentaire* sur les versets que nous venons de citer. Mais Racine a parlé de deux copies faites par les rois, d'une copie faite par chaque Juif. Il paraît que ces assertions, dans toute leur étendue, sont conformes à ce qu'a écrit sur le même sujet le célèbre rabbin Maimonide. Voici ce que nous lisons dans l'*Introduction à l'Écriture sainte* du P. Lamy (livre II, chapitre VIII) : « C'est une tradition reçue parmi les Juifs que Moïse donna à chaque chef des tribus un exemplaire de la loi, lequel chaque particulier copia ensuite. Maimonide dit qu'il y a un commandement exprès qui oblige chaque Israélite de copier pour soi le *Pentateuque.* Quand un père en auroit laissé un à son enfant, il n'est pas dispensé par là de cette obligation ; et ceux qui ne savent pas écrire doivent s'en faire copier un.... Le Roi même devoit en écrire deux : l'un comme particulier, l'autre comme roi, suivant les paroles du *Deutéronome.* » Voyez l'édition in-4° de l'*Introduction à l'Écriture sainte*, traduite du latin (par l'abbé Boyer, dit-on), et publiée à Lyon en M.DC.XCIX (p. 290 et 291). — Comme Racine avait lu le *Synopsis criticorum*, cité par lui dans ses *Notes manuscrites sur*

joint de l'avoir continuellement devant les yeux. Je puis dire ici que la France voit en la personne d'un prince de huit ans et demi [1], qui fait aujourd'hui ses plus chères délices, un exemple illustre de ce que peut dans un enfant un heureux naturel aidé d'une excellente éducation ; et que si j'avois donné au petit Joas la même vivacité et le même discernement qui brillent [2] dans les reparties de ce jeune prince, on m'auroit accusé avec raison d'avoir péché contre les règles de la vraisemblance.

L'âge de Zacharie, fils du grand prêtre, n'étant point marqué, on peut lui supposer, si l'on veut, deux ou trois ans de plus qu'à Joas.

J'ai suivi l'explication de plusieurs commentateurs fort habiles [3], qui prouvent, par le texte même de l'Écri-

---

Athalie, c'est peut-être là surtout qu'il avait puisé l'opinion combattue par l'Académie. On y lit en effet (tome I, p. 810) ce commentaire sur le *Deutéronome*, XVII, 18 et 19 : « Totum enim Pentateuchum descri-
« bere tenebatur (*rex*), primum ut Israelita quivis, deinte iterum ut
« rex. » Puis on y cite diverses interprétations du passage que la *Vulgate* rend par *Deuteronomium hujus legis*, une entre autres suivant laquelle il s'agit d'un *double exemplaire de la loi* : « Duplum legis, id
« est duplum legis exemplar, unum quod secum ferret, quocumque
« iret, alterum quod in archivis haberet. »

1. Ce jeune prince est le duc de Bourgogne, né le 6 août 1682, et par conséquent âgé, comme le dit Racine, de huit ans et demi au commencement de l'année 1691. Le duc de Beauvilliers, Fénelon, l'abbé de Beaumont et l'abbé Fleury dirigeaient depuis près de deux ans (août 1689) l'*excellente éducation* à laquelle le poëte rend hommage. Dans la fable IX du XIIe livre de la Fontaine, publiée en 1694, *le Loup et le Renard*, fable qui paraît avoir été écrite vers le même temps que la *Préface d'Athalie*, on trouve aussi un témoignage de la précocité d'intelligence du jeune prince :

Ce qui m'étonne est qu'à huit ans
Un prince en fable ait mis la chose.

2. Nous avons suivi le texte de l'édition in-4°. Les éditions in-12 de 1689 et de 1697 ont le singulier *brille*.

3. C'est l'explication, en effet, que nous trouvons dans plusieurs

ture, que tous ces soldats à qui Joïada, ou Joad, comme il est appelé dans Josèphe[1], fit prendre les armes consacrées à Dieu par David, étoient autant de prêtres et de lévites, aussi bien que les cinq centeniers qui les commandoient. En effet, disent ces interprètes, tout devoit être saint dans une si sainte action, et aucun profane n'y devoit être employé. Il s'y agissoit non-seulement de conserver le sceptre dans la maison de David, mais encore de conserver à ce grand roi cette suite de descendants dont devoit naître le Messie. « Car ce Messie, tant de fois promis comme fils d'Abraham, devoit aussi être le fils de David et de tous les rois de Juda. » De là vient que l'illustre et savant prélat[2] de qui j'ai em-

---

interprètes de l'Écriture. Menochius (*Commentarii totius scripturæ*, 1630) a cette note sur le mot *centuriones*, qui est au verset 4 du chapitre XI du livre IV des *Rois* : « Quinque ex tribu Levi. » Estius (*Annotationes in præcipua.... sacræ scripturæ loca*, 1628) dit sur le verset 9 du même chapitre : « Sciendum est centuriones et « milites, de quibus hic fit mentio, quos assumpsisse legitur Joïada, « fuisse ex levitis.... Eos ergo, traditis armis a Davide deo sanctificatis, « milites fecit. » Ces commentateurs n'avaient pas seuls parlé ainsi, puisque Racine en avait lu qui appuyaient leur interprétation sur des preuves que nous ne trouvons pas chez ceux-ci. Dans les *Notes manuscrites sur* Athalie, on lit : « *Lichfot* (Lightfoot) dit que tout se fit par les prêtres et par les lévites. » Les seules paroles de Lightfoot que nous ayons trouvées ayant un certain rapport, mais assez éloigné, ce nous semble, avec celles que lui prête Racine, sont celles-ci « Joïada illum perducit ad coronam, populum vero ad fœdus.... « Sacerdotes et levitæ primas regebant in coronatione. » (Tome 1, p. 89.) M. A. Coquerel est d'avis que les cinq personnages nommés dans les *Chroniques* (c'est-à-dire dans les *Paralipomènes*, livre II, chapitre XXIII, 1) sont des commandants militaires, et non des membres de la tribu de Lévi; que tel est le sens qu'offrent naturellement les Septante, Josèphe, la *Vulgate* et le texte hébreu. Ce n'est pas à nous de prononcer.

1. Josèphe donne au grand prêtre le nom de Ἰώδαος, les Septante celui de Ἰωδαέ, la *Vulgate* celui de *Joïada*.

2. M. de Meaux. (*Note de Racine.*) — Voyez le discours sur l'*His-*

prunté ces paroles, appelle Joas le précieux reste de la maison de David[1]. Josèphe en parle dans les mêmes termes[2]. Et l'Écriture dit expressément que Dieu n'extermina pas toute la famille de Joram, voulant conserver à David la lampe qu'il lui avoit promise[3]. Or cette lampe, qu'étoit-ce autre chose que la lumière qui devoit être un jour révélée aux nations?

L'histoire ne spécifie point le jour où Joas fut proclamé. Quelques interprètes veulent que ce fût un jour de fête. J'ai choisi celle[4] de la Pentecôte, qui étoit l'une des trois grandes fêtes des Juifs[5]. On y célébroit la mémoire de la publication de la loi sur le mont de Sinaï[6],

---

toire universelle, 2ᵉ partie, section IV. — La première édition du livre de Bossuet est de 1681.

1. Ces paroles sont tirées aussi de l'*Histoire universelle*, 1ʳᵉ partie, VIᵉ époque. — Racine dit de même dans ses *Notes manuscrites sur Athalie* : « M. de Meaux appelle Joas *précieux reste de la maison de David*. »

2. Παραγαγών ('Ιώδαος) ὃν ἐκ τοῦ Δαυΐδου γένους ἔτρεφεν. (*Antiquités judaïques*, livre IX, chapitre VII.)

3. « Noluit autem Dominus disperdere Judam, propter David ser« vum suum, sicut promiserat ei, ut daret illi lucernam, et filiis « ejus cunctis diebus. » (*Livre IV des Rois*, VIII, 19.) Voyez plus bas, p. 621, note 3.

4. « *Fête* étant pris indéfiniment et sans article, l'emploi du pronom *celle* n'est pas grammaticalement exact. Il eût été mieux de dire : *J'ai choisi la fête de, etc.* » (*Sentiments de l'Académie.*) Voyez ci-dessus, au sujet d'un reproche semblable fait à un vers de *Mithridate* (acte III, scène V), la note 1 de la page 69.

5. Ces trois grandes fêtes étaient, d'après le *Deutéronome*, chapitre XVI, celle des *Azymes* (la Pâque), celle des *Semaines* (la Pentecôte), et celle des *Tabernacles*.

6. Nous lisons de même « mont de Sinaï » au vers 332. Cet emploi de la préposition *de* est blâmé dans les *Sentiments de l'Académie*. — Racine, dans sa tragédie, s'est indifféremment servi de la forme *Sinaï*, et de la forme *Sina*, qui est une contraction grecque du nom hébreu. Le Sinaï est dans l'Arabie pétrée; il forme un des sommets de la chaîne de l'Horeb.

et on y offroit aussi à Dieu les premiers pains de la nouvelle moisson, ce qui faisoit qu'on la nommoit encore la fête des prémices[1]. J'ai songé que ces circonstances me fourniroient quelque variété pour les chants du chœur.

Ce chœur est composé de jeunes filles de la tribu de Lévi[2], et je mets à leur tête une fille que je donne pour sœur à Zacharie. C'est elle qui introduit le chœur chez

1. Ou encore la fête des *Semaines*. Voyez le *Deutéronome*, xvi, 10. — Don Calmet, dans son *Dictionnaire de la Bible*, au mot *Pentecôte*, explique ainsi cette fête : « On y offroit les prémices des moissons du froment, qui s'achevoient alors. Ces prémices consistoient en deux pains levés de deux *assarons* de farine.... Outre cela, on présentoit au temple sept agneaux de l'année, un veau et deux béliers, pour être offerts en holocauste, deux agneaux en hosties pacifiques, et un bouc pour le péché.... La fête de la Pentecôte étoit instituée parmi les Juifs : 1° pour obliger les Israélites à venir au temple du Seigneur pour y reconnoître son domaine absolu sur tout leur pays et sur leurs travaux, en lui offrant les prémices de leurs moissons; 2° pour faire mémoire et pour lui rendre grâces de la loi qu'il leur avoit donnée à pareil jour, qui étoit le cinquantième après leur sortie d'Égypte. »

2. M. A. Coquerel, dans une note sur le vers 299 d'*Athalie*, fait cette remarque : « On s'est étonné que Racine ait introduit dans les parvis du temple, et comme y résidant, une troupe de jeunes filles; on a pensé qu'il avait songé plutôt à l'institution de Saint-Cyr qu'au sanctuaire de Jérusalem. C'est une erreur. Les chants sacrés exécutés par les femmes d'Israël étaient dans les mœurs de la nation, comme on le voit par les exemples du retour de Jephté (*Juges*, xi, 34), et de David après une victoire (*livre I des Rois*, xviii, 6). » — Voici un passage du *Dictionnaire de la Bible* de don Calmet, au mot *Musique*, sur les musiciennes : « Dans le temple même et dans les cérémonies de religion, on voyoit des musiciennes aussi bien que des musiciens. C'étoient pour l'ordinaire des filles des lévites. Héman avoit quatorze fils et trois filles qui savoient la musique (*livre I des Paralipomènes*, xxv, 5). Le *Psaume* ix est adressé à Ben ou Banaïas, chef de la bande des jeunes filles qui chantoient au temple. Esdras, dans le dénombrement qu'il fait de ceux qu'il ramène de la captivité, compte deux cents tant chantres que musiciennes (*livre I d'Esdras*, ii, 65). » Don Calmet cite encore le livre I des *Paralipomènes*, xv, 20; mais le sens de plusieurs des passages qu'il allègue est, parait-il, très-contestable.

sa mère. Elle chante avec lui, porte la parole pour lui, et fait enfin les fonctions de ce personnage des anciens chœurs qu'on appeloit le coryphée. J'ai aussi essayé d'imiter des anciens cette continuité d'action qui fait que leur théâtre ne demeure jamais vide, les intervalles des actes n'étant marqués que par des hymnes et par des moralités du chœur, qui ont rapport à ce qui se passe.

On me trouvera peut-être un peu hardi d'avoir osé mettre sur la scène un prophète inspiré de Dieu, et qui prédit l'avenir. Mais j'ai eu la précaution de ne mettre dans sa bouche que des expressions tirées des prophètes mêmes. Quoique l'Écriture ne dise pas en termes exprès que Joïada ait eu l'esprit de prophétie, comme elle le dit de son fils[1], elle le représente comme un homme tout plein de l'esprit de Dieu. Et d'ailleurs ne paroît-il pas par l'Évangile qu'il a pu prophétiser en qualité de souverain pontife[2]? Je suppose donc qu'il voit en esprit le funeste changement de Joas, qui, après trente années d'un règne fort pieux, s'abandonna aux mauvais conseils des flatteurs, et se souilla du meurtre de Zacharie, fils et successeur de ce grand prêtre[3]. Ce meurtre, commis dans le temple[4], fut une des principales causes de la colère de Dieu contre les Juifs, et de tous les malheurs qui

---

1. « Spiritus itaque Dei induit Zachariam, filium Joïadæ, sacer-
« dotem. » (*Livre II des Paralipomènes*, xxiv, 20.)

2. Dans l'*Évangile de saint Jean*, xi, 51, il est dit au sujet des paroles prophétiques de Caïphe : « Hoc autem a semetipso non
« dixit; sed cum esset pontifex anni illius, prophetavit.... » On en a conclu que le don de prophétie était attaché à sa qualité de souverain pontife. Lightfoot (tome II, p. 650) repousse cette interprétation : « Longissime petita est hujus rei ratio, dum adscribitur
« officio ejus pontificali, [perinde] ac si is ex ipso pontificatu fieret
« vates. Sententia non digna confutatione. »

3. Voyez le livre II des *Paralipomènes*, xxiv, 17 et 22.

4. « Zachariæ, filii Barachiæ, quem occidistis inter templum et
« altare. » (*Évangile de saint Matthieu*, xxiii, 35.) — Il faut noter que

leur arrivèrent dans la suite[1]. On prétend même que depuis ce jour-là les réponses de Dieu cessèrent entièrement dans le sanctuaire. C'est ce qui m'a donné lieu de faire prédire tout de suite[2] à Joad et la destruction du temple et la ruine de Jérusalem. Mais comme les prophètes joignent d'ordinaire les consolations aux menaces, et que d'ailleurs il s'agit de mettre sur le trône un des ancêtres du Messie, j'ai pris occasion de faire entrevoir la venue de ce consolateur, après lequel tous les anciens justes soupiroient. Cette scène, qui est une espèce d'épisode, amène très-naturellement la musique, par la

saint Matthieu nomme le père de Zacharie *Barachie*, et non *Joad*, comme l'a fait Racine dans sa *Préface* et dans sa pièce, d'après le texte des *Paralipomènes* que nous avons cité à la note 1 de la page précédente. Pour lever la difficulté, on a supposé que Zacharie était le petit-fils de Joad et de Josabeth. Ce degré de parenté est souvent exprimé dans l'Écriture par le mot *fils* (voyez ci-après, p. 608, note 1). Lightfoot (tome II, p. 361) établit que Zacharie, tué entre le temple et l'autel, est le fils (*ou petit-fils*) de Joïada, non le père de saint Jean-Baptiste, ni le Zacharie qui figure parmi les douze prophètes. Il fait remarquer que Josèphe fait mention d'un Zacharie, fils de *Barachus* (nom presque semblable à celui de *Barachias*), tué dans le temple, peu de temps avant la destruction de ce temple; mais il n'admet pas que le Christ ait voulu parler de lui prophétiquement, puisqu'il rappelle expressément des événements passés (ἐφονεύσατε, *occidistis*). Voyez d'ailleurs *Isaïe*, chapitre VIII, verset 2.

1. On lit dans les *Notes manuscrites* sur Athalie : « Depuis le meurtre de Zacharie, *sanguis attigit sanguinem*, l'état des Juifs a toujours été en dépérissant. (V. Lichf., tome II, p. 361); *Gladius vester exedit prophetas vestros* (p. 363). » — Ce n'est pas à la page 361, mais à la page 363 que Lightfoot dit : « Consule rimatius historiam, « ac palam deprehendes ex illo fluere ac retro sublapsa referri omnia « Judæorum; cum *sanguis sanguinem attingeret*. » Il renvoie pour cette dernière citation à *Osée*, IV, 2 : « Sanguis sanguinem tetigit. » Il cite en même temps *Jérémie*, II, 30, pour ces paroles : « Gladius vester « exedit prophetas vestros, » un peu différemment traduits dans la *Vulgate*.

2. *Tout de suite* est le texte de toutes les anciennes éditions; dans quelques éditions modernes, on a imprimé : *de suite*.

coutume qu'avoient plusieurs prophètes d'entrer dans leurs saints transports au son des instruments. Témoin cette troupe de prophètes qui vinrent au-devant de Saül avec des harpes et des lyres qu'on portoit devant eux [1], et témoin Élisée lui-même, qui étant consulté sur l'avenir par le roi de Juda et par le roi d'Israël, dit, comme fait ici Joad : *Adducite mihi psaltem*[2]. Ajoutez à cela que cette prophétie sert beaucoup à augmenter le trouble dans la pièce, par la consternation et par les différents mouvements où elle jette le chœur et les principaux acteurs.

1. Au chapitre x, verset 5 du livre I des *Rois*, Samuel dit à Saül : « Obvium habebis gregem prophetarum descendentium de excelso, « et ante eos psalterium et tympanum, et tibiam, et citharam, ipsos- « que prophetantes. »
2. « Faites-moi venir un joueur de harpe. » (*Livre IV des Rois*, III, 15.) Les éditions de 1691 et de 1692 ont *psalten*.

LES NOMS DES PERSONNAGES.

JOAS, roi de Juda, fils d'Okosias.
ATHALIE, veuve de Joram, aïeule de Joas.
JOAD, autrement JOÏADA, grand prêtre.
JOSABET, tante de Joas[1], femme du grand prêtre.
ZACHARIE, fils de Joad et de Josabet.
SALOMITH[2], sœur de Zacharie.
ABNER, l'un des principaux officiers des rois de Juda.
AZARIAS, ISMAËL, ET LES TROIS AUTRES CHEFS DES PRÊTRES ET DES LÉVITES.
MATHAN, prêtre apostat, sacrificateur de Baal.
NABAL, confident de Mathan.
AGAR, femme de la suite d'Athalie.
TROUPE[3] DE PRÊTRES ET DE LÉVITES. — SUITE D'ATHALIE. — LA NOURRICE DE JOAS. — CHOEUR DE JEUNES FILLES DE LA TRIBU DE LÉVI.

La scène est dans le temple de Jérusalem, dans un vestibule de l'appartement du grand prêtre.

---

1. Le dernier roi de Juda était Ochozias, fils de Joram et d'Athalie. Josabeth ou Josaba était une fille aussi du roi de Juda, Joram, et sœur d'Ochozias. Voyez le livre IV des *Rois*, XI, 2. Des interprètes de l'Écriture, Menochius, entre autres, ont pensé qu'elle était sœur d'Ochozias, de père et non de mère. Le *Synopsis* (tome I, p. 649) dit de Josabeth : « Filia regis Joram ; non ab Athalia, sed ab alia « uxore ; neque enim sacerdos pius ducturus eam fuisset ex familia « idolatrica. » C'est l'opinion que Racine a adoptée dans sa *Préface* (p. 594); et au vers 171, où il appelle Athalie la *marâtre* de Josabeth.

2. C'est un personnage d'invention, ainsi que les suivants, excepté Mathan (voyez ci-après, p. 607, note 1). Les noms seuls sont pris dans la *Bible*. Celui d'Abner est au livre II des *Rois*, chapitres II et III.

3. Le mot TROUPE est ici au singulier dans toutes les anciennes éditions, qui néanmoins ont TROUPES au pluriel dans l'indication des personnages de la scène IV de l'acte V. Voyez à la page 697.

ATHALIE,

TRAGÉDIE.

ACTE I.

SCENE PREMIÈRE.

JOAD, ABNER.

ABNER.

Oui, je viens dans son temple adorer l'Éternel.
Je viens, selon l'usage antique et solennel,
Célébrer avec vous la fameuse journée
Où sur le mont Sina la loi nous fut donnée.
Que les temps sont changés! Sitôt que de ce jour   5
La trompette sacrée[1] annonçoit le retour,
Du temple, orné partout de festons magnifiques,
Le peuple saint en foule inondoit les portiques[2];

---

1. Sur la trompette, employée comme instrument sacré, voyez le livre I des *Paralipomènes*, chapitre xv, verset 24, et le livre II, chapitre xxix, verset 26, principalement les *Nombres*, chapitre x, versets 8 et 10 : « Filii autem Aaron
« sacerdotes clangent tubis; eritque hoc legitimum sempiternum in genera-
« tionibus vestris.... Si quando habebitis epulum, et dies festos, et calendas,
« canetis tubis super holocaustis et pacificis victimis, ut sint vobis in recor-
« dationem Dei vestri. »

2. L'image que présente ce vers paraît empruntée à Virgile (*Géorgiques*, livre II, vers 462) :

Mane salutantum totis vomit aedibus undam.

Et tous devant l'autel avec ordre introduits, [fruits[1],
De leurs champs dans leurs mains portant les nouveaux
Au Dieu de l'univers consacroient ces prémices[2].
Les prêtres ne pouvoient suffire aux sacrifices.
L'audace d'une femme, arrêtant ce concours,
En des jours ténébreux a changé ces beaux jours.
D'adorateurs zélés à peine un petit nombre   15
Ose des premiers temps nous retracer quelque ombre.
Le reste pour son Dieu montre un oubli fatal;
Ou même, s'empressant aux autels de Baal,
Se fait initier à ses honteux mystères,
Et blasphème le nom qu'ont invoqué leurs pères.   20
Je tremble qu'Athalie, à ne vous rien cacher,
Vous-même de l'autel vous faisant arracher,
N'achève enfin sur vous ses vengeances funestes,
Et d'un respect forcé ne dépouille les restes.

JOAD.

D'où vous vient aujourd'hui ce noir pressentiment?   25

ABNER.

Pensez-vous être saint et juste impunément?
Dès longtemps elle hait cette fermeté rare
Qui rehausse en Joad l'éclat de la tiare[3].
Dès longtemps votre amour pour la religion
Est traité de révolte et de sédition.   30
Du mérite éclatant cette reine jalouse
Hait surtout Josabet, votre fidèle épouse.
Si du grand prêtre Aaron Joad est successeur,
De notre dernier roi Josabet est la sœur.
Mathan d'ailleurs, Mathan, ce prêtre sacrilége,   35

---

1. *Var.* De leur champ dans leurs mains portant les nouveaux fruits.
(1691 et 92)

2. Voyez ci-dessus, p. 600, note 1.

3. Louis Racine fait remarquer que « le bonnet du grand prêtre est appelé dans la *Vulgate* tantôt *mitre* (voyez ci-après le vers 39) et tantôt *tiare*. »

Plus méchant qu'Athalie, à toute heure l'assiége,
Mathan, de nos autels infâme déserteur,
Et de toute vertu zélé persécuteur.
C'est peu que le front ceint d'une mitre étrangère,
Ce lévite à Baal prête son ministère[1] : 40
Ce temple l'importune, et son impiété
Voudroit anéantir le Dieu qu'il a quitté.
Pour vous perdre il n'est point de ressorts qu'il n'invente;
Quelquefois il vous plaint, souvent même il vous vante[2];

1. Mathan est nommé dans l'Écriture comme prêtre de Baal : « Mathan « quoque sacerdotem Baal occiderunt coram altari » (*livre IV des Rois*, XI, 18); « Mathan quoque sacerdotem Baal interfecerunt ante aras » (*livre II des Paralipomènes*, XXIII, 17). — Racine a supposé qu'il avait été autrefois lévite ou sacrificateur. Le caractère d'apostat tracé avec tant d'énergie dans la personne de ce prêtre de Baal est, en ce qui le concerne, tout entier de l'invention du poëte. Mais, dans ses *Notes manuscrites sur* Athalie, Racine a rassemblé quelques passages des livres saints qui montrent que l'apostasie put souvent être reprochée aux prêtres : « PRÊTRES APOSTATS. MATHAN. Voyez *Ézéchiel*, chapitre VIII, *idolâtrie des prêtres*. — « Ad iracundiam me provocaverunt, ipsi et « reges eorum.... et sacerdotes eorum.... Ædificaverunt excelsa Baal. » *Jeremie*, chapitre XXXII, verset 34. (Il eût fallu dire « versets 32 et 35; » la citation n'est pas d'ailleurs tout à fait textuelle.) — « Et in prophetis Jerusalem « vidi similitudinem adulterantium. » *Jérémie*, chapitre XXIII, verset 14. — (Ibidem) verset 27 : « Qui volunt facere ut obliviscatur populus nominis mei,... « sicut obliti sunt patres eorum nominis mei propter Baal. — Ejicient ossa « regum Juda.... et ossa prophetarum.... Et expandent ea ad solem et lunam « et omnem militiam cœli, quæ.... adoraverunt, etc. » *Jérémie*, chapitre VIII (*versets* 1 *et* 2). »
2. *Var.* Pour vous perdre il n'est point de ressorts qu'il ne joue ;
    Quelquefois il vous plaint, souvent même il vous loue. (1691)
— Dans les *Sentiments de l'Académie* on trouve la remarque suivante sur cette variante, et sur les deux vers qui sont devenus le texte définitif : « On ne peut dire *jouer des ressorts*; car ce sont les ressorts qui jouent : on ne les joue point. On a mis dans quelques éditions : *il n'est point de ressorts qu'il n'invente*. La correction est foible ; et *il vous vante*, qu'on a substitué à *il vous loue*, pour la rime, n'est ni noble ni aussi expressif que *il vous loue*. » — Racine avait fait le changement dès l'édition de 1692, « parce qu'on ne dit point, comme le fait remarquer Louis Racine dans ses *Notes sur la langue* : *jouer des ressorts*, mais *faire jouer des ressorts*. » Les éditions de 1702 (Amsterdam) et de 1736 ont repris la première leçon : *ne joue et loue*. — Racine s'est peut-être souvenu de ce passage de Tacite (*Vie d'Agricola*, chapitre XLI), que Louis Racine, dans ses *Remarques sur Athalie*, n'a pas omis de citer : « Pessimum inimicorum genus, laudantes. »

Il affecte pour vous une fausse douceur, 45
Et par là de son fiel colorant la noirceur,
Tantôt à cette reine il vous peint redoutable,
Tantôt, voyant pour l'or sa soif insatiable,
Il lui feint qu'en un lieu que vous seul connoissez,
Vous cachez des trésors par David amassés. 50
Enfin depuis deux jours la superbe Athalie
Dans un sombre chagrin paroît ensevelie.
Je l'observois hier, et je voyois ses yeux
Lancer sur le lieu saint des regards furieux,
Comme si dans le fond de ce vaste édifice 55
Dieu cachoit un vengeur armé pour son supplice.
Croyez-moi, plus j'y pense, et moins je puis douter
Que sur vous son courroux ne soit prêt d'éclater;
Et que de Jézabel la fille sanguinaire[1]
Ne vienne attaquer Dieu jusqu'en son sanctuaire. 60

JOAD.

Celui qui met un frein à la fureur des flots
Sait aussi des méchants arrêter les complots.
Soumis avec respect à sa volonté sainte,
Je crains Dieu, cher Abner, et n'ai point d'autre crainte[2].

1. Il est dit au livre IV des *Rois*, VIII, 26, qu'Athalie était fille d'Amri, roi d'Israël; mais il faut entendre *petite-fille*. Au versct 18 du même chapitre, on lit qu'elle était fille d'Achab (fils d'Amri). Celui-ci avait pour femme Jézabel, fille d'Ethbaal, roi de Sidon (*livre III des Rois*, XVI, 31).

2. Voltaire a dit dans le *Dictionnaire philosophique*, *Art dramatique* (tome XXVII des *OEuvres*, p. 98 et 99): « On a imprimé avec quelque fondement que Racine avait imité dans cette pièce plusieurs endroits de la tragédie de *la Ligue* faite par le conseiller d'État Matthieu, historiographe de France sous Henri IV.... Constance dit dans la tragédie de Matthieu :

Je redoute mon Dieu, c'est lui seul que je crains. »

A la suite de ce vers, Voltaire en cite quelques autres, que nous rapprochons ci-après des vers 646-648 d'*Athalie*. Il ajoute : « Le plagiat paraît sensible, et cependant ce n'en est point un; rien n'est plus naturel que d'avoir les mêmes idées sur le même sujet. » Il faut certainement écarter le mot de plagiat; mais il paraît probable que Racine s'est souvenu de quelques vers qu'il avait sans doute notés dans une pièce où l'on trouve parfois des traits assez énergiques. Cette pièce a pour titre: *le Triomphe de la Ligue, tragædie nouvelle*, à Leyde,

ACTE I, SCÈNE I.

Cependant je rends grâce au zèle officieux 65
Qui sur tous mes périls vous fait ouvrir les yeux[1].
Je vois que l'injustice en secret vous irrite,
Que vous avez encor le cœur israélite.
Le ciel en soit béni. Mais ce secret courroux,
Cette oisive vertu, vous en contentez-vous? 70
La foi qui n'agit point, est-ce une foi sincère?
Huit ans déjà passés[2], une impie étrangère[3]
Du sceptre de David usurpe tous les droits,
Se baigne impunément dans le sang de nos rois,
Des enfants de son fils détestable homicide, 75
Et même contre Dieu lève son bras perfide.
Et vous, l'un des soutiens de ce tremblant État,
Vous nourri dans les camps du saint roi Josaphat,

anno M.DC.VII (in-8°). Elle est sans nom d'auteur; mais on sait qu'elle est de Nérée, et ne doit pas être confondue avec *la Guisiade* de Pierre Matthieu. Le titre de *Triomphe de la Ligue* est une antiphrase; le sujet est la défaite de la Ligue, la mort du duc de Guise et du cardinal son frère. Les sentiments de cette tragédie sont royalistes, évidemment même huguenots. Voltaire a mal cité le vers qu'il a emprunté à la scène première de l'acte II. Il se lit ainsi :

  Je ne crains que mon Dieu, lui tout seul je redoute.

C'est la réponse du *garde-loix* Constance à Nicodème, royaliste timide, qui vient de lui dire :

  Ne redoutez-vous point qu'un ligueur vous écoute?

1. Boyer dans son *Jephté* (acte III, scène 1) a dit par un plagiat maladroit :

  Hé! quels noms donnez-vous au zèle officieux
  Qui veut régler le vôtre, et vous ouvrir les yeux?

2. « Cette expression pour dire.... huit ans sont déjà passés depuis que.... n'est pas exacte. Cependant le sens est clair, le tour est vif, et peut-être préférable à la construction régulière. D'ailleurs Malherbe, qui l'avait déjà employée dans la *Prosopopée d'Ostende :* « Trois ans déjà passés,... » a paru faire autorité. » (*Sentiments de l'Académie.*) — Le vers de Malherbe que rappelle l'Académie est le premier de la *Prosopopée d'Ostende* (tome I des Œuvres de Malherbe, p. 56, Poésie XIII) :

  Trois ans déjà passés, théâtre de la guerre, etc.

3. La qualité d'étrangère ne permettait pas à Athalie de régner légitimement : « Non poteris alterius gentis hominem regem facere. » (*Deutéronome*, XVII, 15.)

Qui sous son fils Joram commandiez nos armées,
Qui rassurâtes seul nos villes alarmées, 80
Lorsque d'Okosias le trépas imprévu
Dispersa tout son camp à l'aspect de Jéhu [1] :
« Je crains Dieu, dites-vous, sa vérité me touche. »
Voici comme ce Dieu vous répond par ma bouche :
« Du zèle de ma loi que sert de vous parer ? 85
Par de stériles vœux pensez-vous m'honorer ?
Quel fruit me revient-il de tous vos sacrifices ?
Ai-je besoin du sang des boucs et des génisses [2] ?
Le sang de vos rois crie [3], et n'est point écouté.

1. En supposant qu'Abner avait servi sous les trois rois de Juda auxquels Athalie avait succédé par l'usurpation, Racine s'est donné l'occasion de rappeler par quelques traits rapides leur souvenir. Le règne du pieux Josaphat, quatrième roi de Juda et fils d'Aza, est raconté au chapitre XXII du livre III des *Rois* et aux chapitres XVII-XX du livre II des *Paralipomènes*. Son fils Joram lui succéda, régna huit ans à Jérusalem, et suivit les voies des rois d'Israël. (*Livre II des Paralipomènes*, XXI, 5 et 6.) Le sceptre de Juda passa, après lui, aux mains d'Ochozias, le plus jeune et le seul survivant de ses fils. Ochozias ne régna qu'un an. On peut lire dans le chapitre IX du livre IV des *Rois* comment Ochozias, qui avait été trouver, à Jesraël, le roi d'Israël Joram, fut attaqué avec lui par Jéhu, qu'Élisée avait fait sacrer roi d'Israël par un de ses disciples, afin qu'il détruisît la maison d'Achab. Jéhu tua Joram de sa propre main, et fit poursuivre Ochozias par ses soldats, avec ordre de le tuer. Ochozias, blessé par eux, alla mourir à Mageddo. Suivant le livre II des *Paralipomènes* (XXII, 9), Jéhu le tua à Samarie.

2. « Numquid manducabo carnes taurorum, aut sanguinem hircorum potabo ? « Immola Deo sacrificium laudis.... » (*Psaume* XLIX, 13 et 14.) J. B. Rousseau a aussi traduit ce passage dans l'ode IV de son livre I :

> Que m'importent vos sacrifices,
> Vos offrandes et vos troupeaux ?
> Dieu boit-il le sang des génisses ?
> Mange-t-il la chair des taureaux ?

— Dans le chapitre Ier de la *Prophétie d'Isaïe* (versets 11, 17 et 18) on trouve une pensée semblable, plus développée, et avec un mouvement dont on reconnaît l'imitation dans les vers de Racine : « Quo mihi multitudinem victimarum « vestrarum, dicit Dominus ? Plenus sum. Holocausta arietum, et adipem pin- « guium, et sanguinem vitulorum et agnorum et hircorum nolui.... Discite « benefacere; quærite judicium, subvenite oppresso, judicate pupillo, defendite « viduam. Et venite.... » On pourrait citer dans le même sens d'autres passages des livres saints, particulièrement *Michée*, VI, 7.

3. « Vox sanguinis fratris tui clamat ad me de terra. » (*Genèse*, IV, 10.)

ACTE I, SCENE I.   611

Rompez, rompez tout pacte avec l'impiété.   90
Du milieu de mon peuple exterminez les crimes,
Et vous viendrez alors m'immoler vos victimes[1]. »

ABNER.

Hé! que puis-je au milieu de ce peuple abattu ?
Benjamin est sans force, et Juda sans vertu[2].
Le jour qui de leurs rois[3] vit éteindre la race   95
Éteignit tout le feu de leur antique audace.
« Dieu même, disent-ils, s'est retiré de nous[4] :
De l'honneur des Hébreux autrefois si jaloux,
Il voit sans intérêt leur grandeur terrassée ;
Et sa miséricorde à la fin s'est lassée.   100
On ne voit plus pour nous ses redoutables mains
De merveilles sans nombre effrayer les humains ;
L'arche sainte est muette, et ne rend plus d'oracles[5]. »

JOAD.

Et quel temps fut jamais si fertile en miracles ?
Quand Dieu par plus d'effets montra-t-il son pouvoir ?
Auras-tu donc toujours des yeux pour ne point voir,
Peuple ingrat ? Quoi ? toujours les plus grandes merveilles
Sans ébranler ton cœur frapperont tes oreilles[6] ?
Faut-il, Abner, faut-il vous rappeler le cours

1. Dans l'édition de 1697 : « des victimes. »
2. A l'époque du schisme, le royaume de Juda s'était formé des deux tribus de Juda et de Benjamin. (*Livre III des Rois*, XII, 21.)
3. Il y a « leur roi, » au singulier, dans l'édition de 1697. Cette leçon a passé dans les éditions de 1713 et de 1723 (Cologne).
4. Cette expression se rencontre plusieurs fois dans l'Ecriture, par exemple au *Livre des Juges*, XVI, 20 : « Nesciens quod recessisset ab eo Dominus. »
5. Il est parlé de ces oracles de l'arche sainte dans les *Nombres*, VII, 89 : « Cumque ingrederetur Moyses tabernaculum fœderis, ut consuleret oraculum, « audiebat vocem loquentis ad se de propitiatorio, quod erat super arcam testi- « monii inter duos Cherubim. »
6. « Qui apertas habes aures, nonne audies ? » (*Isaïe*, XLII, 20.) Racine s'est peut-être souvenu surtout des paroles du Nouveau Testament : « Auditu « audietis, et non intelligetis ; et videntes videbitis, et non videbitis. » (*Évangile de saint Matthieu*, XIII, 14.) Voyez aussi *saint Marc*, IV, 12 ; *saint Luc*, VIII, 10.

Des prodiges fameux accomplis en nos jours? 110
Des tyrans d'Israël les célèbres disgrâces,
Et Dieu trouvé fidèle en toutes ses menaces;
L'impie Achab détruit, et de son sang trempé
Le champ que par le meurtre il avoit usurpé[1];
Près de ce champ fatal Jézabel immolée, 115
Sous les pieds des chevaux cette reine foulée,
Dans son sang inhumain les chiens désaltérés,
Et de son corps hideux les membres déchirés[2];
Des prophètes menteurs la troupe confondue,
Et la flamme du ciel sur l'autel descendue[3]; 120
Élie aux éléments parlant en souverain[4],

1. Achab, septième roi d'Israël, fils d'Amri, surpassa en impiété tous ses prédécesseurs : « Et fecit Achab, filius Amri, malum in conspectu Domini, super « omnes qui fuerunt ante eum. » (*Livre III des Rois*, XVI, 30.) Il s'empara du champ de Naboth de Jezraël, après que la reine Jézabel eut fait mourir Naboth. (*Ibidem*, XXI, 1-16.) Le Seigneur envoya Élie annoncer à Achab que les chiens lécheraient son sang dans le même lieu où ils avaient léché le sang de Naboth. (*Ibidem*, XXI, 19.) Ce fut donc près du champ de Naboth qu'Achab mourut de la blessure qu'il avait reçue à Ramoth Galaad en combattant contre le roi de Syrie. (*Ibidem*, XXII.)

2. Ce fut à Jezraël, près du champ de Naboth, que Jéhu ordonna de précipiter Jézabel : « Præcipitate eam deorsum. Et præcipitaverunt eam.... et equo- « rum ungulæ conculcaverunt eam. » (*Livre IV des Rois*, IX, 33.) Les autres traits du tableau que Racine a peint dans ces vers sont empruntés aux versets 35 et 36 du même chapitre : « Cumque issent ut sepelirent eam, non in- « venerunt nisi calvariam, et pedes et summas manus.... Et ait Jehu : Sermo « Domini est, quem locutus est per servum suum Eliam Thesbiten, dicens : « In agro Jezraël comedent canes carnes Jezabel. »

3. Élie ayant fait rassembler sur le mont Carmel huit cent cinquante faux prophètes en présence du peuple, les invite à préparer un sacrifice, sans mettre de feu sous la victime, et à invoquer leur dieu Baal pour qu'il envoie la flamme qui doit la consumer. Leurs invocations sont vaines. A son tour, il élève un autel, y place la victime, sans mettre de feu sous le bois; puis adresse une prière à Dieu, qui fait descendre la flamme, et l'holocauste est brûlé. Le peuple met alors à mort les faux prophètes. (*Livre III des Rois*, XVIII, 19-40.)

4. « Et dixit Elias... : Vivit Dominus Deus Israël, in cujus conspectu sto, « si erit annis his ros et pluvia, nisi juxta oris mei verba. » (*Livre III des Rois*, XVII, 1.) — Ce miracle d'Élie est rappelé dans l'*Épître de saint Jacques*, V, 17 et 18 : « Elias.... oratione oravit ut non plueret super terram, et non pluit « annos tres et menses sex. Et rursum oravit; et cœlum dedit pluviam, et « terra dedit fructum suum. »

Les cieux par lui fermés et devenus d'airain [1],
Et la terre trois ans sans pluie et sans rosée,
Les morts se ranimants à la voix d'Élisée [2] :
Reconnoissez, Abner, à ces traits éclatants, 125
Un Dieu tel aujourd'hui qu'il fut dans tous les temps :
Il sait, quand il lui plaît, faire éclater sa gloire :
Et son peuple est toujours présent à sa mémoire.

ABNER.

Mais où sont ces honneurs à David tant promis [3],
Et prédits même encore à Salomon son fils? 130
Hélas! nous espérions que de leur race heureuse
Devoit sortir de rois une suite nombreuse ;
Que sur toute tribu, sur toute nation,
L'un d'eux établiroit sa domination,

---

1. « In diebus Eliæ in Israel, quando clausum est cœlum annis tribus et « mensibus sex.... » (*Évangile de saint Luc*, IV, 25.)

2. Les éditions de 1691, 1692 et 1697 s'accordent à mettre à la fin de ce vers un point et virgule, et non un point d'interrogation. Le point d'interrogation est à la fin du vers 110. M. Aimé-Martin, et, à son exemple, plusieurs éditeurs modernes, mettent une virgule après le vers 110, un point d'interrogation après le vers 124 : ce qui change le sens. — La résurrection du fils de la Sunamite, obtenue par les prières d'Élisée, est racontée au livre IV des *Rois*, IV, 20-36.

3. « Ubi sunt misericordiæ tuæ antiquæ, Domine, sicut jurasti David in veri-« tate tua? » (*Psaume* LXXXVIII, 50.) — Il y aurait beaucoup d'autres citations à faire des livres saints. Racine a recueilli les plus importantes dans ses *Notes manuscrites sur Athalie* : « Promesse de l'éternité du trône en faveur de Salomon, 2 *Reg.*, chapitre VII, verset 13. Et I *Paralip.*, chapitre XVII, versets 12 et seq. — *Psaume* LXXI tout en faveur de Salomon. — Psaume *Dixit Dominus* (c'est le CIX[e] ; *Misericordias* (c'est le LXXXVIIIe); et *Memento* (c'est le CXXXI[e]). — Et I *Paralip.*, chapitre XXVIII. » Pour marquer la perpétuité de la race de David jusqu'au Messie, Racine ajoute : « Jéchonias eut Assir, Assir eut Salathiel, et celui-ci Zorobabel. Quand Jérémie (XXII, 30) appelle Jéchonias *virum sterilem*, c'est à dire : « dont les enfants n'ont point régné ; » car le même Jérémie parle ailleurs de la postérité de Jéchonias. » — On peut croire aussi que la note suivante se rapportait aux mêmes vers : « Nul Israélite ne pouvoit être roi qu'il ne fût de la maison de David et de la race de Salomon. Et c'est de cette race qu'on attendoit le Messie. *Talmud.* (Lich., tome II, p. 3.) » On lit en effet à la page de Lightfoot indiquée par Racine : « Neminem Israelitarum regem futurum « qui non e domo Davidis et Salomonis prosapia fuerit. *Talmud in Sanhedrin*, « cap. X. Ideoque Regem Messiam ex ea prosapia expectabant. »

Feroit cesser partout la discorde et la guerre, 135
Et verroit à ses pieds tous les rois de la terre[1].

JOAD.

Aux promesses du ciel pourquoi renoncez-vous?

ABNER.

Ce roi fils de David, où le chercherons-nous?
Le ciel même peut-il réparer les ruines[2]
De cet arbre séché jusque dans ses racines? 140
Athalie étouffa l'enfant même au berceau.
Les morts, après huit ans, sortent-ils du tombeau?
Ah! si dans sa fureur elle s'étoit trompée;
Si du sang de nos rois quelque goutte échappée....

JOAD.

Hé bien! que feriez-vous?

ABNER.

O jour heureux pour moi!
De quelle ardeur j'irois reconnoître mon roi!
Doutez-vous qu'à ses pieds nos tribus empressées....
Mais pourquoi me flatter de ces vaines pensées?
Déplorable héritier de ces rois triomphants,
Okosias restoit seul avec ses enfants. 150
Par les traits de Jéhu je vis percer le père;
Vous avez vu les fils massacrés par la mère.

JOAD.

Je ne m'explique point. Mais quand l'astre du jour

---

1. On pourrait citer ici de nombreux passages de l'Écriture, tels que ceux-ci : « Dabo tibi gentes hereditatem tuam, et possessionem tuam terminos terræ. » (*Psaume* II, 8.) — « Et adorabunt eum omnes reges terræ; omnes gentes servient ei. » (*Psaume* LXXI, 11.)

2. « Quelques-uns ont douté qu'on pût dire, même poétiquement, *les ruines d'un arbre.* » (*Sentiments de l'Académie.*) En ne se prononçant pas sur un doute si étrange, l'Académie semble beaucoup trop l'approuver. Voltaire n'a pas eu le même scrupule, puisqu'il a dans sa *Henriade* (chant VII) imité Racine, un peu plus même qu'il n'était permis :

> Un faible rejeton sort entre les ruines
> De cet arbre fécond coupé dans ses racines.

ACTE I, SCÈNE I.

Aura sur l'horizon fait le tiers de son tour[1],
Lorsque la troisième heure aux prières rappelle,   155
Retrouvez-vous au temple avec ce même zèle.
Dieu pourra vous montrer par d'importants bienfaits
Que sa parole est stable et ne trompe jamais.
Allez : pour ce grand jour il faut que je m'apprête[2],

---

1. « On voit par le vers suivant que c'est le *quart*, et non pas le *tiers*. » (*Sentiments de l'Académie*.) Louis Racine, dans ses *Remarques* sur *Athalie*, discute ainsi cette question : « La troisième heure, chez les Juifs, étoit celle que nous appelons neuf heures du matin. Pourquoi donc le poëte dit-il qu'alors le soleil aura fait le tiers de son tour? Ne devoit-il pas plutôt dire *le quart*? Puisqu'il pouvoit également dire *le quart*, il n'a pas dit *le tiers* sans raison. En prenant le jour naturel qui est de vingt-quatre heures, et que nous comptons d'un minuit à l'autre, minuit étant le point d'où nous supposons le soleil s'avancer sur l'horizon, il a fait à huit heures du matin le tiers de son tour; mais il n'y a pas d'apparence qu'il parle du jour naturel, parce que les Juifs le comptoient d'un coucher de soleil à l'autre, et que d'ailleurs, puisqu'il ajoute *sur l'horizon*, il parle du jour artificiel. Il suppose donc que, dans la Judée, au temps de la fête de la Pentecôte, le jour artificiel étoit de quinze heures : le soleil se levant environ à quatre heures, et se couchant environ à sept, il achevoit le tiers de son tour à neuf heures, la troisième heure chez les Juifs. » Il faut toutefois remarquer que la division des heures ne paraît pas avoir été connue chez les Hébreux, du moins avant la captivité de Babylone. « Autrefois les Hébreux et les Grecs, dit le P. Lamy (*Introduction à l'Écriture sainte*, livre I, chapitre v, p. 76), ne divisoient les jours que par les trois différences sensibles du soleil, lorsqu'il s'élève, lorsqu'il est sur nos têtes, et lorsqu'il se couche; c'est-à-dire qu'on ne comptoit que le matin, le midi et le soir. Ce sont aussi les seules parties du jour qu'on trouve distinguées dans l'Ancien Testament. Le jour n'avoit pas encore été partagé en vingt-quatre heures. Depuis, les Juifs et les Romains divisèrent le jour, c'est-à-dire le temps où le soleil éclaire, en quatre parties, composées chacune de trois heures. Mais ces heures sont différentes des nôtres, en ce que les nôtres sont toujours égales, puisqu'elles font toujours la vingt-quatrième partie du jour; au lieu que parmi ces peuples, l'heure n'est que la douzième partie du temps où le soleil est sur l'horizon.... Les heures d'été étoient plus longues que celles d'hiver. La première heure commençoit au lever du soleil; midi étoit la sixième, et la douzième finissoit au coucher du soleil. »

2. M. A. Coquerel fait remarquer que Joad, dans tout le premier acte, ne doit point paraître revêtu des ornements de la souveraine sacrificature, mais de son vêtement ordinaire, qui était celui des simples sacrificateurs. Après avoir décrit le rochet, l'éphod, le pectoral, la ceinture et la tiare, il ajoute : « C'est seulement à la fin du dernier acte que Joad doit se montrer couvert de ce riche vêtement, et ce n'est pas au point du jour qu'il a pu le revêtir. »

Et du temple déjà l'aube blanchit le faîte[1]. 160
ABNER.
Quel sera ce bienfait que je ne comprends pas?
L'illustre Josabet porte vers vous ses pas.
Je sors, et vais me joindre à la troupe fidèle
Qu'attire de ce jour la pompe solennelle.

SCÈNE II.

JOAD, JOSABET.

JOAD.
Les temps sont accomplis, Princesse : il faut parler, 165
Et votre heureux larcin ne se peut plus celer.
Des ennemis de Dieu la coupable insolence,
Abusant contre lui de ce profond silence,
Accuse[2] trop longtemps ses promesses d'erreur.
Que dis-je? Le succès animant leur fureur, 170
Jusque sur notre autel votre injuste marâtre[3]
Veut offrir à Baal un encens idolâtre.
Montrons ce jeune roi que vos mains ont sauvé,
Sous l'aile du Seigneur dans le temple élevé.
De nos princes hébreux il aura le courage, 175
Et déjà son esprit a devancé son âge.
Avant que son destin s'explique par ma voix,

---

1. On a cru ce vers une réminiscence de deux vers d'Euripide (*Iphigénie en Aulide*, vers 155 et 156) :

Δευκαίνει
Τόδε φῶς ἤδη λάμπουσ' ἠώς.

Toutefois la ressemblance n'est frappante qu'à la condition d'interpréter λευκαίνει dans le sens actif, comme on l'a fait quelquefois, mais à tort.

2. Dans les trois éditions publiées du vivant de Racine, on lit : *accusent*, au pluriel; et de même dans les éditions suivantes, de 1702 (Amsterdam), de 1713, de 1736.

3. Voyez ci-dessus, p. 604, note 1.

ACTE I, SCÈNE II.

Je vais l'offrir au Dieu par qui règnent les rois¹.
Aussitôt assemblant nos lévites, nos prêtres,
Je leur déclarerai l'héritier de leurs maîtres.

JOSABET.

Sait-il déjà son nom et son noble destin?

JOAD.

Il ne répond encor qu'au nom d'Éliacin²,
Et se croit quelque enfant rejeté par sa mère,
A qui j'ai par pitié daigné servir de père.

JOSABET.

Hélas! de quel péril je l'avois su tirer!
Dans quel péril encore est-il prêt de rentrer³!

JOAD.

Quoi? déjà votre foi s'affoiblit et s'étonne?

JOSABET.

A vos sages conseils, Seigneur, je m'abandonne.
Du jour que j'arrachai cet enfant à la mort,
Je remis en vos mains tout le soin de son sort.
Même, de mon amour craignant la violence,
Autant que je le puis, j'évite sa présence,
De peur qu'en le voyant, quelque trouble indiscret
Ne fasse avec mes pleurs échapper mon secret.
Surtout j'ai cru devoir aux larmes, aux prières
Consacrer ces trois jours et ces trois nuits entières⁴.

---

1. « Per me reges regnant. » (*Proverbes*, VIII, 15.)
2. Le nom d'*Éliacin* ou *Éliacim* se trouve plusieurs fois dans la *Bible* (voyez le livre IV des *Rois*, XVIII et XIX); mais il n'y est nulle part appliqué à Joas. Racine, dans ses *Notes manuscrites sur* Athalie, fait remarquer qu' « un grand prêtre s'appelle *Joachim* ou *Éliachim*. » Voyez le *Livre de Judith*, IV, 5, 7, 11.)
3. *Var.* Dans quel péril encore il est prêt de rentrer! (1691 et 92)
4. Cette retraite de trois jours et de trois nuits, qui n'était l'accomplissement d'aucune prescription de la loi, mais un acte pieux d'un caractère tout privé, a paru à M. A. Coquerel, dans son *Commentaire*, peu conforme aux mœurs des Juifs. « On est bien contraint d'y voir, dit-il, plutôt une réminiscence des habitudes religieuses que Racine admirait chez ses amis, et dont il donnait l'exemple à cette époque de sa vie, qu'un emprunt aux souvenirs de l'Ancien

Cependant aujourd'hui puis-je vous demander
Quels amis vous avez prêts à vous seconder?
Abner, le brave Abner viendra-t-il nous défendre?
A-t-il près de son roi fait serment de se rendre?　200

JOAD.

Abner, quoiqu'on se pût assurer sur sa foi,
Ne sait pas même encor si nous avons un roi.

JOSABET.

Mais à qui de Joas confiez-vous la garde?
Est-ce Obed, est-ce Amnon[1] que cet honneur regarde?
De mon père sur eux les bienfaits répandus....　205

JOAD.

A l'injuste Athalie ils se sont tous vendus.

JOSABET.

Qui donc opposez-vous contre ses satellites[2]?

JOAD.

Ne vous l'ai-je pas dit? Nos prêtres, nos lévites.

JOSABET.

Je sais que près de vous en secret assemblé[3],
Par vos soins prévoyants leur nombre est redoublé;　210
Que pleins d'amour pour vous, d'horreur pour Athalie,
Un serment solennel par avance les lie[4]
A ce fils de David qu'on leur doit révéler.

Testament. » Cependant le jeûne que prescrit et qu'observe elle-même Esther pendant trois jours et trois nuits (*Livre d'Esther*, IV, 16) n'a-t-il pas le même caractère?

1. Les noms *Obed* et *Amnon* sont pris dans la *Bible*, où celui d'*Obed* désigne un lévite.

2. L'Académie, dans ses *Sentiments sur* Athalie, blâme *opposer contre*. Cette expression nous paraît légitime, surtout en poésie. Dans la langue latine, on trouve *contra* avec *opponere* et avec *objicere* : « Non Alpium vallum contra « adscensum transgressionemque Gallorum.... objicio et oppono. » (Cicéron, *Discours contre L. Calpurnius Pison*, chapitre XXXIII.)

3. *Var.* Je sais que près de vous en secret rassemblé. (1691 et 92)

4. Josèphe dit en effet (*Antiquités judaïques*, livre IX, chapitre VII) que Joad fit prêter serment aux prêtres et aux lévites : Ὁ δὲ πίστιν ᾔτησεν αὐτοὺς ἔνορκον. Dans le livre IV des *Rois* (XI, 4) et dans le livre II des *Paralipomènes* (XXIII, 1) : « Pepigitque cum eis fœdus; — iniit cum eis fœdus. »

Mais quelque noble ardeur dont ils puissent brûler,
Peuvent-ils de leur roi venger seuls la querelle ? 215
Pour un si grand ouvrage est-ce assez de leur zèle ?
Doutez-vous qu'Athalie, au premier bruit semé
Qu'un fils d'Okosias est ici renfermé,
De ses fiers étrangers assemblant les cohortes,
N'environne le temple, et n'en brise les portes ? 220
Suffira-t-il contre eux de vos ministres saints,
Qui levant au Seigneur leurs innocentes mains,
Ne savent que gémir et prier pour nos crimes,
Et n'ont jamais versé que le sang des victimes ?
Peut-être dans leurs bras Joas percé de coups.... 225

JOAD.

Et comptez-vous pour rien Dieu qui combat pour nous ?
Dieu, qui de l'orphelin protége l'innocence[1],
Et fait dans la foiblesse éclater sa puissance ;
Dieu, qui hait les tyrans, et qui dans Jezraël[2]
Jura d'exterminer Achab et Jézabel ; 230
Dieu, qui frappant Joram, le mari de leur fille,
A jusque sur son fils[3] poursuivi leur famille ;
Dieu, dont le bras vengeur, pour un temps suspendu,
Sur cette race impie est toujours étendu ?

JOSABET.

Et c'est sur tous ces rois sa justice sévère 235
Que je crains pour le fils de mon malheureux frère.
Qui sait si cet enfant, par leur crime entraîné,
Avec eux en naissant ne fut pas condamné ?
Si Dieu, le séparant d'une odieuse race,
En faveur de David voudra lui faire grâce ? 240

1. « Facit judicium pupillo et viduæ. » (*Deutéronome*, x, 18.) — « Patris
« orphanorum et judicis viduarum (*Dei*). » (*Psaume* LXVII, 6.)
2. Nous avons déjà ci-dessus (p. 612, note 2) parlé de Jezraël, où était la
vigne de Naboth. C'était une ville voisine de Samarie ; elle appartenait à la
tribu d'Issachar. Voyez *Josué*, XIX, 18.
3. Ochozias, fils de Joram et d'Athalie.

Hélas! l'état horrible où le ciel me l'offrit
Revient à tout moment effrayer mon esprit.
De princes égorgés la chambre étoit remplie.
Un poignard à la main, l'implacable Athalie
Au carnage animoit ses barbares soldats, 245
Et poursuivoit le cours de ses assassinats.
Joas, laissé pour mort, frappa soudain ma vue.
Je me figure encor sa nourrice éperdue,
Qui devant les bourreaux s'étoit jetée en vain,
Et foible le tenoit renversé sur son sein. 250
Je le pris tout sanglant. En baignant son visage,
Mes pleurs du sentiment lui rendirent l'usage;
Et soit frayeur encore, ou pour me caresser,
De ses bras innocents je me sentis presser [1].
Grand Dieu, que mon amour ne lui soit point funeste.
Du fidèle David c'est le précieux reste [2] :
Nourri dans ta maison, en l'amour de ta loi,
Il ne connoît encor d'autre père que toi.
Sur le point d'attaquer une reine homicide,
A l'aspect du péril si ma foi s'intimide, 260

1. L'imagination de Racine a inventé ce tableau. Il trouvait seulement dans l'Écriture qu'« Athalie, mère d'Ochozias, voyant son fils mort, se leva et fit périr toute la race royale (*livre IV des Rois*, XI, 1; et *livre II des Paralipomènes*, XXII, 10) », et que « Josabeth, fille du Roi, emporta Joas, fils d'Ochozias, et le déroba du milieu des fils du Roi, tandis qu'on les tuait, et le cacha avec sa nourrice dans la chambre des lits » (*livre IV des Rois*, XI, 2; et *livre II des Paralipomènes*, XXII, 11).

2. Voyez la *Préface*, p. 599, et la note 1 de la même page. On lit dans les *Notes manuscrites sur Athalie* : « Athalie voulut qu'il ne restât pas un seul de la maison de David, et elle crut avoir exécuté son dessein. Il ne resta qu'un seul, qui étoit fils d'Okosias. *Josèphe* (IX, 7). — Voilà le seul qui vous reste de la maison de David. *M. D'And.* (*M. d'Andilly, traducteur de Josèphe.*) — « Joram.... occidit omnes fratres suos gladio. Noluit autem Dominus dis-
« perdere domum David, propter pactum, etc., et quia promiserat ut daret
« ei lucernam et filiis ejus omni tempore. » *II Paralip.*, chapitre XXI (*versets* 4 *et* 7). — Si ces promesses n'avoient été faites à la race de Salomon, Dieu n'avoit qu'à mettre sur le trône les enfants de Nathan. — Le P. R. (*le Port-Royal?*) : Josabet conserva Joas, et Dieu le permit pour empêcher que la race de David ne fût éteinte. »

ACTE I, SCÈNE II.

Si la chair et le sang¹, se troublant aujourd'hui,
Ont trop de part aux pleurs que je répands pour lui,
Conserve l'héritier de tes saintes promesses,
Et ne punis que moi de toutes mes foiblesses.

JOAD.

Vos larmes, Josabet, n'ont rien de criminel ; 265
Mais Dieu veut qu'on espère en son soin paternel.
Il ne recherche point, aveugle en sa colère,
Sur le fils qui le craint l'impiété du père².
Tout ce qui reste encor de fidèles Hébreux
Lui viendront aujourd'hui renouveler leurs vœux. 270
Autant que de David la race est respectée,
Autant de Jézabel la fille est détestée.
Joas les touchera par sa noble pudeur,
Où semble de son sang reluire la splendeur ;
Et Dieu, par sa voix même appuyant notre exemple,
De plus près à leur cœur parlera dans son temple.
Deux infidèles rois tour à tour l'ont bravé :
Il faut que sur le trône un roi soit élevé,
Qui se souvienne un jour qu'au rang de ses ancêtres
Dieu l'a fait remonter par la main de ses prêtres, 280
L'a tiré par leur main de l'oubli du tombeau,
Et de David éteint rallumé le flambeau³.

1. Cette expression : *la chair et le sang*, se trouve plusieurs fois dans le Nouveau Testament. Voyez l'*Évangile de saint Matthieu*, XVI, 17 ; l'*Épître aux Galates*, I, 16 ; l'*Épître aux Éphésiens*, VI, 12.

2. On lit dans l'*Exode*, XX, 5, une terrible sentence que Dieu lui-même prononce : « Ego sum Dominus Deus tuus fortis, zelotes, visitans iniquitatem patrum « in filios, in tertiam et quartam generationem eorum qui oderunt me. » Ezéchiel (XVIII, 19 et 20) a de belles paroles qui renferment dans ses vraies limites le sens de cette menace, et l'interprètent, comme l'a fait Racine, en rassurant *le fils qui craint* Dieu : « Et dicitis : Quare non portavit filius ini- « quitatem patris ? Videlicet, quia filius judicium et justitiam operatus est, « omnia præcepta mea custodivit, et fecit illa, vivet vita. Anima quæ pecca- « verit ipsa morietur : filius non portabit iniquitatem patris.... »

3. Racine dans sa *Préface* a déjà rappelé cette image biblique : « Voulant conserver à David la lampe qu'il lui avoit promise. »Voyez ci-dessus, p. 599, et la note 3 de la même page.

Grand Dieu, si tu prévois qu'indigne de sa race,
Il doive de David abandonner la trace,
Qu'il soit comme le fruit en naissant arraché, 285
Ou qu'un souffle ennemi dans sa fleur a séché.
Mais si ce même enfant, à tes ordres docile,
Doit être à tes desseins un instrument utile,
Fais qu'au juste héritier le sceptre soit remis;
Livre en mes foibles mains ses puissants ennemis; 290
Confonds dans ses conseils une reine cruelle.
Daigne, daigne, mon Dieu, sur Mathan et sur elle
Répandre cet esprit d'imprudence et d'erreur [1],
De la chute des rois funeste avant-coureur [2].

L'heure me presse: adieu. Des plus saintes familles 295
Votre fils et sa sœur vous amènent les filles.

SCÈNE III.

JOSABET, ZACHARIE, SALOMITH, LE CHOEUR.

JOSABET.

Cher Zacharie, allez, ne vous arrêtez pas;
De votre auguste père accompagnez les pas.
O filles de Lévi, troupe jeune et fidèle,
Que déjà le Seigneur embrase de son zèle, 300
Qui venez si souvent partager mes soupirs,
Enfants, ma seule joie en mes longs déplaisirs,

---

1. Imitation de la prière de David contre Achitophel : « Infatua, quæso, « Domine, consilium Achitophel. » (*Livre II des Rois*, xv, 31.) Lightfoot (tome I, p. 84) rappelle, à l'occasion de la mort d'Achab, ce vieil axiome, au sujet duquel on peut voir l'*Intermédiaire* de 1864, p. 114, 156 et 184 : « Perdere quos vult Deus, dementat. » Racine, qui lisait les commentaires de Lightfoot, a pu aussi être frappé de ce passage, et le noter pour l'appliquer à la fille d'Achab.

2. Les éditions de 1692 et de 1697 écrivent *avancoureur*; celle de 1691 : *avantcoureur*.

Ces festons dans vos mains, et ces fleurs sur vos têtes[1]
Autrefois convenoient à nos pompeuses fêtes.
Mais, hélas! en ce temps d'opprobre et de douleurs, 305
Quelle offrande sied mieux que celle de nos pleurs?
J'entends déjà, j'entends la trompette sacrée,
Et du temple bientôt on permettra l'entrée.
Tandis que je me vais préparer à marcher,
Chantez, louez le Dieu que vous venez chercher. 310

SCÈNE IV.

LE CHOEUR.

TOUT LE CHOEUR chante.
Tout l'univers est plein de sa magnificence.
Qu'on l'adore ce Dieu, qu'on l'invoque à jamais.
Son empire a des temps précédé la naissance.
    Chantons, publions ses bienfaits.

UNE VOIX seule.
    En vain l'injuste violence 315
Au peuple qui le loue imposeroit silence :
    Son nom ne périra jamais.
Le jour annonce au jour sa gloire et sa puissance[2].
Tout l'univers est plein de sa magnificence.
    Chantons, publions ses bienfaits. 320

TOUT LE CHOEUR répète.
Tout l'univers est plein de sa magnificence :
    Chantons, publions ses bienfaits.

---

1. Les lampes dans leurs mains, et les fleurs sur leurs têtes.
(Boyer, *Judith*, acte I, scène IV.)
2. « Cœli enarrant gloriam Dei.... Dies diei eructat verbum. » (*Psaume* XVIII,
1 et 2.) — J. B. Rousseau a également imité ce passage (livre I, ode II) :

    Le jour au jour la révèle,
    La nuit l'annonce à la nuit.

UNE VOIX seule.

Il donne aux fleurs leur aimable peinture[1].
Il fait naître et mûrir les fruits.
Il leur dispense avec mesure   325
Et la chaleur des jours et la fraîcheur des nuits ;
Le champ qui les reçut les[2] rend avec usure.

UNE AUTRE.

Il commande au soleil d'animer la nature,
Et la lumière est un don de ses mains ;
Mais sa loi sainte, sa loi pure[3]   330
Est le plus riche don qu'il ait fait aux humains.

UNE AUTRE.

O mont de Sinaï, conserve la mémoire
De ce jour à jamais auguste et renommé,
Quand, sur ton sommet enflammé,
Dans un nuage épais le Seigneur enfermé   335
Fit luire aux yeux mortels un rayon de sa gloire.
Dis-nous pourquoi ces feux et ces éclairs,
Ces torrents de fumée, et ce bruit dans les airs,
Ces trompettes et ce tonnerre :
Venoit-il renverser l'ordre des éléments ?   340
Sur ses antiques fondements
Venoit-il ébranler la terre ?

UNE AUTRE.

Il venoit révéler aux enfants des Hébreux
De ses préceptes saints la lumière immortelle.

---

1. Racine s'est souvenu sans doute de ces vers de Regnier dans la belle satire IX *à Monsieur Rapin* :

Sçachez qui donne aux fleurs ceste aimable peinture,
Quelle main sur la terre en broye la couleur.

2. Il y a *le*, pour *les*, dans l'édition in-4° de 1691.
3. Dans le *Psaume* XVIII, versets 6 et 8, il y a aussi un rapprochement, quoique moins marqué, entre la magnificence de la nature extérieure, la splendeur du soleil, et la sainteté de la loi : « In sole posuit tabernaculum suum.... « Lex domini immaculata, convertens animas. »

ACTE I, SCÈNE IV.

Il venoit à ce peuple heureux 345
Ordonner de l'aimer d'une amour éternelle.
TOUT LE CHOEUR.
O divine, ô charmante loi!
O justice! ô bonté suprême!
Que de raisons, quelle douceur extrême
D'engager à ce Dieu son amour et sa foi! 350
UNE VOIX seule.
D'un joug cruel il sauva nos aïeux,
Les nourrit au désert d'un pain délicieux.
Il nous donne ses lois, il se donne lui-même[1].
Pour tant de biens, il commande qu'on l'aime.
LE CHOEUR.
O justice! ô bonté suprême! 355
LA MÊME VOIX.
Des mers pour eux il entr'ouvrit les eaux;
D'un aride rocher fit sortir des ruisseaux.
Il nous donne ses lois, il se donne lui-même.
Pour tant de biens, il commande qu'on l'aime.
LE CHOEUR.
O divine, ô charmante loi! 360
Que de raisons, quelle douceur extrême
D'engager à ce Dieu son amour et sa foi!
UNE AUTRE VOIX seule.
Vous qui ne connoissez qu'une crainte servile,
Ingrats, un Dieu si bon ne peut-il vous charmer?
Est-il donc à vos cœurs, est-il si difficile 365

---

1. On lit dans les *Sentiments de l'Académie* la remarque suivante sur ce vers : « *Il se donne lui-même* ne se peut dire que sous la loi nouvelle; cette proposition est trop étrangère à l'ancienne loi. » Il n'est pas douteux que la piété de Racine n'ait aimé à faire une allusion secrète au Christ donnant sa vie pour les hommes, et à l'Eucharistie; mais nous disons une allusion secrète ; car il n'a pu faire parler ses jeunes Israélites comme des chrétiennes. Ce qui a dû paraître à Racine autoriser son expression, bien qu'elle ne se trouve pas dans l'Ancien Testament, c'est qu'alors déjà, on peut le dire, en se révélant à son peuple, en lui donnant ses lois, Dieu s'étoit donné lui-même.

Et si pénible de l'aimer?
L'esclave craint le tyran qui l'outrage;
Mais des enfants l'amour est le partage.
Vous voulez que ce Dieu vous comble de bienfaits,
Et ne l'aimer jamais[1]? 370

TOUT LE CHOEUR.

O divine, ô charmante loi!
O justice! ô bonté suprême!
Que de raisons, quelle douceur extrême
D'engager à ce Dieu son amour et sa foi[2]!

1. Il y a comme un accent de polémique dans ces deux vers qui ne se trouvent pas dans les deux premières éditions (1691 et 1692), et qui n'ont été imprimés qu'en 1697, l'année même où Boileau composait son épître sur l'*Amour de Dieu*, l'année aussi où, dans sa correspondance avec Racine, il l'entretenait des critiques que soulevait cette épître. Les vers de Racine sont cités, avec l'épître de Boileau, dans la douzième des dix-sept lettres publiées en 1697 par l'évêque de Macra, sous ce titre: *Apologie des lettres provinciales contre la dernière réponse des R. P. Jésuites.* — Ici encore l'inspiration de la loi nouvelle est manifeste; et cependant Racine n'a rien dit qui ne fût conforme à l'ancienne loi: « Diliges Dominum tuum ex toto corde tuo et ex « tota anima tua, et ex tota fortitudine tua. » (*Deutéronome*, VI, 5.)

2. Dans les anciennes éditions, les trois derniers vers ne sont pas répétés tout au long, mais remplacés par un *etc.*

FIN DU PREMIER ACTE.

ACTE II.

SCÈNE PREMIÈRE.
JOSABET, SALOMITH, LE CHOEUR.
JOSABET.
Mes filles, c'est assez ; suspendez vos cantiques.   375
Il est temps de nous joindre aux prières publiques.
Voici notre heure. Allons célébrer ce grand jour,
Et devant le Seigneur paroître à notre tour.

SCÈNE II.
ZACHARIE, JOSABET, SALOMITH, LE CHOEUR.
JOSABET.
Mais que vois-je? Mon fils, quel sujet vous ramène[1]?
Où courez-vous ainsi tout pâle et hors d'haleine?   380
ZACHARIE.
O ma mère !
JOSABET.
    Hé bien, quoi?
ZACHARIE.
        Le temple est profané.
JOSABET.
Comment?

---

1. *Rameine*, dans les éditions publiées du vivant de Racine; et de même plus bas, aux vers 591 et 1668 : *ameine*.

ZACHARIE.
Et du Seigneur l'autel abandonné.
JOSABET.
Je tremble. Hâtez-vous d'éclaircir votre mère.
ZACHARIE.
Déjà, selon la loi, le grand prêtre mon père,
Après avoir au Dieu qui nourrit les humains 385
De la moisson nouvelle offert les premiers pains,
Lui présentoit encore entre ses mains sanglantes
Des victimes de paix les entrailles fumantes [1].
Debout à ses côtés le jeune Éliacin
Comme moi le servoit en long habit de lin [2]; 390
Et cependant du sang de la chair immolée
Les prêtres arrosoient l'autel et l'assemblée [3].
Un bruit confus s'élève, et du peuple surpris
Détourne tout à coup les yeux et les esprits.
Une femme.... Peut-on la nommer sans blasphème? 395

1. Voyez ci-dessus la note 1 de la page 600.
2. La robe de lin était portée par les lévites. Le jeune Samuel, qui avait, comme Joas, « prêté son ministère aux autels, » nous est représenté avec l'éphod de lin : « Ministrabat ante faciem Domini, puer, accinctus ephod lineo. » (*Livre II des Rois*, II, 18.) — Joas, il est vrai, n'était pas de la tribu de Lévi; mais, pour le mieux cacher, on lui avait donné des fonctions et un costume qui ne lui appartenaient pas.
3. « Racine s'est trompé ici sur les rites. On n'arrosait point l'assemblée du sang de la victime. Le prêtre trempait simplement un doigt dans le sang, et en faisait sept aspersions devant le voile du sanctuaire ; il en frottait les cornes de l'autel, et répandait le reste au pied du même autel. L'auteur a confondu avec le rite judaïque ce qu'il avait lu dans le xxive chapitre de l'*Exode*, où il est dit que Moïse fit l'aspersion du sang de la victime sur le peuple assemblé; mais il n'y avait point encore de rite ni de cérémonies légales. » (*Sentiments de l'Académie.*) — Cette critique de l'Académie n'a pas trouvé de contradicteurs. Les rites qu'elle rappelle sont réglés dans le *Lévitique*, XVI, 14, 18 et 19. Racine était évidemment préoccupé de ce qu'il avait lu au verset 8 du chapitre XXIV de l'*Exode* : « Ille (*Moyses*) vero sumptum sanguinem respersit
« in populum..., », et dans l'*Épître* de saint Paul *aux Hébreux* (IX, 19 et 21) :
« Lecto enim omni mandato legis a Moyse universo populo, accipiens san-
« guinem vitulorum et hircorum, cum aqua et lana coccinea et hyssopo, ipsum
« quoque librum et omnem populum aspersit.... Etiam tabernaculum et omnia
« vasa ministerii sanguine similiter aspersit. »

ACTE I, SCÈNE II.

Une femme.... C'étoit Athalie elle-même.

JOSABET.

Ciel !

ZACHARIE.

Dans un des parvis aux hommes réservé
Cette femme superbe entre, le front levé,
Et se préparoit même à passer les limites
De l'enceinte sacrée ouverte aux seuls lévites. 400
Le peuple s'épouvante, et fuit de toutes parts.
Mon père.... Ah ! quel courroux animoit ses regards !
Moïse à Pharaon parut moins formidable :
« Reine, sors, a-t-il dit, de ce lieu redoutable,
D'où te bannit ton sexe et ton impiété. 405
Viens-tu du Dieu vivant braver la majesté ? »
La Reine alors, sur lui jetant un œil farouche,
Pour blasphémer sans doute ouvroit déjà la bouche.
J'ignore si de Dieu l'ange se dévoilant
Est venu lui montrer un glaive étincelant[1]; 410
Mais sa langue en sa bouche à l'instant s'est glacée,
Et toute son audace a paru terrassée.
Ses yeux, comme effrayés, n'osoient se détourner ;
Surtout Éliacin paroissoit l'étonner.

JOSABET.

Quoi donc ? Éliacin a paru devant elle ? 415

ZACHARIE.

Nous regardions tous deux cette reine cruelle,
Et d'une égale horreur nos cœurs étoient frappés.
Mais les prêtres bientôt nous ont enveloppés.
On nous a fait sortir. J'ignore tout le reste,
Et venois vous conter ce désordre funeste. 420

---

1. Une semblable apparition est racontée dans les *Nombres* (XXII, 31) : « Protinus aperuit Dominus oculos Balaam, et vidit angelum stantem in via evaginato gladio. » La vision d'un ange armé est aussi décrite au livre I des *Paralipomenes* (XXI, 16) : « Levansque David oculos suos, vidit angelum Domini stantem inter cœlum et terram, et evaginatum gladium in manu ejus. »

JOSABET.

Ah! de nos bras sans doute elle vient l'arracher;
Et c'est lui qu'à l'autel sa fureur vient chercher.
Peut-être en ce moment l'objet de tant de larmes....
Souviens-toi de David [1], Dieu, qui vois mes alarmes.

SALOMITH.

Quel est-il cet objet des pleurs que vous versez ? 425

ZACHARIE.

Les jours d'Éliacin seroient-ils menacés?

SALOMITH.

Auroit-il de la Reine attiré la colère?

ZACHARIE.

Que craint-on d'un enfant sans support et sans père?

JOSABET.

Ah! la voici. Sortons. Il la faut éviter.

SCÈNE III.

ATHALIE, AGAR, ABNER, suite d'Athalie.

AGAR.

Madame, dans ces lieux pourquoi vous arrêter ? 430
Ici tous les objets vous blessent, vous irritent.
Abandonnez ce temple aux prêtres qui l'habitent;
Fuyez tout ce tumulte, et dans votre palais
A vos sens agités venez rendre la paix.

ATHALIE.

Non, je ne puis : tu vois mon trouble et ma foiblesse. 435
Va, fais dire à Mathan qu'il vienne, qu'il se presse;
Heureuse si je puis trouver par son secours
Cette paix que je cherche et qui me fuit toujours.

(Elle s'assied.)

1. « Memento, Domine, David. » (*Psaume* CXXXI, 1.)

SCÈNE IV.

ATHALIE, ABNER, ETC.[1].

ABNER.

Madame, pardonnez si j'ose le défendre.
Le zèle de Joad n'a point dû vous surprendre.   440
Du Dieu que nous servons tel est l'ordre éternel.
Lui-même il nous traça son temple et son autel,
Aux seuls enfants d'Aaron commit ses sacrifices,
Aux lévites marqua leur place et leurs offices,
Et surtout défendit à leur postérité   445
Avec tout autre dieu toute société.
Hé quoi? vous de nos rois et la femme et la mère[2],
Êtes-vous à ce point parmi nous étrangère?
Ignorez-vous nos lois? Et faut-il qu'aujourd'hui....
Voici votre[3] Mathan, je vous laisse avec lui.   450

ATHALIE.

Votre présence, Abner, est ici nécessaire.
Laissons là de Joad l'audace téméraire,
Et tout ce vain amas de superstitions
Qui ferment votre temple aux autres nations[4].
Un sujet plus pressant excite mes alarmes.   455
Je sais que dès l'enfance élevé dans les armes,
Abner a le cœur noble, et qu'il rend à la fois

---

1. A cette scène et aux trois suivantes, les éditions de 1736, etc. donnent, au lieu de ETC. : « SUITE D'ATHALIE. »

2. On lit dans les éditions de MM. Aimé-Martin et Aignan :

    Hé quoi ? vous de nos rois et la fille et la mère.

3. « *Votre* n'est pas assez respectueux dans la bouche d'un sujet parlant à sa reine ; il n'est pas d'ailleurs convenable au caractère donné à Abner. » (*Sentiments de l'Académie.*) La Harpe et Geoffroy ont combattu cette critique ; mais ils n'y ont répondu que faiblement, ce nous semble.

4. « Hæc dicit Dominus Deus : « Omnis alienigena incircumcisus corde, et « incircumcisus carne, non ingredietur sanctuarium meum, omnis filius alienus « qui est in medio filiorum Israël. » (*Ézéchiel*, XLIV, 9.)

Ce qu'il doit à son Dieu, ce qu'il doit à ses rois.
Demeurez.

SCENE V.
MATHAN, ATHALIE, ABNER, ETC.

MATHAN.

Grande Reine, est-ce ici votre place ?
Quel trouble vous agite, et quel effroi vous glace ? 460
Parmi vos ennemis que venez-vous chercher ?
De ce temple profane osez-vous approcher ?
Avez-vous dépouillé cette haine si vive....

ATHALIE.

Prêtez-moi l'un et l'autre une oreille attentive.
 Je ne veux point ici rappeler le passé, 465
Ni vous rendre raison du sang que j'ai versé.
Ce que j'ai fait, Abner, j'ai cru le devoir faire.
Je ne prends point pour juge un peuple téméraire.
Quoi que son insolence ait osé publier,
Le ciel même a pris soin de me justifier. 470
Sur d'éclatants succès ma puissance établie
A fait jusqu'aux deux mers[1] respecter Athalie.
Par moi Jérusalem goûte un calme profond.
Le Jourdain ne voit plus l'Arabe vagabond,
Ni l'altier Philistin, par d'éternels ravages, 475
Comme au temps de vos rois, désoler ses rivages ;
Le Syrien me traite et de reine et de sœur[2].
Enfin de ma maison le perfide oppresseur,
Qui devoit jusqu'à moi pousser sa barbarie,
Jéhu, le fier Jéhu, tremble dans Samarie. 480

1. Ces deux mers sont la mer Rouge et la mer Méditerranée, qui dans l'*Exode* est appelée *mare Palæstinorum* : « Ponam autem terminos tuos a mari « Rubro usque ad mare Palæstinorum. » (*Exode*, XXIII, 31.)

2. Ce tableau de la puissance d'Athalie, ces *éclatants succès* ne sont ni dans l'Écriture, ni dans Josèphe.

De toutes parts pressé par un puissant voisin [1],
Que j'ai su soulever contre cet assassin,
Il me laisse en ces lieux souveraine maîtresse.
Je jouissois en paix du fruit de ma sagesse ;
Mais un trouble importun vient, depuis quelques jours,
De mes prospérités interrompre le cours.
Un songe (me devrois-je inquiéter d'un songe?)
Entretient dans mon cœur un chagrin qui le ronge.
Je l'évite partout, partout il me poursuit.
   C'étoit pendant l'horreur d'une profonde nuit.   490
Ma mère Jézabel devant moi s'est montrée,
Comme au jour de sa mort pompeusement parée.
Ses malheurs n'avoient point abattu sa fierté ;
Même elle avoit encor cet éclat emprunté
Dont elle eut soin de peindre et d'orner son visage [2], 495
Pour réparer des ans l'irréparable outrage.
« Tremble, m'a-t-elle dit, fille digne de moi.
Le cruel Dieu des Juifs l'emporte aussi sur toi.
Je te plains de tomber dans ses mains redoutables,
Ma fille. » En achevant ces mots épouvantables,   500
Son ombre vers mon lit a paru se baisser ;
Et moi, je lui tendois les mains pour l'embrasser.
Mais je n'ai plus trouvé qu'un horrible mélange
D'os et de chair meurtris, et traînés dans la fange,
Des lambeaux pleins de sang, et des membres affreux
Que des chiens dévorants se disputoient entre eux [3].

---

1 Ce puissant voisin est Hazaël, roi de Syrie. Voyez le livre IV des *Rois*, x, 32.

2. Le jour où Jézabel fut mise à mort, elle se para, et peignit son visage, lorsqu'elle apprit l'arrivée de Jéhu : « Venitque Jehu in Jezraël. Porro Jezabel, « introitu ejus audito, depinxit oculos suos stibio, et ornavit caput suum, et « respexit per fenestram. » (*Livre IV des Rois*, ix, 30.) Suivant quelques-uns, Jézabel espérait toucher son ennemi ; suivant d'autres, elle ne voulait que montrer son courage et son dédain du danger.

3. Voyez ci-dessus, à la page 612, les versets 35 et 36 du chapitre ix du livre IV des *Rois*, cités à la note 2 sur le vers 118.

ABNER.

Grand Dieu!

ATHALIE.
Dans ce désordre à mes yeux se présente
Un jeune enfant couvert d'une robe éclatante,
Tels[1] qu'on voit des Hébreux les prêtres revêtus.
Sa vue a ranimé mes esprits abattus.   510
Mais lorsque revenant de mon trouble funeste,
J'admirois sa douceur, son air noble et modeste,
J'ai senti tout à coup un homicide acier,
Que le traître en mon sein a plongé tout entier.
De tant d'objets divers le bizarre assemblage   515
Peut-être du hasard vous paroît un ouvrage.
Moi-même quelque temps, honteuse de ma peur,
Je l'ai pris pour l'effet d'une sombre vapeur.
Mais de ce souvenir mon âme possédée
A deux fois en dormant revu la même idée[2] :   520
Deux fois mes tristes yeux se sont vu retracer
Ce même enfant toujours tout prêt à me percer.
Lasse enfin des horreurs dont j'étois poursuivie,
J'allois prier Baal de veiller sur ma vie,
Et chercher du repos au pied de ses autels.   525
Que ne peut la frayeur sur l'esprit des mortels?
Dans le temple des Juifs un instinct m'a poussée,
Et d'apaiser leur Dieu j'ai conçu la pensée :

---

1. « Il faut *tel* au singulier, ou dire: *Tels on voit des*...,»(*Sentiments de l'Académie.*)—Racine a cru qu'on pouvait traduire par *tels que* le *quales* des Latins.

2. *Idée* a dans ce vers son sens étymologique de *forme, apparence, image*. L'Académie dit que *la plupart* ont blâmé cette expression. Elle est pourtant excellente dans le style poétique, et consacrée autrefois par l'usage. Corneille a dit, dans *la Suivante* (acte I, scène III, vers 145 et 146) :

> Le sommeil n'oseroit me peindre une autre idée;
> J'en ai l'esprit rempli, j'en ai l'âme obsédée;

et dans *le Menteur* (acte IV, scène I, vers 1093 et 1094) :

> J'en puis voir sa fenêtre, et de sa chère idée
> Mon âme à cet aspect sera mieux possédée.

J'ai cru que des présents calmeroient son courroux,
Que ce Dieu, quel qu'il soit, en deviendroit plus doux.
Pontife de Baal, excusez ma foiblesse.
J'entre : le peuple fuit, le sacrifice cesse,
Le grand prêtre vers moi s'avance avec fureur.
Pendant qu'il me parloit, ô surprise! ô terreur!
J'ai vu ce même enfant dont je suis menacée, 535
Tel qu'un songe effrayant l'a peint à ma pensée[1].
Je l'ai vu : son même air, son même habit de lin,
Sa démarche, ses yeux, et tous ses traits enfin.
C'est lui-même. Il marchoit à côté du grand prêtre;
Mais bientôt à ma vue on l'a fait disparoître. 540
Voilà quel trouble ici m'oblige à m'arrêter,
Et sur quoi j'ai voulu tous deux vous consulter.
    Que présage, Mathan, ce prodige incroyable?

MATHAN.

Ce songe et ce rapport, tout me semble effroyable.

ATHALIE.

Mais cet enfant fatal, Abner, vous l'avez vu : 545
Quel est-il? De quel sang? Et de quelle tribu?

ABNER.

Deux enfants à l'autel prêtoient leur ministère.
L'un est fils de Joad, Josabet est sa mère.
L'autre m'est inconnu.

MATHAN.

            Pourquoi délibérer?
De tous les deux, Madame, il se faut assurer. 550
Vous savez pour Joad mes égards, mes mesures[2];

---

1. « Ceci a quelque ressemblance à ce que rapporte Josèphe de la surprise d'Alexandre, lorsque voyant le grand prêtre des Juifs qui venoit au-devant de lui, revêtu de ses habits pontificaux, il reconnut le même objet qu'il avoit vu dans un songe. » (Louis Racine, *Remarques sur Athalie*.) Le récit de Josèphe est au livre XI des *Antiquités judaïques*, chapitre VIII, 5. Il semble bien que Racine s'en est souvenu.

2. « On dit bien *les égards*, mais non pas *les mesures* de quelqu'un pour

Que je ne cherche point à venger mes injures,
Que la seule équité règne en tous mes avis;
Mais lui-même après tout, fût-ce son propre fils,
Voudroit-il un moment laisser vivre un coupable ? 555

ABNER.

De quel crime un enfant peut-il être capable?

MATHAN.

Le ciel nous le fait voir un poignard à la main :
Le ciel est juste et sage, et ne fait rien en vain.
Que cherchez-vous de plus?

ABNER.

Mais, sur la foi d'un songe,
Dans le sang d'un enfant voulez-vous qu'on se plonge?
Vous ne savez encor de quel père il est né,
Quel il est.

MATHAN.

On le craint, tout est examiné.
A d'illustres parents s'il doit son origine,
La splendeur de son sort doit hâter sa ruine.
Dans le vulgaire obscur si le sort l'a placé, 565
Qu'importe qu'au hasard un sang vil soit versé?
Est-ce aux rois à garder cette lente justice?
Leur sûreté souvent dépend d'un prompt supplice.
N'allons point les gêner d'un soin embarrassant.
Dès qu'on leur est suspect, on n'est plus innocent [1]. 570

---

une personne. » (*Sentiments de l'Académie.*) — *Mes mesures*, dans le sens de *ma conduite prudente, mesurée*, est une expression si claire, si conforme à l'analogie, et si vive, que, s'il n'y en a point d'autre exemple avant Racine, elle méritait de passer dans la langue.

1. Louis Racine, dans ses *Remarques* sur *Athalie*, dit : « Cette maxime que *dès qu'on est suspect aux rois on n'est point innocent*, se trouve dans *le Prince* de Balzac. » Cela donnerait à croire qu'elle s'y trouve textuellement; ce qui n'est pas. Il est seulement vrai que les chapitres CLXXIII-CLXXVI du *Prince* développent une politique qui ressemble beaucoup à celle de Mathan. On y remarque ce trait qui ne déparerait pas les conseils donnés à Athalie par le prêtre de Baal : « Il faut que la prudence soulage la justice de beaucoup de choses. »

ACTE II, SCÈNE V. 637

ABNER.

Hé quoi, Mathan? D'un prêtre est-ce là le langage?
Moi, nourri dans la guerre aux horreurs du carnage,
Des vengeances des rois ministre rigoureux,
C'est moi qui prête ici ma voix au malheureux;
Et vous, qui lui devez des entrailles de père, 575
Vous, ministre de paix dans les temps de colère,
Couvrant d'un zèle faux votre ressentiment,
Le sang à votre gré coule trop lentement?
  Vous m'avez commandé de vous parler sans feinte,
Madame : quel est donc ce grand sujet de crainte? 580
Un songe, un foible enfant que votre œil prévenu
Peut-être sans raison croit avoir reconnu.

ATHALIE.

Je le veux croire, Abner; je puis m'être trompée.
Peut-être un songe vain m'a trop préoccupée.
Hé bien! il faut revoir cet enfant de plus près; 585
Il en faut à loisir examiner les traits.
Qu'on les fasse tous deux paroître en ma présence.

ABNER.

Je crains....

ATHALIE.

  Manqueroit-on pour moi de complaisance?
De ce refus bizarre où seroient les raisons?
Il pourroit me jeter en d'étranges soupçons. 590
Que Josabet, vous dis-je, ou Joad les amène.
Je puis, quand je voudrai, parler en souveraine.
Vos prêtres, je veux bien, Abner, vous l'avouer,
Des bontés d'Athalie ont lieu de se louer.
Je sais sur ma conduite et contre ma puissance 595
Jusqu'où de leurs discours ils portent la licence.
Ils vivent cependant, et leur temple est debout.
Mais je sens que bientôt ma douceur est à bout.
Que Joad mette un frein à son zèle sauvage,

Et ne m'irrite point par un second outrage. 600
Allez.

SCÈNE VI.

ATHALIE, MATHAN, etc.

MATHAN.

Enfin je puis parler en liberté :
Je puis dans tout son jour mettre la vérité.
Quelque monstre naissant dans ce temple s'élève,
Reine : n'attendez pas que le nuage crève[1].
Abner chez le grand prêtre a devancé le jour. 605
Pour le sang de ses rois vous savez son amour.
Et qui sait si Joad ne veut point en leur place
Substituer l'enfant dont le ciel vous menace,
Soit son fils, soit quelque autre....

ATHALIE.

Oui, vous m'ouvrez les yeux.
Je commence à voir clair dans cet avis des cieux. 610
Mais je veux de mon doute être débarrassée.
Un enfant est peu propre à trahir sa pensée.
Souvent d'un grand dessein un mot nous fait juger.
Laissez-moi, cher Mathan, le voir, l'interroger.
Vous cependant, allez; et sans jeter d'alarmes, 615
A tous mes Tyriens faites prendre les armes.

1. L'Académie condamne l'incohérence des deux métaphores dans les vers 603 et 604. Dans la poésie d'aucun peuple on n'a évité ces incohérences aussi timidement que dans notre poésie classique. Cependant l'Académie de 1730 n'était pas encore satisfaite; il nous paraît qu'elle chicanait Racine bien mal à propos.

SCÈNE VII.

JOAS, JOSABET, ATHALIE, ZACHARIE, ABNER, SALOMITH, deux lévites, le Chœur, etc.

JOSABET, aux deux lévites.

O vous, sur ces enfants si chers, si précieux,
Ministres du Seigneur, ayez toujours les yeux.

ABNER, à Josabet.

Princesse, assurez-vous, je les prends sous ma garde.

ATHALIE.

O ciel! plus j'examine, et plus je le regarde, 620
C'est lui. D'horreur encor tous mes sens sont saisis.
Épouse de Joad, est-ce là votre fils[1]?

JOSABET.

Qui? Lui, Madame?

ATHALIE.

   Lui.

JOSABET.

    Je ne suis point sa mère.
Voilà mon fils.

ATHALIE.

   Et vous, quel est donc votre père?
Jeune enfant, répondez.

JOSABET.

   Le ciel jusqu'aujourd'hui....

---

1. L'édition de 1736 et la plupart des suivantes ont avant ce vers l'indication : « *montrant Joas ;* » et ensuite, avant le vers 623, au-dessus des mots : « Qui? Lui, Madame? » et avant le vers 624, au-dessus des mots : « Voilà mon fils », cette autre indication : « *montrant Zacharie* »; avant les mots du même vers 624 : « Et vous, quel est...? » elles mettent : « ATHALIE, *à Joas.* »

ATHALIE[1].

Pourquoi vous pressez-vous de répondre pour lui?
C'est à lui de parler.

JOSABET.

Dans un âge si tendre
Quel éclaircissement en pouvez-vous attendre?

ATHALIE.

Cet âge est innocent. Son ingénuité
N'altère point encor la simple vérité. 630
Laissez-le s'expliquer sur tout ce qui le touche.

JOSABET, tout bas[2].

Daigne mettre, grand Dieu, ta sagesse en sa bouche.

ATHALIE.

Comment vous nommez-vous?

JOAS.

J'ai nom Eliacin.

ATHALIE.

Votre père?

JOAS.

Je suis, dit-on, un orphelin
Entre les bras de Dieu jeté dès ma naissance, 635
Et qui de mes parents n'eus jamais connoissance.

ATHALIE.

Vous êtes sans parents?

JOAS.

Ils m'ont abandonné.

ATHALIE.

Comment? et depuis quand?

JOAS.

Depuis que je suis né.

---

1. Avant ce vers l'édition de 1736 et les suivantes ont l'indication : « ATHALIE, à Josabeth. »
2. Dans l'édition de 1736, etc. : « JOSABETH, bas, à part. »

ACTE II, SCÈNE VII.

ATHALIE.
Ne sait-on pas au moins quel pays est le vôtre?
JOAS.
Ce temple est mon pays; je n'en connois point d'autre[1].
ATHALIE.
Où dit-on que le sort vous a fait rencontrer?
JOAS.
Parmi des loups cruels prêts à me dévorer.
ATHALIE.
Qui vous mit dans ce temple?
JOAS.
       Une femme inconnue,
Qui ne dit point son nom, et qu'on n'a point revue.
ATHALIE.
Mais de vos premiers ans quelles mains ont pris soin?
JOAS.
Dieu laissa-t-il jamais ses enfants au besoin?
Aux petits des oiseaux il donne leur pâture[2],

---

1. Dans l'*Ion* d'Euripide, où l'on pense que Racine a puisé quelques inspirations (voyez ci-dessus la *Notice*, p. 585 et 586), plusieurs vers peuvent être comparés aux vers 635-640 d'*Athalie*. Mercure raconte que l'enfant n'eut jamais connaissance de ses parents :

Ὁ παῖς τε τοὺς τεκόντας οὐκ ἐπίσταται. (Vers 51.)

Mais il faut citer surtout quelques passages de la scène où Créuse interroge Ion :

Κρέουσα. Σὺ δ' εἶ τίς, ...
Ἴων. Τοῦ θεοῦ καλοῦμαι δοῦλος εἰμί τ', ὦ γύναι....
   Οὐκ οἶδα, πλὴν ἕν· Λοξίου κεκλήμεθα....
Κρέουσα. Ναοῖσι δ' οἰκεῖς τοῖσδέ γε;...
Ἴων. Ἅπαν θεοῦ μοι δῶμα....

« CRÉUSE. Et toi, qui es-tu?... — ION. On m'appelle le serviteur du Dieu, et je le suis, ô femme.... Je ne sais qu'une chose : on me nomme l'enfant d'Apollon. — CRÉUSE. Mais du moins ce temple est-il ta demeure?... — ION. Toute la maison du Dieu m'appartient. » (Vers 311-318.)

2. Dans le passage de la tragédie du *Triomphe de la Ligue*, dont nous avons cité un vers à la note 2 de la page 608, on lit :

  Celui n'est délaissé qui a Dieu pour son père.
  Il ouvre à tous la main; il nourrit les corbeaux;

Et sa bonté s'étend sur toute la nature.
Tous les jours je l'invoque; et d'un soin paternel
Il me nourrit des dons offerts sur son autel[1].

ATHALIE.

Quel prodige nouveau me trouble et m'embarrasse?
La douceur de sa voix, son enfance, sa grâce,
Font insensiblement à mon inimitié
Succéder.... Je serois sensible à la pitié?

ABNER.

Madame, voilà donc cet ennemi terrible.
De vos songes menteurs l'imposture est visible,
A moins que la pitié qui semble vous troubler
Ne soit ce coup fatal qui vous faisoit trembler.

ATHALIE, à Joas et à Josabet.

Vous sortez?

JOSABET.

Vous avez entendu sa fortune.
Sa présence à la fin pourroit être importune.

ATHALIE.

Non : revenez. Quel est tous les jours votre emploi?

JOAS.

J'adore le Seigneur. On m'explique sa loi.

> Il donne la viande aux petits passereaux,
> Aux bêtes des forêts, des prés et des montagnes :
> Tout vit de sa bonté. Hé! l'homme qu'il a fait,
> De tous les animaux l'homme le plus parfait,
> L'homme qu'il a formé en sa sainte semblance,
> Seroit-il seul privé de sa riche abondance?

Il est vrai que, sans avoir besoin de faire aucun emprunt à Nérée, Racine avait sous les yeux ce passage du *Psaume* CXLVI, verset 9 : « Qui dat jumentis escam « ipsorum, et pullis corvorum invocantibus eum. » Il faut reconnaître cependant que le premier des vers que nous venons de rapprocher de ceux de Racine rappelle singulièrement

> Dieu laissa-t-il jamais ses enfants au besoin?

1. Κρέουσα. Ἐς δ'ἀνδρ' ἀφίκου, τίνα τροφὴν κεκτημένος;
"Ιων. Βωμοί μ' ἔφερβον....

« CRÉUSE. Mais jusqu'à ce que tu fusses parvenu à l'âge viril, quelle a été ta nourriture? — ION. Les autels m'ont nourri. » (*Ion*, vers 325 et 326.)

Dans son livre divin on m'apprend à la lire,
Et déjà de ma main je commence à l'écrire.
ATHALIE.
Que vous dit cette loi?
JOAS.
Que Dieu veut être aimé, 665
Qu'il venge tôt ou tard son saint nom blasphémé,
Qu'il est le défenseur de l'orphelin timide [1],
Qu'il résiste au superbe et punit l'homicide.
ATHALIE.
J'entends. Mais tout ce peuple enfermé dans ce lieu,
A quoi s'occupe-t-il?
JOAS.
Il loue, il bénit Dieu. 670
ATHALIE.
Dieu veut-il qu'à toute heure on prie, on le contemple?
JOAS.
Tout profane exercice est banni de son temple.
ATHALIE.
Quels sont donc vos plaisirs?
JOAS.
Quelquefois à l'autel
Je présente au grand prêtre ou l'encens ou le sel [2].
J'entends chanter de Dieu les grandeurs infinies; 675
Je vois l'ordre pompeux de ses cérémonies.
ATHALIE.
Hé quoi? vous n'avez point de passe-temps plus doux?
Je plains le triste sort d'un enfant tel que vous.
Venez dans mon palais, vous y verrez ma gloire.
JOAS.
Moi, des bienfaits de Dieu je perdrois la mémoire? 680

1. Voyez ci-dessus le vers 227 et la note 1 de la page 619.
2. Sur l'encens et le sel offerts dans les sacrifices, voyez le *Lévitique*, II,
1, 2 et 13.

ATHALIE.
Non, je ne vous veux pas contraindre à l'oublier.
JOAS.
Vous ne le priez point.
ATHALIE.
Vous pourrez le prier.
JOAS.
Je verrois cependant en invoquer un autre?
ATHALIE.
J'ai mon Dieu que je sers; vous servirez le vôtre.
Ce sont deux puissants Dieux.
JOAS.
Il faut craindre le mien :
Lui seul est Dieu, Madame, et le vôtre n'est rien [1].
ATHALIE.
Les plaisirs près de moi vous chercheront en foule.
JOAS.
Le bonheur des méchants comme un torrent s'écoule [2].
ATHALIE.
Ces méchants, qui sont-ils?
JOSABET.
Hé, Madame! excusez
Un enfant....
ATHALIE, à Josabet.
J'aime à voir comme vous l'instruisez. 690
Enfin, Éliacin, vous avez su me plaire;
Vous n'êtes point sans doute un enfant ordinaire.
Vous voyez, je suis reine, et n'ai point d'héritier.

---

1. Dans *les Juifves*, tragédie de Robert Garnier, imprimée à Paris en M.D.LXXXIII (in-12), on lit aux vers 115-118 de l'acte IV, dans le rôle de Sédécie :

Le Dieu que nous servons est le seul Dieu du monde....
Il n'y a Dieu que lui; tous les autres sont faux.

2. « Ad nihilum devenient (*peccatores*), tanquam aqua decurrens. » (*Psaume* LVII, 8.)

Laissez là cet habit, quittez ce vil métier.
Je veux vous faire part de toutes mes richesses ; 695
Essayez dès ce jour l'effet de mes promesses.
A ma table, partout, à mes côtés assis [1],
Je prétends vous traiter comme mon propre fils.

JOAS.

Comme votre fils?

ATHALIE.

Oui.... Vous vous taisez?

JOAS.

Quel père [2]
Je quitterois! Et pour....

ATHALIE.

Hé bien?

JOAS.

Pour quelle mère!

ATHALIE, à Josabet.

Sa mémoire est fidèle ; et dans tout ce qu'il dit
De vous et de Joad je reconnois l'esprit.

1. Xuthus cherche a vaincre les refus d'Ion par de semblables promesses :

Ἀλλ', ἐκλιπὼν θεοῦ δάπεδ' ἀλητείαν τε σὴν,
Ἐς τὰς Ἀθήνας στεῖχε....
Οὖ σ' ὄλβιον μὲν σκῆπτρον ἀναμένει πατρὸς,
Πολὺς δὲ πλοῦτος....
Καὶ νῦν μὲν ὡς δὴ ξένον ἄγων σ' ἐφέστιον
Δείπνοισι τέρψω....

« Laisse là cette demeure du Dieu et cette existence précaire, et viens à Athènes..., où t'attend le sceptre fortuné d'un père, et sa grande richesse.... Et maintenant, t'emmenant comme un hôte dans ma demeure, je te ferai prendre place à d'agréables festins. » (Euripide, *Ion*, vers 579-582; et vers 656 et 657.)

2. Ce père est, ce nous semble, Dieu lui-même, plutôt que Joad. Voyez ci-dessus, vers 649 et 650. Est-ce à l'occasion de ce passage que Racine a écrit ce qui suit dans ses *Notes manuscrites sur* Athalie? «Les Juifs appeloient aussi Dieu leur père. Moïse dit (*Deutéronome*, XXXII, 18) : « Vous avez abandonné « le Dieu qui vous a engendrés. » Et Malachie (II, 10) : « Il n'y a qu'un Dieu « et un père de nous tous. » Mais en priant ils ne disoient point : « Père. » Si quelques-uns l'ont fait, ç'a été par un instinct particulier. Saint Chrysostome sur *Abba pater.* »

Voilà comme infectant cette simple jeunesse,
Vous employez tous deux le calme où je vous laisse.
Vous cultivez déjà leur haine et leur fureur ;   705
Vous ne leur prononcez mon nom qu'avec horreur.

JOSABET.

Peut-on de nos malheurs leur dérober l'histoire?
Tout l'univers les sait ; vous-même en faites gloire.

ATHALIE.

Oui, ma juste fureur, et j'en fais vanité,
A vengé mes parents sur ma postérité.   710
J'aurois vu massacrer et mon père et mon frère [1],
Du haut de son palais précipiter ma mère,
Et dans un même jour égorger à la fois,
Quel spectacle d'horreur! quatre-vingts fils de rois [2] :
Et pourquoi? pour venger je ne sais quels prophètes,   715
Dont elle avoit puni les fureurs indiscrètes [3] ;
Et moi, reine sans cœur, fille sans amitié,
Esclave d'une lâche et frivole pitié,

---

1. Nous avons dit ci-dessus qu'Athalie était fille d'Achab; celui-ci fut tué dans la bataille de Ramoth Galaad (*livre III des Rois*, XXII, 34 et 35). Le frère d'Athalie était Joram, roi d'Israël, fils d'Achab. Ce roi d'Israël, qu'il ne faut pas confondre avec Joram, roi de Juda, qui avait épousé Athalie, fut tué de la main de Jéhu, et son corps jeté dans le champ de Naboth. Ce fut alors que Jéhu fit précipiter Jézabel du haut de son palais. Voyez le livre IV des *Rois*, IX, 24, 25 et 33.

2. Le nombre de *quatre-vingts* n'est pas rigoureusement exact. La *Bible* dit *soixante-dix;* Jéhu donna l'ordre de tuer les soixante-dix fils d'Achab: « Erant « autem Achab septuaginta filii in Samaria; scripsit ergo Jehu litteras, et misit « in Samariam ad optimates civitatis.... Porro filii Regis, septuaginta viri, « apud optimates civitatis nutriebantur. Cumque venissent litteræ ad eos, tu- « lerunt filios Regis, et occiderunt septuaginta viros. » (*Livre IV des Rois*, X, 1, 6 et 7.)

3. Il est parlé au chapitre XVIII, 4 et 13, du livre III des *Rois* des prophètes du Seigneur tués par Jézabel ; et de cent d'entre ces prophètes qu'Abdias cacha dans des cavernes pour les dérober aux fureurs de cette reine. Lorsqu'Élie se plaignit au Seigneur de cette persécution sanglante contre les prophètes : « Prophetas tuos occiderunt gladio, » le Seigneur lui dit : « Quiconque aura échappé au glaive d'Hazaël sera tué par Jéhu : « Quicumque fu- « gerit gladium Hazael, occidet eum Jehu. » (*Livre III des Rois*, XIX, 14 et 17.)

ACTE II, SCÈNE VII.

Je n'aurois pas du moins à cette aveugle rage
Rendu meurtre pour meurtre, outrage pour outrage, 720
Et de votre David traité tous les neveux
Comme on traitoit d'Achab les restes malheureux?
Où serois-je aujourd'hui, si domptant ma foiblesse,
Je n'eusse d'une mère étouffé la tendresse;
Si de mon propre sang ma main versant des flots 725
N'eût par ce coup hardi réprimé vos complots?
Enfin de votre Dieu l'implacable vengeance
Entre nos deux maisons rompit toute alliance.
David m'est en horreur; et les fils de ce roi,
Quoique nés de mon sang, sont étrangers pour moi. 730

JOSABET.

Tout vous a réussi¹? Que Dieu voie, et nous juge.

ATHALIE.

Ce Dieu, depuis longtemps votre unique refuge,
Que deviendra l'effet de ses prédictions?
Qu'il vous donne ce roi promis aux nations,
Cet enfant de David, votre espoir, votre attente.... 735
Mais nous nous reverrons. Adieu. Je sors contente:
J'ai voulu voir; j'ai vu².

ABNER, à Josabet.

Je vous l'avois promis:
Je vous rends le dépôt que vous m'avez commis.

---

1. Il y a ici un point d'interrogation dans les trois éditions publiées du vivant de Racine. C'est aussi la ponctuation des éditions de 1702, de 1713, de 1723 (Cologne), de 1736.

2. L'abbé Nadal, au tome II de ses *OEuvres mêlées* (édition de 1738), dit que « dans les premières représentations d'*Athalie* sur le théâtre de Paris, les comédiens changèrent ces deux vers (736 et 737) comme peu intelligibles, selon le jugement de leurs camarades. » Une telle ineptie est à peine croyable.

SCÈNE VIII.

JOAD, JOSABET, JOAS, ZACHARIE, ABNER, SALOMITH, lévites, le Chœur.

JOSABET, à Joad.

Avez-vous entendu cette superbe reine,
Seigneur?

JOAD.

J'entendois tout et plaignois votre peine. 740
Ces lévites et moi, prêts à vous secourir,
Nous étions avec vous résolus de périr.

(A Joas, en l'embrassant.)

Que Dieu veille sur vous, enfant dont le courage
Vient de rendre à son nom ce noble témoignage.
Je reconnois, Abner, ce service important. 745
Souvenez-vous de l'heure où Joad vous attend [1].
Et nous, dont cette femme impie et meurtrière
A souillé les regards et troublé la prière,
Rentrons; et qu'un sang pur, par mes mains épanché,
Lave jusques au marbre où ses pas ont touché [2]. 750

1. Louis Racine dit dans ses *Remarques*: « C'est à la troisième heure; elle est donc encore un peu éloignée. » Joad en effet avait donné rendez-vous à Abner à la troisième heure (acte I, scène I, vers 155). Mais on voit, à ce même vers 155, que cette heure est celle qui « rappelle aux prières; » or n'est-elle point déjà passée, puisque dans la scène II de l'acte II, vers 384 et suivants, Zacharie a raconté que les offrandes des premiers pains avaient été faites, le sacrifice commencé et interrompu par l'entrée d'Athalie dans un des parvis du temple? Racine ne serait donc pas d'accord avec lui-même et aurait oublié ce qu'il a dit précédemment, ce qui est bien rare chez lui; ou bien il faut comprendre que Joad a donné à Abner un nouveau rendez-vous, et qui ne serait pas, comme le croit Louis Racine, pour la troisième heure.

2. Les rites des expiations sont réglés dans plusieurs passages du *Lévitique* (voyez notamment les chapitres XIV et XVI); mais aucun de ces passages ne paraît se rapporter exactement à la purification que Joad ordonne ici.

SCÈNE IX.

LE CHOEUR.

UNE DES FILLES DU CHOEUR.

Quel astre à nos yeux vient de luire ?
Quel sera quelque jour cet enfant merveilleux [1] ?
Il brave le faste orgueilleux,
Et ne se laisse point séduire
A tous ses attraits périlleux. 755

UNE AUTRE.

Pendant que du dieu d'Athalie
Chacun court encenser l'autel,
Un enfant courageux publie
Que Dieu lui seul est éternel,
Et parle comme un autre Élie 760
Devant cette autre Jézabel [2].

UNE AUTRE.

Qui nous révélera ta naissance secrète [3],
Cher enfant? Es-tu fils de quelque saint prophète?

UNE AUTRE.

Ainsi l'on vit l'aimable Samuel [4]
Croître à l'ombre du tabernacle. 765

---

1. « Quis, putas, puer iste erit? » (*Évangile de saint Luc*, I, 66.)
2. On ne trouve pas dans l'Ecriture qu'Élie ait paru en présence de Jézabel; mais plusieurs fois il annonça à Achab la vengeance de Dieu sur lui et sur la Reine; on peut donc croire, malgré le silence des livres saints, que Jézabel aussi entendit le prophète parler librement devant elle.
3. « Generationem ejus quis enarrabit? » (*Isaïe*, LIII, 8.)
4. M. Aignan a fait sur ce vers une note singulière : « Cette épithète *d'aimable* appliquée à Samuel ne semble pas précisément répondre au caractère que la *Bible* lui a donné. » Racine parle ici de Samuel enfant, lorsqu'il était élevé dans le temple sous les yeux d'Hélie, comme Joas près de Joad. Cette *aimable* enfance de Samuel est racontée au livre I des *Rois*, chapitres II et III. Il est dit au verset 26 du chapitre II : « Puer autem Samuel proficiebat atque « crescebat, et placebat tam Domino quam hominibus. »

Il devint des Hébreux l'espérance et l'oracle.
Puisses-tu, comme lui, consoler Israël!
UNE AUTRE chante.

O bienheureux mille fois
L'enfant que le Seigneur aime,
Qui de bonne heure entend sa voix, 770
Et que ce Dieu daigne instruire lui-même [1]!
Loin du monde élevé, de tous les dons des cieux
Il est orné dès sa naissance [2];
Et du méchant l'abord contagieux
N'altère point son innocence. 775
TOUT LE CHOEUR.

Heureuse, heureuse l'enfance
Que le Seigneur instruit et prend sous sa défense!
LA MÊME VOIX, seule.

Tel en un secret vallon,
Sur le bord d'une onde pure,
Croît à l'abri de l'aquilon, 780
Un jeune lis, l'amour de la nature [3],
Loin du monde élevé, de tous les dons des cieux
Il est orné dès sa naissance;

---

1. « Beatus homo, quem tu erudieris, Domine, et de lege tua docueris eum. » (*Psaume* XCIII, 12.)

2. On lit ainsi ce vers dans l'édition de M. Aimé-Martin:

Il est orné dès son enfance.

Plus bas, lorsque ces mêmes vers sont répétés, M. Aimé-Martin a cependant: « dès sa naissance. »

3. Racine s'est ici souvenu de la gracieuse comparaison de Catulle (*Carmen nuptiale*, LXII, vers 39-41):

Ut flos in septis secretus nascitur hortis,
Ignotus pecori, nullo contusus aratro,
Quem mulcent auræ, firmat sol, educat imber.

— Après le vers 781 vient immédiatement, dans l'édition de 1691 (et de même dans celle de 1706, Amsterdam), le vers 795: *O palais de David....* Ce que Racine a ajouté depuis entre ces deux vers (c'est-à-dire la répétition: « Loin du monde élevé, » et les vers 786-794) ne se trouve pas pour la première fois dans l'édition de 1697, comme le dit Geoffroy, mais déjà dans celle de 1692.

Et du méchant l'abord contagieux
N'altère point son innocence.   785
            TOUT LE CHOEUR.
Heureux, heureux mille fois
L'enfant que le Seigneur rend docile à ses lois !
            UNE VOIX seule.
Mon Dieu, qu'une vertu naissante
Parmi tant de périls marche à pas incertains !
Qu'une âme qui te cherche et veut être innocente   790
    Trouve d'obstacle à ses desseins !
    Que d'ennemis lui font la guerre !
    Où se peuvent cacher tes saints ?
    Les pécheurs couvrent la terre.
            UNE AUTRE.
O palais de David, et sa chère cité [1],   795
Mont fameux, que Dieu même a longtemps habité [2],
Comment as-tu du ciel attiré la colère ?
Sion, chère Sion, que dis-tu quand tu vois
    Une impie étrangère
Assise, hélas ! au trône de tes rois ?   800
            TOUT LE CHOEUR.
Sion, chère Sion, que dis-tu quand tu vois
    Une impie étrangère
Assise, hélas ! au trône de tes rois ?
            LA MÊME VOIX continue.
    Au lieu des cantiques charmants [3]
Où David t'exprimoit ses saints ravissements,   805
Et bénissoit son Dieu, son Seigneur et son père,
Sion, chère Sion, que dis-tu quand tu vois

---

1. « Habitavit autem David in arce (*Sion*) et vocavit eam *Civitatem David*. » (*Livre II des Rois*, v, 9.)

2. « Mons in quo bene placitum est Deo habitare in eo. » (*Psaume* LXVII, 17.)

3. Ce vers et les cinq suivants manquent dans les éditions de 1691 et de 1692, et dans celle de 1706 (Amsterdam). Racine les avait ajoutés dans celle de 1697.

Louer le dieu de l'impie étrangère,
Et blasphémer le nom qu'ont adoré tes rois?

UNE VOIX seule.

Combien de temps, Seigneur, combien de temps encore
Verrons-nous contre toi les méchants s'élever[1]?
Jusque dans ton saint temple ils viennent te braver.
Ils traitent d'insensé le peuple qui t'adore.
Combien de temps, Seigneur, combien de temps encore
Verrons-nous contre toi les méchants s'élever?   815

UNE AUTRE.

Que vous sert, disent-ils, cette vertu sauvage?
  De tant de plaisirs si doux
  Pourquoi fuyez-vous l'usage?
 Votre Dieu ne fait rien pour vous[2].

UNE AUTRE.

 Rions, chantons, dit cette troupe impie;   820
De fleurs en fleurs, de plaisirs en plaisirs,
  Promenons nos desirs.
 Sur l'avenir insensé qui se fie.
De nos ans passagers le nombre est incertain.
Hâtons-nous aujourd'hui de jouir de la vie;   825
 Qui sait si nous serons demain[3]?

TOUT LE CHOEUR.

Qu'ils pleurent, ô mon Dieu, qu'ils frémissent de crainte,
Ces malheureux, qui de ta cité sainte

---

1. « Usquequo peccatores, Domine, usquequo peccatores gloriabuntur : « effabuntur, et loquentur iniquitatem : loquentur omnes qui operantur in-« justitiam? Populum tuum, Domine, humiliaverunt; et hereditatem tuam « vexaverunt. » (*Psaume* XCIII, 3, 4 et 5.)

2. Voyez *Esther*, vers 340 et 341, et la note de la page 487.

3. « Comedamus et bibamus; cras enim moriemur » (*Isaïe*, XXII, 13), paroles répétées dans la Ire *épître aux Corinthiens*. XV, 32. — « Venite ergo « et fruamur bonis quæ sunt, et utamur creatura tanquam in juventute cele-« riter. Vino pretioso et unguentis nos impleamus; et non prætereat nos flos « temporis. Coronemus nos rosis, antequam marcescant : nullum pratum sit « quod non pertranseat luxuria nostra. » (*Sagesse*, II, 6-8.)

Ne verront point l'éternelle splendeur.
C'est à nous de chanter, nous à qui tu révèles 830
 Tes clartés immortelles;
C'est à nous de chanter tes dons et ta grandeur.
UNE VOIX seule.
De tous ces vains plaisirs où leur âme se plonge,
Que leur restera-t-il? Ce qui reste d'un songe
 Dont on a reconnu l'erreur. 835
 A leur réveil, ô réveil plein d'horreur[1]!
 Pendant que le pauvre à ta table
Goûtera de ta paix la douceur ineffable,
Ils boiront dans la coupe affreuse, inépuisable,
Que tu présenteras au jour de ta fureur 840
 A toute la race coupable[2].
TOUT LE CHOEUR.
 O réveil plein d'horreur!
 O songe peu durable!
 O dangereuse erreur!

---

1. On peut rapprocher de ces vers ceux de J. B. Rousseau (livre I, ode VII) :

Comment tant de grandeur s'est-elle évanouie?...
Dans un sommeil profond ils ont passé leur vie,
 Et la mort a fait leur réveil.

Racine a sans doute imité, surtout aux vers 834 et 835, le *Psaume* LXXII, verset 20 : « Velut somnium surgentium, Domine, in civitate tua imaginem « ipsorum ad nihilum rediges. » C'est de ce même psaume que s'est inspiré J. B. Rousseau.

2. « Calix in manu Domini vini meri plenus misto.... Fæx ejus non est « exinanita : bibent omnes peccatores terræ. » (*Psaume* LXXIV, 9.) — « Bi-« bisti de manu Domini calicem iræ ejus. » (*Isaïe*, LI, 17.)

FIN DU SECOND ACTE.

ACTE III.

SCÈNE PREMIÈRE.
MATHAN, NABAL, LE CHOEUR.

MATHAN.
Jeunes filles, allez : qu'on dise à Josabet 845
Que Mathan veut ici lui parler en secret.
UNE DES FILLES DU CHOEUR.
Mathan! O Dieu du ciel, puisses-tu le confondre!
NABAL.
Hé quoi? tout se disperse, et fuit sans vous répondre?
MATHAN.
Approchons.

SCÈNE II.
ZACHARIE, MATHAN, NABAL.

ZACHARIE.
Téméraire, où voulez-vous passer?
Au delà de ce lieu gardez-vous d'avancer. 850
C'est des ministres saints la demeure sacrée ;
Les lois à tout profane en défendent l'entrée.
Qui cherchez-vous? Mon père, en ce jour solennel,
De l'idolâtre impur fuit l'aspect criminel;
Et devant le Seigneur maintenant prosternée, 855
Ma mère en ce devoir craint d'être détournée.
MATHAN.
Mon fils, nous attendrons : cessez de vous troubler.

C'est votre illustre mère à qui je veux parler.
Je viens ici chargé d'un ordre de la Reine.

SCÈNE III.

MATHAN, NABAL.

NABAL.

Leurs enfants ont déjà leur audace hautaine. 860
Mais que veut Athalie en cette occasion?
D'où naît dans ses conseils cette confusion?
Par l'insolent Joad ce matin offensée,
Et d'un enfant fatal en songe menacée,
Elle alloit immoler Joad à son courroux, 865
Et dans ce temple enfin placer Baal et vous.
Vous m'en aviez déjà confié votre joie,
Et j'espérois ma part d'une si riche proie.
Qui fait changer ainsi ses vœux irrésolus?

MATHAN.

Ami, depuis deux jours je ne la connois plus. 870
Ce n'est plus cette reine éclairée, intrépide,
Élevée au-dessus de son sexe timide,
Qui d'abord accabloit ses ennemis surpris,
Et d'un instant perdu connoissoit tout le prix.
La peur d'un vain remords trouble cette grande âme:
Elle flotte, elle hésite; en un mot, elle est femme.
J'avois tantôt rempli d'amertume et de fiel
Son cœur déjà saisi des menaces du ciel;
Elle-même, à mes soins confiant sa vengeance,
M'avoit dit d'assembler sa garde en diligence; 880
Mais soit que cet enfant devant elle amené,
De ses parents, dit-on, rebut infortuné,
Eût d'un songe effrayant diminué l'alarme,

Soit qu'elle eût même en lui vu je ne sais quel charme,
J'ai trouvé son courroux chancelant, incertain, 885
Et déjà remettant sa vengeance à demain.
Tous ses projets sembloient l'un l'autre se détruire[1].
« Du sort de cet enfant je me suis fait instruire,
Ai-je dit. On commence à vanter ses aïeux;
Joad de temps en temps le montre aux factieux, 890
Le fait attendre aux Juifs, comme un autre Moïse,
Et d'oracles menteurs s'appuie et s'autorise. »
Ces mots ont fait monter la rougeur sur son front.
Jamais mensonge heureux n'eut un effet si prompt.
« Est-ce à moi de languir dans cette incertitude? 895
Sortons, a-t-elle dit, sortons d'inquiétude.
Vous-même à Josabet prononcez cet arrêt :
Les feux vont s'allumer, et le fer est tout prêt;
Rien ne peut de leur temple empêcher le ravage,
Si je n'ai de leur foi cet enfant pour otage. » 900

NABAL.

Hé bien? pour un enfant qu'ils ne connoissent pas,
Que le hasard peut-être a jeté dans leurs bras,
Voudront-ils que leur temple enseveli sous l'herbe....

MATHAN.

Ah! de tous les mortels connois le plus superbe.
Plutôt que dans mes mains par Joad soit livré 905
Un enfant qu'à son Dieu Joad a consacré,
Tu lui verras subir la mort la plus terrible.
D'ailleurs pour cet enfant leur attache est visible.
Si j'ai bien de la Reine entendu le récit,
Joad sur sa naissance en sait plus qu'il ne dit. 910
Quel qu'il soit, je prévois qu'il leur sera funeste.
Ils le refuseront. Je prends sur moi le reste;

---

1. Racine a dit dans *Phèdre* (acte I, scène III, vers 162) :
  Comme on voit tous ses vœux l'un l'autre se détruire!

Et j'espère qu'enfin de ce temple odieux
Et la flamme et le fer vont délivrer mes yeux.
NABAL.
Qui peut vous inspirer une haine si forte ? 915
Est-ce que de Baal le zèle vous transporte ?
Pour moi, vous le savez, descendu d'Ismaël[1],
Je ne sers ni Baal, ni le Dieu d'Israël.
MATHAN.
Ami, peux-tu penser que d'un zèle frivole
Je me laisse aveugler pour une vaine idole, 920
Pour un fragile bois, que malgré mon secours
Les vers sur son autel consument tous les jours[2] ?
Né ministre du Dieu qu'en ce temple on adore,
Peut-être que Mathan le serviroit encore,
Si l'amour des grandeurs, la soif de commander 925
Avec son joug étroit pouvoient s'accommoder.

Qu'est-il besoin, Nabal, qu'à tes yeux je rappelle
De Joad et de moi la fameuse querelle,
Quand j'osai contre lui disputer l'encensoir,
Mes brigues, mes combats, mes pleurs, mon désespoir ?
Vaincu par lui, j'entrai dans une autre carrière,
Et mon âme à la cour s'attacha toute entière.
J'approchai par degrés de l'oreille des rois,
Et bientôt en oracle on érigea ma voix.
J'étudiai leur cœur, je flattai leurs caprices, 935
Je leur semai de fleurs le bord des précipices.

---

[1]. Les descendants d'Ismaël, fils d'Abraham et d'Agar, étaient circoncis ; mais ils sont comptés parmi les ennemis d'Israël dans le *Psaume* LXXXII, 7. Racine dit dans ses *Notes manuscrites sur* Athalie : « Les Ismaélites étoient idolâtres et fort attachés à leurs faux dieux. *Jérémie*, chapitre II (*versets* 10 et 11) : « In Cedar mittite, et considerate.... si mutavit gens deos suos, et « certe ipsi non sunt dii. » — Cédar, sur les confins de l'Égypte et de l'Arabie, étoit une région habitée par les Ismaélites ; elle tiroit son nom d'un des fils d'Ismaël.

[2]. « Ante truncum ligni procidam?... Forte mendacium est in dextera mea. » (*Isaïe*, XLIV, 19 et 20.)

Près de leurs passions rien ne me fut sacré ;
De mesure et de poids je changeois à leur gré.
Autant que de Joad l'inflexible rudesse
De leur superbe oreille offensoit la mollesse, 940
Autant je les charmois par ma dextérité,
Dérobant à leurs yeux la triste vérité,
Prêtant à leurs fureurs des couleurs favorables,
Et prodigue surtout du sang des misérables[1].
    Enfin au Dieu nouveau qu'elle avoit introduit, 945
Par les mains d'Athalie un temple fut construit[2].
Jérusalem pleura de se voir profanée ;

[1]. On a reproché à ces impudents aveux de Mathan la même invraisemblance dont plusieurs commentateurs ont accusé le monologue de Narcisse dans *Britannicus* (acte II, scène VIII, vers 757-760). L'Académie, dans ses *Sentiments sur Athalie*, est de cet avis : « On a trouvé, dit-elle, que Mathan se déclare ici très-mal à propos le plus scélérat de tous les hommes ; et il le fait sans aucune nécessité et sans utilité. » Fontenelle, dans ses *Réflexions sur la Poétique*, § LXIII (*OEuvres*, édition de 1742, tome III, p. 193), fait la même critique : « Il n'y a guère d'apparence que des scélérats, tels que la Cléopâtre de *Rodogune* et le Mathan d'*Athalie* aient des confidents à qui ils découvrent sans aucun déguisement et sans une nécessité absolue le détestable fond de leur âme. » Houdar de la Motte dit aussi dans son *Second discours sur la tragédie*, à l'occasion de la tragédie de Romulus (*OEuvres*, édition de 1754, tome IV, p. 167) : « Ce caractère (*de Mathan*), tout odieux, tout excessif qu'il est, ne laisse pas d'être naturel ; et il n'y a que trop d'ambitieux qui lui ressemblent ; mais ce qui n'est plus dans la nature, c'est qu'il se peigne lui-même à son confident sous d'aussi noires couleurs. On ne croira jamais qu'un homme si superbe s'avilisse à ce point, et sans nécessité, aux yeux d'un autre homme ; et quand l'histoire fourniroit quelque exemple d'une pareille conduite, il ne suffiroit pas pour la justifier au théâtre, où l'on veut voir des hommes, et non pas des monstres. » Louis Racine et la Harpe se sont efforcés de combattre ces critiques, où cependant il y a, ce nous semble, une bonne part de vérité, quelque admirable que soit la peinture de la scélératesse de Mathan.

[2]. Racine suppose qu'Athalie avait la première introduit le culte de Baal à Jérusalem. Il n'a point trouvé ce fait dans l'Écriture ; mais il nous semble qu'on n'y trouve rien non plus de contraire. On voit, il est vrai, dans divers passages des *Juges* et du livre I des *Rois* que les Israélites, avant le schisme des dix tribus, s'étaient plusieurs fois rendus coupables de ce culte idolâtre ; mais, depuis ce schisme jusqu'au règne d'Athalie, c'est dans le royaume d'Israël seulement, et non dans celui de Juda, que l'histoire sacrée en donne des exemples. Le poëte était donc libre d'attribuer à Athalie la construction du temple du dieu nouveau.

Des enfants de Lévi la troupe consternée
En poussa vers le ciel des hurlements affreux.
Moi seul, donnant l'exemple aux timides Hébreux, 950
Déserteur de leur loi, j'approuvai l'entreprise,
Et par là de Baal méritai la prêtrise.
Par là je me rendis terrible à mon rival,
Je ceignis la tiare, et marchai¹ son égal.
Toutefois, je l'avoue, en ce comble de gloire, 955
Du Dieu que j'ai quitté l'importune mémoire
Jette encore en mon âme un reste de terreur;
Et c'est ce qui redouble et nourrit ma fureur.
Heureux si sur son temple achevant ma vengeance,
Je puis convaincre enfin sa haine d'impuissance, 960
Et parmi le débris, le ravage et les morts,
A force d'attentats perdre tous mes remords!
Mais voici Josabet.

SCÈNE IV.

JOSABET, MATHAN, NABAL.

MATHAN.

Envoyé par la Reine,
Pour rétablir le calme et dissiper la haine,
Princesse, en qui le ciel mit un esprit si doux, 965
Ne vous étonnez pas si je m'adresse à vous.
Un bruit, que j'ai pourtant soupçonné de mensonge,
Appuyant les avis qu'elle a reçus en songe,
Sur Joad, accusé de dangereux complots,

---

1. Cet emploi si poétique du verbe *marcher* a été probablement indiqué à Racine par le vers de Virgile :

Ast ego quæ Divum incedo Regina....
(*Énéide*, livre I, vers 46.)

Alloit de sa colère attirer tous les flots. 970
Je ne veux point ici vous vanter mes services.
De Joad contre moi je sais les injustices ;
Mais il faut à l'offense opposer les bienfaits.
Enfin je viens chargé de paroles de paix.
Vivez, solennisez vos fêtes sans ombrage[1]. 975
De votre obéissance elle ne veut qu'un gage :
C'est, pour l'en détourner j'ai fait ce que j'ai pu,
Cet enfant sans parents, qu'elle dit qu'elle a vu.

JOSABET.

Éliacin !

MATHAN.

J'en ai pour elle quelque honte.
D'un vain songe peut-être elle fait trop de compte. 980
Mais vous vous déclarez ses mortels ennemis,
Si cet enfant sur l'heure en mes mains n'est remis.
La Reine impatiente attend votre réponse.

JOSABET.

Et voilà de sa part la paix qu'on nous annonce !

MATHAN.

Pourriez-vous un moment douter de l'accepter ? 985
D'un peu de complaisance est-ce trop l'acheter ?

JOSABET.

J'admirois si Mathan, dépouillant l'artifice,
Avoit pu de son cœur surmonter l'injustice,
Et si de tant de maux le funeste inventeur
De quelque ombre de bien pouvoit être l'auteur. 990

MATHAN.

De quoi vous plaignez-vous ? Vient-on avec furie
Arracher de vos bras votre fils Zacharie ?
Quel est cet autre enfant si cher à votre amour ?

---

1. Ce vers est critiqué, avec raison peut-être, dans les *Sentiments de l'Académie* : « Racine veut dire : *Solennisez vos fêtes en assurance ; et sans ombrage* le dit mal. »

ACTE III, SCÈNE IV.

Ce grand attachement me surprend à mon tour.
Est-ce un trésor pour vous si précieux, si rare ? 995
Est-ce un libérateur que le ciel vous prépare ?
Songez-y : vos refus pourroient me confirmer
Un bruit sourd que déjà l'on commence à semer.

JOSABET.

Quel bruit ?

MATHAN.

Que cet enfant vient d'illustre origine ;
Qu'à quelque grand projet votre époux le destine. 1000

JOSABET.

Et Mathan par ce bruit qui flatte sa fureur....

MATHAN.

Princesse, c'est à vous à me tirer d'erreur.
Je sais que du mensonge implacable ennemie,
Josabet livreroit même sa propre vie,
S'il falloit que sa vie a sa sincérité 1005
Coûtât le moindre mot contre la vérité.
Du sort de cet enfant on n'a donc nulle trace ?
Une profonde nuit enveloppe sa race ?
Et vous-même ignorez de quels parents issu,
De quelles mains Joad en ses bras l'a reçu ? 1010
Parlez ; je vous écoute, et suis prêt de vous croire[1].
Au Dieu que vous servez, Princesse, rendez gloire.

JOSABET.

Méchant, c'est bien à vous d'oser ainsi nommer
Un Dieu que votre bouche enseigne à blasphémer.
Sa vérité par vous peut-elle être attestée ; 1015
Vous, malheureux, assis dans la chaire empestée[2]
Où le mensonge règne et répand son poison ;
Vous, nourri dans la fourbe et dans la trahison ?

---

1. Geoffroy et M. Aimé-Martin ont changé *prêt de* en *prêt à*.
2. Cette expression est tirée du *Psaume* I, verset 1 : « Beatus vir, qui....
« in cathedra pestilentiæ non sedit. »

SCÈNE V.

JOAD, JOSABET, MATHAN, NABAL.

JOAD.

Où suis-je? De Baal ne vois-je pas le prêtre?
Quoi? fille de David, vous parlez à ce traître?
Vous souffrez qu'il vous parle? Et vous ne craignez pas
Que du fond de l'abîme entr'ouvert sous ses pas
Il ne sorte à l'instant des feux qui vous embrasent,
Ou qu'en tombant sur lui ces murs ne vous écrasent?
Que veut-il? De quel front cet ennemi de Dieu
Vient-il infecter l'air qu'on respire en ce lieu?

MATHAN.

On reconnoît Joad à cette violence.
Toutefois il devroit montrer plus de prudence,
Respecter une reine, et ne pas outrager
Celui que de son ordre elle a daigné charger.

JOAD.

Hé bien, que nous fait-elle annoncer de sinistre?
Quel sera l'ordre affreux qu'apporte un tel ministre?

MATHAN.

J'ai fait à Josabet savoir sa volonté.

JOAD.

Sors donc de devant moi, monstre d'impiété.
De toutes tes horreurs, va, comble la mesure.
Dieu s'apprête à te joindre à la race parjure,
Abiron et Dathan, Doëg, Achitophel[1].

---

1. Dathan et Abiron furent avec Coré les chefs d'une révolte contre Moïse dans le désert. La terre s'ouvrit sous leurs pieds et les dévora (*Livre des Nombres*, xvi, 1-33). — Doëg, Iduméen, un des serviteurs de Saül, et « le plus puissant de ses pasteurs, » dit l'Écriture, était présent lorsque le pontife Achimélech donna des vivres à David fugitif, et lui remit l'épée de Goliath; il dénonça Achimélech à Saül, qui ayant fait venir le pontife, et avec lui tous les

Les chiens, à qui son bras a livré Jézabel,
Attendant que sur toi sa fureur se déploie,
Déjà sont à ta porte, et demandent leur proie. 1040
        MATHAN. (Il se trouble[1].)
Avant la fin du jour.... on verra qui de nous....
Doit.... Mais sortons, Nabal.
        NABAL.
                Où vous égarez-vous?
De vos sens étonnés quel désordre s'empare?
Voilà votre chemin.

SCÈNE VI.

JOAD, JOSABET.

        JOSABET.
      L'orage se déclare.
Athalie en fureur demande Éliacin. 1045
Déjà de sa naissance et de votre dessein
On commence, Seigneur, à percer le mystère :
Peu s'en faut que Mathan ne m'ait nommé son père.
        JOAD.
Au perfide Mathan qui l'auroit révélé?
Votre trouble à Mathan n'a-t-il point trop parlé? 1050
        JOSABET.
J'ai fait ce que j'ai pu pour m'en rendre maîtresse.
Cependant, croyez-moi, Seigneur, le péril presse.

---

prêtres de Nobé, les condamna à mort. Doëg exécuta la sentence. (*Livre I des Rois*, XXI, 7 et suivants; XXII, 9-18.) David l'a maudit dans le *Psaume* LI, versets 2 et suivants. — Achitophel, autrefois conseiller de David, avait encouragé Absalon à se révolter contre son père, et l'avait poussé à des crimes infâmes. Lorqu'Absalon se fut laissé persuader de ne plus suivre les conseils d'Achitophel, celui-ci se pendit. Voyez le livre II des *Rois*, XV, XVI et XVII.

1. L'indication : « *Il se trouble*, » n'est pas dans l'édition de 1691. Dans les éditions de 1736, de 1768 et dans celle de la Harpe : « MATHAN, *troublé.* »

Réservons cet enfant pour un temps plus heureux.
Tandis que les méchants délibèrent entre eux,
Avant qu'on l'environne, avant qu'on nous l'arrache,
Une seconde fois souffrez que je le cache.
Les portes, les chemins lui sont encore ouverts.
Faut-il le transporter aux plus affreux déserts?
Je suis prête. Je sais une secrète issue
Par où, sans qu'on le voie, et sans être aperçue,   1060
De Cédron avec lui traversant le torrent [1],
J'irai dans le désert, où jadis en pleurant,
Et cherchant comme nous son salut dans la fuite,
David d'un fils rebelle évita la poursuite.
Je craindrai moins pour lui les lions et les ours....   1065
Mais pourquoi de Jéhu refuser le secours?
Je vous ouvre peut-être un avis salutaire.
Faisons de ce trésor Jéhu dépositaire.
On peut dans ses États le conduire aujourd'hui,
Et le chemin est court qui mène jusqu'à lui.   1070
Jéhu n'a point un cœur farouche, inexorable ;
De David à ses yeux le nom est favorable.
Hélas! est-il un roi si dur et si cruel,
A moins qu'il n'eût pour mère une autre Jézabel,
Qui d'un tel suppliant ne plaignît l'infortune?   1075

---

1. Le torrent de Cédron coulait au fond d'une vallée étroite à l'est de Jérusalem, et se jetait dans la mer Morte. Il fallait le passer pour entrer dans le désert d'Engaddi, où David avait fui, afin d'échapper à son fils Absalon révolté contre lui. Jésus lui-même, au moment où il allait être livré à ses ennemis, traversa, comme autrefois David, le torrent de Cédron, ainsi qu'il est dit dans l'*Évangile de saint Jean*, chapitre XXVIII, verset 1. Les paroles de ce verset : « Trans torrentem Cedron, » ont été ainsi annotées par Racine lui-même dans le manuscrit dont Louis Racine a publié une partie sous le nom de *Réflexions pieuses sur quelques passages de l'Écriture sainte*, à la suite de la première édition des *Mémoires*, p. 56-60 : « Grotius croit qu'il (*le Cédron*) étoit ainsi nommé à cause qu'il y avait eu des cèdres dans cette vallée. En grec, c'est le torrent des Cèdres. Jésus-Christ accomplit ici ce qui le figura en la personne de David, quand ce roi, fuyant Absalon, passa ce torrent, étant trahi par Achitophel. »

Sa cause à tous les rois n'est-elle pas commune?
JOAD.
Quels timides conseils m'osez-vous suggérer?
En l'appui de Jéhu pourriez-vous espérer?
JOSABET.
Dieu défend-il tout soin et toute prévoyance?
Ne l'offense-t-on point par trop de confiance? 1080
A ses desseins sacrés employant les humains,
N'a-t-il pas de Jéhu lui-même armé les mains[1]?
JOAD.
Jéhu, qu'avoit choisi sa sagesse profonde,
Jéhu, sur qui je vois que votre espoir se fonde,
D'un oubli trop ingrat a payé ses bienfaits. 1085
Jéhu laisse d'Achab l'affreuse fille en paix,
Suit des rois d'Israël les profanes exemples,
Du vil Dieu de l'Égypte a conservé les temples[2].
Jéhu, sur les hauts lieux enfin osant offrir
Un téméraire encens que Dieu ne peut souffrir[3], 1090
N'a pour servir sa cause et venger ses injures
Ni le cœur assez droit ni les mains assez pures.
Non, non : c'est à Dieu seul qu'il nous faut attacher.
Montrons Éliacin ; et loin de le cacher,
Que du bandeau royal sa tête soit ornée. 1095
Je veux même avancer l'heure déterminée,
Avant que de Mathan le complot soit formé.

---

1. Voyez le livre IV des *Rois*, IX, 4-7.
2. « Delevit itaque Jehu Baal de Israel. Verumtamen a peccatis Jeroboam filii
« Nabath.... non recessit, nec dereliquit vitulos aureos, qui erant in Bethel
« et in Dan. » (*Livre IV des Rois*, x, 28 et 29.)
3. Il était interdit depuis la construction du temple de sacrifier sur les
hauts lieux (*excelsa*), dont il est souvent parlé dans les livres saints.

SCÈNE VII.

JOAD, JOSABET, AZARIAS, suivi du Chœur
et de plusieurs lévites.

JOAD.

Hé bien, Azarias, le temple est-il fermé ?

AZARIAS.

J'en ai fait devant moi fermer toutes les portes.

JOAD.

N'y reste-t-il que vous et vos saintes cohortes ?   1100

AZARIAS.

De ses parvis sacrés j'ai deux fois fait le tour.
Tout a fui, tous se sont séparés sans retour,
Misérable troupeau qu'a dispersé la crainte ;
Et Dieu n'est plus servi que dans la tribu sainte.
Depuis qu'à Pharaon ce peuple est échappé,   1105
Une égale terreur ne l'avoit point frappé.

JOAD.

Peuple lâche, en effet, et né pour l'esclavage,
Hardi contre Dieu seul ! Poursuivons notre ouvrage.
Mais qui retient encor ces enfants parmi nous ?

UNE DES FILLES DU CHOEUR.

Hé ! pourrions-nous, Seigneur, nous séparer de vous ?
Dans le temple de Dieu sommes-nous étrangères ?
Vous avez près de vous nos pères et nos frères.

UNE AUTRE.

Hélas ! si pour venger l'opprobre d'Israël,
Nos mains ne peuvent pas, comme autrefois Jahel[1],

---

1. « *Juges*, chapitre IV. » (*Note de Racine*, éditions de 1692 et 1697.) Il est en effet raconté dans ce chapitre que Sisara, chef de l'armée de Jabin, un des rois de Chanaan, fut vaincu par Débora et Barac, et qu'ayant pris la fuite il entra dans la tente de Jahel, épouse du Cinéen Haber. Jahel, qui l'avait

Des ennemis de Dieu percer la tête impie,   1115
Nous lui pouvons du moins immoler notre vie.
Quand vos bras combattront pour son temple attaqué,
Par nos larmes du moins il peut être invoqué.

JOAD.

Voilà donc quels vengeurs s'arment pour ta querelle,
Des prêtres, des enfants, ô Sagesse éternelle !   1120
Mais si tu les soutiens, qui peut les ébranler ?
Du tombeau, quand tu veux, tu sais nous rappeler.
Tu frappes et guéris; tu perds et ressuscites[1].
Ils ne s'assurent point en leurs propres mérites,
Mais en ton nom sur eux invoqué tant de fois,   1125
En tes serments jurés au plus saint de leurs rois,
En ce temple où tu fais ta demeure sacrée,
Et qui doit du soleil égaler la durée[2].
Mais d'où vient que mon cœur frémit d'un saint effroi ?
Est-ce l'Esprit divin qui s'empare de moi ?   1130
C'est lui-même. Il m'échauffe. Il parle. Mes yeux s'ou-
Et les siècles obscurs devant moi se découvrent. [vrent,
Lévites, de vos sons prêtez-moi les accords,
Et de ses[3] mouvements secondez les transports.

---

elle-même invité a entrer dans sa tente, le couvrit d'un manteau, puis alla chercher une des chevilles de fer de la tente et un marteau, rentra près de lui sans être vue, et, pendant qu'il dormait, posa la cheville sur sa tempe, et la lui enfonça dans la tête.

1. Les exemples de ces antithèses sont nombreux dans les livres saints : « Ego « occidam, et ego vivere faciam ; percutiam, et ego sanabo. » (*Deutéronome*, XXXII, 39.) — « Dominus mortificat et vivificat, deducit ad inferos et reducit. » (*Livre I des Rois*, II, 6.) — Voyez aussi *Tobie*, XIII, 2 ; *la Sagesse*, XVI, 13 ; *Job*, V, 18.

2. On lit dans les *Notes manuscrites* de Racine *sur* Athalie : « Temple. In « domo hac et in Jerusalem... ponam nomen meum in sempiternum. *II Paralipomènes*, 33 (verset 7). » — On peut citer aussi dans le même sens bien d'autres passages, particulièrement le livre III des *Rois*, IX, 3, et le livre II des *Paralipomènes*, VII, 16.

3. *Ses* est un peu éloigné des mots *l'Esprit divin*, mais s'y rapporte clairement. Luneau de Boisjermain s'est permis de dénaturer ainsi ce vers :

Et de vos mouvements secondez mes transports.

LE CHOEUR chante au son de toute la symphonie
des instruments.

Que du Seigneur la voix se fasse entendre, 1135
Et qu'à nos cœurs son oracle divin
Soit ce qu'à l'herbe tendre
Est, au printemps, la fraîcheur du matin[1].

JOAD.

Cieux, écoutez ma voix ; terre, prête l'oreille[2].
Ne dis plus, ô Jacob, que ton Seigneur sommeille. 1140
Pécheurs, disparoissez : le Seigneur se réveille[3].

(Ici recommence la symphonie, et Joad aussitôt reprend la parole.)

Comment en un plomb vil l'or pur s'est-il changé[4] ?
Quel est dans le lieu saint ce pontife égorgé[5] ?
Pleure, Jérusalem, pleure, cité perfide,
Des prophètes divins malheureuse homicide[6]. 1145
De son amour pour toi ton Dieu s'est dépouillé.

1. « Fluat ut ros eloquium meum, quasi imber super herbam, et quasi
« stillæ super gramina. » (*Deutéronome*, XXXII, 2.)
2. « Audite, cœli, quæ loquor, audiat terra verba oris mei. » (*Ibidem*, XXXII,
1.) — « Audite cœli, et auribus percipe, terra. » (*Isaïe*, I, 2.)
3. « Deficiant peccatores a terra, et iniqui ita ut non sint. » (*Psaume* CIII,
35.) — « Exsurgat Deus, et dissipentur inimici ejus.... Pereant peccatores a
« facie Dei. » (*Psaume* LXVII, 2 et 3.) — « Et excitatus est tanquam dormiens
« Dominus. » (*Psaume* LXXVII, 65.)
4. « Joas. » (*Note de Racine*.) — « Quomodo obscuratum est aurum, mu-
« tatus est color optimus ? » (*Lamentations de Jérémie*, IV, 1.)
5. « Zacharie. » (*Note de Racine*.) — Voyez ci-dessus la *Préface* de Racine, p. 601, et la note 4 à cette même page. « La plupart ont dit que l'auteur
détruit ici l'intérêt pour Joas, en prévenant sans nécessité les auditeurs que
Joas doit un jour faire égorger le fils de son bienfaiteur. Plusieurs ont voulu
excuser cet endroit comme langage prophétique, qui ne fait pas naître une
idée distincte. Les critiques ont répondu que, si le discours du grand prêtre
ne porte aucune idée, il est inutile ; s'il présente quelque chose de réel, comme
on n'en peut douter par les notes de l'auteur, il détruit l'intérêt. » (*Sentiments de l'Académie*.) — M. de la Rochefoucauld-Liancourt dit que l'Académie s'est arrêtée là ; et que c'est d'Alembert qui a écrit à la marge : « Les
autres ont répliqué que l'intérêt principal de la pièce ne porte point sur Joas,
mais sur l'accomplissement des promesses de Dieu en faveur de la race de
David. »
6. « Jerusalem, Jerusalem, quæ occidis prophetas.... » (*Évangile de saint
Matthieu*, XXIII, 37.)

Ton encens à ses yeux est un encens souillé[1].
    Où menez-vous ces enfants et ces femmes[2] ?
Le Seigneur a détruit la reine des cités[3].
Ses prêtres sont captifs, ses rois sont rejetés.   1150
Dieu ne veut plus qu'on vienne à ses solennités[4].
Temple, renverse-toi. Cèdres, jetez des flammes.
    Jérusalem, objet de ma douleur,
Quelle main en un jour t'a ravi tous tes charmes[5] ?
Qui changera mes yeux en deux sources de larmes[6]
    Pour pleurer ton malheur?

AZARIAS.

O saint temple!

JOSABET.

    O David !

LE CHOEUR.

        Dieu de Sion, rappelle,
Rappelle en sa faveur tes antiques bontés.

(La symphonie recommence encore, et Joad, un moment après, l'interrompt.)

JOAD.

Quelle Jérusalem nouvelle[7]

---

1. « Ne offeratis ultra sacrificium frustra; incensum abominatio est mihi. » (*Isaïe*, I, 13.)
2. « Captivité de Babylone. » (*Note de Racine.*)
3. « Facta est quasi vidua domina gentium; princeps provinciarum facta est « sub tributo. » (*Lamentations de Jérémie*, I, I.)
4. « Solemnitates vestras odivit anima mea. » (*Isaïe*, I, 14.)
5. Dans l'édition de 1697 :

    Quelle main en ce jour t'a ravi tes charmes?

Est-ce bien un changement fait à dessein par Racine?

6. « Quis dabit capiti meo aquam, et oculis meis fontem lacrymarum? Et « plorabo die ac nocte.... » (*Jeremie*, IX, I.)
7. « L'Eglise. » (*Note de Racine.*) — « Vidi sanctam civitatem Jerusalem « novam, descendentem de cœlo a Deo. » (*Apocalypse*, XXI, 2.) — Plusieurs commentateurs de Racine ont reconnu une grande ressemblance pour le mouvement et pour l'image entre les premiers vers de cette strophe et le verset suivant du *Cantique des Cantiques*, III, 6 : « Quæ est ista quæ ascendit per « desertum, sicut virgula fumi ex aromatibus myrrhæ et thuris...? » M. Coquerel juge la ressemblance imaginaire. Nous croyons que Racine a pu songer

Sort du fond du désert brillante de clartés, 1160
Et porte sur le front une marque immortelle?
    Peuples de la terre, chantez.
Jérusalem renaît plus charmante et plus belle.
    D'où lui viennent de tous côtés
Ces enfants qu'en son sein elle n'a point portés[1]? 1165
Lève, Jérusalem, lève ta tête altière[2].
Regarde tous ces rois de ta gloire étonnés.
Les rois des nations, devant toi prosternés,
    De tes pieds baisent la poussière[3];
Les peuples à l'envi marchent à ta lumière[4]. 1170
Heureux qui pour Sion d'une sainte ferveur
    Sentira son âme embrasée!
    Cieux, répandez votre rosée,
    Et que la terre enfante son Sauveur[5].

JOSABET.

Hélas! d'où nous viendra cette insigne faveur, 1175
Si les rois de qui doit descendre ce Sauveur....

JOAD.

Préparez, Josabet, le riche diadème
Que sur son front sacré David porta lui-même.
(Aux lévites.)
Et vous, pour vous armer, suivez-moi dans ces lieux
Où se garde caché, loin des profanes yeux, 1180

à ce passage, d'autant plus que ne faisant pas difficulté d'admettre l'interprétation mystique du *Cantique des Cantiques*, « celle qui monte à travers le désert » a dû lui paraître signifier l'Église.

1. « Les Gentils. » (*Note de Racine.*) — « Leva in circuitu oculos tuos, « et vide, omnes isti congregati sunt, venerunt tibi.... Quis genuit mihi istos? « Ego sterilis, et non pariens.... » (*Isaïe*, XLIX, 18 et 21.)

2. « Surge, illuminare, Jerusalem, quia venit lumen tuum, et gloria Domini « super te orta est. » (*Isaïe*, LX, 1.)

3. « Et erunt reges nutricii tui.... Vultu in terram demisso adorabunt te, et pulverem pedum tuorum lingent. » (*Isaïe*, XLIX, 23.)

4. « Et ambulabunt gentes in lumine tuo. » (*Isaïe*, LX, 3.) Les mêmes paroles sont aussi dans l'*Apocalypse*, XXI, 24.

5. « Rorate, cœli, desuper, et nubes pluant justum; aperiatur terra, et « germinet Salvatorem. » (*Isaïe*, XLV, 8.)

Ce formidable amas de lances et d'épées¹
Qui du sang philistin jadis furent trempées,
Et que David vainqueur, d'ans et d'honneurs chargé,
Fit consacrer au Dieu qui l'avoit protégé.
Peut-on les employer pour un plus noble usage?   1185
Venez, je veux moi-même en faire le partage.

SCÈNE VIII.

SALOMITH, LE CHOEUR.

SALOMITH.

Que de craintes, mes sœurs, que de troubles mortels!
    Dieu tout-puissant, sont-ce là les prémices,
      Les parfums et les sacrifices
Qu'on devoit en ce jour offrir sur tes autels?   1190

UNE FILLE DU CHOEUR.

    Quel spectacle à nos yeux timides!
    Qui l'eût cru, qu'on dût voir jamais
Les glaives meurtriers, les lances homicides
    Briller dans la maison de paix?

UNE AUTRE.

D'où vient que, pour son Dieu, pleine d'indifférence²,

---

1. « Deditque Joïada sacerdos centurionibus lanceas, clypeosque et peltas
« regis David, quas consecraverat in domo Domini. » (*Livre II des Paralipomènes*, XXII, 9.) Voyez aussi le livre IV des *Rois*, XI, 10.

2. Ce vers et les neuf suivants ne sont pas dans l'édition de 1691; mais ils sont dans celle de 1692. Ils ne furent donc pas, comme le dit ici Geoffroy, ajoutés six ans après. L'édition de 1702 (Amsterdam) les a omis. — La Harpe suppose que ces dix vers ne furent pas composés après coup, que Racine les avait faits tout d'abord avec le reste du chœur, et qu'il les omit dans l'édition in-4° de 1691, parce qu' « on craignit, dit-il, que la malignité n'en fît l'application à Louis XIV, dont la France alors commençait à être moins contente, et que les ennemis de l'auteur, qui étaient très-actifs à profiter de tout, ne se servissent de ces vers pour lui nuire? » Pourquoi n'aurait-on pas eu la même crainte en 1692 et en 1697? Cette supposition, qui ne s'appuie sur aucun témoignage ancien, nous paraît, comme à Geoffroy, plus qu'improbable.

Jérusalem se tait en ce pressant danger ?
D'où vient, mes sœurs, que pour nous protéger
Le brave Abner au moins ne rompt pas le silence ?

SALOMITH.

Hélas ! dans une cour où l'on n'a d'autres lois
  Que la force et la violence,   1200
  Où les honneurs et les emplois
Sont le prix d'une aveugle et basse obéissance,
  Ma sœur, pour la triste innocence
  Qui voudroit élever sa voix ?

UNE AUTRE.

 Dans ce péril, dans ce désordre extrême,   1205
Pour qui prépare-t-on le sacré diadème ?

SALOMITH.

  Le Seigneur a daigné parler.
Mais ce qu'à son prophète il vient de révéler,
  Qui pourra nous le faire entendre ?
  S'arme-t-il pour nous défendre ?   1210
  S'arme-t-il pour nous accabler ?

TOUT LE CHOEUR chante.

O promesse ! ô menace ! ô ténébreux mystère !
Que de maux, que de biens sont prédits tour à tour !
  Comment peut-on avec tant de colère
   Accorder tant d'amour ?   1215

UNE VOIX seule.

Sion ne sera plus. Une flamme cruelle
  Détruira tous ses ornements.

UNE AUTRE VOIX.

Dieu protége Sion. Elle a pour fondements
  Sa parole éternelle.

LA PREMIÈRE.

Je vois tout son éclat disparoître à mes yeux.   1220

LA SECONDE.

Je vois de toutes parts sa clarté répandue.

LA PREMIÈRE.
Dans un gouffre profond Sion est descendue.
LA SECONDE.
Sion a son front dans les cieux.
LA PREMIÈRE.
Quel triste abaissement!
LA SECONDE.
Quelle immortelle gloire!
LA PREMIÈRE.
Que de cris de douleur!
LA SECONDE.
Que de chants de victoire! 1225
UNE TROISIÈME.
Cessons de nous troubler. Notre Dieu quelque jour
Dévoilera ce grand mystère.
TOUTES TROIS.
Révérons sa colère;
Espérons en son amour.
UNE AUTRE.
D'un cœur qui t'aime, 1230
Mon Dieu, qui peut troubler la paix?
Il cherche en tout ta volonté suprême,
Et ne se cherche jamais.
Sur la terre, dans le ciel même,
Est-il d'autre bonheur que la tranquille paix 1235
D'un cœur qui t'aime?

FIN DU TROISIÈME ACTE

ACTE IV.

SCÈNE PREMIÈRE.
JOAS, JOSABET, ZACHARIE, SALOMITH, un lévite, le Choeur.

SALOMITH.

D'un pas majestueux, à côté de ma mère,
Le jeune Éliacin s'avance avec mon frère.
Dans ces voiles, mes sœurs, que portent-ils tous deux?
Quel est ce glaive enfin qui marche devant eux ? 1240

JOSABET, à Zacharie.

Mon fils, avec respect posez sur cette table
De notre sainte loi le livre redoutable.
Et vous aussi, posez, aimable Éliacin,
Cet auguste bandeau près du livre divin.
Lévite, il faut placer, Joad ainsi l'ordonne, 1245
Le glaive de David auprès de sa couronne.

JOAS.

Princesse, quel est donc ce spectacle nouveau ?
Pourquoi ce livre saint, ce glaive, ce bandeau?
Depuis que le Seigneur m'a reçu dans son temple,
D'un semblable appareil je n'ai point vu d'exemple. 1250

JOSABET.

Tous vos doutes, mon fils, bientôt s'éclairciront.

JOAS.

Vous voulez essayer ce bandeau sur mon front?
Ah! Princesse, gardez d'en profaner la gloire.
Du roi qui l'a porté respectez la mémoire.

Un malheureux enfant aux ours abandonné.... 1255
    JOSABET, lui essayant le diadème.
Laissez, mon fils : je fais ce qui m'est ordonné.
      JOAS.
Mais j'entends les sanglots sortir de votre bouche !
Princesse, vous pleurez! Quelle pitié vous touche ?
Est-ce qu'en holocauste aujourd'hui présenté,
Je dois, comme autrefois la fille de Jephté[1], 1260
Du Seigneur par ma mort apaiser la colère?
Hélas! un fils n'a rien qui ne soit à son père.
      JOSABET.
Voici qui vous dira les volontés des cieux.
Ne craignez rien. Et nous, sortons tous de ces lieux.

SCÈNE II.

JOAD, JOAS.

  JOAS, courant dans les bras du grand prêtre.

Mon père!
      JOAD.
  Hé bien, mon fils?
      JOAS.
      Qu'est-ce donc qu'on prépare?
      JOAD.
Il est juste, mon fils, que je vous le déclare.
Il faut que vous soyez instruit, même avant tous,
Des grands desseins de Dieu sur son peuple et sur vous.
Armez-vous d'un courage et d'une foi nouvelle.
Il est temps de montrer cette ardeur et ce zèle 1270
Qu'au fond de votre cœur mes soins ont cultivés,

---

1. Le vœu de Jephté et le sacrifice qu'il fit de sa fille pour accomplir ce vœu sont racontés dans le *Livre des Juges* (xi, 30-39).

Et de payer à Dieu ce que vous lui devez.
Sentez-vous cette noble et généreuse envie?

JOAS.

Je me sens prêt, s'il veut, de lui donner ma vie.

JOAD.

On vous a lu souvent l'histoire de nos rois.
Vous souvient-il, mon fils, quelles étroites lois
Doit s'imposer un roi digne du diadème?

JOAS.

Un roi sage, ainsi Dieu l'a prononcé lui-même [1],
Sur la richesse et l'or ne met point son appui,
Craint le Seigneur son Dieu, sans cesse a devant lui
Ses préceptes, ses lois, ses jugements sévères,
Et d'injustes fardeaux n'accable point ses frères.

JOAD.

Mais sur l'un de ces rois s'il falloit vous régler,
A qui choisiriez-vous, mon fils, de ressembler?

JOAS.

David, pour le Seigneur plein d'un amour fidèle,
Me paroît des grands rois le plus parfait modèle.

JOAD.

Ainsi dans leurs excès vous n'imiteriez pas
L'infidèle Joram, l'impie Okosias [2]?

JOAS.

O mon père!

1. « *Deutéronome*, chapitre XVII. » (*Note de Racine.*) — Ce sont les versets 17-20 que Racine a eus en vue : « Non habebit.... argenti et auri immensa « pondera. Postquam autem sederit in solio regni sui, describet sibi Deutero- « nomium legis hujus in volumine.... Et habebit secum, legetque illud omnibus « diebus vitæ suæ, ut discat timere Dominum Deum suum, et custodire verba « et ceremonias ejus, quæ in lege præcepta sunt. Nec elevetur cor ejus in « superbiam super fratres suos. »
2. Voyez le livre IV des *Rois*, VIII, 18 et 27, où il est dit de ces deux rois de Juda, l'un aïeul, l'autre père de Joas, qu'ils marchèrent dans les voies des rois d'Israël et de la maison d'Achab.

JOAD.

Achevez, dites, que vous en semble?
JOAS.
Puisse périr comme eux quiconque leur ressemble[1] !
Mon père, en quel état vous vois-je devant moi?
JOAD, se prosternant à ses pieds[2].
Je vous rends le respect que je dois à mon roi.
De votre aïeul David, Joas, rendez-vous digne.
JOAS.
Joas? Moi?
JOAD[3].
Vous saurez par quelle grâce insigne,
D'une mère en fureur Dieu trompant le dessein, 1295
Quand déjà son poignard étoit dans votre sein,
Vous choisit, vous sauva du milieu du carnage.
Vous n'êtes pas encore échappé de sa rage.
Avec la même ardeur qu'elle voulut jadis
Perdre en vous le dernier des enfants de son fils, 1300
A vous faire périr sa cruauté s'attache,
Et vous poursuit encor sous le nom qui vous cache.
Mais sous vos étendards j'ai déjà su ranger
Un peuple obéissant et prompt à vous venger.

Entrez, généreux chefs des familles sacrées, 1305
Du ministère saint tour à tour honorées[4].

---

1. ‘Ὡς ἀπόλοιτο καὶ ἄλλος, ὅτις τοιαῦτά γε ῥέζοι.
(Homère, *Odyssée*, I, vers 47.)

2. Ce genre d'hommage ne paraît pas conforme à ce que l'Écriture nous apprend des usages de ce temps chez le peuple juif.

3. JOAD, *se relevant.* (1736, etc.)

4. Voyez ci-dessus, p. 591, note 1. — Joïada, comme on peut le voir au livre II des *Paralipomènes* XXIII, 8, n'avait pas laissé partir les lévites dont la semaine de service était passée.

SCÈNE III.

JOAS, JOAD, AZARIAS, ISMAËL, ET LES TROIS AUTRES CHEFS DES LÉVITES.

JOAD continue.

Roi, voilà vos vengeurs contre vos ennemis.
Prêtres, voilà le roi que je vous ai promis[1].

AZARIAS.

Quoi? c'est Éliacin?

ISMAËL.

Quoi? cet enfant aimable....

JOAD.

Est des rois de Juda l'héritier véritable, 1310
Dernier né des enfants du triste Okosias,
Nourri, vous le savez, sous le nom de Joas.
De cette fleur si tendre et sitôt moissonnée
Tout Juda, comme vous, plaignant la destinée,
Avec ses frères morts le crut enveloppé. 1315
Du perfide couteau comme eux il fut frappé.
Mais Dieu du coup mortel sut détourner l'atteinte,
Conserva dans son cœur la chaleur presque éteinte,
Permit que des bourreaux trompant l'œil vigilant,
Josabet dans son sein l'emportât tout sanglant, 1320
Et n'ayant de son vol que moi seul pour complice,
Dans le temple cachât l'enfant et la nourrice.

JOAS.

Hélas! de tant d'amour et de tant de bienfaits,
Mon père, quel moyen de m'acquitter jamais?

---

[1]. « Joïada.... assumens centuriones et milites, introduxit ad se in templum
« Domini...; et adjurans eos in domo Domini, ostendit eis filium Regis. »
(*Livre IV des Rois*, xi, 4.)

ACTE IV, SCÈNE III.

JOAD.

Gardez pour d'autres temps cette reconnoissance. 1325
   Voilà donc votre roi, votre unique espérance.
J'ai pris soin jusqu'ici de vous le conserver :
Ministres du Seigneur, c'est à vous d'achever.
Bientôt de Jézabel la fille meurtrière,
Instruite que Joas voit encor la lumière, 1330
Dans l'horreur du tombeau viendra le replonger.
Déjà, sans le connoître, elle veut l'égorger.
Prêtres saints, c'est à vous de prévenir sa rage.
Il faut finir des Juifs le honteux esclavage,
Venger vos princes morts, relever votre loi, 1335
Et faire aux deux tribus[1] reconnoître leur roi.
L'entreprise, sans doute, est grande et périlleuse.
J'attaque sur son trône une reine orgueilleuse,
Qui voit sous ses drapeaux marcher un camp nombreux
De hardis étrangers, d'infidèles Hébreux. 1340
Mais ma force est au Dieu dont l'intérêt me guide.
Songez qu'en cet enfant tout Israël réside.
Déjà ce Dieu vengeur commence à la troubler,
Déjà trompant ses soins, j'ai su vous rassembler.
Elle nous croit ici sans armes, sans défense. 1345
Couronnons, proclamons Joas en diligence.
De là, du nouveau prince intrépides soldats,
Marchons, en invoquant l'arbitre des combats ;
Et réveillant la foi dans les cœurs endormie,
Jusque dans son palais cherchons notre ennemie. 1350
   Et quels cœurs si plongés dans un lâche sommeil,
Nous voyant avancer dans ce saint appareil,
Ne s'empresseront pas à suivre notre exemple ?
Un roi que Dieu lui-même a nourri dans son temple,
Le successeur d'Aaron de ses prêtres suivi, 1355

---

1. Aux tribus de Juda et de Benjamin.

Conduisant au combat les enfants de Lévi,
Et dans ces mêmes mains des peuples révérées,
Les armes au Seigneur par David consacrées?
Dieu sur ses ennemis répandra sa terreur.
Dans l'infidèle sang baignez-vous sans horreur ;   1360
Frappez et Tyriens, et même Israélites.
Ne descendez-vous pas de ces fameux lévites
Qui lorsqu'au Dieu du Nil le volage Israël
Rendit dans le désert un culte criminel,
De leurs plus chers parents saintement homicides,   1365
Consacrèrent leurs mains dans le sang des perfides¹,
Et par ce noble exploit vous acquirent l'honneur
D'être seuls employés aux autels du Seigneur?
    Mais je vois que déjà vous brûlez de me suivre².
Jurez donc, avant tout, sur cet auguste livre³,   1370
A ce roi que le ciel vous redonne aujourd'hui,
De vivre, de combattre, et de mourir pour lui.

AZARIAS⁴.

Oui, nous jurons ici pour nous, pour tous nos frères,

---

1. Voyez l'*Exode*, XXXII. Les Hébreux, suivant le récit que nous lisons dans ce chapitre, demandèrent dans le désert à Aaron de leur faire des dieux qui marchassent devant eux. Aaron leur fit un veau d'or (c'est le *Dieu du Nil* dont parle Racine). Aux versets 25-29 est raconté le châtiment que Moïse tira de cette idolâtrie ; Racine a emprunté à ces versets les principaux traits de ses vers : « Et stans (*Moyses*) in porta castrorum, ait : Si quis est Domini, jungatur « mihi. Congregatique sunt ad eum omnes filii Levi : Quibus ait : Hæc dicit « Dominus Deus Israël : Ponat vir gladium super femur suum ; ite et redite « de porta usque ad portam per medium castrorum, et occidat unusquisque « fratrem, et amicum, et proximum suum. Feceruntque filii Levi juxta sermo- « nem Moysis ; cecideruntque in die illa quasi viginti tria millia hominum. Et « ait Moyses : Consecrastis manus vestras hodie Domino, unusquisque in filio, « et in fratre suo, ut detur vobis benedictio. »

2. Dans *Britannicus*, acte IV, scène III, vers 1381, il y a un mouvement semblable :

    Mais je vois que mes pleurs touchent mon empereur.

3. L'Écriture, qui parle souvent des formules suivant lesquelles on jurait alors, ne parle jamais de serments prêtés sur le livre saint.

4. Dans l'édition de 1736 et dans plusieurs des éditions modernes : « AZARIAS, *au bout de la table, ayant la main sur le livre saint.* »

De rétablir Joas au trône de ses pères,
De ne poser le fer entre nos mains remis, 1375
Qu'après l'avoir vengé de tous ses ennemis.
Si quelque transgresseur enfreint cette promesse,
Qu'il éprouve, grand Dieu, ta fureur vengeresse :
Qu'avec lui ses enfants, de ton partage exclus,
Soient au rang de ces morts que tu ne connois plus[1].

JOAD.

Et vous, à cette loi, votre règle éternelle[2],
Roi, ne jurez-vous pas d'être toujours fidèle?

JOAS.

Pourrois-je à cette loi ne me pas conformer?

JOAD.

O mon fils, de ce nom j'ose encor vous nommer,
Souffrez cette tendresse, et pardonnez aux larmes 1385
Que m'arrachent pour vous de trop justes alarmes.
Loin du trône nourri, de ce fatal honneur
Hélas! vous ignorez le charme empoisonneur.
De l'absolu pouvoir vous ignorez l'ivresse,
Et des lâches flatteurs la voix enchanteresse. 1390
Bientôt ils vous diront que les plus saintes lois,
Maîtresses du vil peuple, obéissent aux rois;
Qu'un roi n'a d'autre frein que sa volonté même;
Qu'il doit immoler tout à sa grandeur suprême;
Qu'aux larmes, au travail, le peuple est condamné, 1395
Et d'un sceptre de fer veut être gouverné;
Que s'il n'est opprimé, tôt ou tard il opprime.
Ainsi de piége en piége, et d'abîme en abîme,
Corrompant de vos mœurs l'aimable pureté,
Ils vous feront enfin haïr la vérité, 1400

---

1. « Sicut vulnerati dormientes in sepulchris, quorum non es memor amplius. » (*Psaume* LXXXVII, 6.)

2. « Dederuntque in manu ejus tenendam legem, et constituerunt eum regem. » (*Livre II des Paralipomènes*, XXIII, 11.)

Vous peindront la vertu sous une affreuse image.
Hélas! ils ont des rois égaré le plus sage[1].
Promettez sur ce livre, et devant ces témoins,
Que Dieu fera toujours le premier de vos soins;
Que sévère aux méchants, et des bons le refuge, 1405
Entre le pauvre et vous, vous prendrez Dieu pour juge[2],
Vous souvenant, mon fils, que caché sous ce lin,
Comme eux vous fûtes pauvre, et comme eux orphelin[3].

JOAS[4].

Je promets d'observer ce que la loi m'ordonne.
Mon Dieu, punissez-moi si je vous abandonne. 1410

JOAD.

Venez : de l'huile sainte il faut vous consacrer.
Paroissez, Josabet : vous pouvez vous montrer.

SCÈNE IV.

JOAS, JOAD, JOSABET, ZACHARIE, AZARIAS, ETC.[5], SALOMITH, LE CHOEUR.

JOSABET, embrassant Joas.

O Roi, fils de David!

---

1. Salomon. Le chapitre XI du livre III des *Rois* raconte les égarements de Salomon, son amour pour des femmes étrangères, son idolâtrie.

2. « Judicate egeno et pupillo; humilem et pauperem justificate. » (*Psaume* LXXXI, 3.)

3. M. Aimé-Martin a fait remarquer que Fénelon dans le livre II de *Télémaque* paraît avoir eu présents à la mémoire les vers de Racine : « Quand tu seras le maître des autres hommes, souviens-toi que tu as été foible, pauvre et souffrant comme eux. » Peut-être cependant Fénelon s'est-il, comme Racine, directement inspiré de ce passage du *Levitique*, XIX, 33 et 34 : « Si habitaverit « advena in terra vestra,... diligetis cum quasi vos metipsos : fuistis enim et « vos advenæ in terra Ægypti. »

4. JOAS, *au milieu de la table, ayant la main sur le livre saint.* (1736, etc.)

. A cette scène et à la suivante, les éditions de 1736, etc. répètent, au lieu de l'abréviation, les noms qui, en tête de la scène III, viennent après celui d'AZARIAS.

ACTE IV, SCÈNE IV.

JOAS.
O mon unique mère!
Venez, cher Zacharie, embrasser votre frère.
JOSABET, à Zacharie.
Aux pieds de votre roi prosternez-vous, mon fils[1].
JOAD, pendant qu'ils s'embrassent.
Enfants, ainsi toujours puissiez-vous être unis!
JOSABET, à Joas.
Vous savez donc quel sang vous a donné la vie?
JOAS.
Et je sais quelle main sans vous me l'eût ravie.
JOSABET.
De votre nom, Joas, je puis donc vous nommer.
JOAS.
Joas ne cessera jamais de vous aimer. 1420
LE CHOEUR.
Quoi? c'est là....
JOSABET.
C'est Joas.
JOAD.
Écoutons ce lévite.

SCÈNE V.

JOAS, JOSABET, JOAD, ETC., UN LÉVITE.

UN LÉVITE.
J'ignore contre Dieu quel projet on médite.
Mais l'airain menaçant frémit de toutes parts;
On voit luire des feux parmi des étendards;
Et sans doute Athalie assemble son armée. 1425

---

1. Après ce vers, l'édition de 1736 et la plupart des éditions modernes ont l'indication : « *Zacharie se jette aux pieds de Joas.* »

Déjà même au secours toute voie est fermée ;
Déjà le sacré mont, où le temple est bâti,
D'insolents Tyriens est partout investi.
L'un d'eux, en blasphémant, vient de nous faire entendre
Qu'Abner est dans les fers, et ne peut nous défendre.

JOSABET, à Joas.

Cher enfant, que le ciel en vain m'avoit rendu,
Hélas! pour vous sauver, j'ai fait ce que j'ai pu.
Dieu ne se souvient plus de David votre père.

JOAD, à Josabet[1].

Quoi? vous ne craignez pas d'attirer sa colère
Sur vous et sur ce roi si cher à votre amour ? 1435
Et quand Dieu, de vos bras l'arrachant sans retour,
Voudroit que de David la maison fût éteinte,
N'êtes-vous pas ici sur la montagne sainte
Où le père des Juifs[2] sur son fils innocent
Leva sans murmurer un bras obéissant, 1440
Et mit sur un bûcher ce fruit de sa vieillesse,
Laissant à Dieu le soin d'accomplir sa promesse,
Et lui sacrifiant, avec ce fils aimé,
Tout l'espoir de sa race, en lui seul renfermé?
    Amis, partageons-nous. Qu'Ismaël en sa garde 1445
Prenne tout le côté que l'orient regarde;
Vous, le côté de l'ourse[3] ; et vous, de l'occident;
Vous, le midi[4]. Qu'aucun, par un zèle imprudent,

---

1. L'indication « à *Josabet* » n'est pas dans l'édition de 1691.

2. « Abraham. » (*Note de Racine.*) — Voyez ci-dessus la *Préface*, p. 592, et la note 3 à cette même page.

3. *L'ourse* ne doit pas étonner ici ; ce n'est pas une expression étrangère aux livres saints tels que les lit l'Église latine, c'est-à-dire à la *Vulgate;* on trouve l'ourse, ou du moins une constellation dont le nom contient celui de l'ourse (l'*Arcturus*), mentionnée dans *Amos*, v, 8, avec Orion ; et dans *Job*, ix, 9, avec Orion et les Hyades.

4. « Tertia pars vestrum qui veniunt ad sabbatum, sacerdotum, et levitarum, « et janitorum, erit in portis; tertia vero pars ad domum regis; et tertia ad

Découvrant mes desseins, soit prêtre, soit lévite,
Ne sorte avant le temps, et ne se précipite ; 1450
Et que chacun enfin, d'un même esprit poussé,
Garde en mourant le poste où je l'aurai placé.
L'ennemi nous regarde, en son aveugle rage,
Comme de vils troupeaux réservés au carnage,
Et croit ne rencontrer que désordre et qu'effroi. 1455
Qu'Azarias partout accompagne le Roi.
(A Joas¹.)
Venez, cher rejeton d'une vaillante race,
Remplir vos défenseurs d'une nouvelle audace ;
Venez du diadème à leurs yeux vous couvrir²,
Et périssez du moins en roi, s'il faut périr. 1460
(A un lévite.)
Suivez-le, Josabet. Vous, donnez-moi ces armes.
Enfants, offrez à Dieu vos innocentes larmes³.

SCÈNE VI.

SALOMITH, LE CHOEUR.

TOUT LE CHOEUR chante.

Partez, enfants d'Aaron, partez.
Jamais plus illustre querelle
De vos aïeux n'arma le zèle. 1465

« portam quæ appellatur Fundamenti ; omne vero reliquum vulgus sit in atriis
« domus Domini. » (*Livre II des Paralipomènes*, XXIII, 5.) « Tertia pars ves-
« trum introeat sabbato, et observet excubias domus Regis. Tertia autem pars
« sit ad portam Sur ; et tertia pars sit ad portam, quæ est post habitaculum
« scutariorum, et custodietis excubias domus Messa. » (*Livre II des Rois*, XI,
6.) Dans l'un et l'autre passage, Joïada divise la sainte milice en trois troupes ;
Racine en suppose quatre.

1. L'indication « *à Joas* » n'est pas dans l'édition de 1691.
2. « Le diadème ceint et ne couvre point ; plusieurs cependant ont excusé
se couvrir d'un diadème, surtout en poésie. » (*Sentiments de l'Académie*.)
3. Les éditions de 1736, etc. donnent, avant ce vers, l'indication : « *au
Chœur.* »

Partez, enfants d'Aaron, partez.
C'est votre roi, c'est Dieu pour qui vous combattez.

UNE VOIX seule.

Où sont les traits que tu lances,
Grand Dieu, dans ton juste courroux?
N'es-tu plus le Dieu jaloux[1]? 1470
N'es-tu plus le Dieu des vengeances[2]?

UNE AUTRE.

Où sont, Dieu de Jacob, tes antiques bontés?
Dans l'horreur qui nous environne,
N'entends-tu que la voix de nos iniquités?
N'es-tu plus le Dieu qui pardonne? 1475

TOUT LE CHOEUR.

Où sont, Dieu de Jacob, tes antiques bontés?

UNE VOIX seule.

C'est à toi que dans cette guerre
Les flèches des méchants prétendent s'adresser.
« Faisons, disent-ils, cesser
Les fêtes de Dieu sur la terre[3]. 1480
De son joug importun délivrons les mortels.
Massacrons tous ses saints. Renversons ses autels.
Que de son nom, que de sa gloire
Il ne reste plus de mémoire;
Que ni lui ni son Christ[4] ne règnent plus sur nous. »

TOUT LE CHOEUR.

Où sont les traits que tu lances,

---

1. « Ego sum Dominus Deus tuus, fortis, zelotes. » (*Exode*, xx, 5.) — « Do-
« minus zelotes nomen ejus, Deus est æmulator. » (*Ibidem*, xxxiv, 14.) —
« Deus æmulator, et ulciscens Dominus. » (*Nahum*, i, 2.) — Voyez *Esther*,
acte I, scène v, vers 342 et 344.

2. « Deus ultionum Dominus; Deus ultionum libere egit. » (*Psaume* xcIII, 1.)

3. « Dixerunt in corde suo.... Quiescere faciamus omnes dies festos Dei a
« terra. » (*Psaume* LXXIII, 8.)

4. Le nom de *Christ* peut s'entendre de Joas, qui va recevoir l'onction
royale, et du sauveur promis, qui portera ce nom.

ACTE IV, SCÈNE VI.

Grand Dieu, dans ton juste courroux?
  N'es-tu plus le Dieu jaloux?
  N'es-tu plus le Dieu des vengeances?
    UNE VOIX seule.
 Triste reste de nos rois,
Chère et dernière fleur d'une tige si belle,
Hélas! sous le couteau d'une mère cruelle
Te verrons-nous tomber une seconde fois?
Prince aimable, dis-nous si quelque ange au berceau
Contre tes assassins prit soin de te défendre;
 Ou si dans la nuit du tombeau
La voix du Dieu vivant a ranimé ta cendre.
    UNE AUTRE.
D'un père et d'un aïeul contre toi révoltés,
Grand Dieu, les attentats lui sont-ils imputés?
Est-ce que sans retour ta pitié l'abandonne?
    LE CHOEUR.
Où sont, Dieu de Jacob, tes antiques bontés?
 N'es-tu plus le Dieu qui pardonne?
  UNE DES FILLES DU CHOEUR, sans chanter.
 Chères sœurs, n'entendez-vous pas
Des cruels Tyriens la trompette qui sonne?
    SALOMITH.
J'entends même les cris des barbares soldats,
 Et d'horreur j'en frissonne.
 Courons, fuyons; retirons-nous[1]
  A l'ombre salutaire
 Du redoutable sanctuaire.

---

1. Ce vers n'a sa rime qu'au premier vers de l'acte V. Voyez la note suivante.

FIN DU QUATRIÈME ACTE.

ACTE V.

SCÈNE PREMIÈRE.

ZACHARIE, SALOMITH, LE CHOEUR.

SALOMITH.

Cher Zacharie, hé bien? que nous apprenez-vous[1]? 1510

ZACHARIE.

Redoublez au Seigneur votre ardente prière.
Peut-être nous touchons à notre heure dernière.
Pour l'horrible combat, ma sœur, l'ordre est donné.

SALOMITH.

Que fait Joas?

ZACHARIE.

Joas vient d'être couronné.
Le grand prêtre a sur lui répandu l'huile sainte[2]. 1515
O ciel! dans tous les yeux quelle joie étoit peinte
A l'aspect de ce roi racheté du tombeau!
Ma sœur, on voit encor la marque du couteau.
On voit paroître aussi sa fidèle nourrice,
Qui cachée en un coin de ce vaste édifice, 1520
Gardoit ce cher dépôt, et n'avoit de ses soins
Que les yeux de ma mère et que Dieu pour témoins.
Nos lévites pleuroient de joie et de tendresse,

---

1. « Le premier vers de cet acte rime avec l'antépénultième du précédent. Racine a cru pouvoir en user ainsi, parce que le chœur lie les deux actes ensemble, et que Salomith, qui termine le quatrième acte, commence le cinquième. » (*Sentiments de l'Académie.*)
2. « Unxit quoque illum Joiada pontifex, et filii ejus. » (*Livre II des Paralipomènes*, XXIII, 11.)

Et mêloient leurs sanglots à leurs cris d'allégresse.
Lui, parmi ces transports, affable[1] et sans orgueil, 1525
A l'un tendoit la main, flattoit l'autre de l'œil[2],
Juroit de se régler par leurs avis sincères,
Et les appeloit tous ses pères ou ses frères.

SALOMITH.

Ce secret au dehors est-il aussi semé?

ZACHARIE.

Ce secret dans le temple est encor renfermé. 1530
Des enfants de Lévi la troupe partagée
Dans un profond silence aux portes s'est rangée.
Tous doivent à la fois précipiter leurs pas,
Et crier pour signal : « Vive le roi Joas[3]! »
Mais mon père défend que le Roi se hasarde, 1535
Et veut qu'Azarias demeure pour sa garde.
Cependant Athalie, un poignard à la main,
Rit des foibles remparts de nos portes d'airain.
Pour les rompre, elle attend les fatales machines,

---

1. Louis Racine dit ici dans ses *Notes sur la langue d'*Athalie : « Il s'est servi du même mot dans un de ses *Cantiques* (c'est dans le premier, au vers 34) :

> Avec toi marche la Douceur,
> Que suit avec un air affable
> La Patience, etc.

Ces mots *affable* et *affabilité* sont devenus très-françois, malgré Patru qui les condamnoit. »

2. Le rapport est frappant entre ce passage et les vers 328 et suivants de l'*Iphigénie* d'Euripide; il l'est plus encore lorsqu'on a sous les yeux l'imitation que Rotrou en a faite (*Iphigénie en Aulide*, acte II, scène II) :

> Jamais pour s'élever on ne se mit si bas :
> Vous offriez à l'un, à l'autre ouvriez les bras,
> Serriez à l'un la main, jetiez les yeux sur l'autre.

Le premier de ces vers marque le sens satirique du morceau; il ne pouvait y avoir dans les vers de Racine aucune intention semblable; mais il a pensé qu'une telle peinture n'avait pas besoin d'être épigrammatique pour être vraie. Le troisième vers de Rotrou ressemble beaucoup au vers 1526 d'*Athalie*.

3. « Imprecatique sunt ei, atque dixerunt : Vivat Rex. » (*Livre II des Paralipomènes*, XXIII, 11.)

Et ne respire enfin que sang et que ruines. 1540
Quelques prêtres, ma sœur, ont d'abord proposé
Qu'en un lieu souterrain, par nos pères creusé,
On renfermât du moins notre arche précieuse.
« O crainte, a dit mon père, indigne, injurieuse !
L'arche, qui fit tomber tant de superbes tours[1], 1545
Et força le Jourdain de rebrousser son cours[2],
Des dieux des nations tant de fois triomphante,
Fuiroit donc à l'aspect d'une femme insolente ? »
Ma mère, auprès du Roi, dans un trouble mortel,
L'œil tantôt sur ce prince et tantôt vers l'autel, 1550
Muette, et succombant sous le poids des alarmes,
Aux yeux les plus cruels arracheroit des larmes.
Le Roi de temps en temps la presse entre ses bras,
La flatte.... Chères sœurs, suivez toutes mes pas ;
Et s'il faut aujourd'hui que notre roi périsse, 1555
Allons, qu'un même sort avec lui nous unisse.

SALOMITH.

Quelle insolente main frappe à coups redoublés ?
Qui fait courir ainsi ces lévites troublés ?
Quelle précaution leur fait cacher leurs armes ?
Le temple est-il forcé ?

ZACHARIE.

          Dissipez vos alarmes : 1560
Dieu nous envoie Abner.

---

1. Sur l'arche sainte promenée autour de Jéricho, et sur l'écroulement des murailles de cette ville, voyez le chapitre vi de *Josué*.

2. Josué, pour traverser le Jourdain avec les Israélites, avait fait porter l'arche devant le peuple ; les eaux du fleuve s'arrêtèrent ; les prêtres qui portaient l'arche traversèrent, avec le peuple tout entier, le lit desséché du Jourdain. (*Josué*, III, 1-17.)

SCÈNE II.
ABNER, JOAD, JOSABET, ZACHARIE, SALOMITH, ISMAËL, deux lévites, etc.[1].

JOAD.
En croirai-je mes yeux,
Cher Abner? Quel chemin a pu jusqu'en ces lieux
Vous conduire au travers d'un camp qui nous assiége?
On disoit que d'Achab la fille sacrilége
Avoit, pour assurer ses projets inhumains,   1565
Chargé d'indignes fers vos généreuses mains.

ABNER.
Oui, Seigneur, elle a craint mon zèle et mon courage.
Mais c'est le moindre prix que me gardoit sa rage.
Dans l'horreur d'un cachot par son ordre enfermé,
J'attendois que le temple en cendres consumé,   1570
De tant de flots de sang non encore assouvie,
Elle vînt m'affranchir d'une importune vie,
Et retrancher des jours qu'auroit dû mille fois
Terminer la douleur de survivre à mes rois.

JOAD.
Par quel miracle a-t-on obtenu votre grâce?   1575

ABNER.
Dieu dans ce cœur cruel sait seul ce qui se passe.
Elle m'a fait venir, et d'un air égaré :
« Tu vois de mes soldats tout ce temple entouré,
Dit-elle. Un feu vengeur va le réduire en cendre,
Et ton Dieu contre moi ne le sauroit défendre.   1580
Ses prêtres toutefois, mais il faut se hâter,
A deux conditions peuvent se racheter :

---

1. Les éditions de 1736, etc. donnent, au lieu de l'abréviation : « LE CHOEUR. »

Qu'avec Éliacin on mette en ma puissance
Un trésor dont je sais qu'ils ont la connoissance,
Par votre roi David autrefois amassé, 1585
Sous le sceau du secret au grand prêtre laissé.
Va, dis-leur qu'à ce prix je leur permets de vivre. »

JOAD.

Quel conseil, cher Abner, croyez-vous qu'on doit suivre?

ABNER.

Et tout l'or de David, s'il est vrai qu'en effet
Vous gardiez de David quelque trésor secret, 1590
Et tout ce que des mains de cette reine avare
Vous avez pu sauver et de riche et de rare,
Donnez-le. Voulez-vous que d'impurs assassins
Viennent briser l'autel, brûler les chérubins[1],
Et portant sur notre arche une main téméraire, 1595
De votre propre sang souiller le sanctuaire?

JOAD.

Mais siéroit-il, Abner, à des cœurs généreux
De livrer au supplice un enfant malheureux,
Un enfant que Dieu même à ma garde confie,
Et de nous racheter aux dépens de sa vie? 1600

ABNER.

Hélas! Dieu voit mon cœur. Plût à ce Dieu puissant
Qu'Athalie oubliât un enfant innocent,
Et que du sang d'Abner sa cruauté contente
Crût calmer par ma mort le ciel qui la tourmente!
Mais que peuvent pour lui vos inutiles soins? 1605

---

1. On a objecté que l'autel de l'holocauste, qui était dans le vestibule (*Exode*, XL, 27), et les deux chérubins de bois d'olivier, hauts de dix coudées (*livre III des Rois*, VI, 23), qui couvraient l'arche de leurs ailes, ne se trouvaient pas dans le même lieu. Mais cela n'eût pas empêché les deux destructions sacriléges d'être accomplies l'une après l'autre. L'autel d'ailleurs dont il est parlé dans le vers de Racine ne peut-il être l'autel de l'encens, qui était devant l'arche? « Altare aureum in quo adoletur incensum, coram arca testimonii. » (*Exode*, XL, 5.)

Quand vous périrez tous, en périra-t-il moins?
Dieu vous ordonne-t-il de tenter l'impossible?
Pour obéir aux lois d'un tyran inflexible,
Moïse, par sa mère au Nil abandonné,
Se vit presque en naissant à périr condamné ; 1610
Mais Dieu le conservant contre toute espérance,
Fit par le tyran même élever son enfance.
Qui sait ce qu'il réserve à votre Éliacin,
Et si lui préparant un semblable destin,
Il n'a point de pitié déjà rendu capable 1615
De nos malheureux rois l'homicide implacable?
Du moins, et Josabet, comme moi, l'a pu voir,
Tantôt à son aspect je l'ai vu¹ s'émouvoir ;
J'ai vu de son courroux tomber la violence.
Princesse, en ce péril vous gardez le silence? 1620
Hé quoi? pour un enfant qui vous est étranger
Souffrez-vous que sans fruit Joad laisse égorger
Vous, son fils, tout ce peuple, et que le feu dévore
Le seul lieu sur la terre où Dieu veut qu'on l'adore?
Que feriez-vous de plus, si des rois vos aïeux 1625
Ce jeune enfant étoit un reste précieux?

JOSABET, tout bas à Joad².

Pour le sang de ses rois vous voyez sa tendresse :
Que ne lui parlez-vous?

JOAD.

Il n'est pas temps, Princesse.

ABNER.

Le temps est cher, Seigneur, plus que vous ne pensez.
Tandis qu'à me répondre ici vous balancez, 1630

---

1. « Il faut *je l'ai vue* en parlant d'Athalie ; on a condamné tout d'une voix *je l'ai vu.* » (*Sentiments de l'Académie.*) Mais voyez ci-dessus, p. 142, note 1; p. 375, note 1; et le vers 1106 d'*Esther*, p. 530.

2. Dans l'édition de 1736 et dans la plupart des suivantes : « *bas à Joad.* » Nous avons déjà remarqué dans plusieurs autres endroits un semblable changement. Il paraît qu'on ne trouvait point *tout bas* d'un style assez noble.

Mathan près d'Athalie étincelant de rage,
Demande le signal et presse le carnage.
Faut-il que je me jette à vos sacrés genoux?
Au nom du lieu si saint qui n'est ouvert qu'à vous[1],
Lieu terrible où de Dieu la majesté repose, 1635
Quelque dure que soit la loi qu'on vous impose,
De ce coup imprévu songeons à nous parer.
Donnez-moi seulement le temps de respirer.
Demain, dès cette nuit, je prendrai des mesures
Pour assurer le temple et venger ses injures. 1640
Mais je vois que mes pleurs et que mes vains discours
Pour vous persuader sont un foible secours :
Votre austère vertu n'en peut être frappée.
Hé bien! trouvez-moi donc quelque arme, quelque épée;
Et qu'aux portes du temple, où l'ennemi m'attend, 1645
Abner puisse du moins mourir en combattant.

JOAD.

Je me rends. Vous m'ouvrez un avis que j'embrasse.
De tant de maux, Abner, détournons la menace.
Il est vrai, de David un trésor est resté.
La garde en fut commise à ma fidélité. 1650
C'étoit des tristes Juifs l'espérance dernière,
Que mes soins vigilants cachoient à la lumière.
Mais puisqu'à votre reine il faut le découvrir[2],

---

1. Le grand prêtre entrait seul dans le *Saint des Saints*. Il n'y entrait qu'une fois l'année (le jour de la fête de *la Propitiation*), ainsi qu'il avait été prescrit à Aaron. (*Exode*, xxx, 10.) — Voyez ci-dessus la *Préface*, p. 592.

2. Dans ses *Notes manuscrites sur* Athalie, Racine avait préparé la réponse aux reproches qu'on pouvait lui faire d'avoir mis un mensonge, ou tout au moins une blâmable équivoque dans la bouche du grand prêtre. Voici la première de ses notes sur ce passage : « Solvite templum hoc, etc., » pour justifier l'équivoque du grand prêtre, si on l'attaque. » Un peu plus loin, on lit cette seconde note : « Équivoque de Joad. 1° « Solvite templum hoc. » Saint Jean, II, 19. (*Jésus comprend ces paroles dans un autre sens que celui qu'il veut faire entendre aux Juifs; il leur dit de détruire ce temple, et qu'il le relèvera en trois jours. Ce temple est son corps.*) 2° Martyre de saint Laurent. — A qui le Juge demanda les trésors de l'Église. « A quo cum quærerentur

Je vais la contenter, nos portes vont s'ouvrir.
De ses plus braves chefs qu'elle entre accompagnée ;
Mais de nos saints autels qu'elle tienne éloignée
D'un ramas d'étrangers l'indiscrète fureur.
Du pillage du temple epargnez-moi l'horreur.
Des prêtres, des enfants lui feroient-ils quelque ombre[1] ?
De sa suite avec vous qu'elle règle le nombre.   1660

« thesauri Ecclesiæ, promisit demonstraturum se. Sequente die pauperes duxit.
« Interrogatus ubi essent thesauri quos promiserat, ostendit pauperes, dicens :
« Hi sunt thesauri Ecclesiæ.... Laurentius pro singulari suæ interpretationis
« vivacitate sacram martyrii accepit coronam. » Saint Ambroise, *de Officiis*
(*livre II, chapitre* xxviii). — Dans Prudence, saint Laurent demande du
temps pour calculer toute la somme. — Saint Augustin même, si ennemi
du mensonge, loue ce mot de saint Laurent : « Hæ sunt divitiæ Ecclesiæ. »
(*Serm.*, 303.) — Dieu a trompé exprès Pharaon. Synops. (*Synopsis criticorum
aliorumque S. scripturæ interpretum.*) Dieu dit à Moïse : « Dimittite po-
« pulum meum, ut sacrificet mihi in deserto. » (*Exode*, v, 1.) Et C. 8 (c'est-à-
dire : et chapitre viii de l'*Exode*, verset 28), Pharaon répond : « Ego di-
« mittam vos, ut sacrificetis Domino Deo vestro in deserto. Verumtamen
« longius ne abeatis. » Une autre fois Pharaon dit : « Sacrifiez ici. » Moïse répond : « Nos victimes sont vos dieux. Abominationes Ægyptiorum immo-
« labimus Domino. » (*Ibidem*, 25 et 26.) Donc Dieu vouloit faire sortir le
peuple tout à fait, et Pharaon ne l'entendoit pas ainsi. » Sur Pharaon trompé,
dont Racine allègue l'exemple, il y a un passage singulier dans l'ouvrage qu'il
cite (*Synopsis criticorum, etc.*) ; c'est une note, à la page 369 du tome I, sur le
verset 36 du chapitre xii de l'*Exode*. On y dit que la conduite des Israélites
avait fait dire aux Manichéens que l'Ancien Testament n'était pas de Dieu,
puisqu'il s'y montre fauteur de tromperies ; mais on répond que nous devons
reconnaître pour bon et pour juste tout ce que Dieu fait. On y cite aussi cette
opinion que les Hébreux n'avaient pas menti, quand ils avaient demandé à
emprunter ce qu'ils n'avaient pas l'intention de rendre ; parce qu'il n'y a pas
inconséquence à faire un contrat d'emprunt, et à se proposer de ne restituer
que sous certaines conditions, comme : *si* je suis obligé de restituer, ou, *si* la
chose à un autre titre ne devient pas ma propriété. « Les Israélites, comme
Moïse avait fait autrefois quand il demanda à faire un voyage de trois jours,
demandèrent aux Égyptiens de leur prêter des vases pour les sacrifices, ce que
les Égyptiens entendaient avec cette restriction qu'ils leur seraient rendus après
les sacrifices ; mais les Hébreux ne disaient pas qu'ils reviendraient. Dans ces
deux faits il y eut dissimulation ; mais rien ne fut dit contre la vérité. » Si
c'est, et nous le pensons, le passage que Racine avait sous les yeux, le croyait-il
très-propre à justifier l'équivoque de Joad ? Ne lui rappelait-il pas des doctrines
flétries dans les *Provinciales?*

1. « Quelques-uns ont prétendu que *faire ombre* signifie *éclipser, effacer,
obscurcir,* et ne pouvoit pas se dire pour faire ombrage, qui signifie donner
de la jalousie, du soupçon. » (*Sentiments de l'Académie.*) — Cependant

Et quant à cet enfant si craint, si redouté,
De votre cœur, Abner, je connois l'équité.
Je vous veux devant elle expliquer sa naissance :
Vous verrez s'il le faut remettre en sa puissance ;
Et je vous ferai juge entre Athalie et lui.   1665

ABNER.

Ah! je le prends déjà, Seigneur, sous mon appui [1].
Ne craignez rien. Je cours vers celle qui m'envoie.

SCÈNE III.

JOAD, JOSABET, ISMAËL, ZACHARIE, ETC. [2].

JOAD.

Grand Dieu, voici ton heure, on t'amène ta proie.
Ismaël, écoutez.

(Il lui parle à l'oreille[3].)

JOSABET.

Puissant maître des cieux,
Remets-lui le bandeau dont tu couvris ses yeux,   1670
Lorsque lui dérobant tout le fruit de son crime,
Tu cachas dans mon sein cette tendre victime.

JOAD.

Allez, sage Ismaël, ne perdez point de temps :
Suivez de point en point ces ordres importants.

---

l'Académie elle-même, dans l'édition de 1694 de son *Dictionnaire*, avait été d'un autre avis. On y lit au mot OMBRE : « On dit fig. d'un homme qui se défie de tout, que *tout lui fait ombre.* »

1. « On ne dit point prendre *sous son appui*, quoique *appui* signifie *protection* : ces deux termes doivent s'employer avec des verbes différents. » (*Sentiments de l'Académie.*) — Il est certain que cette expression est formée d'images incohérentes.

2. Les éditions de 1736, etc. donnent ainsi les acteurs de cette scène : « JOAD, JOSABET, ZACHARIE, SALOMITH, ISMAËL, DEUX LÉVITES, LE CHOEUR. »

3. Dans l'édition de 1736 : « *Il lui parle bas.* »

Surtout qu'à son entrée et que sur son passage 1675
Tout d'un calme profond lui présente l'image.
Vous, enfants, préparez un trône pour Joas.
Qu'il s'avance suivi de nos sacrés soldats.
Faites venir aussi sa fidèle nourrice,
Princesse, et de vos pleurs que la source tarisse. 1680
(A un lévite.)
Vous, dès que cette reine, ivre d'un fol orgueil,
De la porte du temple aura passé le seuil,
Qu'elle ne pourra plus retourner en arrière,
Prenez soin qu'à l'instant la trompette guerrière
Dans le camp ennemi jette un subit effroi. 1685
Appelez tout le peuple au secours de son roi;
Et faites retentir jusques à son oreille
De Joas conservé l'étonnante merveille.
Il vient.

SCÈNE IV.

JOAS, JOAD, JOSABET, TROUPES DE PRÊTRES
ET DE LÉVITES, ETC.[1].

JOAD continue.

Lévites saints, prêtres de notre Dieu,
Partout, sans vous montrer, environnez ce lieu[2]; 1690
Et laissant à mes soins gouverner votre zèle,
Pour paroître attendez que ma voix vous appelle.
(Ils se cachent tous.)
Roi, je crois qu'à vos vœux cet espoir est permis,
Venez voir à vos pieds tomber vos ennemis.
Celle dont la fureur poursuivit votre enfance 1695

---

1. Après JOSABET, les éditions de 1736, etc. mettent : « ZACHARIE, SALOMITH, AZARIAS; » et à la fin, au lieu de ETC. : « LE CHOEUR. »

2. « Levitæ autem circumdent Regem, habentes singuli arma sua. » (*Livre II des Paralipomènes*, XXIII, 7.)

Vers ces lieux à grands pas pour vous perdre s'avance.
Mais ne la craignez point. Songez qu'autour de vous
L'ange exterminateur est debout avec nous.
Montez sur votre trône, et.... Mais la porte s'ouvre :
Permettez un moment que ce voile vous couvre. 1700
(Il tire un rideau.)
Vous changez de couleur, Princesse?

JOSABET.

Ah! sans pâlir,
Puis-je voir d'assassins le temple se remplir?
Quoi? ne voyez-vous pas quelle nombreuse escorte....

JOAD.

Je vois que du saint temple on referme la porte.
Tout est en sûreté.

SCÈNE V.

ATHALIE, JOAS, caché derrière le rideau; JOAD, JOSABET, ABNER, SUITE D'ATHALIE.

ATHALIE, à Joad.

Te voilà, séducteur, 1705
De ligues, de complots pernicieux auteur,
Qui dans le trouble seul as mis tes espérances,
Éternel ennemi des suprêmes puissances.
En l'appui de ton Dieu tu t'étois reposé.
De ton espoir[1] frivole es-tu désabusé? 1710
Il laisse en mon pouvoir et son temple et ta vie[2].
Je devrois sur l'autel, où ta main sacrifie,
Te.... Mais du prix qu'on m'offre il faut me contenter.
Ce que tu m'as promis, songe à l'exécuter.

---

1. Au lieu d'*espoir*, l'édition de 1697 donne *esprit*, faute évidente.
2. Dans l'édition de M. Aimé-Martin on lit ainsi ce vers :
   Il laisse en mon pouvoir et ton temple et ta vie.

Cet enfant, ce trésor, qu'il faut qu'on me remette, 1715
Où sont-ils?

JOAD.

Sur-le-champ tu seras satisfaite :
Je te les vais montrer l'un et l'autre à la fois.

(Le rideau se tire.)

Paroissez, cher enfant, digne sang de nos rois[1].
Connois-tu l'héritier du plus saint des monarques,
Reine? De ton poignard connois du moins ces marques.
Voilà ton roi, ton fils, le fils d'Okosias.
Peuples, et vous, Abner, reconnoissez Joas.

ABNER.

Ciel!

ATHALIE, à Joad.

Perfide!

JOAD.

Vois-tu cette Juive fidèle,
Dont tu sais bien qu'alors il suçoit la mamelle?
Il fut par Josabet à ta rage enlevé. 1725
Ce temple le reçut, et Dieu l'a conservé.
Des trésors de David voilà ce qui me reste.

ATHALIE.

Ta fourbe à cet enfant, traître, sera funeste.
D'un fantôme odieux, soldats, délivrez-moi.

JOAD.

Soldats du Dieu vivant, défendez votre roi. 1730

(Ici le fond du théâtre s'ouvre. On voit le dedans du temple; et les lévites armés sortent[2] de tous côtés sur la scène.)

---

1. Avant ce vers, dans l'édition de 1736, au lieu de l'indication : « *Le rideau se tire,* » on lit : « *Le rideau étant tiré, on voit Joas sur son trône; sa nourrice est à genoux à sa droite; Azarias, l'épée à la main, est debout à sa gauche; et près de lui, Zacharie et Salomith sont à genoux sur les degrés du trône; plusieurs lévites, l'épée à la main, sont rangés dans les côtés.* » La plupart des éditions suivantes ont reproduit cette indication scénique, en remplaçant : « *dans les côtés,* » par « *sur les côtés.* »

2. Dans cette indication scénique, au lieu de : « *les lévites armés sortent....* etc., » les éditions de 1736, etc. portent: « *les lévites armés entrent.... etc.* »

ATHALIE.

Où suis-je? O trahison! ô reine infortunée[1].
D'armes et d'ennemis je suis environnée.

JOAD.

Tes yeux cherchent en vain, tu ne peux échapper,
Et Dieu de toutes parts a su t'envelopper.
Ce Dieu que tu bravois, en nos mains t'a livrée.   1735
Rends-lui compte du sang dont tu t'es enivrée[2].

ATHALIE.

Quoi? la peur a glacé mes indignes soldats?
Lâche Abner, dans quel piége as-tu conduit mes pas!

ABNER.

Reine, Dieu m'est témoin....

ATHALIE.

     Laisse là ton Dieu, traître,
Et venge-moi.

ABNER, se jetant aux pieds de Joas.

   Sur qui? Sur Joas! sur mon maître!   1740

ATHALIE.

Lui Joas? lui ton roi? Songez, méchants, songez
Que mes armes encor vous tiennent assiégés.
J'entends à haute voix tout mon camp qui m'appelle.
On vient à mon secours. Tremblez, troupe rebelle.

---

1. « Audivit autem Athalia vocem populi currentis; et ingressa ad turbas
« in templum Domini, vidit Regem stantem super tribunal juxta morem, et
« cantores et tubas prope eum, omnemque populum terræ lætantem, et canen-
« tem tubis; et scidit vestimenta sua, clamavitque : Conjuratio, conjuratio. »
(*Livre IV des Rois*, xi, 13 et 14.)

2. « Et vidi mulierem ebriam de sanguine sanctorum. » (*Apocalypse*,
xvii, 6.)

SCÈNE VI.

ISMAËL, JOAS, JOAD, ATHALIE, ETC.[1].

ISMAËL, à Joad.

Seigneur, le temple est libre et n'a plus d'ennemis. 1745
L'étranger est en fuite, et le Juif est soumis.
Comme le vent dans l'air dissipe la fumée,
La voix du Tout-Puissant a chassé cette armée[2].
Nos lévites, du haut de nos sacrés parvis[3],
D'Okosias au peuple ont annoncé le fils, 1750
Ont conté son enfance au glaive dérobée,
Et la fille d'Achab dans le piége tombée.
Partout en même temps la trompette a sonné.
Et ses sons et leurs cris dans son camp étonné
Ont répandu le trouble et la terreur subite 1755
Dont Gédéon frappa le fier Madianite[4].
Les Tyriens, jetant armes et boucliers,
Ont, par divers chemins, disparu les premiers.
Quelques Juifs éperdus ont aussi pris la fuite;
Mais de Dieu sur Joas admirant la conduite, 1760

---

1. Ici et aux deux scènes suivantes, l'édition de 1736, et la plupart des éditions postérieures, au lieu de ETC., donnent : « ET TOUS LES ACTEURS DE LA SCÈNE PRÉCÉDENTE. »

2. « Sicut deficit fumus, deficiant. » (*Psaume* LXVII, 3.)

3. Racine, dans ses *Notes manuscrites sur* Athalie, transcrit ce vers depuis les mots *du haut*, et le fait suivre de quelques lignes qui nous apprennent dans quel souvenir il avait pris l'idée de cette proclamation faite au peuple du haut du temple : « On fit monter saint Jacques, frère du Seigneur, au haut du temple, pour y déclarer à tout le peuple ses sentiments sur J. C. Et aussitôt tous ses ennemis y montèrent en foule pour l'en précipiter. »

4. Voyez la défaite des Madianites par Gédéon dans le *Livre des Juges*, VII, 16-22. Le bruit des trompettes des Israélites, des vases où ils portaient leurs torches, et leurs cris : « Glaive du Seigneur et de Gédéon, » frappèrent les ennemis de terreur.

Le reste à haute voix s'est pour lui déclaré.
Enfin d'un même esprit tout le peuple inspiré,
Femmes, vieillards, enfants, s'embrassant avec joie[1],
Bénissent le Seigneur et celui qu'il envoie.
Tous chantent de David le fils ressuscité.   1765
Baal est en horreur dans la sainte cité.
De son temple profane on a brisé les portes.
Mathan est égorgé[2].

ATHALIE.
                Dieu des Juifs, tu l'emportes!
Oui, c'est Joas, je cherche en vain à me tromper.
Je reconnois l'endroit où je le fis frapper;   1770
Je vois d'Okosias et le port et le geste :
Tout me retrace enfin un sang que je déteste.
David, David triomphe; Achab seul est détruit[3].
Impitoyable Dieu, toi seul as tout conduit.
C'est toi qui me flattant d'une vengeance aisée,   1775
M'as[4] vingt fois en un jour à moi-même opposée,
Tantôt pour un enfant excitant mes remords,
Tantôt m'éblouissant de tes riches trésors,
Que j'ai craint de livrer aux flammes, au pillage.
Qu'il règne donc ce fils, ton soin et ton ouvrage;   1780

---

1. « Lætatusque est omnis populus terræ, et civitas conquievit. » (*Livre II des Rois*, XI, 20.)

2. « Ingressusque est omnis populus terræ templum Baal, et destruxerunt aras « ejus, et imagines contriverunt valide; Mathan quoque, sacerdotem Baal, occi- « derunt coram altari. » (*Ibidem*, 18.)

3. L'expression : *Achab détruit*, que nous avons déjà vue plus haut, au vers 113, paraît d'abord rappeler les mots : *Mithridate détruit*, du vers 921 de *Mithridate*. Cependant les commentateurs de Racine qui ont admiré la hardiesse de l'expression dans ce dernier vers, n'ont en général rien dit des deux vers d'*Athalie*, où l'on pourrait croire que le poëte s'est imité lui-même. La hardiesse poétique, si l'on y prend bien garde, n'est pas la même, ici du moins où le triomphe de David, et la destruction d'Achab signifient clairement le triomphe de la maison de David, la destruction de la maison d'Achab.

4. Au lieu de la seconde personne, les deux premières éditions (1691 et 92) ont la troisième : « M'a. » Comparez le vers 902 d'*Iphigénie*.

Et que pour signaler son empire nouveau,
On lui fasse en mon sein enfoncer le couteau.
Voici ce qu'en mourant lui souhaite sa mère :
Que dis-je, souhaiter ? je me flatte, j'espère
Qu'indocile à ton joug, fatigué de ta loi, 1785
Fidèle au sang d'Achab, qu'il a reçu de moi,
Conforme à son aïeul, à son père semblable,
On verra de David l'héritier détestable
Abolir tes honneurs, profaner ton autel,
Et venger Athalie, Achab et Jézabel[1]. 1790

JOAD.

Qu'à l'instant hors du temple elle soit emmenée[2],
Et que la sainteté n'en soit point profanée.
Allez, sacrés vengeurs de vos princes meurtris[3],
De leur sang par sa mort faire cesser les cris.
Si quelque audacieux embrasse sa querelle, 1795
Qu'à la fureur du glaive on le livre avec elle.

---

1. Après ce vers, on lit dans les éditions de 1736, etc. : « *Athalie sort ; les lévites la suivent.* »

2. « Præcepit autem Joïada centurionibus qui erant super exercitum, et ait « eis : Educite eam extra septa templi; et quicumque eam secutus fuerit, « feriatur gladio. Dixerat enim sacerdos : Non occidatur in templo Domini. » (*Livre IV des Rois*, XI, 15.)

3. « *Meurtrir* pour *tuer* a vieilli. » (*Sentiments de l'Académie.*) — Le même emploi du participe *meurtri* se trouve dans *le Triomphe de la Ligue*, dont les vers nous ont déjà fourni l'occasion de rapprochements. Hiérosme l'écuyer, racontant la vengeance exercée par le Roi sur les restes sanglants du duc de Guise et de son frère le cardinal, dit dans la scène II de l'acte V :

> Puis des frères meurtris les beaux chefs il fait prendre
> Par la main du bourreau. . . . .

Meurtrir est pris aussi plusieurs fois au même sens dans *les Juifves* de Garnier, dont nous avons parlé à la note 1 de la page 644.

SCÈNE VII.

JOAS, JOAD, JOSABET, ABNER, etc.

JOAS.

Dieu, qui voyez mon trouble et mon affliction[1],
Détournez loin de moi sa malédiction,
Et ne souffrez jamais qu'elle soit accomplie.
Faites que Joas meure avant qu'il vous oublie.   1800

JOAD, aux lévites.

Appelez tout le peuple, et montrons-lui son roi.
Qu'il lui vienne en ses mains renouveler sa foi.
Roi, prêtres, peuple, allons, pleins de reconnoissance.
De Jacob avec Dieu confirmer l'alliance,
Et saintement confus de nos égarements,   1805
Nous rengager à lui par de nouveaux serments.
Abner, auprès du Roi reprenez votre place.
Hé bien? de cette impie a-t-on puni l'audace[2]?

SCÈNE VIII.

Un lévite, JOAS, JOAD, etc.

UN LÉVITE.

Le fer a de sa vie expié les horreurs.
Jérusalem, longtemps en proie à ses fureurs,   1810
De son joug odieux à la fin soulagée,
Avec joie en son sang la regarde plongée.

---

1. Avant ce vers, dans les éditions de 1736, etc. : « JOAS, *descendu de son trône.* »

2. Ce vers, dans les éditions de 1736, etc., commence la scène suivante, et est précédé de l'indication : « JOAD, *au lévite.* »

ACTE V, SCÈNE VIII

JOAD.

Par cette fin terrible, et due à ses forfaits,
Apprenez, roi des Juifs, et n'oubliez jamais
Que les rois dans le ciel ont un juge sévère,
L'innocence un vengeur, et l'orphelin un père[1].

---

1. On peut remarquer, sinon comme une preuve certaine d'imitation, au moins comme un rapprochement singulier, que ces quatre vers qui résument si bien tout l'esprit de la pièce, et en tirent une grande leçon, répondent assez aux sentences religieuses par lesquelles se termine aussi la tragédie d'*Ion*. C'est le Chœur qui parle ainsi :

> Ὦ Διὸς Λητοῦς τ' Ἄπολλον, χαῖρ'· ὅτῳ δ' ἐλαύνεται
> Ξυμφοραῖς οἶκος, σέβοντα δαίμονας θαρρεῖν χρεών.
> Ἐς τέλος γὰρ οἱ μὲν ἐσθλοὶ τυγχάνουσιν ἀξίων,
> Οἱ κακοὶ δ', ὥσπερ πεφύκασ', οὔ ποτ' εὖ πράξειαν ἄν.

« O Apollon, fils de Diane et de Latone, adieu : celui dont la maison est livrée aux orages du malheur, doit prendre confiance, s'il observe la piété envers les Dieux ; car à la fin les bons obtiennent les grâces qu'ils ont méritées, et jamais les méchants, telle est leur nature, ne sauraient être heureux. » (Vers 1619-1622.)

Voltaire, qui a fait aux vers d'*Athalie* plusieurs emprunts peu déguisés, que nous n'avons pas cru utile de signaler tous, finit par cette imitation de Racine la tragédie de *Sémiramis* :

> Par ce terrible exemple, apprenez tous du moins
> Que les crimes secrets ont les Dieux pour témoins;
> Plus le coupable est grand, plus grand est le supplice.
> Rois, tremblez sur le trône, et craignez leur justice.

FIN DU CINQUIÈME ET DERNIER ACTE.

TABLE DES MATIÈRES

CONTENUS DANS LE TROISIÈME VOLUME.

MITHRIDATE, tragédie...................................... 1
    Notice.. 3
    Préface... 16
    MITHRIDATE.. 23

IPHIGÉNIE, tragédie....................................... 101
    Notice.. 103
    Préface... 138
    IPHIGÉNIE... 149

PHÈDRE, tragédie.. 243
    Notice.. 245
    Préface... 299
    PHÈDRE.. 305

ESTHER, tragédie.. 399
    Notice.. 401
    Préface... 454
    Prologue.. 461
    ESTHER.. 465
    APPENDICE... 543

TABLE DES MATIÈRES.

ATHALIE, tragédie.. 549
    Notice.. 551
    Préface... 591
    ATHALIE.. 605

FIN DE LA TABLE DES MATIÈRES.

8717. — Imprimerie générale de Ch. Lahure, rue de Fleurus, 9, à Paris.

www.ingramcontent.com/pod-product-compliance
Lightning Source LLC
Chambersburg PA
CBHW061951300426
44117CB00010B/1300